献给北京大学建校一百二十周年

申 丹 总主编

"北京大学人文学科文库"编委会

顾问：袁行霈
主任：申 丹
副主任：阎步克 张旭东 李四龙
编委：（以姓氏拼音为序）
曹文轩 褚 敏 丁宏为 付志明 韩水法 李道新 李四龙
刘元满 彭 锋 彭小瑜 漆永祥 秦海鹰 荣新江 申 丹
孙 华 孙庆伟 王一丹 王中江 阎步克 袁毓林 张旭东

方李邦琴北京大学人文学科文库出版基金赞助

国家社科基金项目研究成果

北大外国语言学研究丛书

宁琦 高一虹 主编

缅甸语方言研究

汪大年 蔡向阳 著

图书在版编目(CIP)数据

缅甸语方言研究 / 汪大年，蔡向阳著 . —北京：北京大学出版社，2018.5
（北京大学人文学科文库·北大外国语言学研究丛书）
ISBN 978-7-301-29430-7

Ⅰ. ①缅… Ⅱ. ①汪…②蔡 Ⅲ. ①缅语–方言研究 Ⅳ. ① H421.7

中国版本图书馆 CIP 数据核字 (2018) 第 061192 号

书　　名	缅甸语方言研究
	MIANDIANYU FANGYAN YANJIU
著作责任者	汪大年　蔡向阳　著
责任编辑	朱房煦
标准书号	ISBN 978-7-301-29430-7
出版发行	北京大学出版社
地　　址	北京市海淀区成府路 205 号　100871
网　　址	http://www.pup.cn　新浪微博：@ 北京大学出版社
电子信箱	zhufangxu@pup.cn
电　　话	邮购部 62752015　发行部 62750672　编辑部 62754382
印刷者	三河市北燕印装有限公司
经销者	新华书店
	650 毫米 ×980 毫米　16 开本　35 印张　插页 2　540 千字
	2018 年 5 月第 1 版　2018 年 5 月第 1 次印刷
定　　价	108.00 元

未经许可，不得以任何方式复制或抄袭本书之部分或全部内容。
版权所有，侵权必究
举报电话：010-62752024　电子信箱：fd@pup.pku.edu.cn
图书如有印装质量问题，请与出版部联系，电话：010-62756370

田野调查图片集锦

录制若开方言

在仰光缅甸少数民族青年干部培训学校调查缅甸语方言

在丹老市做社会调查

与丹老方言研究人员讨论丹老方言

在郊区深山老林中向从未离开村子的大娘调查丹老方言

在土瓦大学向历史教授请教土瓦方言的历史背景

录制土瓦方言

在东枝录制茵达方言

在曼德勒大学录制约方言

在茵莱湖畔的康代集市上采集茵达方言

在东枝大学录制东友方言

在彬文那录制德努方言

在彬文那集市上录制来自山区一老人的东友方言

仰光大学吞昂觉博士与本文作者讨论蓬方言并赠送其博士学位论文《蓬方言研究》

总　序

袁行霈

　　人文学科是北京大学的传统优势学科。早在京师大学堂建立之初，就设立了经学科、文学科，预科学生必须在五种外语中选修一种。京师大学堂于1912年改为现名，1917年，蔡元培先生出任北京大学校长，他"循思想自由原则，取兼容并包主义"，促进了思想解放和学术繁荣。1921年北大成立了四个全校性的研究所，下设自然科学、社会科学、国学和外国文学四门，人文学科仍然居于重要地位，广受社会的关注。这个传统一直沿袭下来，中华人民共和国成立后，1952年北京大学与清华大学、燕京大学三校的文、理科合并为现在的北京大学，大师云集，人文荟萃，成果斐然。改革开放后，北京大学的历史翻开了新的一页。

　　近十几年来，人文学科在学科建设、人才培养、师资队伍建设、教学科研等各方面改善了条件，取得了显著成绩。北大的人文学科门类齐全，在国内整体上居于优势地位，在世界上也占有引人瞩目的地位，相继出版了《中华文明史》《世界文明史》《世界现代化历程》《中国儒学史》《中国美学通史》《欧洲文学史》等高水平的著作，并主持了许多重大的考古项目，这些成果发挥着引领学术前进的作用。目前，北大还承担着《儒藏》《中华文明探源》《北京大学藏西汉竹书》的整理与研究工作,以及《新编新注十三经》等重要项目。

与此同时,我们也清醒地看到,北大人文学科整体的绝对优势正在减弱,有的学科只具备相对优势了;有的成果规模优势明显,高度优势还有待提升。北大出了许多成果,但还要出思想,要产生影响人类命运和前途的思想理论。我们距离理想的目标还有相当长的距离,需要人文学科的老师和同学们加倍努力。

我曾经说过:与自然科学或社会科学相比,人文学科的成果,难以直接转化为生产力,给社会带来财富,人们或以为无用。其实,人文学科力求揭示人生的意义和价值,塑造理想的人格,指点人生趋向完美的境地。它能丰富人的精神,美化人的心灵,提升人的品德,协调人和自然的关系以及人和人的关系,促使人把自己掌握的知识和技术用到造福于人类的正道上来,这是人文无用之大用!试想,如果我们的心灵中没有诗意,我们的记忆中没有历史,我们的思考中没有哲理,我们的生活将成为什么样子?国家的强盛与否,将来不仅要看经济实力、国防实力,也要看国民的精神世界是否丰富,活得充实不充实,愉快不愉快,自在不自在,美不美。

一个民族,如果从根本上丧失了对人文学科的热情,丧失了对人文精神的追求和坚守,这个民族就丧失了进步的精神源泉。文化是一个民族的标志,是一个民族的根,在经济全球化的大趋势中,拥有几千年文化传统的中华民族,必须自觉维护自己的根,并以开放的态度吸取世界上其他民族的优秀文化,以跟上世界的潮流。站在这样的高度看待人文学科,我们深感责任之重大与紧迫。

北大人文学科的老师们蕴藏着巨大的潜力和创造性。我相信,只要使老师们的潜力充分发挥出来,北大人文学科便能克服种种障碍,在国内外开辟出一片新天地。

人文学科的研究主要是著书立说,以个体撰写著作为一大特点。除了需要协同研究的集体大项目外,我们还希望为教师独立探索,撰写、出版专著搭建平台,形成既具个体思想,又汇聚集体智慧的系列研究成果。为此,北京大学人文学部决定编辑出版"北京大学人文学科文库",旨在汇集新时代北大人文学科的优秀成果，弘扬北大人文学科的学术传统，展示北大人文学科的整体实力和研究特色，为推动北大世界一流大学建设、促进人文学术发展做出贡献。

我们需要努力营造宽松的学术环境、浓厚的研究气氛。既要提倡教师根据国家的需要选择研究课题，集中人力物力进行研究，也鼓励教师按照自己的兴趣自由地选择课题。鼓励自由选题是"北京大学人文学科文库"的一个特点。

我们不可满足于泛泛的议论，也不可追求热闹，而应沉潜下来，认真钻研，将切实的成果贡献给社会。学术质量是"北京大学人文学科文库"的一大追求。文库的撰稿者会力求通过自己潜心研究、多年积累而成的优秀成果，来展示自己的学术水平。

我们要保持优良的学风，进一步突出北大的个性与特色。北大人要有大志气、大眼光、大手笔、大格局、大气象，做一些符合北大地位的事，做一些开风气之先的事。北大不能随波逐流，不能甘于平庸，不能跟在别人后面小打小闹。北大的学者要有与北大相称的气质、气节、气派、气势、气宇、气度、气韵和气象。北大的学者要致力于弘扬民族精神和时代精神，以提升国民的人文素质为己任。而承担这样的使命，首先要有谦逊的态度，向人民群众学习，向兄弟院校学习。切不可妄自尊大，目空一切。这也是"北京大学人文学科文库"力求展现的北大的人文素质。

这个文库第一批包括：
"北大中国文学研究丛书"（陈平原 主编）
"北大中国语言学研究丛书"（王洪君 郭锐 主编）
"北大比较文学与世界文学研究丛书"（陈跃红 张辉 主编）
"北大批评理论研究丛书"（张旭东 主编）
"北大中国史研究丛书"（荣新江 张帆 主编）
"北大世界史研究丛书"（高毅 主编）
"北大考古学研究丛书"（赵辉 主编）
"北大马克思主义哲学研究丛书"（丰子义 主编）
"北大中国哲学研究丛书"（王博 主编）

"北大外国哲学研究丛书"（韩水法 主编）
"北大东方文学研究丛书"（王邦维 主编）
"北大欧美文学研究丛书"（申丹 主编）
"北大外国语言学研究丛书"（宁琦 高一虹 主编）
"北大艺术学研究丛书"（王一川 主编）
"北大对外汉语研究丛书"（赵杨 主编）

此后，文库又新增了跨学科的"北大古典学研究丛书"（李四龙、彭小瑜、廖可斌主编）和跨历史时期的"北大人文学古今融通研究丛书"（陈晓明、王一川主编）。这17套丛书仅收入学术新作，涵盖了北大人文学科的多个领域，它们的推出有利于读者整体了解当下北大人文学者的科研动态、学术实力和研究特色。这一文库将持续编辑出版，我们相信通过老、中、青年学者的不断努力，其影响会越来越大，并将对北大人文学科的建设和北大创建世界一流大学起到积极作用，进而引起国际学术界的瞩目。

2017 年 10 月修订

丛书序言

北京大学外语学科的历史最早可以追溯到1862年成立的京师同文馆，经过150多年的锤炼与磨砺，已经成长为中国综合性大学中拥有最多语言资源的外语学科，共有20个招生语种专业、50余个教学和研究语种。与此同时，北大外语学科不断努力开拓学术前沿，从最初以语言教学、文学作品翻译为重点，到今天语言教育与学术研究并重，具有鲜明的传统和特色，在外国语言文学研究领域独树一帜、成果卓著。

尤其是从20世纪80年代起，语言学作为一门独立学科开始与文学研究逐渐分野。一批研究外国语言学的专家和学者汇集北大，胡壮麟、祝畹瑾、王逢鑫在英语学界引领前沿、桃李天下，田宝齐、龚人放、吴贻翼在俄语学界潜心致学、泽被后学，陈信德、安炳浩、汪大年、潘德鼎在东方语言学界著书立说、薪火相传。全国很多院校的外语专业和学科的建立发展都与北大外语学科的支持密不可分，有着深厚的血缘、学缘之渊源。

进入21世纪，世界范围内语言学研究取得了迅猛的发展，这要求从事外国语言学研究的学者必须摆脱以往研究的局限性，重新定位自己研究的使命、目标和意义。植根于北京大学百年造就的深厚学术传统，北大外语学科无论是从历史传承还是从当前实力，都有能力在外国语言学研究领域守正创新、不断取得有价值的新进展。

我们认为，在进行外国语言学研究时，只有融入目的意识、本土意识、问题意识和创新意识，才会最终形成具有突破性、原创性意义的研究成果。

在强调研究创新的同时也需要看到，引进介绍国外先进的语言学成果仍是十分必要的，可以弥补我国语言学界研究中存在的理论来源不足的缺陷。尤其是引进那些被屏蔽在欧美语言学理论体系之外的其他国家的语言学理论成果，其中有很多有别于西方学者的认识和看法、有关语言学研究的独到见解和独特方法，对语言学研究的发展极具价值。借此可以充实国内语言学研究的理论和方法，拓宽语言学理论研究的视野，活跃并推动语言学研究的多元化发展。

运用国内外先进的语言学成果，对作为外语的目的语进行深入的研究，研究中要注意将基于具体语言的语言学研究与普通语言学研究相结合，外国语言学研究与中国语言学研究相结合，互为借鉴、互为补充。

瞄准国际语言学研究的前沿，运用国内外先进的语言学成果，充分利用中国本土的语言条件进行研究，将有助于推进汉语和少数民族语言的研究，同时为世界语言学研究提供重要补充和支撑。

2016年春，为弘扬北京大学人文研究的学术传统、促进人文学科的深入发展，北京大学人文学部开始着手建设"北京大学人文学科文库"，"北大外国语言学研究丛书"成为其中一套丛书，这让从事外国语言学研究的北大学者感到十分振奋。这是一个开放的外国语言学学术高地和研究平台，重积累、求创新、促发展，将汇聚北大外语学科从事语言学研究的学术骨干力量，努力奉献代表北大水平、具有学术引领作用的创新性研究成果，加强与国际国内同行的交流，展示北大外语学科的整体实力和研究特色，为拓展和深化当代外国语言学研究、推动中国语言学研究做出自己的贡献。我们将努力把本套丛书打造成为体现北大外语学科独特的学术个性和卓越的学术贡献的标志性品牌。

本套丛书的研究和出版得到了北京大学、北京大学外国语学院以及北京大学出版社的大力支持，在此表示衷心的感谢和诚挚的敬意。

宁　琦　高一虹
2016 年 7 月

目 录

序 一 ……………………………………………… 詹姆斯·A.马提索夫 1

序 二 为大年《缅甸语方言研究》序 ……………………… 戴庆厦 1

绪 言 …………………………………………………………………… 1

第一章 缅甸语主要方言 ……………………………………………… 9
  一、缅甸的通用语仰光话 ………………………………………… 9
  二、若开方言 ……………………………………………………… 37
  三、约方言 ………………………………………………………… 62
  四、土瓦方言 ……………………………………………………… 83
  五、丹老方言 ……………………………………………………… 107
  六、茵达方言 ……………………………………………………… 131
  七、东友方言 ……………………………………………………… 166
  八、德努方言 ……………………………………………………… 197
  九、蓬方言 ………………………………………………………… 216

第二章 缅甸语方言的比较研究 …………………………………… 245
  一、缅甸语方言的声母研究 ……………………………………… 245

二、缅甸语方言的韵母研究 ……………………………………… 258
三、缅甸语方言的声调研究 ……………………………………… 267
四、缅甸语方言的词汇研究 ……………………………………… 271
五、缅甸语方言的语法研究 ……………………………………… 299
六、缅甸语方言的助词研究 ……………………………………… 321

附录 缅甸语方言词汇表 ………………………………………… 334
一、仰光话、东友方言、土瓦方言、丹老方言 ………………… 334
二、茵达方言、若开方言、约方言、德努方言、蓬方言 ……… 428

主要参考书目 …………………………………………………… 541

后　记 …………………………………………………………… 542

序 一

December 6, 2017

It is my great pleasure to introduce this book to the general public. This masterly study, 缅甸语方言研究 [*Research on the Dialects of Myanmar*], by Professor WANG Danian (汪大年), constitutes a high-water mark in the research by Chinese scholars on the rich array of Burmese dialects.

This large volume of approximately 400,000 characters consists of three parts.

Part I is devoted to phonological and grammatical sketches of 8 major Burmese dialects, including Arakanese, Intha, Taungyo, Tavoyan, and Yaw, etc. In Part II, Professor Wang undertakes a careful comparative study of the various dialects, thoroughly describing the special features of their repertoires of initial consonants, rhymes, and tones, as well as remarks on their systems of particles and other functors. Among the original ideas and insights of the author, we should mention his treatments of consonant clusters and the different ways they are simplified in the dialects; changes in the systems of rhymes, leading to nasalized or creaky vowels, and the relationship of these to tonal developments; weakening of initial syllables in compounds and other collocations; and the significant differences among the grammatical morphemes used to mark phrasal and sentential structures.

Part III, which occupies about half of the volume, is devoted to detailed lexicons of the dialects, largely based on the personal fieldwork of the author. Each dialect is exemplified by approximately 1800 forms, by far the largest corpora of such data ever assembled in one place. It should be emphasized that this fieldwork was carried out under difficult political and military conditions in Myanmar, which makes this material all the more precious.

Professor Wang is to be congratulated on this exemplary volume, which takes Burmese dialect studies to a new level of sophistication and accuracy.

(James A. Matisoff)
Professor of Linguistics, Emeritus
University of California, Berkeley

译文：

我非常高兴地向大家介绍汪大年教授的《缅甸语方言研究》，这部精湛的研究论著标志着在众多缅甸语方言的研究成果中，中国学者所达到的最高水准。

这部大约 40 万字的大作由三个部分组成。

第一部分集中描写缅甸语中八种主要方言，包括若开方言（Arakanese）、茵达方言（Intha）、东友方言（Taungyo）、土瓦方言（Tavoyan）、约方言（Yaw）等方言的音系和语法概貌。在第二部分中，汪大年教授通过全面描写所有声母、韵母、声调的特征，论述助词与其他功能词的系统，对各种方言进行详细的比较研究。值得称道的是作者在以下内容的分析中提出了独到而新颖的见解：复辅音及其在方言中不同的简化路径；导致元音鼻化或嘎裂元音产生的韵母系统的变化，及这种变化与声调发展的关系；在复合词和其他词语配列中首音节的弱化；用以标记短语和句子结构的语法形式的显著差别；等等。

  大约占到全书一半篇幅的第三部分，是建立在作者充分的田野调查基础上对各方言词汇的详尽描写。每个方言大约列出了 1800 个词汇，这是迄今为止在一个地方收集此类数据的最大语料库。值得强调的是，田野工作是在非常困难的、缅甸特定的政治和军事情况下进行的，这更使所获材料弥足珍贵。

  祝贺汪教授这部堪称典范的著作终于面世，它的出版使缅甸语方言研究达到了一个成熟而精确的新高度。

詹姆斯·A. 马提索夫
语言学名誉教授
加州大学伯克利分校

序 二

为大年《缅甸语方言研究》序

　　大年兄是我的老朋友。他主攻缅甸语，卓有成就。因为我也是做藏缅语的，与他是同行，所以，我每遇到缅语问题都要向他请教。他为人谦和，乐于助人，是一位可交、值得信赖的朋友。在第50届国际汉藏语暨语言学会议上，有幸再次相逢，他嘱我为他的新著《缅甸语方言研究》作序，我很高兴接受，并感谢他的信任。

　　《缅甸语方言研究》一书是大年兄在十几年前最后一次赴缅甸做田野调查、回来后经过几年的整理和研究铸成的大作。他很快就将初稿给了我，让我提意见，我自然欣然同意。

　　一来我早就知道，他选择了从微观世界发轫，深入研究缅甸语的历史和方言的发展情况，用锲而不舍的钉子精神，排除了一切名利和经济大潮的冲击，宁坐冷板凳，不浮躁，不赶时髦，名义上退休，实际上比上班时更加紧张地工作。有人说他是"傻瓜"，我倒是很欣赏和钦佩他的这种精神，并愿意助他一臂之力。

　　二来我们认识已有半个世纪，在同一个战线上相交、相识、相知。虽然相交淡如水，但交情不亚于"千杯少"的深厚情谊。因此我也愿意为他写此"序"。

2 缅甸语方言研究

在过去的半个多世纪以来,缅甸国内一直是内战不断,国无宁日。又加上受到美国等资本主义国家的制裁,缅甸长期实行锁国政策,拒绝一切外国人到缅甸边境和少数民族地区访问。因此,外界对缅甸的方言情况更是一无所知。缅甸语有着悠久的历史,有着丰富的碑铭、贝叶经和古典文字资料。缅甸文又是一种拼音文字,对汉藏语系尤其是藏缅语族的研究是不可或缺的重要语言,但长期以来我们能够收集到的有关缅甸语资料,寥若晨星,无法了解缅甸语真正面貌。这使得藏缅语言的研究也受到一定的影响。

近30年来,大年兄连续出版了《缅甸语概论》《缅甸语与汉藏语系比较研究》《缅甸语汉语比较研究》等著作,给我们提供了有关缅甸语与中国国内少数民族有关语言,以及缅甸语与汉语的渊源关系。《缅甸语方言研究》是继这些著作之后的又一部大作。这几本大部头作品,给我们带来了人们以前了解很少但又很重要的语言资料,使我们了解到作者独到的研究方法和新鲜的语言学观点。

《缅甸语方言研究》是他几十年来打破缅甸语方言研究的沉默,在境内外收集到的第一手资料的基础上,经过多年反复研究写成的成果。它不仅较详细地介绍了缅甸语几个主要方言的概况,还通过对缅甸语方言的语音、词汇、句子结构等方面全面的比较研究,揭示了缅甸语方言的特点和方言中蕴藏着的缅甸语中丰富灿烂的历史演变步伐和规律。例如:缅甸语方言中复辅音(或辅音群)的发展和变化的规律;缅甸语韵母的变化历史和韵母对缅甸语声调的影响;缅甸语元音对声调的影响;缅甸语辅音韵尾的变化对声调的产生与发展的影响;缅甸语方言中的声调反映着不同历史发展的沉淀。这一切都对研究声调语言发展有着至关重要的意义。大年兄对缅甸语方言的研究,发掘了许多新的宝藏,为发展语言学理论提供了有价值的资料。

我们知道,扎实、细致的语言描写是语言研究深化的基础。我们必须重视对各种语言的方言进行深入的描写研究。从分析性眼光来看,我们对声调语言的研究还有许多课题要做。大年兄的研究道路和成果为我们提供了难得的借鉴。

是为序。

戴庆厦

2017年12月1日

于中央民族大学507工作室

绪 言

缅甸语是我国西南友好邻国缅甸联邦的通用语，使用人口约5000多万，属于汉藏语系藏缅语族的一种重要语言。研究缅甸语方言的重要意义在于：

1. 它符合当前国际形势发展和我国求和平、求发展，搞好周边国家睦邻关系，以及开展"一带一路"伟大战略部署的需要

缅甸是我国友好邻邦，两国山水相连，有2100千米共同边界，人民情同手足。缅甸人称中国人为"胞波"（意即：同胞兄弟）。两国友好交往源远流长，又有着共同的历史经历。中缅两国都是发展中国家，共同面临着和平、发展的艰巨任务。在新的国际形势下，加强我国与周边国家的友好关系，增进两国人民的相互了解，促进两国文化交流，发展经济，是我国的外交政策的重要组成部分。尤其是我国提出"一带一路"的重大倡议，目标就是高举和平发展的旗子，主动地发展与沿线国家经济合作伙伴关系，共同打造政治互信、经济融合、文化包容的利益和责任共同体，它也是实现中华民族伟大复兴的中国梦而提出的重大战略构想。因此，秉承亲、诚、惠、容的周边外交理念，研究我国友好邻邦缅甸的历史、文化、民族、语言等是我国求和平、求发展的基本国策需要。

2. 通过缅甸语方言研究可以发现缅甸语与汉语有着不同寻常的关系，开辟研究两国语言发展史的新途径

根据中文史籍《白狼歌》的研究，最早的缅甸语前古形式可追溯到公元1世纪。从公元1057年，缅王阿奴律陀攻下直通王国第一次统一了全缅甸，开始创制缅甸文，到12世纪初（公元1112年）第一块比较完整的缅甸文碑铭《妙齐提碑文》和后来众多的历代碑文、贝叶文，以及记载着缅甸语15世纪初的中古缅甸文的中文古籍《华夷译语》等，这些历史记载都使用缅甸文。而缅甸文是拼音文字，它详细地记录了各个历史时期的缅甸语音发展的真实面貌。语言可说是活化石，承载着各个历史时期的语音和社会的变化，因此这些古籍不仅对研究中缅两国政治经济发展、文化交流、民族的渊源关系等许多人文学科都有着重要作用，同时对研究缅甸语言历史发展和现状、缅甸语与汉语的关系以及汉语的发展历史都有着重要的意义，对研究汉藏语系亲属语言之间的关系、构拟汉藏语系和藏缅语族的原始共同语也都有着十分重要的价值。

在藏缅语族数十种语言中，缅甸语是使用人口最多的一种。因此，在汉藏语系和藏缅语族语言比较研究中，除了藏语以外，缅甸语的地位十分重要。在国际上，愈来愈多的语言学家意识到研究缅甸语及其方言的重要性，纷纷涉猎这一领域。在中国国内，研究汉语的学者也已经发现用我国传统的语言研究方法来研究汉语已经有近千年的历史，继续前进，步履维艰，难有新的建树。因此，他们纷纷冲破囿于汉语本范围的传统语言研究的死胡同，将汉语与汉语方言、境外语言，以及包括藏语在内的国内少数民族语言作比较研究，在广阔的领域中找到了"柳暗花明又一村"的新天地。例如徐通锵在《历史语言学》中提到，过去我们研究汉语发展史时利用我国少数民族语言和我国周边国家的语言，如：

梵汉对音：4世纪（西晋）至8世纪（唐）

日译吴语：5世纪至6世纪

日译汉音：7世纪

朝鲜译音：7世纪前后

汉藏对音：7世纪至8世纪

越南译音：8世纪至9世纪（唐末）

蒙汉对音：13世纪

取得了丰硕的效果。这些丰富的对音材料在汉语史的研究中发挥了很大的作用。

汉藏语中有古代文字的语言很少，在进行语言的历史比较时遇到许多困难，而缅甸语是汉藏语系藏缅语族中的一种使用人口较多的语言，又是有早期拼音文字的语言，而且跟汉语有密切的血缘关系，因而在汉藏语研究中弄清缅甸语和方言的历史演变以及梳理它与汉语的关系，能够挖掘出许多有价值的新认识，能为汉藏语的研究提供新的宝贵的资料。郑张尚芳曾通过对《白狼歌》和缅甸文的研究，对上古汉语音的构拟有了新的启发和建树就是一个明显的例证。

但是，纵观汉藏语的研究历史，与有些语言（如汉语、藏语等）相比，缅甸语的研究相对滞后。在缅甸本国，语言的研究也比较薄弱。国内外有关的研究成果大部分还都囿于局部和分散的范围，缺少比较深入、系统的研究。可喜的是进入21世纪以来，越来越多的研究者发现缅甸语在研究汉藏语系和汉语发展史中的重要作用，纷纷将注意力转向研究缅甸语的热潮中来。经过大家的努力，肯定将会有更多的发现和新的启迪，从而推动汉藏语系研究的深入和向前发展。

3. 研究缅甸语方言有着较高的学术价值

缅甸语由于使用人口多，历史悠久，又有着丰富的碑铭和历史文献等文字记载，在研究汉藏语系语言中是不可或缺、占有重要地位、可以与藏语相提并论的一种语言。研究缅甸语方言，对汉藏语系的研究有着重要意义。从历史上来看，缅甸民族是由中国西部地区黄土高原的氐羌部族向南迁徙，融合了许多部族而逐步形成，缅甸语与汉语有着十分密切的血缘关系，在长期的历史发展过程中，形成了独特的风格。许多中外汉语学家都十分重视汉语的方言研究和境外亲属语言的研究。高本汉在《中国音韵学研究》中就用多种汉语方言的字音来论证汉语音韵发展的过程。中国现代著名语言学家也都重视方言的研究，如赵元任的《中山方言》、罗常培的《厦门音系》《临川音系》，以及后来的《现代吴语的研究》《湖北方言调查报告》等等，都为汉语语音史的研究提供了生动有力的论据。缅甸语方言像汉语方言一样，由于民族迁徙情况复杂，形成了东西南北中各个方言区发展的不平衡，在各个方言中不同程度地保留了缅甸民族发展的各个历史时期语言现象，尤其是在缅甸语方言中保留了许多汉藏语系原始母语和上古汉语语音、词汇和语法的原始面貌。例如：缅甸方言中保留了上古汉语中的 a、ɑ、ɒ 韵母；保留了复辅音声母演变的轨迹（kl、kr → kl → kj → tɕ）；保留了塞音韵尾演变成喉塞音（-k、-p、-t → -k、-t → -ʔ）；保留了鼻音韵尾演变成鼻化元音（-m、-n、-ŋ → ã、ĩ）的轨迹；缅甸方言也能反映轻声调的产生与变化的轨迹及其产生的形态变化效应；通过缅甸语方言可以了解到缅甸语中形态变化现象以及屈折型助词向分析型助词变化的情况；等等。它们从不同的角度折射了汉藏语系语言演变过程中的各种规律。通过研究我们还可以了解到方言之间特征的趋同有些是来自源流关系的，有些来自渗透关系。这些也只能通过方言比较研究，才能做出定性的分析。此外，应当特别提到的是：缅甸语北部方言区的代表——蓬方言中，不仅保留了古缅语的语言现象，而且还有着许多缅甸语与我国云南省藏缅语族中许多少数民族语言的共同特点，它是藏缅语和缅甸语发展链中一个重要环节。通过缅甸语方言研究不仅可以了解缅甸语本身的发展历史和演变规律，同时也可以通过比较研究，了解汉语、藏缅语的历史发展，了解汉藏语系诸语言的相互关系、发展道路和演变规律，促进汉藏语系研究深入发展。通过方言比较可以对普通语言学的基本原理提供有价值的证据，尤其对有声调语言的研究提供宝贵的例证，还可以看到方言的文化特征，进而了解不同地区的历史文化特点。这些对丰富语言学理论和方法论，创造符合汉藏语系特色的语言学都有着重要的理论和实践意义。

4. 方言研究可以填补空白

多年来，我国对包括藏语和藏方言的研究在内的藏学研究十分重视，对藏语的研究有了很大的发展，研究的队伍日益壮大，研究质量有长足的进步，成果丰硕。相形之下，国内外对汉藏语系中极有研究价值的缅甸语研究却相对滞后，对缅甸语方言的研究更是薄弱，成果寥若晨星。即使缅甸国内，也只有零星的方言介绍散见于杂志中间，至今尚未有方言研究的系统文章和专著正式出版。至于缅甸语有多少种方言和次方言，缅甸语方言区如何划分，各方言的特点，各方言的相互关系，以及缅甸语方言与汉语方言之间的关系，声调语言发展和特点等等，都是空白。

5. 对缅甸语方言调查和比较研究也是抢救藏缅语族中濒危语言的一项重要措施

像缅甸语北部方言"蓬方言"，是在藏缅语发展链上具有特殊意义的一个环节，它是我国境内许多少数民族语言与缅甸语相互关联的纽带。可是这一藏缅语族中十分重要的方言，现在正濒临消亡的边缘，能讲蓬语的人数愈来愈少，已经到了屈指可数的境地，迫切需要抢救和记录。这不仅是一项抢救濒临消亡语言的工作，也是对抢救和留存民族的记忆，抢救和留存活的历史记载具有重要意义的事情。从缅甸国内的现状来看，依靠他们自身的力量短期内很难顾及濒危语言的存亡问题。中国作为缅甸邻邦的一个泱泱大国，责无旁贷，应该担负起这项迫在眉睫的抢救任务，否则将成汉藏语系研究中永久的遗憾。

要想深入研究缅甸语，必然还要了解缅甸语传入缅甸后的方言形成和发展的情况。因为，方言是一个地域流行的一方之言，是语言地域性的变体，方言不仅有语言的历时发展的烙印存在，而且也有着同一历史层面不断扩散中受到其他语言或方言的影响和干扰，因而产生的语音词汇和语法等方面的变化。这些可谓是一个语言的十分可贵的资料，是一个语言史研究中的无价之宝。

缅甸有现代语言学家将缅甸语方言分成三类：

1. 古缅甸语：其中包括（1）阿细（TSI or SZI or A TSI），（2）拉西（LASHI），（3）马鲁（MARU），（4）阿昌（A CHANG or NGAWCHANG），（5）蓬（HPON）。

2. 现代缅甸语（实指缅甸语中部方言）。

3. 缅甸语方言：（1）若开方言，（2）让边方言，（3）丹老方言，（4）

土瓦方言，（5）羌达方言，（6）阿瑙方言，（7）妙培达方言，（8）泽崩（若亨）方言，（9）约方言，（10）德努方言，（11）东友方言，（12）茵达方言。

但是我们通过多年的收集以及2004年境外实地的田野调查发现，上述的方言远远不能完全包括缅甸语的所有方言，而且在七大方言中有的不一定是不同方言，而只能算是一个方言的支系。例如丹老方言和土瓦方言，从它们的方言特点来看，丹老方言只能算是土瓦方言的一个支系。

就现有的资料分析，根据方言的流行区域可以将缅甸分为中部方言、西部方言、南部方言、北部方言和东部方言等五个方言区：

1. 中部方言：流行于缅甸中部伊洛瓦底江流域，北自曼德勒南至仰光以及伊洛瓦底江三角洲一带。在缅甸王朝时期，主要政治文化中心是首都曼德勒。它是全国政治、经济、文化中心，又是交通枢纽，官方语言自然以曼德勒宫廷用语为主。后来英殖民主义者灭亡了缅甸王朝，使政治中心南移，原先的通商口岸仰光市成为首都，四面八方的方言和民族语言，以及许多外来语聚集到仰光，互相碰撞、互相渗透使仰光话起了很大的变化。缅甸摆脱了英殖民主义者的统治，取得了独立后，仰光话就成了缅甸的通用语。语音方面比较简单，复辅音声母数量减少，能作韵母的元音数量少，复合元音只有4个，古缅甸语中的韵尾辅音k、t、p都变成喉塞音，韵尾鼻辅音m、n、ŋ等消失使韵母元音鼻化，形成现代缅甸语中的4个声调。

2. 西部方言：流行于缅甸西部，海港城市山道卫一带，形成若开方言和山道卫以北的若开方言的支系。主要特点是：若开方言保留了较多的缅甸古语中的成分，如保留了古缅语中复辅音声母的后置辅音 j 和 r。到后来，其他方言中发生了音变，分不清 j、r 的符号时，习惯讲 "j、r 分不清，请教若开人"；若开方言中保留了 a 元音的古语形式 ɑ、ɒ；清辅音变浊的现象较少；与现代缅甸语有别的是轻声较少；若开方言中声调有五个。西部方言中还有约方言。

3. 南部方言：流行于缅甸南部狭长的底拿沙廉地区，土瓦和丹老一带。语音特点有：复辅音声母的后置辅音中无闪音 r；其他方言中有复辅音声母 jw，土瓦方言中只有单辅音声母 w；有四个声调，但是和仰光话的四个调有区别，主要反映在短促调上，仰光话的短促调韵母中的元音尽量缩短，并带紧喉的现象，而土瓦方言中的塞音韵尾不影响韵母元音的长短和松紧，所以有人认为，土瓦方言中的声调只有三个再加上一个塞音韵。实际上，根据丹老方言的语音变化我们可以看到，土瓦方言中的塞音韵尾在丹老方言中正在或已经脱落，变成了三个声调。

4. 北部方言：曼德勒以北的蓬方言，流行在密支那附近，是在藏缅语族发展链上具有特殊意义的语言。可作为缅甸语中独立的一个方言，其特点在于它保留了较多的中国的缅语支语言（如阿昌、载瓦、浪速等）中的音系特点，比如有比较完整的四组塞擦音 ts、tʂ、tʃ、tɕ（这些在缅甸的其他方言中都已经消失和变化）；有鼻辅音韵尾和塞音韵尾 p、t、k、ʔ、m、n、ŋ；有弱化音节；复辅音（包括双辅音、三辅音）组成的辅音群数量较少而单辅音、单元音数量比较多；有复辅音声母 kj；有 5—8 个声调。

5. 东部方言：主要流传于缅甸掸邦西部茵莱湖周围地区，包括茵达方言、东友方言、德努方言。语音主要特点：辅音无清浊对立；复辅音数量较多；无齿间塞擦音 tθ；塞音和擦音如 sh、t、s 常常可以互转；复辅音声母的前置辅音 h 常常丢失；复辅音声母中保留了古缅语音 kl、kr，并且复辅音的两个后置辅音 l、r 可以自由转换；复辅音声母或前置音节常常丢失，如 sə pa^{55} 变成 pɑ^{55}（谷子），ŋə pi^{31} 变成 pi^{31}（鱼虾酱）；仰光话中的鼻化元音 ĩ 在茵达方言中变成 ã 或 ɛ̃ 音；茵达方言的声调有四个。

从缅甸语方言流传的区域来划分，分成中部、西部、南部、北部、东部，比较简单明了，尤其在方言地图上看一目了然。然而仅仅从区域划分缅甸语方言，有个缺陷：它不能反映方言之间的内在联系，因为缅甸语自中国云南向南传入缅甸后，曾经向缅甸的东西南北扩散，向西流传到阿拉干山脉以西的若开地区。然而有一支西部方言随着东友人又转向曼德勒方向移动，来到茵莱湖周围，另一支沿着海岸线向南迁移来到南部地区，它们带着西部方言的特点流传到缅甸东部地区和南部地区。还有一支古缅族沿着缅甸东部地区一直向南迁徙，来到缅甸南部底拿沙廉狭长地区的土瓦和丹老地区，他们同样保留了古缅甸语音特点，并在南部地区的环境中发展和进化。但是据历史的传说和记载，一部分南部方言的人随着缅甸国王征战，也来到茵莱湖周围（东部）地区，同样也带来了南部方言的语音特点，所以茵莱湖周围有着南部和西部方言的特点互相撞击和融合形成多种方言混合的东部方言。例如：东友方言为东部方言带来了古缅甸语的复杂的韵尾辅音的古老形式，韵尾辅音消失后，造成了同音异体字的混乱和迷糊。原来在西部地区的东友方言却保持了原来古缅语的原貌，作为后人纠正韵尾辅音时的样板。所以缅甸流传着一句谚语："不知韵尾辅音字，请教东友人就知。"

通过方言地区的划分和方言流传的情况，我们多少对缅甸语方言有一个较为清楚的了解。

1983年缅甸政府宣布缅甸有135个少数民族，主要有8个支系：缅甸支系（9个民族）、克钦支系（12个民族）、克伦支系（11个民族）、孟支系（1个民族）、若开支系（7个民族）、克耶支系（9个民族）、钦支系（53个民族）、掸族支系（33个民族）。这样一来，原先认为是缅甸语方言，就被划分成不同民族支系的少数民族语言，如东友方言、德努方言和茵达方言等被划入了掸族支系的少数民族语言，若开方言被单独划入若开少数民族支系。原来认为是缅甸语方言的若开、东友、德努、茵达方言被划入了若开少数民族和掸族的支系民族语言，造成了混乱。如何划分民族语言和方言只能到以后再进一步探讨。本书暂时仍然按八大方言的框架，介绍缅甸语的各个方言。

第一章

缅甸语主要方言

一、缅甸的通用语仰光话

仰光话原是缅甸语中部方言区的一种方言。从一千年前缅甸第三次统一，建立蒲甘王朝时期开始（11世纪初），缅甸的政治经济文化中心一直是在上缅甸的古都蒲甘和曼德勒。

当时的文学作品也都是以宫廷文学为主，使用的语言也都以宫廷语言为主，用词绚丽典雅，用语隆重华贵，自然被推崇为官方语言。自从英殖民主义者先后发动三次侵缅战争，最后占领了曼德勒，变缅甸为英殖民地。1885年后，英语就成为缅甸的官方语言。缅甸的政治经济文化中心由曼德勒逐渐向海港城市仰光转移。直到1948年，缅甸人民经过几十年不屈不挠的斗争，取得了民族独立斗争的胜利。缅甸人民从此摆脱了英帝国主义的殖民统治，缅甸政府将缅甸语定为正式的官方语言。现代缅甸语的仰光话就成为缅甸的通用语。

仰光话属于缅甸语中部方言，中部方言流传于北自曼德勒，南至仰光，贯穿缅甸南北的伊洛瓦底江流域和伊洛瓦底江入海口的三角洲地区的缅甸本民族的语言。缅甸中部方言区主要城市有：

曼德勒、蒲甘、卑谬、勃生、勃古、仰光等。曼德勒和蒲甘都曾是古代缅甸的京城，曾经是辉煌一时的缅甸政治经济文化中心。仰光市实际上是个后起之秀的城市。仰光话是在古缅甸语基础上融合了许多方言和外来语而形成的，因此她的面貌与古缅甸语有很大的差别。例如：缅甸古文（主要是 11 世纪左右的缅甸文碑铭）中反映出来的缅甸古音中的许多复辅音声母、塞音和鼻辅音的韵尾辅音已经消失和变化，声调趋于完整和固定，等等。百年来，仰光－曼德勒方言（中部方言）起了很大的变化，但是中部方言仍然还是缅甸语的主体部分。从语法方面来看，缅甸语方言与仰光话之间没有很大的差别，但是因为各方言之间在语音和助词方面差异较大，造成不同方言区互相交流思想的困难。为了了解缅甸语方言之间的关系和异同之处，我们不能不对各方言的语音系统、词汇构成、遣字造句的规律有一个概要的了解。

1. 仰光话的声母部分

（1）单辅音声母有 26 个。它们是：

k，kh，g，ŋ

s，sh，z，n̥

t，th，d，n

p，ph，b，m

j，l，w，tθ

h，ʔ

tɕ，tɕh，dʑ，ɕ

（2）复辅音声母有 38 个。即：

pj，phj，bj，tj，mj，lj

kw，khw，gw，ŋw

sw，shw，zw

tw，thw，dw，nw

pw，phw，bw，mw

tɕw，tɕhw，tθw

lw，jw，hw，ɕw

hm, hn, hŋ, hȵ, hl

hlw, hmw, hnw, hlj

hmj

仰光话辅音例词：

辅音	例词	语音	词义
k	က	ka^{53}	跳舞
kh	ခါး	kha^{55}	腰
g	ကောက်သီး	gaoʔ^{24} tθi^{55}	弹子
s	စာယ်	sa^{22} ŋɛ^{22}	麻雀
sh	ဆန်	shã^{22}	米
z	ဈေး	ze^{55}	市场
t	တား	ta^{55}	阻拦
th	ထ	tha^{53}	起来
d	ဒူး	du^{55}	膝
p	ပ	pu^{22}	热
ph	ဖဲ	phɛ^{55}	绸
b	ဘဲ	bɛ^{55}	鸭
tɕ	ကျ	tɕa^{53}	掉
tɕh	ခြင်	tɕhĩ^{22}	蚊
dʑ	ဂျုံ	dʑũ^{22}	麦
	ချေးတွန်း	dʑi^{55} toũ^{55}	搓泥
m	မာ	ma^{22}	硬
n	နေ	ne^{22}	太阳
ŋ	ငါ	ŋa^{22}	我
ȵ	ညီ	ȵi^{22}	平，齐
tθ	သား	tθa^{55}	儿子
l	လ	la^{53}	月亮
w	ဝါ	wa^{22}	黄
j	ရ	ja^{52}	得到
ɕ	ရှာ	ɕa^{22}	找
h	ဟောင်း	haũ^{55}	旧
ʔ	ကျပ်	tɕaʔ^{24}	紧，窄
tj	တျူးတျူးနီ	tja^{55}tja^{55}ni^{22}	红艳艳
pj	ပြား	pja^{55}	扁
phj	ဖျာ	phja^{22}	凉席
bj	ပြောင်းပြန်	bjaũ^{55} bjã^{22}	颠倒

（续表）

辅音	例词	语音	词义
mj	မြေ	mje^{22}	土地
lj	အလျား	ə lja^{55}	长（度）
kw	ကွာ	kwa^{22}	差别
khw	ခွေး	$khwe^{55}$	狗
gw	ကွက်	$gwɛʔ^4$	格，方块
tw	တွေ့	twe^{53}	遇见
thw	ထွာ	$thwa^{22}$	拃
dw	ဒွေးတော်	$dwe^{55}\ dɔ^{22}$	继母
pw	ပွဲ	$pwɛ^{55}$	戏
phw	ဖွဲ	$phwɛ^{55}$	糠
bw	ဘွဲ့	$bwɛ^{53}$	称号
sw	စွဲ	$swɛ^{55}$	上瘾
shw	ဆွဲ	$shwɛ^{55}$	拉
zw	ဇွဲ	$zwɛ^{55}$	毅力
tɕw	ကြွေး	$tɕwe^{55}$	债
tɕhw	ချွေး	$tɕhwe^{55}$	汗
mw	မွေး	mwe^{55}	生，养
	မွေ	mwe^{22}	蛇
nw	နွား	nwa^{55}	牛
	နွေး	nwe^{55}	暖和
ŋw	ငွေ	$ŋwe^{22}$	银
tθw	သွေး	$tθwe^{55}$	血
lw	လွဲ	$lwɛ^{55}$	错过
jw	ရွက်	$jwɛʔ^4$	页
ɕw	ရွှေ	$ɕwe^{22}$	金
hm	မှန်	$hmã^{22}$	正确
hn	နှေး	hne^{55}	慢
hŋ	ငှား	$hŋa^{55}$	借
hɲ	ညှီ	$hɲi^{22}$	腥
hl	လှ	hla^{53}	美丽
hw	ဟွေ့	hwe^{53}	挥舞
mjw	မွှေ	mwe^{22}	蛇
hlw	လွှဲ	$hlwɛ^{55}$	移交
hmw	မွှေး	$hmwe^{55}$	香
hnw	နွှာ	$hnwa^{22}$	剥
hlj	လျှပ်	$hljaʔ^{44}$	电
hmj	မျှ	$hmja^{53}$	平均

仰光话中的辅音音位的描写和说明：

① 缅甸语本身没有唇齿音 f、v 音位，只是在拼读外来词中出现，有时将它们读作 ph、b。

② 缅甸语中的 ဟ/ha/ 实际语音为 x。因 h 有表示送气的作用，故将 x、h 合并成一个 h。

③ 在缅甸文中表示舌尖硬腭音 t、th、d 和边音 l 有两套书写字母。一套是专门用来拼写梵文、巴利文外来词用，过去是有区别的，是顶音（书写时，在字母下加一点），后来两套字母读音变成一样，形成缅甸文中部分同音异体字。即：တ、ထ、ဒ、ဓ、လ 和 ဋ、ဌ、ဍ、ဎ、ဠ。

④ 浊音 g、d、b、z 在缅甸文中也有两套写法，一套表示浊音，另一套表示浊送气音后来送气音消失，形成缅甸文中又一套同音异体字（与上列第 3 条情况相同，一套是专门拼写外来词用即：ဃ、ဎ、ဘ、ဈ，原来是送气浊音 gh、dh、bh、zh，后来送气浊音消失，就与一般浊音，ဂ、ဒ、ဗ、ဇ 同音形成四对同音异体字）。

⑤ 在古缅甸语中，有闪音 r，但到现代缅甸语中，闪音很少，只是在部分方言（如土瓦、东友、若开、茵达等方言）中还存在，在标准话中，只出现在拼写英语等外来词时用。如：ရေဒီယို/re di jo/ 无线电、收音机，ရေဒါ/re da/ 雷达等。

⑥ 塞擦音 tθ 在语音中常常变成浊音 dð，但是它并不起区别意义的作用，因此将这两个音作为一个音位的两个变体处理。

⑦ m、n、ŋ、ȵ 等鼻辅音可与 h 合成复辅音，使鼻辅音变成清化鼻辅音 m̥、n̥、ŋ̊、ȵ̊。

⑧ 鼻辅音 m 和 j w 结合而成的三辅音声母，在发音时往往丢失 j 音。如：mjwe ⟶ mwe 蛇。

⑨ 由 hlj 组成的三辅音声母在发音时往往变成 ç。如：လျှောက်/hljauʔ⁴⁴/ ⟶ çauʔ⁴⁴/ 走路。

⑩ 双唇音 p、ph、b、m 等与前高元音相拼时，往往有一增音 j 出现。如：mi ⟶ mji 名字。

⑪ tɕ、tɕh、dʑ 等塞擦音实际上是古缅语复辅音 kj、khj、gj 逐步颚化的结果。因此在文字上仍保持着古缅文的复辅音面貌，语音却变成了现代

仰光话中的塞擦音。例如：ကျ： 按书面文字转写为 /kjaː/，但是语音却是 →→/tçaː/ 听见。

⑫ 缅甸文中有 hl、hr 等复辅音，但在仰光话中语音为 ɬa 和 ça。

⑬ 缅甸文中有一个特殊的字母，就是 အ，它既可以代表一个元音字母 "a"，又可以代表一个辅音（ʔ）。在零声母情况下，它是元音字母，可以单独成一音节。但是，在古缅文中，它又能代表一个辅音（ʔ），加在音节的最后，作为韵尾辅音出现。如：缅甸古碑文中的 ၎င်း，现代缅甸语中成为 ၎င်း。在现代缅甸语中，它能代表辅音 ʔ，在书写时它与元音符号结合，构成一个音节。例如：အ 与元音符号（ိ）拼，成为一个完整的音节 အိ/iˀ/，其中的 အ 代表声母（ʔ）。အ 与元音符号 ိုက်/ai ʔ/ 结合成为一个音节，အ 在这音节中只起了一个（ʔ）声母的作用。

2. 仰光话的韵母部分

仰光话的韵母有单元音组成的，也有双元音组成的，但是，双元音组成的韵母只出现在鼻化元音韵母和短促元音韵母中。

单元音韵母有：a, i, u, e, ɛ, o, ɔ

鼻化元音韵母有：ã, ĩ, ũ, aĩ, eĩ, oũ, aũ

短促元音韵母有：aʔ, ɪʔ, uʔ, ɛʔ, aɪʔ, eɪʔ, ouʔ, auʔ

元音韵母表

单元音				促元音		鼻元音					
အ အ့	a^{53}	အာ	a^{22}	အား	a^{55}	အပ် အတ်	$aʔ^{44}$	အံ့ အမ့် အန့်	$ã^{53}$	အံ အမ် အန်	$ã^{22}$	အံး	$ã^{55}$
အိ	i^{53}	အီ	i^{22}	အီး	i^{55}	အစ်	$ɪʔ^{44}$	အင့် အဉ့်	$ĩ^{53}$	အင် အဉ်	$ĩ^{22}$	အင်း	$ĩ^{55}$
အု	u^{53}	အူ	u^{22}	အူး	u^{55}	အွတ် အွပ်	$uʔ^{44}$	အွံ့ အွမ့် အွန့်	$ũ^{53}$	အွံ အွမ် အွန်	$ũ^{22}$	အွန်း အွမ်း	$ũ^{55}$
အေ့	e^{53}	အေ	e^{22}	အေး	e^{55}	အိတ် အိပ်	$eɪʔ^{44}$	အိန့် အိမ့်	$eĩ^{53}$	အိန် အိမ်	$eĩ^{22}$	အိန်း အိမ်း	$eĩ^{55}$
အဲ့	$ɛ^{53}$	အယ်	$ɛ^{22}$	အဲ	$ɛ^{55}$	အက်	$ɛʔ^{44}$						

（续表）

单元音			促元音	鼻元音			
အော့ ɔ⁵³	အော် ɔ²²	အော ɔ⁵⁵					
အို့ o⁵³	အို့ o²²	အိုး o⁵⁵	အုတ် ouʔ⁴⁴ အုပ်	အုံ့ oũ⁵³ အုန့် အုမ့်	အုံ oũ²² အုန် အုမ်	အုံး oũ⁵⁵ အုန်း အုမ်း	
			အိုက် aɪʔ⁴⁴	အိုင့် aĩ⁵³	အိုင် aĩ²²	အိုင်း aĩ⁵⁵	
			အောက် auʔ⁴⁴	အောင့် aũ⁵³	အောင် aũ²²	အောင်း aũ⁵⁵	

关于元音韵母的几点说明：

① 仰光话中单元音韵母共有 7 个，即：a, i, u, e, ε, ɔ, o。

② 单元音韵母的音节有三个声调。即：高降调（调值为 53）、低平调（调值为 22）、高平调（调值为 55）。

③ 仰光话中的双元音韵母只出现在短促元音和鼻元音中。

④ 鼻元音韵母与单元音韵母一样有三个声调，即：高降调（调值为 53）、低平调（调值为 22）、高平调（调值为 55）

⑤ 在鼻元音的表格中有的有两种、有的有三种不同的写法，但是在现代仰光话中分别发相同的音。这种同音异体字的产生，是历史语音变化的结果。在历史上，有韵尾辅音如 k、t、p、m、n、ŋ 等，发音各不相同，文字上也有区别，辅音韵尾体现在文字上就是 က်、တ်、ပ်、မ်、န်、င် 等。

⑥ 古缅甸语中的韵尾辅音 k、t、p 后来演变成喉塞音 ʔ。到后来，喉塞音又分化成两个结果：一个是保持喉塞音作为韵尾的原来面貌，如土瓦、茵达方言；而另一个结果是塞音韵尾促使元音变得短促，语音尽量缩短，并且使韵母元音趋向于紧喉。因此我们将这类短促韵母归入专门的声调之中，成为现代仰光话中的第四类声调即短促调（调值为 4 或 44）。

⑦ 仰光话中的鼻化韵母也是由古缅甸语中的鼻辅音 m、n、ŋ 等使韵母元音鼻化后形成，因而造成鼻化元音产生了不少的同音异体字。有些一个鼻化元音有三种不同字体，如上表中的 ã、ĩ、ũ 等。

⑧ 由于辅音韵尾鼻化的影响，ĩ 的实际音应为 ĩ̄，ũ 的实际音应为 ṹ。

⑨ 缅甸语中的双元音都是前响型的，发音时口腔从前一个音的口型开始，向后一个元音变化，但是后一个元音只是一个变化的趋向，口腔并不一定变化到位。

⑩ 因此，按照现代缅甸语仰光话的语音来分析，仰光话中只有 22 个韵母。（而按古缅甸语的不同韵尾的情况来分析，缅甸语的韵母数目就会增加很多。）

（1）仰光话中的单元音韵母

仰光话韵母	例词	词义
a	ငါး /ŋa⁵⁵/	鱼
i	မီး /mi⁵⁵/	火
i	ချေး /tɕhi⁵⁵/	借
i	မြည်း /mji⁵⁵/	尝
u	လူ /lu²²/	人
e	သေ /θe²²/	死
ɛ	သဲ /tθɛ⁵⁵/	沙
ɔ	ပေါ် /pɔ²²/	出现
o	မိုး /mo⁵⁵/	雨

（2）鼻元音

缅甸语标准音中的鼻元音	例词	词义
ã	ပန်း /pã⁵⁵/	花
ã	စမ်း /sã⁵⁵/	试
ã	စံ /sã²²/	模范
ĩ	ဆင် /shĩ²²/	象
ĩ	စင် /sĩ²²/	干净
ĩ	စဉ်းစား /sĩ⁵⁵ za⁵⁵/	想
ĩ	ပင်ပန်း /pĩ²² bã⁵⁵/	累

(续表)

缅甸语标准音中的鼻元音	例词	词义
ũ	ဇွန်း /zũ⁵⁵/	匙
	ဂွမ်း /gũ⁵⁵/	棉花
eĩ	သိမ်း /tθeĩ⁵⁵/	收
	သိန်း /tθeĩ⁵⁵/	十万
oũ	အားလုံး /a⁵⁵ lõ⁵⁵/	全部
	ကုန် /koũ²²/	完
	မုန့် /moũ⁵³/	糕饼
	ခေါင်းအုံး /gaũ⁵⁵ oũ⁵⁵/	枕头
	စုန်း /oũ⁵⁵/	巫师
aĩ	ဝိုင်း /waĩ⁵⁵/	圆
aũ	တောင် /taũ²²/	山

（3）短促元音

仰光话中有带喉塞音韵尾的韵母，它不仅带有喉塞音的韵尾，而且因为喉塞音韵尾的出现，影响到韵母元音，使元音更加短促，并带有紧喉的色彩。故而我们将带喉塞音韵尾的音节单独成一类声调，与单元音和鼻辅音韵尾的三个声调一起，形成缅甸语中的第四个声调。

仰光话中短促元音	例词	词义
aʔ	အပ် /aʔ⁴⁴/	针
	ပတ် /paʔ⁴⁴/	缠绕
ɪʔ	ဆစ် /shɪʔ⁴⁴/	节
uʔ	ကြွပ် /tɕuʔ⁴⁴/	脆
eiʔ	အိပ် /eiʔ⁴/	睡
	အိတ် /eiʔ⁴/	袋
ɛʔ	ကြက်သား /tɕɛʔ⁴⁴ tθa⁵⁵/	鸡肉
	ဖက် /phɛʔ⁴⁴/	拥抱

仰光话中短促元音	例词	词义
auʔ	ကောက် /kauʔ⁴⁴/	弯
	ကောက် /kauʔ⁴⁴/	稻
ouʔ	မှုတ် /hmouʔ⁴⁴/	吹
	လှုပ် /hlouʔ⁴⁴/	抖动
aiʔ	အမှိုက် /ə hmaiʔ⁴⁴/	垃圾
	ကြိုက် /tɕaiʔ⁴⁴/	喜欢
	လိုက် /laiʔ⁴⁴/	追

3. 仰光话中的声调

现代缅甸语与大多数汉藏语系的语言一样，是一种有声调的语言。缅甸语的声调与声母、韵母结合成一个整体，成为每个音节不可或缺的组成部分。声调是音节发音高低，升降、曲直状况，它有区别词义的功能。例如：仰光话中的 က/ka⁵³/跳舞、ကာ/ ka²²/ 围、ကား/ ka⁵⁵/ 车、ကပ်/ kaʔ⁴⁴/靠近。从语音上看，它们的声母、韵母都相同，只是声调各不相同，意义也就不同。声调与声母、韵母互相之间都有一定的制约关系。也就是说，声母、韵母发生变化，声调也会随之发生变化。

缅甸语的声调特征与汉语、藏语以及我国许多少数民族语言的声调有许多共同之处。从声调的产生和发展、声调的特点和作用、声调的变化等方面都可以找到相似之处。

关于缅甸语中有几个声调，还有不同的分歧意见。[①] 我们认为有四个声调，即高平、低平、高降、短促。它们的调类、调值如下：

调类	低平调	高降调	高平调	短促调
调值	22	53	55	4(或 44)
例词	မ/ma²²/ 硬	မ/ma⁵³/ 抬，举	မား/ma⁵⁵/ 高大	မတ်/maʔ⁴⁴/ 陡峭
	ပိ/pi²²/ 准确	ပိ/pi⁵³/ 压	ပီး/pi⁵⁵/ 结束	ပစ်/piʔ⁴⁴/ 射击
	ကု/ku²²/ 帮	ကု/ku⁵³/ 医治	ကူး/ku⁵⁵/ 渡	ကွပ်/kuʔ⁴⁴/ 杀死

---

① 参见汪大年：《缅甸语概论》，北京大学出版社，1997 年，第 55 页。

缅甸语的声调符号：缅甸语中的元音在书写时，有一部分有元音字母，在零声母时可直接用元音字母表示。如：a^{53}写作 အ，i^{53}写作 ဤ，u^{53}写作 ဉ。

但是，在缅甸文中，表示声调的区别是用各种不同的符号来表示的。例如：

单元音声母的元音和声调符号

单元音	符号	高降调	低平调	高平调
a	无	无	-ာ	-ား
i	上加	-ိ	-ီ	-ီး
u	下加	-ု	-ူ	-ူး
e	前加	ေ-့	ေ-	ေ-း
ɛ	上加、后加	-ဲ့	-ယ်	-ဲ
ɔ	前后加	ေ-ာ့	ေ-ာ်	ေ-ာ
o	上下加	-ို့	-ို	-ိုး

大多数情况下，在右下角加一点（-.）表示高降调，后面加两点（-：）为高平调。

当韵母为鼻化音时，有许多声调符号是由古缅甸语中的韵尾辅音上加一小勾（ ်）组成。声调的区别与单元音相同。（高降调为右下角加一点表示；高平调为后面加两点表示。低平调一般不加点，是鼻化元音的元音符号上加一小勾。）例如：

鼻化元音	高降调	低平调	高平调
ã	-ံ့ ｜ -န့် ｜ -မ့်	-ံ ｜ -န် ｜ -မ်	-န်း ｜ -မ်း
ĩ	- ိံ့ ｜ -ိန့်	- ိံ ｜ -ိန်	- ိံး ｜ -ိန်း
ũ	-ုံ့ ｜ -ုန့် ｜ -ုမ့်	-ုံ ｜ -ုန် ｜ -ုမ်	-ုံး ｜ -ုန်း
ẽɪ	-ိံ့ ｜ -ိန့်	-ိံ ｜ -ိန်	-ိံး ｜ -ိန်း
oũ	-ုံ့ ｜ -ုန့်	-ုံ ｜ -ုန်	-ုံး ｜ -ုန်း
ãɪ	-ိုင့်	-ိုင်	-ိုင်း
aũ	ေ-ာင့်	ေ-ာင်	ေ-ာင်း

当韵母为带喉塞韵尾（ʔ）时，我们称之为"短促声调"。这是古缅甸

语中的 k、t、p 韵尾辅音在历史音变的结果。① 因此，元音和声调符号中都带有那些辅音字母加（ ်）的现象。例如：

短促调	元音和声调符号
aʔ⁴⁴	－တ် ｜ －ပ်
iʔ⁴⁴	－စ်
uʔ⁴⁴	ုတ် ｜ ုပ်
εʔ⁴⁴	－က်
eɪʔ⁴⁴	ိတ် ｜ ိပ်
ouʔ⁴⁴	ုတ် ｜ ုပ်
aɪʔ⁴⁴	ိုက်
auʔ⁴⁴	ောက်

现代缅甸语的声调在语言运用中受到各种不同因素的影响，会发生各种不同的变调现象。能影响声调变化的主要因素有语音上的相互影响，语法关系的作用以及说话人的感情等等。缅甸语声调变化主要有四种情况，即连音变调、变轻声调、语流中的变调和语法范畴的变调。连音变调在现代缅甸语仰光话中是较为普遍的现象，主要是变轻声调和清音变浊音。缅甸语中清音的音值高，浊音的音高低，但是因为缅甸语中已经有了清音和浊音的对立，就不再将清音和浊音分别归入不同的调类中，因此，将清浊之间的调值区别忽略了。在仰光话中，一种十分重要而又极为普遍的变调现象就是变轻声调。

缅甸语的轻声调与汉语的轻声调有许多相同之处。汉语的轻声调是指：说话的时候，有些字音很轻、很短。如汉语普通话中的"了""着""的"等虚词和做后缀的"子""头"等都发轻声。有些双音节的词，第二个词也发轻声，如"大夫"中的"夫"，"地方"中的"方"。在缅甸语中轻声调的现象比汉语更多。缅甸语的轻声调也只能出现在双音节或多音节词中。它是一种连续变调的现象，凡是变轻声调的，无论韵母是什么，一律变成轻读的央元音 [ə]。例如：

---

① 详见汪大年：《缅甸语与汉藏语系比较研究》，昆仑出版社，2008年，第197—221页。

tθi²²tɕhĩ⁵⁵ → dðə tɕhĩ⁵⁵　　　　歌曲

bɛ²²dðu²² → bə dðu²²　　　　　谁

kã⁵³lã⁵³ka⁵⁵ → kə lə ka⁵⁵　　　幕布

ja²² za⁵³ wĩ²² → ja²² zə wĩ²²　　历史

　　轻声调在缅甸语中没有一定的调值，往往受到后一音节声调的影响。如果后一音节的声调高，轻读的调值就高；后面的声调低，则轻声调调值就低。不过轻声调调值的高低并不影响和改变词义，因此它不起调位作用。我们不再严格区别轻声调的调值。由于这些原因轻声调作为一种语言现象，在缅甸语中普遍存在，是值得人们注意的。但它不像其他声调那样，与声、韵母结合在一起，形成一个不可分割的整体。所以我们并不把轻声列成一类声调，只是把它作为变调现象处理。

4. 关于仰光话中的音节结构

　　缅甸语的音节结构主要形式为：

(P)　C　(S)　V　V　C(f)　T
前置　辅音　后置　元音　元音　韵尾　声调
{　　声　母　}　{　韵　母 }　{声调}

　　仰光话和各方言的音节结构基本相同，差别在于声母中有没有前置辅音或后置辅音，韵母中元音是单元音还是双元音，韵尾是喉塞音还是塞音，还是鼻辅音。

　　仰光话中过去古缅甸语中的许多语音都已发生变化，例如：复辅音声母变成了单辅音声母；塞音韵尾变成短促声调；鼻音韵尾使元音鼻化等等。现代仰光话的韵母就比较简单，组成的音节也比较简单。共有下列几类音节构成：（下列表中的 V 代表元音，C 代表辅音，T 代表声调）

序号	音节类型	例词	词义
①	V T	i²²	这
②	CVT	la²²	来
③	CCVT	pja⁵³	出示
④	CCCVT	hmja⁵³	平均

（续表）

序号	音节类型	例词	词义
⑤	VVT	aũ²²	胜利
⑥	CVVT	kaũ⁵⁵	好
⑦	CCVVT	pjaũ⁵⁵	变化
⑧	CVCT	paʔ⁴⁴	围绕
⑨	CVVCT	kauʔ⁴⁴	拾、捡
⑩	CCVVCT	pjauʔ⁴⁴	丢失
⑪	CCCVVCT	hmjauʔ⁴⁴	鼓动

5. 仰光话中词的构造

缅甸文是一种拼音文字，一般来说，一个字是一个音节，是一个词，具有一个独立的意思。这种情况下词就是字，字就是词，两者统一了起来。但是，有些字并不能表示意义的，也并不是都能自由运用。只有意义不能自由运用的字，只能算作词素；没有意义也不能独立运用的，只能算作音节。例如：

没有意义的两个音节（或称两个字）组成一个词：

ရိုသေ/jo²² tθe²²/ 尊重　　　တိုက်ရိုက်/daiʔ⁴⁴ jaiʔ⁴⁴/ 直接

အာဏာ/a²² na²²/ 政权

有意义而不能独立运用的音节，如 ပင်/pĩ²²/ 植物的茎构成的词：

သစ်ပင်/tθiʔ⁴⁴ pĩ²²/ 树　　　ပန်းပင် /pã⁵⁵ pĩ²²/ 花枝

ကောက်ပင်/kauʔ⁴⁴ pĩ²²/ 稻株

从词的组织结构来看，缅甸语中有单纯词和合成词两种。

（1）单纯词

单纯词是由一个字组成，或是由两个或两个以上不可割的词素组成的词。例如：

① 一个音节组成的单纯词：

မိုး/mo⁵⁵/ 雨　　　ခွေး/khwe⁵⁵/ 狗

လူ/lu²²/ 人

② 一个以上音节组成的单纯词：

ဆွေးနွေး/shwe⁵⁵nwe⁵⁵/ 讨论　　ကြိုးစား/tɕo⁵⁵ za⁵⁵/ 努力

ရတနာ/jə də na²²/ 宝贝　　ပြဿနာ/pjaʔ⁴⁴ dðə na²²/ 问题

在现代缅甸语的双音节词的语音形式中有些与汉语结构相似的特殊形式，那就是双声和叠韵词。例如：

① 双声词（两个音节中的声母相同，韵母不同）：

ကောင်းကင်/kaũ⁵⁵kĩ²²/ 天空　　တောက်တဲ့/tauʔ⁴⁴ tɛʔ⁴⁴/ 蛤蚧

ဆည်းဆာ/shi⁵⁵sha²²/ 彩霞　　ညက်ညမ်း/n̪ɛʔ⁴⁴ nã⁵⁵/ 污染

② 叠韵词（两个音节中的韵母相同，声母不同）：

တိုက်ရိုက်/daiʔ⁴⁴ jaiʔ⁴⁴/ 直接　　တန်းလန်း/tã⁵⁵ lã⁵⁵/ 耷拉、悬垂

ဆွေးနွေး/shwe⁵⁵ nwe⁵⁵/ 讨论　　ချင်းနင်း/tɕhĩ⁵⁵ nĩ⁵⁵/ 浸入

（2）合成词

现代缅甸语中，绝大多数是合成词。从构造上来看，主要有下列几种类型。

① 复合式：两个不同的词素结合在一起，构成一个词。其中词素之间的关系也有多种多样。

A. 并列关系。两个词素之间是地位平等，不分轻重。例如：

မိတ်ဆွေ/meɪʔ⁴⁴ shwe²²/ 朋友　　တောရွာ/tɔ⁵⁵ jwa²²/ 乡村

စိုက်ပျိုး/saiʔ⁴⁴ pjo⁵⁵/ 种植　　အေးချမ်း/e⁵⁵ tɕhã⁵⁵/ 宁静

B. 偏正关系。一个词素描写或限定另一个词素。缅甸语中一般是前一个词素修饰后一个词素，后一个词素是整个词的重要部分。例如：

သံလမ်း/tθã²² lã⁵⁵/ 铁路　　ခဲတံ/khɛ⁵⁵ dã²²/ 铅笔

ရှင်းပြ/ɕĩ⁵⁵ pja⁵³/ 解释　　မီးဖို/mi⁵⁵ pho²²/ 火炉

C. 支配关系。后一个词素表示动作的行为，前者为受到这个词素支配或影响的事物。例如：

အမြင့်ခုန်/ə mjĩ⁵³ khoũ²²/ 跳高　　စာရေး/sa²² je⁵⁵/ 写信

မောင်းထောင်း/maũ⁵⁵ thaũ⁵⁵/ 舂米　　ရေစုပ်/je²² souʔ⁴⁴/ 抽水

D. 补充关系。前一个词素表示动作，后一个词素表示动作的结果。例如：

ဖြည့်တင်း/phje⁵³ tĩ⁵⁵/ 补充　　ပြောကြား/pjɔ⁵⁵ tɕa⁵⁵/ 说

E. 主谓关系。一个主语跟上一个谓语组成主谓式的复合词。例如：

ခေါင်းကိုက်/gaũ^{55} kaiʔ^{44}/ 头疼　　　နားအူ/na^{55} u^{22}/ 耳鸣

နားလည်/na^{55} lɛ^{22}/ 懂得　　　လေတိုက်/le^{22} taiʔ^{44}/ 刮风

② 附加和插入式：在缅甸语中常常用一个或几个音节附加或插入另一个词中构成新的词。这样的新词词义有时与词根意义相同，有时与词根意义有区别。常常附加在另一词根后的词素有 ကား、စား、ပါး 等。如：

စိမ်းကား/sẽi^{55} ga^{55}/ 陌生，生分　　　စည်ကား/si^{22} ga^{55}/ 热闹

ရမ်းကား/jã^{55} ga^{55}/ 乱来

这些词中主要意思是由第一个词素决定，后面附加的只是无意义的词素。同样，下面的合成词中主要的词根在前面，后面的只是附加的词素。如：

စေစား/se^{22} sa^{55}/ 使唤　　　ခစား/kha^{53} sa^{55}/ 供奉

ခံစား/khã^{22} za^{55}/ 享受　　　ဆုံးပါး/shoũ^{55} ba^{55}/ 去世

နည်းပါး/nɛ^{55} ba^{55}/ 少　　　နွမ်းပါး/nũ^{55} ba^{55}/ 疲惫

缅甸语中常常将 အ、တ、မ 等音节插到其他词前（作词头）或词中，构成大量的新词。这些词素本身没有任何词汇意义，在词中只起到构词的作用。例如 အ 作动词时，意为"哑"，当它加上词头 a- 时，就是原来的动词变成名词"哑巴"了。还有的加词头 a- 后由形容词变成名词，也有形容词变成副词等等。例如：

A. 形容词变名词：

词头　　形容词　　　　　　　　名词

အ　+　ကောင်း（好）　→　　အကောင်း/ə kaũ^{55}/ 好东西；好意

အ　+　လှ（美丽）　→　　အလှ/ə hla^{53}/ 美丽

အ　+　ဝေး（远）　→　　အဝေး/ə we^{55}/ 远处

B. 形容词变副词：

词头　　形容词　　　　　　　　副词

အ　+　တင်း（紧）　→　　အတင်း/ə ti^{55}/ 强行地

အ　+　မြန်（快）　→　　အမြန်/ə mjã^{22}/ 迅速地

အ　+　ခိုင်（好）　→　　အခိုင်/ə khãi^{22}/ 牢固地

C. 动词变名词：

词头　　动词　　　　　　　　名词

အ　+　လုပ်（干）　→　　အလုပ်/ə louʔ^{44}/ 工作

| အ | + | ပြော（说） | → | အပြော/ə pjɔ⁵⁵/ 口才 |
| အ | + | တွေး（想） | → | အတွေး/ə dwe⁵⁵/ 想法 |

D. 动词变副词：

词头　动词　　　　　　　　　副词

အ	+	ရောက်（到）	→	အရောက်/ə jauʔ⁴⁴/ 到来
အ	+	ပြီး（结束）	→	အပြီး/ə pi⁵⁵/ 完
အ	+	ပြတ်（断）	→	အပြတ်/ə pjaʔ⁴⁴/ 彻底地

E. 形容词或动词加上两个"a"变成名词或副词：

词头　形容词或动词　　　　　　名词或副词

အ	+	ခိုင်မာ（牢固）	→	အခိုင်အမာ/ə khãĩ²² ə ma²²/ 肯定地
အ	+	စုံလင်（齐全）	→	အစုံအလင်/ə soũ²² ə lĩ²²/ 齐全地
အ	+	မှတ်သား（记录）	→	အမှတ်အသား/ə hmaʔ⁴⁴ ə tθa⁵⁵/ 记号

缅甸语中能够当作词头或能插入其他词中的有很多，常见的有 အ、တ、ပ。有时有两个不同的字插入一个词中，使原来的动词或形容词变成副词。例如：

词头　动词或形容词　　　　　　副词

အတ	+	မြတ်နိုး（珍视）	→	အမြတ်တနိုး/ə mjaʔ⁴⁴ də no⁵⁵/ 珍视地
အတ	+	ပျော်ပါး（欢乐）	→	အပျော်တပါး/ə pjɔ²² də ba⁵⁵/ 欢乐地
တ	+	အရေးကြီး（重要）	→	အရေးတကြီး/ə je⁵⁵ də dʑi⁵⁵/ 急切地

③ 重叠式：仰光话中还有一类重要的构词形式就是重叠。通过重叠方式构成的新词不仅改变了原来的词性，往往也改变原来的词义。重叠的方式也比较多，有些是完全重叠，有些是不完全重叠。

所谓完全重叠就是词重叠时全部音节都重叠，例如：

ရိုသေ（尊敬）	→	ရိုရိုသေသေ/jo²²jo²²tθe²²ðe²²/ 尊敬地
လှပ（漂亮）	→	လှလှပပ/hla⁵³hla⁵³pa⁵³pa⁵³/ 漂漂亮亮地
ခဏ（一会儿）	→	ခဏခဏ/khə na⁵³khə na⁵³/ 不时地，常常

不完全重叠是指重叠时往往是后一个音节重叠。缅甸语中能够重叠的词很多。例如：

A. 名词重叠：缅甸语中很少像汉语名词一样，可以有大量的名词完全重叠形成新词，例如人人、处处、家家等。可是缅甸语中的名词可以不完全重叠构成新词。如：

မျိုး（名词，种类）→ အမျိုးမျိုး（副词，各种各样）
ပြည်（名词，国家）→ အပြည်ပြည်/ə pji²² pji²²/（副词，各国）
ဆက်（名词，朝代）→ အဆက်ဆက်/ə shɛʔ⁴⁴ shɛʔ⁴⁴/（副词，历代）

B. 代词重叠：缅甸语中这类重叠词一般表示不定指，表示所指对象不明。还有一种往往是用在口语中，实际上有一定的内容，但说话人不愿意明指，用一个含糊的的口吻表示。例如：

သူသူငါငါလိုလူ /tθu²²tθu²²ŋa²²ŋa²²lo²²lu²²/ 像你我一样的人
ဟိုဟိုဒီဒီကြည့် /ho²²ho²²di²²di²²tɕi⁵³/ 东张西望地看
ဘယ်သူဘယ်သူရှိတယ် / bə ðǒu²² bə ðǒu²²ɕi⁵³ dɛ²²/ 有谁……谁……

C. 量词重叠：缅甸语的量词重叠往往要加前加成分 အ｜တ 。例如：

တယောက်ယောက်လာပါ /də jauʔ⁴⁴jauʔ⁴⁴la²² ba²²/ 随便来一个人就行
တခုခုရွေးပါ /də khu⁵³khu⁵³jwe⁵⁵ ba²²/ 请任选其中之一

D. 形容词重叠：形容词重叠后可有两种情况，一是重叠后放在名词后作修饰语，表示比较级的意思。例如：

ရုပ်ရှင်ကောင်းကောင်း/jouʔ⁴⁴ɕĩ²² kaũ⁵⁵kaũ⁵⁵/ 比较好的电影
စက္ကူပါးပါးယူခဲ့ပါ/sɛʔ⁴⁴ku²²pa⁵⁵ba⁵⁵ju²²gɛ⁵³ba²²/ 拿比较薄的纸来。

另一种情况是形容词重叠后作副词修饰动词。例如：

မြန်မြန်သွားပါ/mjã²²mjã²²tθwa⁵⁵ba²²/ 快去吧！
သေသေချာချာကြည့်ပါ/tθe²²ðe²²tɕha²²dʑa²²tɕi⁵³ ba²²/ 看仔细点。

E. 动词重叠：动词重叠后常常变成副词，有时动词重叠词性不变，但词义却往往变了，表示"不管""任意""无论"之意。例如：

变词性的：

动词   副词
ပျော် /pjɔ²²/ 高兴   ပျော်ပျော် /pjɔ²²ɕwĩ²²/ 愉快地
လုပ်ရှား /hlouʔ⁴⁴ɕa⁵⁵/ 活动 လှုပ်လှုပ်ရှားရှား /hlouʔ⁴⁴ hlouʔ⁴⁴ɕa⁵⁵ ɕa⁵⁵/ 活跃地

不变词性的：

| 动词 | 动词 |

လုပ် /louʔ⁴⁴/ 干　　　　လုပ်လုပ်မလုပ်လုပ်ခင်ဗျားသဘောပေါ် /louʔ⁴⁴louʔ⁴⁴mə louʔ⁴⁴louʔ⁴⁴khə mja⁵⁵dðə bɔ⁵⁵po⁵³/ 干不干随你。

ရေး /je⁵⁵/ 写　　　　တစ်ပုဒ်ရေးရေးနှစ်ပုဒ်ရေးရေးကြိုက်သလိုရေးပေါ့/tə pouʔ⁴⁴je⁵⁵je⁵⁵ hnə pouʔ⁴⁴ je⁵⁵je⁵⁵tɕaɪʔ⁴⁴ tθə lo²²je⁵⁵ba²²/ 写一篇写两篇随你。

F. 副词重叠：副词重叠后往往仍是副词。例如：

| 副词 | 副词 |

ခဏ /khə na⁵³/ 一会儿　　ခဏခဏ/khə na⁵³khə na⁵³/ 经常地

ပိုမို /po²²mo²²/ 更加　　　ပိုပိုမိုမို /po²²po²²mo²²mo²²/ 有富余地

总之，在缅甸语中通过复合、附加和插入及重叠的方式可以构成大量的新词。极大地扩展了词汇的数量，也增加了许多词汇表达丰富多彩的感情和生动细腻的修辞色彩的能力。这些构词方式在其他方言中都是大同小异。因此，后面的方言介绍中就不再一一详细说明，相同之处将删繁为简或一笔带过。

6. 仰光话的词类

仰光话的词类划分如下：名词、代词、数词、量词、形容词、动词、助动词、副词、连词、助词、感叹词、拟声词，共十二类。这些词类有许多与其他语言相同的特点和结构，在此不作全面和详细的探讨。但为了更好地了解现代缅甸语的面貌以及缅甸语方言的情况，特将缅甸语的每种词类最为突出的地方概要作一介绍。[1]

（1）缅甸语的名词没有性、数、格的变化。最突出的是有一类"动名词"，它往往是由动词加上词头或词缀构成，或是在动词中加上一定的附加成分。它在句子中作名词用。它既有动词的性质，可以受副词的修饰和限制，又有名词的性质，可以受形容词、代词、名词等的修饰。缅甸语的

---

[1] 欲了解详细的情况，可参阅汪大年：《缅甸语概论》，北京大学出版社，1997年。

名词中有许多外来语借词，主要来自于随着佛教文化传入缅甸的梵文、巴利文，英殖民主义者的侵入带来的大量英语借词，以及民族迁徙、文化交流。缅甸语中还存在许多印地语、汉语、孟文等外来借词。

（2）缅甸语的代词有男用、女用的差别，又有尊称、谦称、卑称的不同。请见下表：

人称		我	你	他
男用	尊称		ခင်ဗျား /kə mja⁵⁵/	
	谦称	ကျွန်တော် /tɕə nɔ²²/		
	卑称	ကျွန်တော်မျိုး /tɕə nɔ²² mjo⁵⁵/	နင် /nĩ²²/	သင်း /dðĩ⁵⁵/
	一般	ငါ /ŋa²²/ ကိုယ် /ko²²/ ကျုပ် /tɕouʔ⁴⁴/ ကျွန်ုပ် /tɕə nouʔ⁴⁴/	သင် /tθĩ²²/ မင်း /mĩ⁵⁵/	သူ /tθu²²/
女用	尊称		ရှင် /ɕĩ²²/	
	谦称	ကျွန်မ /tɕə ma⁵³/		
	卑称	ကျွန်တော်မျိုးမ /tɕə nɔ²² mjo⁵⁵ ma⁵³/	နင် /nĩ²²/	သင်း /dðĩ⁵⁵/
	一般	ငါ /ŋa²²/ ကိုယ် /ko²²/ ကျုပ် /tɕouʔ⁴⁴/	တော် /tɔ²²/ ညည်း /ɲi⁵⁵/	သူ /tθu²²/

注：上列表中国际音标注的是仰光口语音。

（3）数词和量词在缅甸语中是不同的两类词。数词有名词的性质，可以单独用，如名词，但量词就不能单独作名词。

① 缅甸语中量词分两种：名量词和动量词。动量词数量较少，常用的只有ခါ /kha²²/ 次，ကြိမ် /tɕẽĩ²²/ 次，ခေါက် /khauʔ⁴⁴/ 趟，以及ချက် /tɕhɛʔ⁴⁴/ 下、记、顿等几个。名量词则数量较多，有：

A. 借用名词或动词临时作量词的（也称"兼类量词"），如：

ဆန်တစ်အိတ် /shã²² tə eɪʔ⁴⁴/ 一<u>袋</u>米　　ဆီတစ်ပုလင်း /shi²² də bə lĩ⁵⁵/ 一<u>瓶</u>油

ပန်းတစ်အိုး /pã⁵⁵ də o⁵⁵/ 一<u>盆</u>花

B. 缅甸语特有量词：

ဦး 用于有地位、有名望或比自己年长的人的量词，如：

ဝန်ကြီးချုပ်တစ်ဦး /wũ²² dʑi⁵⁵dʑouʔ⁴⁴ də u⁵⁵/ 一位总理

ရှေ့နေတစ်ဦး /ɕe⁵³ne²²tə u⁵⁵/ 一位律师

ရွာသူကြီးငါးဦး /jwa²²dðə dʑi⁵⁵ ŋa⁵⁵ u⁵⁵/ 五位村长

ကောင် 用于一切飞禽走兽，有时也用于小孩或表示侮辱、蔑视的人，如：

ခွေးတစ်ကောင် /khwe⁵⁵ də gaũ²²/ 一条狗

ငါးသုံးကောင် /ŋa⁵⁵ tθoũ⁵⁵ gaũ²²/ 三尾鱼

ဆင်ငါးကောင် /shĩ²² ŋa⁵⁵gaũ²²/ 五头象

C. 根据形状选用的量词，如：

ကြိုးတစ်ချောင်း /tɕo⁵⁵ də tɕhaũ⁵⁵/ 一条绳子

မြစ်တစ်သွယ် /mjɪʔ⁴⁴ də tθwɛ²²/ 一条河

တိုက်တစ်လုံး /taɪʔ⁴⁴ də loũ⁵⁵/ 一幢楼

D. 反身量词：它是一种不特定的量词，用重复它原来的或是有关的名词来计算物体数量的单位。如：

ကျောင်းတစ်ကျောင်း /tɕaũ⁵⁵ də tɕaũ⁵⁵/ 一所学校

ရွာတစ်ရွာ /jwa²² də jwa²²/ 一个乡村

မျက်နှာတစ်မျက်နှာ /mjɛʔ⁴⁴ hna²² də mjɛʔ⁴⁴hna²²/ 一张脸

အောင်ပွဲတစ်ပွဲ /aũ²²bwɛ⁵⁵də bwɛ⁵⁵/ 一次胜利

E. 外来语量词。如：

မီတာ /mi²² ta²²/ 米　　　ကိုက် /gaiʔ⁴⁴/ 码　　　ဂါလံ /ga²² lã²²/ 加仑

② 数量词常常连在一起用作形容词。它们可以放在名词前，也可以放在名词后。放在名词前需要加定语助词，放在名词后不用加定语助词。如：လူတစ်ယောက်（一个人，数量词在名词后作形容词用），တစ်ယောက်သောသူ/tə jauʔ⁴⁴tθɔ⁵⁵tθu²²/（一个人，数量词加定语助词 သော 在名词前作形容词用）。

缅甸语中的序数词第一至第十一般都借用巴利文中的序数词。

缅甸语中的月份、周日都有专门的名称，不用序数词来表示。例如：

缅甸文	月份、周日
တန်ခူးလ /də gu⁵⁵ la⁵³/	一月
ကဆုန်လ /gə zoũ²² la⁵³/	二月
နယုန်လ /nə joũ²² la⁵³/	三月
ဝါဆို /wa²² sho²² la⁵³/	四月
ဝါခေါင် /wa²² gaũ²² la⁵³/	五月
တော်သလင်းလ /tɔ²² də ʃi⁵⁵ la⁵³/	六月
သီတင်းကျွတ်လ /tθə di⁵⁵ tɕuʔ⁴⁴ la⁵³/	七月
တန်ဆောင်မုန်းလ /də zaũ²² moũ⁵⁵ la⁵³/	八月
နတ်တော်လ /nə dɔ²² la⁵³/	九月
ပြာသိုလ /pja²² dðo²² la⁵³/	十月
တပို့တွဲလ /də po⁵³ dwɛ⁵⁵ la⁵³/	十一月
တပေါင်းလ /də baũ⁵⁵ la⁵³/	十二月
တနင်္လာနေ့ /də ɲi⁵⁵ la²² ne⁵³/	星期一
အင်္ဂါနေ့ /ĩ²² ga²² ne⁵³/	星期二
ဗုဒ္ဓဟူးနေ့ /bouʔ⁴⁴ də hu⁵⁵ ne⁵³/	星期三
ကြာသပတေးနေ့ /tɕa²² tθə bə de⁵⁵ ne⁵³/	星期四
သောကြာနေ့ /tθauʔ⁴⁴ tɕa²² ne⁵³/	星期五
စနေနေ့ /sə ne²² ne⁵³/	星期六
တနင်္ဂနွေနေ့ /tə ɲi⁵⁵ gə nwe²² ne⁵³/	星期日

（4）形容词：缅甸语中的形容词常常作谓语用，具有动词的性质，许多人认为缅甸语中的形容词实际上是"性状动词"。但它又不完全与动词作用相同。我们还是单独划作形容词。它可以修饰名词，但因位置不同用法就不同。如果放在名词前面，一般要加定语助词 သော，如果放在名词后面，可以不用助词 သော。二者稍有区别：形容词放在后面，词的结构比较紧密。

一般情况下，表达事物的性状，有三种程度上的差别，就是一般级、比较级、最高级。这种差别各种语言用不同方式表达。英语是靠变化词尾，或加附加成分来表示。缅甸语中是靠附加成分来表示，如：一般级是形容词加定语助词 သောတဲ့（口语中用）；比较级一般是在形容词前加副词 ပို၊သာ၊သာလွန်，相当于汉语的"较、相当、更"；最高级是将形容词放入

အ . . . ဆုံး 的固定格式中组成。

（5）动词：缅甸语中的动词一般分 ① 动作动词（ပြုခြင်းကြိယာ）、② 存在动词（ရှိခြင်းကြိယာ）、③ 联系动词（ဖြစ်ခြင်းကြိယာ）三种。动作动词有及物动词及不及物动词之分。及物动词和不及物动词可以通过送气或不送气、加不加助动词"စေ"等方式互相转化。动词在句中主要做谓语。缅甸语动词本身无时、态、主动与被动的形态变化。要表示动作的时、态、式等语法范畴都是靠助词等附加成分来起作用。

（6）助动词：缅甸语中有一类词专门用来表示补充说明动作的性能和状态。大致可分为五类：①表示可能；②表示意愿；③表示必须、需要；④ 表示估计、程度；⑤ 其他。它一般不能单独回答问题，不能重叠构成新词，常常紧跟着动词，不能受否定副词的否定。大部分助动词是由动词变化而来。

（7）副词：用来修饰、限制或说明谓语的词。一般都放在被修饰词之前。缅甸语中的副词按照词义可分成下列几类：

A. 程度副词（ဂုဏ်ရည်ပြကြိယာဝိသေသန）

B. 范围副词（ပမာဏပြကြိယာဝိသေသန）

C. 时间副词（အချိန်ပြကြိယာဝိသေသန）

D. 否定副词（ဆန့်ကျင်ဘက်ပြကြိယာဝိသေသန）

E. 性状副词（နည်း၊ဂုဏ်၊ဘာဝပြကြိယာဝိသေသန）

F. 疑问副词（ပုစ္ဆာပြကြိယာဝိသေသန）

缅甸语副词的构成方法很多。例如：

① 原来就是副词。

မုချ /mou ʔ⁴⁴ tɕha⁵³/ 肯定

ရုတ်တရက် /jouʔ⁴⁴ tə jɛʔ⁴⁴/ 突然

ချက်ချင်း /tɕhɛʔ⁴⁴ tɕhĩ ⁵⁵/ 立即，马上

② 形容词、动词重叠而成。例如：

လှပ /hla⁵³pa⁵³/ 漂亮 → လှလှပပ /hla⁵³ hla⁵³pa⁵³ba⁵³/ 漂漂亮亮地

ရိုသေ /jo²² tθe²²/ 尊敬 → ရိုရိုသေသေ /jo²² jo²² tθe²² dðe²²/ 恭恭敬敬地

တုန်ရီ /toũ ²² ji²²/ 颤抖 → တုန်တုန်ရီရီ /toũ ²² toũ ²² ji²² ji²²/ 颤颤巍巍地

③ 形容词、动词插入或附加音节而形成。例如：

လှပ /hla⁵³pa⁵³/ 漂亮 +အ အ → အလှအပ /a⁵³ hla⁵³a⁵³pa⁵³/ 漂漂亮亮地

ရိုသေ /jo²² tθe²²/ 尊敬 +တ တ → တရိုတသေ /də jo²² də tθe²²/ 恭恭敬敬地

တုန်ရီ /toũ²² ji²²/ 颤抖 +က က → ကတုန်ကရီ /kə toũ²² ke ji²²/ 颤颤巍巍地

（8）连接词：缅甸语的连接词按使用方式来划分可分为单式和复式两种。

按连接成分来分有并列连接词和主从连接词。而按连接内容来分又可分反义、比拟、表时、目的、假设、因由、限制或禁止、共时、让步等等。

（9）感叹词：是句子中的独立成分，它和其他词不发生任何组合关系。一般都用在句首。例如：

A. 表惊讶：ဟေ-တကယ်လား။ /he²²də gɛ²²la⁵⁵/ 唷，是真的吗？

B. 表惊叹：အလို-တယ်လှပါလား /ə lo²² tɛ²²hla⁵³ba²²la⁵⁵/ 哟，真漂亮呀！

C. 表痛苦、伤感：အမယ်လေး-နာလိုက်တာ။ /ə mə le⁵⁵ na²²laɪʔ⁴⁴ tha²²/ 哎哟，疼死我了！

D. 表愤怒：တောက်-ငါရိုက်လိုက်ရမလား။ /tauʔ⁴⁴ ŋa²²jaɪʔ⁴⁴ laɪʔ⁴⁴ ja⁵³mə la⁵⁵/ 哼！看我不揍你！

E. 表厌恶：ထွီ-ဒီကောင် . . . /thwi²² di²²gaũ²²/ 呸！这家伙……

F. 表欢乐：ဟား-ဟား /ha⁵⁵ha⁵⁵/ 哈！哈！

G. 表呼应：ကွ။ဟေး-မောင်ဘရေ။ /he⁵³ maũ²²ba⁵³je²²/ ။ ဗျား /bja⁵⁵/ 甲：喂，貌巴！乙：哎！

（10）拟声词：它是用语音来模仿事物或自然界的声音。但是，由于模仿的人对客观的声音有不同的反映，因此各地方言中的拟声词也不相同。仰光话中描写声音的词与其他语言和方言中的就有所不同。例如：

汉语	仰光话
哇（婴儿哭声）	ဝုဲ /wu²²wɛ⁵⁵/
哞（牛叫声）	ဝတ်ထရိန် /wə thə rẽɪ²²/
呱呱（蛙叫声）	အုံအံ /wũ²² ã²²/
汪汪（狗叫声）	တဝုတ်ဝုတ် /tə wouʔ⁴⁴wouʔ⁴⁴/
快快布谷（布谷鸟叫声）	ဩော-ဩော /ouʔ⁴⁴ ɔ⁵⁵ ouʔ⁴⁴ ɔ⁵⁵/
光棍好苦（布谷鸟叫声的戏谑语）	ယောက်ဖခွေးခေါ် /jauʔ⁴⁴pha⁵³khwe⁵⁵khɔ²²/
哒！哒！哒！（机枪声）	တဒက်ဒက် တဒိုင်းဒိုင်း /tə dɛʔ⁴⁴dɛʔ⁴⁴ tə dãɪ⁵⁵dãɪ⁵⁵/

（11）助词：这是缅甸语中最有特色的一类词，它本身并无实际意义，又不能独立存在，总是跟在别的词后面起着重要的作用。有些可以作为句子成分的标志，有些可以作为词或词组的语法关系的标志，有些则可以作为各种感情色彩和语气的标志。

① 作为句子成分标志的，我们称为"成分助词"，包括主语助词、谓语助词、宾语助词、定语助词、状语助词、表语助词、引语助词等。例如：

သူ သည် ဆရာတစ်ဦး ဖြစ် သည်။ /tθu²²dði²²shə ja²²tə u⁵⁵phjɪʔ⁴⁴tθi²²/
他　（主语助）老师一位　是（句尾助词）

他是一位老师。

ဤ စာအုပ် ကို မောင်ဘ အား ပေး ပါ။ /i²²sa²²ouʔ⁴⁴go²²mau͂ ²²ba⁵³ a⁵⁵pe⁵⁵ba²²/

这　书（宾助）貌巴（间宾助）　给　吧（谓语助）

请把这书给貌巴。

သူလည်းလာမည် ဟု ပြော ၏။ /tθu²²lɛ⁵⁵la²²mi²²hu⁵³pjɔ⁵⁵i⁵³/
他也要来　（引语助）　说　（谓语助）

他说他也要来。

② 作为改变词性和词形的我们称之为"形态助词"。这些助词能将形容词、动词变成名词或名词词组，其中包括ခြင်း၊စရာ၊ ဖွယ်၊ တာ ၊မှာ ၊ ကြောင်း ၊မှန်း等等。例如：

形容词或动词　+ 形态助词　　　　→　　动名词

လုပ် / louʔ⁴⁴ / 干 + ခြင်း　　　　→　　လုပ်ခြင်း 干，动作（名词）

စား/ sa⁵⁵/ 吃 + ဖွယ်　　　　　　→　　စားဖွယ် 吃的东西

词组　　　　　　　　　　　　　　　　名词化

သူလာမှာမဟုတ်ပါ။（他将要来不是）　→　他是不会来的。

သူဘာပြောမှန်းမသိပါ။（他说什么不知道）→　不知道他在说什么。

③ 表示语气的助词叫"语气助词"。缅甸语的助词也是构成句子类型的不可缺少的部分，因此，缅甸语中将构成不同句子类型的句尾助词（谓语助词）也归入语气助词之内。例如：

မင်း ကလဲ မေ့တတ် ရန်ကော။ /mĩ⁵⁵ga⁵³lɛ⁵⁵ me⁵³taʔ⁴⁴ jã ²²gɔ⁵⁵/

你（语气助）　健忘　（语气助）

你真是的，怎么那么健忘？（埋怨、责怪）

လုပ် ကော ဘာဖြစ်လဲ။ /louʔ⁴⁴ gɔ⁵⁵ ba²² phjɪʔ⁴⁴ lɛ⁵⁵/
做（语气助） 又怎么样？

做了又怎么样？（不服气）

ကျွန်တော် အရင်ပြော ပါရစေ။ /tɕə nɔ²²ə ʃĩ ²²pjɔ⁵⁵bə ja⁵³ ze²² /
我 先说 （请别人允许自己）

请允许我先讲几句。（请求语气）

ပြော သာ ပြော မကြောက် နဲ့။ / pjɔ⁵⁵tθa²²pjɔ⁵⁵ mə tɕauʔ⁴⁴ nɛ⁵³/
讲 只 讲 别怕

尽管讲，别害怕！（鼓励、劝导）

缅甸语助词的几个特点：

A. 缅甸语中助词出现几率很高。由于缅甸语中有助词存在，每个句子成分后面都有助词表明身份，因此，词序就不如汉语那样重要。

B. 仰光话助词有书面语和口语的差别。各方言中的助词又不尽相同，因此造成不同方言区人们之间交流的困难。

C. 缅甸语的助词有较多的兼类现象。例如：

助词（က）在句子中可作：

主语助词：သူ က မပြောဘူး။ /tθu²²ga⁵³mə pjɔ⁵⁵bu⁵⁵/ 他不说。

定语助词：တောင်ပေါ် က သစ်ပင် /tãu ²²bɔ²²ga⁵³tθɪʔ⁴⁴ pĩ ²²/ 山上的树

状语助词：စာကြည့်တိုက် က လာတာပါ။ /sa²²tɕi⁵³daɪʔ⁴⁴ ga⁵³ la²²da²²ba²²/ 我是从图书馆来的。

语气助词：နံ က နံသနဲ့ ။/ nã ²²ga⁵³nã ²²tθə nɛ⁵³/ 真臭哟！

"က"在句子中还可以作连接词用，相当于汉语的"如果……的话"。

又例如：（ကို）在句子里可作宾语助词、状语助词、语气助词等。

（နဲ့）可作状语助词、定语助词、谓语助词等。

D. 助词在缅甸语中起着重要的语法作用，使用又极为普遍。但是在口语中绝大部分助词都变音。一般由清音变浊音。（参见上列例句）

E. 缅甸语助词往往可以省略。为了语言的简洁和在不影响语义表达的情况下，助词就可以省略。尤其是在双宾语句子中，往往将直接宾语挪近谓语而将助词省略。

7. 仰光话的句法

构成句子最基本的成分是主语和谓语，而缅甸语中最重要的还要数谓语，一般情况下，谓语是不能省略的。按照缅甸语的规则，谓语一定在句子的最后，并且有一定的助词作为句子的结尾。句子除了有主语、谓语外，还有宾语、定语、状语、引语等部分，而且在每个句子成分后面往往都会有成分助词跟着。

按照句子的语气来分，可分成陈述句、疑问句、祈使句及感叹句四类（一般称之为"句类"）。缅甸语句类的特点是，每种句类都有句尾助词或语气助词作为标志（下列例句中带黑线者）。例如：

陈述句：ဒီစာအုပ်ကိုငါဝယ်မယ်။ /di²²sa²²ou?⁴⁴ go²² ŋa²² wɛ²²mɛ²²/ 我要买这本书。

疑问句：ဒါခွေးလား /da²²khwe⁵⁵la⁵⁵/ 这是狗吗？

祈使句：အိုအောင်မင်းအောင်ပေါင်းရပါစေ /o²²aũ²²mĩ²²aũ²²baũ⁵⁵ja⁵³ba²²ze²²/ 愿白头偕老。

感叹句：တယ်များပါကလား/ tɛ²mja⁵⁵ba²²gə la⁵⁵/ 真多啊！

（1）缅甸语陈述句中有肯定、否定、双重否定之别。肯定句中有带 ဖြစ်（是，表肯定之意）、ရှိ（有，表存在之意）等谓语动词的句子。一般情况下，句尾有 တယ်（文章体用 သည်၊၏）表示动作的一般时态，也可以表示过去时态。句尾有 မယ်（文章体用 မည်）表示将来时态。句尾有 ပြီ 的表示已然时态。句子中有 မ...ဘူး、မ...ဘူး 表示否定和双重否定之意。例如：

သူသည်ကျောင်းဆရာတစ်ဦးဖြစ်သည်။ /tθu²²tθi²²tɕaũ⁵⁵shə ja²²tə u⁵⁵ phjɪʔ⁴⁴ dði²²/ 他是一位老师。

ကျွန်တော်လဲသွားမယ်။ /tɕə nɔ²²lɛ⁵⁵tθwa⁵⁵mɛ²²/ 我也要去。

သူလာနေပြီ။ /tθu²²la²²ne²²bi²²/ 他来了（正在走来）。

ငါမပြောဘူး။ /ŋa²²mə pjɔ⁵⁵bu⁵⁵/ 我不说。（否定句）

မရှိမရှိနဲ့။ /mə joũ²²mə ɕi⁵³nɛ⁵³/ 你还别不信。（双重否定句）

（2）缅甸语疑问句的句尾助词常用的有用在名词、名词词组或句子后的 လား、လဲ，用在动词或形容词后的 သလား、သလဲ。例如：

သူလား။ /tθu²²la⁵⁵/ 是他吗？

ဒါသူရေးတာလား။ /da²²tθu²²je⁵⁵da²²la⁵⁵/ 这是他写的吗？
သူရေးပြီးပြီလား။ /tθu²²je⁵⁵pi⁵⁵bi²²la⁵⁵/ 他写完了吗？
ဟိုဝတ္ထုကိုမင်းဖတ်ဖူးသလား။ /ho²² wuʔ⁴⁴ thu⁵³ go²² mĩ ⁵⁵phaʔ⁴⁴ phu⁵⁵ dðə la⁵⁵/ 你看过那本小说没？
ဘယ်သူလဲ။ /bə dðu²² lɛ⁵⁵/ 谁？
ဘယ်ကငှါးလာတာလဲ။ /bɛ²²ga⁵³hŋa⁵⁵la²²da²²lɛ⁵⁵/ 从哪儿借来的？
ဘယ်လောက်ကြာငှါးဖတ်နိုင်သလဲ။ /bə lauʔ⁴⁴ tɕa²²hŋa⁵⁵phaʔ⁴⁴ naĩ ²² dðə lɛ⁵⁵/ 能借阅多久？

缅甸语的疑问句中有①是非问、②特指问、③选择问、④正反问、⑤猜想问、⑥反问、⑦自问、⑧强调问等几种。

（3）缅甸语的祈使句是表示要人家做什么或不做什么的句子。例如：

命令或请求：ထလော. /tha⁵³lɔ⁵³/ 起来！
　　　　　　ထိုင်ပါ။ /thaĩ ²²ba²²/ 坐吧！
　　　　　　သွားပါစေ။ /tθwa⁵⁵ba²²ze²²/ 让他去吧！

祝愿或祈祷：ကျန်းမာပါစေ။ /tɕã ⁵⁵ma²²ba²²ze²²/ 祝你健康！
　　　　　　တူနှစ်ကိုယ်ပေါင်းရပါစေ။ /tu²²hnə ko²²paũ ⁵⁵ja⁵³ba²²ze²²/ 但愿化作比翼鸟。

命令、禁止、劝阻：မလုပ်နဲ့။ /mə hlouʔ⁴⁴ nɛ⁵³/ 别动！
　　　　　　　　　လက်မြှောက်။ /lɛʔ⁴⁴ hmjauʔ⁴⁴/ 举起手来！
　　　　　　　　　မပြောနှင့်။ /mə pjɔ⁵⁵ hnĩ ⁵³/ 别说！

（4）缅甸语的感叹句有些由感叹词组成，有些有语气助词组成，有些由一个名词组成。例如：

အရန်ကော။ /a⁵³ jã ²²gɔ⁵⁵/ 真笨！
ဘုရား-ဘုရား။ /phə ja⁵⁵ phə ja⁵⁵/ 天哪！

缅甸语句子按照句子的结构和格局来分，也可以分成单句和复句（一般称之为"句型"）。

（1）单句：
tɕaũ ⁵⁵dðə⁵⁵mja⁵⁵ga⁵³ shə ja²²mja⁵⁵go²² ə le⁵⁵pju⁵³jia⁵³dɛ²²
学生们要向老师敬礼。

（2）复句：缅甸语的复句是通过各种不同的连接词或助词将单句连接而成。单句和单句之间有各种关系，如并列关系、主从关系等，例：

tθu^{22}do^{53}tə mĩ ^{55}sa^{55}ʃĩ ^{55} ti^{55}vi^{22}（TV）tɕi^{53}tɕa^{53}dɛ^{22}

他们一边吃饭，一边看电视。

mo^{55}jwa^{22}ʃĩ ^{22}mə la^{22}dɔ^{53}bu^{55}

如果下雨，我就不来了。

注：缅甸语的其他方言除了语音方面有较大的区别外，构词法和句法部分区别不是很大，我们将仰光话做了较详细的介绍后，其他方言的共同的语言现象就可以不再重复介绍，下面几个方言部分就可以重点突出地揭示各个方言不同的特点。

二、若开方言

若开方言主要分布在缅甸西部的若开省和钦邦南部的个别地区。使用人口约 120 万左右，大部分信仰佛教。有些历史学家认为，公元 9 世纪缅甸族进入缅甸后，有一支部族向西越过若开山脉来到若开地区，与当地的原住民阿利雅人融合，发展成为今天的若开民族。历史上，若开地区曾经是一个独立的城堡国家——丁尼亚瓦底为中心的地区。

若开省面积有 2.0595 万平方千米。地形狭长，北接钦邦，西临孟加拉湾，东接若开山脉，与约方言地区为邻，为北部宽阔、南部狭长的地区。由于山脉延伸入海，境内河流多为由北向南注入孟加拉湾，沿海地区多礁石和岛屿，有然别（ရမ်းဗြဲ）、曼昂（မန်းအောင်）、若艾（ရဲ）等较为有名的大岛。

若开地区以农业为主，也从事饲养业、捕鱼业以及晒盐、木材、矿业、纺织业和手工业等。

若开方言是缅甸语方言中比较重要的一种方言。它较多地保留了古缅语的许多特征，特别是语音方面。若开方言又可分南部、中部和北部三个次方言。南部次方言受到其他方言影响，变化较大，许多语音接近仰光话；北部次方言保留古缅语的成分较多，为研究缅甸语的历史发展提供了极有价值的参考。

1. 若开方言的辅音系统

为了便于比较，我们将若开方言与缅甸语的标准话仰光话中的辅音并列如下：

仰光话中的辅音（26个）	若开方言中的辅音（27个）
k, kh, g	k, kh, g
t, th, d	t, th, d
p, ph, b	p, ph, b
s, sh, z	s, sh, z
tɕ, tɕh, dʑ	tɕ, tɕh, dʑ
m, n, ŋ, ɲ	m, n, ŋ, ɲ
tθ (dð)	tθ
l, w, j	l, w, j
ç, h, ʔ	ç, h, ʔ, r

仰光话中的复辅音（38个）	若开方言中的复辅音（48个）
	kr, khr, ŋr
	pr, phr, br
	mr, hr
pj, phj, bj	pj, phj, bj
mj, lj, tj	mj, lj, tj
kw, khw, gw	kw, khw, gw
tw, thw, dw	tw, thw, dw
pw, phw, bw	pw, phw, bw
sw, shw, zw	sw, shw, zw
tɕw, tɕhw	tɕw, tɕhw
mw, nw, ŋw	mw, nw, ŋw
tθw (dðw)	tθw
lw, jw, çw	lw, jw, rw, çw
hm, hn, hŋ, hɲ	hm, hn, hŋ, hɲ

（续表）

hl, hw	hl, hw
hlw, hmw, hnw	hlw, hmw, hnw
hlj, hmj	hlj, hmj, hmr

若开方言中辅音例词：

辅音	例词	语音	词义
k	ကစား	kə zɛ$^{42?}$	玩
kh	ခါး	kha^{44}	腰
g	ကောက်သီး	gao$^{42?}$ tθi^{44}	弹子
s	စာငယ်	sa^{22} ŋɛ^{22}	麻雀
sh	ဆား	sha^{44}	盐
z	ဇာ	za^{22}	什么
t	တာအိုးသီး	ta^{22}o^{44} tθi^{44}	柚子
th	ထ	tha^{42}	起来
d	ဒိ	di^{42}	多
p	ပေး	pi^{44}	给
ph	ဖေ့သာ	phe^{42}tθa^{22}	钱
b	ဘအ	bə a^{42}	口吃的人
tɕ	ကျော်ဈ	tɕɔ^{22}bja^{42}	锅
tɕh	ခွဲခြား	khwɛ^{44}tɕha^{44}	区别
dʑ	ဂျိသုံး	dʑi^{22}tθoũ^{44}	返老还童
m	မ	ma^{42}	不
n	နေ	naĩ^{22}	太阳
ŋ	ငါး	ŋa^{44}	鱼
ṇ	ညမင်းချေ	ṇa^{42}mɔ̃^{44}ɕe^{22}	洋娃娃
tθ(dð)	သစ်ပင်	tθaɪ^{33} pɔ̃^{22}	树木
l	လူ	lu^{22}	人
w	ဝါ	wa^{22}	骗
j	ရေး	ji^{44}	写

(续表)

辅音	例词	语音	词义
r	ရေ	ri²²	水
ɕ	လျာ	ɕa²²	舌
h	ဟန့်	hẽ ⁴²	阻止
kr	ကြာ	kra²²	久
khr	ခြင်	khrɔ̃ ²²	蚊子
gr	ငြင်းကပ်	grɔ̃ ⁴⁴kɛʔ³³	吝啬
ŋr	ငြော	ŋrɔ²²	泼辣
pr	ပြော	prɔ⁴⁴	说
phr	ဖြားတက်	phra⁴⁴ta⁴²	涨潮
br	ဗြုတ်	brou⁴²ʔ	牙刷
mr	မြေ	mri²²	土地
hr	ှဲ	hrwe⁴⁴	荡（摇篮）
pj	ပျာလာ	pja²²la²²	小碟
phj	မိုးဖျင်းကျ	mo⁴⁴phjɔ̃ ⁴⁴tɕa⁴²	下小雨
bj	တံမြက်စည်း	də bjɿ⁴²ʔsi⁴⁴	笤帚
mj	မျက်စေ့	mja⁴²ʔsi⁴²	眼睛
lj	အလျားခုန်	ə lja⁴⁴khoũ ²²	跳远
kw	ကွာ	kwa²²	相差
khw	ခွေး	khwi⁴⁴	狗
gw	ဂွင်ချင်းသေ	gwɔ̃ ²²ɕɔ̃ ⁴⁴tθi⁴²	当场死亡
tw	တတွတ်နီ	tə twɛ⁴²ʔni²²	嫣红
thw	ထွေး	thwi⁴⁴	吐
dw	ဒွေ	dwɔ⁴⁴	水罐
pw	ပွဲ	pwɛ⁴⁴	戏
phw	ဖွေရာ ကျ	phwe⁴⁴ra⁴⁴dʑa⁴²	穷人
bw	စားပွဲ	ze bwɛ⁴⁴	桌子
sw	ဆွယ်တော်ပန်း	swe²²dɔ²²pẽ ⁴⁴	银花
shw	ဆွမ်း	shwẽ ⁴⁴	斋饭

（续表）

辅音	例词	语音	词义
zw	ဇွန်ဘလောင်ပင်	zwɛ̃^{22}bə laũ^{22}bɔ̃^{22}	椰枣树
tɕw	ကျန်းရွာ	tɕwɛ̃^{44}rwa^{22}	农村
tɕhw	ချွေး	tɕhwe^{44}	汗
mw	ကျွိန်	tɕə mweĩ^{42}	木杵
nw	နွား	nwa^{44}	牛
ŋw	ငွေ	nwi^{22}	银
tθw(dðw)	သွေး	tθwi^{44}	磨（刀）
lw	လွယ်	lwɛ^{22}	容易
jw	ရွေးဖေါ်	jwe^{22}bɔ^{22}	选择
hw	ပန်းဝှက်	pɛ̃^{44}hwɔ^{44}	出谜语
ɕw	ရွှေ	ɕwe^{22}	金
hm	မှန်အိမ်	hmɛ̃^{22}eĩ^{22}	马灯
hn	နှမ်း	hnɛ̃^{44}	疯疯癫癫
hŋ	ငှား	hŋa^{44}	借
hɲ	ကောက်ညှင်း	kauʔ^{33}hɲɔ̃^{44}	糯米
hl	လှ	hla^{42}	美丽
hlw	လွှ	hlwa^{42}	锯子
hmw	မွှေး	hmwi^{44}	香
hnw	နွှေး	hnwe^{44}	加热
hlj	လျှပ်ပြက်	hlja^{42ʔ}pjɛ^{42ʔ}	闪电
hmj	မျှ	hmja^{42}	平均
hmr	မြှောက်	hmrau^{42ʔ}	吹捧

辅音与复辅音的几点说明：

① 若开方言中，清辅音变浊辅音的现象较少。有些清辅音的字在仰光话中常常变浊音，但在若开方言则不变浊。例如：

缅文	仰光音	若开方言音	词义
ခြင်ဆီ	tɕhĩ ^{22}zi^{22}	khrɔ̃ ^{22}shi^{22}	骨髓
လဆုတ်	la^{53}zou^{42ʔ}	la^{42}shou^{42ʔ}	下半月
ကဏန်း	gə nã ^{5}	kə nẽ ^{44}	数字
စည်ကား	si^{22} ga^{55}	se^{22} ka^{44}	热闹
ချိန်ခွင်	tɕheĩ ^{22}gwĩ ^{22}	ɕeĩ ^{22}khwɔ̃ ^{22}	秤
လခ	la^{53}ga^{53}	la^{42}kha^{42}	月薪

② 有些仰光话中的清辅音在若开方言中却读成浊辅音。例如:

缅文	仰光音	若开方言音	词义
ပြီး	pji^{55}	bri^{44}	完
ပြေး	pje^{55}	bri^{44}	跑

③ 有些仰光话中的浊辅音在若开方言中读作送气清音。例如:

缅文	仰光音	若开方言音	词义
မိဘ	mi^{53}ba^{53}	mi^{42}pha^{42}	父母,双亲
ကြာဖူး	tɕa^{22}bu^5	kra^{22}phu^{44}	荷花苞蕾
သဘော်	tθĩ ^{55}bɔ^{55}	tθɔ̃ ^{44}phɔ^{44}	轮船

④ 若开方言中有 tɕ、tɕh、dʑ 音,但是,仰光话中的 tɕh 音在若开方言中都读作 舌页擦音 ɕ。相反,仰光话中的 ɕ 音,在若开方言中却读作 tɕh 音。例如:

缅文	仰光音	若开方言音	词义
ချက်	tɕhɛʔ^{44}	ɕa^{42}	煮
ချော်လဲ	tɕhɔ^{22}lɛ^{55}	ɕɔ^{22}le^{44}	滑倒
ရေချိုး	je^{22}tɕho ^{55}	ri^{22}ɕo ^{44}	洗澡
လမ်းလျှောက်	lã ^{55}ɕauʔ^{44}	lẽ ^{44}tɕhau^{42ʔ}	走路步行

⑤ 若开方言中仍然保留了古缅语中的卷舌音 r。因此,在若开方言中舌页音 ယ (j) 和卷舌音 ရ (r) 分得很清。

⑥ 缅甸语古音中的复辅音后置辅音 l 和 r 在若开方言中仍然保存了后置辅音 r,而后置辅音 l 已发生了变化。因此,若开方言中有复辅音 kr、 khr、pr、phr、mr 等，还有 pj、phj、mj，而没有 kl khl pl、phl、ml 等复辅音。

⑦ 仰光话中送气和不送气是区别名词和动词的条件，但在若开方言中有时送气或不送气音并不能起区分名词和动词的作用。例如：

缅文	仰光音	若开方言音	词义
ဆူးစူးသည်	shu⁵⁵su⁵⁵dði²²	su⁴⁴su⁴⁴tθi²²	扎刺

2. 若开方言的元音系统

（1）单元音

标准音中的单元音　　若开方言中的单元音

a　　　　　　　　　　a

缅文	仰光音	若开方言音	词义
ရာ	ja²²	ra²²	百
လာ	la²²	la²²	来
အား	a⁵⁵	a⁴⁴	力量

ə

缅文	仰光音	若开方言音	词义
ခါးခါးသီးသီး	kha⁵⁵ga⁵⁵tθi⁵dði⁵⁵	khə kha⁴⁴tθə tθi⁴⁴	严厉地

i　　　　　　　　　　i

缅文	仰光音	若开方言音	词义
စီး	si⁵⁵	si⁴⁴	流

e

缅文	仰光音	若开方言音	词义
တိုင်းပြည်	taĩ⁵⁵pji²²	taĩ⁴⁴pre²²	国家
ရောင်ခြည်	jaũ²²dʑi²²	raũ²²khre²²	光线
သည်းခံ	tθi⁵⁵khã²²	tθe⁴⁴khẽ²²	原谅

ẽɪ

缅文	仰光音	若开方言音	词义
ညီ	n̥i²²	n̥ẽɪ²²	齐
နီး	ni²²	nẽɪ²²	近
မီး	mi⁵⁵	mẽɪ⁴⁴	火

ãɪ

缅文	仰光音	若开方言音	词义
ရေကြည်	je²²tɕi²²	ri²²krãɪ²²	清水
ချည်	tɕhi²²	çãɪ²²	线

ə

缅文	仰光音	若开方言音	词义
ကျီးကန်း	tɕi⁵⁵gã⁵⁵	tɕə gɛ̃⁴⁴	乌鸦

u   u

缅文	仰光音	若开方言音	词义
အူ	u²²	u²²	捂（带馊味）
လူ	lu²²	lu²²	人

e   i

缅文	仰光音	若开方言音	词义
ဈေး	ze⁵⁵	zi⁴⁴	市场
ခွေး	khwe⁵⁵	khwi⁴⁴	狗
သေ	tθe²²	tθi²²	死
ပေး	pe⁵⁵	pi⁴⁴	给

e   ẽɪ

缅文	仰光音	若开方言音	词义
နေ	ne²²	nẽɪ²² / ni²²	太阳
မေ့	me⁵³	mẽɪ⁴²	忘记
မွေး	mwe⁵⁵	mwẽɪ⁴⁴	生，养
မြွေ	mwe²²	mrwe²²	蛇

e   i

缅文	仰光音	若开方言音	词义
လေ	le^{22}	li^{22}	空气

ɛ   e

缅文	仰光音	若开方言音	词义
ကျယ်	tɕɛ^{22}	tɕe^{22}	宽敞
ခဲ	khɛ^{55}	khe^{44}	凝固
မဲ	mɛ^{55}	me^{44}	黑
နယ်နမိတ်	nɛ^{22}nə meɪʔ^{44}	ne^{22}nə meɪʔ^{33}	边界线

ɛ   ə

缅文	仰光音	若开方言音	词义
ရဲရဲတောက်	jɛ^{55}jɛ^{55}tauʔ^{44}	rə re^{44}tau^{42}ʔ	火红的，猛烈地

ɔ   ɔ

缅文	仰光音	若开方言音	词义
ကော်	kɔ^{22}	kɔ^{22}	胶

o   o

缅文	仰光音	若开方言音	词义
ခေါင်မိုး	khaũ^{22}mo^{55}	khaũ^{22}mo^{44}	屋顶

（2）鼻元音

标准音中的鼻元音　若开方言中的鼻元音
　　　　ã　　　　　　　　ɛ̃

缅文	仰光音	若开方言音	词义
ငန်	ŋã^{22}	ŋɛ̃^{22}	咸
ဆန်	shã^{22}	shɛ̃^{22}	米
ထမ်း	thã^{55}	thɛ̃^{44}	挑
နေလှုန်း	ne^{22}hlã^{55}	neɪ^{22}hlɛ̃^{44}	晒

ã → ɔ

缅文	仰光音	若开方言音	词义
သန့်သန့်ရှင်းရှင်း	tθã⁵³dðã⁵³ɕĩ⁵⁵ɕĩ⁵⁵	tθɔ tθɛ̃⁴²ɕə ɕɔ̃⁴⁴	干干净净

ĩ → ɔ̃

缅文	仰光音	若开方言音	词义
ခင်မင်	khĩ²²mĩ²²	khɔ̃²²mɔ̃²²	要好
ဆင်	shĩ²²	shɔ̃²²	象
တင်းမာ	tĩ⁵⁵ma²²	tɔ̃⁴⁴ma²²	紧张
လေလွင့်	le²²lwĩ⁵³	le²²lwɔ̃⁴²	漂泊，流浪

ĩ → aĩ

缅文	仰光音	若开方言音	词义
ချဉ်	tɕhĩ²²	ɕaĩ²²	酸
ကျဉ်း	tɕĩ⁵⁵	tɕaĩ⁴⁴	狭窄
စဉ်း	sĩ⁵⁵	saĩ⁴⁴	剁

ũ → wɛ̃

缅文	仰光音	若开方言音	词义
ခွန်အား	khũ²²a⁵⁵	khwɛ̃²² a⁴⁴	力量
စွန့်လွှတ်	sũ⁵³ hluʔ⁴⁴	swɛ̃⁴²hlwɛʔ⁴²	放弃
လယ်ထွန်	lɛ²² thũ²²	le²² thwɛ̃²²	耕地

eĩ → eĩ

缅文	仰光音	若开方言音	词义
တိမ်	teĩ²²	teĩ²²	云

oũ → oũ

缅文	仰光音	若开方言音	词义
ခေါင်းအုံး	gaũ⁵⁵oũ⁵⁵	gaũ⁴⁴oũ⁴⁴	枕头

aĩ　　　　　　aĩ

缅文	仰光音	若开方言音	词义
ထိုင်	thaĩ²²	thaĩ²²	坐

aũ　　　　　　aũ

缅文	仰光音	若开方言音	词义
စားဖိုချောင်	sə pho²² dʑaũ²²	sə pho²² dʑaũ²²	厨房
မီးပြောင်း	mi⁵⁵ bjaũ⁵⁵	praũ⁴⁴ dʑaĩ²²	吹火棍

（3）促元音

标准音中的促元音　　若开方言中的促元音

aʔ　　　　　　aʔ ɛʔ

缅文	仰光音	若开方言音	词义
တတ်	taʔ⁴⁴	tɛʔ³³	会，能
ကပ်	kaʔ⁴⁴	kɛʔ³³	靠近
နတ်	naʔ⁴⁴	nɛʔ³³	神仙
လက်ထပ်	lɛʔ⁴⁴thaʔ⁴⁴	la³³thɛʔ³³	结婚

ɪʔ　　　　　　aɪʔ³³

缅文	仰光音	若开方言音	词义
ခေတ်	khɪʔ⁴⁴	khaɪʔ³³	时代
ညစ်ပတ်	ɲɪʔ⁴⁴ paʔ⁴⁴	ɲaɪʔ³³ pɛʔ³³	脏
စစ်	sɪʔ⁴⁴	saɪʔ³³	战争
အဆစ်	ə shɪʔ⁴⁴	ə saɪʔ³³	关节

uʔ　　　　　　wɛʔ

缅文	仰光音	若开方言音	词义
စွတ်	suʔ⁴⁴	swɛʔ³³	湿
ဖွတ်	phuʔ⁴⁴	phwɛʔ³³	洗
မွတ်	muʔ⁴⁴	mwɛʔ³³	饿
လွတ်လပ်	luʔ⁴⁴laʔ⁴⁴	lwɛʔ³³ lɛʔ³³	自由

ɛʔ　　　　　　　　　ɛʔ³³/ aʔ⁴²ʔ

缅文	仰光音	若开方言音	词义
မျက်ရည်	mjɛʔ⁴⁴je²²	mjɛʔ³³re²²/mja⁴²ʔre²²	眼泪
လက်	lɛʔ⁴⁴	la⁴²ʔ	手

ɛʔ⁴⁴　　　　　　　　ɔʔ³³

缅文	仰光音	若开方言音	词义
စွက်ဖက်	swɛʔ⁴⁴phɛʔ⁴⁴	swɔ⁴²ʔ phɔ⁴²	干涉
ဆူပွက်	shu²²pwɛʔ⁴⁴	shu²² pwɔ⁴²ʔ	沸腾
တွက်ချက်	twɛʔ⁴⁴tɕhɛʔ⁴⁴	twɔ⁴²ʔɕaʔ³³	计算
ဝက်	wɛʔ⁴⁴	wɔ⁴²ʔ	猪

eiʔ　　　　　　　　　eiʔ

缅文	仰光音	若开方言音	词义
အိပ်	eɪʔ⁴⁴	eɪʔ³³	睡

ouʔ　　　　　　　　　ə

缅文	仰光音	若开方言音	词义
မုဆိုးဖို	mouʔ⁴⁴sho⁵⁵pho²²	mə shə pho²²	猎人

aɪʔ　　　　　　　　　aɪʔ³³

缅文	仰光音	若开方言音	词义
ပိုက်	paɪʔ⁴⁴	paɪʔ³³	网

aɪʔ　　　　　　　　　ə

缅文	仰光音	若开方言音	词义
ခိုက်ခိုက်တုန်	khaɪʔ⁴⁴khaɪʔ⁴⁴toũ²²	khə khaɪʔ³³toũ²²	簌簌发抖

关于若开方言元音系统的几点说明：

① 元音 a 在若开方言的不同次方言中有几种不同的发音，如 a、ɑ、ɒ，这是历史语音变化遗留的现象。

② 在仰光话中发 i 元音的字，在若开方言中发成 e、eĩ、aĩ 等音。（例见上列元音例词表）

③ 在仰光话中发 e 元音的字，在若开方言中发成 e、i、eɪ 或读轻声调。例如：

缅文	仰光音	若开方言音	词义
ခွေး	khwe⁵⁵	khwi⁴⁴	狗
ပေး	pe⁵⁵	pi⁴⁴	给
နေ	ne²²	neɪ̃ ²² / ni²²	太阳
လေ	le²²	le ²²	空气
ဆေးလိပ်	she⁵⁵leɪʔ⁴⁴	shə leɪʔ³³	香烟

④ 在仰光话中发 ɛ 元音的字，在若开方言中发成 e。

⑤ 在仰光话中发 o 或 ɔ 元音的字，在若开方言中同样发成 o 或 ɔ。

⑥ 有些元音在仰光话中读轻声调，有些音变浊音，在若开方言中不变轻声调，也不变浊音。例如：

缅文	仰光音	若开方言音	词义
ကမ်းပါး	gə ba⁵⁵	kɛ̃ ⁴⁴ba⁴⁴	悬崖
ဆံထုံး	zə doũ ⁵⁵	shɛ̃ ²²thoũ ⁴⁴	发髻
နံ့သာ	nə ðà²²	nɛ̃ ⁴²tθa²²	檀香
ပလ္လင်	pə lĩ ²²	pɛ̃ ²²lõ ⁴²	宝座
သန်းခေါင်	ðə gaũ ²²	tθaĩ ⁴⁴khaũ ²²	午夜

⑦ 双元音 ai、ei、au、ou 等在若开方言中也只出现在鼻化元音、带喉塞音的促元音作韵母的音节中。

⑧ 仰光话中带鼻化元音 ã 的字，在若开方言中发 ɛ̃ 音。

⑨ 仰光话中带鼻化元音 ĩ 的字，在若开方言中发 õ 音或 aĩ 音。

⑩ 仰光话中带鼻化元音 ũ 的字，在若开方言中发 wɛ̃ 音。例如：

缅文	仰光音	若开方言音	词义
လွန်	lũ ²²	lwɛ̃ ²²	超越，过分

⑪ 仰光话中带促元音 aʔ 的字，在若开方言中发 ɛʔ 音。

⑫ 仰光话中带促元音 ɪʔ 的字，在若开方言中发 aɪʔ 音。

⑬ 仰光话中带促元音 ɛʔ 的字，在若开方言中发 aʔ 音。

⑭ 仰光话中带复辅音后置辅音 w 和韵母 တ်、ပ် 的字，在若开方言中发 wɛʔ³³ 音。例如：

缅文	仰光音	若开方言音	词义
စိုတ်	suʔ⁴⁴	swɛʔ³³	湿
ဖုတ်	phuʔ⁴⁴	phwɛʔ³³	洗

⑮ 仰光话中带复辅音后置辅音 w 和韵母 တ် 的字，在若开方言中发 wɔ³ 音。这实际上是古缅语中圆唇后 ɑ（即 ɒ）音的误读。例如：

缅文	仰光音	若开方言音	词义
တွက်	twɛʔ⁴⁴	twɔ⁴²	计算
ကွက်	kwɛʔ⁴⁴	kwɔ⁴²	方块

标准语（仰光话）和若开方言元音对照表

方言 元音	标准语（仰光话）	若开方言（单元音）	若开方言（双元音）
a	a	a	
i	i	i	
		ɛ	
		e	
			ẽɪ
			ãɪ
u	u	u	
e	e	e	
	i	i	
			ẽɪ
ɛ	ɛ	e	
		a	
ɔ	ɔ	ɔ	
o	o	o	
ã	ã	ɛ̃	

(续表)

方言 / 元音	标准语（仰光话）	若开方言（单元音）	若开方言（双元音）
ĩ	ĩ	ɔ̃	
		ɔ̃	aĩ
ũ	ũ	ɛ̃	
		ũ	
eĩ	eĩ		eĩ
		ẽ / i	
oũ	oũ		oũ
aĩ	aĩ		aĩ
aũ	aũ		aũ
aʔ	aʔ	ɛ⁴²ʔ	
iʔ	ɪʔ		ɑiʔ
			ei⁴²ʔ
uʔ	uʔ	ɛʔ	
		u⁴²ʔ	
eiʔ	eiʔ		eɪʔ
			ɑi⁴²ʔ
ɛʔ	ɛʔ	a⁴²	
		ɔ⁴²	
aiʔ	ai ʔ		aɪʔ
auʔ	auʔ		auʔ
ouʔ	ouʔ		ouʔ

3. 若开方言的声调系统

（1）若开方言声调共有5个，分别为高平、平声、高降、短促、带塞尾的高降。

（2）若开方言中的高平调相当于标准话中的高平调，但是调值不同，仰光话中的高平调的调值为55，而若开方言中的高平调为44。

（3）若开方言中的中降调，相当于仰光话中的高降调，调值为42。

（4）若开方言中的平调，相当于仰光话中的低平调，调值为22。

（5）若开方言中的短促调，相当于仰光话中的短促调。但是调值与仰光话中短促调不同，若开方言中短促调的调值为33。

（6）在仰光话中短促调是以喉塞音结尾，元音尽量缩短，并且近于紧喉。这一类声调在仰光话中我们将它单独列出，成为一个独立的声调。但是，若开方言中也有类似的短促音。但是还有一些带有喉塞韵尾的词，元音部分并不缩短，喉塞韵尾只起到整个音节的刹尾作用，并不形成元音的短促和紧喉。例如，仰光话中的短促音在若开方言中却发成高降调。（见下例）

缅文	仰光音	若开方言音	词义
တွက်	twɛʔ⁴⁴	twɔ⁴²	计算

实际上这是历史语音变化的一个反映。古缅语中辅音韵尾 k 逐渐向喉塞音 ʔ 变化，有些喉塞音又向高降调变化 k＞ʔ＞（高降调）。

序号	调类名	调值	相当于仰光话中的调类
①	高平调	44	① 高平
②	低平调	22	② 低平
③	高降调	42	③ 高降
④	短促调	ʔ³³	④ 短促
⑤	带塞尾调	42ʔ	无

4. 若开方言的音节结构

在若开方言中，过去古缅甸语中的许多语音都已发生变化，例如：复辅音声母变成了单辅音声母；塞音韵尾变成短促声调；鼻音韵尾使元音鼻化等等。现代若开方言的韵母就比较简单，组成的音节也比较简单。共有下列几类音节结构：（下列表中的 V 代表元音，C 代表辅音，T 代表声调）

序号	音节类型	例词	词义
①	VT	a^{44}	力量
②	CVT	la^{22}	来
③	CCVT	pja^{44}	扁
④	CCCVT	$hmja^{42}$	平均
⑤	VVT	$a\tilde{u}^{22}$	胜利
⑥	CVVT	$ka\tilde{u}^{44}$	好
⑦	CCVVT	$pja\tilde{u}^{44}$	变化
⑧	CVCT	$naʔ^{33}$	神
⑨	CVVCT	$kauʔ^{33}$	拾，捡
⑩	CCVVCT	$pjauʔ^{33}$	丢失
⑪	CCCVVCT	$hmjauʔ^{33}$	鼓动

5. 若开方言的构词法

若开方言的构词法与仰光话中的构词法基本相同。部分若开方言词音与仰光话相差甚远。例如：

缅文	若开方言词音	仰光话音	词义
ကစား	$kə\ zɛ^{42ʔ}$	$gə\ za^{55}$	玩
ကတော်	$kə\ de^{22}\ tai^{42ʔ}$	$kə\ tɔ^{22}$	母鸡叫（生蛋后）
သီးသည်	$kə\ ne\tilde{i}^{22}\ tθi^{44}$	$tθi^{55}\ d\eth i^{22}$	呛
ကလေး	$kə\ le^{22}\ ɕe^{22}$	$khə\ le^{55}$	小男孩
ကောင်မလေး	$kə\ le^{42ʔ}\ me^{22}ɕe^{22}$	$ka\tilde{u}^{22}ma^{53}le^{55}$	女孩
ကောက်ညှင်း	$kau^{42ʔ}\ hn\tilde{ɔ}^{44}$	$kauʔ^{44}\ hn\tilde{ɪ}^{55}$	糯米
အံကိုက်	$kai^{42ʔ}tθa^{44}\ dza^{42}$	$\tilde{a}^{22}\ kaɪ^{53}phɪʔ^{44}$	正合适
ရုံးပတီသီး	$ka\tilde{u}^{44}k\tilde{ɔ}^{22}$ $hmjɔ^{22}tθi^{44}$	$jo\tilde{u}^{55}pə\ di^{22}\ tθi^{55}$	秋葵
အလွန်	$kə\ ba^{22}\ lau^{42ʔ}$	$\tilde{ɪ}^{22}mə\ ta^{22}$	很
ဒယ်အိုး	$tɕɔ^{22}bja^{44}$	$dɛ^{22}o^{55}$	炒锅

（续表）

缅文	若开方言词音	仰光话音	词义
ကျောက်ပေါက်မာ	tɕau⁴²ʔ mə ra²²	tɕauʔ⁴⁴pauʔ⁴⁴ ma²²	麻子
ကျင်ပ	tɕɔ̃²² bwɛ⁴⁴	tɕĩ²² bwɛ⁵⁵	若开摔跤比赛
ကျောင်းထိုင်	tɕaũ⁴² ɕɔ̃²²	tɕaũ⁵⁵ daĩ²²	方丈
တောရွာ	tɕwẽ⁴⁴ rwa²²	tɔ⁵⁵jwa²²	乡村
ခေါင်းဖြီး	gaũ⁴⁴ phri⁴⁴	gaũ⁵⁵ phji⁵⁵	梳头
ဘီးစိပ်	gaũ⁴⁴phri⁴⁴tθeɪ⁴²ʔ	bi⁵⁵zeɪʔ⁴⁴	篦子
နောက်ဆုံး	ɕə beɪ⁴²ʔ	nauʔ⁴⁴ shoũ⁵⁵	最后
ခြင်ထောင်ထောင်	khrɔ̃²²thaũ²²ɕa⁴²	tɕhĩ²²daũ²²thaũ²²	放蚊帐
အငိုသန်သည်	ŋo²²gru⁴⁴	ə ŋo²²tθã²²dði²²	易哭的
ကပ်စေးနဲ	si⁴²kou⁴²ʔ	kaʔ⁴⁴si⁵⁵nɛ⁵⁵	吝啬
စိတ်နောက်	seɪ⁴²ʔ mə ra⁴²	seɪʔ⁴⁴ nauʔ⁴⁴	疯了
စိတ်ပင်ပန်းနွမ်းနယ်	seɪ⁴²ʔ ri⁴²	seɪʔ⁴⁴ pĩ²² pã⁵⁵ nũ⁵⁵nɛ²²	心累
စိတ်ကူး	seɪ⁴²ʔ la⁴⁴	seɪʔ⁴⁴ ku⁵⁵	盘算
ထင်းရူးသေတ္တာ	shaũ⁴⁴du²²	thĩ⁵⁵ju⁵⁵tθeɪ⁴⁴ da²²	松木箱
ဝဖြိုးသောသူ	shoũ²²baĩ⁴⁴	wa⁵³phjo⁵⁵tθɔ⁵⁵ dðu²²	胖子
ဈေးကြီးသည်	zi⁴⁴kha⁴²	ze⁵⁵dzi⁵⁵dði²²	价格高，贵
ဈေးဝယ်သည်	zi⁴⁴ pru⁴²	ze⁵⁵wɛ²²dði²²	买东西
ဈေးဆစ်	zi⁴⁴ prɛ⁴²ʔ	ze⁵⁵ shɪʔ⁴⁴	还价
တခဏ	tə ɕa⁴² ɕe²²	tə khə na⁵³	一会儿，瞬间
တိတ်တိတ်လေး	tə deĩ⁴⁴ ɕe²²	teɪʔ⁴⁴teɪʔ⁴⁴ le⁵⁵	悄悄地
သီချင်း	te²² khrɔ̃⁴⁴	dðə tɕhĩ⁵⁵	歌
တံတား	tẽ²² tha⁴⁴	də da⁵⁵	桥
ခြံ စည်းရိုး	te⁴²ʔ thə rã²²	tɕhã²²si⁵⁵jo⁵⁵	篱笆

（续表）

缅文	若开方言词音	仰光话音	词义
ဆရာဝန်	da⁴² tɔ̃⁴⁴	ʃə ja²² wũ²²	医生
အိမ်ထောင်ပြု	nẽĩ²² zɛ⁴²ʔ	ẽĩ²²daũ²²pju⁵³	成家
စကားထားဝှက်	pẽ⁴⁴hwɔ⁴²	zə gə tha⁵⁵ phwɛ⁵³	出谜语
မီးခြောင်း	praũ⁴⁴dʑaĩ⁴⁴	mi⁵⁵ bjaũ⁵⁵	吹火棍
လှေပြိုင်ပွဲ	praĩ⁴⁴laũ⁴⁴bwe⁴⁴	hle²²pjaĩ²²bwɛ⁵⁵	划船比赛
ပိုက်ဆံစု	phe²²tθa⁴⁴paũ⁴⁴	paɪʔ⁴⁴ ʃã²²su⁵³	攒钱
ဒီရေတက်	phra⁴⁴ta⁴²	di²² je²² tɛʔ⁴⁴	涨潮
မွဲတေသူ	phwe⁴⁴ra²²dʑa⁴²	mwɛ⁵⁵te²²dðu²²	穷人
သွားပွတ်တံ	brou⁴²ʔ	tθə puʔ⁴⁴ tã²²	牙刷
ငါးမျှားတံ	mə gaĩ⁴⁴ dɛ̃²²	ŋə hmja⁵⁵dã²²	钓鱼竿
မီးခြစ်ဆံ	mə shwe⁴⁴za²²	mi⁵⁵tɕhɪ⁴⁴ ʃã²²	火柴
ပုခက်	jaĩ⁴⁴	pə khɛʔ⁴⁴	摇篮
ရေနွေးခရား	rə be⁴⁴ /ri²² be⁴⁴	je²²nwe⁵⁵khə ja⁵⁵	茶壶
အိမ်သာတက်	rə ẽĩ²² wɔ̃²²	ẽĩ²²tθa²²tɛʔ⁴⁴	上厕所
ထိကရုန်းပင်	hra⁴² pɔ̃⁴⁴	thi⁵³ gə joũ⁵⁵bĩ²²	含羞草
အရပ်ရှည်	ə pɔ̃²² hre²²	ə jaʔ⁴⁴ ɕe²²	个子高
ရေနွေးကြမ်း	ə phɛ̃²² re²²	je²²nwe⁵⁵dʑã⁵⁵	茶水
ကြယ်သီး	ɔ̃⁴⁴ dʑi²² tθi⁴⁴	tɕɛ²² tθi⁵⁵	纽扣
ဆံပင်ညှပ်ဆိုင်	la⁴² tθa²² ʃaĩ²²	ʃə bĩ²² hɲaʔ⁴⁴ ʃaĩ²²	理发店
ပက်လက်လှန်ကူး	kə lə gaũ²²tho⁴⁴	pɛʔ⁴⁴ lɛʔ⁴⁴ hlã ku⁵⁵	仰泳
ကံခေ	kɛ̃²² tθɛ⁴²ʔ	kã²²khe²²	命运不好
ကတ်ကေး	kɛ⁴²ʔ tɕaɪ⁴⁴	kaʔ⁴⁴ tɕe⁵⁵	剪子
ကျည်ပွေ့	tɕə mweĩ⁴²	tɕi²² pwei⁵³	杵
ကြွား၀ါ	tɕɔ⁴⁴	tɕwa⁵⁵ wa²²	吹嘘
လိမ်း	tɕɛ̃²²	lẽĩ⁵⁵ tɕã²²	涂抹
ကန်	tɕau⁴²ʔ	kã²²	踢

（续表）

缅文	若开方言词音	仰光话音	词义
စပ်ဖြဲဖြဲ	kre^{44}ze^{44}bja^{42}	sa?^{44} phjɛ^{55}phjɛ^{55}	嬉皮笑脸地
လမ်းမ	kraũ ^{44}dɔ^{22}	lã ^{55}ma^{53}	大马路
ညည်းတွား	kraĩ ^{44}	n̪i^{55} twa^{55}	发怨言
ပိန်	kroũ ^{22}	peĩ ^{22}	瘦
ခါးမျက်	kha^{44} mraɪ$^{42?}$	kha^{55} mjɛ?^{44}	闪腰
ခြားနား	khra^{22}	tɕha^{55}na^{55}	有区别
အညီအမျှဝေ၍	khri^{22}	ə n̪i^{22} ə hmja^{53} we^{22}hŋa^{53}	平分
ရှုပ်ထွေး	khru^{22}	ɕoũ^{44} thwe^{55}	乱
ကုတ်	khraɪ$^{42?}$	kou$^{42?}$	搔（痒）
ဂိုဒေါင်	gə dɔ̃ ^{22}	go^{22} daũ ^{22}	仓库
ပုန်ကန်	tə raɪ$^{42?}$	poũ ^{22} kã ^{22}	造反
ရေတံခွန်	tẽ hrɔ̃ ^{22}	je^{22} də goũ ^{22}	瀑布
ကတ္တရာစေး	doũ ^{22}na^{22}	ka^{44} tə ja^{22} zi^{55}	沥青
အလွန်	nə ne^{44}	ə lũ ^{22}	很
နားကလော	nə gra^{44} toũ ^{44}	na^{55} kə lɔ^{55}	刺耳
နာနတ်သီး	nẽ ^{22} tə ra^{22} dði^{44}	na^{22} na^{44} tθi^{55}	菠萝
နွားလှည်း	nwa^{44} ga^{22} ri^{22}	nwa^{55} hlɛ^{55}	牛车
နိုင်းယှဉ်	̣hnoũ ^{44}	hnaĩ ^{55} ɕĩ ^{22}	比较
သဘော်သီး	bə də ga^{22} tθi^{44}	tθi ^{55} bɔ^{55} tθi^{55}	木瓜
နီး	pa^{44}	ni^{44}	近
မြေပဲ	pe^{44}daũ ^{42}	mje^{22} bɛ^{55}	花生
သွားရည်စာ	paĩ ^{22}zə ra^{22}	dðə je^{22}za^{22}	零食，点心
ချိုင့်ဝင်	pjaũ ^{44}	tɕhaĩ ^{53} wĩ ^{22}	瘪，凹进
ညခန်း	prɔ̃ ^{22} khẽ ^{44}	ɛ^{53} gan^{55}	客厅
ရွှေ့ပြောင်း	praũ ^{44}	ɕwe^{53} pjaũ ^{55}	移动

(续表)

缅文	若开方言词音	仰光话音	词义
ပျဉ်းကတိုး	$praĩ^{44}$	$pjĩ^{55} gə do^{55}$	铁树
ပြိန်းပင်	$preĩ^{44}bɔ̃^{22}$	$beĩ^{55} pĩ^{22}$	芋头
ဘယဆေး	$phə ra^{42} shi^{44}$	$bə ja^{53} she^{55}$	缅药
ချိန် ခွင်	$phə li^{22}$	$tɕheĩ^{22}gwĩ^{22}$	秤
ဒီရေ	$phə ra^{44}$	$di^{22}je^{22}$	潮水
ရေပုံး	$bə rə teĩ^{22}$	$je^{22} boũ^{55}$	水桶
ဂုနီအိတ်	$bau^{44} tθa^{22} eɪ^{42ʔ}$	$goũ^{22} ni^{22} eɪ^{44}$	麻袋
မျက်နှာကြက်	$boũ^{22} beɪ^{42ʔ}$	$mjɛʔ^{44} hnə tɕɛʔ^{44}$	天花板
မုဆိုးဖို	$mə shə pho^{22}$	$mouʔ^{44} sho^{55} pho^{22}$	鳏夫
မုဆိုးမ	$mə shə ma^{42}$	$mouʔ^{44} sho^{55} ma^{53}$	寡妇
အမာရွတ်	$me^{44} tθa^{44}$	$ə ma^{22} juʔ^{44}$	疤
ဦးထုပ်	$mɔ^{42}$	$ouʔ^{44} thouʔ^{44}$	帽子
မနက်ဖြန်	$mo^{44} tθau^{42} kha^{22}$	$nɛʔ^{44} phjã^{22}$	明天
မှောင်	$maɪ^{42ʔ}$	$hmaũ^{22}$	黑暗
စိတ်ဆိုး	$mɛ̃^{22} pa^{22}$	$seɪʔ^{44} sho^{55}$	生气
မျက်ခုံးမွေး	$mja^{42} hmoũ^{44}dɛ̃^{44}$	$mjɛʔ^{44} khoũ^{55} mwe^{55}$	眉毛
ကိုစယ်	$hmroũ^{22}$	$tɕi^{22}zɛ^{22}$	开玩笑
မူး	$jaɪ^{42ʔ}$	mu^{55}	醉
ငွေကြေးချမ်းသာ	$ra^{42}dɛ^{42ʔ}$	$ŋwe^{22} dze^{55} tɕhã^{55} tθa^{22}$	有钱，富
ရိုင်းစိုင်းသူ	$rə raĩ^{44} gri^{44}$	$jaĩ^{55} saĩ^{55} dðu^{22}$	粗野的人
သွား	la^{44}	$tθwa^{55}$	去
မျက်စေ့သူယ်အိမ်	$lu^{22} ɕe^{22}$	$mjɛʔ^{44} si^{53} tθə ŋe^{22} eĩ^{22}$	瞳孔
လိမ်ကျ	$lu^{44} tɕa^{42}$	$leĩ^{53} tɕa^{53}$	摔倒
လှေ	$laũ^{44}$	hle^{22}	船，舟

（续表）

缅文	若开方言词音	仰光话音	词义
ညာသည်	leĩ²²	n̪a²²	骗
လျှာခင်	ça²² çe²²	çə khĩ	小舌
ဆပ်ပြာ	tθə boũ²²	shaʔ⁴⁴ pja²²	肥皂
အချိန်ကို အလဟဿ ဖြစ်စေသည်	ə çeĩ kroũ⁴⁴	ə tɕheĩ ə la⁵³ haʔ⁴⁴tθa⁵³phjɪʔ⁴⁴ ze²²dði²²	浪费时间
ဦးချို	ə gro²²	dzo²²	角
ဆာလောင်မွတ်သိပ်	ə sa²²mwɛ⁴²ʔ	ə sa²² muʔ⁴⁴ tθeɪʔ⁴⁴	饥饿
တမင်သက်သက်	ə tə li⁴²	tə mĩ²² tθɛʔ⁴⁴ tθɛʔ⁴⁴	故意
အကြမ်းဖျင်း	ə preĩ⁴⁴	ə tɕã⁵⁵ phjĩ⁵⁵	大致的

6. 若开方言的句法

若开方言的语法与仰光话的语法基本相同，只是语言中的助词不同，形成许多差别。

助词在缅甸语句子中使用频率很高，助词的差异使不同方言区的语言产生分歧，造成语言交流上的困难。若开方言和仰光话之间就有许多不同的地方（下面用黑线标出）。例如：

（1）主语助词：

这只（鸡）是公鸡。

仰光话　　di²² gaũ²² ga⁵³ tɕɛʔ⁴⁴ pha⁵³ bɛ⁵⁵

若开方言　e²² kaũ²² ka⁴² tɕɛʔ⁴²ʔ pha⁴² ja²²

（2）宾语助词：

给他吧。

仰光话　　tθu⁵³ go²²pe⁵⁵ba²²

若开方言　tθu⁴²ko²²pi⁴⁴pa²²

（3）谓语助词：表动词的完成态

全都吃掉了。

仰光话　　ə koũ²² sa⁵⁵pɪʔ⁴⁴ laɪʔ⁴⁴ dɛ²²

若开方言　ə koũ²² sa⁴⁴ laɪ⁴²ʔ lo⁴² koũ²² la⁴⁴ khə bjɛ²²

（4）谓语助词（句尾助词）：表一般时、过去时的

我们去种稻。

仰光话　　tɕə nɔ²² do⁵³ kauʔ⁴⁴ tθwa⁵⁵ saɪʔ⁴⁴ dɛ²²

若开方言　tɕə nɔ²² ro⁴² kau⁴²ʔ la⁴⁴ saɪ⁴²ʔ jɛ²²

（5）定语助词：表领属的

我的手疼着呢。

仰光话　　tɕə nɔ⁵³lɛʔ⁴⁴ ga⁵³ na²²nei²²dɛ²²

若开方言　tɕə nɔ⁴²lɛ⁴²ʔ ka⁴² na²²ni²² jɛ²²

（6）状语助词：

① 表地点的

树上有三只鸟。

仰光话　　tθɪʔ⁴⁴ pĩ²² pɔ²² hma²² hŋɛʔ⁴⁴ tθoũ⁵⁵gaũ²²ɕi⁵³dɛ²²

若开方言　tθaɪ⁴²ʔ pĩ²² thɛ⁴²ʔ hma²² hŋɛ⁴²ʔ tθoũ⁴⁴gaũ²²ɕi⁴² jɛ²²

② 表时间的

昨天狗叫了一夜。

仰光话　　mə ne⁵³ ga⁵³ də n̪a⁵³ loũ⁵⁵ kwe⁵⁵ haũ²² dɛ²²

若开方言　mə ne³² mə ne³² ɦa³³tə n̪a³² loũ⁵³ haũ³³ ɦɛ³³

③ 表方式的

拿锯子锯木头。

仰光话　　tθɪʔ⁴⁴ toũ⁵⁵go²² hlwa⁵³ nɛ⁵³ taɪʔ⁴⁴ mɛ²²

若开方言　tθaɪ⁴²ʔ toũ⁴⁴ go²² hlwa⁴² nɛ⁴² tai⁴²ʔ pho⁴²

有以下几种句子类型：

（1）陈述句：

① 表一般陈述

这山很高。

仰光话　　di²² taũ²²ga⁵³ tθeɪ⁴⁴ mjĩ⁵³ dɛ²²

若开方言　e²² taũ²² ga⁴² ga⁴² gaũ⁴⁴ mrɔ̃⁴² jɛ²²

② 表否定的

我不吃猪肉。

仰光话　　ŋa²² wɛʔ⁴⁴ tθa⁵⁵ mə sa⁵⁵ bu⁵⁵

若开方言　tɕə nɔ²² wɛ⁴²ʔ tθa⁴⁴ mə sa⁴⁴ ba²²

（2）疑问句：

① 一般疑问句

我说的对吗？

仰光话　　ŋa²² pjɔ⁵⁵ da²²hmã²² dǒə la⁵⁵

若开方言　tɕə nɔ²²pjɔ⁵⁵sɔ²² hmã²² la²²

② 特殊疑问句

你找谁？

仰光话　　mĩ⁵⁵ bə dǒu²² nɛ⁵³ twe⁵³ dʑĩ²² lo⁵³ lɛ⁵⁵

若开方言　mĩ⁴⁴ za²² tθu²² nɛ⁴² twi⁴² tɕhĩ²² lo⁴² lɛ⁴²

这是什么花？

仰光话　　da²²ba²² pã⁵⁵ lɛ⁵⁵

若开方言　e²²tɕhĩ⁴² za²² pã⁴⁴ lɛ⁴²

（3）祈使句：

① 表命令

快去！

仰光话　　mjã²²mjã²² tθwa⁵⁵

若开方言　mrɛ̃²² mrɛ̃²² tθwa⁴⁴

② 表阻止

别喝凉水！

仰光话　　je²² e⁵⁵ mə tθauʔ⁴⁴ nɛ⁵³

若开方言　ri²² i⁴⁴ mə tθau⁴²ʔ ke⁴²

（4）感叹句：

① 表惊叹

风好大呀！

仰光话　　tɛ²² pjĩ⁵⁵ tha²² laiʔ⁴⁴ de⁵³ le²² dʑi⁵⁵ ba²²la⁵⁵

若开方言　ga⁴² gaũ⁴⁴pjĩ⁴⁴ thã²²je²²li²²tɕi⁴⁴ja²²mə la⁴⁴

② 表埋怨

哎呀，你总算来了！

仰光话　ə mə le⁵⁵ la²²gɛ⁵⁵ laɪʔ⁴⁴ tha²²

若开方言　ə ba²²le⁴⁴ la²²khɛ⁴⁴te²²pĩ²²

缅甸语中有不同的句型：单句和复句。

（1）单句：

学生们要向老师敬礼。

仰光话 tɕaũ⁵⁵dðə⁵⁵mja⁵⁵ga⁵³ shə ja²²mja⁵⁵go²² ə le⁵⁵pju⁵³jia⁵³dɛ²²

若开方言　tɕaũ⁴⁴dðə⁴⁴ro⁴²ga⁴² shə ja²²mja⁴⁴go²² ə li⁴⁴plu⁴² kra⁴² jɛ²²

（2）复句：缅甸语的复句是通过各种不同的连接词或助词将单句连接而成。单句和单句之间有各种关系，如并列关系、主从关系等。例如：

① 并列复句

这只是公鸡，那只是母鸡。

仰光话　di²²gaũ²²ga⁵³ tɕɛʔ⁴⁴ pha⁵³ ho²²gaũ²²ga⁵³ tɕɛʔ⁴⁴ma⁵³ bɛ⁵⁵

若开方言　e²² kaũ²²ga⁴² kra⁴²pha⁴² ho²² kaũ²²ga⁴²kra⁴² ma⁴² ja²²

② 主从复句

A. 表因果：没有车，只能等着。

仰光话　　ka⁵⁵ mə ɕi⁵³ lo⁵³ saũ⁵³ ne²² ja⁵³ dɛ²²

若开方言　ka⁴⁴ mə ɕi⁴² lo⁴² saũ⁴² ni²² kra⁴² ja⁴² jɛ²²

B. 表转折：我不想去，但又不便当面说。

仰光话　　ŋa²²mə tθwa⁵⁵ dž̃i²²be²² mɛ⁵³ daɪʔ⁴⁴ jaɪʔ⁴⁴ mə pjɔ⁵⁵ kaũ⁵⁵bu⁵⁵

若开方言　ŋa²² mə la⁴⁴ tɕhĩ²² ke²²lɛ⁴⁴daɪ⁴²ʔ jaɪ⁴²ʔ pjɔ⁴⁴lo⁴² mə kaũ⁴⁴

C. 表假设：这样做不好。

仰光话　　di²² lo²² louʔ⁴⁴ jĩ²² mə kaũ⁵⁵ bu⁵⁵

若开方言　e⁴⁴paĩ²²louʔ⁴²ʔ ke²² mə kaũ⁴⁴

实地调查时主要方言发音人和被访问人以及参考著作作者名单：

杜妙妙丹，女，39岁，实兑人，家庭地址：仰光市三窝菜班路1号。

貌昂登，男，1970年仰光大学缅文系硕士毕业，硕士论文题目《东友方言与茵达方言、土瓦方言、若开方言的比较研究》。

吴哥哥丹，男，仰光大学缅文系讲师，论文题目《丹兑方言》，2003年11月21日。

吴哥哥礼男，博士，仰光大学缅文系教授。

三、约方言

约方言是约地区流行的方言。约地区位于缅甸西部山脉地带，北纬20.45—21.55度、东经94—94.15度之间的地区。北接格里镇区，东邻孟育瓦镇区、堡镇区和社漂镇区，南靠塞都德耶镇区，西连钦族专区。南北长300多千米，东西宽75千米，面积约有3298平方千米。它是介于蚌东蚌雅山和钦山之间的盆地。1996年与马圭省的甘果镇区、提林镇区、索镇区合在一起，组成甘果县，该县就被定为约地区，县府为甘果市。约地区分南约、北约两个部分。南约有索镇区，北约有提林镇区和甘果镇区。发源于西边钦山的由南向北流的密达河是该地区的交通要道，但由于穿过崇山峻岭，河道曲折，水流湍急，雨季只能通航小舟。密达河在格丽瓦市附近流入清敦河。索镇区有一条重要河流就是约羌河，也是发源于钦山山脉，是由西向东流的河流。这是放流筏木的河道。发源于东边的蚌雅山的河流大多数为小溪，只有到雨季才能用来放流木筏。

约地区主要居民是缅族，还有少数被认为是缅族的先民"山地民"，还有些地区混居着部分钦族人。"山地民"原先信仰鬼神，现在也都信仰佛教。

根据民间的口头传说，"约"是由"韵/jwan/"变化而来。也有的说，扎拉弥伽王子出生地中洲地雅择久城与后来扎拉弥伽建造的阿里敏雅城是由五座山包围的，约地区也正是那样，因此便称当地为"约"。据记载[①]，当佛祖涅槃后，佛历72年时，中洲地方的王子阿萨达答在底瓦达僧底挑唆下谋杀了国王达比达拉王，其后传到第五代纳伽达塔王继位。当时人们反对弑父孽子的后代当政，众人推举杜都纳伽大臣为王，并将弑父的孽子的

---

① 《联邦文化刊物》第二卷第四期 ပြည်ထောင်စုယဉ်ကျေးမှုစာစောင်。

后代全部逐出国境。纳伽达塔王的三个儿子与原来的王亲国戚、随从们请500名僧侣一起迁到雅扎久国的东南边的一个地方居住，与原来的居民掸族、格都族、卡开等族共同生活。后来，大哥匝拉米嘎王笼络了其他民族，占据了发源于底里巴博大山的楠伽邑河一带，建立了王城阿里玛雅城，从此建立了约那嘎国。后来，"那嘎"两字消失，就成为现在的"约地区"。

约地区雨量充足，年降水量有1300—2400毫米。主要以农业为主，种植稻米、各种豆类、芝麻、花生和粟类。主要经济作物为柚木、儿茶树、花梨木、铁木和各种竹子。该地区虽然有煤矿、石油，由于交通不便，无法开采。儿茶生产曾经有过一段蓬勃发展的历史，后来逐渐衰败。粮食作物也仅仅够本地区自己消费。该地区主要的手工业是家庭纺织业，驰名全国的约笼旗（缅甸人穿的筒裙）就是约地区的名牌产品。GANGAW SPECIAL（甘果特产）的约地区土布，也是有名的产品，现在甘果市及周围的乡村几乎家家户户都在发展纺织业。该地区主要交通工具为小车，速度慢，运输量不大。路基又窄，到雨季往往被塌方的泥石所堵塞。只有到旱季和冬季交通稍微方便一些。当地只有两个机场可以降落，一个是甘果镇区的甘果机场，另一个是索镇区的焦途机场。农业经济主要以旱地耕作为主，靠牛和人力。包括甘果、提林、索镇区在内的约地区，人口大约有10万[①]。90%是种地的农民，其余10%为政府公务员及林场的工作人员和伐木工人。

1. 约方言的辅音系统

为了便于比较，我们将约方言与缅甸语的标准话仰光话中的辅音并列如下：

仰光话中的单辅音（26个）	约方言中的单辅音（27个）
k, kh, g	k, kh, g
t, th, d	t, th, d
p, ph, b	p, ph, b
s, sh, z	s, sh, z

[①] 据1957年《约县从木各具县中分出，成立独立的县的申请书》中的统计数字。

仰光话中的单辅音（26个）	约方言中的单辅音（27个）
tɕ, tɕh, dʑ	tɕ, tɕh, dʑ
m, n, ŋ, ȵ	m, n, ŋ, ȵ
tθ(dð)	tθ(dð)
l, w, j	l, w, j
ɕ, h, ʔ	ɕ, ɦ, h, ʔ

仰光话中的复辅音（38个）	约方言中的复辅音（38个）
pj, phj, bj	pj, phj, bj
mj, lj, tj	mj, lj, tj
kw, khw, gw	kw, khw, gw
tw, thw, dw	tw, thw, dw
pw, phw, bw	pw, phw, bw
sw, shw, zw	sw, shw, zw
tɕw, tɕhw, dʑw	tɕw, tɕhw, dʑw
mw, nw, ŋw, ȵw	mw, nw, ŋw, ȵw
tθw(dðw)	tθw(dðw)
lw, jw, ɕw	lw, jw, ɕw
hm, hn, hŋ, hȵ	hm, hn, hŋ, hȵ
hl, hlj	hl, hlj
hmj, hmw, hnw	hmj, hmw, hnw

约方言中辅音例词：

辅音	例词		仰光音	约方音	词义
k	ကစား		kə za^{55}	ka^{42}	玩
	ကား		ka^{55}	ka^{44}	车
kh	ခါး		kha^{55}	kha^{44}	腰
g	ကောက်သီး		gaoʔ^{44} tθi^{55}	gaoʔ^{33} tθi^{44}	弹子
	ပန်းကန်		bə gã^{22}	bə gã^{11}	碗

好多情况下，仰光音的浊音在约话里发送气清音。例如：

辅音	缅文	仰光音	约方言音	词义
	ခေါင်း	gaũ^{55}	khaũ^{44}	头
	ခဲ	gɛ^{55}	khɛ^{44}	小石子
	ဆန်ခဲ	zə gwɛ^{55}	shã^{11}khwɛ^{44}	碎米
s	စား	sa^{55}	sa^{44}	吃
sh	ဆီး(ပင်)	zi^{55}	shi^{44}	枣
z	ဈေး	ze^{55}	she^{44}	市场
t	တာအိုးသီး	tɕwɛ^{55}gɔ^{22}dði^{55}	ta^{11}o^{44}tθi^{44}	柚子
th	ထ	tha^{53}	tha^{42}	起来
d	ဒူး/ဃူး	du^{55}	du^{44}	膝盖

有时浊音读送气清音，如：

辅音	缅文	仰光音	约方言音	词义
	ဓါး/ထား	da^{55}	tha^{44}	刀
p	ပူ	pu^{22}	pu^{11}	热
	ပေး	pe^{55}	pe^{44}	给
ph	ဖမ်း	phã^{55}	phã^{44}	抓

约方言中少浊音，仰光话中的浊辅音在约方言中是清辅音，如：

辅音	缅文	仰光音	约方言音	词义
	ဗူးသီး	bu^{55}dði^{55}	phu^{44}tθi^{44}	葫芦
	သဘော်သီး	tθɪ^{55}bɔ^{55}dði^{5}	tθɪ^{44}phɔ^{44}tθi^{44}	木瓜
	ဝမ်းဗိုက်	wũ^{55}baɪʔ^{44}	wam^{44}phaɪʔ^{33}	肚子
	ဘာ	ba^{22}	pha^{11}	什么
	ဘယ်	bɛ^{2}	phɛ^{11}	哪
tɕ	ကြီး	dʑi^{55}	tɕi^{44}	大
tɕh	ချေး	tɕhi^{55}	tɕhe^{44}	借（钱）
dʑ	ချို	dʑo^{22}	dʑo^{11}	犄角

好多情况下，发送气清音：

辅音	缅文	仰光音	约方言音	词义
	ချိုးငှက်	dʑo⁵⁵hŋɛʔ⁴⁴	tɕho⁴⁴ŋa⁴²ʔ	鸠
	ချင်းစိမ်း	dʑĩ ⁵⁵	tɕhaŋ⁴⁴	姜
ç	ရောင်	çaũ²²	çaũ¹¹	让开，忌
	လျှာခင်	çə khĩ²²	ça¹¹khĩ¹¹	小舌
m	မီး	mi⁵⁵	mi⁴⁴	火
	မာ	ma²²	ma¹¹	硬
n	နေ့	ne⁵³	ne⁴²	天，日
ŋ	ငို	ŋo²²	ŋo¹¹	哭
ȵ	ညည်း	ȵi⁵⁵	ȵɛ⁴⁴	发牢骚
tθ	သေ	tθe²²	tθe¹¹	死
l	လ	la⁵³	la⁴²	月亮
w	ဝယ်	wɛ²²	wɛ¹¹	买
j	ရေ	je²²	je¹¹	水
h	ဟိုအနား	ho²²ə na⁵⁵	hɔ⁴⁴	那儿（近指）
ʔ	ရစ်ပတ်	jɪʔ⁴⁴paʔ⁴⁴	jɪʔ³³paʔ³³	缠绕
pj	ပြာ	Pja²²	Pja¹¹	灰
phj	ဖြူ/ဖွေး	phju²²	phwe⁴⁴	（皮肤）白
mj	မြေ	mje²²	mje¹¹	土地
lj	အလျားခုန်	ə lja⁵⁵khoũ²²	ə lja⁴⁴khoũ¹¹	跳远
kw	အကွေ့	ə kwe⁵³	ə kwe⁴²	拐弯处
	ကွမ်း	kũ⁵⁵	kwã⁴⁴	槟榔
khw	ခွန်	khũ⁵³	khwã⁴²	喂饭
tw	တွေး	twe⁵⁵	twe⁴⁴	想
thw	ထွန်	thũ²²	thwã¹¹	耙地
pw	ပွဲနေ့	pwɛ⁵⁵ne⁵³	pwɛ⁴⁴ne⁴²	节日
phw	ဖွပ်	phuʔ⁴⁴	phwaʔ³³	洗衣
sw	စွန့်စား	sũ⁵³sa⁵⁵	swã⁴²sa⁴⁴	冒险
shw	ဆွဲ	shwɛ⁵⁵	shwɛ⁴⁴	拉

（续表）

辅音	缅文	仰光音	约方言音	词义
tɕw	ကျွဲ	tɕwɛ⁵⁵	tɕwɛ⁴⁴	水牛
tɕhw	ချွေး	tɕhwe⁵⁵	tɕhwe⁴⁴	汗
mw	မွန်	mũ²²	mwã¹¹	孟族
nw	နွမ်းနယ်	nũ⁵⁵nɛ²²	nwã⁴⁴nɛ¹¹	疲乏
ŋw	ငွေ	ŋwe²²	ŋwe¹¹	银子
ȵw	အညွန့်	ə ȵũ⁵³	ə ȵwã⁴²	幼芽
tθw	သွား	tθwa⁵⁵	tθwa⁴⁴	去
lw	လွန်	lũ²²	lwã¹¹	过分，超过
jw	အမာရွတ်	ə ma jua⁴⁴	ə ma jwaʔ³³	疤
ɕw	ရွှဲ	ɕũ⁵³	ɕwã⁴²	泥浆
hm	မှား	hma⁵⁵	hma⁴⁴	错
hn	နှမ်း	hnã⁵⁵	hnã⁴⁴	芝麻
hŋ	ငှက်	hŋɛʔ⁴⁴	hŋakʔ⁴²	鸟
hŋ	ငှား	hŋa⁵⁵	hŋa⁴⁴	借
hȵ	ညှာ	hȵa²²	hȵa¹¹	怜悯
hl	လှ	hla⁵³	hla⁴²	漂亮
hmj	မျှ	hmja⁵³	hmja⁴²	均匀
hnw	အခွံနွှေး	ə khũ²² hnwe⁵⁵	ə khũ¹¹ hnwe⁴⁴	（削或剥）皮

辅音与复辅音的几点说明：

① 约方言中共有单辅音 27 个，复辅音 38 个。

② 约方言中还保留着古缅语中的两个辅音韵尾音，一个是舌根音 -k，另一个是鼻辅音 -ŋ。

③ 约方言中有浊辅音，但数量比较少，仰光音中的许多浊音在约方言中往往发成清辅音或送气音等。例如：

缅文	仰光音	约方言音	词义
ဘယ်သူ	bə dðu²²	phɛ¹¹ tθu¹¹	谁
ဗူးသီး	bu⁵⁵dði⁵⁵	phu⁴⁴tθi⁴⁴	葫芦
သဘော်သီး	tθɪ⁵⁵bɔ⁵⁵dði⁵⁵	tθaŋ⁴⁴phɔ⁴⁴tθi⁴⁴	木瓜

（续表）

缅文	仰光音	约方言音	词义
ထား:	da^{55}	tha^{44}	刀
ချိုး:	dʑo^{55}	tɕho^{44}	斑鸠
ခေါင်း:	gaũ^{55}	khaũ^{44}	头

④ 约方言中无 pl、pr、ml 等复辅音，但有 pj、phj、bj、mj、lj 等复辅音。

⑤ 仰光话中的塞擦音 tɕha 在约方言中发成擦音 ɕa 音。

⑥ 约方言中有浊送气音 ɦ，一般出现在表示语法意义的助词中。

⑦ 仰光音中带前置辅音 h 的词，在约方言中往往不带前置辅音 h。例如：

缅文	仰光音	约方言音	词义
နှင့်	hnĩ^{53}	na^{42}	和
မှန်	hmã^{22}	mã^{11}	正确
လှ	hla^{53}	la^{42}	美丽
မွှေး	hmwe^{55}	mwe^{44}	香

⑧ 约方言中往往在标准话仰光音的鼻辅音前加前置辅音送气音 h。例如：

缅文	仰光音	约方言音	词义
မုန့်တီ	moũ^{53}di^{22}	hmoũ^{42}ti^{11}	粗米线（用米粉做的像面条的食品）
မျိုချ	mjo^{22}tɕha^{53}	hmjo^{11}tɕha^{42}	吞下，咽下
များ	mja^{55}	hmja^{44}	多
နာနတ်သီး	na^{22}naʔ^{44}tθi^{55}	hna^{11}hnaʔ^{33}tθi^{44}	菠萝
နား	na^{55}	hna^{44}	休息

⑨ 约方言的边音也往往加送气音 h。例如：

缅文	仰光音	约方言音	词义
လုံလောက်	loũ^{22}lauʔ^{44}	loũ^{11}hlauʔ^{42}	足够
ဖလယ်--ဖလှယ်	phə lɛ^{22}	phə hlɛ^{11}	交换

2. 约方言的元音系统

（1）单元音

标准音中的单元音　　约方言中的单元音
a　　　　　　　　　　a

缅文	仰光音	约方言音	词义
အ	a^{53}	a^{42}	呆，傻

i　　　　　　　　　　i

缅文	仰光音	约方言音	词义
နိ	də ni^{53}	də ni^{44}	水椰
ငပိ	ŋə pi^{53}	ŋə pi^{42}	鱼虾酱
တိကျ	ti^{53} tɕa^{53}	ti^{42} tɕa^{42}	精确
ထီး	thi^{55}	thi^{42}	伞

e

缅文	仰光音	约方言音	词义
ပြည်	pje^{53}	pje^{42}	满
မျက်စိ	mjɛʔ^{44} si^{53}	mjɛ^{42}ʔ se^{42}	眼睛
ငွေချေး	ŋwe^{22}tɕhi^{55}	ŋwe^{11}tɕhe^{44}	借钱

ɛ

缅文	仰光音	约方言音	词义
ကြည်	tɕi^{53}	tɕɛ^{42}	看
ကြေးစည်	tɕi^{55}si^{22}	tɕe^{44}sɛ^{11}	铜铃
ရေကြည်	je^{22}tɕi^{22}	je^{11}tɕɛ^{11}	清水
မျက်ရည်	mjɛʔ^{44}ji^{22}	mjak^{42}ʔ jɛ^{11}	泪水
ရည်းစား	ji^{55}za^{55}	jɛ^{44}sa^{44}	恋人

u　　　　　　　　　　u

缅文	仰光音	约方言音	词义
ကု	ku^{53}	ku^{42}	治疗

e　　　　　　　　e

缅文	仰光音	约方言音	词义
မေ့	me^{53}	me^{42}	忘
နေ	ne^{22}	ne^{11}	太阳

ɛ　　　　　　　　ɛ

缅文	仰光音	约方言音	词义
ည်သည်	ɛ^{53}dðɛ^{22}	ɛ^{42}tθɛ^{11}	客人
ခဲ	gɛ^{55}	khɛ^{44}	石子
ဝယ်	wɛ^{22}	wɛ^{11}	买

ɔ

缅文	仰光音	约方言音	词义
သော့	tθɔ^{53}	tθɔ^{42}	钥匙
ခေါ်	khɔ^{22}	khɔ^{11}	喊，叫作

o　　　　　　　　o

缅文	仰光音	约方言音	词义
နို့	no^{53}	no^{42}	奶
ခို	kho^{22}	kho^{1}	鸽子

（2）双元音

约方言中的双元音也和仰光话中一样，只出现在短促调和鼻元音韵母中。例如：

标准音中的双元音　　　约方言中的双元音

ai　　　　　　　　ai

缅文	仰光音	约方言音	词义
ပိုက်	paɪʔ^{44}	paɪʔ^{33}	抱
အိုက်	aɪʔ^{44}	aɪʔ^{33}	热
နိုင်	naĩ^{22}	naĩ^{11}	能
အကိုင်း	ə kaĩ^{55}	ə kaĩ^{44}	树枝

au

缅文	仰光音	约方言音	词义
ကောက်စပါး	kauʔ⁴⁴zə ba⁵⁵	kauʔ³³sə pa⁴⁴	稻谷
ထောက်ပံ့	thauʔ⁴⁴ pã⁵³	thauʔ³³pã⁴²	资助
စောင့်	saũ⁵³	saũ⁴²	等待
အောင့်	aũ⁵³	aũ⁴²	憋住

ei

缅文	仰光音	约方言音	词义
အိပ်ငိုက်	eɪʔ⁴⁴ ŋaɪʔ⁴⁴	eɪʔ³³ ŋaɪʔ³³	瞌睡
လိပ်စာ	leɪʔ⁴⁴sa²²	leɪʔ³³sa¹¹	地址
အိမ်	ẽɪ²²	ẽɪ¹¹	家、房子
တိမ်	t ẽɪ²²	t ẽɪ¹¹	云

ou

缅文	仰光音	约方言音	词义
အရုပ်	ə jouʔ⁴⁴	ə jouʔ³³	玩偶
ပုပ်	pouʔ⁴⁴	pouʔ³³	腐烂

（3）鼻元音

标准音中的鼻元音　　约方言中的鼻元音
　　　ã　　　　　　　　　ɛ̃

缅文	仰光音	约方言音	词义
ဆန်	shã²²	shɛŋ¹¹ /shɛ̃¹¹	米
ဆံပင်	zə bĩ²²	shɛŋ¹¹ paŋ¹¹ /shɛ̃¹¹ pɛ̃¹¹	头发
လန့်	lã⁴²	lɛŋ⁴² /lɛ̃⁴²	惊吓
ချမ်း	tɕhã⁵⁵	tɕhɛŋ⁴⁴ / tɕhɛ̃⁴⁴	冷
ယက္ကန်း	jɛʔ⁴⁴ kã⁵⁵	jɛ⁴² kɛ⁴⁴ /jɛ⁴²ʔ/ kɛ̃⁴⁴	织布
ရေခန်း	je²² khã⁵⁵	je¹¹khɛŋ⁴⁴ /je¹¹khɛ̃⁴⁴	干涸

	ĩ	ĩ	
缅文	仰光音	约方言音	词义
စဉ်	sĩ²²	sĩ¹¹	飞溅
စဉ်းစား	sĩ⁵⁵ za⁵	sĩ⁴⁴ sa⁴⁴	想，思考

注：约方言中的 i 元音的鼻化、鼻辅音韵尾以及元音的变与不变同时存在。

① 保留古缅语的辅音韵尾音 ŋ 的：

	ĩ	aŋ	
缅文	仰光音	约方言音	词义
ဝင်	wĩ²²	waŋ¹¹	进去
တင့်တယ်	tĩ⁵³tɛ²²	taŋ⁴² tɛ¹¹	壮观
ရင့်	jĩ⁵³	jaŋ⁴²	老
ချစ်ခင်	tɕhiʔ⁴⁴ khĩ²²	tɕhiʔ³³ khaŋ¹¹	亲密，友好
ထမင်း	thə mĩ⁵⁵	thə maŋ⁴⁴	饭
ဆင်	shĩ²²	shaŋ¹¹	象
လင်	lĩ²²	laŋ¹¹	丈夫

② 变成鼻化元音 ã 的：

	ĩ	ã	
缅文	仰光音	约方言音	词义
စင်	sĩ²²	sã¹¹	架子
ခြင်	tɕhĩ²²	tɕhã¹¹	蚊子

	ũ	ũ, wan/waŋ	
缅文	仰光音	约方言音	词义
အကြေးခွံ	ə tɕe⁵⁵ khũ²²	ə tɕe⁴⁴ khũ¹¹	鱼鳞
ထမင်းခွန်	khũ⁵³	khwan⁴²	喂饭
အညွန့်	ə n̥ũ⁵³	ə n̥wan⁴²	幼芽
ပိုက်ကွန်	paiʔ⁴⁴ kũ²²	aiʔ³ kwan¹¹	网
လယ်ထွန်	lɛ²²thũ²²	lɛ¹¹thwan¹¹	耕地
ဇွန်း	zũ⁵⁵	zwaŋ⁴⁴	汤匙

ẽi / ẽi

缅文	仰光音	约方言音	词义
ပိန်	pẽi²²	pẽi¹¹	瘦
အမိန့်	ə mẽi⁵³	ə mẽi⁴²	命令
ကြိမ်	tɕẽi²²	tɕẽi¹¹	次，趟
မိန်းမ	mẽi⁵⁵ ma⁵³	mẽi⁴⁴ ma⁴²	女人

oũ / oũ

缅文	仰光音	约方言音	词义
မိုးအုံ့	mo⁵ oũ⁵³	mo⁴⁴ oũ⁴²	阴天
မုန့်	moũ⁵³	hmoũ⁴²	糕饼
ကုန်	koũ²²	koũ¹¹	商品
ဂျုံ	zoũ²²	dzoũ¹¹	麦

aĩ / aĩ

缅文	仰光音	约方言音	词义
နိုင်	naĩ²²	naĩ¹¹	能够
တိုင်	taĩ²²	taĩ¹¹	柱子

aũ / aũ

缅文	仰光音	约方言音	词义
စောင့်	saũ⁵³	saũ⁴²	等
ကောင်း	kaũ⁵⁵	kaũ⁴⁴	好

（4）促元音

标准音中的促元音　　约方言音中的促元音
aʔ　　　　　　　　　aʔ, εʔ

缅文	仰光音	约方言音	词义
ရေခပ်	je²² khaʔ⁴⁴	je¹¹ khaʔ³³ / je¹¹ khεʔ³³	打水
တတ်	taʔ⁴⁴	taʔ³³ / tεʔ³³	会
အပ်	aʔ⁴⁴	aʔ³³ / εʔ³³	缴

(续表)

缅文	仰光音	约方言音	词义
စပ်သီး	saʔ⁴⁴tθi⁵⁵	saʔ³³ tθi⁴⁴/sɛʔ³³ tθi⁴⁴	辣椒
ညှပ်	hn̥aʔ⁴⁴	hn̥a⁴²ʔ/hn̥ɛʔ³³	剪

ɪʔ   ɪʔ, aʔ

缅文	仰光音	约方言音	词义
ချစ်	tɕhɪʔ⁴⁴	tɕhɪʔ³³	爱
နစ်	nɪʔ⁴⁴	nɪʔ³³	沉
စစ်	sɪʔ⁴⁴	sɪʔ³³	战争
အဆစ်	ə shɪʔ⁴⁴	ə shaʔ³³	关节
အညစ်အကြေး	ə ɲɪʔ⁴⁴ə tɕe⁵⁵	ə ɲɪʔ³³ə tɕe⁴⁴	脏东西
သစ်ကိုင်း	tθɪʔ⁴⁴kãĩ⁵⁵	tθaʔ³³kãĩ⁴⁴	树枝

uʔ   无 uʔ 音
                   waʔ

缅文	仰光音	约方言音	词义
ဖွပ်	phuʔ⁴⁴	phwaʔ³³	洗衣服
လွတ်	luʔ⁴⁴	lwaʔ³³	逃脱
အဝတ်	ə wuʔ⁴⁴	ə waʔ³³	衣服

eiʔ   eiʔ

缅文	仰光音	约方言音	词义
အိပ်	eiʔ⁴⁴	eiʔ³³	睡
အိတ်	eiʔ⁴⁴	eiʔ³³	口袋
ပိတ်	peiʔ⁴⁴	peiʔ³³	布

ɛʔ   无 ɛʔ 音
                   ak

缅文	仰光音	约方言音	词义
ခက်	kɛʔ⁴⁴	khak⁴²ʔ	困难
လက်	lɛʔ⁴⁴	lak⁴²ʔ	手
ဝက်	wɛʔ⁴⁴	wak⁴²ʔ	猪
ကြက်	tɕɛʔ⁴⁴	tɕak⁴²ʔ	鸡

	auʔ	auʔ	
缅文	仰光音	约方言音	词义
ရောက်	jauʔ⁴⁴	jauʔ³³	到达
ကြောက်	tɕauʔ⁴⁴	tɕauʔ³³	害怕
ခေါက်	khauʔ⁴⁴	khauʔ³³	敲、折叠
ထောက်ပံ့	thauʔ⁴⁴pã⁵³	thauʔ³³pã⁴²	资助

	ouʔ	ouʔ	
缅文	仰光音	约方言音	词义
ဆုပ်	shouʔ⁴⁴	shouʔ³³	握
ပုပ်	pouʔ⁴⁴	pouʔ³³	腐烂
အရုပ်	ə jouʔ⁴⁴	ə jouʔ³³	玩偶

	aiʔ	aiʔ	
缅文	仰光音	约方言音	词义
အိုက်	aiʔ⁴⁴	aiʔ³³	热
လိုက်	laiʔ⁴⁴	laiʔ³³	跟随
အိပ်ငိုက်	eɪʔ⁴⁴ŋaɪʔ⁴⁴	eɪʔ³³ŋaɪʔ³³	打瞌睡

关于约方言元音系统的几点说明：

① 约方言中的 a 元音发音部位稍往后移，本文仍归入 a 音。

② 仰光话中的 i 元音，在约方言音中变成 i、e、ɛ。（例见上列例词表）

③ 除了上述元音有差别外，其余的单元音全与标准音相同。

④ 约方言中有鼻辅音韵尾，也有元音鼻化。

例如：仰光音中的 ĩ，在约方言音中有三种读法：A. 与仰光音相同；B. 读成鼻化音 ã；C. 读成带鼻音韵尾的 aŋ。（例见上列元音例词表）

⑤ 约方言中的鼻化元音 ũ 有两种读音，一为 ũ，一为 waŋ。

⑥ 除了上述 a、i、u 这三个鼻元音外，其余的鼻化双元音与标准语相同。

⑦ 仰光音中的短促音 aʔ⁴⁴ 在约方言中往往读作 ɛʔ³³ 音。

⑧ 仰光音中的短促音 ɪʔ⁴⁴ 在约方言音中有两种读音，一为 ɪ⁴²ʔ，一

为 aʔ³³。

⑨ 约方言的短促元音中无 uʔ 音，标准语中的这种音在约方言中都读作 waʔ 音。

⑩ 约方言中无 εʔ 音，标准音中的这个音在约方言中读作带舌根软颚音韵尾辅音 k 的音 ak⁴²ʔ。其余的短促元音全与标准语相同。

⑪ 从缅甸语方言的比较中我们可以发现，一个元音的多种读法平行地存在于语言中，反映了约方言（也包括其他方言）中保留了部分古缅语的原始读音，也保留了后来元音逐步变化的历史面貌。

3. 约方言的声调系统

（1）约方言中共有 8 个声调，分别为高平、低平、高降、短促、带鼻辅音韵尾的 3 个调和带舌根音 k 韵尾的入声调。

（2）约方言中的高平调相当于标准话中的高平调，但是调值不同，仰光话中的高平调的调值为 55，而约方言中的高平调的调值为 44。

（3）约方言中的高降调，相当于仰光话中的高降调，但是调值不同，仰光话中的高降调调值是 53，而约方言中的高降调的调值为 42。

（4）约方言中的低平调，相当于仰光话中的低平调同，但是调值不同，仰光话中的低平调调值是 22，而约方言中的低平调的调值为 11。

（5）约方言中的短促调，相当于仰光话中的短促调，但是调值比仰光话中的短促调低，约方言的短促调调值为 33。

（6）约方言中，有些词仍然保留了古缅语中的辅音韵尾 k 和 ŋ。

（7）带 k 尾的入声调，实际语音也不是完全以 k 收尾，而是逐渐向喉塞音 ʔ 变化。声调则与高降调相同，一般标作 ⁴²ʔ。

（8）带鼻音韵尾 ŋ 的词有三种声调，分别与其他词的高平、低平、高降调相同，分别为带鼻音韵尾的三种调。

因此，我们认为约方言中共有高平、低平、高降、短促、带塞尾的高降，如果加上带鼻音韵尾的调（包括高平、低平、高降），共有 8 个声调。

序号	调类名	调值	相当于仰光话中的调类
①	高平调	44	高平
②	低平调	11	低平
③	高降调	42	高降
④	短促调	33($ʔ^{33}$)	短促
⑤	带塞尾调	$42(42ʔ)$	无
⑥	带鼻音尾调	44	无
⑦		11	无
⑧		42	无

由于约方言中的声调与仰光话中的声调有区别，并且约方言中的几个调类调值的不同，相对来说，调值趋向中间，升降起伏不大。因此在话语中，感到语调比较平缓，抑扬顿挫起伏不太明显。

4. 约方言的音节结构

约方言中过去古缅甸语中的许多语音都已发生变化，例如：复辅音声母变成了单辅音声母；塞音韵尾变成短促声调。尽管约方言中还保留了鼻音韵尾但约方言的韵母就比较简单，组成的音节也比较简单。约方言共有下列几类音节结构：（下列表中的 V 代表元音，C 代表辅音，T 代表声调）

序号	音节类型	例词	词义
①	VT	i^{11}	这
②	CVT	la^{11}	来
③	CCVT	pja^{42}	出示
④	CCCVT	$hmja^{42}$	平均
⑤	VVT	$aũ^{11}$, $ɔŋ^{11}$	胜利
⑥	CVVT	$kaũ^{44}$, $kɔŋ^{44}$	好
⑦	CCVVT	$pjaũ^{44}$	变化
⑧	CVCT	$pa^{42ʔ}$	围绕
⑨	CVVCT	$kau^{42ʔ}$	拾，捡
⑩	CCVVCT	$pjau^{42ʔ}$	丢失
⑪	CCCVVCT	$hmjau^{42ʔ}$	鼓动

5. 约方言的构词法

约方言的词法与仰光话基本相同。语音和声调与仰光话中词汇不同的词有：

仰光话	约词音	词义	说明
ku²²ɲi²²louʔ⁴⁴kaĩ²²	paũ¹¹	帮忙	
kauʔ⁴⁴ hn̩ĩ⁵⁵	kɔk⁴² hnɛ⁴⁴	糯米	
tɕɛ⁴²ʔtu²²jwe⁵⁵	tɕe⁴⁴	鹦鹉	
tɕɛʔ⁴⁴ hĩ⁵⁵ kha⁵⁵tθi⁵⁵	tɕɛʔ³³ ĩ⁴⁴kha⁴⁴ tθi⁴⁴	苦瓜	
kha²²ni⁵⁵	pa⁴⁴ ni⁴⁴	快……时候	
dʑaĩ⁵⁵	zɛʔ³³kə leɪ⁴²ʔ	腋窝	
tɕheĩ²²gwĩ²²	jɑ¹¹zu¹¹	秤	古词
tɕhe²²suʔ⁴⁴	hmɔ¹¹za¹¹	袜子	古词
ŋə jouʔ⁴⁴ tθi⁵⁵	saʔ³³ tθi⁴⁴	辣椒	
sa²²gə le⁵⁵	sa¹¹ sə le⁴⁴	雀	
saũ⁵³ shaĩ⁵⁵	ŋaŋ⁴²	等待	
shɔ⁵³	sweɪʔ³³	顽皮	
shã²²bjouʔ⁴⁴	jaʔ³³maŋ⁴⁴je¹¹	粥	
shaʔ⁴⁴ pja²² taɪʔ⁴⁴	sha³³ pjɑ¹¹ leĩ⁴⁴	擦肥皂	
to²²li²²mo²²li²²	pə shwa⁴² pə nwa⁴²	零碎物品	
də bjɛʔ⁴⁴ si⁵⁵	tθi¹¹baũ⁴⁴ khak⁴²ʔ	笤帚	
twe⁵³ tɕoũ²²	n̩a⁴⁴	遇到	古词
thə n̩ɛʔ⁴⁴	ə n̩ɛʔ³³	棕榈糖	
nɛ⁵⁵nɛ⁵⁵hma⁵³	la⁴⁴la⁴⁴hma⁴²	一点儿也不	
nɛ⁵⁵nɛ⁵⁵le⁵⁵	ta⁴⁴ ta⁴⁴ le⁴⁴	一丁点儿（指距离）	
no⁵³ hmoũ⁵³	no⁴² tɕhɔk⁴²ʔ	奶粉	
nã²²nã²² pĩ²²	pha³³wĩ¹¹ pĩ¹¹	香菜（芫荽）	
hna²²si⁵⁵tɕhaũ⁵⁵sho⁵⁵	shaũ⁴⁴me⁴⁴kha⁴⁴ja⁴²	咳嗽	
hne⁵⁵	phĩ⁴²	慢	古词

(续表)

仰光话	约词音	词义	说明
hnouʔ⁴⁴ shɛʔ⁴⁴	ĩ⁴⁴ mu¹¹	打招呼，问候	
pə zĩ⁵⁵	pɔk⁴²ʔ sheĩ⁴⁴ du⁴⁴	蜻蜓	
pĩ⁵³ ku²²	kĩ⁴⁴	蜘蛛	
pjaũ⁵⁵bu⁵⁵	tɕeɪ⁴² phu⁴⁴	玉蜀黍	
phju²²	phwe⁴⁴	白（皮肤）	古词
bwa²²bwa²²	sa⁴²ʔ ka⁴² sa⁴²ʔ ka⁴²	不算不算	
ma²²lə ka²²tθi⁵⁵	hmã¹¹khə la¹¹tθi⁴⁴	番梨	
mjĩ⁵³	swĩ⁴²	高	
je²²ku⁵⁵	je¹¹ phɔ⁴⁴	游泳	
jã²²phjɪʔ⁴⁴	tθa⁴²ʔ	打架	
jouʔ⁴⁴ ɕĩ²²	da⁴²ʔ ɕĩ¹¹	电影	
lu²²bjɛʔ⁴⁴	la⁴²ʔ shwa⁴⁴	小丑	
hle²² ga⁵⁵	də tɕhaŋ⁴⁴	梯子	
we²²	ɕã¹¹	溢出	
hĩ⁵⁵ də mjo⁵⁵	hĩ⁴⁴ tə ma¹¹	一道菜	
houʔ⁴⁴ kɛ⁵³ ba²²	ɛ⁴⁴ ba¹¹	是，好的	
houʔ⁴⁴ no⁵⁵ no⁵⁵	hou⁴²ʔ sə naĩ⁴⁴ naĩ⁴⁴	好像是	
han²²tɕa⁵³ ne²²ja²²tɕa⁵³	ɲɑ⁴⁴	正好	
ə mja⁵⁵ dʑi⁵⁵	ə taĩ⁴⁴ mə tθi⁴²	太，很	
thə mĩ⁵⁵	thə maŋ⁴⁴	饭	
lu²²dʑi⁵⁵	lu¹¹ ki⁴⁴	大人	古词
mĩ⁵⁵	maŋ⁴⁴	国王	
nauʔ⁴⁴ tɕhi⁵⁵	nwa⁴⁴ tɕhi⁴⁴	牛粪	
tɕɛʔ⁴⁴	tɕak⁴²ʔ	鸡	
hŋɛʔ⁴⁴	ŋaʔ³³	鸟	
tɔ⁵⁵ŋã⁵⁵	tɔ⁴⁴ ŋɛ̃⁴⁴	雁	
jɪʔ⁴⁴	jaʔ³³	雏	

仰光话	约词音	词义	说明
ə tɕe⁵⁵ khũ²²	ə tɕe⁴⁴ khwam¹¹	鳞	
kə tθɿʔ⁴⁴ shu⁵⁵	kə tak⁴² shu⁴⁴	花椒	
wɛʔ⁴⁴	wak⁴²	猪	

6. 约方言的句法

约方言的语法与仰光话的语法基本相同，只是语言中的助词不同，形成许多差别。

助词在缅甸语句子中使用频率很高，助词的差异使不同方言区的语言产生分歧，造成语言交流上的困难。约方言和仰光话之间就有许多不同的地方。例如：

    放牛娃   大鱼

nwa⁴⁴tɕaũ⁴⁴tθa⁴⁴   ŋa⁴⁴ə tɕi⁴⁴tɕi⁴⁴

    高楼   好同学

tai⁴²ʔ ə swaŋ⁴² tɕi⁴⁴   də a⁴⁴ kauŋ⁴⁴tɛ⁴²tɕaũ⁴⁴ne¹¹pha⁴²ʔ

经常散步有利健康。

khə na⁴²khə na⁴²laŋ⁴⁴ɕau⁴²ʔ tha¹¹ha¹¹tɕaŋ⁴⁴ma¹¹je⁴⁴ə twa⁴²ʔə tɕo⁴⁴ɕi⁴²tɛ¹¹

（1）主语助词：

这只（鸡）是公鸡。

约方言 di¹¹ kaũ¹¹ ka⁴² tɕak⁴²ʔ pha⁴² bɛ⁴⁴

（2）宾语助词：

给他吧。

约方言 tθu⁴² go¹¹ pe⁴⁴ ba¹¹

（3）谓语助词：表动词的完成态

全都吃掉了。

约方言 ə koũ¹¹sa⁴⁴ pɿ⁴²ʔ laɿ⁴²ʔ dɛ¹¹

（4）谓语助词（句尾助词）：表一般时、过去时

我们去种稻。

约方言 tɕə no¹¹ do⁴² kau⁴²ʔ tθwa⁴⁴ saɿ⁴²ʔ mɛ¹¹

（5）定语助词：表领属

我的手疼着呢。

约方言　tɕə nɔ⁴² la⁴²ʔ na¹¹ nei¹¹ dɛ¹¹

（6）状语助词：

① 表地点

树上有三只鸟。

约方言　tθa⁴²ʔ paŋ¹¹ pɔ¹¹ ma¹¹ ŋa⁴²ʔ tθoũ⁴⁴ gaũ¹¹ ɕi⁴² dɛ¹¹

② 表时间

昨天狗叫了一夜。

约方言　mə ne⁴² ga⁴² tə n̩a⁴² loũ⁴⁴ khwei⁴⁴ haũ¹¹ dɛ¹¹

③ 表方式

拿锯子锯木头。

约方言　tθa⁴²ʔ toũ⁴⁴ go¹¹ hlwa⁴² na⁴² taɪ⁴²ʔ mɛ¹¹

有以下几种句子类型：

（1）陈述句：

① 表一般陈述

这山很高。

约方言　i¹¹ tɔŋ¹¹ ga⁴² mjaŋ⁴² dɛ¹¹

② 表否定

我不吃猪肉。

约方言　ŋa¹¹ wa⁴²ʔ tθa⁴⁴ mə sa⁴⁴ bu⁴⁴

（2）疑问句：

① 一般疑问句

我说的对吗？

约方言　ŋa¹¹ pjɔ⁴⁴ da¹¹ hmã¹¹ lɔ⁴⁴

② 特殊疑问句

你找谁？

约方言　naŋ¹¹ bə dðu¹¹ na⁴² twe⁴² tɕhaŋ¹¹ lo⁴² lɛ⁴⁴

这是什么花？

约方言　da¹¹ ba¹¹ pan⁴⁴ lɛ⁴⁴

（3）祈使句：

① 表命令

快去！

约方言　ə mjan¹¹ tθwa⁴⁴

② 表阻止

别喝凉水！

约方言　je¹¹e⁴⁴ mə tθɔk⁴²ʔ na⁴²

（4）感叹句：

① 表惊叹

风好大呀！

约方言　tə a⁴⁴ pjaŋ⁴⁴ than¹¹ dɛ⁴² le¹¹ ba¹¹ la⁴⁴

② 表埋怨

哎呀，你总算来了！

约方言　ə mə le⁴⁴ naŋ¹¹ la¹¹ khɛ⁴⁴ laɪ⁴²ʔ tha¹¹

缅甸语句子结构中有不同的句型：单句和复句。

（1）单句：

学生们向老师敬礼。

约方言　tɕɔŋ⁴⁴dða⁴⁴ mja⁴⁴ ga⁴² shə ja¹¹ mja⁴⁴ go¹¹ə le⁴⁴pju⁴²tɕa ⁴²dɛ¹¹

（2）复句：约方言的复句也是通过各种不同的连接词或助词将单句连接而成。单句和单句之间有各种关系，如并列关系、主从关系等。

例如：

① 并列复句

这是你的，那是他的。

仰光话　da²² mĩ⁵³ ha²² ba²² ho²² ha²² ga⁵³ tθu⁵³ ha²² ba²²

约方言　di¹¹ ha¹¹ ka⁴² maŋ⁴⁴ ha¹¹ ba¹¹ ho¹¹ ha¹¹ ka⁴² tθu⁴² ha¹¹ ba¹¹

② 主从复句

A. 表因果

没有车，只能等着。

仰光话　ka⁵⁵ mə ɕi⁵³ lo⁵³ saũ ⁵³ ne²² ja⁵³ dɛ²²

约方言　ka⁵³ mə ɕi³²lo⁴² saũ ⁴² ne³³ ja⁴² dɛ ¹¹

B. 表假设

这样做不好。

仰光话　di²²lo²²louʔ⁴⁴ ɲi²² mə kaũ⁵⁵ bu⁵⁵

约方言　di¹¹lo¹¹louʔ⁴²ʔ jaŋ¹¹ mə kɔŋ⁴⁴ bu⁴⁴

如果天好，我就去。

仰光话　ne²² tθa²² ɲi²² ŋa²² tθwa⁵⁵ mɛ²²

约方言　ne¹¹ tθa¹¹ jaŋ¹¹ ŋa¹¹ tθwa⁴⁴ mɛ¹¹

实地调查时主要方言发音人和被访问人名单：

吴哥哥伦，男，39岁，马圭省甘果镇区大王村。

吴敏纽，男，33岁，薮镇区米爱村，东达族，

杜敏敏丹，女，35岁，薮镇区耶新村，东达族。

四、土瓦方言

土瓦方言是以土瓦市为中心的土瓦镇区的通用语言。土瓦市位于北纬14.5度、东经98.12度处，是德林达依（颠拿沙廉）省的省会。土瓦镇区北接寨克米镇区，南联丹老镇区，东边与泰国接壤，西临孟加拉海。镇区由德耶羌、老隆、耶漂、土瓦等四个小镇区组成。

土瓦镇区面积为8541平方千米，人口约有40多万，南北长225千米，东西宽75千米。镇区地处狭长的沿海地区，地势东高西低。沿海地带山礁林立，居民罕见。但盛产燕窝，给土瓦人民带来了可观的经济收入。土瓦镇区内有两座山，敏摩莱卡山海拔2200米，牛峰山海拔2000米。北有土瓦河，南有颠拿沙廉河。在离城市15千米的海上，有亨载、貌摩干、兰龙等三个群岛。由于临海，海洋性气候为土瓦带来了丰富的雨水。

土瓦市的西北，有一个极为优良的海滩，是个夏季避暑胜地。市区的北边有土瓦古城。

土瓦镇区主要经济为农业、园艺种植业、橡胶种植业、纺织业以及矿业。镇区蕴藏着丰富的铅、锌、钨矿。因此，橡胶种植和开矿业成为该地的主要经济项目。山区林木茂密，盛产槟榔、肉桂、蓖麻、椰油、榴莲、山竹果、

菠萝。

土瓦地区生活着缅甸人、印度人、中国人、克伦人和孟族人,信仰佛教、基督教及伊斯兰教。

土瓦镇区目前尚未有铁路交通,主要交通为公路、水运、航空。水运包括气垫船和小汽轮的沿海航运,可通达毛淡棉、仰光、丹老及缅甸最南端的新兴城市——果当。但是,由于受到气候,尤其是雨季的暴雨和风浪的限制,海上和空中的交通受到很大的影响。

土瓦名称的来历:据老人们讲,由于土瓦周围环山,一面临海,因此人们称此城为"山围城"(taun wain)后来语音逐渐变化,逐渐变成"土瓦"(thu waa)。

另外也有老人说:"缅历912—942年,曾在罕达瓦底为王的莽应龙在位时期,正是以武力扩展疆土时期,得知该地盛产锌矿,并能炼出优质兵器,故到该城购买大量兵器。因此称该城为'达外'(意即'买刀')。"

蒲甘国王那拉勃底在位时期,因食邑德林达依的候昭贝漂造反,国王亲自讨伐,在凯旋途中,于土瓦半岛的海滨建了"当归城"(daunt kwe myot)作行宫。后来,逐渐变成"当克外"(daunt kha we)、"当外"(daunt we)、"塔外"(tha we),最后变成"土瓦"(tha we)。

在土瓦城史中还记载着如下的内容:"缅历276—357年、438—491年期间,泰国的掸族和缅甸掸邦的掸族曾占领过该城。由于当时土瓦是大量藤条输出的城埠,掸语称'达万'(意即'藤埠'),随着历史的变迁,'达万'变成了'土瓦'。"

1. 土瓦方言的辅音系统

为了便于比较,我们将土瓦方言与缅甸语的标准话仰光话中的辅音并列如下:

仰光话中的单辅音(26个)	土瓦方言中的单辅音(28个)
k, kh, g	k, kh, g
t, th, d	t, th, d
p, ph, b	p, ph, b

（续表）

仰光话中的单辅音（26个）	土瓦方言中的单辅音（28个）
s, sh, z	s, sh, z
tɕ, tɕh, dʑ	tɕ, tɕh, dʑ
m, n, ŋ, ɳ	m, n, ŋ, ɳ
tθ(dð)	tθ(dð)
l, w, j	l, w, j, r
ç, h, ʔ	ç, ɦ, h, ʔ
仰光话中的复辅音（38个）	土瓦方言中的复辅音（43个）
	kl, khl
	pl, phl
	ml
pj, phj, bj	pj, phj, bj
mj, lj, tj	mj, lj, tj
kw, khw, gw	kw, khw, gw
tw, thw, dw	tw, thw, dw
pw, phw, bw	pw, phw, bw
sw, shw, zw	sw, shw, zw
tɕw, tɕhw	tɕw, tɕhw
mw, nw, ŋw	mw, nw, ŋw
tθw(dðw)	tθw(dðw)
lw, jw, hw	lw, jw, hw
çw	çw
hm, hn, hŋ, hɳ	hm, hn, hŋ, hɳ
hl, hlw, hnw	hl, hlw, hnw
hlj	hlj
hmj, hmw	hmj, hmw

土瓦方言中辅音例词：

辅音	例词	仰光音	土瓦音	词义
k	ကောက်သီး	kauʔ⁴⁴ tθi⁵⁵	kɔ⁴²ʔ tθi⁴⁴	稻粒
kh	ခါး	kha⁵⁵	khɑ⁴⁴	腰
	ခေါင်း	gaũ⁵⁵	khau⁴⁴	头
	လခ	la⁵³ ga⁵³	lɑ⁴² khɑ⁴²	工资
	သစ်ပင်ခွ	tθiʔ⁴⁴ pĩ²² gwa⁵³	tθi⁴²ʔ pã¹¹ khwɑ⁴²	树丫
g	ကောက်သီး	gaoʔ tθi⁵⁵	gau⁴²ʔ tθi⁴⁴	弹子
s	စာငယ်	sa²² kə le⁵⁵	sɑ¹¹ ŋɛ¹¹	麻雀
sh	ဆံပင်	zə bĩ²²	shã¹¹ pã¹¹	头发
z	ဈေး	ze⁵⁵	ze⁴⁴	市场
t	တာအိုးသီး	tɕwɛ⁵⁵kɔ²²tθi⁵⁵	tɑ¹¹ o⁴⁴ tθi⁴⁴	柚子
th	ထ	tha⁵³	thɑ⁴²	起来
d	ဒူး	du⁵⁵	du⁴⁴	膝盖
p	ပန်း	pã⁵⁵	pã⁴⁴	花
ph	ဖာ	pha²²	phɑ¹¹	补
b	ထမ်းပိုး	də bo⁵⁵	bo⁴⁴	扁担
tɕ	ကြိုး	tɕo⁵⁵	tɕo⁴⁴	绳
tɕh	ငါးခြောက်	ŋə tɕhauʔ⁴⁴	ŋɑ tɕhɔ⁴²ʔ	鱼干
dʑ	ချိုင်း	dʑaĩ⁵⁵	dʑaĩ⁴⁴	腋下
sh	အဆီ	ə shi²²	ə shi¹¹	脂肪
m	မိုး	mo⁵⁵	mo⁴⁴	雨
n	နေ	ne²²	ne¹¹	太阳
ŋ	ငါး	ŋa⁵⁵	ŋɑ⁴⁴	鱼
ȵ	ညဉ်	ɲĩ⁵³	ɲĩ⁴²	夜
tθ	သန်း	tθã⁵⁵	tθã⁴⁴	虱子
l	လူ	lu²²	lu¹¹	人
w	ဝါ	wa²²	wɑ¹¹	黄
j	အရိုး	ə jo⁵⁵	ə jo⁴⁴	骨头

（续表）

辅音	例词	仰光音	土瓦音	词义
r	တိရစ္ဆာန်	tə reɪʔ⁴⁴shã²²	ri⁴²shã¹¹	动物
ɕ	လျှာ	ɕa²²	ɕa¹¹	舌
tɕh-ɕ	ချမ်း	tɕhã⁵⁵	ɕã	冷
	ချက်ချင်း	tɕhɛʔ⁴⁴ tɕhĩ⁵⁵	ɕi⁴²ʔ ɕĩ⁴⁴	立刻
dʑa-ɕ	ခြေချောင်း	tɕhi²² dʑaũ⁵⁵	khe¹¹ ɕɔ̃⁴⁴	足
	ဟင်းချို	hĩ⁵⁵ dʑo²²	hã⁴⁴ ɕo¹¹	汤
	ခရမ်းချဉ်သီး	khə jã⁵⁵ dʑĩ²² dði⁵⁵	tɕhã⁴⁴ ɕĩ¹¹ tθi⁴⁴	西红柿
ɦ	ဘယ်မှာ	bɛ²² hma²²	ɛ¹¹hma¹¹	哪儿
ʔ	လက်	lɛʔ⁴⁴	laʔ⁴²	爪子
pl	ပျံ	pjã²²	plã¹¹	飞
phl	ဖြူ	phju²²	phlu¹¹	白
ml	အမြစ်	ə mjɪʔ⁴	ə mlɪ⁴²ʔ	根
kl	ကျောင်း	tɕaũ⁵⁵	klɔŋ⁴⁴	寺庙, 学校
khl	မျက်ချေး	mjɛʔ⁴⁴tɕhi⁵⁵	mji⁴²ʔ kle⁴⁴	眼屎
gl	ချေးတွန်	dʑi⁵⁵tũ⁴⁵	gle¹¹tũ⁴⁴	搓泥
pj	ပျက်	pjɛʔ⁴⁴	pjɪ⁴²ʔ	坏
phj	ရန်ဖြစ်	jã²²phjɪʔ⁴⁴	jã¹¹phjɪ⁴²ʔ	打架
bj	မြက်	mjɛʔ⁴⁴	bjɪ⁴²ʔ	草
mj	မျိုးစေ့	mjo⁵⁵zi⁵³	mjo⁴⁴ se⁴²	种子
lj	အလျားခုန်	ə lja⁵⁵khoũ²²	ə lja⁴⁴khoũ¹¹	跳远
kw	ကျွဲ	tɕwɛ⁵⁵	kwɛ⁴⁴	水牛
khw	ခွေး	khwe⁵⁵	khi⁴⁴	狗
gw	ဂွေး	gwe⁵⁵	gwe⁴⁴	睾丸
tw	တွေ့	twe⁵³	twi⁴²	遇见
thw	ထွေးခံ	thwe⁵⁵khã²²	thwi⁴⁴ khã¹¹	痰盂
pw	ပွေး	pwe⁵⁵	pwi⁴⁴	癣
phw	အဘွားအို	ə phwa⁵⁵o²²	phwa⁴⁴tθa⁴²ʔ ma⁴²	老太太

(续表)

辅音	例词	仰光音	土瓦音	词义
bw	အမြီး	ə mji^{55}	ə bwi^{44}	尾巴
sw	စွဲ	swɛ^{55}	swɛ^{44}	上瘾
shw	ဆွေး	shwe^{55}	shwi^{44}	朽
zw	ဇွဲ	zwɛ^{55}	zwɛ^{44}	毅力
tɕw	ကျွေးမွေး	tɕwe^{55}mwe^{55}	tɕwe^{44}mwe^{44}	养活
tɕhw	ချွေး	tɕhwe^{55}	tɕhwe^{44}	汗
mw	အမွေး	ə mwe^{55}	ə mwi^{44}	羽毛
nw	နွား	nwa^{55}	nwɑ^{44}	牛
ŋw	ငွေ	ŋwe^{22}	ŋwi^{11}	银
tθw	သွေး	tθwe^{55}	tθwi^{44}	血
lw	လွယ်	lwɛ^{22}	lwɛ^{11}	容易
jw	ရွေး	jwe^{55}	jwe^{44}	选
ɕw	ရွှေ	ɕwe^{22}	ɕwe^{11}	金
hm	မှုတ်	hmouʔ^{44}	hmu^{42}	吹
hmw	မွှေး	hmwe^{55}	hmwi^{44}	香
hn	နှက်	hnɛʔ^{44}	hnɑ^{42}ʔ	揍
hŋ	ငှက်	hŋɛʔ^{44}	hŋɑ^{42}ʔ	鸟
hɲ	ညှစ်	hɲɪʔ^{44}	hɲɪ^{42}ʔ	挤（牛奶）
hl	လှ	hla^{53}	hlɑ^{42}	漂亮
hmj	မျှား	hmja^{55}	hmjɑ^{44}	钓

辅音与复辅音的几点说明：

① 土瓦方言中有单辅音28个，复辅音43个。

② 在土瓦地区还保留着古代缅甸语复辅音 kl、khl、pl、bl、ml 等声母。

例如：

土瓦方言	仰光话	词义
klɔŋ^{44}	tɕaũ^{55}	寺庙，学校
khlɔŋ^{44}	tɕhaũ^{55}	小溪

(续表)

土瓦方言	仰光话	词义
pha⁴⁴ plu⁴²	pha⁵⁵pjouʔ⁴⁴	蟾蜍
mle¹¹pla⁴²ʔkwɛ⁴⁴	mje²² paʔ⁴⁴ tɕa⁵⁵ kwɛ⁵⁵	土地干裂
klɑ⁴⁴	tɕa⁵⁵	老虎
kli⁴⁴kã⁴⁴	tɕi⁵⁵kã⁵⁵	乌鸦
klɔ⁴²ʔ khɛ⁴⁴	tɕauʔ⁴⁴khɛ⁵⁵	小石块

③ 古缅甸语中的 kr、khr、pr、mr 等复辅音声母，在土瓦方言里已经消失。然而，这些复辅音中的后置辅音 r 在土瓦方言中变成了 l。例如：

古缅文	土瓦方言	词义
pre:	ple⁴⁴	奔跑
mre	mle¹¹	土地
Pran	plan¹¹	回，反
prɔŋ: phu:	plɔŋ⁴⁴ phu⁴⁴	玉米
mras	mlr⁴²ʔ	河

部分缅甸语古文中的复辅音字母在土瓦方言中也已经颚化，与仰光话相同。也就是说，土瓦方言中共存着辅音颚化前后的两种语音现象。例如：

土瓦方言	仰光话	词义
zə gɑ⁴⁴ pjɔ⁴⁴	zə gɑ⁵⁵sə mji²² pjɔ⁵⁵ sho²²	聊天，闲谈
mjiŋ⁴⁴ ɦɑ⁴⁴	ŋə mjĩ⁵⁵	（头短身扁有须的）鱼

④ 仰光话中有些颚化音，在古碑文中是不带后置辅音 j 的，而这种情况也在土瓦方言中反映出来。也就是说，土瓦方言至今还保留着古碑文时期的部分语音状况。例如：

土瓦方言	仰光话	词义
kwi¹¹ klɑ⁴²	tɕwe²² tɕa⁵³	凋落，谢
lu¹¹ki⁴⁴	lu²² tɕi⁵⁵（音 dʑi⁵⁵）	大人物，大人
ki⁴⁴	tɕi⁵⁵（音 dʑi⁵⁵）	大
khe¹¹	tɕhe²²	脚

土瓦方言	仰光话	词义
khlɔ̃⁴⁴ hso⁴⁴	tɕhaũ⁵⁵ hso⁵⁵	咳嗽
ke⁴²	tɕi⁵³	看
ki¹¹ loũ⁴⁴	tɕeĩ²² loũ⁵⁵	藤条

⑤ 仰光话与土瓦方言有些词的声母之间有语音交叉或转换现象。如有些词在仰光话中是送气塞音，在土瓦方言中变成舌面擦音，有时则相反。例如：

土瓦方言	仰光话	词义
ɕi⁴²ʔ ɕĩ⁴⁴	tɕhɛʔ⁴⁴ tɕhĩ⁵⁵	立刻
ɕã⁴⁴	tɕhã⁵⁵	冷
ŋə ɕĩ¹¹	ŋə tɕhĩ²²	（腌制的）酸鱼
tɕhɔ⁴²ʔ tθi⁴⁴	ɕauʔ⁴⁴ tθi⁵⁵	柠檬

⑥ 仰光话中复辅音声母 jw，在土瓦方言中往往丢失前置辅音，读作 w。例如：

缅文	仰光话	土瓦方言	词义
ရွာ	jwa²²	wɑ¹¹	村子
ရွေး	jwe⁵⁵	wi⁴⁴	选择
မိုးရွာ	mo⁵⁵ jwa²²	mo⁴⁴ wɑ¹¹	下雨

⑦ 仰光音中的 tɕh 在土瓦方言中发 ɕ 音。例如：

缅文	仰光话	土瓦方言	词义
ချက်	tɕhɛʔ⁴⁴	ɕɪ⁴²ʔ	煮
ချောင်း	tɕhaũ⁵⁵	ɕoŋ⁴⁴	条
ချမ်း	tɕhã⁵⁵	ɕã⁴⁴	冷
ဟင်းချို	hĩ⁵⁵ dzo²²	hã⁴⁴ ɕo¹¹	汤
ချက်ချင်း	tɕhɛʔ⁴⁴ tɕhĩ⁵⁵	ɕɪ⁴²ʔ ɕĩ⁴⁴	立刻

⑧ 古缅文中带后置辅音 j、r 复辅音声母的音节，在仰光话中都已变成舌面塞音，在土瓦方言中保留了古文中的复辅音声母，但往往丢失复辅音声母中的后置辅音。例如：

缅文	仰光话	土瓦方言	词义
ကောက်ညင်းချိုတ်	kauʔ⁴⁴ hn̪ĩ⁵⁵ ŋə tɕheiʔ⁴⁴	kɔ⁴²ʔ hn̪ĩ⁴⁴ ki⁴⁴	黑糯米
ကြည်	tɕi⁵³	ki⁴²	看
ကျွဲ	tɕwɛ⁵⁵	kwɛ⁴⁴	水牛
ကြွက်	tɕwɛʔ⁴⁴	kwɑ⁴²ʔ	老鼠
ချိုတ်	dʑeɪʔ⁴⁴	khi⁴²	钩子

⑨ 古缅文中带后置辅音 j、r 复辅音声母的音节，在仰光话中已经变成腭化音，但在土瓦方言中往往为后置辅音 l。例如：

缅文	仰光话	土瓦方言	词义
ကျ	tɕɑ⁵³	klɑ⁴²	掉
ကျီးကန်း	tɕi⁵⁵ gã⁵⁵	kli⁴⁴ gã⁴⁴	乌鸦
ကျိုး	tɕo⁵⁵	klo⁴⁴	断
ကျောက်ဆောင်	tɕauʔ⁴⁴ shaũ²²	klɔ⁴²ʔ shɔ̃¹¹	岩石
ကျယ်	tɕɛ²²	klɛ¹¹	宽
ချောင်း	tɕhaũ⁵⁵	khlɔ̃⁴⁴	溪
စိတ်ချ	seɪʔ⁴⁴ tɕha⁵³	sɪ⁴²ʔ khlɑ⁴²	放心
မျှစ်	hmjɪʔ⁴⁴	mlɪ⁴²ʔ	笋
ကြိတ်ဆုံ	tɕeɪʔ⁴⁴ shoũ²²	kleɪ⁴²ʔ shoũ¹¹	磨
လိပ်ပြာ	leɪʔ⁴⁴ pja²²	li⁴²ʔ plɑ¹¹	蝴蝶
မြန်	meĩ²²	mli¹¹	（吃得）香

⑩ 仰光音中的复辅音声母 mj，在土瓦方言中往往读成 b 或 bj。例如：

缅文	仰光话	土瓦方言	词义
နမျော်	hnə mjɔ⁵⁵	bjɔ⁴⁴	可惜
မြို့	mjo⁵³	bjo⁴²	城市
မြင်	mjĩ²²	bjĩ¹¹	看见
မြောင်း	mjaũ⁵⁵	blɔŋ⁴⁴ / bjɔ̃⁴⁴	沟
အမွှာ	ə hmwa²²	bwɑ⁴⁴	孪生

2. 土瓦方言的元音系统

（1）单元音

标准音中的单元音　土瓦方言中的单元音

a　　　　　　　　　ɑ

　　　　　　　　　　ə

缅文	仰光音	土瓦音	词义
ကစား	gə za^{55}	kɑ zɑ^{44}	玩
ငါးခြောက်	ŋə tɕhauʔ^{44}	ŋɑ^{44} tɕhɔ^{42ʔ}	鱼干

i　　　　　　　　　i

　　　　　　　　　　e

缅文	仰光音	土瓦音	词义
ကြေးစည်	tɕi^{55} zi^{22}	tɕe^{44} ze^{11}	铜铃
ကြည့်	tɕi^{53}	ke^{42}	看
ချေး(ငှါး)	tɕhi^{55}	tɕhe^{44}	借
ခြေထောက်	tɕhi^{22}dauʔ^{44}	khe^{11} dɔ^{42ʔ}	脚

i　　　　　　　　　ɛ

缅文	仰光音	土瓦音	词义
စည်	si^{22}	sɛ^{11}	热闹
ရည်းစား	ji^{55} za^{55}	jɛ^{44} zɑ^{44}	恋人
ရယ်	ji^{22}	jɛ^{11}	笑

u　　　　　　　　　u

缅文	仰光音	土瓦音	词义
လူ	lu^{22}	lu^{11}	人

e　　　　　　　　　e

缅文	仰光音	土瓦音	词义
သေ	tθe^{22}	tθe^{11}	死

	e	i	
缅文	仰光音	土瓦音	词义
ခွေး	khwe⁵⁵	khwi⁴⁴	狗
နွေ	nwe²²	nwi¹¹	夏天
ဝေး	we⁵⁵	wi⁴⁴	远
မွှေး	hmwe⁵⁵	hmwi⁴⁴	香

	e	ɛ	
缅文	仰光音	土瓦音	词义
မျက်ရည်	mjɛʔ⁴⁴ je²²	mjɛ⁴²ʔ jɛ¹¹	泪
ဟင်းရည်	hĩ⁵⁵ je²²	hã⁴⁴ jɛ¹¹	汤

	ɛ	ɛ	
缅文	仰光音	土瓦音	词义
လဲ	lɛ⁵⁵	lɛ⁴⁴	摔倒

	ɔ	ɔ	
缅文	仰光音	土瓦音	词义
တော	tɔ⁵⁵	tɔ⁴⁴	深林

	o	o	
缅文	仰光音	土瓦音	词义
ပိုး	po⁵⁵	po⁴⁴	虫

（2）双元音

缅甸语标准音中的双元音　　　　土瓦方言中的双元音

  ai   ɑi

  au   ɑu

  ei   ei

  ou   ou

（3）鼻元音

标准音中的鼻元音　　土瓦方言中的鼻元音

ã　　　　　　　　　　ã

缅文	仰光音	土瓦音	词义
ဆန်	shã²²	shã¹¹	米

ĩ　　　　　　　　　　ĩ

缅文	仰光音	土瓦音	词义
ပျဉ်ပြား	pjĩ²² bja⁵⁵	pjĩ¹¹ plɑ⁴⁴	木板

ɑ̃　　　　　　　　　　ɑ̃

缅文	仰光音	土瓦音	词义
ပင်ပန်း	pĩ²² bɑ̃⁵⁵	pɑ̃¹¹ bɑ̃⁴⁴	累
မင်းသား	mĩ⁵⁵ tθa⁵⁵	mɑ̃⁴⁴ tθɑ⁴⁴	王子
ရေတွင်း	je²² dwĩ⁵⁵	je¹¹ dwɑ̃¹¹	水井
ရင်ခွင်	jĩ²² gwĩ²²	ji¹¹ khwɑ̃¹¹	怀抱

ũ　　　　　　　　　　ũ

缅文	仰光音	土瓦音	词义
သံချွန်	tθã²²tɕhũ²²	tθã¹¹ ɕũ¹¹	钉子

eĩ　　　　　　　　　　i⁴²

缅文	仰光音	土瓦音	词义
စိန်	seĩ²²	si⁴²	钻石
ပိန်	peĩ²²	pi⁴²	瘦
မိန်းမ	meĩ⁵⁵ ma⁵³	mi⁴² mɑ⁴²	妇女
အိမ်ရှင်	eĩ²² ɕĩ²²	i⁴² ɕi¹¹	主人
လိမ့်ကျ	leĩ⁵³ tɕa⁵³	li⁴² kla⁴²	滚落
ထိန်း	theĩ⁵⁵	thi⁴²	保存

	oũ	oũ / au	
缅文	仰光音	土瓦音	词义
ငုံးငှက်	ŋoũ⁵⁵hŋɛʔ⁴⁴	ŋau⁴⁴hŋa⁴²ʔ	鹌鹑
ထုံးစံ	thoũ⁵⁵zã²²	thau⁴⁴zã¹¹	惯例
ယုန်	joũ²²	jau¹¹	兔子
အုန်းသီး	oũ⁵⁵dði⁵⁵	au⁴⁴ti⁴⁴	椰子

	oũ	u	
缅文	仰光音	土瓦音	词义
ကုန်သည်	koũ²²dðɛ²²	ku¹¹tθɛ¹¹	商人
တုန်	toũ²²	tu¹¹	发抖
မုန့်	moũ⁵³	mu⁴²	饼
မုန်လာဥ	moũ²²la²²u⁵³	mu¹¹la¹¹u⁴²	萝卜

	aĩ	ɑĩ	
缅文	仰光音	土瓦音	词义
သစ်ကိုင်း	tθɪʔ⁴⁴kaĩ⁵⁵	tθɪ⁴²ʔkɑĩ⁴⁴	树枝

	aũ	ɔ̃	
缅文	仰光音	土瓦音	词义
ကောင်း	kaũ⁵⁵	kɔ̃⁴⁴	好
စောင်	saũ²²	sɔ̃¹¹	毯子
ဆောင်း	shaũ⁵⁵	shɔ̃⁴⁴	冬季
နေရောင်	ne²²jaũ²²	ne¹¹jɔ̃¹¹	阳光
ရေလောင်း	je²²laũ⁵⁵	je¹¹lɔ̃⁴⁴	浇水

（4）促元音

standard音中的促元音　　　土瓦方言中带塞尾的韵母

$\epsilon a^{44?}$　　　　　　　　　　$ɑ^{42?}$

缅文	仰光音	土瓦音	词义
ဦးကွက်		$zi^{44}\ kwɑ^{42?}$	猫头鹰

$ɪ^{44?}$　　　　　　　　　　$ɪ^{42?}$

缅文	仰光音	土瓦音	词义
ကျစ်	$tɕɪʔ^{44}$	$tɕɪ^{42?}$	紧，结实

$ɪʔ^{44}$　　　　　　　　　　e

缅文	仰光音	土瓦音	词义
တစ်	$tɪʔ^{44}$	te^{42}	一
နှစ်	$hniʔ^{44}$	hne^{42}	二

$uʔ^{44}$　　　　　　　　　　$u^{42?}$

缅文	仰光音	土瓦音	词义
ချွတ်	$tɕhuʔ^{44}$	$khru^{42?}$	脱

$eiʔ^{44}$　　　　　　　　　　i^{42}

缅文	仰光音	土瓦音	词义
စိတ်	$seiʔ^{44}$	si^{42}	心
ဆေးလိပ်	$she^{55}\ leiʔ^{44}$	$she^{44}\ li^{42}$	香烟
တိတ်ဆိတ်	$teiʔ^{44}\ sheiʔ^{44}$	ti^{42}	寂静
လွယ်အိတ်	$lwɛ^{22}\ eiʔ^{44}$	$lwɛ^{11}\ i^{42}$	背包
ဖိတ်စာ	$pheɪʔ^{44}\ sa^{22}$	$phi^{42}\ sɑ^{11}$	邀请信，请帖

$ɛ^{44?}$　　　　　　　　　　$i^{42?}$

缅文	仰光音	土瓦音	词义
ကြက်သား	$tɕɛʔ^{44}\ tθa^{55}$	$tɕi^{42?}\ tθa^{44}$	鸡肉
ကြက်သွန်ဖြူ	$tɕɛʔ^{44}\ tθũ^{22}phju^{22}$	$tɕi^{42?}tθũ^{44}phlu^{11}$	洋葱
မျက်စေ့	$mjɛʔ^{44}\ si^{53}$	$mji^{42?}\ si^{42}$	眼睛
ရက်စက်	$jɛʔ^{44}\ sɛʔ^{44}$	$ji^{42?}\ si^{42?}$	残酷

（续表）

缅文	仰光音	土瓦音	词义
ရှက်	ɕɛʔ⁴⁴	ɕi⁴²ʔ	害羞
စိတ်ပျက်	seɪʔ⁴⁴ pjɛʔ⁴⁴	seɪ⁴²ʔ pjɪ⁴²ʔ	灰心

ɛʔ⁴　　　　　　ɑ⁴²ʔ

缅文	仰光音	土瓦音	词义
ငှက်	hŋɛʔ⁴⁴	hŋɑ⁴²ʔ	鸟
ထွက်	thwɛʔ⁴⁴	thwɑ⁴²ʔ	出去
ရေခွက်	je²² gwɛʔ⁴⁴	je¹¹ khwɑ⁴²ʔ	水碗
ဝက်သက်	wɛʔ⁴⁴ tθɛʔ⁴⁴	wɑ⁴²ʔ tθɑ⁴²ʔ	麻疹
သစ်ရွက်	tθɪʔ⁴⁴ jwɛʔ⁴⁴	tθɪ⁴²ʔ wɑ⁴²ʔ	树叶

auʔ⁴⁴　　　　　　ɔ⁴²ʔ

缅文	仰光音	土瓦音	词义
ကောက်	kauʔ⁴⁴	kɔ⁴²ʔ	弯
ကြောက်	tɕauʔ⁴⁴	tɕɔ⁴²ʔ	怕
တယောက်	tə jauʔ⁴⁴	tə jɔ⁴²ʔ	一个（人）
သောက်ရေ	tθauʔ⁴⁴ je²²	tθɔ⁴²ʔ je¹¹	饮用水

ouʔ⁴⁴　　　　　　ɑu⁴²ʔ

缅文	仰光音	土瓦音	词义
ကောက်ညှင်းထုပ်	kauʔ⁴⁴ hɲĩ⁵⁵ douʔ⁴⁴	kɔ⁴²ʔ hɲĩ⁴⁴ thauʔ⁴²ʔ	粽子
စာအုပ်	sa²² ouʔ⁴⁴	sa¹¹ ɑuʔ⁴²ʔ	书
ယုတ်မာ	jouʔ⁴⁴ ma²²	jɑuʔ⁴²ʔ ma¹¹	卑鄙

ouʔ⁴　　　　　　u⁴²

缅文	仰光音	土瓦音	词义
စုတ်တံ	souʔ⁴⁴ tã²²	su⁴² tã¹¹	毛笔
ဘုတ်ငှက်	bouʔ⁴⁴ hŋɛʔ⁴⁴	bu⁴² hŋɑ⁴²ʔ	鸦鹘
မီးခလုတ်	mi⁵⁵ khə louʔ⁴⁴	mi⁴⁴ khə lu⁴²	电灯开关
အထုပ်	ə thouʔ⁴⁴	ə thu⁴²	包

| | | ai?^{44} | | ɑi$^{42?}$ | |

缅文	仰光音	土瓦音	词义
ရိုက်	jaɪʔ^{44}	rɑɪ$^{42?}$	抽打

关于土瓦方言元音系统的几点说明：

① 土瓦元音中的 a 发音部位向后，介于中 a 和后 ɑ 之间。

② 土瓦话中的圆唇元音大都发音部位向后移动。

③ 土瓦元音系统中有双元音作韵母的。而在仰光话中，双元音一般不单独作韵母，一定要在鼻化元音和短促元音中出现。

④ 土瓦元音系统中有 ɔ 元音的鼻化元音 ɔ̃，实际上是古缅语中的鼻音韵尾变成元音鼻化的结果。

⑤ 仰光话中有许多音节读成轻声，土瓦方言中却不变轻声。例如：

缅文	仰光话	土瓦方言	词义
ကုလားမ	kə lə ma^{53}	la^{44} ma^{42}	印度女人
ကြမ်းပိုး	dʑə bo^{55}	tɕã^{44} po^{44}	臭虫
ခါးပတ်	gə baʔ^{44}	kha^{44} pa$^{42?}$	腰带
ဆံထုံး	zə doũ^{55}	shã^{11} thoũ^{44}	发髻
ဓါးမြောင်	də hmjaũ^{22}	tha^{44} hmjɔ̃^{11}	匕首
ဝါးခြမ်း	wə tɕhã^{55}	wa^{44} tɕhã^{44}	破开的竹子

⑥ 土瓦方言中当两个平声字重叠时，前一个平声调往往变成高平调。例如：

仰光话	土瓦方言	词义
ကြကြ /tɕa^{22}dʑa^{22}/	tɕa^{44} dʑa^{11}	久久
ငြိမ်ငြိမ် /n̥ḛĩ^{22}n̥ḛĩ^{22}/	n̥i^{44} n̥i^{11}	安静地
တုန်တုန်ရီရီ /toũ^{22}toũ^{22}ji^{22}ji^{22}/	tu^{44} du^{11} la$^{42?}$ la$^{42?}$	颤颤巍巍地
မြန်မြန် /mjã^{22}mjã^{22}/	bjã^{44} bjã^{11}	迅速的
မှန်မှန် /hmã^{22}hmã^{22}/	hmã^{44} hmã^{11}	准时，正常地
သေသေချာချာ /tθe^{22}ðe^{22}tɕha^{22}dʑa^{22}/	tθe^{44} ðe^{11} tɕha^{44} dʑa^{11}	确切地

⑦ 仰光话中的 ou 双元音在土瓦方言中有时读作 u 音，有时读作 ɒu 音，区别在于该词在古音中的不同的辅音韵尾。辅音韵尾是 t，则土瓦方言中读作 u 音；如果韵尾辅音是 p，则往往读ɒu。例如：

古韵尾	例字	仰光音	土瓦音	词义
t	ဖုတ်	phou⁴⁴ʔ	phu⁴²	煨，烤
	မှုတ်	hmou⁴⁴ʔ	hmu⁴²	吹
	ကန်ထုတ်	kã²² thou⁴⁴ʔ	kã¹¹ thu⁴²	踢出去
p	စာအုပ်	sa²² ou⁴⁴ʔ	sɑ¹¹ ɒu⁴²ʔ	书
	လက်သုပ်	lɛ⁴⁴ʔ tθou⁴⁴ʔ	lɑ⁴²ʔ tθɒu⁴²ʔ	凉拌（食品）

3. 土瓦方言的声调系统

（1）土瓦方言声调共有三个，分别为高平、高降、平声。

（2）土瓦方言中的高降调相当于标准话中的高平调，但是调值不同，仰光话中的高平调的调值为 55，而土瓦方言中的高降调为 44。

（3）土瓦方言中的中降调，相当于仰光话中的高降调，但是调值不同，仰光话中的高降调调值是 53，而土瓦方言中的高降调的调值为 42。

（4）土瓦方言中的平声调，相当于仰光话中的低平调，但是调值不同，仰光话中的低平调调值是 22，而土瓦方言中的平声调的调值为 11 或更高一些。

（5）由于土瓦方言中的声调与仰光话中的声调有区别，并且土瓦方言中的几个调类调值的不同，相对来说，调值趋向中间，升降起伏不大，因此在话语中，土瓦方言与丹老方言近似，感到语调比较平缓，抑扬顿挫不太明显。

（6）土瓦方言与丹老方言相似，最有特色的一个语言现象就是与仰光话区别最大的一个声调是短促调。在仰光话中短促调是以喉塞音结尾，元音尽量缩短，并且近于紧喉的现象。这一类声调在仰光话中我们将它单独列出，成为一个独立的声调。但是，土瓦和丹老方言中带有喉塞韵尾的这一类词，元音部分并不缩短，喉塞韵尾只起到整个音节的结尾作用，并不形成短促的音调变化。因此，我们认为土瓦和丹老方言中只有三个声调和一个塞音韵。

（7）土瓦方言中的塞音韵也在起着变化，韵尾的塞音逐渐变弱，有些近于消失。而带有喉塞音的音节，声调都归于低降调。有人认为，土瓦和丹老方言中的喉塞音已基本消失（或近于消失），尤其明显的是丹老方言。因此，土瓦和丹老方言一样，方言中只有三个调，不存在仰光方言中的那种短促调。

（8）土瓦方言与仰光话中的声调对应情况如下：

仰光话	例词	词义	土瓦方言	例词	词义
高平调 55	pa^{55}	薄	第1调高平调 44	ka^{44}	车
低平调 22	la^{22}	来	第2调低平调 11	la^{11}	来
高降调 53	ka^{53}	跳舞	第3调高降调 42	la^{42}	月
短促调 44	$kauʔ^{44}$	拾	带塞尾的高降调 42ʔ	$kauʔ^{42ʔ}$	拾

4. 土瓦方言的音节结构

土瓦话中保留了过去古缅甸语中的许多语音，例如复辅音声母 kl、khl、pl 塞音韵尾的音节高降声调相同等等。土瓦方言的声韵母比现代仰光话的声韵母就要稍微复杂一些，组成的音节也比较复杂。共有下列几类音节结构：（下列表中的 V 代表元音，C 代表辅音，T 代表声调）

序号	音节类型	例词	词义
①	VT	i^{42}	睡
②	CVT	la^{11}	来
③	CCVT	pja^{42}	出示
④	CCCVT	$hmja^{42}$	平均
⑤	VVT	$ɔŋ^{11}$	胜利
⑥	CVVT	$kɔŋ^{44}$	好
⑦	CCVVT	$pjouŋ^{44}$	微笑
⑧	CVCT	$paʔ^{42ʔ}$	围绕
⑨	CVVCT	$kouʔ^{42ʔ}$	蜷缩
⑩	CCVVCT	$pjouʔ^{42ʔ}$	煮
⑪	CCCVVCT	$hmlouʔ^{42ʔ}$	埋

5. 部分词汇的比较

通过方言比较，我们可以发现：

（1）在仰光话和土瓦方言中，有许多相同的事物是用不同的词汇来表达的，这种不同方言地区的不同词汇，是造成方言之间差异的一个重要因素。但是，我们发现在仰光话和土瓦方言中，有些词很相似。人们说可能是语音省略造成。究竟哪个方言省略？抑或是方言词受到其他语音影响增加了音节？这些问题还需要深入研究。比如：

仰光话	土瓦方言	词义
gə do^{53} zeiʔ^{44}	do^{42}shi^{42}	码头
thə m ĩ ^{55}	hmã ^{44}	饭
kə lə ma^{53}	la^{44} ma^{42}	外国女人
ŋə pi^{53}	pi^{42}	鱼虾酱
bə zĩ ^{55}	zĩ ^{44}	蜻蜓
mə çi^{53}	hmɛ^{42}	没有
zə ba^{55}	ba^{55}	稻谷
zə bwɛ^{55}	bwɛ^{55}	桌子
goũ^{22} ni^{22} eɪʔ^{44}	gaũ^{11} i^{42}	麻袋
mĩ ^{55} dðə mi^{55}	maŋ^{44}mi^{42}	公主

（2）通过仰光话和土瓦方言的对比，我们可以看到缅甸语中复辅音变化的轨迹[①]。在仰光话中，复辅音声母已经全部消失，而在土瓦方言中，一部分变成颚化音，另一部分则仍保留着复辅音声母。但是，也只保留了 kl、pl，而 kr、pr、mr 则已消失。从缅文碑文中的 r 首先变成复辅音 l、j，后来又合二为一，最后变成颚化音 tɕ 来看，这期间可能走过了近千年的历史。再从《四夷馆》中的杂字记载来看，当时（15 世纪左右）缅甸语中有着复辅音字母和颚化音并存的现象。例如：

---

① 关于复辅音和腭化音的关系，请参见：《妙齐提碑文研究》，《北京大学学报》1986年第 4 期。

	《四夷馆》杂字（转写）	汉字注音	词义
复辅音声母	mrɔŋ	麦浪	沟
	mras ma	麦列马	江
	khrɔk	克老	旱
	ne krat	腻革刺	日食
	krai	革来	星
	khro	克路	角
	mraŋ（mjaŋ）	麦浪（又读：棉）	马
颚化音	kjan sa ka	江萨嘎	甘蔗
	khjan	腔	姜
	kja	贾	虎

由此可见，复辅音变化从 15 世纪起，到现在也不过五百多年的历史，从语音比较来看，复辅音走过了分合和颚化的历程。缅甸方言地区还保留着并存的态势，这为我们揭示了其复辅音变化的轨迹。

（3）土瓦方言中的清辅音声母与仰光话中的浊辅音声母对应，如：kh、khw—g、gw；ɕ—dʑ；ph—b；tθ—dð。（参见上文中的例词）

结合缅甸古碑文推断，在古缅甸语中声母虽有清浊的对立，但浊辅音声母比较少。从《妙齐提碑文》上的缅文来看，浊音比较少，并且绝大多数是拼写梵文或巴利文外来词时才用。由此可见，浊音是后来才逐渐增多的。

（4）缅甸语中的轻声是后起现象，是逐渐发展和增多的。从方言对比中，我们可以看到，仰光话中许多轻读的词，在土瓦方言中并不轻读。虽然土瓦方言中也有轻读现象，但是要比仰光话中少得多。显然，缅甸语的轻读现象是后起现象并逐渐发展。

（5）土瓦方言中仍然保留着古缅语中的辅音韵尾 aŋ、ɔŋ，例如：maŋ "国王"，klɔŋ "学校，寺庙"，dʑuˈ kɔŋ "胡椒"。但鼻辅音 m 韵尾却已经消失。古缅文中的带鼻辅音 m 韵尾的词，都读成 an、ã 或不留痕迹地丢失。例如：im—i "家"；zap kram—zaʔtɕã "言语粗野"；sim—tθi "收拾"。由此看来，鼻辅音韵尾 m 比较 n 更加易变，它的变化方向大致为：n、m→或脱落，或 m、n 合并成辅音韵尾 n 使前面的元音鼻化。

（6）仰光话与土瓦方言中的韵母的差异，反映出古缅文的语音及其发展的情况。例如：

古缅文（转写）	土瓦方言	仰光话	词义
tsit	si^{42}	seɪʔ	心
phit	phi^{42}	pheɪʔ	邀请
it	i^{42}	eɪʔ	口袋
pim	pi^{42}	pẽɪ	瘦
im	I^{42}	ẽɪ	家
sut tam	su^{42} tan^{11}	souʔ tã^{22}	毛笔
kha lut	khə lu^{42}	khə louʔ^4	绊脚物
a khlin	ə khi^{42}	ə tɕheĩ^{22}	时间
anklikhlwt	ã^{44} ki^{11} khlu^{42}	ĩ^{44}tɕi^{22}tɕhuʔ^{44}	脱衣服

从上列例词的比较中我们可以看出，在古缅文碑文中的辅音韵尾发展到仰光话和土瓦方言有两种不同的途径：一是 k、t、p 等辅音韵尾丢失，只剩下不带辅音韵尾的韵母；另一种是辅音韵尾消失，都变成喉塞音 ʔ。

辅音韵尾 m 的发展也有两种途径：一是丢失；二是与 n 合并，然后使元音鼻化，其变化途径为：

$$m < \begin{matrix} m \\ \\ n \end{matrix} > n \to 元音鼻化$$

（7）从上述比较中可以看出，古缅文发展到现在的仰光话和土瓦方言，其中声母和韵母都发生了巨大变化。我们可以从中顺藤摸瓜，与亲属语言比较，拟测出共同语的古音面貌。

然而，从仰光话与土瓦方言比较来看，还有不少语音变化还无轨迹可寻。语音变化，很难用一般的方法去认知。从有记载的古缅文发展到各方言，不过近千年历史，但其中语音和词汇（语法另外研究）竟然是变化如此之大，由此联想到在谱系研究中要理清某些词是本词，某些词是借词，这实在是件难事。因此，要建立更加科学的语言谱系架构，除了要从语音角度去寻找同源词外，恐怕还要寻找和开辟新的途径。

6. 土瓦方言的句法

土瓦方言的语法与仰光话的语法基本相同，只是语言中的助词不同，形成许多差别。

助词在缅甸语句子中使用频率很高，助词的差异使不同方言区的语言产生分歧，造成语言交流上的困难。土瓦方言和仰光话之间在句法方面就有许多不同的地方。例如：

（1）主语：

这只（鸡）是公鸡。

仰光话　　di^{22}gaũ ^{22}ga^{52}tɕɛʔ^{44}pha^{53}bɛ^{55}

土瓦方言　ɛ^{44}gɔŋ^{11}ɦa^{42}tɕɪ^{42ʔ}　pha^{42}bɛ^{44}

（2）宾语：

给他吧。

仰光话　　tθu^{53}go^{22}pe^{55}ba^{22}

土瓦方言　tθu^{42}ɦo^{11}pe^{44}ba^{11}

（3）谓语助词（句尾助词）：表一般时、过去时的

我们去种稻。

仰光话　　tɕə nɔ^{22} do^{53} kauʔ^{44} tθwa^{55} saɪ^{44} dɛ^{22}

土瓦方言　tɕə nɔ^{11} do^{42} kɔ^{42ʔ} tθo^{44} saɪ^{42ʔ} ɦɛ^{11}

（4）定语：表领属的

我的手疼着呢。

仰光话　　tɕə nɔ^{53}lɛʔ^{44} ga^{53} na^{22}nei^{22}dɛ^{22}

土瓦方言　ŋa^{42} la^{42ʔ} ɦa^{42} na^{11} ne^{11} ɦɛ^{11}

（5）状语：

① 表地点的

树上有三只鸟。

仰光话　　tθɪʔ^{44} pĩ ^{22} pɔ^{22} hma^{22} hŋɛʔ^{44} tθoũ ^{55} gaũ ^{22} ɕi^{53}dɛ^{22}

土瓦方言　tθɪ^{42ʔ} paŋ^{11} tha^{42ʔ} hma^{11} hŋa^{42ʔ} tθoũ ^{44}kɔŋ^{11}ɕi^{42}ɦɛ^{11}

② 表方式的

拿锯子锯木头。

仰光话　　tθɪʔ⁴⁴ toũ⁵⁵go²² hlwa⁵³ nɛ⁵³ taɪʔ⁴⁴ mɛ²²

土瓦方言　tθɪ⁴²ʔ taũ⁴⁴ ɦo¹¹ hlwa⁴²na⁴² taɪ⁴²ʔ mɛ¹¹

有以下几种句子的类型：

（1）陈述句：

① 表一般陈述

这山很高。

仰光话　　di²² taũ²²ga⁵³ tθeɪʔ⁴⁴ mj̃ĩ⁵³ de²²

土瓦方言　ɛ¹¹tɔŋ¹¹（山）ɦa⁴²ja⁴²ja¹¹taɪ⁴⁴ bj̃ĩ⁴²（高）ɦɛ¹¹

② 表否定

我不吃猪肉。

仰光话　　ŋa²² wɛʔ⁴⁴ tθa⁵⁵ mə sa⁵⁵ bu⁵⁵

土瓦方言　ŋa¹¹ wa⁴²ʔ tθa⁴⁴ mə（不）sa⁴⁴ ɦa⁴²（表示否定的句尾助词）

（2）疑问句：

① 一般疑问句

我说的对吗？

仰光话　　ŋa²² pjɔ⁵⁵ da²²hmã²² dðə la⁵⁵

土瓦方言　ŋa¹¹pjɔ⁴⁴ɦo¹¹ hmã¹¹ lɔ⁴⁴

② 特殊疑问句

你找谁？

仰光话　　mĩ⁵⁵ bə dðu²² nɛ⁵³ twe⁵³ dʑĩ²² lo⁵³ lɛ⁵⁵

土瓦方言　naŋ¹¹ ɦɛ¹¹ lu¹¹ na⁴² twi⁴² ɕĩ¹¹ ɦi⁴²

这是什么花？

仰光话　　da²²ba²² pã⁵⁵ lɛ⁵⁵

土瓦方言　ɛ¹¹hma¹¹hja⁴⁴ ban⁴⁴

（3）祈使句：

① 表命令

快去！

仰光话　　mjã²²mjã²² tθwa⁵⁵

土瓦方言　bjã⁴⁴ bjã¹¹ tθwɑ⁴⁴

② 表阻止

别喝凉水!

仰光话　je²² e⁵⁵ mə tθauʔ⁴⁴ nɛ⁵³

土瓦方言　je¹¹e⁴⁴ mə tθɔ⁴²ʔ nɑ⁴²

（4）感叹句：

① 表惊叹

风好大呀!

仰光话　tɛ²² pjĩ⁵⁵ thã²² laɪʔ⁴⁴ dɛ⁵³ le²² dʑi⁵⁵ ba²²la⁵⁵

土瓦方言　ɛ¹¹ mjo⁴⁴ wɑ⁴²ʔ pjĩ⁴⁴ ɦo¹¹le¹¹ɦi⁴⁴bɛ⁴²ʔ we⁴⁴

② 表埋怨

哎呀，你总算来了!

仰光话　ə mə le⁵⁵ la²²gɛ⁵⁵ laɪʔ⁴⁴ tha²²

土瓦方言　mi⁴⁴we⁴⁴‐tɕɑ¹¹ bjĩ⁴⁴ ɦɛ¹¹

缅甸语土瓦方言的句子类型也分单句和复句。例如：

（1）单句：（略）

（2）复句：

① 表因果

没有车，只能等着。

仰光话　ka⁵⁵ mə ɕi⁵³ lo⁵³ saũ⁵³ ne²² ja⁵³ dɛ²²

土瓦方言　ka⁴⁴ hme⁴² bɛ⁴⁴ne¹¹ ɦi⁴² sɔŋ⁴²ne¹¹ ke⁴² ɦɛ¹¹

② 表转折

我不想去，但又不便当面说。

仰光话　ŋa²²mə tθwa⁵⁵ dʑi²²be²² mɛ⁵³ daɪʔ⁴⁴ jaɪʔ⁴⁴ mə pjɔ⁵⁵ kaũ⁵⁵bu⁵⁵

土瓦方言　ŋa¹¹tθwɑ⁴⁴ɕi¹¹bɛ⁴⁴wo¹¹ti⁴²taɪ⁴²ʔ jaɪ⁴²ʔ pjɔ⁴⁴ ɦi⁴² kɔŋ⁴⁴wɑ⁴²

③ 表假设：

这样做不好。

仰光话　di²² lo²² louʔ⁴⁴ jĩ²² mə kaũ⁵⁵ bu⁵⁵,

土瓦方言　ɛ¹¹ mjo⁴⁴lau⁴²ʔ ɦa¹¹ mə kɔŋ⁴⁴ɦa⁴²

主要发音人和访问对象：

吴觉新，男，土瓦市泽里区市场路 125 号。
杜钦钦泰，女，土瓦大学历史系副教授。
杜钦薇意，女，本筠区本筠路清净园 679 号。
杜敏敏文，女，毛淡棉市棉达路 4 条 306 号。
杜凯凯义，女，土瓦大学缅甸语系副教授。
吴貌埃，男，土瓦市外郡区叶诶路 38 号。
吴年登，男，土瓦大学缅甸语系讲师。
吴纽登，男，土瓦大学缅甸语系副教授。
貌觉都拉，男，18 岁，学生，土瓦市彭莫区德馨路 607 号。

主要参考文献：

［缅］吴埃貌：《蒲甘碑文选集》，彬尼亚南达出版社，1958 年。
［缅］吴登乃：《缅甸文概论》，妙甘达出版社，1968 年。
［缅］讷拍拉：《缅甸文集萃》，文学宫出版社，1978 年。
黄布凡主编：《藏缅语族语言词汇》，中央民族学院出版社，1992 年。

五、丹老方言

丹老方言是缅甸南部丹老地区使用的一种方言。丹老地区位于北纬 12.29 度、东经 98.36 度处，包括东丹老和西丹老两个镇区。它在缅甸南部狭长的底拿沙廉省的中间偏南沿海地区，是底拿沙廉省十个镇区中的两个（其余八个镇区为：土瓦、兰龙、耶漂、底岳羌、卜宾、布洛、底拿沙廉、果当）。镇区依山面海，背靠东边的底拿沙廉山脉，西边面临的是孟加拉海。丹老地区沿海有八百多个岛屿，由于这些岛屿散落在丹老面临的海面上，使得海面视野不够宽阔。离丹老市不远的地方，大约 500 米左右，就有两个岛屿，就像两扇大门，保护着丹老市不受海风和海浪的侵袭。

丹老镇区面积为 3839 平方千米，人口约 20 万（1962 年统计）。主要民族为缅族，也有少量的属于马来族的色龙族。缅甸族大部分信仰佛教。

底拿沙廉以农业、渔业、矿业为主。丹老镇区则出产煤、金、铜，渔业以捕鱼和珍珠养殖业为主，林业中以出产柚木和橡胶种植业为主。当地也种植稻米，还有少量丝织业。丹老的鱼虾酱驰名全国，南部地区出产优质燕窝，为当地带来不少财富。丹老地区交通不甚方便，虽然有公路、海路、空中航线可以与外界联系，但公路交通被多条河流阻隔，要通过各个渡口用渡轮连接，来往受到一定的限制。海上交通受气候、海浪的影响较大，无法充分利用。尤其雨季，通航更不方便，空中航线价格昂贵。因此，丹老地区尚未有快速、价廉、方便的交通方式与首都及其他国内大城市连接。在本地区内，人员来往、物资交流最合适的交通为内河航线，主要靠土瓦河和底拿沙廉河。

据学者们考察，丹老原名为"马芮 /ma reit/"是泰语地名。"马 /ma/"在泰语中就是动物"马"的意思。"芮 / reit /"的泰语意思是"桩子"，合在一起意思是：拴马的桩子。估计在古代此地乃是驿站，地名称"拴马桩子"，表示可以下马驻店之意，当时肯定被暹罗国占领。到了公元1759年，缅甸阿隆帕耶王吴昂择耶攻占了马芮，将泰国地名改成为现代的缅甸名"丹老 /mreit/"。

有些学者认为，缅甸古文中有"边缘"一词，其中最后的词素是"mreit"因此，丹老原是缅甸的边缘城市，因此称其为"mreit"。在海员们的地图上，将该城市名标为"mergen"，也是"边缘"之意。

也有学者认为外国人借"渔夫 /maw king/"一词，称该地为"陌经"，后来逐渐变成"马贵 /mergui/"。总说纷纭，不一而足。就是缅甸名"mrit"（缅语音 /mjeiʔ/）为何译成中文却成了"丹老"也大可研究。

1. 丹老方言的辅音系统

基本与仰光话相同。为了便于比较，我们将丹老方言与缅甸语的标准话仰光话中的辅音并列如下：

仰光话中的单辅音（26个）	丹老方言中的单辅音（27个）
k, kh, g	k, kh, g
t, th, d	t, th, d
p, ph, b	p, ph, b
s, sh, z	s, sh, z
tɕ, tɕh, dʑ	tɕ, tɕh, dʑ
m, n, ŋ, ɲ	m, n, ŋ, ɲ
tθ(dð)	tθ(dð)
l, w, j	l, w, j
ɕ, h, ʔ	ɕ, ɦ, h, ʔ

仰光话中的复辅音（38个）	丹老方言中的复辅音（28个）
pj, phj, bj	pj, phj, bj
mj, lj, tj	mj, lj, tj
kw, khw, gw	kw, khw, gw
tw, thw, dw	tw, thw, dw
pw, phw, bw	pw, phw, bw
sw, shw, zw	sw, shw, zw
tɕw, tɕhw, hw	tɕw, tɕhw, hw
mw, nw, ŋw	mw, nw, ŋw
tθw (dðw)	tθw (dðw)
lw, jw, ɕw	lw, jw, ɕw
hm, hn, hŋ, hɲ	
hmw, hnw	
hl, hlj, hlw	
hmj	

丹老方言中辅音例词：

辅音	例词	语音	词义
k	ကောက်သီး	kau³²ʔ tθi⁵³	稻粒
kh	ခါး	khɑ⁵³	腰

（续表）

辅音	例词	语音	词义
g	ကောက်သီး	$gao^{32ʔ}\,tθi^{53}$	弹子
s	စာငယ်	$sa^{33}\,ŋɛ^{33}$	麻雀
sh	ဆံပင်	$shã^{33}\,pĩ^{33}$	头发
z	ဈေး	ze^{53}	市场
t	တာအိုးသီး	$ta^{33}\,o^{53}tθi^{53}$	柚子
th	ထ	tha^{32}	起来
d	ဒူး	du^{53}	膝
p	ပူ	pu^{33}	热
ph	ဖဲ	phe^{53}	绸
b	ဘဲ	$bɛ^{53}$	鸭
tɕ	ကျ	$tɕa^{32}$	掉
tɕh	ခြင်	$tɕhĩ^{33}$	蚊
dʑ	ဂျုံ	$dʑoũ^{33}$	麦
	ချေးတွန်း	$ə\,dʑe^{53}\,toũ^{53}$	搓泥
m	မ	ma^{33}	硬
n	နေ	ne^{33}	太阳
ŋ	ငါ	$ŋa^{33}$	我
ɲ	ညီ	$ɲi^{33}$	平
tθ	သား	$tθa^{53}$	儿子
l	လ	la^{32}	月亮
w	ဝါ	wa^{33}	黄
j	ရ	ja^{32}	得到
ç	ရှာ	$ça^{33}$	找
h	ဟောင်း	$haũ^{53}$	旧
ɦ	လာတယ်	$la^{33}\,ɦɛ^{53}$	来了
ʔ	ကျပ်	$tɕa^{32ʔ}$	紧，窄
pj	ပြား	pja^{53}	扁
phj	ဖျာ	$phja^{33}$	凉席

（续表）

辅音	例词	语音	词义
bj	ပြောင်းပြန်	bjɑu⁵³ bjã³³	颠倒
mj	မြေ	mje³³	土地
kw	ကွာ	kwa³³	差别
khw	ခွေး	khwe⁵³	狗
gw	ကွက်	gwe³²ʔ	格，方
tw	တွေ့	twe³²	遇见
thw	ထွာ	thwɑ³³	拃
dw	ဒွေးတော်	dwe⁵³ dɔ³³	继母
pw	ပွဲ	pwɛ⁵³	节日
phw	ဖွဲ	phwɛ⁵³	糠
bw	ဘွဲ့	bwɛ³²	称号
sw	စွဲ	swɛ⁵³	上瘾
shw	ဆွဲ	shwɛ⁵³	拉
shw	ဆွေး	shwe⁵³	腐朽
zw	ဇွဲ	zwɛ⁵³	毅力
tɕw	ကျွေး	tɕwe⁵³	债
tɕhw	ချွေး	tɕhwe⁵³	汗
mw	မွေး	mwe⁵³	生，养
mw	မြွေ	mwe³³	蛇
nw	နွား	nwɑ⁵³	牛
nw	နွေ့	nwe³³	暖和
ŋw	ငွေ	ŋwe³³	银
tθw	သွေး(၃၀)	tθwe⁵³	血
lw	လွဲ	lwɛ⁵³	错过
jw	ရွက်	jwɛ³²ʔ	页
ɕw	ရွှေ	ɕwe³³	金

辅音与复辅音的几点说明：

① 丹老方言中的辅音系统基本上与标准话（仰光话）中的辅音系统相

近。仰光话中有 64 个辅音，其中有 26 个单辅音、38 个复辅音（包括双辅音和三辅音）。丹老方言中有 27 个单辅音、28 个复辅音。

② 丹老方言比仰光话多一个 h 浊辅音 ɦ，大多在助词中使用。仰光话中也有浊辅音 ɦ，但很少出现，只是在语气词中出现。因此在仰光话中只作为变音而不单独算作辅音音位。例如：

词组或句子	仰光话中助词	丹老方言中助词
手疼（谓语助词）	lɛ⁴⁴ʔ ga⁵³ na²² ne²² dɛ²²	lɛ³²ʔ na³³ ne³³ ɦɛ³³
将用锯子锯（状语助词）	hlwa⁵³ ne⁵³ tai⁴⁴ʔ mɛ²²	lwa³² ɦi ³² tai³²ʔ mɛ³³

③ 丹老方言中，没有带前置辅音 h 的复辅音（鼻送气音中的送气部分）。因此，仰光话中带前置辅音的词，在丹老方言中都不读送气音。例如：

词组或句子	仰光话		丹老方言	
借（可还原物的）	ငါးတယ်	hŋa⁵⁵ de²²	ငါးသည်	ŋa⁵³ ɦɛ³³
香	မွှေး	hmwe⁵⁵	မွှေး	mwe⁵³
留情	ညှာတယ်	hɲa²² de²²	ညှာတယ်	ɲa³³ ɦɛ³³
芝麻	နှမ်း	hnã ⁵⁵	နှမ်း	nã ⁵³
黑暗	မှောင်	hmaũ ²²	မောင်	maũ ³³
美丽	လှ	hla⁵³	လ	la³²
楼梯级	လှေကားထစ်	hle²² gə dɪ⁴⁴ʔ	လှေကားထစ်	le³³ ga⁵³ thɪ³²ʔ
可惜	နှမျော	hnə mjɔ⁵⁵	နမျော	nə mjɔ⁵³

④ 丹老方言中许多前置音节丢失，可能是语音弱化或简化省略的结果。例如：

仰光话	丹老方言	词义
ငါးပိ /ŋə pi⁵³/	ပိ /pi³²/	鱼虾酱
ထမင်း /thə mĩ ⁵⁵/	မင်း /mĩ ⁵³/	饭
ငရုတ်ကောင်း /ŋə jou⁴⁴ʔ ġaũ ⁵⁵/	ရုတ်ကောင်း /jou³²ʔ kaũ ⁵³/	胡椒粉

⑤ 丹老方言中浊辅音不像仰光话中那样多，仰光话的浊辅音在丹老方言中常常是清送气辅音。例如：

	仰光话	丹老方言	词义
/b/ → /ph/	သင်္ဘော /tθ ĩ⁵⁵ bɔ⁵⁵/	tθ ĩ⁵³ phɔ⁵³	轮船
	ဘယ်လောက် /bə lauʔ⁴⁴/	phɛ³³ lauʔ³²ʔ	多少

⑥ 仰光话中经常将清音字变成浊音，而丹老方言中清音字在口语中仍然发清音而不变成浊音。例如：

	仰光话	丹老方言	词义
/g/ → /kh/	ခေါင်း /gaũ⁵⁵/	khaũ⁵³	头
	ပျိုးခင်း /pjo⁵⁵ gĩ⁵⁵/	pjo⁵³ khĩ⁵³	苗圃
	လခ /la⁵³ ga⁵³/	la³² kha³²	月薪
/b/ → /ph/	ကြာဖူး /tɕa² bu⁵⁵/	tɕa³³ phu⁵³	荷花花蕾
	ပြောင်းဖူး /pjaũ⁵⁵ bu⁵⁵/	pjaũ⁵³ phu⁵³	玉米
/dʑ/ → /tɕh/	ခွဲခြား /khwɛ⁵⁵ dʑa⁵⁵/	khwɛ⁵³ tɕha⁵³	区别
	ဖန်ခွက် /pha² gwɛʔ⁴⁴/	phã³³ khwɛʔ³²ʔ	玻璃杯
	ဗိုလ်ချုပ် /bo dʑouʔ⁴⁴/	bo³³ tɕhouʔ³²ʔ	将军

⑦ 丹老方言中声母为舌面擦音 ɕ 的字，口语中往往变成舌面塞擦音 tɕh。例如：

缅文	仰光音	丹老音	词义
ရောက်သီး	ɕauʔ⁴⁴ tθi⁵⁵	tɕhauʔ³²ʔ tθi⁵³	柠檬

⑧ 仰光话中的 m 音在丹老方言中有时读作 b。例如：

缅文	仰光音	丹老音	词义
အမွှာ	ə hmwa²²	ə bwa³³/ə mwa³³	孪生
မြိတ်	mjeɪʔ⁴⁴/beɪʔ⁴⁴	beɪ³²ʔ	丹老（地名）

2. 丹老方言的元音系统

丹老方言中有单元音韵母 7 个，带喉塞韵尾的韵母 8 个，带鼻元音韵母 7 个。带喉塞音韵母和鼻元音韵母中包括双元音各 4 个。

（1）单元音：丹老方言中的单元音与仰光话基本相同。只有 a 元音，在丹老方言中发音部位稍向后读成 ɑ。

缅甸语标准音：a, i, u, e, ɛ, ɔ, o

丹老方言：ɑ, i, u, e, ɛ, ɔ, o

例词：

	仰光话中的单元音	丹老方言中的单元音	词义
a	ငါး /ŋa⁵⁵/	ŋɑ⁵³	鱼
i	မီး /mi⁵⁵/	mi⁵³	火
	ချေး /tɕhi⁵⁵/	tɕhe⁵³	借
	မြည်း /mji⁵⁵/	mjɛ⁵³	尝
u	လူ /lu²²/	lu³³	人
e	သေ /tθe²²/	tθe³³	死
ɛ	သဲ /tθɛ⁵⁵/	tθɛ³³	沙
ɔ	ပေါ် /pɔ²²/	pɔ³³	出现
o	မိုး /mo⁵⁵/	mo⁵³	雨

（2）鼻元音：丹老方言中的鼻化元音与仰光话中的鼻化元音基本相同。例如：

缅甸语标准音：ã, ĩ, ũ, ẽĩ, ãĩ, ãũ, õũ

丹老方言：ã, ĩ, ũ, ẽĩ, ɑ̃ĩ, ɑ̃ũ, õũ

例词：

	缅甸语标准音中的鼻元音	丹老方言中的鼻元音	词义
ã	ပန်း /pã⁵⁵/	pã⁵³	花
ĩ	ဆင် /shĩ²²/	shĩ³³	象
	စာသင် /sa²² tθĩ²²/	sa³³ tθĩ³³	教书
	ပင်ပန်း /pĩ²² bã⁵⁵/	pĩ³³ bã⁵³	累
ũ	ဇွန်း /zũ⁵⁵/	zũ⁵³	匙
ẽĩ	တိမ် /tẽĩ²²/	tẽĩ³³	云
õũ	အားလုံး /a⁵⁵ loũ⁵⁵/	ɑ⁵³ loũ⁵³	全部
	ကုန် /koũ²²/	koũ³³/kun³³	完

（续表）

	缅甸语标准音中的鼻元音	丹老方言中的鼻元音	词义
oũ	မုန့် /mouჼ53/	moũ32/mun32	糕饼
	ခေါင်းအုံး /gaũ55 oũ55/	khaũ53 oũ53	枕头
	ဆုန်း /souჼ55/	soũ53	巫师
aĩ	ဝိုင်း /waĩ55/	waĩ53	园
aũ	တောင် /taũ22/	taũ33	山

（3）带喉塞韵尾的韵母：丹老方言中有一类带喉塞韵尾的韵母，其特点与仰光话中的短促调完全不同。仰光话中的带喉塞音的韵母，放入短促调中处理，而丹老方言中带喉塞音韵尾的韵母则归入高降调中处理。（详细情况参见下文有关丹老方言声调部分的论述）

	仰光话中短促元音	丹老方言中带喉塞音韵尾的韵母	词义
aʔ	အပ် /aʔ44/	ɑ32ʔ	针
ɪʔ	ဆစ် /shɪʔ44/	shɪ32ʔ	节
uʔ	ကြွပ် /tɕuʔ44/	tɕu32ʔ	脆
eiʔ	အိပ် /eiʔ44/	ei32ʔ	睡
ɛʔ	ကြက်သား /tɕɛʔ44 θa55/	tɕɪ32ʔ tθa53	鸡肉
	ဖက် /phɛʔ44/	phɛ32ʔ	拥抱
	ကြက်သွန်ဖြူ /tɕɛʔ44 tθũ22 phju22/	tɕɪ32ʔtθũ33 phju33	洋葱
	ဝက် /wɛʔ44/	wɪ32ʔ	猪
	ဝက်သတ် /wɛʔ44 tθɛ44ʔ/	wɪ32ʔ tɪ32ʔ	水痘
	သစ်ရွက် /tθɪʔ44 jwɛʔ44/	tθɪ32ʔ jwɪ32ʔ	树叶
	ချက် /tɕhɛʔ44/	tɕhɪ32ʔ	煮
auʔ	ကောက် /kauʔ44/	kɑu32ʔ	弯
	ကောက် /kauʔ44/	kɑu32ʔ	稻
	ကြောက် /tɕauʔ44/	tɕau32ʔ	怕
	တယောက် /tə jauʔ44/	tə jau32ʔ	一位
	သောက်ရေ /tθauʔ44 je22/	tθau32ʔ je33	饮用水
	ခြေထောက် /tɕhe22 dauʔ44/	tɕhe33 dau32ʔ	脚

	仰光话中短促元音	丹老方言中带喉塞音韵尾的韵母	词义
ouʔ	မုတ် /hmouʔ⁴⁴/	mou³²ʔ	吹
	ခလုပ် /khə louʔ⁴⁴/	khə lou³²ʔ	开关
	ငရုတ် /ŋə jouʔ⁴⁴/	jou³²ʔ	辣椒
	စာအုပ် /sa²² ouʔ⁴⁴/	sa³³ ou³²ʔ	书
aiʔ	အမှိုက် /ə hmaiʔ⁴⁴/	ə mai³²ʔ	垃圾
	ကြိုက် /tɕaiʔ⁴⁴/	tɕai³²ʔ	喜欢
	လိုက် /laiʔ⁴⁴/	lai³²ʔ	追

关于丹老方言元音系统的几点说明：

① 丹老方言中的元音 a 的发音部位比仰光话中的 a 要靠后，接近于后 ɑ。尤其是在有塞音韵尾的音节中，由于受到喉塞音的影响，a 元音的发音部位向后漂移就更加明显。例如：

仰光音	丹老方音	词义
ငါး /ŋa⁵⁵/	ŋɑ⁵³	鱼
ကျ /tɕa⁵³/	tɕɑ³²	落
ကျပ် /tɕaʔ⁴⁴/	tɕɑ³²ʔ	挤
နတ် /naʔ⁴⁴/	nɑ³²ʔ	仙

② 仰光话中的 i 音，在丹老方言中发三种音，即：i、e 或 ε 音。例如：

	仰光音		丹老方音	词义
i	စီး /si⁵⁵/	i	/si⁵³/	流
	မီး /mi⁵⁵/		/mi⁵³/	火
	သိ /tθi⁵³/		/tθi³²/	知道
i	ချေး /tɕhi⁵⁵/	e	/tɕhe⁵³/	借
	စည်းကမ်း /si⁵⁵ kã⁵⁵/		/se⁵³ kã⁵³/	规矩
	မျက်ချေး /mjɛʔ⁴⁴ tɕhi⁵⁵/		/mjɛ³²ʔ tɕhe⁵³/	眼屎
i	ကြေးစည် /tɕi⁵⁵ zi²²/	ε	/tɕe⁵³ zɛ³³/	铜磬
	/ tɕe⁵⁵ zi²² /			响
	(အသံ) မြည် /mji²²/		/mjɛ³³/	

③ 仰光话中的许多轻声（下带黑线者），在丹老方言中不变轻声。如：

仰光话	丹老方言	词义
ကျားသစ် /dʑə tθi?⁴⁴/	tɕa⁵³ tθi³²ʔ	豹子
ခါးပတ် /gə ba? ⁴/	kha⁵³ pa³²ʔ	腰带
ငါးစိမ်းသည် /ŋə zeĩ⁵⁵ dõɛ²²/	ŋa⁵³ seĩ⁵³ tθɛ³³	鱼贩
ဆံထုံး /zə doũ⁵⁵/	shã³³ thoũ⁵³	发髻
ကုလားမ /kə lə ma⁵³/	la⁵³ ma³²	印度女人
ကြမ်းပိုး /dʑə bo⁵⁵/	tɕã⁵³ po⁵³	臭虫
ဓါး မြှောင် /də hmjaũ²²/	tha⁵³ hmjaũ³³	匕首
ဝါးခြမ်း /wə tɕhã⁵⁵/	wa⁵³ tɕhã⁵³	破开的竹子

④ 丹老方言中，有些地方的年轻人，将仰光音为短促调的 ɛʔ 音，读成 i³²ʔ 音。例如：

仰光话	丹老方言	词义
ကြက် /tɕɛʔ⁴⁴/	tɕɪ³²ʔ	鸡
လက် /lɛʔ⁴⁴/	lɪ³²ʔ	手
မြက် /mjɛʔ⁴⁴/	mjɪ³²ʔ	草
ငှက် /hŋɛʔ⁴⁴/	ŋɪ³²ʔ	鸟
ထွက် /thwɛʔ⁴⁴/	thwɪ³²ʔ	出去
နက် /nɛʔ⁴⁴/	nɪ³²ʔ	深
ဖက် /phɛʔ⁴⁴/	phɪ³²ʔ	拥抱
ရွက်လှေ /jwɛʔ⁴⁴ hle²²/	jwɪ³²ʔ lɛ³³	帆船

⑤ 丹老方言中当两个平声字重叠时，前一个平声调往往变成高平调。例如：

仰光话	丹老方言	词义
ကြကြ /tɕa²² dʑa²²/	tɕa⁵³ dʑa³³	久久
ငြိမ်ငြိမ် /ɲeĩ²² ɲeĩ²²/	ɲeĩ⁵³ ɲeĩ³³	安静地
တုန်တုန်ရီရီ /toũ²²toũ²²ji²² ji²²/	toũ⁵³toũ³³lɛ³² lɛ³²	颤巍巍地
မြန်မြန် /mjã²² mjã²²/	mjã⁵³mjã³³	迅速的
မှန်မှန် /hmã²² hmã²²/	mã⁵³ mã³³	准时、正常地
သေသေချာချာ /tθe²²dðe²²tɕha²²dʑa²²/	tθe⁵³dðe³³tɕha⁵³dʑa³³	确切地

3. 丹老方言的声调系统：

（1）丹老声调共有四个，分别为高降、中降、平声和带塞音韵尾的中降调。

（2）丹老方言中的高降相当于标准话中的高平调，但是调值不同，仰光话中的高平调的调值为55，而丹老方言中的高降调为53。

（3）丹老方言中的中降调，相当于仰光话中的高降调，但是调值不同，仰光话中的高降调调值是53，而丹老方言中的中降调的调值为32。

（4）丹老方言中的平调，相当于仰光话中的低平调。但是调值不同，仰光话中的低平调调值是22，而丹老方言中的平调的调值为33。

（5）由于丹老方言中的声调与仰光话中的声调有区别，并且丹老方言中的几个调类调值的不同，相对来说，调值趋向中间，升降起伏不大。因此在话语中，感到语调比较平缓，抑扬顿挫起伏不太明显。

（6）最有特色的一个语言现象，也就是与仰光话最大区别的地方就是短促调。

在仰光话中短促调是以喉塞音结尾，元音尽量缩短，并且近于紧喉。这一类声调在仰光话中我们将它单独列出，成为一个独立的声调。但是，丹老方言中带有喉塞韵尾的这一类词，元音部分并不缩短，喉塞韵尾只起到整个音节的刹尾作用，并不形成元音的短促和紧喉。丹老方言的带喉塞音韵尾的音节在喉塞音前面的声音，调值与中降调相同。因此，我们认为丹老方言中有三个声调和一个带喉塞韵尾的中降调共四个调。

（7）丹老方言与仰光话中的声调对应情况如下：

仰光话	调值	例词	词义	丹老话	调值	例词	词义
高平调	55	pa^{55}	薄	第1调高降调	53	ka^{53}	车
低平调	22	la^{22}	来	第2调平调	33	la^{33}	来
高降调	53	ka^{3}	跳舞	第3调中降调	32	la^{32}	月
短促调	44	kauʔ^{44}	拾	带塞尾的中降调	32ʔ	kau^{32ʔ}	拾

（8）我们发现在实际的口语中，丹老方言的第四调（塞音韵）正在起着变化，在有些人的语音中，韵尾的塞音逐渐变弱，有些地方近于消失。而带有喉塞音的音节，声调都更接近于中降调。甚至有人认为，丹老方言

中的喉塞音已基本消失（或近于消失）。因此，可以说丹老方言中只有三个调，不存在仰光方言中的那种短促调。另外，加上带鼻辅音韵尾的三个调，也可以说丹老方言有七个声调。

4. 丹老话的音节结构

过去古缅甸语中的许多语音都已发生变化，例如：复辅音声母变成了单辅音声母；塞音韵尾变成短促声调；鼻音韵尾使元音鼻化等等。因此，现代丹老方言的韵母就比较简单，组成的音节也比较简单。共有下列几类音节构成：（下列表中的 V 代表元音，C 代表辅音，T 代表声调）

序号	音节类型	例词	词义
①	VT	i^{33}	这
②	CVT	la^{33}	来
③	CCVT	pja^{32}	出示
④	VVT	aũ^{33}	胜利
⑤	CVVT	kaũ^{53}	好
⑥	CCVVT	pjaũ^{53}	变化
⑦	CVCT	pa^{32ʔ}	围绕
⑧	CVVCT	kau^{32ʔ}	拾，捡
⑨	CCVVCT	pjau^{32ʔ}	丢失

5. 丹老方言的构词法

（1）丹老方言的词类划分和构词方法与仰光话大致相同。

（2）丹老方言中有些词的词头往往省略。例如：

仰光话	丹老方言	词义
ငါးပိ /ŋə.pi^{53}/	ပိ /pi^{32}/	鱼虾酱
ထမင်း /thə.mĩ^{55}/	မင်း /mĩ^{53}/	饭
ငရုတ်ကောင်း /ŋə.jouʔ^{44} gaũ^{55}/	ရုတ်ကောင်း /jou^{32ʔ}kaũ^{53}/	胡椒粉

（3）由于经济发展水平不同、社会历史文化的发展的不平衡、交通的不便和社会交流的缺乏，造成某些地区和人群的闭塞等等，久而久之，一

种语言就会变化，形成不同的方言，造就许多各不相同的方言词汇。这些独特的方言词汇造成方言区域之间的交流障碍，有时甚至达到无法交流的地步。丹老方言也有许多方言词汇，简录如下：

缅文（略）	标准语（仰光话）	丹老方言	词义
	tθi²² ho²² tθi⁵⁵	khə ju³² tθi⁵³	腰果
	khə jã⁵⁵ tθi⁵⁵	khə jã⁵³ paũ⁵³ mɛ⁵³ tθi⁵³	茄子
	ə thɛʔ⁴⁴ shĩ²²	khə tĩ³³	筒裙腰
	khau ʔ⁴⁴ shwɛ⁵⁵ tɕɔ²²	khau³²ʔ shwɛ⁵³ lɔ³³	炒面
	pə jouʔ⁴⁴ shi²²	khaũ⁵³ kai³²ʔ shi³³	清凉油
	kaʔ⁴⁴ si⁵⁵ nɛ⁵⁵	khaũ⁵³ tɕhe⁵³	荅蒿
	bi⁵⁵ zeiʔ⁴⁴	khaũ⁵³ phi⁵³ tθe³²	笼子
	ɲɪʔ⁴⁴ paʔ⁴⁴	tɕha³²ʔ te⁵³	肮脏
	meiʔ⁴⁴	tɕhwe⁵³ pjo⁵³ tθi⁵³	痱子
	goũ²² ni²² eɪʔ⁴⁴	goũ³³ jaɪ³²ʔ	麻袋
	seiʔ⁴⁴ sho⁵⁵	sei³²ʔ pau³²ʔ	生气
	phə jɛ⁵⁵ dði⁵⁵	seĩ³³ tθə khwa⁵³	西瓜
	lu²² tɕoũ²² pɛ⁵⁵	shaũ⁵³ ba⁵³ pe⁵³	托带（东西）
	zə gwɛ⁵⁵	shã³³ phja⁵³	碎米
	shwɛ⁵⁵ tɕhĩ⁵⁵	shwe⁵³ toũ⁵³	篮子
	ze⁵⁵ dʑi⁵⁵ dði	se⁵³ sũ³³	价太高
	tɕwe⁵⁵ kɔ²² dði⁵⁵	ta³³ o⁵³ tθi⁵³	柚子
	hmɛ⁵³	nã⁵³	痣
	ə nɛ⁵³ ŋɛ²²	tə tɪ³²ʔ ŋɛ³³	一点点
	jouʔ⁴⁴ ɕi²²	da³²ʔ ɕi³³ pwɛ⁵³	电影
	pa⁵⁵ o²²	pa⁵³ khə lou³²ʔ	胖脸蛋
	ŋə pi⁵³	pi³²	鱼虾酱
	pɛ⁵⁵ ɲã²² bja²² je²²	pe⁵³ shi³³	酱油
	pĩ⁵³ ku²²	pĩ³² kə lu³³	蜘蛛

（续表）

缅文（略）	标准语（仰光话）	丹老方言	词义
	pu²² za²²	poũ³³ kã³³	吵着要
	shei?⁴⁴	bɛ³²	羊
	pã⁵⁵ khu⁵⁵	pã⁵³ kau³²ʔ	采花
	pã⁵⁵ na²²	mɔ⁵³ na³³	哮喘
	mə nɛʔ⁴⁴ phjã²²	mo⁵³ lĩ⁵³	明天
	hmaũ²²	maɪ³²ʔ	暗
	thə mĩ⁵⁵	mĩ⁵³	饭
	ko²² zə lɛ²²	mjɛ³²ʔ na³³ lwɛ⁵³	代表
	gə zũ⁵⁵ u⁵³	mjau³²ʔ khaũ⁵³	红薯
	le²² tai³²ʔ	le³³ pau³²ʔ	刮风
	baiʔ⁴⁴ sha²²	wũ⁵³ ha³³	饿
	pjiʔ⁴⁴ si⁵⁵	tθeĩ⁵³ kha³²	东西
	tɕhauʔ⁴⁴ tθwe⁵³	tθwe³²	干燥
		tɕhɔ³²ʔ	
	ko²² pu²²	ə kaũ³³ pu³³	发烧
	tɕaʔ⁴⁴ mə pje⁵³	ouʔ³²ɪ³²ʔ mə si³²	（脑子）缺根筋
	gɛ⁵⁵bo⁵⁵	a³²ʔ sa³³ dʑe⁵³	（为求免骚扰洞房给的）免扰金
	ŋa⁵⁵ zi²² baũ⁵⁵	ŋa⁵³ phaũ⁵³ shã³³	鱼漂（鱼肚）
	ŋə pjo⁵⁵ bɛʔ⁴⁴	bjɔ⁵³ jwɛ³²ʔ	芭蕉叶
	she⁵⁵ bjĩ⁵⁵ leiʔ⁴⁴	kə la⁵³ she⁵³ lɛɪ³²	雪茄
	zə̣ bə̣ loũ:	kau³²ʔ tθi:	稻粒儿
	shɔ⁵³	laũ³³	顽皮
	shã²²bjouʔ⁴⁴	mĩ⁵³ bjou³²ʔ	粥
	ze⁵⁵ tɕho²²	tθi³²	便宜
	tĩ²² ba⁵⁵	phĩ³³ thou³²ʔ	臀部

(续表)

缅文（略）	标准语（仰光话）	丹老方言	词义
	thə mĩ^{55} tɕɛʔ^{44}	mĩ^{53} tɕɪ^{32ʔ} mĩ^{53} sɪ^{32ʔ}	饭熟了
	thə mĩ^{55} khũ^{53}	mĩ^{55} khũ^{32} mĩ^{55} ɑ^{32}	喂饭
	nei^{53} wɛʔ^{44}	tə na^{32ʔ}	半天
	naʔ^{44} kũ^{55}	ɕi^{33} dʑi^{53} ẽi^{33}	神龛
	hnwa^{22}	nwe^{53}	削皮
	pe^{22} dã^{22}	mjĩ^{53} dʑaũ^{53} dã^{33}	尺
	po^{55} soũ^{55} tɕu^{55}	po^{53} pã^{53} phoũ^{53} mi^{53} pã^{53} phoũ^{53}	萤火虫
	pɛʔ^{44} tɕi^{53}	pə ɛ^{53}	蜗牛
	pĩ^{53} gu^{22}	pĩ^{53} khə lu^{33}	蜘蛛
	bə gã^{22}	zã^{33}	碗
	bə dĩ^{55}bauʔ^{44}	lɪʔ^{32} tã^{33} bau^{32ʔ}	窗
	pju^{55} du^{55} pjɛ^{55} dɛ^{55}	ɔ^{53} li^{32} ɔ^{53} lɪ^{32ʔ}	瞪大着眼
	bə khɛ ʔ^{44}	bə khɪ^{32ʔ}	摇篮
	jɛʔ^{44} kã^{55} zĩ^{22}	jɛ^{32ʔ} kã^{53} zĩ^{33}	织布机
	hlɛ^{55} də bo^{55}	lɛ^{53} də^{32ʔ} pho^{53}	牛轭
	tθə beɪ ʔ^{44}	tθə beɪ^{32ʔ}	化缘钵
	dðə d ĩ^{55}dʐu ʔ^{44}	tθə d ĩ^{53}dʐu^{32ʔ}	缅历七月
	ə shouʔ^{44}	ə shou^{32ʔ}	肺
	ə pheɪʔ^{44} ne^{53}	ə pheɪ^{32ʔ} ne^{32}	泼水节第二天
	ko^{55} lo^{55} ka^{53} lã^{53}	ka^{32ʔ} li^{53} ka^{32ʔ} la^{32ʔ}	别别扭扭地
	tɕauʔ^{44} tɕɔ^{55}	ɕwe^{33} jĩ^{33}e^{53}	凉粉
	tɕhã^{22}	lɔ^{53}	笼，猪圈
	tɕhã^{22} khaʔ^{44}	lɔ^{53} kha^{32ʔ}	编围墙
	tɕhã^{22} zi^{55} jo^{55}	khə̣ ja^{33} dã^{53}	篱笆
	ŋə tθə lɛ^{55} do^{55}	tθɛ^{53} do^{53}	沙蚕

（续表）

缅文	标准语（仰光话）	丹老方言	词义
	ŋə pjɔ⁵⁵	bjɔ⁵³	香蕉
	si⁵³ zi⁵³ nɛʔ⁴⁴ nɛʔ⁴⁴ tɕe²²	ɕu³²ʔɕu³²ʔ tɕe³³	粉碎
	sũ⁵⁵ thĩ⁵⁵	mwɛ⁵³	弄脏
	zi⁵⁵ bju²² bĩ²²	ɕa⁵³bĩ³³	余甘子树
	zə jɛʔ⁴⁴	thã⁵³ ɕɪ³²ʔ	鹩哥
	shwɛ⁵⁵ dzo⁵⁵	pə di⁵³	项链
	n̠i⁵⁵ n̠u²²	n̠i⁵³	发牢骚
	di²²je²²	phja⁵³ je³³	潮水
	na²² ji²² jaʔ⁴⁴	na³³ ji³³ tθe³³	钟表停了
	nã²²nɛʔ⁴⁴/ mə nɛʔ⁴⁴	sɔ⁵³ zɔ⁵³	早晨
	no⁵³zi²²	no³² zɛ³³	炼乳
	nwa⁵⁵ khwe⁵³	nwa⁵³ kha³²ʔ	牛觚
	hnɪʔ⁴⁴ tθɛʔ⁴⁴	tɕaɪ³²ʔ	喜欢
	pə thwe⁵⁵	pha³² ŋɛ³³	继父
	pə sheĩ²²	ka³²ʔ pa³²	斧子
	pjɛʔ⁴⁴ jɛ²² pju⁵³	je³³ za⁵³	嘲笑
	phũ⁵³ thwa⁵⁵	pjo⁵³	（儿童）壮
	mi⁵³ dwe⁵⁵	mi⁵³ŋɛ³³	后娘
	mi⁵³ ne²² dðɛ²²	mi⁵³ phwa⁵³ tθɛ³³	产妇
	mi⁵⁵ bu²² o⁵⁵	tɕwe³³ o⁵³	熨斗
	mi⁵⁵ hn̠eĩ⁵⁵	mi⁵³ tθa³²ʔ	灭火
	mɛ²² tθi²² la⁵³ jĩ²²	phwa⁵³ ɕĩ³³ ma³² mi³² ɕĩ³³	尼姑
	hmo⁵³	wɑ³³	木棉
ရေနွေး	je nwe⁵⁵	je³³ bu³³ je nwe⁵³	开水

（续表）

缅文	标准语（仰光话）	丹老方言	词义
(ပါး၊ပါး) လှီး	pa⁵⁵pa⁵⁵ hli⁵⁵	tθwɛ⁵³	切片
သားသည်အမေ	tθa⁵⁵ dðɛ²² ə me²²	tθa⁵³ɕĩ³³	带着孩子的母亲
သူရင်းငှါး	sə jĩ⁵⁵ hŋa⁵⁵	jĩ³³kha³²	雇农
သံပရာ	tθã²² bə ja²²	tθã³³ bə ja³³	柠檬
သွေးစုနာ	tθwe⁵⁵ zu⁵³ na²²	ãĩ⁵³	疠
သွားပွတ်တံ	dðə bu⁷⁴⁴ tã²²	tθwa⁵³ daɪ³²ʔ tã³³	牙刷
အမြွှာပူး	ə hmwa²² bu⁵⁵	ə bwa³³	孪生
ဦးပဉ္စင်း	u⁵⁵ bə zĩ⁵⁵	u⁵³ zĩ⁵³	和尚
ကကူရံ	ka³² ku²² jã²²	tɕwe⁵³ jĩ³³	牙鳕鱼
ကလိထိုး	gə li⁵³ tho⁵⁵	si³² kə lɪ³²ʔ tho⁵³	咯吱
ကောင်းကောင်းမွန်မွန်	kaũ⁵⁵gaũ⁵⁵ mũ²²mũ²²	kaũ⁵³ gaũ⁵³ te⁵³ de³³	好好的
ကိုယ်ပူ	ko²² pu²²	ə kaũ³³ pu³³	发烧
ကျည်ပွေ့	tɕi²² bwe⁵³	shũ³³ thɔŋ⁵³ jo⁵³	杵
ကွမ်းသီးဖက်	kũ⁵⁵ dði⁵⁵ bɛʔ⁴⁴	tθə bou³²ʔ phɛ³²ʔ	包槟榔的叶
ခြောက်သွေ့	tɕhauʔ⁴⁴ tθwe⁵³	tθwe³² tɕhau³²ʔ	干
စွန်	sũ²²	ŋɪ³²ʔ	鸢
ဆေးပြင်းလိပ်	she⁵⁵ pĩ⁵⁵leɪʔ⁴⁴	kə la³⁵ she⁵³ leɪ³²ʔ	雪茄
ဆော့	shɔ⁵³	laũ³³	顽皮
ထမင်းရည်	thə mə je²²	mĩ⁵³ je³³	米汤
ဘီးစိပ်	bi⁵⁵ zeɪʔ⁴⁴	khaũ⁵³ phi⁵³ zeɪ³²ʔ khaũ⁵³ phi⁵³ tθeɪ³²ʔ	篦
မျက်နှာသုတ်ပုဝါ	mjɛʔ⁴⁴ hna²² tθouʔ⁴⁴ pə wa²²	pha⁵³ u³³ baĩ⁵³ mjɪ³²ʔ hna³³ tθou³²ʔ paĩ⁵³	毛巾

（续表）

缅文	标准语（仰光话）	丹老方言	词义
လက်သမား	lɛʔ⁴⁴ dðə ma⁵⁵	peɪ³²ʔ tθə ga³³	木匠
လုံချည်	loũ³³ dʑi²²	loũ³³ dʑi³³	男用筒裙
ဝမ်းလျှော	wũ⁵⁵ ɕɔ⁵⁵	tɕhe⁵³ lu⁵³	腹泻
သဘော်သီး	tθĩ⁵⁵ bɔ⁵⁵ dði⁵⁵	ɕeĩ⁵³ kho³³ tθeĩ⁵³ kho³³ dði⁵³	木瓜
ဟောက်	haoʔ⁴⁴	mũ³³	打鼾
အဆင်ပြေ	ə shĩ²² pje²²	tθoũ³³ tθoũ³³ tθĩ³³¹	顺利
အမှတ်	ə hmaʔ⁴⁴	tθĩ³³ klɪe³³ tθa³²ʔ	记号，象征
အစ်ကို	ə ko²²	ə naũ³³	哥哥
အုန်းမှုတ်	oũ⁵⁵ hmouʔ⁴⁴	je³³ mou³²ʔ	椰壳瓢
အိမ်သာ	eĩ²² dða²²	tɕhe⁵³ jaũ³³	厕所
ကကတစ်	ka⁵³ gə dɪʔ⁴⁴	tθə baũ⁵³ bjã³³	鲈鱼
ကစား	gə za⁵⁵	kɛ³² za⁵³ ki³² za⁵³	玩
ကလေးလေး	khə le⁵⁵ le⁵⁵	tθa⁵³ gĩ³³ ŋɛ³³	婴儿
ကိုယ်တုံးလုံး	ko toũ⁵⁵ loũ⁵⁵	tɕhe⁵³ tau³²ʔ tɪ³²ʔ	裸体
ကျောင်းသား	tɕaũ⁵⁵ dða⁵⁵	tɕaũ⁵³ tθa⁵³	学生
ခဏလေး	khə̣ na⁵³ le⁵⁵	khə na³² ŋɛ³³	一会儿
ခါးတောင်းကျိုက်	gə daũ⁵⁵ dʑaɪʔ⁴⁴	khə daũ⁵³ dʑaɪ³²ʔ	将筒裙折穿成短裤状
ခွေးခြေ	khwe⁵⁵ tɕhi²²	khwe⁵³ tɕe³³	小凳
ငါးခူ	ŋə khu²²	ŋa⁵³ khu³³	鲶鱼
တံတွေး	də dwe⁵⁵ zə dwe⁵⁵	nwe⁵³ je³³	痰
တံမြက်စည်း	də bjɛʔ⁴⁴ si⁵⁵	mji³²ʔ sɛ⁵³ kha³³	扫帚
တင်ပျဉ်ခွေ	tĩ²² bĩ²² khwe²²	tĩ³³ bə̣ lĩ³³ khwe³³	盘膝坐

（续表）

缅文	标准语（仰光话）	丹老方言	词义
တစ္ဆေ	tə she²²	pheɪ³²ʔ tɑ³³	鬼
နနွင်းမှုန့်	shə nwĩ⁵⁵ hmoũ⁵³ nə nwĩ⁵⁵ hmoũ⁵³	shə nwĩ⁵³ mou³²ʔ	姜黄
နားထင်	nə thĩ²²	nə gɪ³²ʔ	太阳穴
နားရင်းအုပ်	nə jĩ⁵⁵ ouʔ⁴⁴	nə gɪ³²ʔ ɦo³³ kha³²ʔ se⁵³	打耳光
နံကောင်	hnã²² gaũ²²	taũ³³ pə zũ³³	蚂蚱
ပုရွက်ဆိတ်	pə jwɛʔ⁴⁴ sheɪʔ⁴⁴	po⁵³ jwɛ³²ʔ sheɪ³²ʔ	蚂蚁
ပိုးဟပ်	po⁵⁵ haʔ⁴⁴	po⁵³ ha³²ʔ	蟑螂
ပန်းကော်ဖီ	pã⁵⁵ gɔ²² phi²²	kɔ³³ lɛ³³ bã⁵³	菜花
ဖုန်(မှုန့်)	phoũ²²	phoũ³³	灰尘
ဗွက်	bwɛʔ⁴⁴	kə zi³² bou³²ʔ	泥潭
မရန်း(သီး)	mə jã⁵⁵	mə jã⁵³	杨桃
မူး	mu⁵⁵ we²²	mjɪ³²ʔ si³² mwe³³	头晕
မုန်လာဥထုပ်	moũ²² la²² douʔ⁴⁴	kɔ³³ lɛ³³ thou³²ʔ	包菜
မုန့်ဖက်ထုပ်	moũ⁵³ phɛʔ⁴⁴ thouʔ⁴⁴	mou³²ʔ kə mɛ⁵³ no³²	饺子
မျက်ခုံးမွှေး	jɛʔ⁴⁴ khoũ⁵⁵ mwe⁵⁵	ũ⁵³ mwe⁵³	眉
ရေတကောင်း	je²² də gaũ⁵⁵	je³³ dʑaĩ³²	水壶
လင်းနို့	lĩ⁵⁵ no⁵³	lĩ⁵³ no³²	蝙蝠
လွှင့်ပစ်	hlwĩ⁵³ pɪʔ⁴⁴	wɛ⁵⁵ pjɪ³²ʔ	扔掉
ဝမ်းဆွဲ	wũ⁵⁵ shwɛ⁵⁵	ze⁵³ kə mi³² tθɛ³³ gə di³² tθɛ³³	接生
သီချင်းကြီး	tθə tɕhĩ⁵⁵ dʑi⁵⁵	tθə tɕhĩ⁵³ dʑi⁵³	古典音乐
သေးသေးလေး	tθe⁵⁵ tθe⁵⁵ le⁵⁵	ŋɛ⁵³ ŋɛ³² ŋɛ³³	小不点儿
သွားရည်ကျ	tθə je²² tɕa⁵³	nwe³³ je³³ zeĩ⁵³ tɕa³²	流口水

（续表）

缅文	标准语（仰光话）	丹老方言	词义
ဟင်းနုနယ်	hĩ⁵⁵ nu⁵³ nɛ²²	hĩ⁵³ nu³² nwɛ³³	苋菜
အနှီး	ə hni⁵⁵	ə hni⁵³ bãĩ⁵³	抹布
အဘိုးအို	ə pho⁵⁵ o²²	ə pho⁵³ dʑi⁵³ o³³	老头儿
အဘွားအို	ə phwa⁵⁵ o²²	ə phwa⁵³ dʑi⁵³ o³³	老太婆
အိပ်မက်	eĩ⁵³ mɛʔ⁴⁴	eɪ³²ʔ mɪ³²ʔ	梦

6. 丹老方言的语法

丹老方言的语法与仰光话的语法基本相同，只是语言中的助词不同，形成许多差别。

助词在缅甸语句子中使用频率很高，助词的差异使不同方言区的语言产生分歧，造成语言交流上的困难。丹老方言和仰光话之间就有许多不同的地方（下面用黑线标出），例如：

（1）主语助词：

这只（鸡）是公鸡。

仰光话　　di²² gaũ²² ga⁵³ tɕɛʔ⁴⁴ pha⁵³ bɛ⁵⁵

丹老方言　dɛ³³ kaũ³³ fia³³ tɕɪ³²ʔ pha³² bɛ⁵³

（2）宾语助词：

给他吧。

仰光话　　tθu⁵³ go²² pe⁵⁵ ba²²

丹老方言　tθu³² fio³³ pe⁵³ ba³³

（3）谓语助词：表动词的完成态

全都吃掉了。

仰光话　　ə koũ²² sa⁵⁵ pɪʔ⁴⁴ laɪʔ⁴⁴ dɛ²²

丹老方言　ə kou³³ sa⁵³ pɪ³²ʔ laɪ³²ʔ fiɛ³³

（4）谓语助词（句尾助词）：表一般时、过去时

我们去种稻。

仰光话　　tɕə nɔ²² do⁵³ kau⁴⁴ tθwa⁵⁵ saɪʔ⁴⁴ dɛ²²

丹老方言　ŋa³³ do³² kau³²ʔ tθɛ⁵³ saɪ³²ʔ fiɛ³³

(5) 定语助词：表领属

我的手疼着呢。

仰光话　tɕə nɔ⁵³lɛʔ⁴⁴ ga⁵³ na²²nei²²dɛ²²

丹老方言　ŋa³² lɛ³²ʔ na³³ nei³³ɦɛ³³

(6) 状语助词：

① 表地点

树上有三只鸟。

仰光话　tθɪʔ⁴⁴ pĩ²² pɔ²² hma²² hŋɛʔ⁴⁴ tθoũ⁵⁵ gaũ²² ɕi⁵³dɛ²²

丹老方言　tθɪ³²ʔ pĩ³³ pɔ³³ ma³³ ŋɛ³²ʔ tθoũ⁵³ kaũ³³ ɕi³² ɦɛ³³

② 表时间

昨天狗叫了一夜。

仰光话　mə ne⁵³ ga⁵³ də n̥a⁵³ loũ⁵⁵ kwe⁵⁵ haũ²² dɛ²²

老方言　mə ne³² ɦa³³tə n̥a³² loũ⁵³ haũ³³ ɦɛ³³

③ 表方式的

拿锯子锯木头。

仰光话　tθɪʔ⁴⁴ toũ⁵⁵go²² hlwa⁵³ nɛ⁵³ taɪʔ⁴⁴ mɛ²²

丹老方言　tθɪ³²ʔ toũ⁵³ wo³³ lwa³² ɦĩ³³ taɪ³²ʔ mɛ³³

有以下几种句子的类型：

(1) 陈述句：

① 表一般陈述

这山很高。

仰光话　di²² taũ²²ga⁵³ tθeɪʔ⁴⁴ mjĩ⁵³ dɛ²²

丹老方言　dɛ³³taũ³³ wa³² mjĩ³² ɦɛ³³

② 表否定的

我不吃猪肉。

仰光话　ŋa²² wɛʔ⁴⁴ tθa⁵⁵ mə sa⁵⁵ bu⁵⁵

丹老方言　ŋa³³ wɪ³²ʔ tθa⁵³ mə sa⁵³ ɦa⁵³

(2) 疑问句：

① 一般疑问句

我说的对吗？

仰光话　　ŋa²² pjɔ⁵⁵ da²²hmã ²² dðə la⁵⁵
丹老方言　ŋɑ³³ pjɔ⁵³ dɛ³² ɦɑ³³ mã ³³ ɦɛ³³ lɑ⁵³
② 特殊疑问句
你找谁？
仰光话　　mĩ ⁵⁵ bə dǒu²² nɛ⁵³ twe⁵³ dʑĩ ²² lo⁵³ lɛ⁵⁵
丹老方言　nĩ ³³ bɛ³³ tθu³³ ɦĩ ³² twe³² tɕhĩ ³³ ɦɛ³³
这是什么花？
仰光话　　da²²ba²² pã ⁵⁵ lɛ⁵⁵
丹老方言　dou³² zɑ³³ bɑ³³ pã ⁵³
（3）祈使句：
① 表命令
快去！
仰光话　　mjã ²²mjã ²² tθwa⁵⁵
丹老方言　mjã ⁵³ mjã ³³ ŋɛ³³ tθwɔ⁵³
② 表阻止
别喝凉水！
仰光话　　je²² e⁵⁵ mə tθauʔ⁴⁴ nɛ⁵³
丹老方言　je³³e⁵³ mə tθɑuʔ³² ɦɛ³³
（4）感叹句：
① 表惊叹
风好大呀！
仰光话　　tɛ²² pjĩ ⁵⁵ thã ²² laɪʔ⁴⁴ dɛ⁵³ le²² dʑĩ ⁵⁵ ba²²la⁵⁵
丹老方言　wɑ³² pjĩ ⁵³ɦɛ³² le³³ ɦi⁵³ bɛ⁵³mɑ⁵³
② 表埋怨
哎呀，你总算来了！
仰光话　　ə mə lɛ⁵⁵ la²²gɛ⁵⁵ laɪʔ⁴⁴ tha²²
丹老方言　mi⁵³ we⁵³ tɕɑ³³ sho³³ bɛ⁵³
缅甸语中有不同的句型：单句和复句。
（1）单句：（略）
（2）复句：缅甸语的复句是通过各种不同的连接词或助词将单句连接

而成。单句和单句之间有各种关系，如并立关系、主从关系等。例如：

① 并列复句：

这只是公鸡，那只是母鸡。

仰光话　　di²²gaũ²²ga⁵³tɕɛʔ⁴⁴ pha⁵³ ho²²ə kaũ²²ga⁵³tɕɛʔ⁴⁴ ma⁵³ bɛ⁵⁵

丹老方言　dɛ³³kaũ³³ɦa³²tɕɪ³²ʔ pha⁵² hoũ⁵³kaũ³³ɦa³²tɕɪ³²ʔ ma³² bɛ³³

这是你的，那是他的。

仰光话　　da²² mĩ⁵³ ha²² ba²² ho²² ha²² ga⁵³ tθu⁵³ ha²² ba²²

丹老方言　dou³² sa³³ mĩ³² za³³　　hoũ⁵³ ha³³ ɦa³² tθu³³ za³³

② 主从复句：

A. 表因果

没有车，只能等着。

仰光话　　ka⁵⁵ mə ɕi⁵³ lo⁵³ saũ⁵³ ne²² ja⁵³ dɛ²²

丹老方言　ka⁵³ mə ɕi³² ɦi³²dɛ³³ ɦi³² saũ³² ne³³ ja³² ɦɛ³³

B. 表转折

我不想去，但又不便当面说。

仰光话　　ŋa²²mə tθwa⁵⁵dʑĩ²²bɛ²²mɛ⁵³daɪʔ⁴⁴jaɪ⁴⁴mə pjɔ⁵⁵kaũ⁵⁵bu⁵⁵

丹老方言　ŋa³³mə tθwɔ⁵³tɕhĩ³³ɦa⁴²sho⁵³ɦi³²daɪ³²ʔ jaɪ³²ʔ mə pjɔ⁵³kaũ⁵³ɦa³²

C. 表假设的

这样做不好。

仰光话　　di²² lo²² louʔ⁴⁴ ʝĩ²² mə kaũ⁵⁵ bu⁵⁵,

丹老方言　dɛ³³ mjo⁵³ lou³²ʔ ɦa³³ mə kaũ⁵³ ɦa³²

调查丹老方言时，主要发音人和访问对象：

觉山博士，男，52岁，丹老人，私人开业医生。

貌貌乃博士，男，55岁，丹老人，私人开业医生。

吴钦貌温，男，63岁，丹老人卖水为生者。

貌觉山温，男，17岁，学生，土瓦人，现住仰光达美区迪达路7-D（15号）。

吴钦塔，男，85岁华裔丹老人住丹老小河区小河学校路。

貌敏乃吴，男，27岁，丹老焦匹亚村干部，小商。

杜美意，女，54岁丹老人，仰光大学缅文系毕业，现从商。

杜钦钦玉，女，45岁，丹老人丹老大学缅语系副教授。

杜埃埃敏，女，46岁，丹老大学缅语系副教授。

本章参考资料：

《缅甸大百科全书》（缅文版），赫特福德/艾尔斯伯里，1965年。

杜美意：《丹老、土瓦、布洛方言》（复印稿）。

［缅］玛丹丁：《用应用语言学观点分析丹老方言》，仰光大学1978年缅甸语硕士论文。

六、茵达方言

茵达方言是茵达人讲的一种缅甸语方言。它流行在缅甸掸邦西南部地区、良瑞盆地、茵莱湖周围的大小村庄以及东枝一带。有些茵达人还散居于克耶省。茵莱湖地处北纬20.35度、东经96.57度一带，海拔700多米。湖长约26千米，最宽处达11千米，面积约72.2平方千米。湖的深度由4米至7米不等。

茵莱湖周围共有人口约20万9千多人，而茵达人则占2/3，共有约13万7千多人（由于长期来没有进行人口调查，无确切数字，此为估计数），其余的则为掸族、勃奥族、东友族和德努族人。湖上共有176个村子，9600多户人家。湖周围共有260个村子，6700多户人家。有的小村子只有10户人家，大的村子则有500多户人家。当地的居民80%以上以渔业为生。其他主要行业有种植业（主要种植稻米、大麦、小麦、黍类，出产土豆、落花生、豇豆、葫芦、南瓜、黄瓜、蒜等，水果有橘子、西瓜、香蕉、木瓜、菠萝、芒果、草莓等）和手工业（茵莱丝绸、手织挎包、打铁、铸铜、金银首饰等）。茵莱湖中还有两类特殊的现象：渔人直立船头用脚划船以及湖上园艺种植业（利用湖上的浮萍集中起来，盖以浮土形成漂浮在湖面上的土地，该土地可根据需要锯成各种面积，任意移动。必要时用竹竿插在湖底固定，浮岛上可种植各种农作物，如西红柿、黄瓜、豆类等）。

茵达人的来源说法不一。一说是，蒲甘王朝时期阿朗悉都王（公元1112年即位）率军巡视全国时，来到茵莱地区，将土瓦军士（亦有人说是弟兄两人）派驻到该地，从此繁衍生息。因此，茵达话中有很多土瓦方言词汇。其他证据还有，茵莱湖心塔里供奉的五尊佛像原是供奉在国王御舫里的佛像，茵莱湖西岸王舫村的佛塔以及帕雅康岱村附近的佛塔均为阿朗悉都王所建。此外，良瑞以西有大河，至今仍留有"御舫"码头和"御舫归"码头等遗迹。茵达人来源的另一说法是，古藏缅人迁徙到缅甸后，逐渐分成东、中、西三支向不同方向继续迁徙，形成茵达、土瓦、若开分支。因此，若开、土瓦、茵达三种方言有许多共同的语音和词汇。也因为这个原因，掸族人称茵达人为"茵达缅人"。

茵达人绝大多数信仰佛教。乐器、音乐、舞蹈方面保留较多的古风。茵达人上身穿戴与缅甸人相同，头上戴包头或扎毛巾；下身穿戴类似掸族，主要为折腰土布裤。

1. 茵达方言的辅音系统

为了便于比较，我们将茵达方言与缅甸语的标准话仰光话中的辅音并列如下：

仰光话中的单辅音（26个）	茵达方言中的单辅音（22个）
k, kh, g	k, kh
t, th, d	t, th
p, ph, b	p, ph
s, sh, z	s, sh
tɕ, tɕh, dʑ	tɕ, tɕh
m, n, ŋ, ɲ̥	m, n, ŋ, ɲ̥
tθ (dð)	sh
l, w, j	l, w, j
ɕ, h, ʔ	ɕ, ɦ, h, ʔ

仰光话中的复辅音（38 个）	茵达方言中的复辅音（42 个）
	kl, khl
	pl, phl, ml
	kr, khr
	pr, phr, mr
pj, phj, bj	pj, phj
mj, lj, tj	mj, lj
kw, khw, gw	kw, khw
tw, thw, dw	tw, thw
pw, phw, bw	pw, phw
sw, shw, zw	sw, shw
tɕw, tɕhw	tɕw, tɕhw
mw, nw, ŋw	mw, nw, ŋw
tθw (dðw)	
lw, jw	lw, jw, rw
çw, hw	çw, hw
hm, hn, hŋ, hɲ	hm, hn, hŋ, hɲ
hl, hlw, hnw, hmw	hl, hlw, hnw, hmw
hlj	hlj
hmj	hmj

茵达方言中辅音例词：

辅音	例词	语音	词义
k	က	ka^{31}	跳舞
kh	ခါး	kha^{53}	苦
s	အစ	$ə\ sa^{31}$	开始
sh	ဆိုး	sho^{53}	坏
t	တု	tu^{33}	锤子
th	ထ	tha^{31}	起来

(续表)

辅音	例词	语音	词义
p	ပူ	pu^{33}	热
ph	ဖဲ့	$phɛ^{53}$	缎
tɕ	ကျော	$tɕɔ^{53}$	背
tɕh	ခြင်	$tɕɛ̃^{33}$	蚊子
	ချို	$ɕo^{33}$	甜
ɕ	ရှာ	$ɕa^{33}$	寻找
m	မာ	ma^{33}	硬
n	နေ	ne^{33}	太阳
ŋ	ငါ	$ŋa^{33}$	我
n̻	ညဥ့်	$n̻a^{31}$	晚上
tθ	သား	sha^{53}	儿子
	သမီး	$shə\ mi^{53}$	女儿
l	လ	la^{31}	月亮
w	ဝ	wa^{31}	胖
j	ရေး	je^{53}	写
r	ရိုက်	$rai\textipa{P}^{45}$	打
ɦ	တယ်	$ɦe^{33}$	句尾助词
pj	ပျား	pja^{53}	蜜蜂
phj	ဖျံ့	$phjã^{33}$	水獭
mj	မြေ	mje^{33}/mle^{33}	土地
lj	လျော့	$ljɔ^{31}$	松
kl / kr	ကျ	kla^{31}/kra^{31}	掉
khl / khr	ချိုး	$khlo^{53}/khro^{53}$	折断
pl / pr	အပြား	$ə\ pra^{53}$	扁
ml / mr	မြေ	mle^{33}	土地
	မြေး	mre^{53}/mle^{53}	孙子
kw	ကွဲ	$kwɛ^{53}$	破裂
khw	ခွေး	$khwe^{53}$	狗

(续表)

辅音	例词	语音	词义
tw	တွေ့	twe³¹	遇见
thw	ထွက်	thwɛʔ⁴⁵	出去
pw	ပွဲ	pwɛ⁵³	戏
phw	ဖွဲ	phwɛ⁵³	糠
sw	စွဲ	swɛ⁵³	着火
shw	ဆွဲ	shwɛ⁵³	拉
tɕw	ကျွဲ	tɕwɛ⁵³	水牛
tɕhw	ချွေး	tɕhwe⁵³/ɕwe⁵³	汗
mw	မွှေး	hmwe⁵³	香
nw	နွား	hnwa⁵³	牛
ŋw	ငွေ	ŋwe³³	银
lw	လွဲ	lwɛ⁵³	偏
jw	ရွာ	jwa³³, wa³³	村
ɕw	ရွှေ့	ɕwe³¹	移，搬
hm	မှား	hma⁵³	错
hn	နှေး	hne⁵³	慢
hŋ	ငှား	hŋa⁵³	借，雇
hɲ	ညှစ်	hɲɪʔ⁴⁵	挤
hl	လှေ	hle³³	船
hmj	မျှ	hmja³¹	平均
hmw	မွှေး	hmwe⁵³	香
hnw	နွှာ	hnwɛ̃³³	剥
hlw	လွှ	hlwa³¹	锯

辅音与复辅音的几点说明：

① 茵达方言中无齿间塞擦音 သ，所有发该音的缅甸词，都发成舌尖齿间音 sh 或 s。

缅文	仰光音	茵达方音	词义
ရာသီဥတု	ja²² tθi²² u⁵³ tu⁵³	jɑ³³ shi³³ u³¹ tu³¹	气候
မိုးသီး	mo⁵⁵ tθi⁵⁵	mo⁵³ shi⁵³	雹子
သား	tθa⁵⁵	sha⁵³	儿子
သမီး	tθə mi⁵⁵	shə mi⁵³	女儿
သားမက်	tθə mɛʔ⁴⁴	shə mɛʔ⁴⁵	女婿

② 茵达方言中无清浊音的对立，仰光话中的浊辅音词在茵达方言中常常读成清音或清送气音。

缅文	仰光音	茵达方音	词义
ဒေါင်း	daũ⁵⁵	taũ⁵³	孔雀
ဘိုးဘေးဘီဘင်	pho⁵⁵ be⁵⁵ bi²² bĩ²²	pho⁵³ phe⁵³ phi³³ phĩ³³	祖宗
သဘော်	tθĩ⁵⁵ bɔ⁵⁵	shẽ⁵³ phɔ⁵³	轮船
ဝှေ့ဆေ့	gwe⁵⁵ zi⁵³	khwe⁵³ si³¹	睾丸
ဝမ်းဘဲ	wũ⁵⁵ bɛ⁵⁵	wã⁵³ pɛ⁵³	鹅
ဇီးကွက်	zi⁵⁵ kwɛʔ⁴⁴	si⁵³ kwɛʔ⁴⁵	猫头鹰
ထမ်းပိုး	də bo⁵⁵	tã³³ pho⁵³	扁担
ဗိုက်	baɪʔ⁴⁴	phaɪʔ⁴⁵	肚子
လည်ပင်	lɛ²² bĩ⁵⁵	le³³ phĩ⁵³	脖子
ဘီး	bi⁵⁵	phi⁵³	梳子

③ 茵达方言中 သ/sh/、တ/t/、စ/s/ 等塞音和擦音以及塞擦音之间常常可以互转，甚至可与塞音 k 互转。如：

သူခိုး	→ တခိုး	→ စခိုး	小偷
shə kho⁵³	tə kho⁵³	sə kho⁵³	
သူတောင်းစား	→ တတောင်းစား		乞丐
shu³³ taũ⁵³ za⁵³	tə taũ⁵³ sa⁵³		
စခွါး	→ သခွါး	→ ခွါးဆီ	黄瓜
sə khwa⁵³	shə khwa⁵³	khwa⁵³ shi⁵³	
သဘော	→ စဘော	→ တဘော	态度
shə phɔ⁵³	sə phɔ⁵³	tə phɔ⁵³	

| ချွေး | → | ချွေး | | | | 汗 |
| tɕhwe⁵³ | | ɕwe⁵³ | | | | |

တိရစ္ဆာန် → တလိုက်ဆန် → ကလိုက်ဆန် → ကရိုက်ဆန် 野兽

tə rai?⁴⁵ shã³³   tə lai?⁴⁵ shã³³   kə lai?⁴⁵ shã³¹   kə rai?⁴⁵shã³³

ပါးသိုင်းမွှေး → ပတီးမွှေး 络腮胡

pa⁵³ she̱ĩ⁵³ mwe⁵³   pa⁵³ te̱ĩ⁵³mwe⁵³

သခင် → စခင် → တခင် 主人

sha̱ khɛ̃³³   sa̱ khɛ̃³³   tə khɛ̃³³

ခြင်္သေ့ → ခြင်စေ့ → ရင် သေ့ 狮子

tɕhɛ̃³³ she³¹   tɕhɛ̃³³ se³¹   ɕɛ̃³³ she³¹

သကြား → စကြား → တကြား 糖

dðə dza⁵³   sə tɕa⁵³   tə tɕa⁵³

④ 仰光话中的带前置辅音 h 的词，如"鸟"hŋɛʔ、"船"hle 等，在茵达方言中前置辅音 h 有时丢失，因此"鸟"可有两种读法：hŋɛʔ⁴⁵ 或 ŋɛʔ⁴⁵。

⑤ 仰光话中的舌面音 ရ 在茵达方言中有三种音：j、r、l，常常发作 r，如：

缅文	仰光音	茵达音	词义
တိရစ္ဆာန်	də reɪʔ⁴⁴ shã²²	tə raɪʔ⁴⁵ shã³³	野兽
ရိုးသား	jo⁵⁵ tθa⁵⁵	ro⁵³sha⁵³	老实
သဲ	tθɛ⁵⁵	shrɛ⁵³/shlɛ⁵³	沙子
အသားရေ	ə tθa⁵⁵ je²²	ə sha⁵³ re³³ 或 ə re³³ khũ³³/ ə le³³ khũ³³	皮

⑥ 仰光话中有些舌面塞擦音，在茵达方言中是舌面擦音。例如：

缅文	仰光音	茵达音	词义
ချ	tɕha⁵³	ɕa³¹	放下
ခြံ	tɕhã²²	ɕã³³	院子
ပန်းချီ	bə dʑi²²	pə ɕi³³	画
ချစ်	tɕɪʔ⁴⁴	ɕɪʔ⁴⁵	爱
ချက်	tɕhɛʔ⁴⁴	ɕɛʔ⁴⁵	煮
အချို	ə tɕho²²	ə ɕo³³	甜的

⑦ 茵达方言中保留有较多的古缅语中的复辅音，如 kl、khl、kr、khr、ml、mr、pl、pr 等。这些复辅音在仰光话中分别变成舌面塞擦音或舌面音，例如：

缅文	仰光音	茵达音	词义
ကျည်း	tɕi⁵⁵	kri⁵³/kli⁵³	乌鸦
ချေး	tɕhi⁵⁵	khle⁵³	借
ချေး	tɕhi⁵⁵	khre⁵³	屎
မြေ	mje²²	mle³³	土地
မြုပ်	hmjouʔ⁴⁴	mlouʔ⁴⁵	埋
မြေး	mji⁵⁵	mle⁵³	孙子
ဗျူ	phju²²	phru³³	白
ပြည်	pji²² / pje²²	ple³³	国
ဖြတ်	phjaʔ⁴⁴	phlaʔ⁴⁵/phraʔ⁴⁵	斩断
ကျောင်း	tɕaũ⁵⁵	krɔ̃⁵³	学校
ကျ	tɕa⁵³	kra³¹/kla³¹	掉下

⑧ 在茵达方言中，有些复辅音也已经变成颚化音，形成复辅音和颚化音的同时并存的局面。例如：

缅文	仰光音	茵达音	词义
ကျား	tɕa⁵⁵	tɕa⁵³	虎
လမ်းပြ	lã⁵⁵pja⁵³	lã⁵³pjɑ³¹	向导

（续表）

缅文	仰光音	茵达音	词义
အကျိုး	ə tɕo⁵⁵	ə tɕo⁵³	利益
ချက်	tɕhɛʔ⁴⁴	tɕhɛʔ⁴⁵	下（动量词）
ပြန့်	pjã⁵³	pjã³¹	平
မြင့်	mji⁵³	mji³¹	高
မြေ	mje²²	mje³³ 或 mle³³	土地
ကျောင်း	tɕaũ⁵⁵	klɔŋ⁵³ 或 tɕɔŋ⁵³	寺庙

⑨ 茵达方言中的后置辅音 r、l 除了与舌根软腭音结合时，有些变成舌面音 tɕ 外，有些地方仍保持着上古复辅音的状况，而且 r、l 还能自由转换。例如：

复辅音声母	缅古音	仰光话音	茵达音	词义
kl	kla	tɕa⁵³	kla³¹ 或 kra³¹	掉下
kl	klu	tɕu²²	klu³³ 或 kru³³	苇
kl	ki	tɕi⁵⁵ kã⁵⁵	kli⁵³ 或 kri⁵³	乌鸦
khl	sam khle	tθã²² dʑi⁵⁵	tsã khre⁵³ 或 tsã khə le⁵³	铁锈
pr	pre	pje⁵³	ple³¹ 或 pre³¹	满
pr	phru	phju²²	phlu³³ 或 phru³³	白
pr	phre	phjɛ⁵⁵	phlɛ⁵³ 或 phrɛ⁵³	撕
pr	plam̊	pjã²²	plã³³ 或 prã³³	飞
pr	pra	pja⁵⁵	pla⁵³ 或 pra⁵³	扁

⑩ 在茵达方言中，鼻辅音声母的缅文词常常加送气音。例如：

缅文	仰光音	茵达音	词义
ညာ	ɲa²²	hɲa³³	右
နွား	nwa⁵⁵	hnwa⁵³	牛
မြည်	mji²²	hmje³³ / hmi³³	响
မေး	me⁵⁵	hme⁵³	问
မင်	hmĩ²²	hmẽ³³	墨
ဝမ်းနည်း	wũ⁵⁵ nɛ⁵⁵	wũ⁵³ hnɛ⁵³	遗憾

（续表）

缅文	仰光音	茵达音	词义
မြွေ	mwe²²	hmwe³³	蛇
ပညာ	pjĩ²² n̪a²	pjĩ³³ hn̪a³³	学问
မျော	mjɔ⁵⁵	hmjɔ⁵³	漂
မြောင်း	mjaũ⁵⁵	hmjaũ⁵³	沟

⑪ 复辅音声母中常常丢失某个辅音，或有前置音节的常常丢失前置音节。例如：

缅文	仰光音	茵达音	词义
ငှက်	hŋɛʔ⁴⁴	hɛʔ⁴⁵	鸟
စပါး	zə ba⁵⁵	pɑ⁵³	稻
ချေး	tɕhi⁵⁵	khe⁵³	借
အရွက်	ə jwɛʔ⁴⁴	ɑ³³ wɛʔ⁴⁵	叶
နားရွက်	nə jwɛʔ⁴⁴	nɑ⁵³ wɛʔ⁴⁵	耳朵
ခြေထောက်	tɕhe²² dauʔ⁴⁴	khe³³ thɔʔ⁴⁵	脚

有时丢失 r 音。例如：

缅文	仰光音	茵达音	词义
ကြီး	dʑi⁵⁵	ki⁵³	大
ခြေ	tɕhe²²	khe³³	脚
ကြည့်	tɕi⁵³	ki³¹	看

⑫ 仰光话中的短促音在茵达方言中读高升调，有一个轻微的喉塞音，这是辅音韵尾的残余，类似于丹老方言。例如：

缅文	仰光音	茵达音	词义
သစ်ခေါက်	tθɪʔ⁴⁴ khauʔ⁴⁴	tshɪʔ⁴⁵ khɔʔ⁴⁵	树皮
နှောက်	nauʔ⁴⁴	nɔʔ⁴⁵	混
အက်	ɛʔ⁴⁴	ɑʔ⁴⁵/ɛʔ⁴⁵	裂开

2. 茵达方言的元音系统

为了便于比较，我们将茵达方言与缅甸语的标准话仰光话中的辅音和元音并列展示。

（1）单元音：

标准音中的单元音　　茵达方言中的单元音

a　　　　　　　　　ɑ

缅文	仰光音	茵达音	词义
လ	la^{53}	lɑ^{31}	月亮
ငါ	ŋa^{22}	ŋɑ^{33}	我
ဝါး	wa^{55}	wɑ^{53}	竹

i　　　　　　　　　i

缅文	仰光音	茵达音	词义
မီး	mi^{55}	mi^{53}	火
နီ	ni^{22}	ni^{33}	红
စီး	si^{55}	si^{53}	流
ကျီးကန်း	tɕi^{55} kã^{55}	kli^{53} / kri^{53}	乌鸦
ဘီး	bi^{55}	phi^{53}	木梳
ဘီး	beĩ^{55}	peĩ^{53}	轮子

i　　　　　　　　　e

缅文	仰光音	茵达音	词义
ကြေး	tɕi^{55} /tɕe^{55}	tɕe^{53}	铜
စည်း	si^{55}	se^{53}	捆扎
နည်း	ni^{55}	ne^{53}	方法
ပြည်	pji^{22}	pje^{33}	脓
နာမည်	na^{22} mji^{22} / na^{22} mɛ^{22}	nɑ^{33} mje^{33}	名字

u　　　　　　　　　u

缅文	仰光音	茵达方音	词义
ဆူး	su^{55}	su^{53}	刺
တူး	tu^{55}	tu^{53}	挖

（续表）

缅文	仰光音	茵达方音	词义
လူ	lu²²	lu³³	人
ကူး	ku⁵⁵	ku⁵³	抄写

e   e

缅文	仰光音	茵达音	词义
အေး	e⁵⁵	e⁵³	冷
သေ	tθe²²	she³³	死
ပေး	pe⁵⁵	pe⁵³	给
ဆေး	she⁵⁵	she⁵³	药
မြေ	mje²²	mle³³	土地
ကွေ့	kwe⁵³	kwe³¹	转弯

ɛ   ɛ

缅文	仰光音	茵达音	词义
ဝဲ	wɛ⁵⁵	wɛ⁵³	盘旋
ကြယ်	tɕɛ²²	tɕɛ³³	星星
ပင်လယ်	pĩ²² lɛ²²	pɛ̃³³ lɛ³³	海
ဆွဲ	shwɛ⁵⁵	shwɛ⁵³	拉
သဲ	tθɛ⁵⁵	shlɛ⁵³	沙

ɛ   e

缅文	仰光音	茵达音	词义
မဲ	mɛ⁵⁵	me⁵³	黑
ထည်	thɛ⁵³	the³¹	装
ဝမ်းနည်း	wũ⁵⁵ nɛ⁵⁵	wũ⁵³ hne⁵³	遗憾

ɔ   ɔ

缅文	仰光音	茵达音	词义
တော	tɔ⁵⁵	tɔ⁵³	森林
ကော်	kɔ²²	kɔ³³	胶水
ပေါ်	pɔ²²	pɔ³³	出现

（续表）

缅文	仰光音	茵达音	词义
ကျော	tɕɔ⁵⁵	tɕɔ⁵³	背
ရော	jɔ⁵⁵	jɔ⁵³	掺

o   o

缅文	仰光音	茵达音	词义
မိုး	mo⁵⁵	mo⁵³	雨
ပိုး	po⁵⁵	po⁵³	蚕
မှို	hmo²²	hmo³³	蘑菇
ဆိုးဆေး	sho⁵⁵ she⁵⁵	sho⁵³ she⁵³	染料
လင်းနို့	li⁵⁵ no⁵³	lẽ⁵³ no³¹	蝙蝠

（2）双元音：茵达方言中的双元音也和仰光话中的双元音相同，只存在于鼻化元音和促元音中（茵达方言中的促元音与仰光话中不同）。我们将它们分别放在鼻元音和促元音中说明。

（3）鼻元音：

标准音中的鼻元音　　茵达方言中的鼻元音
　　　　ã　　　　　　　　ã

缅文	仰光音	茵达音	词义
ငမ်း	ŋã⁵⁵	ŋã⁵³	鹅
ဖမ်း	phã⁵⁵	phã⁵³	抓
ပန်း	pã⁵⁵	pã⁵³	花
လမ်း	lã⁵⁵	lã⁵³	路
မှန်	hmã²²	hmã³³	对

ã　　　　　　　　ɛ̃

缅文	仰光音	茵达音	词义
စမ်းရေ	sã⁵⁵ je²²	sã⁵³ je³³ / sɛ̃⁵³ je³³	泉水
ရန်တွေ့	jã²² twe⁵³	jã³³ twe³¹ / jɛ̃³³ twe³¹	打架

$\tilde{\text{i}}$ $\qquad$ $\tilde{a}/\tilde{\varepsilon}/\tilde{\text{i}}$

缅文	仰光音	茵达音	词义
ထမင်း	thə mĩ⁵⁵	mẽ⁵³/khə mã⁵³/khə mẽ⁵³	饭
ရေတွင်း	je²² twĩ⁵⁵	je dwẽ⁵³	水井
အရှင်	ə ɕĩ²²	a ɕẽ³³	主人
နင်	nĩ²²	nẽ³³	你
စဉ်းစား	sĩ⁵⁵ za⁵⁵	sĩ⁵³ sa⁵³	想
အကျဉ်း	ə tɕĩ⁵⁵	a³³ tɕĩ⁵³	窄

$\tilde{\text{u}}$ $\qquad$ $\tilde{\text{u}}$

缅文	仰光音	茵达音	词义
ခွန်	sũ²²	sũ³³	鸽子
ချွန်	tɕhũ²²	tɕhũ³³	尖
ဇွန်း	zũ⁵⁵	sũ⁵³	匙
တွန့်	tũ⁵³	tũ³¹	皱
ထွန်း	thũ⁵⁵	thũ⁵³	点（火）

$\text{e}\tilde{\text{i}}$ $\qquad$ $\text{e}\tilde{\text{i}}$

缅文	仰光音	茵达音	词义
ကြိမ်	tɕeĩ²²	tɕeĩ³³	藤
အိမ်	eĩ²²	eĩ³³	房子
တိမ်	teĩ²²	teĩ³³	云
စိမ်း	seĩ⁵⁵	seĩ⁵³	生（熟）
ပိန်	peĩ²²	peĩ³³	瘦

$\text{o}\tilde{\text{u}}$ $\qquad$ $\text{o}\tilde{\text{u}}$

缅文	仰光音	茵达音	词义
ယုန်	joũ²²	joũ³³	兔子
ဂျုံ	dzoũ²²	tɕoũ³³	麦子
သုံး	tθoũ⁵⁵	shoũ⁵³	三
ဖုံ	phoũ²²	phoũ³³	灰尘
မုန်း	moũ⁵⁵	moũ⁵³	讨厌

第一章 缅甸语主要方言 145

	aĩ	eĩ	
缅文	仰光音	茵达音	词义
တိုင်	taĩ²²	teĩ³³	柱子
အိုင်	aĩ²²	eĩ³³	池塘
သစ်ကိုင်း	tθɪʔ⁴⁴ kaĩ⁵⁵	shɪʔ⁴⁵ keĩ⁵³	树枝
ချိုင့်	tɕhaĩ⁵³	khreĩ³¹	凹
ဝိုင်း	waĩ⁵⁵	weĩ⁵³	园
ပိုင်ရှင်	paĩ²² ɕɪ⁵⁵	peĩ⁵³ ɕɛ̃⁵³	物主
ကျိုင်း	tɕaĩ⁵⁵	tɕeĩ⁵³	蝗虫

	aũ	ɔ̃	
缅文	仰光音	茵达音	词义
ခေါင်းလောင်း	khaũ⁵⁵ laũ⁵⁵	khɔ̃⁵³ lɔ̃⁵³	钟
တောင်	taũ²²	tɔ̃³³	山
တောင်စောင်း	taũ²² zaũ⁵⁵	tɔ̃³³ sɔ̃⁵⁵	山坡
ကြောင့်	tɕaũ⁵³	tɕɔ̃³¹	因为（连词）
ကောင်း	kaũ⁵⁵	kɔ̃⁵³	好

（4）促元音：

    标准音中的促元音　茵达方言中的促元音
    aʔ　　　　　　　　ɑʔ⁴⁵

缅文	仰光音	茵达音	词义
ဆပ်ပြာပေါက်	shaʔ⁴⁴ pja²² daʔ⁴⁴	shɑʔ⁴⁵ pjɑ³³ thɑʔ⁴⁵	硷
ဆတ်	shaʔ⁴⁴	shɑʔ⁴⁵	小米
သတ်	tθaʔ⁴⁴	shɑʔ⁴⁵	杀
နတ်	naʔ⁴⁴	nɑʔ⁴⁵	仙
အပ်	aʔ⁴⁴	ɑʔ⁴⁵	针

ɪʔ⁴   ɪʔ⁴⁵

缅文	仰光音	茵达音	词义
စစ်	sɪʔ⁴⁴	sɪʔ⁴⁵	真正
ဆစ်	shɪʔ⁴⁴	shɪʔ⁴⁵	节
သစ်	tθɪʔ⁴⁴	shɪʔ⁴⁵	新
နစ်	hnɪʔ⁴⁴	hnɪʔ⁴⁵	年
ချစ်	tɕhɪʔ⁴⁴	tɕhɪʔ⁴⁵	爱
ကျစ်	tɕɪʔ⁴⁴	tɕɪʔ⁴⁵	搓（绳）
ရှစ်	ɕɪʔ⁴⁴	ɕɪʔ⁴⁵	八

uʔ   uʔ⁴⁵

缅文	仰光音	茵达音	词义
အုတ်ကြွပ်	ouʔ⁴⁴ tɕuʔ⁴⁴	ɔʔ⁴⁵ tɕuʔ⁴⁵	瓦
ဖွတ်	phuʔ⁴⁴	phuʔ⁴⁵	四脚蛇
အနာရွတ်	ə na²² juʔ⁴⁴	ə na³³ juʔ⁴⁵	疤

eiʔ   aiʔ

缅文	仰光音	茵达音	词义
ဆေးလိပ်	she⁵⁵ leɪʔ⁴⁴	she⁵³ laɪʔ⁴⁵	卷烟
မိတ်ဆွေ	meɪʔ⁴⁴ shwe²²	maɪʔ⁴⁵ shwe³³	朋友
အိပ်	eɪʔ⁴⁴	aɪʔ⁴⁵	睡
ညိတ်	ɲeɪʔ⁴⁴	ɲaɪʔ⁴⁵	点头
ဆိတ်	sheɪʔ⁴⁴	shaɪʔ⁴⁵	羊
ချိုတ်	tɕheɪʔ⁴⁴	tɕhaɪʔ⁴⁵	吊

ɛʔ   ɛʔ⁴⁵

缅文	仰光音	茵达音	词义
အက်	ɛʔ⁴⁴	ɛʔ⁴⁵	裂开
ဝက်	wɛʔ⁴⁴	wɛʔ⁴⁵	猪
ကြက်	tɕɛʔ⁴⁴	tɕɛʔ⁴⁵	鸡
မက်	mɛʔ⁴⁴	mɛʔ⁴⁵	梦

aʔ⁴⁵

缅文	仰光音	茵达方音	词义
စက္ကူ	sɛʔ⁴⁴ ku²²	sɛʔ⁴⁵ ku³³ / saʔ⁴⁵ ku³³	纸

auʔ ɔʔ⁴⁵

缅文	仰光音	茵达音	词义
သောက်	tθauʔ⁴⁴	tshɔʔ⁴⁵	喝
အပေါက်	a pauʔ⁴⁴	ə pɔʔ⁴⁵	孔
ကျောက်	tɕauʔ⁴⁴	tɕɔʔ⁴⁵	石
ထောက်	thauʔ⁴⁴	thɔʔ⁴⁵	支撑
မျောက်	mjauʔ⁴⁴	mjɔʔ⁴⁵	猴
ခြောက်	tɕhauʔ⁴⁴	tɕhɔʔ⁴⁵	干

ouʔ auʔ⁴⁵

缅文	仰光音	茵达音	词义
ဆုပ်	shouʔ⁴⁴	shauʔ⁴⁵	退
အုတ်ခဲ	ouʔ⁴⁴ khɛ⁵⁵	auʔ⁴⁵ khɛ⁵³	砖

ouʔ ouʔ⁴⁵

缅文	仰光音	茵达音	词义
အုတ်မြစ်	ouʔ⁴⁴ mjɪʔ⁴⁴	ouʔ⁴⁵ mjɪʔ⁴⁵	基础
ချုပ်	tɕhouʔ⁴⁴	tɕhouʔ⁴⁵	缝
လုပ်	louʔ⁴⁴	louʔ⁴⁵	做

aiʔ aiʔ⁴⁵

缅文	仰光音	茵达音	词义
ကြိုက်	tɕaɪʔ⁴⁴	tɕaɪʔ⁴⁵	喜欢
ပွတ်တိုက်	puʔ⁴⁴ taɪʔ⁴⁴	puʔ⁴⁵ taɪʔ⁴⁵	蹭，擦
မိုက်	maɪʔ⁴⁴	maɪʔ⁴⁵	蠢
လေတိုက်	le²² taɪʔ⁴⁴	le³³ taɪʔ⁴⁵	刮风
စိုက်	saɪʔ⁴⁴	saɪʔ⁴⁵	种

标准语（仰光话）和茵达方言的元音对照表

方言＼元音	标准语（仰光话）	茵达方言（单元音）	茵达方言（双元音）
a	a	ɑ	
i	i	i	
		e	
u	u	u	
e	e	e	
ɛ	ɛ	ɛ	
		e	
ɔ	ɔ	ɔ	
o	o	o	
ã	ã	ɑ̃	
		ɛ̃	
ĩ	ĩ	ɛ̃	
		ĩ	
		ɑ̃	
ũ	ũ	ũ	
eĩ	eĩ		eĩ
oũ	oũ		oũ
aĩ	aĩ		eĩ
aũ	aũ	ɔ̃	
aʔ	aʔ⁴⁴	ɑʔ⁴⁵	
iʔ	ɪʔ⁴⁴	ɪʔ⁴⁵	
uʔ	uʔ⁴⁴	uʔ⁴⁵	
eiʔ	eiʔ⁴⁴		ɑɪʔ⁴⁵
ɛʔ	ɛʔ⁴⁴	ɛʔ⁴⁵	
aiʔ	aiʔ⁴⁴		ɑɪʔ⁴⁵
auʔ	auʔ⁴⁴	ɔʔ⁴⁵	
ouʔ	ouʔ⁴⁴		ɑuʔ⁴⁵
			ouʔ⁴⁵

关于茵达方言元音系统的几点说明：

① 茵达方言的韵母系统中的元音 a 发音部位比仰光话中的 a 要靠后，接近于后 ɑ。尤其是在有塞音韵尾的音节中，由于受到韵尾喉塞音的影响，a 元音的发音部位向后漂移就更加明显。例如：

缅文	仰光音	茵达音	词义
ငါ	ŋa^{22}	ŋɑ^{33}	我
ပါး	pa^{55}	pɑ^{53}	薄
ဆား	sha^{55}	shɑ^{53}	盐
ကျပ်	tɕaʔ^{44}	tɕɑʔ^{45}	挤

② 仰光话韵母系统中的元音 i，在茵达方言中有两种音，即 i、e。例如：

缅文	仰光音	茵达音	词义
စီး	si^{55}	si^{53}	流
ကျီးကန်း	tɕi^{55} kã^{55}	kli^{53}/ kri^{53}	乌鸦
ကြေး	tɕi^{55} /tɕe^{55}	tɕe^{53}	铜
စည်း	si^{55}	se^{53}	捆扎
နည်း	ni^{55}	ne^{53}	方法

③ 茵达方言中的 u、e 分别与仰光话中的 u、e 语音相同。

④ 仰光话中的 ɛ 韵母的词，在茵达方言中有两种音，即 ɛ 和 e。例如：

ɛ　　　ɛ

缅文	仰光音	茵达音	词义
ဝဲ	wɛ^{55}	wɛ^{53}	盘旋
ကြယ်	tɕɛ^{22}	tɕɛ^{33}	星星
ဆွဲ	shwɛ^{55}	shwɛ^{53}	拉

ɛ　　　e

缅文	仰光音	茵达音	词义
မဲ	mɛ^{55}	me^{53}	黑
ထည်	thɛ^{53}	the^{31}	装
ဝမ်းနည်း	wũ^{55} nɛ^{55}	wũ^{53} hne^{53}	遗憾

⑤ 茵达方言中的 ɔ、o 分别与仰光话中的 ɔ、o 相同。

⑥ 仰光话中的鼻元音 ã，在茵达方言中为 ã 和 ɛ̃。例如：

ã　　　　ã

缅文	仰光音	茵达方音	词义
ငမ်း	ŋã ^{55}	ŋã ^{53}	鹅
ဖမ်း	phã ^{55}	phã ^{53}	抓
ပန်း	pã ^{55}	pã ^{53}	花
လမ်း	lã ^{55}	lã ^{53}	路

ã　　　　ɛ̃

缅文	仰光音	茵达方音	词义
စမ်းရေ	sã ^{55} je ^{22}	sã ^{53} je^2/ sɛ̃ ^{53} je^{33}	泉水
ရန်တွေ့	jã ^{22} twe^{53}	jã ^{53} twe^{31}/ jɛ̃ ^{53} twe^{31}	打架

⑦ 仰光话中的鼻元音 ĩ，在茵达方言中分别为 ĩ、ã 和 ɛ̃。例如：

缅文	仰光音	茵达方音	词义
ထမင်း	thə̣ mĩ ^{55}	mɛ̃ ^{53}/khə̣mã ^{53}/khə̣mɛ̃ ^{53}	饭
ရေတွင်း	je^{22} twĩ ^{55}	je^{33} dwã ^{53}	水井
အရှင်	ə ɕĩ ^{22}	ɑ ɕɛ̃ ^{33}	主人
အကျဉ်း	ə̣ tɕĩ ^{55}	ɑ tɕĩ ^{53}	窄

⑧ 茵达方言中的 ũ、eĩ 和 oũ 分别与仰光话中的 ũ、eĩ、oũ 相同。

⑨ 仰光话中的鼻元音 aĩ，在茵达方言中为 eĩ。例如：

缅文	仰光音	茵达方音	词义
တိုင်	taĩ ^{22}	teĩ ^{33}	柱子
အိုင်	aĩ ^{22}	eĩ ^{33}	池塘
ချိုင့်	tɕhaĩ ^{53}	khreĩ ^{31}	凹
ဝိုင်း	waĩ ^{55}	weĩ ^{53}	园

⑩ 仰光话中的鼻元音 aũ，在茵达方言中为 ɔ̃。例如：

缅文	仰光音	茵达方音	词义
ခေါင်းလောင်း	khaũ⁵⁵ laũ⁵⁵	khɔ̃⁵³ lɔ̃⁵³	钟
တောင်စောင်း	taũ²² zaũ⁵⁵	tɔ̃³³ sɔ̃⁵³	山坡
ကောင်း	kaũ⁵⁵	kɔ̃⁵³	好

⑪ 仰光话中的促声调中的韵母部分是由一个短促元音（或短促双元音）和喉塞音韵尾组成。在茵达方言中的这类韵母是由一个高升调的元音（或双元音）加上一个喉塞音韵尾组成。

仰光话中的短促音 aʔ，在茵达方言中为 ɑʔ⁴⁵。例如：

缅文	仰光音	茵达音	词义
ဆပ်ပြာခါတ်	shaʔ⁴⁴ pja²² daʔ⁴⁴	shɑʔ⁴⁵ pjɑ³³ thɑʔ⁴⁵	碱
သတ်	tθaʔ⁴⁴	shɑʔ⁴⁵	杀
အပ်	aʔ⁴⁴	ɑʔ⁴⁵	针

仰光话中的短促音 ɪʔ，在茵达方言中为 ɪʔ⁴⁵。例如：

缅文	仰光音	茵达音	词义
သစ်	tθɪʔ⁴⁴	shɪʔ⁴⁵	新
နှစ်	hnɪʔ⁴⁴	hnɪʔ⁴⁵	年
ကျစ်	tɕɪʔ⁴⁴	tɕɪʔ⁴⁵	搓（绳）

仰光话中的短促音 uʔ，在茵达方言中为 uʔ⁴⁵。例如：

缅文	仰光音	茵达音	词义
အုတ်ကြွပ်	ouʔ⁴⁴ tɕuʔ⁴⁴	ɔʔ⁴⁵ tɕuʔ⁴⁵	瓦
ဖွတ်	phuʔ⁴⁴	phuʔ⁴⁵	四脚蛇
အနာရွတ်	ə.na²²juʔ⁴⁴	ə.na³³ juʔ⁴⁵	疤

仰光话中的短促音 eiʔ，在茵达方言中为 ɑɪʔ⁴⁵。例如：

缅文	仰光音	茵达音	词义
ဆေးလိပ်	she⁵⁵ leɪʔ⁴⁴	she⁵³ lɑɪʔ⁴⁵	卷烟
မိတ်ဆွေ	meɪʔ⁴⁴ shwe²²	mɑɪʔ⁴⁵ shwe³³	朋友
အိပ်	eɪʔ⁴⁴	ɑɪʔ⁴⁵	睡
ညိတ်	ɲeɪʔ⁴⁴	ɲɑɪʔ⁴⁵	点头

仰光话中的短促音 εʔ，在茵达方言中为 εʔ⁴⁵ 或 ɑʔ⁴⁵。例如：

缅文	仰光音	茵达音	词义
အက်	εʔ⁴⁴	εʔ⁴⁵	裂开
ဝက်	wεʔ⁴⁴	wεʔ⁴⁵	猪
မက်	mεʔ⁴⁴	mεʔ⁴⁵	梦

仰光话中的短促音 auʔ，在茵达方言中为 ɔʔ⁴⁵。例如：

缅文	仰光音	茵达音	词义
သောက်	tθauʔ⁴⁴	tshɔʔ⁴⁵	喝
အပေါက်	a pauʔ⁴⁴	ə pɔʔ⁴⁵	孔
ကျောက်	tɕauʔ⁴⁴	tɕɔʔ⁴⁵	石
မျောက်	mjauʔ⁴⁴	mjɔʔ⁴⁵	猴

仰光话中的短促音 ouʔ，在茵达方言中为 ouʔ⁴⁵ 或 auʔ⁴⁵。例如：

缅文	仰光音	茵达音	词义
ဆုပ်	shouʔ⁴⁴	shauʔ⁴⁵	退
အုတ်မြစ်	ouʔ⁴⁴ mjɪʔ⁴⁴	ouʔ⁴⁵ mjɪʔ⁴⁵	基础
ချုပ်	tɕhouʔ⁴⁴	tɕhouʔ⁴⁵	缝
လုပ်	louʔ⁴⁴	louʔ⁴⁵	做

仰光话中的短促音 aɪʔ，在茵达方言中为 aɪʔ⁴⁵。例如：

缅文	仰光音	茵达音	词义
ကြိုက်	tɕaɪʔ⁴⁴	tɕaɪʔ⁴⁵	喜欢
ပွတ်တိုက်	puʔ⁴⁴ taɪʔ⁴⁴	puʔ⁴⁵ taɪʔ⁴⁵	蹭，擦
မိုက်	maɪʔ⁴⁴	maɪʔ⁴⁵	蠢
လေတိုက်	le²² taɪʔ⁴⁴	le³³ taɪʔ⁴⁵	刮风
စိုက်	saɪʔ⁴⁴	saɪʔ⁴⁵	种

3. 茵达方言的声调系统

（1）茵达方言的声调共有四个，分别为高降、中降、中平、高升。

（2）茵达方言中的高降调调值为 53，相当于标准话中调值为 55 的高平调。

（3）茵达方言中的中降调，相当于仰光话中的高降调，但是调值不同，仰光话中的高降调调值是 53，而丹老方言中的中降调的调值为 31。

（4）茵达方言中的中平调，相当于仰光话中的低平调，但是调值不同，仰光话中的低平调调值是 22，而茵达方言中的中平调的调值为 33。

（5）茵达方言中的高升调，相当于仰光话中的短促调，但是调值不同，仰光话中的短促调调值是 44，而茵达方言中的高升调的调值为 45。

茵达方言中的声调与仰光话中的声调有区别，并且茵达方言中的几个调类调值的不同，相对来说，调值趋向中间，语调升降起伏不大。因此在话语中，感到语调比较平缓，抑扬顿挫起伏不太明显。

（6）茵达方言中带塞尾的韵母跟丹老方言类似，最有特色的一个语言现象、也是与仰光话最大区别的地方就是短促调。在仰光话中，短促调以喉塞音结尾，元音尽量缩短，并且近于紧喉。这一类声调在仰光话中我们将它单独列出，成为一个独立的声调。但是，茵达方言中带有喉塞韵尾的这一类词，元音部分并不缩短，喉塞韵尾只起到整个音节的刹尾作用，并不形成元音的短促和紧喉。茵达方言的带喉塞音韵尾的音在喉塞音前面的声音，调值为 45 调。

（7）茵达方言与仰光话中的声调对应情况如下：

仰光话	例词	词义	茵达方言	例词	词义
高平调 55	pa^{55}	薄	第 1 调高降调 53	ka^{53}	车
低平调 22	la^{22}	来	第 3 调中平调 33	la^{33}	来
高降调 53	ka^{53}	跳舞	第 2 调中降调 31	la^{31}	月
短促调 44	$wɛʔ^{44}$	猪	第 4 调高升调 45	$waʔ^{45}$	猪

4. 关于茵达方言中的音节结构

茵达方言中过去古缅甸语中的许多语音都已发生变化，例如：复辅音声母变成了单辅音声母；塞音韵尾变成短促声调；鼻音韵尾使元音鼻化等等。因此，现代茵达方言的韵母就比较简单，组成的音节也比较简单。共有下列几类音节构成：（下列表中的 V 代表元音，C 代表辅音，T 代表声调）

序号	音节类型	例词	词义
①	VT	e^{53}	这
②	CVT	la^{33}	来
③	CCVT	pja^{31}	出示
④	CCCVT	$hmja^{31}$	平均
⑤	VVT	$o\tilde{u}^{33}$	聚集
⑥	CVVT	$ko\tilde{u}^{53}$	弯腰
⑦	CCVVT	$pjo\tilde{u}^{53}$	微笑
⑧	CVCT	$pa\mathrm{ʔ}^{45}$	围绕
⑨	CVVCT	$kau\mathrm{ʔ}^{45}$	拾，捡
⑩	CCVVCT	$pjou\mathrm{ʔ}^{45}$	煮
⑪	CCCVVCT	$hmjou\mathrm{ʔ}^{45}$	埋

5. 茵达方言的构词法

从词的构成方式来看，与仰光话相差不大，可分单纯词和复合词两类。单纯词包括所有的单音节词和从意义上无法再分析的多音节词。复合词（或称合成词）使用合成和派生两种方法构成。

（1）合成法构成的词，词根和词根之间有下列几种关系：

① 联合关系：即两个词根不分主次，有时同义、有时近义、有时反义结合。例如：

$tɔ^{53}$ wa^{33}　　$hn\tilde{e}i^{53}$ sa^{33}　　$sai\mathrm{ʔ}^{45}$ pjo^{53}　　ki^{53} $thwa^{53}$

乡　村　　　比　较　　　种　植　　　生　长

② 修饰关系：即一个词根为中心成分，另一词根为修饰成分，修饰成分既可以在中心成分之前，也可在中心成分之后，但大多数是在中心成分之前。例如：

$sh\tilde{a}^{33}$ $l\tilde{a}^{53}$　　$kɛ^{53}$ $t\tilde{a}^{33}$　　mi^{53} ja^{31} tha^{53}

铁　路　　　铅　笔　　　火　车

③ 支配关系：即前一词根是动作支配的对象，后一词根为动作。例如：

$a\ mj\tilde{\varepsilon}^{31}$ $kho\tilde{u}^{33}$　　$sh\tilde{a}$ $krei\mathrm{ʔ}^{45}$　　sa^{33} je^{53}

跳　高　　　碾　米　　　文　书

④ 表述关系：即前一词根是动作的主体，后一词根为动作。例如：
khɔ̃ː kaɪʔ⁴⁵　　　　na⁵³ lɛ³³　　　　khɑ⁵³ na³³
头　疼　　　　　　耳 转（懂得）　腰　疼
（2）派生法有三种形式：附加式、插入式及重叠式。
① 附加式：词根后面加 kɑː、sɑː、pa³¹、sha³¹ 等各音节作后缀。例如：

加 kɑ⁵³	se³³ kɑ⁵³	热闹	jã ⁵³ kɑ⁵³	横行霸道
加 sɑ⁵³	kro⁵³ sɑ⁵³	努力	khã ³³ sɑ⁵³	体会	hnãɪ ⁵³ sɑ³³	比喻
加 pa³¹	hla³¹ pa³¹	漂亮	pjɔ⁵³ pa³¹	说	khre³³ pa³¹	反驳
加 sha³¹	shɛʔ⁴⁵ sha³¹	献	ku³¹ sha³¹	医治	pi³³ sha³¹	清晰
加 sha⁵³	yo⁵³ sha⁵³	老实

② 插入式
名词加 ɑ，常出现在亲属称呼、身体组成部分的名词前：

sha⁵³	肉	→	ɑ³¹ sha⁵³	肉
je³³	皮	→	ɑ³¹ je³³	皮
shi³³	脂肪	→	ɑ³¹ shi ³³	脂肪
ko³³	哥	→	ɑ³¹ ko³³	哥
pha³¹	父亲	→	ɑ³¹ pha³¹	父亲

形容词加 ɑ 变名词：

| kaũ ⁵³ | 好 | → | ɑ³¹ kɔ̃ ⁵³ | 好东西，好意 |
| hla³¹ | 美丽 | → | ɑ³¹ hla³¹ | 美丽 |

形容词加 ɑ 变副词：

fi ⁵³	紧	→	ɑ³¹ tɛ̃ ⁵³	强行
mjã ³³	快	→	ɑ³¹ mlã ³³/ɑ³¹ mrã ³³	迅速地
we⁵³	远	→	ɑ³¹ we⁵³	远处

动词加 ɑ 变名词：

louʔ⁴⁵	干	→	ɑ³¹ louʔ⁴⁵	工作
pjɔ⁵³	说	→	ɑ³¹ pjɔ⁵³	口才
sɑ⁵³	吃	→	ɑ³¹ sɑ⁵³	食物

动词或形容词加两个前缀 a、t 变名词或副词：

mjaʔ⁴⁵ no⁵³　热爱，珍视　→　　a³¹ mjaʔ⁴⁵ tə no⁵³　　珍视地

pjɔ³³ pa⁵³　欢乐　　　→　　a³¹ pjɔ³³ tə pa⁵³　　兴高采烈地

③ 重叠式：

名词	mjo⁵³	种类	→	a³¹ mjo⁵³ mjo⁵³	多种多样
	Ple³³	国家	→	a³¹ ple³³ ple³³	各国
	jaʔ⁴⁵	地区	→	a³¹ jaʔ⁴⁵ jaʔ⁴⁵	各地
代词	hɔ、sha	那、这	→	hɔ³³ hɔ³³ sha³³ sha³³	左右、四方
形容词	mjã³³	快	→	mjã³³ mjã³³/ mlã³³ mlã³³	赶快
	hla³¹ pa³¹	漂亮	→	hla³¹ hla³¹ pa³¹ pa³¹	漂漂亮亮地
动词	pjɔ⁵³	说	→	pjɔ⁵³ pjɔ⁵³	经常地说
副词	khə na³¹	一会儿	→	khə na³¹ khə na³¹	常常

茵达方言的部分词汇：

缅文	茵达音	仰光音	词义
ငါ	ŋa³³	ŋa²²	我
အားလုံး	a³¹ koũ³³ oũ⁵³	a⁵⁵ loũ⁵⁵	全部
များ	mja⁵³	mja⁵⁵	多
သေး	she⁵³	tθe⁵⁵	小
မိန်းမ	mẽĩ⁵³ ma³¹	mẽĩ⁵⁵ ma⁵³	女人
ငှက်	hɛʔ⁴⁵	hŋɛʔ⁴⁴	鸟
သန်	shã⁵³	tθã⁵⁵	虱子
သစ်ပင်	shɪʔ⁴⁵ pẽ³³	tθɪʔ⁴⁴ pĩ²²	树
အရွက်	ə wɛʔ⁴⁵	ə jwɛʔ⁴⁴	叶子
အမြစ်	ə mleiʔ⁴⁵	ə mjɪʔ⁴⁴	根
အသား	ə sha⁵³	ə tθa⁵⁵	肉
အရိုး	ə jo⁵³	ə jo⁵⁵	骨头
သွေး	shwe⁵³	tθwe⁵⁵	血
ကြက်ဥ	tɕɛʔ⁴⁵ u³¹	tɕɛʔ⁴⁴ u⁵³	鸡蛋

（续表）

缅文	茵达音	仰光音	词义
ချို	khro³³ / ço³³	dzɔ²²	角
အမြီး	ə mi⁵³ / a hmi⁵³	a⁵³ mji⁵⁵	尾巴
ဆံပင်	shã³³pɛ̃³³ / khɔ̃⁵³mwe⁵³	shã²²pĩ²²	头发
ခေါင်း	khɔ̃⁵³	gaũ⁵⁵	头
နားရွက်	na⁵³ wɛʔ⁴⁵	nə jwɛʔ⁴⁴	耳朵
မျက်စေ့	mjaʔ⁴⁵ si³¹	mjɪʔ⁴⁴ si⁵³	眼睛
လျှာ	shã³³li⁵³	ça³³	舌头
ခြေထောက်	khe³³ thɔʔ⁴⁵	tɕhe²² dauʔ⁴⁴	脚
လက်	lɛʔ⁴⁵	lɛʔ⁴⁴	手
အသည်း	ə she⁵³	ə tθɛ⁵⁵	肝
စား	sa⁵³	sa⁵⁵	吃
ကိုက်	kaɪʔ⁴⁵	kaiʔ⁴⁴	咬
ကြား	tɕa⁵³	tɕa⁵³	听见
သိ	shi³¹	tθi⁵³	知道
အိပ်	aɪʔ⁴⁵	eɪʔ⁴⁴	睡
သေ	she³³	tθe²²	死
သတ်	shaʔ⁴⁵	tθaʔ⁴⁴	杀
ပျံ	plã³³ / prã³³	pjã²²	飞
လျှောက်	çɔʔ⁴⁵	çauʔ⁴⁴	走
လာ	la³³	la²²	来
ထိုင်	theɪ³³	thaĩ²²	坐
ရပ်	jaʔ⁴⁵	jaʔ⁴⁴	站立
ပေး	pe⁵³	pe⁵⁵	给
ပြော	sho³³/pjɔ⁵³	pjɔ⁵⁵	说
နေ	ne³³	ne²²	太阳
လ	la³¹	la⁵³	月亮
ကြယ်	tɕɛ³³	tɕɛ²²	星星
မိုး	mo⁵³	mo⁵⁵	雨

（续表）

缅文	茵达音	仰光音	词义
ကျောက်	tɕɔʔ⁴⁵	tɕauʔ⁴⁴	石头
သဲ	shlɛ⁵³	tθɛ⁵⁵	沙子
မြေ	mle³³	mje²²	土地
တိမ်	tẽ³³	tẽɪ²²	云
မီး	mi⁵³	mi⁵⁵	火
ပြာ	pla³³	pja²²	灰
လမ်း	lã⁵³	lã⁵⁵	路
တောင်	tɔ̃³³	taũ²²	山
နီ	ni³³	ni²²	红
ဝါ	wa³³	wa²²	黄
ဖြူ	phlu³³	pju²²	白
နက်	nɛʔ⁴⁵	nɛʔ⁴⁴	黑
ပူ	pu³³	pu²²	热
သစ်	shɪʔ⁴⁵	tθɪʔ⁴⁴	新
ကောင်း	kɔ̃⁵³	kaũ⁵⁵	好
ဝိုင်း	wẽɪ⁵³	wãɪ⁵⁵	圆
ခြောက်	tɕhɔʔ⁴⁵	tɕhauʔ⁴⁴	干
နာမည်	na³³ mje³³	na²² mji²²	名字
နှင့်	na³¹	hnĩ⁵³	和
ကျော	krɔ⁵³ / tɕɔ⁵³	tɕɔ⁵⁵	背
မှုတ်	hmouʔ⁴⁵	hmouʔ⁴⁴	吹
ခုတ်	khouʔ⁴⁵	khouʔ⁴⁴	砍
တူး	tu⁵³	tu⁵⁵	挖
အဖေ	tɔ³¹ pha³¹	ə phe²²	父亲
နည်း	hne⁵³	nɛ⁵⁵	少
ငါး	ŋa⁵³	ŋa⁵⁵	五
စီး	si⁵³	si⁵⁵	流
ပန်း	pã⁵³	pã⁵⁵	花

（续表）

缅文	茵达音	仰光音	词义
မြူ	mju³³	mju²²	雾
လေး	le⁵³	le⁵⁵	四
မြက်	mjɛʔ⁴⁵	mjɛʔ⁴⁴	草
ယူ	ju³³	ju²²	拿
အမဲလိုက်	tɔ⁵³ laɪʔ⁴⁵	ə mɛ⁵⁵ laɪʔ⁴⁴	打猎
အင်း	ɛ̃⁵³	ĩ⁵⁵	湖
ရယ်	jɛ³³	ji²²	笑
ကျဉ်	klɛ̃⁵³ / tɕĩ⁵³	tɕĩ⁵⁵	窄
နီး	ni⁵³	ni⁵⁵	近
ကစား	ka³¹ sa⁵³ / sho⁵³	gə za⁵⁵	玩
ဆွဲ	shwɛ⁵³	shwɛ⁵⁵	拉
တွန်း	tũ⁵³	tũ⁵⁵	推
ညာ၊ယာ	ŋa³³ / ja³³	ŋa²²	右
မှန်	hmã³³	hmã²²	对
မြစ်	mjɪʔ⁴⁵	mjɪʔ⁴⁴	河
တိုက်	taɪʔ⁴⁵	taɪʔ⁴⁴	擦
ဆား	sha⁵³	sha⁵⁵	盐
ဖမ်း	phã⁵³	phã⁵⁵	抓
ပင်လယ်	pɛ̃³³ lɛ³³	pĩ²² lɛ²²	海
တို	to³³	to²²	短
ဆို	sho³³	sho²²	唱
နမ်း	nã⁵³	nã⁵⁵	闻
ပြန်	prã³¹	pjã³¹	平
ထွေး	thwe⁵³	thwe⁵⁵	吐
ပြဲ	phlɛ⁵³/phrɛ⁵³	phjɛ⁵⁵	撕
ဖိ	phi³¹	phi⁵³	压
ပါး	pa⁵³	pa⁵⁵	薄
တွေး	twe⁵³	twe⁵⁵	想

(续表)

缅文	茵达音	仰光音	词义
သုံး	shoũ⁵³	tθoũ⁵⁵	三
ပစ်	pɪʔ⁴⁵ / hlwɛ̃³¹	pɪʔ⁴⁴	扔
စည်း	se⁵³	si⁵⁵	捆
လှည်	hle³¹	hlɛ⁵³	转
ကျယ်	krɛ³³	tɕɛ²²	宽
မယား	meĩ⁵³ ma³¹	mə ja⁵⁵	妻子
လေ	le³³	le²²	风
လေး	le⁵³	le⁵⁵	重
တောင်ပံ	tɔ̃³³ pã³³	taũ²² pã²²	翅膀
တော	tɔ⁵³	tɔ⁵⁵	森林
ပိုး	po⁵³	po⁵⁵	虫
နှစ်	hnɪʔ⁴⁵	hnɪʔ⁴⁴	年
သံချုန်	mɛ³³ na³¹	tθã²² tɕhũ²²	钉子
ခြေအိတ်	hmɔ³³ sa³³	tɕhe²² eɪʔ⁴⁴	袜子
သက်တံ့	shɛʔ⁴⁵ tã³¹	tθɛʔ⁴⁴ tã⁵³	虹
မီးသွေး	mi⁵³ shwe⁵³	mi⁵⁵ tθwe⁵⁵	炭
ပြာ	plɑ³³	pja²²	灰
နဖူး	nə phu⁵³	nə phu⁵⁵	额
ချက်	tɕhɛʔ⁴⁵ / ɕɛʔ⁴⁵	tɕhɛʔ⁴⁴	脐
သား	sha⁵³	tθa⁵⁵	儿子
သားမက်	shə mɛʔ⁴⁵	tθə mɛʔ⁴⁴	女婿
မြေး	mle⁵³	mji⁵⁵	孙
ကိုကို	nõ³³ ku⁵³	ə ko²²	哥哥
တူ	sha⁵³ tɔ³³	tu²²	侄儿
အမ	mɛ³³ ku⁵³	ə ma⁵³	姐
ညီမ	ɲũ³³ hmɑ³¹	ɲi²² ma⁵³	妹
နွား	hnwɑ⁵³	nwa⁵⁵	牛
နောက်ချေး	hnwɑ⁵³ khre⁵³	nauʔ⁴⁴ tɕhi⁵⁵	牛粪

(续表)

缅文	茵达音	仰光音	词义
ခွါ	khwa³³	khwa²²	蹄
သားရေ	sha⁵³ re³³	tθə je²²	皮
ဆိတ်	shaiʔ⁴⁵	sha²⁴⁴	山羊
ဝက်ကလေး	wɛʔ⁴⁵ shə ŋe³³	wɛʔ⁴⁴ kə le⁵⁵	猪崽
ငှက်သိုက်	hɛʔ⁴⁵ tẽ⁵³	hŋɛʔ⁴⁴ tθaiʔ⁴⁴	鸟窝, 燕窝
ဇီးကွက်	shi⁵³ kwɛʔ⁴⁵	zi⁵⁵ kwɛʔ⁴⁴	猫头鹰
ကျီးကန်း	ka³³ li⁵³ / ka³³ ri⁵³	tɕi⁵⁵ kã⁵⁵	乌鸦
ဥဩ	ku³³ wu⁵³ kõ³³	ouʔ⁴⁴ ɔ⁵⁵	布谷鸟
ဒေါင်း	taũ⁵³	daũ⁵⁵	孔雀
ကြမ်းပိုး	tɕã⁵³ po⁵³	dʑə bo⁵⁵	臭虫
ယင်	ɕɛ̃³³ ma³³ mɛ⁵³	jĩ²²	苍蝇
ခွေးလှေး	khwe⁵³ le⁵³	khwe⁵⁵ hle⁵⁵	跳蚤
ပုရွက်ဆိပ်	klɛ̃³³	pə jwɛʔ⁴⁴ sheiʔ⁴⁴	蚂蚁
တည်သီး	te³³ shi⁵³	tɛ²² tθi⁵⁵	柿子
စပါး	pa⁵³	zə ba⁵⁵	稻子
ဆန်ပြုတ်	shã³³ plouʔ⁴⁵	shã²² bjouʔ⁴⁴	粥
နွားတင်းကုပ်	hnwa⁵³ taʔ⁴⁵	nwa⁵⁵ tĩ⁵⁵ kouʔ⁴⁴	牛圈
ကုလားထိုင်	kə lẽĩ⁵³ theĩ³³	kə lə thaĩ²²	凳子
ဓား	tha⁵³	da⁵⁵	刀
သဘော်	shẽ⁵³ pho⁵³	tθĩ⁵⁵ bɔ⁵⁵	轮船
ထမ်းပိုး	tã⁵³ pho⁵³	də bo⁵⁵	扁担
အဆိပ်	a³¹ shaiʔ⁴⁵	ə sheiʔ⁴⁴	毒
ပန်းချီ	pə ɕi³³	bə dʑi²²	画
သီချင်း	sə tɕhẽ⁵³	dðə tɕhĩ⁵⁵	歌
အသက်	a shɛʔ⁴⁵	ə tθɛʔ⁴⁴	年纪
အရှေ့	a³¹ ɕe³¹	a⁵³ ɕe⁵³	东
တောင်	a³¹ tɔ̃³³	taũ²²	南
အနောက်	a³¹ nɔʔ⁴⁵	ə nauʔ⁴⁴	西

(续表)

缅文	茵达音	仰光音	词义
မြောက်	ɑ³¹ mjɔʔ⁴⁵	mjau⁴⁴	北
ကြိုးစား	kɛ⁵³	tɕo⁵⁵ za⁵⁵	努力
ဖြတ်	phrɑʔ⁴⁵	phja⁴⁴	弄断
ဆာ	muʔ⁴⁵	sha²²	饿
စိတ်ပူ	saɪʔ⁴⁵ pu³³	seɪʔ⁴⁴ pu²²	担忧
ဈေးသွား	she⁵³ shwa⁵³	ze⁵⁵ tθwa⁵⁵	赶集
ပြန်ပေး	prã³³ pe⁵⁵	pjã²² pe⁵⁵	归还
ကျ	klɑ³¹ / krɑ³¹	tɕa⁵³	遗漏
သိ	hmã⁵³ shi³¹	tθi⁵³	认识
ကြီးထွား	ki⁵³ / ku⁵³	tɕi⁵⁵ thwa⁵⁵	生长
အိပ်ပျော်	aɪʔ⁴⁵ hmwe³³	eɪʔ⁴⁴ pjɔ²²	睡着

6. 茵达方言的句法

茵达方言的语法与仰光话的语法基本相同。[①] 只是语言中的助词不同,形成许多差别。

助词在缅甸语句子中使用频率很高,助词的差异加上方言词汇的差异,使不同方言区的语言产生很大的分歧,造成了语言交流上的困难。茵达方言和仰光话之间就有许多不同的地方(下面用黑线标出)。例如:

(1)主语助词:

ဒီကောင်ကကြက်ဖဘဲ။ 这只(鸡)是公鸡。

仰光话　　di²² gaũ²² ga⁵³ tɕɛʔ⁴⁴ pha⁵³ bɛ⁵⁵

茵达方言　shɛ³³ kaũ³³ kɔ³¹ tɕɛʔ⁴⁵ thi⁵³

(2)宾语助词:

သူ့ကိုပေးပါ။ 给他吧。

仰光话　　tθu' go pe: ba

茵达方言　shu³¹ kɔ³³ pe⁵³ pa³³

---

① 请参见汪大年:《缅甸语概论》,北京大学出版社,1997年。

（3）谓语助词：表动词的完成态

အကုန်စားပစ်လိုက်တယ်။ 全都吃掉了。

仰光话　　ə koũ²² sa⁵⁵ piʔ⁴⁴ laiʔ⁴⁴ dɛ²²

茵达方言　ɕi³¹ sə mja³¹ kɔ³³ shu³³ ka³¹ ə koũ³³ sa⁵³ pɛ⁵ʔ⁴⁴ ɕiɛ³³

（4）谓语助词（句尾助词）：表一般时、过去时

ကျနော်တို့သစ်ပင်သွားစိုက်တယ်။ 我们去种树。

仰光话　　tɕə nɔ²² do⁵³ tθiʔ⁴⁴ pĩ²² tθwa⁵⁵ saiʔ⁴⁴ dɛ²²

茵达方言　tɕə nɔ³³ lo³¹ shɪʔ⁴⁵ pĩ³³ shwɑ⁵³ saiʔ⁴⁵ ɕiɛ³³

（5）定语助词：表领属

ကျနော့်လက်ကနာနေတယ်။ 我的手疼着呢。

仰光话　　tɕə nɔ⁵³lɛʔ⁴⁴ ga⁵³ na²² ne²² dɛ²²

茵达方言　ŋa³¹ lɛʔ⁴⁵ ka³¹ na³³ ne³³ ɕiɛ³³

（6）状语助词：

① 表地点

သစ်ပင်ပေါ်မှာငှက်သုံးကောင်ရှိတယ်။ 树上有三只鸟。

仰光话　　tθiʔ⁴⁴ pi²² bɔ²² hma⁵³ hŋɛʔ⁴⁴ tθoũ⁵⁵ gaũ²² ɕi⁵³ dɛ²²

茵达方言　shi⁵⁴ʔ pĩ³³bɔ³³ ma hɛʔ⁴⁵ shoũ⁵³ kɔ̃³³ ɕi³¹ ɕiɛ³³

② 表时间

မနေ့ကတစ်ညလုံးခွေးဟောင်တယ်။ 昨天狗叫了一夜。

仰光话　　mə ne⁵³ ga⁵³ tə ŋa⁵³ loũ⁵⁵ khwe⁵⁵ haũ²² dɛ²²

茵达方言　mə ne³¹ ɦa³¹ tə ŋa³¹ oũ⁵³ khwe⁵³ hɔ̃³³ ɕiɛ³³

③ 表方式

သစ်တုံးကိုလွှနဲ့တိုက်မယ်။ 拿锯子锯木头。

仰光话　　tθiʔ⁴⁴ toũ⁵⁵ go²² hlwa⁵³ nɛ⁵³ taiʔ⁴⁴ mɛ²²

茵达方言　shiʔ⁴⁵ toũ⁵³ kɔ³³ lwɑ³¹ nɑ³¹ taiʔ⁴⁵ mɛ³³

茵达方言的句子类型：

（1）陈述句：

① 表一般陈述

ဒီတောင်ကသိပ်မြင့်တယ်။ 这山很高。

仰光话　　di²² tau²² ga⁵³ tθeɪʔ⁴⁴ mjĩ⁵³ dɛ²²

茵达方言　sha³³ tõ ³³ ka³¹ tɔʔ⁴⁵ tɛʔ⁴⁵ mjɛ̃ ³¹ ɦɛ³³

② 表否定

ငါဝက်သားမစားဘူး။ 我不吃猪肉。

仰光话　　ŋa²² wɛʔ⁴⁴ tθa⁵⁵ mə̱ sa⁵⁵ bu⁵⁵
茵达方言　ŋa³³ wɛʔ⁴⁵ sha⁵³ sa⁵³ wu⁵³

（2）疑问句：

① 一般疑问句

ငါပြောတာမှန်သလား။ 我说的对吗？

仰光话　　ŋa²² pjɔ⁵⁵ da²² hmã ²²dðə la⁵⁵
茵达方言　ŋa³³ pjɔ⁵³ dɛ³¹ ɦa³³ mã ³³ ta⁵³

② 特殊疑问句

မင်း ဘယ်သူနဲ့ တွေ့ချင်လို့လဲ။ 你找谁？

仰光话　　mĩ ⁵⁵ bə̱ dðu²² nɛ⁵³ twe⁵³ dʑĩ ²² lo⁵³ lɛ⁵⁵
茵达方言　nĩ ³³　phə shu³¹ na³¹ twe³¹ ɕɛ̃ ³³ lɔʔ⁴⁵ wa⁵³

ဒါဘာပန်းလဲ။ 这是什么花？

仰光话　　da²² ba²² pã ⁵⁵ lɛ⁵⁵
茵达方言　sha³³ pha³³ pã ⁵³ wa⁵³

သူဘာဖြိုလို့မလာသလဲ ။ 他为什么不来？

仰光话　　tθu²² ba²² pju⁵³ lo⁵³ mə la²² dðə lɛ⁵⁵
茵达方言　shu³³ pha³¹ sa³³ phjɪ⁴⁵ lɔʔ⁴⁵ mə la³ sho³³ wa⁵³ lɔʔ⁴⁵

（3）祈使句：

① 表命令

မြန်မြန်သွား： 快去

仰光话　　mjã ²² mjã ²² tθwa⁵⁵
茵达方言　mlã ³³ mlã ³³ shwa⁵³

② 表阻止

ရေအေးမသောက်နဲ့။ 别喝凉水！

仰光话　　je²² e⁵⁵ mə̱ tθauʔ⁴⁴ nɛ⁵³
茵达方言　je³³ e⁵³ mə̱ shɔʔ⁴⁵ na³¹

③ 表劝告

ကျောင်းသွားတော့နောက်မကျနဲ့။ 到学校去别迟到。

仰光话　　tɕaũ⁵⁵ tθwa⁵⁵ dɔ⁵³ nauʔ⁴⁴ mə̠ tɕa⁵³ nɛ⁵³

茵达方言　tɕɔ̃⁵³ shwa⁵³ kha³³ nɔʔ⁴⁵ mə̠ kla³¹ na³¹

（4）感叹句：

① 表惊叹

အမယ်လေး- တယ်ကြီးပါလား။ 天哪！这么大呀！

仰光话　　ə mə le⁵⁵ – tɛ²² tɕi⁵⁵ ba²² kə la⁵⁵

茵达方言　haʔ⁴⁵ tɔ³³ mwɛ³³ ki⁵³ pə lə loũ⁵³

② 表委屈

ဒါငါ့အပြစ်မဟုတ်ပါဘဲကလား။ 这不怨我呀！

仰光话　　da²² ŋa⁵³ ə pjɪʔ⁴⁴ mə houʔ⁴⁴ ba²² bɛ⁵⁵ gə la⁵⁵

茵达方言　sha³³ ŋa³¹ ə pjɪʔ⁴⁵ houʔ⁴⁵ wu⁵³

③ 表埋怨

အမယ်လေး-လာခဲ့လိုက်တာ။ 哎呀，你总算来了！

仰光话　　ə̠ mə̠ le⁵⁵ la²² gɛ⁵⁵ laiʔ⁴⁴ tha²²

茵达方言　hũ⁵³ la³³ khɛ⁵³ pə la³¹

茵达方言的连接词有：

① 表因果

ကားမရှိလို့ စောင့်နေရတယ် 没有车，只能等着。

仰光话　　ka⁵⁵ mə ɕi⁵³ lo⁵³ saũ⁵³ ne²² ja⁵³ dɛ²²

茵达方言　ka⁵³ɕi³¹pɛ⁵³ ɲĩ⁵³lauʔ⁴⁵ sɔ̃³¹ ne³³ tɕa³¹ ja³¹ ɦɛ³³

② 表转折

(သီးနှံ) အထွက်မကောင်းသည်တိုင် အတက်ခံမှာမဟုတ်ပါ။ 即使欠收也不会挨饿。

仰光话　　ə thwɛʔ⁴⁴ mə kaũ⁵⁵ dði⁵³ taĩ²² aũ²² ə ŋaʔ⁴⁴ khã²² hma²² mə houʔ⁴⁴ ba²²

茵达方言　a³¹ shi⁵³ hnã²² mɛ ɔ̃⁵³ lɛ⁵³wa³¹ a³¹ ŋaʔ⁴⁵ khã³³ ma³³ houʔ⁴⁵wu⁵³

③ 表等列

မေမေကမမကိုအင်္ကျီနဲ့ ဖိနပ်ဝယ်ပေးတယ်။ 妈妈给姐姐买了衣服和鞋子。

仰光话　　me²² me²² ga⁵³ ma⁵³ ma⁵³ go²² ĩ⁵⁵ dzi²² nɛ⁵³ phə naʔ⁴⁴ wɛ²² pe⁵⁵ dɛ²²

茵达方言　tɔ³¹ mɛ³¹ kɑ³¹ mɛ³³ ku⁵³ kɔ⁵³ ʃĩ⁵³ ki³³　nɑ³¹ phə nɑʔ⁴⁵ wɛ³³pe⁵³ ɦɛ³³

④ 表假设

နေသာရင်သွားမယ်။ 如果天好，我就去。

仰光话　　ne²² tθɑ²² ʃĩ²² ŋɑ²² tθwɑ⁵⁵ mɛ²²

茵达方言　ne³³ shɑ³³ lɔʔ⁴⁵ ɕi³¹ ŋɑ³³ shwɑ⁵³ mɛ³³

实地调查时主要方言发音人和被访问人名单：

艾能，男，22 岁，茵达人，家庭地址：掸邦南部良瑞镇区、海牙村。

萨尼，男，19 岁，茵达人，家庭地址：掸邦南部良瑞镇区、色雷吴贡达村。

吴欧，男，47 岁，茵达人，家庭住址：茵莱湖西耶泽贡村。

吴其，男，21 岁，茵达人，家庭住址：茵莱湖西耶泽贡村。

玛雯雯，女，25 岁，茵达人，家庭住址：茵莱湖西耶泽贡村。

貌埃能，男，22 岁，茵达人，家庭住址：掸邦南部良瑞镇区合亚村。

貌扎尼，男，19 岁，茵达人，家庭住址：掸邦南部良瑞镇区德雷乌贡达村。

吴通埃，男，41 岁，茵达人，曼德勒大学缅甸语系讲师。

杜敏敏开，女，茵达人，曼德勒大学缅甸语系讲师。

杜纽纽敏，女，茵达人，曼德勒大学缅甸语系讲师。

七、东友方言

东友（也有译作"当尤"的）方言是缅甸掸邦西南部地区东枝县一带高原地区通行的方言，包括昂班镇区、良瑞镇区、彬朗镇区和彬德亚镇区。当地海拔 1300—1400 米。山上林木很少，多为秃山。东友方言主要是东友人（属于汉藏语系藏缅语族缅语支下的一个支系）使用的语言。现在缅甸将东友人定为东友民族，自称为"东莱"（တောင်ရိုး /tɔ̃³² ruɯŋ⁵⁵/）。根据居住地区，东友人又分为：亚独东友（或称邦西人，主要居住在贝拉地区、彬德亚一带）；彬独东友（或称邦东人，主要分布在彬德亚以东七山山脉外的迪塞宾、地业比亚、茵百勒、伯松等村庄一带），由于当地土地是红色的，连河水也是红色的，因此也被称为"红东友人"；另一种为名为"南芒东友"（又称"大东友人"），主要分布在良瑞以南，达曼康一带。有些地方，东友族人与德努族、勃奥族、茵达人混居在一起。在东枝茵莱湖以西的山区也有东友人建立村庄聚居。东友族有自己的服饰，东友妇女穿黑色开襟长褂，有包头，结过婚的女子脚腕上戴铜环，穿衬裙。未婚女子脚腕上戴一个银环。东友族男子上穿代本（缅甸族穿的正式礼服上装外套，像中国的马褂，无领），下着黑色掸族肥腿裤。东友人虽因居住地区不同，有不同的名称，但是风俗习惯、文化传统和民族特点、习性都相通。他们都信奉佛教，有优良的尊老习俗，民风淳朴，善良，热情，乐于助人，生活善于随遇而安，极易满足，有协作精神。凡有争纷，一般请族长、老人出面解决。仲裁不服，才提请"觉"（村长）或上一级领导"特孟"（乡长）解决。东友族最大的节日是"达德摆"（ $ta^{32}\ te^{53?}\ pw\varepsilon^{55}$ ），相当于缅族的"泼水节"，是过年的盛大节日。东友族的过年，比缅甸族的泼水节时间更长。缅甸族泼水节一般从新年的第一天开始，一直延续到缅历二月十五日为止，约一个半月，各村安排日子轮流过节。东友人在过年时，没有泼水的习俗，大都是献香火、供鲜花拜佛或抬着佛像游街。一个村子过节，周围村子的锣鼓队都到该村支援。轮到别村过节，该村的锣鼓队也要去帮忙，称之为"还情"。节日一天，各村锣鼓队热热闹闹庆祝过后，纷纷回村途中，还欢乐地互相比赛鼓乐和舞蹈。

  关于东友民族的来源有各种说法。有从神话传说来确定东友族来源的，传说中道："在若开国王山达杜里亚在位时期，乔塔摩佛祖降临该国，国王请求乔塔摩佛留下佛像化身，于是佛留下了摩诃穆尼像让大家朝拜。后来山达杜里亚王去世，投胎于曼德勒，一向崇拜摩诃穆尼佛的若开人知道佛像施主降临曼德勒，纷纷跟随来到曼德勒。但是由于若开人的穿戴与曼德勒人不同，国王不许他们在京城曼德勒居住。因此他们只得住到现在的山上。由此认为'东友民族始于若开'之说。"[①]

  可是，东友族老人说东友族原是缅甸族在阿隆西都王（公元1112年即

---

  ① 参见古典纪事诗"摩"。东友族民间流传的文学形式之一，是一种纪事诗，有口头和书面两种。男女青年互相示爱中常用的形式称"阿奴幽"，内容为故事、叙事、记载、哲理、训示、人生规范、准则等的长诗称"摩"。

位）在巡视缅甸时，一群随从看到掸邦南部平原地区适合种植业，就向国王请求恩准他们留在当地。国王当时就同意他们留下，从此，东友人就在那里落地生根，繁衍生长。

也有些学者认为，东友人是阿诺律陀（公元1044年即位）时期，在报岗一次战斗中，曾经俘虏过许多若开族的人，后来将他们囚于现在的东友地区，并限令他们就在东友山脉一带生活，并规定了他们的穿戴和发型。从那以后，东友人就在该地生活。因此有"东友始于若开"一说。

但是，研究民族学的学者们并不相信神话和历史的传说，他们研究人类的繁衍和民族的变迁，以及人类头盖骨、体形等的异同，提出了民族发展的谱系关系。他们认为东友族是蒙古人种，属于包括克钦、钦在内的藏缅语族，古缅甸语支的一个民族。包括东友民族在内的缅族和古缅族，史前时期原是聚居在中国西部，西藏地区以东的亚洲腹地的民族，后来逐渐向西南迁徙，与其他民族如布朗族、瓦族、彝族一起沿着瑞丽江和怒江进入缅甸。有些人到达缅甸掸邦南部地区后，就没有跟着向缅甸中部平原地区迁徙，在当地休养生息。这就是东友族和德努族的来源。

1. 东友方言的辅音系统

为了便于比较，我们将东友方言与缅甸语的标准音仰光话中的辅音并列如下：

仰光话中的单辅音（26个）	东友方言中的单辅音（28个）
k, kh, g	k, kh, g
t, th, d	t, th, d
p, ph, b	p, ph, b
s, sh, z	s, sh, z
tɕ, tɕh, dʑ	tɕ, tɕh, dʑ
m, n, ŋ, ɲ̥	m, n, ŋ, ɲ̥
tθ (dð)	tθ (dð)
l, w, j	l, w, j, r
ɕ, h, ʔ	ɕ, ɦ, h, ʔ

仰光话中的复辅音（38个）	东友方言中的复辅音（53个）
	kl, khl, gl
	pl, phl, bl, ml
	kr, khr, gr
	pr, phr, br
	kj, khj
pj, phj, bj	pj, phj, bj
mj, lj, tj	mj, lj, tj, ŋj
kw, khw, gw	kw, khw, gw
tw, thw, dw	tw, thw, dw
pw, phw, bw	pw, phw, bw
sw, shw, zw	sw, shw, zw
tɕw, tɕhw	tɕw, tɕhw
mw, nw, ŋw	mw, nw, ŋw
tθw (dðw)	tθw (dðw)
lw, jw, hw	lw, jw
ɕw	ɕw
hm, hn, hŋ, hɲ	hm, hn, hŋ, hɲ
hl, hlw, hnw	hl, hlw, hnw
hlj	hlj
hmj, hmw	hmj, hmw

东友方言中辅音例词：

辅音	例词	仰光音	东友音	词义
k	ကောက်သီး	kauʔ^{44} tθi^{55}	kø^{53ʔ} tθi^{55}	稻粒
kh	ခါး	kha^{55}	khɒ^{55}	腰
s	စား	s a^{55}	s ɒ^{55}	吃
sh	သွား	tθ wa^{55}	shwɒ^{55}	去
t	ကျွဲကောက်သီး တာအိုးသီး	tɕwɛ^{55} gɔ^2 dði ^{55}	tɑ^{32} o^{55} tθi^{55}	柚子
th	ထ	tha^{53}	thɒ^{42}	起来

（续表）

辅音	例词	仰光音	东友音	词义
p	ပေး	pe⁵⁵	pe⁵⁵	给
ph	ဖွာ	phwa²²	phwɒ³²	抽烟，吸烟
b	ဘ	ba⁵³	pha⁴²	父
tɕ	ကျ	tɕa⁵³	tɕɒ⁴²	落
tɕh	ချန်	tɕã²²	tɕaĩ³²	剩，留
sh	ဆား	sha⁵⁵	shɒ⁵⁵	盐
m	မီး	mi⁵⁵	mi⁵⁵	火
n	နည်း	nɛ⁵⁵	hne⁵⁵	少
ŋ	ငါ	ŋa²²	ŋɒ³²	我
n̥	ငှက်	hŋɛʔ⁴⁴	ŋa⁵³ʔ/n̥a⁵³ʔ	鸟
	ည	n̥a⁵⁵	n̥ɒ⁴²	晚
tθ	သိ	tθi⁵³	shi⁴²	认识
l	လာ	la²²	lɒ³²	来
w	ဝေး	we⁵⁵	wi⁵⁵	远
j	ရစ်	jɪʔ⁴⁴	jei⁵³ʔ	野鸡
r	အရပ်	a jaʔ⁴⁴	ɒ raʔ⁵³	身高
ɕ	လျှာ	ɕa²²	shɒ³²	舌
	ရှင်	ɕĩ²²	shĩ³²	活的
	ရှည်	ɕe²²	tɕhe³²	长
kl	ကျား	tɕa⁵⁵	klɒ⁵⁵	虎
khl	ချိတ်	tɕheiʔ⁴⁴	kri⁴²	挂
kr	ကြယ်	tɕɛ²²	krɛ³²	星
	ကျစ်	tɕɪʔ⁴⁴	kraiʔ⁵³	编（辫子）
khr	ခြေ	tɕhe²²	khre³²	脚
pl	ပျံ	pjã²²	plaĩ³²	飞
phl	ဖြတ်	phjaʔ⁴⁴	phlaiʔ⁵³	弄断
pr	အပြင်	a pjĩ²²	ɒ prã³²	外面
phr	ဖြူ	phju²²	phlu³²	豪猪

（续表）

辅音	例词	仰光音	东友音	词义
ml	မြန်	mjã^{22}	mlɑĩ^{32}	快
mr	မြေ	mje^{22}	mre^{32}	土地
kj	ကျောင်း	tɕaũ^{55}	kjõ^{55}	学校
khj	ချော်	tɕhɔ^{22}	khjɔ^{32}	滑
pj	ပျား	pja^{55}	pjɒ^{55}	蜜蜂
phj	ဖျာ	phja^{22}	phjɒ^{32}	席子
mj	မျက်စေ့	mjiʔ^{44} si^{53}	mjɑ^{53ʔ} si^{42}	眼睛
kw	ကြီး	tɕi^{55}	kwi^{55}	大
khw	ခွက်	khwɛʔ^{44}	khwɑ^{53ʔ}	杯子
tw	တွက်	twɛʔ^{44}	twɑ^{53ʔ}	数
thw	ထွက်	thwɛʔ^{44}	thwɑ^{53ʔ}	出
pw	ပွဲ	pwɛ^{55}	pwɑ^{55}	演出
phw	ဖွဲ	phwɛ^{55}	phwɑ^{55}	糠
sw	စွဲ	swɛ^{55}	swɑ^{55}	着（火）
shw	ဆွဲ	shwɛ^{55}	shwɑ^{55}	拉
tɕw	ကြွက်	tɕwɛʔ^{44}	tɕwɑ^{53ʔ} / kə ra^{53ʔ}	老鼠
tɕhw	ချွေး	tɕhwe^{55}	khrwi^{55}	汗
mw	မွေ	mwe^{22}	mwi^{32}	蛇
nw	နွေ	nwe^{22}	nwi^{32}	夏
nw	နွား	nwa^{55}	nɒ^{55}	牛
ŋw	ငွေ	ŋwe^{22}	ŋwi^{32}	银
tθw (dðw)	သွား	tθwa^{55}	shwɒ^{55}	去
lw	လွဲ	lwɛ^{55}	lwɑ^{55}	偏
jw	ရွက်	jwɛʔ^{44}	jwɑ^{53ʔ}	张（纸）
jw	အရွက်	ə jwɛʔ^{44}	ɒ wɑ^{53ʔ}	叶子
jw	မိုးရွာ	mo^{55} jwa^{22}	mɯ^{55} wɑ^{32}	下雨
ɕw	ရွှေ	ɕwe^{22}	ɕwi^{32}	金
hm	မှား	hma^{55}	hmɑ^{55}	错

(续表)

辅音	例词	仰光音	东友音	词义
hn	နှေး	hne⁵⁵	hne⁵⁵	慢
hŋ	ငှား	hŋa⁵⁵	ŋɒ⁵⁵	借
hmwe:	မွှေး	hmwe⁵⁵	mwi⁵⁵	香
hɲ	ညှိ	hɲi²²	hɲi³²	腥
hl	လှေကား	hle²² ga⁵⁵	le³² khɑ⁵⁵	台阶
hlj	လျှပ်ပြက်	hljaʔ⁴⁴pjɛʔ⁴⁴	hljɑ⁵³ʔpjɛ⁵³ʔ	闪电
hmj	မြှား	hmja⁵⁵	mjɒ⁵⁵	箭

辅音与复辅音的几点说明：

① 仰光话中有单辅音 26 个，复辅音 38 个。东友方言中单辅音有 28 个，复辅音有 53 个。

② 东友方言中的单辅音声母 k、t、p 分别是舌根、舌尖中、双唇不送气的清塞音，与仰光话中的 k、t、p 相同。

③ 东友方言中有送气的舌根、舌尖中、双唇清塞音 kh、th、ph，与仰光话中的送气清塞音 kh、th、ph 相同。

④ 东友方言中有单辅音声母 m、n、ŋ、ɲ 等鼻辅音，与仰光话中的鼻辅音声母相同。

⑤ 东友方言中有舌尖齿背清擦音声母 s、sh 等，与仰光话中的擦音 s、sh 相同。

⑥ 东友方言中浊辅音很少，仰光话中的浊辅音在东友方言中一般都读作清辅音或送气的清辅音。因此，东友方言的语音系统中可以说基本上没有清浊对立。例如：

缅甸文	仰光音	东友音	词义
ဘောင်းဘီ	baũ⁵⁵ bi²²	bõ⁵⁵ phi³²	裤子
ဂျုံ	dʑoũ²²	tɕoũ³²	麦子
ဓလေ့	də.le⁵³	thə le⁴²	风俗
ဒူး	du⁵⁵	thu⁵⁵	膝盖
ကျေးဇူး	tɕe⁵⁵ zu⁵⁵	ke⁵⁵ su⁵⁵	恩情
ဈေး	ze⁵⁵	se⁵⁵	市场

⑦ 东友方言中有卷舌音。在现代仰光话中除了外来语译音及巴利文、古文中的沿用词外，没有卷舌辅音了。例如：

缅甸文	仰光音	东友音	词义
အရပ်	ə ja⁴⁴	a ra⁵³ʔ	地区
အပြာ	ə pja²²	a pra³²	蓝色
မြင်း	mj ĩ ⁵⁵	hmrɛ̃ ⁵⁵	马
မြေ	mje²²	mre³²	土地

⑧ 东友方言中有单辅音舌尖中边音声母 l，与仰光话中的边音相同。

⑨ 东友方言中有复辅音，如 ml、mr、kr、khr 等，仰光话中则没有复辅音声母的后置辅音 r、l 等。例如：

缅文	仰光音	东友音	词义
အမြီး	ə mji⁵⁵	a mrɛ⁵⁵	尾巴
အမြတ်	ə mjaʔ⁴⁴	a mlai⁵³ʔ	利润
အချည်းနှီး	ə tɕhi⁵⁵ hni⁵⁵	a khlɛ⁵⁵ sɛ⁵⁵	徒劳
အသံမြည်	ə tθã ²² mji ²²	a shã ³² mrɛ³²	响
ကျဲ	tɕwɛ⁵⁵	klwa⁵⁵	水牛

⑩ 缅甸古语中的复辅音声母 kl、khl、pl、phl、ml、kr、khr 等，在东友方言中有的复辅音仍然保留着古音面貌，同时也反映了古音中的复辅音的后置辅音 r、l 可以通转，可以自由变换。在现代缅语中，原先复辅音声母的后置辅音 j、r 有着严格的区别，不能互换。比如 k + j = tɕ，k + r = tɕ。虽然两个复辅音在现代缅语中已经变成相同的语音，但是书写时却要有严格的区别。这种现象反映了缅甸语原先（至少在公元 12 世纪碑文时期）的 j、r 不能通转。然而在东友方言中，j、r 却表现为并不明显的差别。有时，k + j 可以发 kl 音，有时却发 kr 音。可见，在东友方言中，j、r 的区别并不严格。还有一些复辅音变成腭化音，kj、kr 都发成 tɕ 音。更有一些复辅音起了一定的变化，l、r 都变成 j。但并未完全颚化。例如：

缅文	仰光音	东友音	词义
ကြောက်	tɕauʔ⁴⁴	krø⁵³ʔ	害怕
ကျ	tɕa⁵³	tɕɑ⁴² /kjɒ⁴²	落
ချော	tɕhɔ⁵⁵	krɔ⁵⁵	光滑
ချက်	tɕhɛʔ⁴⁴	khjɑ⁵³ʔ	煮
ချော့	tɕhɔ²²	khjɔ³²	滑

⑪ 在仰光话中复辅音声母 jw-，在东友方言中经常丢失前置辅音，卷舌音 r(j)，例如：

缅文	仰光音	东友音	词义
ရွာသူ	jwa²² ðu²²	wɑ³² shu³²	村民
အရွက်	ə jwɛʔ⁴⁴	ɑ⁴² wɑ⁵³ʔ	叶子
မိုးရွာ	mo⁵⁵ jwa²²	mɯ⁵⁵wɑ³²	下雨

⑫ 仰光话中复辅音声母 nw-，在东友方言中常常丢失后置辅音 w。例如：

缅文	仰光音	东友音	词义
နွား	nwa⁵⁵	nɒ⁵⁵	黄牛
နွားထီး	nə thi⁵⁵	nɒ⁵⁵ thi⁵⁵	公牛
နွားပေါက်	nə bauʔ⁴⁴	nɒ⁵⁵ pø⁵³ʔ	牛犊

⑬ 仰光话中带复辅音的前置辅音 h 的 hŋ、hn、hm 等送气鼻音，在东友方言中复辅音的前置辅音 h 常丢失，发不送气鼻音。例如：

缅文	仰光音	东友音	词义
ငှား	hŋa⁵⁵	ŋa⁵⁵	借
ဂျုံနှံ	dʑoũ²² hnã²²	tɕoũ³² nã³²	麦穗
မှတ်ထား	hmaʔ⁴⁴ tha⁵⁵	mɑ⁵³ʔ thɒ⁵⁵	记住

有时，复辅音的前置辅音 h 变成 kh 音。例如：

缅文	仰光音	东友音	词义
ရှိ	çi⁵³	khri⁴² 或 hi⁴²	有
ရှက်	çɛʔ⁴⁴	khrɑ⁵³ʔ	羞
ရှုံး	çoũ⁵⁵	khroũ⁵⁵	输，亏

⑭ 仰光话中不带送气音的字，在东友方言中常常加送气音 h。例如：

缅文	仰光音	东友音	词义
နည်း	nɛ⁵⁵	hne⁵⁵	少
ငါး	ŋa⁵⁵	hŋɑ⁵⁵	鱼
လယ်	lɛ²²	hlɑ³²	水田
သားမက်	tθə mɛʔ⁴⁴	sha⁵⁵ hmɑ⁵³ʔ	女婿
နမ်း	nã⁵⁵	hnõ⁵⁵	闻

⑮ 缅甸语仰光话中的舌面擦音 ç，在东友方言中发送气的塞擦音 sh、tɕh。例如：

缅文	仰光音	东友音	词义
လျာ	ça²²	sha³²	舌
ရှင်	çĩ²²	shẽ³²	活
ရှည်	çe²²	tɕhɛ³²	长

⑯ 仰光话中的塞擦音 tθ，在东友话中为擦音 sh。例如：

缅文	仰光音	东友音	词义
မိုးသီး	mo⁵⁵ tθi⁵⁵	mɯ⁵⁵ shi⁵⁵	雹子
သိ	tθi⁵³	shi⁴²	知
သေ	tθe²²	she³²	死
သစ်သီး	tθɪʔ⁴⁴ tθi⁵⁵	sheɪ⁵³ʔ shi⁵⁵	水果

2. 东友方言的元音系统

（1）单元音：

仰光话中单元音有 7 个，东友方言单元音有 9 个，即 ɒ、ɑ、i、u、ɛ、e、ɔ、ɯ、ø。

标准音中的单元音	东友方言中的单元音
a	ɒ

缅文	仰光音	东友音	词义
အအ	ə a⁵³	a⁴² ɒ⁴²	哑巴
လ	la⁵³	lɒ⁴²	月亮
ဝါး	wa⁵⁵	wɒ⁵⁵	嚼

a	ɑ

缅文	仰光音	东友音	词义
မသိဘူး	m ə tθi⁵³ bu⁵⁵	mɑ⁴² shi⁴² phu⁴²	不知道
အသက်	ə tθɛʔ⁴⁴	ɑ⁴² shɑ⁵³ʔ	生命

i	i

缅文	仰光音	东友音	词义
သိ	tθi⁵³	shi⁴²	知道
မီး	mi⁵⁵	mi⁵⁵	火
နီး	ni⁵⁵	ni⁵⁵	近
စီး	si⁵⁵	si⁵⁵	流

i	ɛ

缅文	仰光音	东友音	词义
အမြီး	ə mji⁵⁵	mlɛ⁵⁵	尾巴
ကြေးစည်	tɕe⁵⁵（tɕi⁵⁵）zi²²	klɛ⁵⁵ sɛ³²	铜铃

u	u

缅文	仰光音	东友音	词义
ပူ	pu²²	pu³²	热
ဖြူ	phju²²	phlu³²	白
လူ	lu²²	lu³²	人

e	i

缅文	仰光音	东友音	词义
မွေးနေ့	mwe⁵⁵ ne⁵³	mwi⁵⁵ ne⁴²	生日
ချွေး	tɕhwe⁵⁵	khrwi⁵⁵	汗
မြွေ	mwe²²	mrwi³²	蛇
နွေး	nwe⁵⁵	nwi⁵⁵	温暖

	e	e	
缅文	仰光音	东友音	词义
လေ	le²²	le³²	空气
စေတီ	ze²² di²²	se³² ti³²	塔
ဝေး	we⁵⁵	we⁵⁵	远
မေးစေ့	mei⁵⁵ zi⁵³	mei⁵⁵ si⁴²	下巴

	ɛ	e	
缅文	仰光音	东友音	词义
နည်း	nɛ⁵⁵	hne⁵⁵	少
မဲ	mɛ⁵⁵	me⁵⁵	黑

	ɛ	a	
缅文	仰光音	东友音	词义
သဲ	tθɛ⁵⁵	sh a⁵⁵	沙
ပွဲ	pwɛ⁵⁵	pwa⁵⁵	集会，戏
ရေခဲ	je²² gɛ⁵⁵	ri³² kha⁵⁵	冰
ကျွဲ	tɕwɛ⁵⁵	klwa⁵⁵	水牛
ကိုးကွယ်	ko⁵⁵ kwɛ²²	kɯ⁵⁵ kwa³²	信仰

	ɔ	ɔ	
缅文	仰光音	东友音	词义
ကျော	tɕɔ⁵⁵	krɔ⁵⁵	背
ရော်	jɔ²²	jɔ³²	赔

	o	ɯ	
缅文	仰光音	东友音	词义
မိုး	mo⁵⁵	mɯ⁵⁵	雨
ယို	jo²²	jɯ³²	漏，渗

ø 在其他的方言中都有双元音 au，东友方言中虽也有此音，但在东友方言中好多却读单元音 ø 音。例如：

缅文	仰光音	东友音	词义
အောက်	auʔ⁴⁴	øʔ⁵³	下面
တောင်	taũ²²	tøŋ³²	山

（2）双元音：

东友方言与仰光话一样，双元音只出现在鼻元音和短促元音为韵母的词汇中。我们将双元音与鼻元音和短促元音结合一起探讨。特别有意思的是，东友方言和仰光话（标准音）中的双元音并不对应相同。例如在仰光话中带 ai 的鼻化双元音韵母的词，在东友方言中却不是带鼻双元音韵母 / aĩ /，而是 / ɯ̃ / 或 /ɯŋ / 韵母。例如：

缅文	仰光音	东友音	词义
ထိုင်	thaĩ ^{22}	thɯŋ^{32}	坐

在仰光话中带短促韵母 / aiʔ / 的词，在东友方言中却是带 / auʔ / 韵母的音了。

例如：

缅文	仰光音	东友音	词义
ကိုက်	kaiʔ^{44}	kɒu^{53}ʔ	咬

（3）鼻元音：

标准音中的鼻元音　　　东友方言中的鼻元音
ã　　　　　　　　　　　ɑĩ

缅文	仰光音	东友音	词义
ပန်း	pã ^{55}	pɑĩ ^{55}	花
ကန်	kã ^{22}	kɑĩ ^{32}	湖
အကန်း	ə kã ^{55}	ɑ kɑĩ ^{55}	瞎子
ရန်သူ	jã ^{22}dŏu ^{22}	jɑĩ ^{32} shu^{32}	敌人

ã　　　　　　　　　　　õ

缅文	仰光音	东友音	词义
လမ်း	lã ^{55}	lõ ^{55}	路
ဖမ်း	phã ^{55}	phõ ^{55}	抓
နံရိုး	nã ^{22} jo^{55}	nõ ^{32} jɯ^{55}	肋骨
အသံ	ə tθã ^{22}	ɑ shõ ^{32}	声音

第一章 缅甸语主要方言

ĩ / ɛ̃

缅文	仰光音	东友音	词义
အလင်း	ə l ĩ ^{55}	ɑ^{42} lɛ̃ ^{55}	光
မြင်	mj ĩ ^{22}	mlɛ̃ ^{32}	看见
နင်း	nĩ ^{55}	nɛ̃ ^{55}	踩

ũ / uẽ

缅文	仰光音	东友音	词义
တွန်း	tũ ^{55}	tweŋ^{55} /twẽ ^{55}	推
ချွန်	tɕhũ ^{22}	khrwẽ ^{32}	尖
မက်မွန်	mɛʔ^{44} mũ ^{22}	mjɑ^{53ʔ} mwẽ ^{32}	桃

ũ / ũ

缅文	仰光音	东友音	词义
ကျွမ်း	tɕ ũ ^{55}/ tɕwã ^{55}	krũ ^{55}	焦
ညှန်	hn̩ũ ^{22}	n̪ũ ^{32} / ŋjũ ^{32}	指
ချီးမွမ်း	tɕhi^{55} mũ ^{55}/ tɕhi^{55} mwã ^{55}	khri^{55} mũ ^{55}	称赞

eĩ / ẽ / i

缅文	仰光音	东友音	词义
မိန်းမ	meĩ ^{55} ma^{53}	mi^{55} mɒ^{42}	女人
ထိန်	theĩ ^{22}	thẽ ^{22}	明亮
အိမ်	eĩ ^{22}	i ^{32}	家

eĩ / ɛ̃

缅文	仰光音	东友音	词义
တိမ်	teĩ ^{22}	tɛ̃ ^{32}	云
သိမ်းဆည်	tθeĩ ^{55}shi^{55}	shẽ ^{55} shi^{55}	收拾
စိမ့်	seĩ ^{53}	sɛ̃ ^{42}	渗

	oũ		uɛ̃	
缅文	仰光音		东友音	词义
ကုန်ပြီ	koũ²² bji²²		kuɛ̃³² pli³²	完了
စုန်း	soũ⁵⁵		suɛ̃⁵⁵	巫师

	oũ		oũ	
缅文	仰光音		东友音	词义
ခါးကုန်း	kha⁵⁵ koũ⁵⁵		khɒ⁵⁵ koũ⁵⁵	驼背
ဘုန်းကြီး	phoũ⁵⁵ dʑi⁵⁵		phoũ⁵⁵ kwi⁵⁵	和尚

	aĩ		ɯ̃（或 ɯŋ）	
缅文	仰光音		东友音	词义
ထိုင်	thaĩ²²		thɯŋ³²	坐
ပိုင်	paĩ²²		pɯŋ³²	占有
ကျိုင်း	tɕaĩ⁵⁵		tɕɯŋ⁵⁵	蝗虫
ဒိုင်း	daĩ⁵⁵		tɯŋ⁵⁵	橡子

	aũ		ø̃	
缅文	仰光音		东友音	词义
လောင်	laũ²²		lø̃³²	烧
အောင်	aũ²²		ø̃³²	胜利
ချောင်းကြည်	tɕhaũ⁵⁵ tɕi⁵³		khlø̃⁵⁵ ke⁴²	偷看
တောင်	taũ²²		tøŋ³²	山
ကျောင်းသား	tɕaũ⁵⁵ dða⁵⁵		kjøŋ⁵⁵ shɒ⁵⁵	学生

（4）促元音：

标准音中的促元音　　东友方言中的促元音

aʔ　　　　　　　　　aiˀ⁵³ / ɑuˀ⁵³

缅文	仰光音	东友音	词义
သတ်	tθaʔ⁴⁴	shaiˀ⁵³	杀
ကတ်ကြေး	kaʔ⁴⁴ tɕi⁵⁵	kɑiˀ⁵³ kre⁵⁵	剪子

aʔ   ɒ⁵³ʔ

缅文	仰光音	东友音	词义
ရပ်	jaʔ⁴⁴	jɒ⁵³ʔ	站立
ထပ်	thaʔ⁴⁴	thɒ⁵³ʔ	层
မီးညှပ်	mi⁵⁵ hn̩aʔ⁴⁴	mi⁵⁵ n̩ɒ⁵³ʔ	火钳

ɪʔ   aɪ⁵³ʔ

缅文	仰光音	东友音	词义
သစ်ပင်စိုက်	tθɪʔ⁴⁴ pĩ²² saɪʔ⁴⁴	shaɪ⁵³ʔ pẽ³² sɒu⁵³ʔ	种树
ဝါးဆစ်	wa⁵⁵ shɪʔ⁴⁴	wɒ⁵⁵ shaɪ⁵³ʔ	竹节
မီးခြစ်	mi⁵⁵ tɕhɪʔ⁴⁴	mi⁵⁵ khraɪ⁵³ʔ	火柴

ɪʔ   eiʔ

缅文	仰光音	东友音	词义
ညစ်	ɲɪʔ⁴⁴	hn̩eɪ⁵³ʔ	肮脏
အသစ်	ə tθɪʔ⁴⁴	a sheɪ⁵³ʔ	新的
နှစ်	hnɪʔ⁴⁴	hneɪ⁵³ʔ	年

uʔ   ue⁵³ʔ

缅文	仰光音	东友音	词义
အနာရွတ်	ə na²² juʔ⁴⁴	a⁴² nɒ³² rue⁵³ʔ	疤
ဖွတ်	phuʔ⁴⁴	phue⁵³ʔ	四脚蛇

uʔ   u⁵³ʔ

缅文	仰光音	东友音	词义
စိုစွတ်	so²² suʔ⁴⁴	sɯ³² su⁵³ʔ	潮湿
အုတ်ကြွပ်	ouʔ⁴⁴ tɕuʔ⁴⁴	wi⁵³ʔ kru⁵³ʔ	瓦

အိတ်   eiʔ   i / aiʔ

缅文	仰光音	东友音	词义
လွယ်အိတ်	lwe²² eɪʔ⁴⁴	lwa³² i⁵³ʔ	背包
ချိတ်	tɕheiʔ⁴⁴	khi⁵³ʔ	挂
ဆိတ်	sheiʔ⁴⁴	shi⁵³ʔ	羊

(续表)

缅文	仰光音	东友音	词义
အိပ်	eıʔ⁴⁴	aiʔ⁵³	睡
ထိပ်	theıʔ⁴⁴	thaiʔ⁵³	顶端
တကျိပ်	də tɕeıʔ⁴⁴	tə klaiʔ⁵³	十
လိပ်	leıʔ⁴⁴	liʔ⁵³	龟

ɛʔ　　　　　　　　　aʔ⁵³

缅文	仰光音	东友音	词义
လက်	lɛʔ⁴⁴	laʔ⁵³	手
ထက်	thɛʔ⁴⁴	thaʔ⁵³	锋利
နားရွက်	nə jwɛʔ⁴⁴	na⁴² waʔ⁵³	耳朵

auʔ　　　　　　　　　øʔ⁵³

缅文	仰光音	东友音	词义
ကျောက်	tɕauʔ⁴⁴	kløʔ⁵³	石头
သောက်	tθauʔ⁴⁴	shøʔ⁵³	喝
နောက်ဆုတ်	nauʔ⁴⁴ shouʔ⁴⁴	nøʔ⁵³ shwiʔ⁵³	后退
မြောက်	mjauʔ⁴⁴	mløʔ⁵³	西
အောက်ချ	auʔ⁴⁴ tɕha⁵³	øʔ⁵³ khla⁴²	放下
ခြေထောက်	tɕhe²² dauʔ⁴⁴	ke³² thøʔ⁵³	脚

ouʔ　　　　　　　　　wiʔ⁵³/uiʔ⁵³

缅文	仰光音	东友音	词义
ပေါင်းနှုပ်	pãu⁵⁵ nouʔ⁴⁴	põ⁵⁵ nwiʔ⁵³	拔草
ခုတ်	khouʔ⁴⁴	khwiʔ⁵³	砍
မှုတ်	hmouʔ⁴⁴	mwiʔ⁵³	吹

ouʔ⁴　　　　　　　　ouʔ

缅文	仰光音	东友音	词义
စုပ်	souʔ⁴⁴	souʔ⁵³	吸
အဆုပ်	ə shouʔ⁴⁴	a⁴² shouʔ⁵³	肺
ချုပ်	tɕhouʔ⁴⁴	khrouʔ⁵³	缝

缅文	仰光音	东友音	词义
	aiʔ	ɒu⁵³ʔ	
ခွေးကိုက်	khwe⁵⁵kaiʔ⁴⁴	khwe⁵⁵ kɒu⁵³ʔ	狗咬
အမှိုက်	ə hmaiʔ⁴⁴	ɑ mɑu⁵³ʔ	垃圾

关于东友方言元音系统的几点说明：

① 东友方言中有两个单元音元音 ɑ 和 ɒ，发音部位比仰光话中的 a 要后。一般在仰光话的短促音中的 a，在东友方言中为后元音 ɑ。仰光话中的其他 a 在东友方言中发成圆唇后元音 ɒ。

② 仰光话中的 i 元音，在东友方言中成 i、ɛ。

③ 东友方言中的 u 元音与仰光话中的相同。

④ 东友方言中的 e 元音如果一般作为韵母时，与仰光话中的相同。但是，在东友方言中 e 元音如果在带后置辅音 w 的复辅音声母后作韵母时，e 元音即变成 i 元音。例如：ထွေး（吐，仰光话中读 thwe⁵⁵），东友方言中读作 thwi⁵⁵。

⑤ 仰光话中的 ɛ 元音，在东友方言中发音时有些词发作 ɑ，有时发作 e 音。

⑥ 仰光话中的 o 元音，在东友方言中发音时双唇略扁，更近似于 ɯ。

⑦ 仰光话中的 ɔ 元音，在东友方言中也是 ɔ 元音。

⑧ 仰光话中的 鼻化元音 ã 元音，在东友方言中有两种发音：缅文转写时辅音韵尾为 န်（n）的，发作 aĩ 音；辅音韵尾为 မ်（m）的，发作 õ 音。

⑨ 仰光话中的鼻化元音 ĩ 元音，在东友方言中发作 ɛ̃ 音，有些字读作 ĩ（有些带 င် 的字）。

⑩ 仰光话中的鼻化元音 ũ 元音，在东友方言中有两种发音：缅文转写时辅音韵尾为 န်（n）的，发作 wɛ̃ 音或 uɛ̃ 音；辅音韵尾为 မ်（m）的，发作 ũ 音。

⑪ 仰光话中的鼻化双元音 eĩ 在东友方言中有两种发音：缅文转写时辅音韵尾为 န်（n）的，发作 eĩ 音；辅音韵尾为 မ်（m）的，发作 ɛ̃ 或 i 音。

⑫ 仰光话中的鼻化双元音 oũ，在东友方言中有两种发音：缅文转写时辅音韵尾为 န်（n）的，发作 wɛ̃ 音；辅音韵尾为 မ်（m）的，发作 oũ 音。

⑬ 仰光话中的鼻化双元音 aĩ，在东友方言中发作 ɯ̃ 或 ɯŋ 音。

⑭ 仰光话中的鼻化双元音 aũ，在东友方言中发作 ø̃ 或 øŋ 音。

⑮ 仰光话中的短促元音 aʔ，在东友方言中发音并不十分短促。很像丹老方言中的带有喉塞韵尾的高降调，它有两种发音：缅文转写时辅音韵尾为 တ် (t) 的，发作 a²⁵³ 音；辅音韵尾为 ပ် (p) 的，发作 ɒ²⁵³ 音。

⑯ 仰光话中的短促音 iʔ⁴⁴，在东友方言中有两种发音：一为 aɪ⁵³ʔ 音，一为 eɪ⁵³ʔ 音。

⑰ 仰光话中的短促元音 uʔ⁴⁴，在东友方言中有两种发音：缅文转写时辅音韵尾为 တ် (t) 的，发作 ue⁵³ʔ；辅音韵尾为 ပ် (p) 的，发作 u⁵³ʔ 音。

⑱ 仰光话中的短促双元音 eɪʔ⁴⁴，在东友方言中有两种发音：缅文转写时辅音韵尾为 တ် (t) 的，发作 ɪ⁵³ʔ 音；辅音韵尾为 ပ် (p) 的，发作 aɪ⁵³ʔ 音。

⑲ 仰光话中的短促元音 εʔ⁴⁴，在东友方言中发音为 a⁵³ʔ。

⑳ 仰光话中的短促双元音 aiʔ⁴⁴，在东友方言中发音为 ɒu⁵³ʔ。

㉑ 仰光话中的短促双元音 auʔ⁴⁴，在东友方言中发音为 ø⁵³ʔ。因此，东友方言中单元音的数量，比其他方言和仰光话多一个，即 ø 元音。

㉒ 仰光话中的短促元音 ouʔ⁴⁴，在东友方言中有两种发音：缅文转写时辅音韵尾为 တ် (t) 的，发作 uɪ⁵³ʔ 音；辅音韵尾为 ပ် (p) 的，发作 ou⁵³ʔ 音。

㉓ 根据上述仰光话与东友方言的对照，存在一些在文字拼写上不同的两个韵尾字母，实际上，我们知道这些韵尾字母在古缅语中是发音不同的韵尾辅音，在仰光话中却已经合二为一，发音相同，如 t、p 和 n、m 等。但东友方言中却仍然保持着不同的发音。一般来说，根据不同的韵尾辅音有着不同的发音。而且很有规律。因此，缅甸就有成语反映这种特点，例如"j、r 不清，去问若开人"，" 韵尾（အဆုံး，指韵尾辅音字母）不明，与东友人商定"。

㉔ 不同的韵尾辅音字母有着不同的发音，在东友方言中虽然非常有规律，十分清楚。但是，在实际中有些东友人也逐渐混淆，产生混乱的发音。例如：

စစ် 按规律，p 为韵尾辅音的字应发 aɪʔ 音，但是，有时却发作 i⁵³ʔ 音。

ရှင်း ေ 按规律 m 为韵尾辅音的字应发 eɪ 音，但是，有时却发 i⁴² 音。

缅甸语标准音（仰光话）和东友方言元音对照表

方言＼元音	标准语（仰光话）	东友方言（单元音）	东友方言（双元音）
a	a	ɑ	
		ɒ	
i	i	i	
		ɛ	
		e	
u	u	u	
e	e	e	
		i	
ɛ	ɛ	e	
		ɑ	
ɔ	ɔ	ɔ	
o	o	ɯ	
ã	ã	အံ ṽ	
			အန် ɑ̃ɪ
ĩ	ĩ	ẽ / ĩ	
ũ	ũ		အွန် uẽ
		အွံ ũ	
eĩ	eĩ		အိန် eĩ
		အိံ ẽ / i	
oũ	oũ		အုန် uẽ
			အုံ oũ
aĩ	aĩ	ɯŋ / ũ	
aũ	aũ	ø̃	
aʔ	aʔ		အတ် ɑɪ⁵³ʔ
			အပ် ɒ⁵³ʔ
iʔ	ʔ	ɑi ⁵³ʔ	
		ei ⁵³ʔ	

（续表）

方言 元音	标准语 （仰光话）	东友方言 （单元音）	东友方言 （双元音）
uʔ	uʔ		အွတ် ueʔ⁵³
		အွိ u⁵³ʔ	
eiʔ	eiʔ	အိတ် i⁵³ʔ	
			အိုိ aiʔ⁵³
ɛʔ	ɛʔ	a⁵³ʔ	
aiʔ	aiʔ		ɒuʔ⁵³
auʔ	auʔ	ø⁵³ʔ	
ouʔ	ouʔ		အွတ် uiʔ⁵³
			အွိ ouʔ⁵³

3. 东友方言的声调

（1）东友方言的声调共有七个，分别为高平、中降、平降声、带塞尾的、带鼻尾的高平、带鼻尾的中降及带鼻尾的平降。

（2）东友方言中的高平相当于标准话中的高平调，调值为55。

（3）东友方言中的中降调，相当于仰光话中的高降调，但是调值不同，仰光话中的高降调调值是53，而东友方言中的中降调的调值为42。

（4）东友方言中的平调（或称"平降调"），相当于仰光话中的低平调，但是调值不同，仰光话中的低平调调值是22（或11），而东友方言中的平调的调值为32。

（5）东友方言中的高降调，相当于仰光话中的短促调，但是调值不同，仰光话中的短促调调值是44，而东友方言中的高降调的调值为53。

（6）东友方言中的短促调也是较有特色的一个语言现象，它与仰光话的短促调不同。在仰光话中短促调是以喉塞音结尾，元音尽量缩短，并且近于紧喉。这一类声调在仰光话中我们将它单独列出，成为一个独立的声调。但是，东友方言中带有喉塞韵尾的这一类词，元音部分并不缩短，喉塞韵尾只起到整个音节的刹尾作用，并不形成元音的短促和紧喉。东友方言的带喉塞音韵尾的音节在喉塞音前面的声音，调值为53调，加上带鼻尾的高平、中降、平降三个调，我们认为东友方言中共有七个声调。

（7）东友方言与仰光话中的声调对应情况如下：

仰光话	调值	例词	词义	东友方言	调值	例词	词义
高平调	55	pa¹	薄	第1调高平调	55	kwi⁵⁵	大
低平调	22	la²	来	第2调平降调	32	lu³²	人
高降调	53	ka³	跳舞	第3调中降调	42	lɒ⁴²	月
短促调	44	wɛʔ⁴	猪	第4调带塞尾的高降调	53	wa⁵³ʔ	猪
				第5调带鼻尾的高平调	55(ŋ)		
				第6调带鼻尾的平降调	32(ŋ)		
				第7调带鼻尾的中降调	42(ŋ)		

4. 东友方言的音节结构

由于东友方言中保留过去古缅甸语中的许多语音，例如复辅音声母、塞音韵尾、鼻音韵尾等，现代东友方言的韵母就比较复杂，组成的音节也比较复杂。共有下列几类音节构成：（下列表中的V代表元音，C代表辅音，T代表声调）

序号	音节类型	例词	词义
①	VT	ɛ⁴²	这
②	CVT	lɒ³²	来
③	CCVT	pjɒ⁴²	出示
④	CCCVT	hmjɒ⁴²	平均
⑤	VCT	øŋ³²	胜利
⑥	CVVT	koũ⁵⁵	弯腰
⑦	CCVCT	pjøŋ⁵⁵	变化
⑧	CVCT	pɑ⁵³ʔ	围绕
⑨	CVVCT	kui⁵³ʔ	蜷缩
⑩	CCVVCT	pjou⁵³ʔ	煮
⑪	CCCVCCT	hmjou⁵³ʔ	埋

5. 东友方言的词汇构造

从词的构成方式来看，与仰光话相差不大，可分单纯词和复合词两类。单纯词包括所有的单音节词和从意义上无法再分析的多音节词。复合词（或称合成词）使用合成和派生两种方法构成。

（1）合成法构成的词，词根和词根之间又有下列几种关系：

① 联合关系：即两个词根不分主次，有时同义、有时近义、有时反义结合。例如：

tɔ⁵⁵ wa³²　　　　li⁵⁵ na⁵³ʔ　　　sai⁵³ʔ pjo⁵⁵　　kwi⁵⁵ thwɒ⁵⁵
乡　村　　　　　深　刻　　　　种　植　　　　生　长

② 修饰关系：即一个词根为中心成分，另一词根为修饰成分，修饰成分既可以在中心成分之前，也可在中心成分之后，但大多数是在中心成分之前。例如：

shã ³² lõ ⁵⁵　　ka⁵⁵ dã ³²　　mi⁵⁵ jɒ⁴² thɒ⁵⁵
铁　路　　　　铅　笔　　　　火　车

③ 支配关系：即前一词根是动作支配的对象，后一词根为动作。例如：

a mjɛ̃ ⁴² khuɛ̃ ³²　　shãi ³² krai⁵³ʔ　　sɒ³² je⁵⁵
跳　高　　　　　　碾　米　　　　　　文　书

④ 表述关系：即前一词根是动作的主体，后一词根为动作。例如：

khõ ⁵⁵ kɒu⁵³ʔ　　nɒ⁵⁵ le³²　　khɒ⁵⁵ nɒ³²
头　疼　　　　　耳 转（懂得）　腰　疼

（2）派生法有三种形式：附加式、插入式及重叠式。

① 附加式

词根后面加 kɒːˋ、sɒːˋ、pɒ`、shaˊ 等各音节作后缀。例如：

加 kɒ⁵⁵　se³² kɒ⁵⁵　热闹　jõ ⁵⁵ kɒ⁵⁵　横行霸道
加 sa⁵⁵　kruɯ⁵⁵ sa⁵⁵　努力　khã ³² sa⁵⁵　体会　hnai⁵⁵ sa⁵⁵　比喻
加 pa⁴²　hla⁴² pa⁴²　漂亮　pjo⁵⁵ pa⁴²　说　tɕhe³² pa⁴²　反驳
加 sha⁴²　she⁵³ʔ sha⁴²　献　ku⁴² sha⁴²　医治　pi³² sha⁴²　清晰
加 sha⁵⁵　jo⁵⁵ sha⁵⁵　老实

② 插入式

名词加 a，常出现在亲属称呼、身体组成部分的名词前：

ʃha:	肉	→	a⁴² ʃha⁵⁵		肉
je³²	皮	→	a⁴² je³²（或 ə re³²）		皮
ʃhi³²	脂肪	→	a⁴² ʃhi³²		脂肪
kɯ³²	哥	→	a⁴² kɯ³²		哥
pha⁴²	父亲	→	a⁴² pha⁴²		父亲

形容词加 a 变名词：

kõ⁵⁵	好	→	a⁴² kõ⁵⁵		好东西，好意
hla⁴²	美丽	→	a⁴² hla⁴²		美丽

形容词加 a 变副词：

tɛ̃⁵⁵	紧	→	a⁴² tɛ̃⁵⁵		强行
mlaĩ³²	快	→	a⁴² mlaĩ³²		迅速地
we⁵⁵	远	→	a⁴² we⁵⁵		远处

动词加 a⁴² 变名词：

lou⁵³ʔ	干	→	a lou⁵³ʔ		工作
pjɔ⁵⁵	说	→	a pjɔ⁵⁵		口才
sɒ⁵⁵	吃	→	a sɒ⁵⁵		食物

动词或形容词加两个前缀 a⁴²、ta⁴² 变名词或副词：

mja⁵³ʔ nɯ⁵⁵	热爱、珍视	→	a mja⁵³ʔ ta⁴² nɯ⁵⁵		珍视地
pjɔ³² pa⁵⁵	欢乐	→	a pjɔ³² ta⁴² pa⁵⁵		兴高采烈地

③ 重叠式

名词	mjɯ⁵⁵	种类	→	a mjɯ⁵⁵ mjɯ⁵⁵	多种多样
	Ple³²	国家	→	a ple³² ple³²	各国
	ra⁵³ʔ	地区	→	a ra⁵³ʔ ra⁵³ʔ	各地
代词	ho³²、di³²	那，这	→	ho³² ho³² di³² di³²	左右，四方
形容词	mlaĩ³²	快	→	mlaĩ³² mlaĩ³²	赶快
	hla³² pa³²	漂亮	→	hla³² hla³² pa³² pa³²	漂漂亮亮地
动词	pjɔ⁵⁵	说	→	pjɔ⁵⁵ pjɔ⁵⁵	经常地说
副词	khə na⁴²	一会儿	→	khə na⁴² khə na⁴²	常常

东友方言部分词汇：

缅文	东友音	仰光音	词义
ငါ	ŋɒ³²	ŋa²²	我
အားလုံး	a kuẽ³² loũ⁵⁵	a⁵⁵ loũ⁵⁵	全部
များ	mjɒ⁵⁵	mja⁵⁵	多
သေး	she⁵⁵	tθe⁵⁵	小
မိန်းမ	mi⁵⁵ mɒ⁴²	meĩ⁵⁵ ma⁵³	女人
ငှက်	ɲa⁵³ʔ	hŋɛʔ⁴⁴	鸟
သန်း	shaĩ⁵⁵	tθã⁵⁵	虱子
သစ်ပင်	shaɪ⁵³ʔ pẽ³²	tθɪʔ⁴⁴ pĩ²²	树
အရွက်	a⁴² wa⁵³ʔ	a⁵³ jwɛʔ⁴⁴	叶子
အမြစ်	a⁴² mleɪ⁵³ʔ	a⁵³ mjɪʔ⁴⁴	根
အသား	a⁴² sha⁵⁵	a⁵³ tθa⁵⁵	肉
အရိုး	a⁴² jɯ⁵⁵	a⁵³ jo⁵⁵	骨头
သွေး	shwe⁵⁵	tθwe⁵⁵	血
ကြက်ဥ	tɕa⁵³ʔ u⁴²	tɕɛʔ⁴⁴ u⁵³	鸡蛋
ချို	khrɯ³²	dzo²²	角
အမြီး	a⁴² mi⁵⁵	a⁵³ mji⁵⁵	尾巴
ဆံပင်	shã³² pẽ³²	shã²² pĩ²²	头发
ခေါင်း	khøŋ⁵⁵	gaũ⁵⁵	头
နားရွက်	nɒ⁵⁵ waʔ⁵³	nə jwɛʔ⁴⁴	耳朵
မျက်စေ့	mja⁵³ʔ si⁴²	mjɪʔ⁴⁴ si⁵³	眼睛
လျှာ	shɒ³² li⁵⁵	ɕa²²	舌头
ခြေထောက်	khre³² thø⁵³ʔ	tɕhe²² dauʔ⁴⁴	脚
လက်	la⁵³ʔ	lɛʔ⁴⁴	手
အသည်း	a⁴² she⁵⁵	a⁵³ tθɛ⁵⁵	肝
စား	sɒ⁵⁵	sa⁵⁵	吃
ကိုက်	kau⁵³ʔ	kaiʔ⁴⁴	咬
ကြား	klɒ⁵⁵	tɕa⁵⁵	听见

（续表）

缅文	东友音	仰光音	词义
သိ	si^{42}	tθi^{53}	知道
အိပ်	i^{42}	eɪʔ^{44}	睡
သေ	she^{32}	tθe^{22}	死
သတ်	shaɪ^{53ʔ}	tθaʔ^{44}	杀
ပျံ	plõ^{32}	pjã^{22}	飞
လျှောက်	khlø^{53ʔ}	ɕauʔ^{44}	走
လာ	lɒ^{32}	la^{22}	来
ထိုင်	thɯŋ^{32}	thãɪ^{22}	坐
ရပ်	raɪ^{53ʔ}	jaʔ^{44}	站立
ပေး	pe^{55}	pe^{55}	给
ပြော	hɔ^{55}	pjɔ^{55}	说
နေ	ne^{32}	ne^{22}	太阳
လ	lɒ^{42}	la^{53}	月亮
ကြယ်	krɑ^{32}	tɕɛ^{22}	星星
မိုး	mɯ^{55}	mo^{55}	雨
ကျောက်	klø^{53ʔ}	tɕauʔ^{44}	石头
သဲ	shɑ^{55}	tθɛ^{55}	沙子
မြေ	mle^{32}	mje^{22}	土地
တိမ်	tɛ̃^{32}	teɪ̃^{22}	云
မီး	mi^{55}	mi^{55}	火
ပြာ	plɒ^{32}	pja^{22}	灰
လမ်း	lõ^{55}	lã^{55}	路
တောင်	tõ^{32}	taũ^{22}	山
နီ	ni^{32}	ni^{22}	红
ဝါ	wɒ^{32}	wa^{22}	黄
ဖြူ	phlu^{32}	pju^{22}	白
နက်	nɑ^{53ʔ}	nɛʔ^{44}	黑
ပူ	pu^{32}	pu^{22}	热

(续表)

缅文	东友音	仰光音	词义
သစ်	ɑ⁴² sheɪ⁵³ʔ	a tθɪʔ⁴⁴	新
ကောင်း	kø⁵⁵	kaũ⁵⁵	好
ဝိုင်း	wɯŋ⁵⁵	waĩ⁵⁵	圆
ခြောက်	khlø⁵³ʔ	tɕhauʔ⁴⁴	干
နာမည်	nã³² mɛ³²	na²² mji²²	名字
နှင့်	nɑ⁴²	hnĩ⁵³	和
ကျော	krɔ⁵⁵	tɕɔ⁵⁵	背
မှုတ်	mui⁵³ʔ	hmouʔ⁴⁴	吹
ခုတ်	khui⁵³ʔ	khouʔ⁴⁴	砍
တူး	tu⁵⁵	tu⁵⁵	挖
အဖေ	ɑ⁴² phɑ⁴²	a⁵³ phe²²	父亲
နည်း	hne⁵⁵	nɛ⁵⁵	少
ငါး	ŋɔ⁵⁵	ŋa⁵⁵	五
စီး	si⁵⁵	si⁵⁵	流
ပန်း	pɑĩ⁵⁵	pã⁵⁵	花
မြူ	mju³²	mju²²	雾
လေး	le⁵⁵	le⁵⁵	四
မြက်	mjɑ⁵³ʔ	mjɛʔ⁴⁴	草
ယူ	ju³²	ju²²	拿
အမဲလိုက်	ɑ⁴² mɑ⁵⁵ lau⁵³ʔ	a⁵³ mɛ⁵⁵ laɪʔ⁴⁴	打猎
အင်း	ɛ̃⁵⁵	ĩ⁵⁵	湖
ရယ်	jɑ³²	ji²²	笑
ကျဉ်	klɛ̃⁵⁵	tɕĩ⁵⁵	窄
နီး	ni⁵⁵	ni⁵⁵	近
ကစား	kɑ⁴² sɒ⁵⁵	gə za⁵⁵	玩
ဆွဲ	shwɑ⁵⁵	shwɛ⁵⁵	拉
တွန်း	tuẽ⁵⁵	tũ⁵⁵	推
ညာယာ	ɲɒ³² / jɑ³²	ɲa²²	右

（续表）

缅文	东友音	仰光音	词义
မှန်	hmɑĩ³²	hmã²²	对
မြစ်	mlei⁵³ʔ	mjɪʔ⁴⁴	河
တိုက်	tɑu⁵³ʔ	taɪʔ⁴⁴	擦
ဆား	shɒ⁵⁵	sha⁵⁵	盐
ဖမ်း	phõ⁵⁵	phã⁵⁵	抓
ပင်လယ်	pẽ³² lɑ³²	pĩ²² lɛ²²	海
တို	tɯ³²	to²²	短
ဆို	shɯ³²	sho²²	唱
နမ်း	nõ⁵⁵	nã⁵⁵	闻
ပြန့်	plɑĩ⁴²	pjã⁵³	平
ထွေး	thwi⁵⁵	thwe⁵⁵	吐
ဖြဲ	phja⁵⁵	phjɛ⁵⁵	撕
ဖိ	phi⁴²	phi⁵³	压
ပါး	pɒ⁵⁵	pa⁵⁵	薄
တွေး	twe⁵⁵	twe⁵⁵	想
သုံး	shoũ⁵⁵	tθoũ⁵⁵	三
ပစ်	prɑɪ⁵³ʔ	pɪʔ⁴⁴	扔
စည်း	se⁵⁵	si⁵⁵	捆
လှည်	le⁴²	hlɛ⁵³	转
ကျယ်	krɑ³²	tɕɛ²²	宽
မယား	mi⁴² mɑ⁴²	mə ja⁵⁵	妻子
လေ	le³²	le²²	风
လေး	le⁵⁵	le⁵⁵	重
တောင်ပံ	tõ³² põ³²	taũ²² pã²²	翅膀
တော	tɔ⁵⁵	tɔ⁵⁵	森林
ပိုး	pɯ⁵⁵	po⁵⁵	虫
နှစ်	neɪ⁵³ʔ	hnɪʔ⁴⁴	年

6. 东友方言的语法

东友方言的语法与仰光话的语法基本相同。① 只是语言中的助词不同，形成许多差别。

助词在缅甸语句子中使用频率很高，助词的差异使不同方言区的语言产生分歧。加上许多方言词的原因，造成语言交流上的困难。东友方言和仰光话之间就有许多不同的地方（下面用黑线标出）。例如：

（1）主语助词：

ဒီတောင်ကသိပ်မြင့်တယ်။ 这座山很高。

仰光话　　di²² taũ²² ga⁵³ tθeɪʔ⁴⁴ mjĩ⁵³ dɛ²²

东友方言　kɒ⁴² tõ³² kɒ⁴² mjɑ̃ɪ⁴² dɛ³²

（2）宾语助词：

သူ့ကိုပေးပါ။ 给他吧。

仰光话　　tθu⁵³ go²² pe⁵⁵ ba²²

东友方言　shu⁴² kɯ³² pe⁵⁵ pɑ³²

（3）谓语助词：表动词的完成态

အကုန်စားပစ်လိုက်တယ်။ 全都吃掉了。

仰光话　　ə koũ²² sa⁵⁵ piʔ⁴⁴ laiʔ⁴⁴ dɛ²²

东友方言　ə kũe³² loũ⁵⁵ sɒ⁵⁵ peɪ⁵³ʔ lau⁵³ʔ tɛ³²

（4）谓语助词（句尾助词）：表一般时、过去时

ကျနော်တို့သစ်ပင်သွားစိုက်တယ်။ 我们去种树。

仰光话　　tɕə nɔ²² do⁵³ tθɪʔ⁴⁴ pĩ²² tθwa⁵⁵ saɪʔ⁴⁴ dɛ²²

东友方言　ŋɒ³² tu⁴² shi⁵³ʔ pẽ³² shwɒ⁵⁵ sau⁵³ʔ tɛ³²

（5）定语助词：表领属

ကျနော့်လက်ကနာနေတယ်။ 我的手疼着呢。

仰光话　　tɕə nɔ⁵³ lɛʔ⁴⁴ ga⁵³ na²² ne²² dɛ²²

东友方言　ŋɒ⁴² lɑ⁵³ʔ nɒ³² ne³² tɛ³²

（6）状语助词：

① 表地点

---

① 请参见汪大年：《缅甸语概论》，北京大学出版社，1997年。

သစ်ပင်ပေါ်မှာငှက်သုံးကောင်ရှိတယ်။ 树上有三只鸟。

仰光话　　tɕɪʔ⁴⁴ pĩ²² bɔ²² hma²² hŋɛʔ⁴⁴ tθoũ⁵⁵ gaũ²² ɕi⁵³ dɛ²²

东友方言　 shɪ⁵³ʔ pɛ̃³² pɔ³² mɒ³² ɲɑ⁴² shoũ⁵⁵ kõ³² hi⁴² tɛ³²

② 表时间

မနေ့ကတစ်ညလုံးခွေးဟောင်တယ်။ 昨天狗叫了一夜。

仰光话　　mə ne⁵³ ga⁵³ tə ɲa⁵³ loũ⁵⁵ khwe⁵⁵ haũ²² dɛ²²

东友方言　 ŋɒ⁴² kɒ⁴² tə ɲɒ⁴² loũ⁵⁵ khwi⁵⁵ hø³² tɛ³²

③ 表方式

သစ်တုံးကိုလွှနဲ့တိုက်မယ်။ 拿锯子锯木头。

仰光话　　tɕɪʔ⁴⁴ toũ⁵⁵ go²² hlwa⁵³ nɛ⁵³ taɪʔ⁴⁴ mɛ²²

东友方言　 shɪ⁵³ʔ tuɛ̃⁵⁵ kɯ³² lwa⁴² nɑ⁴² tau⁵³ʔ mɛ³²

有以下几种句子类型：

（1）陈述句：

① 表一般陈述

ဒီတောင်ကသိပ်မြင့်တယ်။ 这山很高。

仰光话　　di²² taũ²² ga⁵³ tθɛɪʔ⁴⁴ mjĩ⁵³ dɛ²²

东友方言　 ɛ⁴² tø³² wɑ⁴² mjɑĩ⁴² tɛ³²

② 表否定

ငါဝက်သားမစားဘူး။ 我不吃猪肉。

仰光话　　ŋa²² wɛʔ⁴⁴ tθa⁵⁵ mə sa⁵⁵ bu⁵⁵

东友方言　 ŋɒ³² wɑ⁵³ʔ shɑ⁵⁵ mə sɒ⁵⁵ phu⁵⁵

（2）疑问句：

① 一般疑问句

ငါပြောတာမှန်သလား။ 我说的对吗？

仰光话　　ŋa²² pjɔ⁵⁵ da²² hmã²² dðə la⁵⁵

东友方言　 ŋɒ³² hɔ⁵⁵ tɑ³² mã³² la⁵⁵

② 特殊疑问句　မင်းဘယ်သူနဲ့တွေ့ချင်လို့လဲ။ 你找谁？

仰光话　　mĩ⁵⁵ bə ðu²² nɛ⁵³ twe⁵³ dʑĩ²² lo⁵³ lɛ⁵⁵

东友方言　 nɛ̃³² phə shu³² nɑ⁴² twi⁴² khɛ̃³² lɒ⁵⁵

ဒါဘာပန်းလဲ။ 这是什么花？

仰光话　　　da²² ba²² pã⁵⁵ lɛ⁵⁵
东友方言　　də hɒ³² ma⁴² sa⁴² hɒ³² pãɪ⁵⁵ la⁵⁵
သူဘာပြုလို့မလာသလဲ။ 他为什么不来？
仰光话　　　tθu²² ba²² pju⁵³ lo⁵³ mə la²² dðə lɛ⁵⁵
东友方言　　shu³² ma⁴² sa⁴² hɒ³² phlɛɪ⁵³ʔ lɯ⁴² mə lɒ³² la⁵⁵
（3）祈使句：
① 表命令
မြန်မြန်သွား： 快去！
仰光话　　　mjan²² mjan²² tθwa⁵⁵
东友方言　　mlɑĩ³² mlɑĩ³²shwɒ⁵⁵
② 表阻止
ရေအေးမသောက်နဲ့။ 别喝凉水！
仰光话　　　je²² e⁵⁵ mə̲ tθauʔ⁴⁴ nɛ⁵³
东友方言　　je³² e⁵⁵ mə̲ shø⁵³ʔ nɑ⁴²
③ 表劝告
ကျောင်းသွားတော့နောက်မကျနဲ့။ 到学校去别迟到。
仰光话　　　tɕaũ⁵⁵ tθwa⁵⁵ dɔ⁵³ nauʔ⁴⁴ mə̲ tɕa⁵³ nɛ⁵³
东友方言　　klø̃⁵⁵ shwɒ⁵⁵ tɔ⁴² nø⁵³ʔ mə̲ kla⁴² nɑ⁴²
（4）感叹句：
① 表惊叹
တယ်ပြင်းထန်လိုက်တဲ့လေကြီးပါလား။ 风好大呀！
仰光话　　　tɛ²² pji⁵⁵ thã²² laɪʔ⁴⁴ dɛ⁵³ le²² dʑi⁵⁵ ba²² la⁵⁵
东友方言　　le³² kwi⁵⁵ tə ɑ⁵⁵ tau⁵³ʔ tɛ³²
② 表埋怨
အမယ်လေး-လာခဲ့လိုက်တာ။ 哎呀，你总算来了！
仰光话　　　ə mə le⁵⁵ la²² gɛ⁵⁵ laɪʔ⁴⁴ tha²²
东友方言　　ə ma³² le⁵⁵ lɒ³² khɛ⁵⁵ lau⁵³ʔ ta³²
复句可分为以下两种情况：
① 表因果
ကားမရှိလို့ စောင့်နေရတယ်။ 没有车，只能等着。

仰光话　　　ka⁵⁵ mə ɕi⁵³ lo⁵³ saũ ⁵³ ne²² ja⁵³ dɛ²²
东友方言　　kɒ⁵⁵ mə hi⁴² lɯ⁴² sõ ⁴² ne³² jɑ⁴² tɛ³²
② 表转折
ငါမသွားချင်ပေမဲ့တိုက်ရိုက်မပြောကောင်းဘူး။ 我不想去，但又不便当面说。
仰光话　　　ŋa²² mə tθwa⁵⁵ dʑi ²² be⁵² mɛ⁵³ daɪʔ⁴⁴ jaɪʔ⁴⁴ mə pjo⁵⁵ gaũ ⁵⁵ bu⁵⁵
东友方言　　ŋɒ³² mə shwɒ⁵⁵ khĩ ³² pe³² mɑ⁴² tø⁵³ʔ lø⁵³ʔ mə hɒ⁵⁵ kø̃ ⁵⁵bu⁵⁵

东友方言调查中主要发音人和被访问人：

杜喃能，女，51 岁，东友人，家庭住址：东枝市降基苏区，摩珂悉路。

杜妙秒推，女，30 岁，东友人，家庭住址：同上。

玛茵茵埃，女，26 岁，东友人，家庭住址：同上。

貌佐礼温，男，20 岁，东友人，家庭住址：东枝市降基苏区，瓦比亚东村，S.T 129 号。

杜诶莱，女，77 岁，东友人，家庭住址：彬德亚镇区埃么莱村。

玛季，女，49 岁，茵达人，家庭住址：东枝镇区，良瑞茵莱湖西加东村。

八、德努方言

　　德努方言是德努族的语言，属于藏缅语族缅语支的一个方言。德努族主要分布在缅甸中部地区与掸邦西部接壤的地区，北自抹谷、抹眉、眉苗、迈隆、瑙雀、亚梢，南至瑞武、彬德亚（班达亚）、贝拉、喜河、昂班、卡劳、东枝及茵莱地区。传说中，彬德亚镇区始建于缅历 1103 年，据 1982 年人口调查时统计，人口为 46052 人。德努人在当地与东友、勃奥、勃郎等民族混居。德努族是几个少数民族中人口最多的一个，其次为东友族。德努族自称"特努人"，关于德努族的民族起源有多种说法：有的说是缅甸南方的缅甸族的一支系迁徙到此发展起来的；也有说是山区克伦族的一支系；更有一说法是德努族属于掸族的一支。[①] 也有一说是德努人居住在缅甸族和

---

① 《缅甸大百科全书》（缅文版），赫特福德 / 艾尔斯伯里，1965 年。

掸族交界地区，自古以来，缅族与掸族通商，可能是缅掸两族通婚后产生的后代。还有传说是阿隆泊耶率军攻打暹罗后胜利回国，为了保障后方的安全,在现在德努族生活的地区留下了弓箭队作后卫，从此产生了德努族人。但是，比较可靠的说法应该是，德努族是缅甸族的一个分支，与缅甸族的起源是相同的。德努方言是从缅甸语分化出来的一个方言，这是肯定无疑的。德努方言在语音上不如仰光话那样柔和，语调比较低沉。德努方言中也保留了部分古缅语的词汇。从德努族服饰来看，男子头上戴包头，上身着装类似缅甸族，大都穿"代本"（类似中国的马褂，无领），下身着掸族裤。女子留长发披在背后，服装类似缅甸族式样。风俗习惯也类似缅族，父亲为一家之主，但在社会上男女较平等。亲属称呼也与缅族相同。

德努族生活的地区，以农业为主，主要农作物为稻米、烟叶、茶叶、菠萝及各种豆类。德努族主要信仰佛教，与缅甸族一样，都要为男孩举办出家剃度和女儿的穿耳朵眼仪式。根据主人的富有程度，举办不同规模的礼仪，举办仪式的人家大都十分慷慨。有些举办出家仪式的主人还负责前来贺喜的宾客们的交通、吃住和接待，并聘请有名的戏班子来演出。在德努人婚礼上，也与缅甸族一样，有闹洞房的习俗，德努话称之为"哽喜"（即闹洞房者用金项链阻挡新郎入洞房、讨要红包才放人的习俗）。德努人有互相团结互助的好习惯，一家有事，全村人会来帮忙，某村举办集会、庆典，邻村也会来人帮忙。德努族人也重视文化教育，在德努民族聚居地区如昂班、格洛、东枝、贝拉、彬德亚、勃山等大城镇有较多的公立高中。上大学的人较多，整个民族的文化水平也较高。德努族人善于经商，具有经济头脑，因此生活水平相对较高。他们经营园艺事业时，善于利用科学技术。

1. 德努方言的辅音系统

为了便于比较，我们将德努方言与缅甸语的标准话仰光话中的辅音并列如下：

仰光话中的单辅音（26个）	德努方言中的单辅音（25个）
k, kh, g	k, kh, g
t, th, d	t, th, d
p, ph, b	p, ph, b
s, sh, z	s, sh, z
tɕ, tɕh, dʑ	tɕ, tɕh, dʑ
m, n, ŋ, ɲ̊	m, n, ŋ, ɲ̊
tθ	tθ
l, w, j	l, w, j
ɕ, h, ʔ	h, ʔ （无 ɕ，发成 sh）

仰光话中的复辅音（38个）	德努方言中的复辅音（21个）
pj, phj, bj	pj, phj
mj, lj, tj	mj, lj, tj
kw, khw, gw	kw, khw
tw, thw, dw	tw, thw
pw, phw, bw	pw, phw
sw, shw, zw	sw, shw
tɕw, tɕhw	tɕw, tɕhw
mw, nw, ŋw	mw, nw, ŋw
tθw (dðw)	tθw (dðw)
lw, jw, hw	lw, jw
ɕw	
hm, hn, hŋ, hɲ̊	
hmw, hnw	
hl, hlj	
hmj, hlw	

德努方言中辅音例词：

辅音	例词	语音	词义
k	က	k ɑ^{32}	玩
kh	ခါး	kh ɑ^{53}	腰
g	ဂူ	gu^{33}	山洞
s	စား	s ɑ^{53}	吃
sh	အဆီ	ə shi^{33}	脂肪
z	ဈေး	ze^{53}	市场
t	တူး	tu^{53}	挖掘
th	ထ	th ɑ^{32}	起来
d	ဒူး	du^{53}	膝盖
p	ပါး	p ɑ^{53}	薄
ph	ဖိ	phi^{32}	压
b	ဘဲ	bɛ^{53}	鸭子
tɕ	ကျူ	tɕu^{32}	（水）混浊
tɕh	ချက်	tɕhe^{32ʔ}	肚脐
dʑ	ချောက်	dʑ a u^{32ʔ}	山谷
	မျဉ်းကြောင်း	mjĩ^{53} a ũ^{53}	线条
m	လက်မ	lɛ^{32ʔ} m a^{32}	拇指
n	နီး	ni^{53}	近
ŋ	ငါး	ŋ ɑ^{53}	鱼
n̥	ည	n̥ ɑ^{32}	夜
j	ယူ	ju^{33}	拿
l	လ	l ɑ^{32}	月亮
w	ဝါ	w ɑ^{33}	黄
tθ	သဲ	tθɛ^{53}	沙子
h	ဟင်း	hĩ^{53}	菜
pj	ပြာ	pj ɑ^{33}	灰
phj	ဖြူ	phju^{33}	白
bj	လွင်ပြင်	lwĩ^{33}bjĩ^{33}	平原

（续表）

辅音	例词	语音	词义
mj	မြေ	mje³³	地
lj	လျှပ်ပြက်	lj a³²ʔsi⁵³lɛ³²ʔ	闪电
kw	ကွဲ	kwɛ⁵³	破
khw	ခွေး	khwe⁵³	狗
tw	တွေ့	twe³²	遇见
thw	မိထွေး	mi³² thwe⁵³	继母
pw	ပွဲ	pwɛ⁵³	戏
phw	ဖွဲ	phwɛ⁵³	糠
sw	စွဲ	swɛ⁵³	上瘾
shw	မိတ်ဆွေ	meɪ³²ʔshwe³³	朋友
tɕw	ကျွဲ	tɕwɛ⁵³	水牛
tɕhw	ချွဲ	tɕhwɛ⁵³	黏滑
mw	မွေး	mwe⁵³	饲养
nw	နွား	nw ɑ⁵³	牛
ŋw	ငွေ	ŋwe³³	银子
tθw	သွား	tθw ɑ⁵³	去
lw	လွဲ	lwɛ⁵³	错过
jw	ရွာ	jw ɑ³³	村子

辅音与复辅音的几点说明：

① 德努方言中共有单辅音 25 个，复辅音 22 个。在缅甸语方言中，德努方言是辅音、复辅音总数最少的一个方言。

② 德努方言中保留了古缅语中的清辅音为主的特点，在仰光话中送气清辅音变成浊辅音的现象在德努方言中较少。德努方言仍读作送气清辅音。例如：

缅文字	仰光音	德努方言音	词义
ခွ	gwa^{53}	khw a^{32}	叉口，丫杈
ခေါင်း	gaũ^{55}	khaũ^{53}	头
ခြင်ထောင်	tɕhĩ^{22}daũ^{22}	tɕhĩ^{33}thaũ^{33}	蚊帐
ဘောင်းဘီ	baũ^{55}bĩ^{22}	phaũ^{53}phi^{33}	裤子
လည်ပင်း	lɛ^{22} bĩ^{55}	lɛ^{33} pĩ^{53}	颈

③ 在仰光话中清辅音读成浊辅音的音，德努方言中仍然读作清辅音。例如：

缅文字	仰光音	德努方言音	词义
စည်းစိမ်	si^{55} zeĩ^{22}	si^{53} seĩ^{33}	幸福
ဇွန်း	zũ^{55}	sũ^{53}	汤匙
ဓါး	da^{55}	tha^{53}	刀
ဈေး	ze^{55}	she^{53}	集市

④ 仰光音中的送气卷舌音 ɕ 在德努方言中读作送气塞擦音 sh。例如：

缅文字	仰光音	德努方言音	词义
လျှာရှည်	ɕa^{22} ɕe^{22}	sha^{33} she^{33}	饶舌
အရှေ့	ə ɕe^{53}	ə she^{32}	东
ရှင်လောင်း	ɕĩ^{22}laũ^{55}	shĩ^{33}nõ^{53}	准备出家剃度者

⑤ 德努方言中没有送气的前置辅音 h。例如：

缅文字	仰光音	德努方言音	词义
ငှက်	hŋɛʔ^{44}	ŋɛ^{32}ʔ	鸟
လှေ	hle^{22}	le^{33}	船
မှန်	hm ã^{22}	mã^{33}	正确
မှို	hmo^{22}	mo^{33}	蘑菇

⑥ 仰光话中的 dʑ 音在德努方言中读作 ɲ 音。例如：

缅文字	仰光音	德努方言音	词义
မျဉ်းကြောင်း	mjĩ^{55}dʑaũ^{55}	mjĩ^{53}ɲõ^{53}	线条
ထယ်ကြောင်း	thɛ^{22}dʑaũ^{55}	thɛ^{33}ɲõ^{53}	犁过的地垄

⑦ 德努方言中，还有少量古缅语复辅音 pl 的残存词汇。例如：

缅文字	仰光音	德努方言音	词义
မီးပြောင်	mi^{55}bjaũ^{55}	mi^{53}plõ^{53}	吹火棍

⑧ 德努方言中有齿间擦音变塞音的现象。例如：

缅文字	仰光音	德努方言音	词义
စဉ်းနီးတုံး	sĩ^{55}hni^{55}doũ^{55}	tĩ^{53}ni^{33}doũ^{53}	刀砧板

⑨ 德努方言中有塞擦音变塞音的现象。例如：

缅文字	仰光音	德努方言音	词义
စားပိုနင်း	sə po^{22}ñĩ^{55}	də po^{33}ñĩ^{53}	食后犯困
စွတ်	suʔ^{44}	duʔ^{32}	潮湿，套

2. 德努方言的元音系统：

德努方言中共有单元音 7 个，鼻元音 7 个，短促音 8 个。

（1）单元音：

仰光话单元音	德努单元音	缅文例词	仰光音	德努音	词义
a	ɑ	အား	a^{55}	ɑ^{53}	空闲
i	i	စီး	si^{55}	si^{53}	穿（鞋）
	e	ကြည်	tɕi^{53}	tɕe^{32}	看
	ɛ	ကြေးစည်	tɕi^{55}zi^{551}	tɕe^{53}zɛ^{33}	碰铃（乐器）
u	u	အူ	u^{22}	u^{33}	肠子
e	e	သေး	tθe^{55}	tθe^{53}	尿
	ɛ	မေးစေ့	me^{55}zi^{53}	mɛ^{53}zi^{32}	下巴

（续表）

仰光话单元音	德努单元音	缅文例词	仰光音	德努音	词义
ɛ	ɛ	လယ်	lɛ²²	lɛ³³	田地
	e	အဲဒီအခါ	ɛ⁵⁵di²²ə kha²²	e⁵³kha³³	这时
ɔ	ɔ	ကျော	tɕɔ⁵⁵	tɕɔ⁵³	背
o	o	အို	o²²	o³³	老的

（2）双元音：

德努方言中有4个双元音，即 ai、au、ei、ou。与缅甸语标准音中的双元音一样，它们只出现在鼻化元音和短促元音中间。

（3）鼻元音：

仰光话鼻元音	德努鼻元音	缅文例词	仰光音	德努音	词义
ã	ã	လမ်း	lã⁵⁵	l ã⁵³	路
ĩ	ɔ（非鼻音）	လွှင့်ပစ်	hlwĩ⁵³pjɪʔ⁴⁴	lɔ⁵³ pjɪ³²ʔ	扔掉
		မြင်	mjĩ²²	mjɔ³³	见
ũ	ũ	တွန်း	tũ⁵⁵	tũ⁵³	推
eĩ	eĩ	စိမ်း	seĩ⁵⁵	seĩ⁵³	生的
	ɑĩ	တိမ်	teĩ²²	tɑĩ³³	云
oũ	oũ	ရှုံး	ɕoũ⁵⁵	shoũ⁵³	输
aĩ	eĩ	ထိုင်	thaĩ²²	theĩ³³	坐
aũ	ɔ̃	ပေါင်	baũ²²	pɔ̃³³	大腿

（4）促元音：

仰光话促元音	缅文例词	仰光音	德努音	词义
a ʔ⁴⁴	သတ်	tθaʔ⁴⁴	tθɑ³²ʔ	杀
ɪ ʔ⁴⁴	ညစ်	ɲɪʔ⁴⁴	ɲɪ³²ʔ	脏
	နှစ်	hnɪʔ⁴⁴	ne³²	二
	ဖျစ်	phjɪʔ⁴⁴	phje³²	挤
u ʔ⁴⁴	ပွတ်	p u ʔ⁴⁴	p u³²ʔ	摩擦

（续表）

仰光话促元音	缅文例词	仰光音	德努音	词义
ɛʔ⁴⁴	လက်	lɛʔ⁴⁴	lɛ³²ʔ	手
auʔ⁴⁴	ကြောက်	tɕauʔ⁴⁴	tɕɔ³²ʔ	害怕
ouʔ⁴⁴	ပုတ်	pouʔ⁴⁴	pou³²ʔ	拍
aiʔ⁴⁴	ကြိုက်	tɕaiʔ⁴⁴	tɕei³²ʔ	喜欢
eiʔ⁴⁴	လွယ်အိတ်	lwɛ²² eiʔ⁴⁴	lwɛ³³ ɑɪ³²ʔ	背包

标准语（仰光话）和德努方言中元音对照表

方言＼元音	标准语（仰光话）	德努方言（单元音）	德努方言（双元音）
a	a	ɑ	
		e	
i	i	i	
		e	
		ɛ	
u	u	u	
e	e	e	
ɛ	ɛ	ɛ	
ɔ	ɔ	ɔ	
o	o	o	
ã	ã	ã	
		ɛ̃	
ĩ	ĩ	ɔ	
		ĩ	
ũ	ũ	ũ	
eĩ	eĩ		ɑɪ
oũ	oũ		oũ
ãɪ	ãɪ		eĩ
aũ	aũ	ɔ̃	

（续表）

方言 元音	标准语（仰光话）	德努方言（单元音）	德努方言（双元音）
aʔ	aʔ⁴⁴	ɑ³²ʔ	
iʔ	ɪʔ⁴⁴	e³²ʔ	
uʔ	uʔ⁴⁴	u³²ʔ	
eiʔ	eiʔ⁴⁴		ɑi ³²ʔ
ɛʔ	ɛʔ⁴⁴	ɛ³²ʔ	
aiʔ	ai ʔ⁴⁴		eɪ ³²ʔ
auʔ	auʔ⁴⁴	ɔ ³²ʔ	
ouʔ	ouʔ⁴⁴		ou ³²ʔ

关于德努方言元音系统的几点说明：

① 德努方言中基本单元音有 7 个，与仰光话相同。a 元音的发音部位稍向后移动，接近于 ɑ 音。

② 在仰光话中发 i 元音的字，在德努方言中有读 e 音的，有读 ɛ 音的。例如：

缅甸文	仰光音	德努音	词义
ကြည်	tɕi⁵³	tɕe³²	看
ကြေးစည်	tɕi⁵⁵zi²²	tɕe⁵³zɛ³³	碰铃

③ 德努方言中的单元音 u、e、ɛ、ɔ、o 与仰光话中的完全相同。

④ 仰光话中的鼻元音 ĩ 在德努方言中为 ɔ 音。例如：

缅甸文	仰光音	德努音	词义
မြင်	mjĩ²²	mjɔ³³	看见
လွင့်	hlwĩ⁵³	lɔ³²	飘扬

⑤ 德努方言中的鼻化双元音 ẽɪ、ɑ̃ɪ 与仰光话中的一对双元音正好交叉相同，即：仰光话中的读 ẽɪ 音的字，在德努方言中读 ɑ̃ɪ 音，而仰光话中的 ɑ̃ɪ 音字，在德努方言中读 ẽɪ 音。例如：

缅甸文	仰光音	德努音	词义
တိမ်	teĩ²²	taĩ³³	云
နိမ့်	neĩ⁵³	naĩ³	矮
ကိုင်	kaĩ²²	keĩ³³	握住
ထိုင်ခုံ	thaĩ²²khoũ²²	theĩ³³khoũ³³	凳子
မွှေးကြိုင်	hmwe⁵⁵tɕaĩ²²	mwe⁵³tɕeĩ³³	香

⑥ 德努方言中的短促的双元音 eɪʔ、ɑɪʔ 也正好与仰光话中的一对短促双元音交叉相同。例如:

缅甸文	仰光音	德努音	词义
ကြိုက်	tɕaɪʔ⁴⁴	tɕeɪ³²ʔ	喜欢
ဗိုက်	baɪʔ⁴⁴	beɪ³²ʔ	肚子
လွယ်အိတ်	lwɛ²²eɪʔ⁴⁴	lwɛ³³ɑɪ³²ʔ	背包
ဆေးလိပ်	she⁵⁵leɪʔ⁴⁴	she⁵³lɑɪ³²ʔ	香烟
အိပ်ပျော်	eɪʔ⁴⁴pjɔ²²	ɑɪ³²ʔ mwe³²	睡着

⑦ 德努方言中的鼻元音 ɔ̃ 实际上应该是古缅语中带鼻辅音韵尾的 ɔŋ 的韵母演变中的语音现象。在有些地方,有些人可能注意到韵尾辅音,可能发成带辅音韵尾的 ɔŋ 音,有的可能已经完全鼻化成 ɔ̃ 音。从历史语音的演变角度来看,这两种音都可能存在。

⑧ 德努方言中的短促音 ɔʔ,实际上也是古缅语中带辅音韵尾 k 的韵母在历史演变中的语音现象。这类词在古缅语中都读作 ɔk,后来演变成 ɔʔ,后来又演变成短促调 auʔ⁴⁴。

⑨ 德努方言中的短促元音 ɛʔ 与仰光话中的一样。

⑩ 仰光话中的短促元音 ɪʔ 在德努方言中发成 e³²ʔ 或 e³²。例如:

缅甸文	仰光音	德努音	词义
နှစ်	hnɪʔ⁴⁴	ne³²	二
ဖျစ်	phjɪʔ⁴⁴	phje³²ʔ	捏,挤

3. 德努方言的声调系统

（1）德努声调共有七个，分别为高降、中降、平声，以及带塞音韵尾的一个调和带鼻音韵尾的三个调。

（2）德努方言中的高降相当于标准话中的高平调，但是调值不同，仰光话中的高平调的调值为 55，而德努方言中的高降调的调值为 53。

（3）德努方言中的中降调，相当于仰光话中的高降调，但是调值不同，仰光话中的高降调调值是 53，而德努方言中的中降调的调值为 32。

（4）德努方言中的平调，相当于仰光话中的低平调，但是调值不同，仰光话中的低平调调值是 22，而德努方言中的平调的调值为 33。

（5）由于德努方言中的声调与仰光话中的声调有区别，并且德努方言中的几个调类调值的不同，相对来说，调值趋向中间，升降起伏不大。

（6）最有特色的一个语言现象，也是与仰光话最大区别的地方，就是短促调。

在仰光话中短促调是以喉塞音结尾，元音尽量缩短，并且近于紧喉。这一类声调在仰光话中我们将它单独列出，成为一个独立的声调。但是，德努方言中带有喉塞韵尾的这一类词，元音部分并不缩短，喉塞韵尾只起到整个音节的刹尾作用，并不形成元音的短促和紧喉。德努方言的带喉塞音韵尾的音节在喉塞音前面的声音，调值与中降调相同，如 $kaʔ^{32}$。因此，我们认为德努方言中除了有三个声调和一个塞音韵外，还有带有鼻音韵尾的三个调，它们的调值分别与不带韵尾的三个调相同。我们也可以讲，德努方言中有七个声调，即：高降、中降、平声和带塞音尾的中降，以及带鼻音韵尾的高降、中降和平声等七个声调。

德努方言与仰光话中的声调对应情况如下：

仰光话	调值	例词	词义	德努方言	调值	例词	词义
高平调	55	pa^{55}	薄	第1调高降	53	ka^{53}	车
低平调	22	la^{22}	来	第2调平调	33	la^{33}	来
高降调	53	ka^{53}	跳舞	第3调中降调	32	la^{32}	月

（续表）

仰光话	调值	例词	词义	德努方言	调值	例词	词义
短促调	44	kauʔ⁴⁴	拾	第4调同第3调中降调（但带塞音韵尾）	32ʔ	kau³²ʔ	拾
				第5调同第1调高降调（但带鼻音韵尾）	53	tɕoŋ⁵³	放牧
				第6调同第2调平调（但带鼻音韵尾）	33	pɔŋ³³ (põ³³)	大腿
				第7调同第3调中降调（带鼻音韵尾）	32	kɑn³² (kã³²)	硫黄

4. 德努方言的音节结构

由于德努方言中过去古缅甸音中的许多语音都已发生变化，例如复辅音声母变成了单辅音声母、塞音韵尾变成短促声调、鼻音韵尾使元音鼻化等等，现代德努方言的韵母就比较简单，组成的音节也比较简单。共有下列几类音节构成：（下列表中的 V 代表元音，C 代表辅音，T 代表声调）

序号	音节类型	例词	词义
①	VT	ĩ³³	不
②	CVT	lɑ³³	来
③	CCVT	pjɑ³²	出示
④	VVCT	ɑuŋ³³	胜利
⑤	CVCT	kɔŋ⁵³	好
⑥	CVVT	tẽi	云
⑦	CCVCT	pjɔŋ⁵⁵	变化
⑧	CVCT	pɑ³²ʔ	围绕

5. 德努方言的构词法

德努方言的词汇构造方式与仰光话基本相同，除了：德努方言中保留有较多的古缅语的词汇；仰光话中常常用重叠方式表示数量的多或程度的加重，但在德努方言中重叠形式常常由其他形式替代。

德努方言中比较有特色的词如下：

缅甸文	仰光话	德努词	词义
ဘယ်သူ	bə dðu^{33}	ba^{32} za^{33}du^{33}	谁
ရှည်	ɕe^{22}	she^{33}	长（短）
လျှာ	ɕa^{22}	sha^{33}	舌
လဲ	lɛ^{55}	jaũ^{53}（古词）	躺
တိမ်	teĩ^{22}	taĩ^{33}	云
ကလေး	gə le^{53}	lu^{33} pɛ^{32} tθə ŋɛ^{33}	孩子
အဖေ	ə phe^{22}	to^{32} pha^{32}	父亲
နက်	hnɛʔ^{44}	nɛ^{32}ʔ	揍
အမေ	ə me^{22}	to^{32} mwe^{32}	母亲
လွှင့်ပစ်	hlwĩ^{53} pɪʔ^{44}	lɔ^{53}	扔
ကျစ်ဆံမြီး	tɕɪʔ^{44} shã^{22} mji^{55}	shã^{33} tɕɪ^{32}ʔ	辫子
ရွှေ	ɕwe^{22}	shwe^{33}	金子
မေးစေ့	me^{55} si^{53}	mɛ^{53} se^{32}	下巴
စအို	sə o^{22}	phĩ^{33} pau^{32}ʔ	肛门
စောက်	sauʔ^{44}	pɛ^{53} i^{53}	女阴
အဖိုးအို	ə pho^{55} o^{22}	pho^{53} o^{33}	老头儿
အဘွားအို	ə phwa^{55} o^{22}	paũ^{33} o^{33}	老太太
လုံအပျို	loũ^{22} ma^{53} pjo^{22}	mi^{32} ni^{33}	姑娘
မိတ်ဆွေ	meɪʔ^{44} shwe^{22}	pɔ^{53} leĩ^{53}	朋友
လုပ်ဖော်ကိုင်ဘက်	louʔ^{44} phɔ^{22}kaĩ^{22}bɛʔ^{44}	pɔ^{53} l aĩ^{53}	伙伴
ဘွားဘွား	phwa^{55}phwa^{55}	ə paũ^{33}	奶奶
နွားပေါက်	nə pauʔ^{44}	nwɑ^{53} tθə ŋɛ^{33}	牛犊
ရှဉ့်	ɕĩ^{53}	shĩ^{32}	松鼠

（续表）

缅甸文	仰光话	德努词	词义
ပုရွက်ဆိပ်	pə jwɛʔ⁴⁴ sheɪʔ⁴⁴	sə mwa³²	蚂蚁
အနံ့	ə hnã²²	ə nã³³	穗
ငရုပ်သီး	ŋə jou⁴⁴ tθi⁵⁵	sa³²ʔ tθi⁵⁵	辣椒
ဖက်ဘက်ရည်	lə phɛʔ⁴⁴ je²²	ə tɕho³³ je³³	茶
ခြံစည်းရိုး	tɕhã²² si⁵⁵ jo⁵⁵	sɑũ³³ jã⁵³	篱笆
မီးကျီး	mi⁵⁵ tɕi⁵⁵	mi⁵³ tɕe⁵³	火炭
ချိန်ခွင်	tɕheĩ²² khwĩ²²	ja³³ zu³³	秤
သံချွန်	tθã²² dzũ²²	mɛ³³ na³²	钉子
လင်းကွင်း	lə kwĩ⁵⁵	lə khwĩ⁵³	钹
အဆိပ်	ə sheɪʔ⁴⁴	ə shaɪ³²ʔ	毒
အရှေ့	ə ɕe⁵³	ə she³²	东
ရှေ့	ɕe⁵³	she³²	前
ကနေ့	gə ne⁵³	ə khu³² ne³²	今天
မနေ့က	mə ne⁵³ ga⁵³	mə ne³² doũ⁵³ ga³²	昨天
တနေ့က	də ne⁵³ ga⁵³	ho⁵³ ne³² doũ⁵³ ga³²	前天
တမြန်မနေ့က	də mjã²² mə ne⁵³ ga⁵³	ho⁵³ ə jĩ³³ ne³² ga³²	大前天
နက်ဖြန်	nɛʔ⁴⁴ phjã²²	mə nɛ³²ʔ kha³³	明天
ရေနှစ်	ɕe⁵³ hnɪ⁴⁴	she³² nɪ³²ʔ	明年
နောက်နှစ်နှစ်	nauʔ⁴⁴ hnə hnɪʔ⁴⁴	nau³²ʔ nə nɪ³²ʔ	后年
ရှစ်	ɕɪʔ⁴⁴	shɪ³²ʔ	八
စည်း	si⁵⁵	sɛ⁵³	捆
အားလုံး	a⁵⁵ loũ⁵⁵	ə koũ³³ woũ⁵³	大家
ဘယ်အချိန်	bɛ²² ə tɕheĩ²²	ba³³ ə tɕheĩ³³	几时
ဘယ်လို	bɛ²² lo²²	zə lo³³	怎么
ဘယ်လောက်	bə lauʔ⁴⁴	zə lau³²ʔ i⁵³	多少
သေး	tθe⁵⁵	kĩ⁵³	细
ဟောင်းလောင်း	haũ⁵⁵ laũ⁵⁵	ə pwa³³ i⁵³ / ə pwa³³ ri⁵³	空

(续表)

缅甸文	仰光话	德努词	词义
ကြည်လင်	tɕi²² ʃi²²	tɕe³³/ tɕɛ³³	清澈
နောက်	nauʔ⁴⁴	tɕu³² (古词)	浑浊
ဟောင်း	hãũ⁵⁵	sou³²ʔ	旧
ဈေးကြီး	ze⁵⁵ dʑi⁵⁵	ze⁵³ sha⁵³	贵
ပေါ့	pɔ⁵³	pjɛ³³	淡
ရှင်း	ɕĩ⁵⁵	shĩ⁵³	清楚
ကြည့်ကောင်း	tɕi⁵³ kãũ⁵⁵	tɕe³² kãũ⁵³	好看
အလုပ်ကြိုးစား	ə louʔ⁴⁴ tɕo⁵⁵za⁵⁵	ə louʔ³²ʔ kɛ⁵³	工作努力
ရှိခိုး	ɕɪʔ⁴⁴ kho⁵⁵	shi³² kho⁵³	拜
အခွံနွှာ	ə khũ²² hnwa²²	ə khũ³³ nwe⁵³	剥（壳、皮）
ဝှက်	phwɛʔ⁴⁴	ãũ⁵³	藏
မြည်းကြည့်	mji⁵⁵ tɕi⁵³	mje⁵³ tɕe³²	尝
အမဲလိုက်	ə me⁵⁵ laɪʔ⁴⁴	tɔ⁵³ lɛ³³	打猎
တလင်းနယ်	tə ʃi⁵⁵ nɛ²²	pou³²ʔ	打场
လမ်းပြ	lã⁵⁵ pja⁵³	lã⁵³ jo⁵³	带路
ခေါင်းငုံ့	gãũ⁵⁵ ŋõũ⁵³	khãũ⁵³ ŋaɪ³²ʔ	低头
လုပ်ရှား	hlouʔ⁴⁴ ɕa⁵⁵	louʔ³²ʔ sha⁵³	活动
မီးရှို့	mi⁵⁵ ɕo⁵³	mi⁵³ sho³²	放火
ခွဲ ဝေ	khwɛ⁵⁵ we²²	khwɛ⁵³ pha³²	分配
ခန့်မှန်း	khã⁵³ hmã⁵⁵	wa³³tɕe³²	估计
ပြန်ဆပ်	pjã²² shaʔ⁴⁴	lɛ³²ʔ sa⁵³ sha³²ʔ	还（钱）
လမ်းဖယ်ပေး	lã⁵⁵ phɛ²² pe⁵⁵	lã⁵³ lwe⁵³ pe⁵³	让路
အိပ်ပျော်	eɪʔ⁴⁴ pjɔ²²	aɪ³²ʔ mwe³³	睡着
လေရှူရိုက်	le²² ɕu²² ɕaɪʔ⁴⁴	le³³ shu³³	吸（气）
ယိမ်းယိုင်	jẽĩ⁵⁵ jãĩ²²	nũ³²	摇晃
ကွေ့	kwe⁵³	waɪ³²ʔ	转弯

6. 德努方言的句法

德努方言的语法与仰光话的语法基本相同，只是语言中的助词不同，形成许多差别。

助词在缅甸语句子中使用频率很高，助词的差异使不同方言区的语言产生分歧，造成语言交流上的困难。德努方言和仰光话之间就有许多不同的地方（下面用黑线标出）。例如：

（1）主语助词：

这只（鸡）是公鸡。

仰光话　　di^{22} gaũ ^{22} ga^{53} tɕɛʔ^{44} pha^{53} bɛ^{55}

德努方言　he^{33} kaũ ^{33} ɦɑ^{32} tɕɛ^{32ʔ} pha^{32}

（2）宾语助词：

给他吧。

仰光话　　tθu^{53} go^{22} pe^{55}ba^{22}

德努方言　tθu^{32} go^{33} pe^{53} ma^{32}

（3）谓语助词：表动词的完成态

全都吃掉了。

仰光话　　ə koũ ^{22}sa^{55}pɪʔ^{44} laɪʔ^{44} dɛ^{22}

德努方言　ə koũ ^{33}sɑ ^{53} pə laɪ^{32ʔ} ɦɛ^{33}

（4）谓语助词（句尾助词）：表一般时、过去时

我们去种稻。

仰光话　　tɕə nɔ^{22} do^{53} kauʔ^{44} tθwa^{55} saɪʔ^{44} dɛ^{22}

德努方言　tɕə nɔ^{33} do^{32} kau^{32ʔ} tθɔ^{53} seɪ^{32ʔ} ɦɛ^{33}

（5）定语助词：表领属

我的手疼着呢。

仰光话　　tɕə nɔ^{53}lɛʔ^{44} ga^{53} na^{22}nei^{22}dɛ^{22}

德努方言　tɕə nɔ^{32} lɛ^{32ʔ} na^{33} nei^{33} ɦɛ^{33}

（6）状语助词：

① 表地点

树上有三只鸟。

仰光话　　tθɿʔ⁴⁴ pĩ²² pɔ²² hma²² hŋɛʔ⁴⁴ tθoũ⁵⁵ gaũ²² ɕi⁵³dɛ²²

德努方言　tθɿ³²ʔ pĩ³³ pɔ³³ ma³³ ŋɛ³²ʔ tθoũ⁵³ gaũ³³ i⁵³ nɔŋ³³

② 表时间

昨天狗叫了一夜。

仰光话　　mə ne⁵³ ga⁵³ də n̠a⁵³ loũ⁵⁵ kwe⁵⁵ haũ²² dɛ²²

德努方言　mə ne³² n̠a³² ka³² kwe⁵³ tə n̠a³² loũ⁵³ haũ³³ ɦɛ³³

③ 表方式

拿锯子锯木头。

仰光话　　tθɿʔ⁴⁴ toũ⁵⁵go²² hlwa⁵³ nɛ⁵³ taɿʔ⁴⁴ mɛ²²

德努方言　tθɿ³²ʔ toũ⁵³ go³³ lwa³² nɛ³² teɿ³²ʔ mɛ³³

有以下几种句子类型：

（1）陈述句：

① 表一般陈述

这山很高。

仰光话　　di²² taũ²²ga⁵³ tθeɿʔ⁴⁴ mjĩ⁵³ dɛ²²

德努方言　he³³taũ³³ ɦa³³jã⁵³ sha⁵³ mjĩ³² jɛ³³ ri⁵³

② 表否定

我不吃猪肉。

仰光话　　ŋa²² wɛʔ⁴⁴ tθa⁵⁵ mə sa⁵⁵ bu⁵⁵

德努方言　ŋa³³ wɛ³²ʔ tθa⁵³ sa⁵³ ĩ³³ u⁵³

（2）疑问句：

① 一般疑问句

我说的对吗？

仰光话　　ŋa²² pjɔ⁵⁵ da²²hmã²² ðə la⁵⁵

德努方言　ŋa³³ pjɔ⁵³ ɦa³³ mã³³ la⁵³

② 特殊疑问句

你找谁？

仰光话　　mĩ⁵⁵ bə ðu²² nɛ⁵³ twe⁵³ dʑĩ²² lo⁵³ lɛ⁵⁵

德努方言　ñĩ³³ bə tθu³³ nɛ³² twe³² ɕĩ³³ lo³² woũ⁵³

这是什么花？

仰光话　　da²²ba²² pã⁵⁵ lɛ⁵⁵
德努方言　he³³ tθɪ⁵² za³³ pã³³ mo³² woũ⁵³
（3）祈使句：
① 表命令
快去！
仰光话　　mjã²²mjã²² tθwa⁵⁵
德努方言　mjã³³ mjã³³ tθwɔ⁵³ / tθwa⁵³ kə lɛɪ³²ʔ sɛ³³
② 表阻止
别喝凉水！
仰光话　　je²² e⁵⁵ mə tθauʔ⁴⁴ nɛ⁵³
德努方言　je³³e⁵³ tθau³² nɛ³² mã³²
（4）感叹句：
① 表惊叹
风好大呀！
仰光话　　tɛ²² pjĩ⁵⁵ thã²² laɪʔ⁴⁴ dɛ⁵³ le²² dʑi⁵⁵ ba²²la⁵⁵
德努方言　le³³ nĩ⁵³ kã³³tɛɪ³²ʔ ne³³ sa³³ i⁵³ pɛ³²
② 表埋怨
哎呀，你总算来了！
仰光话　　ə mə le⁵⁵ la²²gɛ⁵⁵ laɪʔ⁴⁴ tha²²
德努方言　ə lo³³ la³³ khɛ⁵³ mjo⁵³ i⁵³
缅甸语中有不同的句型：单句和复句。
（1）单句：
学生们向老师敬礼。
仰光话　　tɕaũ⁵⁵dða⁵⁵mja⁵⁵ga⁵³ shə ja²²mja⁵⁵go²² ə le⁵⁵pju⁵³tɕa⁵³dɛ²²
德努方言　tɕɔŋ⁵³ tθa⁵³ mja⁵³ ga³² shə ja³³ mja⁵³ go³³ ə le⁵³ pju³² tɕa³² ɦɛ³³
（2）复句：缅甸语的复句是通过各种不同的连接词或助词将单句连接而成。单句和单句之间有各种关系，如并列关系、主从关系等。例如：
① 并列复句：
这只是公鸡，那只是母鸡。

德努方言：he³³ kaũ ³³ga³² tɕɛ³²ʔ pha³² ho⁵³ kaũ ³³ ga³² tɕɛ³²ʔ ma³²

② 主从复句：

A. 表因果

没有车，只能等着。

仰光话　　ka⁵⁵ mə ɕi⁵³ lo⁵³ saũ ⁵³ ne²² ja⁵³ dɛ²²

德努方言　ka⁵³ ɕi³² ĩ ³³ bɛ⁵³ ɦo³² sɔŋ³² ne³³ ja³² ɦɛ ³³

B. 表转折

我不想去，但又不便当面说。

仰光话　　ŋa²²mə tθwa⁵⁵ dʑi ²²bɛ²² mɛ⁵³ daɪʔ⁴⁴ jaɪ⁴⁴ mə pjɔ⁵⁵ kaũ ⁵⁵bu⁵⁵

德努方言　ŋa³³mə tθwɔ⁵³ ɕĩ ³³ lɛ⁵³ deɪ³²ʔ jer³²ʔ mə pjɔ⁵³ kaũ ⁵³ wu⁵³

C. 表假设

这样做不好。

仰光话　　di²² lo²² louʔ⁴⁴ ʃi ²² mə kaũ ⁵⁵ bu⁵⁵

德努方言　he³³ lo³³ lou³²ʔ ʃi ³³ kaũ ⁵³ wu⁵³

实地调查时主要方言发音人和被访问人名单：

哥苗佐昂，男，19岁，德努族，彬德亚镇区棉恰苗乡本耐宾村人。

哥温耐，男，20岁，德努族，彬德亚镇区班锡乡 坚钦苗村人。

杜南登露，女，24岁，德努族，彬德亚镇区耶达偕新路 D 30 号

吴觉伦突，男，50岁，德努族，东枝大学物理系副教授。

哥昂敏吴，男，18岁，德努族，彬德亚镇区棉恰苗乡本耐宾村人。

吴甘突，男，75岁，德努族，彬德亚镇区苏波贡区。

九、蓬方言

缅甸语北部方言"蓬方言"流行在缅甸北部密支那附近地区，是在藏缅语族发展链上具有特殊意义的语言，现在正面临消亡的边缘，能讲蓬语的人愈来愈少（据说十年前能说蓬语的人已不足十人），迫切需要抢救和记录。如果我们通过自己的调查获得第一手的材料，这不仅是一项抢救濒危语言的工作，也是对抢救和留存民族的记忆、抢救和留存活的历史记忆

具有重要意义的事情。

蓬族人原先生活在克钦邦密支那镇区的辛波以南伊洛瓦底江峡谷地带，1964年以前居住于伊洛瓦底江峡谷东边的南和、郭麻、勒玛（从北到南）等村庄。1964年政府合并村庄的时候，蓬族人迁居到伊洛瓦底江峡谷西边的辛波、明达、耶那彬龙、曼雷、多彬龙、彬多、曼京（从北到南）等村庄。蓬族是一个现在正面临消亡的民族，能讲蓬语的人也愈来愈少。在1958年缅甸著名学者吴佩貌丁的记载中，蓬族人口为700人左右。目前蓬族人口只有几十个人，能讲蓬语的人可能已经只有6个人，因为1964年政府合并村庄之后蓬族人被分散到不同的村庄居住，与外人打交道的时候使用的是掸语或缅语，年轻人只在日常生活的很狭小的范围内才偶尔用到一些蓬语词汇。蓬族被称为蓬、傣蓬、傣捧，在名称上以前有 Hpun, Hpôn, Hpwon, Phon, Pön, Phön, Phun 等多种写法，从1931年的印度人口调查报告开始使用 Hpun 作为正式的写法。按照蓬族人自己的说法，蓬族包括大蓬、小蓬两个支系。也有认为蓬族包括蓬佩（或称蒙第蓬、梅棹蓬）、蓬萨蒙（或称蒙翁蓬）两个支系。一些学者认为蓬方言可分为北部方言（密支那镇区的明达、耶那彬龙、曼雷、多彬龙、彬多、曼京等村庄）、南部方言（八莫镇区的一些村庄）。

蓬方言是保留了古缅语特征的语言，《缅甸语言调查》中认为蓬族是属于藏缅语族的民族。来源于中国古代氐羌族群的藏缅系民族南迁中南半岛，逐渐向南方迁徙，在7世纪时越过掸邦高原南下，到达缅甸中部并定居下来。而蓬族则留在了伊洛瓦底江峡谷地带，没有跟随缅族的主体继续南下，后来一直处在掸族的包围中，民族特点上与缅族主体的相似性越来越少，而语言上则保留了大量的古缅语特征。由于近年来缅甸边境地区局势不稳，我们原计划去蓬族地区做田园调查被迫取消，实在是件憾事。本著作中现有的蓬方言的材料主要是由汪大年和蔡向阳根据前人调查的基础上总结和研究得出的结论。原有的调查材料十分简单，故有许多地方与其他方言材料相比残缺不全。有些例子只能阙如。

1. 蓬方言的辅音系统

蓬方言的辅音与仰光话差别较大。为了便于比较，我们将蓬方言与缅甸语的标准话仰光话中的辅音并列如下：

仰光话中的单辅音（26个）	蓬方言中的单辅音（30个）
k, kh, g	k, kh(x), g
t, th, d	t, th, d
p, ph, b	p, ph(ɸ), b
s, sh, z	s, sh, z, ts
tɕ, tɕh, dʑ	tʃ, tʃh, dʒ
m, n, ŋ, ȵ	m, n, ŋ, ɲ
tθ (dð)	
l, w, j	l, w, j
ç, h, ʔ	tθ, r, ʃ, ɣ, h, ɦ, ʔ

仰光话中的复辅音（38个）	蓬方言中的复辅音（17个）
pj, phj, bj	pj, phj, sj
mj, lj, tj	mj
kw, khw, gw	kw, khw
tw, thw, dw	tw, thw
pw, phw, bw	pw
sw, shw, zw	sw, shw
tɕw, tɕhw, hw	tʃw, hw
mw, nw, ŋw	mw
tθw (dðw)	
lw, jw, çw	lw
hm, hn, hŋ, hȵ	hm
hmw, hnw	
hl, hlj, hlw	hl
hmj	

蓬方言中辅音例词：

辅音	例词	语音	词义
k	ကောင်း	kɔŋ²²	好
kh	ကြည်	khu²²	看
(x)	သွား	xo⁵¹	去
g	တောင်	gə tho⁵¹	山
s	တွန်း	saĩ⁴⁵⁴	推
sh	သောက်	shouʔ⁵²	喝
z	ဇောက်ထိုး	zauk²²tho⁴⁵⁴	倒悬
t	သူ	toʔ⁵²	他
th	ထွက်	thoʔ⁵²	出去
d	သန်းခေါင်	də gaũ²²	子夜
ts	စောက်	tsu⁵¹ ma⁵²ʔ	女阴
p	ပေး	pi²²	给
ph	သစ်ပင်	phuŋ⁴⁵⁴	树
(ɸ)	ပုန်း	ɸo²²	躲藏
b	ပါးသပ်	bə za²²	嘴巴
tʃ	ကျွန်း	tʃɛŋ⁴⁵⁴	柚木
tʃh	ကြက်	tʃho⁵¹	鸡
dʒ	လူကြီး	dðə dʒi⁵¹	大人
m	ဟုတ်(သည်)	mai⁵²ʔ	是
n	နှိပ်	nɛ⁴⁵⁴	压
ŋ	ငါးချဉ်	ŋə ʃe²²	酸鱼
ɲ	လေး	ɲi²²	四
θ	အသီး(သစ်သီး)	θi⁴⁵⁴	果子
r	ကြောင်မ	rə mi⁴⁵⁴	母猫
ʃ	သေ	ʃi⁴⁵⁴	死
ɣ	ဝင်	ɣo⁵⁵	进来
h	ဟို	hu⁴⁵⁴	那

（续表）

辅音	例词	语音	词义
ɦ	လား	ɦo^{52ʔ}	吗（疑问助词）
ʔ			
l	ခြေထောက်	lo^{51}khi^{22}	腿
w	ပစ်	wɪŋ^{454}	扔
j	ယို	jo^{22}	漏
pj	ပြို	pju^{454}	倒塌
phj	ဖြည်းဖြည်း	phje^{454}phje^{454}	慢慢地
sj	ဆီ	ə sjaĩ^{454}	油
mj	မြင်	mjo^{22}	看见
kw	နှာခေါင်း	na^{52ʔ}kwaŋ^{55}	鼻子
khw	ဟောင်	ə khwi^{22}	吠
tw	ခေါက်	twaɪŋ^{55}	折叠
thw	ယုန်	paŋ^{22}thwaĩ^{454}	兔子
pw	ပွဲ	pwɛ^{454}	节日
sw	မီးသွေး	mi^{454}swe^{454}	木炭
shw	ကူညီ	shwaĩ^{454}	帮助
tʃw	တစ်ဆယ်	tʃwa^{52ʔ}	十
hw	ကျွဲချို ။ဆတ်ချို	khau^{52ʔ} hwaĩ^{454}	牛角，鹿角
mw	ရေမှုတ်	na^{52ʔ}mwe^{454}	水瓢
lw	လွတ်	lwa^{52ʔ}	逃脱
hm	မိန်းကလေး	hmi^{22}sa^{22}	小姑娘
hl	လှည်	hlɛ^{51}	转动

注：在蓬语中极少见到 ts 音，现代缅甸语中的 ဆ (s) 音，在古时应该是 ts 音，但是例证很少，蓬语的个例，却是很有价值的证据。

2. 蓬方言的元音系统

蓬方言中有单元音韵母 10 个，带喉塞韵尾的韵母 8 个，带鼻元音韵母 7 个。带喉塞音韵母和鼻元音韵母中包括双元音各 4 个。

（1）单元音：

蓬方言中的单元音比仰光话多。只有短促元音与仰光话并不完全相同。蓬方言共有 10 个单元音：

缅甸语标准音：a, i, u, e, ɛ, ɔ, o

蓬方言：a, i, u, e, ɛ, ɔ, ʌ, o, ɣ, ə

例词：

单元音	例词	语音	词义
a	ခါး	kha²²	苦
i	သေ	ʃi⁴⁵⁴	死
u	ဥ	u⁵¹	蛋
e	ချဉ်	ʃe²²	酸
ɛ	ဖျံ	shɛ²²	水獭
ɔ	ပျော်	pjɔ²²	高兴
ʌ	သွားသည်	lʌ⁵⁵ lʌ⁵⁵	去
o	ဦးခေါင်း	ho⁴⁵⁴	头
ɣ	နိုင်သည်	nɣŋ⁵⁵	赢
ə	ဆား	shə⁴⁵⁴	盐

（2）复元音：

ei、ai、au、ou

元音	例词	语音	词义
ei	ပိတ်	pei⁵²ʔ	关闭
ai	အိပ်	ai⁵²ʔ	睡
au	ချောင်း	gauŋ²²	条（量词）
ou	သောက်	shou⁵²ʔ	喝

（3）鼻元音：

蓬方言中的单元音如后面有鼻辅音韵尾，受鼻辅音韵尾的影响，单元音转化为鼻化元音。而 aĩ、aũ、oũ 不论后面有无鼻辅音韵尾，皆为鼻元音，例如：

鼻元音	例词	语音	词义
aĩ	မြည့်	pjaĩ²²	满
aũ	သန်းခေါင်	də gaũ²²	子夜
oũ	ပေါင်း	poũ²²	包

（4）带辅音韵尾的韵母：

蓬方言中有一类带辅音韵尾的韵母，其特点与仰光话中的辅音韵尾并不相同，有带塞音 p、t、k、ʔ 的韵母和带鼻辅音 m、n、ŋ 的韵母，这些充分反映了古缅语的语音面貌。例如：

辅音韵尾	例词	语音	词义
p	ဆက်ကပ်	kap²²	献
t	တစ်ဆယ်	tʃwat⁵⁵	十
k	တိုက်	wok⁵⁵	（风）刮
ʔ	လွယ်ကူ	lwi⁵²ʔ	容易
m	ကစား	gə zam⁵⁵	玩耍
n	အစိမ်းရောင်	ɔn²²tʃho²²	绿色
ŋ	ဦးခေါင်း	ə pɔŋ⁵⁵	头

3. 蓬方言的声调系统

蓬方言声调共有 8 个，分别为高降、高升降、高平、低平、短促调，加上带鼻辅音韵尾的 3 个声调。

声调	例词	语音	词义
高降调	လှည်	hlɛ⁵¹	转动
高升降调	ဆား	shə⁴⁵⁴	盐
高平调	နိုင်သည်	nɣŋ⁵⁵	赢
低平调	ချဉ်	ʃe²²	酸
短促调	ပိတ်	pei⁵²ʔ	关闭

另有带鼻辅音韵尾的 55、22、51 调。

4. 蓬方言的音节结构

（C 辅音，V 元音，T 声调）

序号	音节类型	例词	词义
①	VT	u^{51}	蛋
②	CVT	khu^{22}	看
③	CVCT	$phuŋ^{454}$	树
④	CVVT	$sãɪ^{454}$	推
⑤	CVVCT	$shou^{52ʔ}$	喝
⑥	CCVT	pju^{454}	倒塌
⑦	CCVCT	$na^{52ʔ}\,kwaŋ^{454}$	鼻
⑧	CCVVT	$shwãɪ^{454}$	帮助
⑨	CCVVCT	$twaɪŋ^{55}$	折叠
⑩	VVCT	$aɪ^{52ʔ}$	睡

5. 蓬方言词的结构

蓬方言的词结构与仰光话相似，现将不同的词列于下面：

语音	例词	词义
$i^{51}sa^{22}$	ညီမ	妹妹
$u^{22}khwi^{22}$	အိုး	瓶罐
$u^{454}tʃho^{22}$	ဘူးသီး	瓠瓜
u^{51}	ဥ	蛋
u^{454}, hu^{454}	နေ(ကိယာထောက်)	正在
$uŋ^{22}$	တယ်/သည်(ကြိယာပ)	极
$o^{22}khwi^{22}$	အိုး	瓶罐
$ɔn^{22}\,tʃho^{22}$	စိမ်း(သည်)	绿
$ɔŋ^{22}\,hɛŋ^{22}$	အားကြီး/အများကြီး	非常/多
$aŋ^{22}$	ဝပ်(သည်)	伏
$aŋ^{22}$	အုံး(သည်)	枕（动词）

（续表）

语音	例词	词义
ə pha²²	အဖေ	父亲
ə sja²²	လျှာ	舌
ə na²², ə na⁵¹	နား	听
ə nɔŋ²²	ကျော်	超过
ə ŋo⁵¹ ʃi⁴⁵⁴	ငှက်ပျောသီး	香蕉
ə sjaĩ⁴⁵⁴	ဆီ	油
ə lo²²	ယောက်ျား/ခင်ပွန်း	男子/夫妻
ə sa²², ə sə⁴⁵⁴	သား/သမီး/ကလေး	儿子/女儿/小孩
ə tʃhi²²	အကြီး	大的
ə ʃo²², ə so²²	အဖော်	伙伴
ə mjo⁴⁵⁴	အမျိုး/ဆွေမျိုး	亲属/亲友
ə shi⁴⁵⁴	အသီး	果实
ə mji²²	မြေး	孙子
ə ɸu²² mo⁴⁵⁴/ə ɸu²² mo²²	အဘိုး/အဘိုးကြီး	祖父
ə jaŋ⁴⁵⁴ mo⁴⁵⁴/ə ji⁴⁵⁴ mo⁴⁵⁴	အဘွား	祖母
ə pɔŋ²²	ဦးခေါင်း	头
ə shɛ²²	ဆံပင်	头发
ə lo²²/ə lo⁵¹	လက်	手
ə kɛ⁵²ʔ/ə pjɛ⁵²ʔ	အသစ်	新东西
ə hɔŋ²²	အဟောင်း	旧东西
ə ji²²	အမေ	母亲
ə khɔk/khou⁵²ʔ	အခြောက်	干的东西
ə tʃheĩ²²	အချိန်	时间
ə khaŋ⁴⁵⁴	အခန်း	房间
ə shi²²	အဆီ	油
ə khwi²²	ဟောင်(သည်)	吠

(续表)

语音	例词	词义
a maĩ²²	လိုက်တာ(ကြိယာပ ပစ္စည်း)	表动作完成
ə jaŋ²²	အရင်	之前
ɔ̃⁴⁵⁴	ဝပ်(သည်)	伏
ein⁴⁵⁴ ma⁵²ʔ	ဓားအိမ်ပါသောဓား	带鞘的刀
aiŋ²² kuŋ²²/aiŋ²² kɔ̃²²	တော	森林
aĩ²² jo⁵¹	နေ့	日
aĩ²²/aiŋ²²	အိမ်	家
aiŋ²²	ချင်(ကြိယာထောက်)	表愿望
paŋ⁴⁵⁴	ပြောင်	光
pə sə⁴⁵⁴	ပါးစပ်	嘴巴
po⁴⁵⁴	(ဂုံး)ပိုး(သည်)	驮
pauŋ²²khauŋ⁴⁵⁴	ပေါင်းချောင်	蒸笼
pi²²pi⁴⁵⁴	မမ(ရှမ်း)	母亲
pak ma⁴⁵⁴	ဝမ်းပိုက်	肚子
pu²²	ကွမ်းရွက်(ရှမ်း)	蒟酱叶
pə za²²	ပါးစပ်	嘴巴
pã²² xã²²	နံရိုး	肋骨
pẽ iŋ⁴⁵⁴	မျော့(ရှမ်း)	蚂蟥
pi⁴⁵⁴	ဘီး	梳子
pai⁵²ʔ	ပြေး(သည်)	跑
pei⁵²ʔ	ပိတ်(သည်)	关
pjɔ²²	ပြော(သည်)	说
paŋ⁴⁵⁴	ပင့်(သည်)	抬
pi²²	ပေး(သည်)	给
pa⁴⁵⁴	ရှိ(သည်)	有
pu²²/pu⁴⁵⁴	ပူ(သည်)	热
pəŋ⁴⁵⁴	အများကြီး	多
pa⁴⁵⁴	ဘာ(အမေးပ)	什么

(续表)

语音	例词	词义
pwɛ⁴⁵⁴	ပွဲ	集会
pjɛ⁵¹ja²²	ဆိတ်	羊
pjɛ⁵¹pha²²	တောင်ဆိတ်	山羊
pjɔŋ⁴⁵⁴	ပြောင်းဖူး	玉米
pjaĩ²²	ပြည့်(သည်)	满
pju⁴⁵⁴	ပြို(သည်)	倒塌
pjɛ²²	ပြန်(သည်)	回
phə ja⁴⁵⁴	ဘုရား	佛
phuŋ⁴⁵⁴ sə maŋ⁵⁵	ဖွန်းစမန်	蓬萨蒙（蓬族的一个支系）
phu²²khə laĩ²²ou⁵²ʔ	ကြိမ်ဖူး	藤梢
phoũ⁴⁵⁴tʃi⁴⁵⁴/ boŋ⁴⁵⁴dʑi⁴⁵⁴	ဘုန်းကြီး	和尚
phje⁴⁵⁴ phje⁴⁵⁴	ဖြည်းဖြည်း	慢慢地
tə ŋə⁴⁵⁴	ငါး	鱼
tə mu²²	မိုး	雨
tə pɛ²²	ပန်း	花
te²²/tɛ²²	တော်(တန်)	正确的
tə maiŋ⁵⁵	စကား	话语
tsu⁵¹ma⁵²ʔ	စောက်ပတ်(ဆဲသောစကား)	屄（骂人的粗话）
tə mo⁵¹	မိုး	雨
tə kwe⁵¹	ဆန်ကော	匾
tɔŋ⁴⁵⁴	တောင်း(ရှမ်း)	筐
to²²	တွင်း/တွင်းပေါက်	井
tə mi²²sa²²	မိန်းမ/ဇနီး	女性
tə mai⁵²ʔ	မျှစ်	竹笋
tə paŋ⁴⁵⁴	အများကြီး	许多的
to²²wak	တစ်ဝက်	一半
ta⁵⁵, tə⁴⁵⁴	ဘာလဲ	什么

（续表）

语音	例词	词义
te⁵¹	တို့(အများပြနောက်ဆက်)	们
tə phje²²	ဝါးမှို	竹菇
tə mje²²	မြေ	土地
tə khwi⁵⁵	ခွေး	狗
tə⁵²ʔ	ဘယ်	左
tə wa⁴⁵⁴/ tə wok	ဝက်	猪
taĩ⁴⁵⁴	ဘယ်	什么
tə⁵²ʔ/ tə⁴⁵⁴	ဘယ်	什么
tɔ²²	ပဆုပ်ပနိ(ကောင်)/ ပဒူ(ကောင်)	大黄蜂
te²²tʃhã²²/ ti²²tʃhã²²	သီချင်း	歌曲
tə mi²²/ tə mi⁴⁵⁴	မီး	火
tə wa²²	ဝါး	竹子
te shi⁴⁵⁴/ te shji⁴⁵⁴	လုံချည်၊ထဘီ	筒裙
tə mi²²shu⁴⁵⁴	အပျို	处女
tə maĩ²²	စကား	话
tə sha²²	ဖျာ၊သင်ဖြူး	席
twaiŋ²²	တီးခေါက်(သည်)(< ရှမ်း)	弹
taĩ²²	ချက်(သည်)	烹饪
tɛ⁵¹juŋ⁴⁵⁴	ယူ(သည်)	拿
to⁵¹	ရိုက်(သည်)/တက်(သည်)	打
to²²	တိုး(သည်)	增长
tu kɔŋ⁴⁵⁴	တစ်ခု	一个
toũ²²	ပေါင်း(သည်)	包头
thɔŋ⁴⁵⁴/thɔŋ²²	ထောင်း(သည်)	舂
thə mo²²	ယောက်ျား	丈夫
tho⁵¹/ tho⁵²ʔ	ထွက်(သည်)	出去
thɛ⁵²ʔ	လုပ်(သည်)	运动
thaĩ²²/ thəŋ⁴⁵⁴/ thɔŋ²²	ထိုင်(သည်)	坐

(续表)

语音	例词	词义
thaĩ²²	ထည်(သည်)	放
tho⁵²ʔ/ tho⁵¹	ပြော(သည်)	说
də guã²²taĩ²²	သန်းခေါင်ကျော်	刚过半夜的时候
kə sho²²/ sho²²	ဆင်	象
kə la²²/ gə la²²	ကျား	虎
kə tho²²	ထင်း	柴
kə we²²	မျောက်	猴子
ka⁴⁵⁴we²²	မျောက်ကြီး	大猴子
kok	ကုပ်(သည်)	压紧
kə ɲi⁴⁵⁴	ကလေး	小孩
kɔŋ²² pɔŋ²²	ခေါင်းခေါင်း	包头
kap	ဆက်(သည်) (< ရှမ်း)	连接
ka⁴⁵⁴	က(သည်)	跳舞
kə no⁵²ʔ	မည်း/နက်(သည်)	黑
kwam²²nan⁴⁵⁴	(ကလေး)သိပ်သည်။	哄孩子睡觉
kok	ကောက်(ယူ) (သည်)	摘取
kwaĩ⁴⁵⁴	ကုန်(သည်)	用尽
kwaŋ²²	ကောင်း (သည်)	好的
kɔŋ²²jɔŋ²²	ငါးခု	五个
kɔŋ⁴⁵⁴jɔŋ⁴⁵⁴	ခြောက်ခု	六个
kou⁵²ʔkou⁵²ʔlei⁵²ʔlei⁵²ʔ	ကောက်ကောက်ကွေ့ကွေ့	弯弯曲曲
kə ji⁵²ʔ	ယပ်တောင်	扇子
ku²²	ကူး(သည်)	渡
kə la²²	ကုလား	印度人
kə ʃi²²	ဆေး(ဝါး)	药
kok	စပါး	稻谷, 谷物
kə lə⁵²ʔtʃi²²	ကန့်လန့်စင်းချိတ်	横条纹
kə khaŋ²²	ကချင်	克钦

（续表）

语音	例词	词义
ku²²taŋ²²	ပန်းကန်(လုံး)	碗盘
kə li⁴⁵⁴	လေ	风
kaŋ²²	ဒူးလေး(ရှမ်း)	弩
kə tõ²²	တောင်	山
kok ɲo⁴⁵⁴	ကောက်ညင်း	糯米
khə ni⁴⁵⁴	ဒီနေ့(ရှမ်း)	今天
khlaĩ²²ou⁵²ʔ	ကြိမ်ဖူး	藤梢
khə ra⁵²ʔ	ရွာ	村
khək	ခွက်	杯
khwaĩ²²ma⁵¹	ချွေးမ	儿媳妇
khə wa⁴⁵⁴	ဝါး	竹
khouk	ခွက်	杯
khə lok	ကျောက်ခဲ	石块
khə ji⁵⁵/ khə ji⁴⁵⁴	လမ်း	路
khɔ⁴⁵⁴bou⁵²ʔ	ခေါပုပ်	糯米饭与芝麻捣烂后做成的糕
khwaŋ²²	ပစ်(သည်) (ရှမ်း)	投，掷
kho⁵¹	ကိုက်(သည်)	咬
kho²²/ kʰo⁴⁵⁴	ချင်(ကြိယာထောက်)	想
khu²²	ကြည့်သည်	看，观看
kho⁵¹	အခြောက်လှမ်း(သည်)	晾干，晒干
kha²²	ခါး(သည်)	苦
khou⁵²ʔ/ kho⁵¹	ခြောက်(သည်)	干涸
khɛ⁴⁵⁴	ရောက်(သည်)	到，到达
khwi⁴⁵⁴	ချို(သည်)	甜
khə me²²	မနေ့က	昨天
gaũ²²	ချောင်း(မျိုးပြ)	条
gə nɛ²²	နီ(သည်)	红

（续表）

语音	例词	词义
gə zəŋ^{454}/gə za^{22}	ကစား(သည်)	玩
gə so^{55}/gə ʃo^{55}	ဆင်	大象
gə shu^{454}	ဆူး	刺，有刺的植物
gə li^{22}	ကျွဲ	水牛
tʃauŋ^{454}	ကျောင်း	寺庙，学校
tʃi^{22}ɦok^{52ʔ}	ရက်ကန်းစင်(ရှမ်း)	手工织布机
tʃɛ^{22}	ကမ်း	堤岸
tʃwat^{52ʔ}	တစ်ဆယ်	十
tʃo^{22}	ကြောက်(သည်)	害怕
tʃik^{52ʔ}	ကြိတ်(သည်)	碾，压
tʃɛ^{22}	ရင့်(သည်)(ရှမ်း)	熟，成熟
tʃi^{22}	ဝ/ကြီး(သည်)	大，胖
tʃa^{51}	ကျ(သည်)	落，掉下
tʃho^{52ʔ}/ tʃhok	ကြက်	鸡
tʃho^{22}/ tʃho^{22}pɔ^{52ʔ}	ဟင်း	菜，菜肴
tʃho^{22}shji^{22}/ tʃho^{22}ʃi^{22}	မုန်ညင်း	白菜，芥菜
tʃha^{22}	ကြား(သည်)	听见，听到
tʃho^{51}	ကြောက်(သည်)	害怕
tʃhaŋ^{22}	ချိတ်(သည်)	钩，挂
tʃhi^{22}	ချေး(သည်)	贷款，借贷
tʃhi^{55}ma^{52ʔ}	ရေချိုး(သည်)	洗澡
tʃhi^{454}ku^{22}	ရေကူး(သည်)	游泳
tʃhaĩ^{55}	ချမ်း(သည်)	冷
tʃhi^{22}	ကြီး(သည်)	大
tʃhi^{22}	တိမ်	云，云彩
tʃhi^{55} tʃhi^{52ʔ}	ကြမ်းပိုး	臭虫
tʃhɔŋ^{22} kɔŋ^{22}	တောထဲကမြက်များ	林中的草
tʃhɛ^{51}ŋɛ^{22}	ခရမ်း(သီး)	茄子

（续表）

语音	例词	词义
tʃhi⁴⁵⁴hno⁴⁵⁴	ဆီးနှင်း	雾，露水，雪
tʃhi⁵⁵	ရေ	水
tʃhɛ²²pe²²	ဟင်းပြင်း(ရွက်)	蔬菜
tʃhɔŋ²²	ကြောင်	猫
tʃhɛ⁴⁵⁴pje²²	ကင်ပွန်းချဉ်	皂角，皂荚
hmi²²sa²²	မိန်းမ/ဇနီး	女人，夫人
maŋ²² taŋ²²	ရှစ်ခု	八个
mə re⁵¹	မ--တော့(ဘူး)/သေး(ဘူး)	不再……，还没……
mə o⁵¹	မ--(ဘူး)လား(ကြိယာပ)	不是吗
məŋ⁴⁵⁴ təŋ⁴⁵⁴	ပိန္နဲ(သီး)	树菠萝，菠萝蜜
mə pa⁵²ʔxə ram⁴⁵⁴	ရွှေဖရုံ(သီး)(ရှမ်း)	南瓜
mɔ²²touŋ²²/mɔ²²toŋ²²	အိုး	瓶，罐
mɛ²²na⁵²ʔ	သံအသေး	铁钉
maiŋ⁴⁵⁴na⁵²ʔ	သံအသေး(ရှမ်း)	铁钉（掸语）
məŋ⁴⁵⁴	ရွှေ(ရှမ်း)	黄金，金子（掸语）
mɛ⁵²ʔtʃɔ⁵²ʔ	မယ်ကျော်	俊俏的女子
muk sho⁴⁵⁴	မုဆိုးဖို(ဖို/မ)(ရှမ်း)	鳏夫，寡妇
maŋ²²	တစ်သောင်း(ရှမ်း)	一万
mu⁵¹tʃã²², muk tʃaŋ²²	မန်ကျည်း(သီး)	罗望子树
mi⁵¹haũ²²	ဆူးပုပ်	一种相思树叶，可食
mɔ²²kə jo⁵²ʔ/mə kə jo⁵²ʔ	ထန်းလျက်	棕榈糖
maĩ²²	လည်း	也，又
ma⁵¹	မြင်း	马
mai⁵²ʔ	ဟုတ်(သည်)	是
mə	မ(အငြင်းပ)	不（否定）

（续表）

语音	例词	词义
maĩ⁴⁵⁴	မယ်/မည်(ကြိယာပ)	表将来时的谓语助词
mə ja²²	မ--ဘူး(ကြိယာပ)	不……，没有……
mə je⁵¹	မ--သေး(ဘူး) (ကြိယာပ)၊	还没……
mo⁵¹	ဘက်/က(နာမ်ပ)	主语助词
mə sha²²	မ…ဘူး(ကြိယာပ)	不……，没有……
ma⁵¹	မှာ(ကတ္တားပ)	表时间、地点的状语助词
mjaĩ²²	ပိုက်ဆံ	钱
mjo⁵¹	မြင်း	马
mjo²² mjoŋ²²	မြင်(သည်)	看见
nə⁵²ʔmwe⁵¹	ရေမူတ်(ရှမ်း)	水瓢
nək kwã²²	နာခေါင်း	鼻子
nɔŋ²²	အင်း/ရေကန်	湖
nɛ⁵²ʔpho⁵¹ / nɛ⁵²ʔpho⁵²ʔ	လက်ဖက်(ခြောက်/စို)	茶叶
naŋ²²kaŋ²²	ဓား	刀
no⁵⁵	သူ(၏)	他，她，它
nɛ⁵¹	နှိပ်(သည်)	压，按摩
nɛŋ²²	နံ(သည်)	臭，发臭
no²²	(နိုး)ထ(သည်)	醒，起床
niŋ⁵⁵	နီး(သည်)	近
nu⁴⁵⁴	နိုး(သည်)	醒
nɔŋ²²	နေ(သည်)	住，生活
nəŋ⁴⁵⁴	နိုင်(သည်)(ကြိယာပ)	能，可以
nɛ⁵¹	ပြီးမှ(ကြိယာပ)	之后才……（谓语助词）

（续表）

语音	例词	词义
nɛ⁵¹	နဲ့(ကြိယာပ)	谓语助词
nĩ²²	နီး(သည်)	近
nan⁵¹	နန်း	宫殿
no²²	သူ(သည်)/နင်(သည်)/မင်း(သည်)	他，你，你
naiŋ⁴⁵⁴	ပိုးပုဆိုး/ပိုးလုံချည်(ရှမ်း)	（男用）绸纱笼
nu²²	ဟာ/ဒါ(အရာ)	这
nɛ⁵²ʔpho⁵²ʔgaĩ²²	လက်ဖက်ရည်	茶
ɲɔŋ²²	ညောင်	榕树
ɲi²²kɔŋ⁴⁵⁴	လေးခု	四个
ŋe²²ŋɔŋ⁴⁵⁴	ပြီးနေ(ကြိယာပ)	谓语助词
ŋu²²ho⁵²ʔ	သလား(ကြိယာပ)	……吗？（谓语助词）
ŋə pa⁵²ʔ	ငါးပိ	鱼酱
ŋu⁵¹sa⁴⁵⁴/ŋu⁵¹sa²²	ငှက်	鸟
ŋa²²pɔŋ²²	ငုံး	鹌鹑
ŋo²²to²²	အိုး	瓶，罐
ŋa⁴⁵⁴	ငါ	我
ŋu⁴⁵⁴	ငို(သည်)	哭
ŋɔŋ²²	နေ(သည်)	生活
ŋɔŋ²²sha⁴⁵⁴	နေကောင်း(သည်)	饮食起居好，身体舒适
ŋə le	မ…(ဘူး)လေ(ကြိယာပ)	不……，没有……
hle⁵¹	လှည့်(သည်)	转动
la²²	လာ(ကြိယာပ)	来
lok⁵²ʔ	ကျောက်	石，岩石
laŋ⁴⁵⁴	ခဲ	石块，土块

（续表）

语音	例词	词义
lã^{454}nə mo^{22}	အဘွား	祖母，奶奶
li^{22}lo^{55}	လူပျို	男青年，未婚男子
li^{55}	လှေ	船
lɛk / lak	တိုင်	告状
lɔŋ^{22}	လောင်(သည်)	燃烧
lək	ရ(သည်)	得到
lo^{22}	လင်း(သည်)(ရှင်း)	天亮，发光
laĩ^{22}	လည်(သည်)	转；游玩
lə^{454}	လာ(သည်)	来
la^{22}	သွား(သည်)	去
lwa^{52ʔ}	လွတ်(သွား သည်)	逃脱
lwi^{52ʔ}	လွယ်(သည်)	容易
lã^{22}	လိုက်/သွား(သည်)	跟随
lɔ^{55}	လော်(သည်)	划（船）
li^{55}lɔ^{55}	လှေလော်(သည်)	划船
lã^{22}	လျှောက်(သည်)	走
laŋ^{51}	ပေါ(သည်)	多，丰富；便宜
lɔ^{22}, lə^{454}	သွား(သည်)	去
laŋ^{22}	လုံး(မျိုးပြ)	（量词）一个
lɛ^{51}	ခဲ့(ကြိယာပ)	表示过去时；表示祈使语气
laĩ^{22} / laĩ^{454}	မယ်/မည်(ကြိယာပ)	表将来时的谓语助词
li^{22}	တယ်/သည်(ကြိယာပ)	表一般、现在时的谓语助词
laĩ^{22}	တယ်/သည်(ကြိယာပ)	表一般、现在时的谓语助词

(续表)

语音	例词	词义
le⁴⁵⁴	မယ်/တယ်(ကြိယာပ)	表一般现在时与将来时的谓语助词
laĩ⁴⁵⁴	တော့(ကြိယာပ)	谓语助词
le⁵⁵	သွားပြီ/လေပြီ(ကြိယာပ)	谓语助词
li²² / li⁵⁵	လိုက်(ကြိယာပ)	谓语助词
le²²	လေ/လိုက်(ကြိယာပ)	谓语助词
lok²² / ləŋ⁴⁵⁴	ကျောက်တုံး	石头
laŋ⁴⁵⁴ta⁴⁵⁴	လင်းတ	秃鹫
lɔk²²le⁴⁵⁴	လောက်လေး/လေးခွ	弹弓
lo⁵¹khji²² / lo⁵¹khi²²	ခြေထောက်	脚
lə a⁵¹	အ အ	傻瓜
lɔ²²	လည်း	车
ɸũ²²	ဖွန်(လူမျိုး)	蓬族
ɸu⁵²ʔ	မှုတ်(သည်)	吹
tθi⁴⁵⁴mɔ²²	သဘော(သီး)	木瓜
tθə maŋ⁴⁵⁴tʃi⁴⁵⁴	သမန်းကြီး(ရွာ)	斯曼基（村）
tθə maiŋ⁵⁵	စကား	话语
tθu⁵¹khwa²²	သခွား(သီး)	黄瓜
siŋ²² jɔŋ²²	ကိုးခု	九个
saĩ⁴⁵⁴	တွန်း(သည်)	推动，推进
sã²²kho²² / sã²²pho²²	ငရုတ်သီး	辣椒
si⁴⁵⁴sok/si⁴⁵⁴sho⁵²ʔ/ si⁴⁵⁴sou⁵²ʔ	အရက်	酒
sə mo⁵²ʔ	သားမက်	女婿
su⁵¹khaŋ²²	ဖန်ခါးသီး	藏青果
sauŋ²²	ခြင်း	篓，筐
sɔ⁵¹	ဇွန်း	汤匙

（续表）

语音	例词	词义
sən^{454}	ကိုင်(သည်)	掌握，负责
swai^{52ʔ}	ချိန်ခွင်(ရှမ်း)	秤
swɛ^{454}	ဆွဲ(သည်)	拉
swaik	မှောင်(သည်)	暗
shaŋ^{22}	ကိုရင်	沙弥
shɔ^{52ʔ}fa^{454}	စော်ဘွား	掸族土司
shəŋ^{454} / shə:	ဆား	盐
shaĩ^{22}	ရွှေ	黄金
sha^{22}shu^{55}	ဆားချို(သကြား)	甜话梅
she^{454} / shi^{454}	ဈေး	市场
shi^{454} sho^{51}	အရက်	酒
shɛ^{22}	ဖျံ	水獭
shau^{52ʔ}/ shauk	သောက်(သည်)	喝
sha^{454}	ကောင်း(သည်)	好
shji^{55}	သိ(သည်)	知道
shu^{51}paŋ^{22}	မကောင်းဘူး(ဆဲသောစကား)	不好
sho^{55}	အင်္ကျီ	衣服
shiŋ^{454} shaiŋ^{55}	နည်းနည်းလေး/ငယ်ငယ်လေး	一点点，少许
shɛ^{454} shɛ^{454}	ဆဲဆဲ	即将……时
shaŋ^{22} kɔŋ^{454}	သုံးခု	三个
sha^{22}	တို့/တွေ(အများပြနောက်ဆက်)	名词代词的复数
shɔ^{22} / sha^{22}	စား(သည်)	吃
shou^{52ʔ} / sok	သောက်(သည်)	喝
she^{454}lei^{52ʔ}	ဆေးလိပ်	香烟
sha^{52ʔ}	ထမင်း	饭
shwe^{454} shi^{454}	ဆန်	大米
zauk tho^{454}	ဇောက်ထိုး	倒挂
zauk	စုပ်(သည်)၊ လျက်(သည်)	舔，吸

（续表）

语音	例词	词义
rə hou$^{52?}$	ပြီးပြီလား(ကြိယာ)	完了吗
rə le^{22}	ပြီလေ(ကြိယာပ)	完了
rə mi^{454}	ကြောင်မ	母猫
rɛ^{22}	ပေး(ကြိယာပ)	给
raĩ^{454}	တော့(ကြိယာပ)	将……
ra^{22}	ပြီ(ကြိယာပ)	完结
ʃə wi$^{52?}$	ပွင့်သည်	开
ʃe^{22}	ရှည်(သည်)	长
ʃi^{454}saĩ^{22}	သေး(သည်)	小，细
ʃi^{454}	သေ(သည်)	死
ʃi^{51}	သိ(သည်)	知道
ʃi^{454} / ʃi^{51}	ချဉ်(သည်)	酸
ʃi^{454}saĩ^{22}	နည်းနည်းလေး/ယဲ့ယဲ့လေး	一点点，少许
ʃe^{454}	ချဉ်(သည်)	酸
ʃeiŋ^{454}	သန်း	虱子
ʃi^{454}ta$^{52?}$	ခြေထောက်	脚
ʃɔk pã^{454}	ရှောက်ပန်း(သီး)	柚子
ʃu^{55}	အပျို	少女
ʃi^{454}khwa^{22}	သခွား(သီး)	黄瓜
xu^{22}xu^{454}	ချိုးငှက်(မြည်သံစွဲ)	斑鸠叫声（拟声词）
xi^{454}to^{51}	တုန်လှုပ်(သည်)	震动
	တုန်တုန်ရီရီဖြစ်(သည်)	心惊胆战
xu^{22}	ကြည့်(သည်)	看
xo^{22}	ရ(သည်)	得到
o^{51}	တော့(ကြိယာထောက်)	将……
o$^{52?}$	လာ(သည်)	来
o^{51}	ဝင်(သည်)	进入

（续表）

语音	例词	词义
haĩ so^{51}	ခုနစ်ခု	七个
hai^{52ʔ} kɔŋ^{454}	နစ်ခု	两个
hu^{454}	(သီချင်း)ဆို(သည်)	唱歌
hou^{52ʔ}	ဟုတ်(သည်)	是
həŋ^{454}	ဘဲငန်း(ရှမ်း)	鹅
hei^{52ʔ}	ခေါ်(သည်)	叫
ha^{52ʔ} la^{22}	မနဲ့(ကြိယာပ)	别……
ho^{52ʔ}	လား(အမေးပ)	吗
ho^{52ʔ}	သို့(ပ)	到
huŋ^{454}/ hu^{454}	ဟို/ထို	那
haiŋ^{454}/ haĩ^{454}	ဒီ/သည်	这
ɦɛ^{51}/jɛ^{51}	စို့/ရအောင်(ကြိယာပ)	为了
ɦo^{51}	ဝင်(သည်)	进入
ɦo^{454}	ဦးခေါင်း	头
wan^{22} ta^{454}	ခြံစည်းရိုး(ရှမ်း)	篱笆墙
wi^{454}(vi^{454})	ဘီး	梳子
wok	သွား(သည်)/လာ(သည်)	去/来
wok	(လေ)တိုက်(သည်)	刮风
wiŋ^{454}	ပစ်(သည်)	投
wiŋ^{454}	ပစ်သည်	射击
wok	လိုက်(ကြိယာပ)	表示完成动作助动词
wok	ခဲ့(ကြိယာပ)	表示过去时
wa^{22}	လို(ကြိယာပ)	表示正在
jəm^{454}	မြက်	草
jo^{51}ʃi^{22}/jo^{52ʔ}shi^{454}	မျက်စိ	眼睛
jo^{22}	(ရေ)ယို(သည်)	漏水

(续表)

语音	例词	词义
jã^{55}	လှည်း	打扫
jõ^{454} kha^{22}	နက်ဖြန်	明天
jã^{55} nə mo^{22}	အဘွား	奶奶
ju^{454}/ju^{51}/jɔk	ယူ(သည်)	拿
ji^{454}	ရယ်(သည်)	笑
ja^{51}	ပြီ	了
jok	ယောက်(မျိုးပြ)	个
jo^{22}	မနက်ဖြန်	明天

6. 逢方言的句法

包括简单句和复合句。

简单句分为：

（1）陈述句

① 肯定句

u^{454}ba^{51}aũ^{22}　　shi^{454}sho^{51}　　shou$^{52?}$　　u^{454}　　li^{22}

ဦးဘအောင်　　အရက်　　သောက်　　နေ　　တယ်

吴巴昂正在喝酒。

u^{454}ba^{51}aũ^{22}　　sha$^{52?}$　　sə^{454}　　laĩ^{454}

ဦးဘအောင်　　ထမင်း　　စား　　မယ်

吴巴昂将要吃饭。

u^{454}ba^{51}aũ^{22}　nɛ$^{52?}$pho$^{52?}$　　sə^{454}　　u^{454}　　li^{22}

ဦးဘအောင်　　လက်ဖက်　　စား　　နေ　　တယ်

吴巴昂正在吃腌茶。

no^{22}　　ə sa^{22}　　shaĩ^{454}　　li^{22}

မင်　　ကလေး　　တွန်း　　တယ်

你推小孩。

no^{22}　　ti^{22}tʃhã^{22}　　ɣu^{454}　　li^{22}

သူ　　သီချင်း　　ဆို　　တယ်

他唱歌。

u⁴⁵⁴ba⁵¹aũ²² tʃhi⁴⁵⁴ ku²²
ဦးဘအောင် ရေ ကူး
吴巴昂游泳。

② 否定句

hu⁴⁵⁴mo⁵¹ mə pjɛ²² je²² le²²
ဟိုဘက် မ ပြန် သေး လေ
还没有从那边回来。

teŋ⁴⁵⁴ mo⁵¹ mə lə⁴⁵⁴ le²²
ဘယ်ဘက် မ သွား လေ
哪边都不去。

no²² na⁴⁵⁴ mə tʃha²²
နင် နား မ ကြား
你没听见。

u⁴⁵⁴ba⁵¹aũ²² tʃhi⁴⁵⁴ mə ku²² wa²² le⁵⁵
ဦးဘအောင် ရေ မ ကူး ဘူး လေ
吴巴昂没游泳。

mjaĩ²² mə pa⁴⁵⁴ ŋa²²
ပိုက်ဆံ မ ရှိ ငါ
我没有钱。

（2）祈使句

① 肯定形式

kə ʃi²² sə⁴⁵⁴ wok
ဆေး စား လိုက်
吃药!

khə ji⁴⁵⁴ lɔ²² ɣɛ⁵¹
ခရီး သွား စို့
出发!

tʃhi⁴⁵⁴ pu⁵⁵ shouk le²²
ရေ နွေး သောက် ပါ/လေ
喝开水吧。

hu⁴⁵⁴	mo⁵¹	lɛ⁵¹	hle²²
ဟို	ဘက်	လှည့်	ပါ/လေ

向那边转吧！

② 否定形式

shi⁴⁵⁴sho⁵¹	mə	shou⁵²	kho²²	wo⁵²ʔ
အရက်	မ	သောက်	ချင်	နဲ့

别想喝酒！

ã²²	xu⁵¹	le²²
မ	ရှက်	နဲ့

别害羞！

ha⁵²ʔ	pjɔ⁴⁵⁴
မ	ပြော (နဲ့)

别说话！

ha⁵²ʔ	thaĩ²²	la²²
မ	ထည့်	နဲ့

别装（进去）了！

（3）疑问句

① 一般疑问句

u⁴⁵⁴ba⁵¹aũ²²	tʃhi⁴⁵⁴	ku²²	ŋu²²	ho⁵²ʔ
ဦးဘအောင်	ရေ	ကူး	သည်	လား

吴巴昂游泳吗？

ŋɔŋ²²	sha⁴⁵⁴	ri²	ho⁵²ʔ
နေ	ကောင်း	တယ်	လား

身体好吗？

hɛ⁴⁵⁴	ə ʃo²²	ŋɔŋ²²	sha⁴⁵⁴	ri²²	lo⁵²ʔ
ဟဲ့	အဖေ့	နေ	ကောင်း	တယ်	လား

喂，伙计，身体好吗？

② 特殊疑问句

tə⁴⁵⁴　ə tʃheĩ²²　khɛ⁴⁵⁴　ra²²
ဘယ်　အချိန်　ရောက်　ပြီ
什么时间啦？

ta⁵²ʔ　tʃho²²pɔŋ⁴⁵⁴
ဘာ　ဟင်း
什么菜？

ta⁵²ʔ　tʃho²²pɔŋ⁴⁵⁴　sə⁴⁵⁴
ဘာ　ဟင်း　စား
吃什么菜？

da⁵¹　to²² juk
ဘယ်　နယောက်
几个人？

pa⁴⁵⁴　ə la⁵²ʔ
ဘာ　အလုပ်
什么工作？

taĩ⁴⁵⁴　ma⁵¹　ai⁵²ʔi⁴⁵⁴
ဘယ်　မှာ　အိပ်သည်
在哪里睡觉？

taĩ⁴⁵⁴　mo⁵¹　lɔ²²　laĩ⁴⁵⁴
ဘယ်　ဘက်　သွား　မည်
要去哪边？

tθɛŋ⁴⁵⁴　sho²²
ဘယ်　လို
怎么样？

haĩ⁴⁵⁴　nu²²　tə⁴⁵⁴
ဒီ　ဟာ　ဘာ
这是什么？

③ 否定形式

no²² mə laĩ²² kho²² ho⁵²ʔ
နင် မ လည် ချင် လား
你不想玩吗？

mjaĩ²² mə pa⁴⁵⁴ ho⁵²ʔ
ပိုက်ဆံ မ ရှိ လား
没有钱吗？

复句：

kə tho²² lə⁴⁵⁴ wɛ²² ju⁴⁵⁴ lɛ⁵¹
ထင်း သွား ပြီး ယူ ခဲ့
去把柴拿来！

ai⁵²ʔ wɛ²² no²² ra²²
အိပ် ပြီး တ ခဲ့ပြီ
睡起来了。

shou⁵²ʔ wɛ²² pi⁴⁵⁴ ja⁵¹
သောက် လို့ ပြီး ပြီ
喝完了。

shi⁴⁵⁴sho⁵¹ lə⁴⁵⁴ wɛ²² shou⁵²ʔ
အရက် သွား ပြီး သောက်
去喝酒！

no²² wo⁵¹ wɛ²² ŋə⁴⁵⁴ pjɛ²² raĩ⁴⁵⁴
သူ လာ ပြီး ငါ ပြန် မယ်
他一来我就回去。

kə me²² lə⁴⁵⁴ wɛ²² pje⁵²ʔja⁵¹
မနေ့က သွား လို့ ပြီး ပြီ
昨天去过了。

wok laĩ²² shɛ⁴⁵⁴ shɛ⁴⁵⁴ u⁴⁵⁴ba⁵¹aũ²² tθə maiŋ⁵⁵ pjɔ⁵⁵u⁴⁵⁴li²²
သွား မယ် ဆဲ ဆဲ ဦးဘအောင် စကား ပြောနေတယ်
即将要走的时候吴巴昂正在说话。

sə⁵²ʔ　　sɔː　　pji²²　　ai⁵²ʔ　　khu⁴⁵⁴　　li⁵⁵
ထမင်း　စား　ပြီး　အိပ်　ချင်　တယ်

吃完饭想睡觉。

ə　sjaĩ⁴⁵⁴　thaĩ²²　nɛ⁴⁵⁴　sək　sə⁴⁵⁴　raĩ⁴⁵⁴
ဆီ　ထည့်　ပြီးမှ　ထမင်း　စား　မယ်

加完油后才会吃饭。

no²²　wo⁵¹　wɛ²²　raĩ⁴⁵⁴　sə⁵²ʔ　sə⁴⁵⁴　raĩ⁴⁵⁴
သူ　လာ　ပြီး　လျှင်　ထမင်း　စား　မယ်

他来了才会吃饭。

taŋ⁴⁵⁴　nɛŋ²²　mə　ʃi⁵⁵
ဘာ　နံ့　မ　သိ

不知道是什么东西在发臭。

主要参考资料：

[英] G. H. 卢斯（G. H. luce）："Burma languages,"*Journal of the Burma Research Society*, VolI, i.

[日] 薮司郎（Yabu, Shiro）："A Tentative List of hpun Words Cognate to burmese,"*HPUN. A MORIBUND LANGUAGE IN MYANMAR*，大阪外国语大学，2002 年 3 月。

[缅] 吴吞昂觉（Dr. Tun Aung kyaw）：《蓬方言研究》，博士论文，2003 年 3 月，仰光大学缅甸文系。

[缅] 吴佩貌丁：《语言学》，仰光文学宫出版社，1958 年。

第二章

缅甸语方言的比较研究

一、缅甸语方言的声母研究

1. 缅甸语各方言声母概述

缅甸语方言中共有声母96个（包括单辅音声母和复辅音声母）。其中单辅音35个，一般作音节的声母（或复辅音声母）用，有少部分作音节的韵母部分用，成为"辅音韵尾"。复辅音有61个。各个方言中辅音和复辅音数目不尽相同。声母和韵母中的辅音的变化，包括清浊、送气与不送气、变不变轻声等等，都反映着各个历史时期语音的变化和发展。因此，研究方言的声母，具有重要的理论和实践的意义。

首先，让我们来看看下表：

地点	东友	若开	土瓦	茵达	丹老	仰光	约	德努	蓬
单辅音	28	27	28	22	27	26	27	25	30
复辅音	53	48	43	42	28	38	38	21	17

各方言声母统计表

（"O"为有，空格为无）

序号	声母	东友	若开	土瓦	茵达	丹老	仰光	约	德努	蓬
1	k	O	O	O	O	O	O	O	O	O 亦作塞尾
2	kh	O	O	O	O	O	O	O	O	
3	g		O	O		O	O	O	O	O
4	s	O	O	O	O	O	O	O	O	
5	sh	O	O				O	O	O	
6	z		O	O		O	O	O	O	
7	t	O	O	O	O	O	O	O	O	O 亦作塞尾
8	th	O	O	O	O	O	O	O	O	
9	d		O	O		O	O	O	O	
10	p	O	O	O	O	O	O	O	O	O 亦作塞尾
11	ph	O	O	O	O	O	O	O	O	
12	b		O	O		O	O	O	O	
13	ɸ									O
14	tɕ	O	O	O	O	O	O	O	O	O tʃ
15	tɕh	O	O	O	O	O	O	O	O	O tʃʰ
16	dʑ		O	O		O	O	O	O	
17	ʃ									O
18	m	O	O	O	O	O	O	O	O	O 亦作鼻尾
19	n	O	O	O	O	O	O	O	O	O 亦作鼻尾
20	ŋ	O	O	O	O	O	O	O	O	O 亦作鼻尾
21	n̥	O	O	O	O	O	O	O	O	O ɲ
22	tθ (dð)		O	O		O	O	O	O	O tθ dð
23	l	O	O	O	O	O	O	O	O	
24	w	O	O	O	O	O	O	O	O	
25	j	O	O	O	O	O	O	O	O	

（续表）

序号	声母	东友	若开	土瓦	茵达	丹老	仰光	约	德努	蓬
26	r	O		O	O					O
27	ç	O	O	O	O	O	O	O		
28	ʃ									Oʃ
29	ɣ									O
30	x									O
31	ɦ	O		O	O	O		O		
32	h	O	O	O	O	O	O	O	O	O
33	ʔ	O	O	O	O	O	O	O	O	O 亦作塞尾
34	kl	O		O	O					
35	khl	O		O	O					
36	gl									
37	pl	O		O	O					
38	phl	O		O	O					
39	bl									
40	ml	O		O	O					
41	ŋl									
42	kr	O	O		O					
43	khr	O	O		O					
44	gr									
45	ŋr		O							
46	pr	O	O		O					
47	phr	O	O		O					
48	br		O							
49	mr	O	O		O					
50	ŋr		O							
51	hr		O							

(续表)

序号	声母	东友	若开	土瓦	茵达	丹老	仰光	约	德努	蓬
52	kj	O								
53	khj	O								
54	dj	O								
55	pj	O	O	O	O	O	O	O	O	O
56	phj	O	O	O	O	O	O	O	O	
57	bj		O	O		O	O	O		
58	tj	O	O	O		O	O	O		
59	mj							O		O
60	lj	O	O	O	O	O	O	O		
61	sj									O
62	kw	O	O	O	O	O	O	O	O	O
63	khw	O	O	O	O	O	O	O	O	O
64	gw		O	O		O	O	O		
65	tw	O		O	O	O	O	O	O	O
66	thw	O		O	O	O	O	O	O	O
67	dw		O	O		O	O	O		
68	pw	O	O	O	O	O	O	O	O	O
69	phw	O	O	O	O	O	O	O		
70	bw		O	O		O	O			
71	sw	O	O	O	O	O	O	O	O	O
72	shw	O	O	O	O	O	O	O	O	O
73	zw		O	O		O	O	O		
74	tɕw	O	O	O	O	O	O	O	O	O
75	tɕhw	O	O	O	O	O	O	O	O	O
76	dʑw									
77	mw	O	O	O	O	O	O	O	O	O

（续表）

序号	地点声母	东友	若开	土瓦	茵达	丹老	仰光	约	德努	蓬
78	nw	O	O	O	O	O	O	O	O	
79	ŋw	O	O	O	O	O	O	O	O	
80	tθw		O	O		O	O	O		
81	lw	O	O	O	O	O	O	O	O	O
82	jw	O	O	O	O	O	O	O	O	
83	rw		O		O					
84	hw		O	O	O	O	O	O		O
85	ɕw	O	O	O	O	O	O	O		
86	hm		O	O	O		O	O		O
87	hn		O	O	O		O	O		
88	hŋ		O	O	O		O	O		
89	hɲ		O	O	O		O	O		
90	hl		O	O	O		O	O		O
91	hlw		O	O	O		O	O		
92	hmw		O	O	O		O	O		
93	hnw		O	O	O		O	O		
94	hlj	O	O	O	O		O	O		
95	hmj		O	O	O		O	O		
96	hmr		O							
97	krw	O								
98	ts								O	

2. 各方言声母的语音现象比较

各方言声母语言现象对比表

（下列表中"○"表示有，"×"表示无）

语音现象 \ 方言	仰光话	东友	若开	土瓦	茵达	丹老	约	德努	蓬	备注
有无清浊对立	○	×	○	○	×	○	○	○	○	
有无送气不送气对立	○	○	○	○	○	○	○	○	○	
有无塞音和擦音对立	○	○	○	○	○	○	○	○	○	
有无塞擦音 tθ dð	○	×	○	○	×	○	○	○	×	
有无塞擦音 ts	×	×	×	×	×	×	×	×	×	
有无复辅音 kl、pl、ml	×	○	○	○	○	○	○	○	○	
有无复辅音 kr、pr、mr	×	○	○	○	○	○	○	○	○	
有无复辅音 kj、khj	×	○	○	○	○	○	○	○	○	
有无颤音 r	×	○	○	○	○	×	×	×	○	
有无舌叶音 tʃ、tʃh、ʃ、ʒ	×	×	×	×	×	×	×	×	×	
有无清化鼻音 hm、hn、hŋ、hɲ	○	○	○	○	○	○	×	○	○	
有无送气边音 hl（ɬ）	○	○	○	○	○	○	×	○	○	
有无复辅音后置辅音 j（pj phj）	○	○	○	○	○	○	○	○	○	
有无复辅音后置辅音 w	○	○	○	○	○	○	○	○	○	
有无浊辅音 ɦ	×	○	×	○	○	○	○	○	○	
有无喉塞音 ʔ	○	○	○	○	○	○	○	○	○	
有无双唇音擦音 ɸ	×	×	×	×	×	×	×	×	×	
有无唇齿音 f	×	×	×	×	×	×	×	×	×	
有无唇齿音 v	×	×	×	×	×	×	×	×	×	
有无舌页音 tʃ、tʃh、dʒ	×	×	×	×	×	×	×	×	×	
有无舌页音 tɕ、tɕh、dʑ	○	○	○	○	○	○	○	○	×	
有无擦音 ʃ	×	×	×	×	×	×	×	×	○	
有无擦音 ɕ	○	○	○	○	○	○	×	×	○	
有无 krw 三辅音声母	×	○	○	×	○	×	×	×	×	

关于声母表的几点说明：

（1）缅甸文是一种拼音文字，由印度古文字婆罗米文字和后来巴利文衍化而来。[①]它与中国藏文不仅来源相同，许多文字的创制、字形和特点极为相似。缅甸文也是一种音节文字，一个音节一个意思。每个音节由声母、韵母和声调三个基本组成部分。声母可以是零声母、单辅音声母、复辅音声母或由多个辅音组成的辅音群。韵母可以由单元音、复合元音或元音加辅音韵尾组成。

古缅甸文比较全面、真实地反映了当时的语音状况。比如缅甸语也与藏语一样有复辅音声母、辅音韵尾等。复辅音声母中还包括基本辅音和前置辅音、后置辅音。反映在文字上，缅甸文也与藏文相似，在组成复辅音声母（包括前置、后置或几个辅音组成的辅音群）中有一个主要的辅音字母，书写时把它作为基字，前置辅音写在基字之前，后置辅音写在基字之下或基字之后。

碑文国际音标转写	拟音	现代缅文	词义
Phlats	phla/ phra	ဖြစ်	是
Plu	plu/ pru	ပြု	做
Plaŋ	pre	ပြည်	国
mlaŋ	mraŋ	မြင်း	马
kla	kla	ကျ	落，坠
klaam	klaam	ကျမ်း	经典
klɔŋ	klɔŋ	ကျောင်း	寺庙，学校
ə mluiwa	ə mljo	အမျိုး	亲戚
khljaŋ	khljaŋ	ချင်	想
kljap	kljap	ကျပ်	两（重量单位）
khlawŋ	khlawŋ	ချောင်း	溪
rjak	rjak	ရက်	日

在古缅语中有相当数量的复辅音，如双辅音、三辅音等。有塞音与闪

[①] 参见汪大年：《缅甸语与汉藏语系比较研究》，昆仑出版社，2008年，"缅甸语言、文字和缅甸文化"一节。

音结合：kr（429）、khr（18）、gr（181）、tr（43）、pr（39）、br（26）；有塞音与流声（边音）结合，k+l、p+l 等：kl（182, 245）、phl（55）、pl（198）；有鼻音与流音结合：ml（440）；有塞音与半元音结合：tj（47）、（96）、（121）；还有三合辅音：kjw（221）等。参见拙文《妙齐提碑文研究（一）》。

（2）双唇音 ɸ 只出现在蓬方言中。

（3）ʃ、tʃ、tʃh 等声母只出现在蓬方言中。

（4）h 和 ɦ 在土瓦、丹老和约方言中为对立的两个音位。

（5）只有在茵达、东友方言中无浊辅音声母。

（6）在现代缅甸语方言中，辅音 k 除了可作声母外，在蓬、东友、德努、约方言中还可以作韵母中的辅音韵尾。经过语音变化，有些方言中的韵尾 k、t、p 变成喉塞音 ʔ，如仰光话、丹老、土瓦、若开、茵达方言等。

（7）k 辅音作声母时，常常因各种原因变成送气辅音 kh 或浊辅音 g（东友、茵达方言除外）。

（8）kh 辅音在各方言中存在，且变化不大。

（9）tθ 茵达方言和东友方言中无齿间塞擦音 ∽（tθ），所有发该音的缅甸词，都发成舌尖齿间音 sh 或 s。

（10）s 齿间音在各个方言中都存在。

（11）sh 齿间送气音在各个方言中都存在。

（12）ɲ 在各个方言中都有。只有土瓦方言中，有时变成 dʑ。

（13）t 和 th 在各个方言中都存在。

（14）n 和 m 在各个方言中都存在。

（15）p 和 ph 在各个方言中都存在。

（16）r 闪音只出现在东友方言、土瓦方言和蓬方言中。在茵达方言中 r 可作复辅音声母的后置辅音，而且与复辅音后置辅音 l 可以任意互换。

（17）l 和 j 在各个方言中都有。在东友、土瓦、茵达方言中 l 还可以作复辅音声母的后置辅音。

关于缅甸语方言中的复辅音后置辅音几点说明：

① 在古缅甸语中有许多复辅音声母，但在现代仰光话中，复辅音声母已经有了很大的变化，主要的变化集中在复辅音声母的后置辅音的变化上。

② 缅甸语中可以作为复辅音的后置辅音并不多，只有 r、l、j、w 等四个，而这四个复辅音声母中的后置辅音在缅甸语音发展史上变化是比较大的，特别是其中三个，即：r、l、j。

通过复辅音声母的历史演变和方言中复辅音声母的现状的比较研究，我们可以看到复辅音中的后置辅音变化轨迹，也可以从这些规律中推断出汉藏语系语言的共同语音变化规律。

中古缅甸语时期的后置辅音在四译馆时期（缅甸语中古时期）复辅音有了一些变化。碑文时期的后置辅音 l 变成腭音 j。舌根软腭音 kj、khj 在有些已方言中已进一步变成舌面硬腭音 tɕ。而在四译馆时期的后置辅音 l 与双唇音或鼻辅音结合的音节中，都变成了上腭音 j。例如：

碑文期	中古期	中古期拟音	四译馆汉字注音	汉义	现代仰光音
Kla	kja	tɕia	贾	虎	tɕa^{55}
Khliu	khjiu	tɕho	丘	甜	tɕho^{22}
Plaa	pjaa	pja	比牙	蜂	pja^{55}
Plɔk	pjɔk	pjɔk	表	失	pjauʔ^{44}
Mliu	mjiu	mjo	谬	嚷	mjo^{22}

四译馆时期，后置辅音 -r 仍然保留了碑文时期的（后期）特点，发成闪音 r。例如：

碑文期	中古期	中古期拟音	四译馆汉字注音	汉义	现代仰光音
Kraa	kraa	kraa	革剌	闻	tɕa^{55}
Kre	kre	kre	革类	铜	tɕe^{55}
Kraj	kraj	krɛ	捷鞡	星	tɕɛ^{22}
Krɔ	krɔ	krɔ	革老	筋	tɕɛ^{22}
Khrui	khrui	khrui	克路	角	dzo^{22}
Khrɔk	khrɔk	khrɔk	克老	六	tɕauʔ^{44}
Phruu	phruu	phruu	普路	白	phju^{22}
Mraa	mraa	mraa	麦剌	箭	hmja^{55}
Mre	mre	mre	麦类	地	mje^{22}
Mruiw	mruiw	mrow	某路	城	mjo^{53}

从上列例子可以看出，后置辅音 r、l 在历史的发展中，变化的步骤是：从 r、l 分化后变成 r、l、j；后来流音 l 消失，剩下 r、j；后来颤音 r 又消失，只剩下 j；最后 j 腭化，变成 tɕ。（详情参见汪大年《缅甸语汉语比较研究》一书的有关章节）

在现代标准话——仰光话中已经没有后置辅音 r、l 的踪迹。原先的后置辅音 r、l 都变成 j，而 j 与前置辅音 k、kh 等舌根软腭音相拼时都变成舌面音 tɕ；当 l 与双唇音 p、ph、b、m 和流音 l 相拼时，作为后置辅音的 l 都演变成了 j。而后置辅音的 j 又进一步逐渐向前转移，尤其是在韵母为 i 的音节中最为明显。例如：

缅甸文拉丁文转写	标准音	口语音	词义
Pri	pji	pi/bi	结束，完结
Praj	pjɛ	piɛ^{55}	破
Mjawk	mjauʔ^{44}	mjauʔ^{44}	猴子
Pjaw	pjɔ^{22}	piɔ^{22}	溶化

后置辅音的舌面音 j 逐渐轻化，变成 i，相当于汉语的介音 i。由此，好多汉语学家认为汉语中的所谓介音，有一部分就是由复辅音后置辅音轻化而形成。如果这个结论成立，上古汉语中存在着复辅音是可以肯定的了。

缅甸语方言中的后置辅音由硬腭音 k、kh、g 与后置辅音 r、l、j 结合后，逐渐向塞擦音 tɕ 变化以及双唇音 p、ph、b、m 与 r、l 结合，逐渐向舌页音 j 变化，并逐渐向"介音"i 变化。这种变化的各个阶段，都可以从缅甸语方言中找到例证。但是，这种变化的速度各不相同，在缅甸语各方言中，并不是同步进行。有许多方言中至今仍然保持着多少不等的后置辅音 r、l、j，例如茵达方言中保留着 r、l；东友方言中却保留着 l、r、j；土瓦方言中只保留了 l。也正因为各个方言变化的不同步，语音变化留下了一步一步如何变化和发展的轨迹，使我们有可能总结出后置辅音的变化规律。

土瓦方言保留了古缅语中的后置辅音 l 音。例如：

复辅音	缅文	汉义	转写	仰光音	缅古音	土瓦方音
kl	ကျ	落	kla	tɕa^{53}	kla	kla^{42}
pr	ပြ	灰	praa	pja^{22}	pra	pla^{11}

(续表)

复辅音	缅文	汉义	转写	仰光音	缅古音	土瓦方音
pr	ပြေး	跑	pre	pje²²	pre	ple⁴⁴
pr	ပြန်	回	pran	pjã²²	pran	plã¹¹
mr	မြေ	地	mre	mje²²	mre	mle¹¹

而在茵达方言中，存在着后置辅音 l、r，同时也存在着后来的变音 tɕ、pj 等。并且在现代茵达方言中，r、l 同样保留了上古缅语中 r、l 可以通转的现象。这种上古语音和后来的变音同时并存的现象使我们可以有机会了解缅甸语言衍化的规律。例如：

复辅音	汉义	缅甸文	仰光音	缅古音	茵达方音
kl	落	ကျ	tɕa⁵³	kla	kla³¹ 或 kra³¹
kl	寺	ကျောင်း	tɕaũ⁵⁵	klɔŋ	klɔ̃⁵³ 或 krɔ̃⁵³
pr	白	ဖြူ	phju²²	phruu	phlu³³ 或 phru³³
pr	撕	ဖြ	phjɛ⁵⁵	phrɛ	phlɛ⁵³ 或 phrɛ⁵³

在东友方言中，也保留了上古缅语中的后置辅音 r、l 音。例如：

上古字转写	东友音	仰光音	词义
a plaŋ	a praŋ	ə pjĩ²²	外面
a phluu	a phru³²	ə phju²²	白色
a plaa	pra	pj a	蓝色
mla	mra	mjĩ⁵⁵	马
mle	mle	mje	土地
mraɲ	mraɲ	mji	响

更有意思的是，只有东友方言中还保留了 l 音与舌根软腭音 k、kh 结合时向舌面塞音 tɕ 变化的中间音 j。在东友方言中有 kj、khj 等音。

我们从缅甸语主要几个方言——土瓦、茵达、东友等语言现状中看到了上古缅语复辅音的后置辅音 l、r、j 向舌面音 tɕ 变化的步骤。这样的音在历时的语言描写中很难被发现，只有在语言发展不平衡的方言的共时比较中，才能较全面地看到这个语言发展进程。

我们通过古汉语、中古汉语、上古缅甸语、缅甸语方言以及藏缅语等部分词汇作了比较研究，比较清楚地了解到：

① 缅甸语的方言中保存着许多古代缅甸语的语言史料，通过方言比较可以总结出缅甸语音的发展变化的规律，了解到更多的缅甸语言的发展历史。在缅甸语中，复辅音变化规律是：

kl→kr→kl/kr→kl→kj→tɕ

khl→khr→khl/khr→khj→tɕh

② 研究缅甸语的复辅音声母在历史音变中的变化，可以发现缅甸语的复辅音声母与藏缅语族语言以及汉语有着共同的变化规律。

③ 通过对缅甸语的碑文、中国的四译馆译语以及缅甸语方言，我们不仅可以了解缅甸语音的历史发展面貌，同时也可以与汉语研究结合，进一步探究上古汉语的语言结构。正是通过缅甸语与汉语的比较，我们认为上古汉语应该有复辅音声母存在。当然，我们不可能用这些规律去包罗万象地解决复辅音后置辅音的一切问题，诸如复辅音的变化、变化的原因等等，但它们至少可以给我们以有益的启迪。

④ 通过对语言历史的纵向发展和语言方言的横向发展的探究，可以更加清楚地勾画出语言的发展步骤，从而帮助我们从理性的角度，找到更多的同源词和同源的语言现象。缅甸语后置辅音与汉藏语系中的许多语言都十分相近，这种语言变化的规律，对于同族语言比较来说是很有价值的。（有关详情可参见拙著《缅甸语汉语比较研究》一书的相关章节）

（18）w 各个方言中都有。

（19）复辅音 hr 只有在若开方言中保留。

（20）几乎所有的方言中都有复辅音声母 pj、phj、tj、mj、lj。

（21）几乎所有的方言中都有带后置辅音 w 的复辅音声母，只有茵达、德努、蓬方言中没有浊辅音与后置辅音 w 组成的复辅音声母。

（22）德努、蓬方言中没有舌面擦音 ɕ。

（23）rw 复辅音声母只有在若开和茵达方言中存在。

（24）丹老和德努方言中没有送气鼻辅音 hm、hn、hŋ、hɲ、hl、hlw、hmw、hnw、hlj、hmj。

（25）古缅甸语中的 kl、khl、pl、phl、ml 等复辅音声母只有在东友、土瓦、茵达等方言中仍然保留着。

（26）古缅甸语中的 kr、khr、pr、phr、mr 等复辅音声母只有在东友、若开、茵达等方言中仍然保留着。

（27）蓬方言中有复辅音 sj。

（28）h 辅音在缅甸语方言中除了能当声母外，还可以作为复辅音前置辅音用，如 hm、hn、hŋ、hl。但是这种复辅音在东友、丹老、德努方言中没有。也就是说，在这些方言中，前置复辅音 h 已丢失，由复辅音声母变成单辅音声母。例如：

仰光话	东友方言	丹老方言	德努方言	约方言	词义
hŋɛʔ	ȵɑ⁵³ʔ	ŋa⁵³	ŋɛ³²ʔ	ŋɑ³³	鸟
hmja⁵⁵	mjɒ⁵⁵	mjɑ⁵³	mjɑ⁵³	mja⁴⁴	钓
hmouʔ⁴⁴	mwi⁵³ʔ	mou⁴²ʔ	mouʔ⁴⁴	mouʔ³	吹
hmo²²	mɯ³²	mo³³	mo³³	mo¹¹	蘑菇

（29）m、n、ŋ、ȵ 等鼻辅音除能作辅音声母外，在有些方言中还可以作鼻辅音韵尾用，也就是说有些方言中仍然保留了古缅甸语中的鼻辅音韵尾，如德努方言、约方言等。还有些方言中韵尾辅音逐渐已经变成鼻化元音，但还是带有鼻音韵尾的残留，从有些人的话语中可以听出一些韵尾音。例如，有些东友方言、土瓦方言、若开方言等的使用者常常带有不太明显的鼻音韵尾。

（30）缅甸语方言的声母中还有由 3 个辅音组成的辅音群，其中有 hmw、hnw、hlw、hmj、hlj 和 hmr，但是分布也不平均。有些方言有这些辅音群声母，有些方言中就没有这些。例如：

hmw 三辅音声母在东友、丹老、约、德努和蓬方言中没有，其余方言中都有。

hnw 三辅音声母在东友、丹老、约、德努和蓬方言中没有。

hlw 三辅音声母在东友、丹老、约、德努和蓬方言中没有。

hmj 三辅音声母在东友、丹老、约、德努和蓬方言中没有。

hlj 三辅音声母在东友、丹老、约、德努和蓬方言中没有。

hmr 三辅音声母只有在茵达方言中有，其他方言中没有发现。

krw 三辅音声母只有在东友方言和若开方言中有。例如东友方言的 /krwɑ⁵³ʔ/ 老鼠，在若开方言中为 krwɑ⁴²。在有些方言如土瓦方言中，三辅音声母中的 r 却丢失，变成了复辅音声母 kw，例如 /kwɑ⁴²ʔ/ 老鼠。

二、缅甸语方言的韵母研究

缅甸语方言中，单元音、双元音及元音加辅音韵尾都可以作韵母。而这些韵母在各个方言中有着不少变化，例如"明亮"一词：

仰光话	若开	约	东友	土瓦	丹老	茵达	德努	词义
lĩ⁵⁵	lɛ̃⁴⁴	laŋ⁴⁴	lɛ̃⁵⁵	lã⁴⁴	lĩ⁵³	lɛ̃⁵³	lĩ⁵³	亮

从缅甸语历史发展的顺序来看，约方言的语音是最接近古缅甸文字时期的语音，带着鼻音韵尾 ŋ；其次是若开、东友、茵达方言，其语音鼻韵尾消失，元音鼻化韵母变成 ã 或 ɛ̃；到近代缅甸语仰光话、德努方言、丹老方言，鼻化的 ã 或 ɛ̃ 元音变成了鼻化的 ĩ 元音。还有方言中韵尾辅音由塞韵尾和鼻韵尾在保留和消失的过程中遗留下来的各种声调的产生和变化，也都可以从方言的语言变迁中找到规律。当然还有一些方言之间韵母变化或元音韵母交替的各种复杂元音产生的机理和条件也值得深入研究，只有这样才能确定原因。现在我们将现象罗列如下，以便大家进一步研究，各抒己见。

缅甸语方言中的韵母统计表

地点 韵母	仰光	东友	若开	土瓦	茵达	丹老	约	德努	蓬
a	a	a	a				a	ɑ	a
ɑ	a	ɑ	ɑ	ɑ	ɑ	ɑ		e	
ɒ	ɒ	a	ɒ						
ə									ə
i	i	i	i	i	i	i	i	i	i
	ĩ		e ẽɪ ãɪ					e ɛ	
	i	e		e	e				
	i	ɛ		ɛ	ɛ				
u	u	u	u	u	u	u	u	u	u
e	e	e	e	e	e	e	e	e	e

（续表）

韵母\地点	仰光	东友	若开	土瓦	茵达	丹老	约	德努	蓬
	e		i ẽɪ						
ai	e			i	i				ai
	e	i		ɛ	ɛ				
ɛ	ɛ	ɑ e	e	ɛ	ɛ e	ɛ	ɛ	ɛ	ɛ
o	o		o	o	o	o	o	o	o
ɯ	o	ɯ							
ø	auʔ								
ɔ	ɔ	ɔ	ɔ	ɔ	ɔ	ɔ	ɔ	ɔ	ɔ
wi		e							
aʔ	aʔ		aʔ			aʔ	ɑʔ		
		ɛʔ							
ɑʔ	aʔ	ɑʔ		ɑʔ	ɑʔ	ɑʔ			ɑʔ
ɒʔ	aʔ	ɒʔ ɑɪʔ							
	aʔ								
ɪʔ	ɪʔ	ɪʔ	ɪʔ	ɪʔ	ɪʔ	ɪʔ	ɪʔ		
	ɪʔ	ɑɪʔ eɪʔ	aɪʔ	e				eʔ	
uʔ	uʔ	uʔ ueʔ		uʔ	uʔ	uʔ		uʔ	
wɛʔ			wɛʔ						
ɛʔ	ɛʔ		ɛʔ		ɛʔ	ɛʔ	ɛʔ	ɛʔ	
	ɛʔ	ɑʔ	aʔ ɔʔ	aʔ iʔ					
eiʔ	eiʔ	eiʔ	eiʔ		eiʔ	eiʔ		eiʔ	
	ɑɪʔ	eiʔ			ɑɪʔ		ɑiʔ	ɑɪʔ	
	eiʔ			i					

（续表）

韵母\地点	仰光	东友	若开	土瓦	茵达	丹老	约	德努	蓬
	aɪʔ	aɪʔ		aɪʔ		aɪʔ	aɪʔ	eɪʔ	
	ɑɪʔ	aɪ			ɑɪʔ	ɑɪʔ	ɑɪʔ		
		aɪʔ	ɒuʔ						
	auʔ	auʔ		auʔ			auʔ		
	ø	auʔ	øʔ						
	ɑuʔ	auʔ			ɑuʔ	ɑuʔ			
	ɔʔ	auʔ		ɔʔ	ɔʔ			ɔʔ	
	ouʔ	ouʔ	ouʔ	ouʔ	ouʔ	ouʔ	ouʔ	ouʔ	ouʔ
		ouʔ	uiʔ	auʔ u	auʔ				
	ã	ã		ã				ã ɛ̃	
	ɑ̃	ã		ɛ̃	ã	ã ɛ̃	ã		
	ɒ̃	ã	ɒ̃ ɑ̃ɪ						
	ĩ	ĩ			ĩ	ĩ	ĩ	ĩ	ĩ
		ĩ	ĩ ɛ̃	ɔ̃ ɑ̃ɪ	aŋ i	ɛ̃ ã		ɔ	
	ũ	ũ	ũ		ũ	u	ũ	ũ	ũ
		ũ	uẽ ɑm						
	wɛ̃	ũ		wɛ̃			wɛ̃		
	uẽ		uẽ						
	ɔ̃			ɔ̃	ɔ̃	ɔ̃			
	ẽɪ	ẽɪ	ẽɪ	ẽɪ		ẽɪ	ẽɪ	ẽɪ	ɑ̃ɪ	ẽɪ
		ẽɪ	i		i				
	ɑ̃ɪ	ɑ̃ɪ				ɑ̃ɪ	ɑ̃ɪ	ɑ̃ɪ	ɑ̃ɪ
		ɑ̃ɪ			ẽɪ			ẽɪ	

(续表)

韵母\地点	仰光	东友	若开	土瓦	茵达	丹老	约	德努	蓬
ĩ		ĩ							
ɑĩ			ɑĩ	ɑĩ					
		ɯŋ ɯ̃							
oũ	oũ	oũ	oũ		oũ	oũ	oũ	oũ	oũ
	oũ	ũẽ		au u					
aũ	aũ		aũ				aũ		aũ
	aũ	ø̃		ɔŋ ɔ̃	ɔ̃			ɔ̃	
ɑu					ɑũ				
auŋ	aũ								auŋ

关于缅甸语方言中韵母的说明：

（1）a 元音是缅甸语方言中的主要单元音之一。但是在各个方言中，a 元音的发音部位各有不同。在越是接近现代仰光话的方言中，a 元音的发音部位越靠前；在保留古缅语语音越多的方言中，a 元音的发音部位越靠后。如土瓦、茵达、丹老、德努等方言都发如 ɑ，发音部位最后的是东友方言，a 元音的在东友方言中为 ɑ 或者 ɒ。而后者发音近似于 ɔ，因而好多缅甸人认为东友方言中的 ɒ 误读 ɔ。

（2）缅甸语各方言中都有前高元音 i。但是，它在缅甸语方言中变化是比较多的，如在仰光话、茵达、若开、约方言中，i 常常变成 e 或 ε 音。

（3）u 元音在缅甸语各方言中都有，且在各个方言中变化较少。

（4）ɯ 元音只在东友方言中出现，在其他方言中都是 o 音。例如：

仰光话	东友	土瓦	丹老	茵达	若开	约	德努	词义
ko55	kɯ55	ko44	ko53	ko53	ko44	ko44	ko53	九
hmo22	mɯ32	hmo11	mo33	hmo33	hmo22	mo11	mo33	蘑菇

（5）e 在缅甸语各个方言中都有。但是，有些在其他方言中发 e 的词，在若开方言中发 i 或 eĭ，在东友、土瓦、茵达方言中发 i 或 ε 音。

（6）在东友方言和若开方言中没有 ε 元音，其他方言中的 ε 韵母在东友方言中为 a 或 e，在若开方言中为 e。在茵达方言中虽有 ε 元音，但有时也变成 e 音。

（7）ø 元音只有东友方言中有，其他方言中均为双元音 auʔ 或鼻化元音 ɔ̃ 和 ɔʔ。例如：

仰光话	东友	土瓦	丹老	茵达	若开	约	德努	词义
auʔ⁴⁴	ø⁵³ʔ	ɔ⁴²ʔ	auʔ⁴²	ɔʔ⁴⁵	auʔ⁴⁴	auʔ³	ɔ³²ʔ	下面
tɕaũ⁵⁵	klø⁵⁵	klɔ̃⁴⁴	tɕaũ⁵³	krɔ̃⁵³	tɕaũ⁴⁴	tɕaũ⁴⁴	tɕɔ̃⁵³	寺庙

（8）ɔ 元音在缅甸语各方言中都存在。

（9）以喉塞音作韵尾的韵母 aʔ，在缅甸语方言中有两种情况。一种是像仰光话中的情况，这是古缅甸语中的辅音韵尾 k、t、p 在历史发展中都变成了 ʔ，同时受到喉塞音 ʔ 影响，韵母中的元音趋向于短促，并有紧喉现象出现，我们将它们归入短促调。这类变化，甸语方言中有仰光话、若开方言、约方言以及蓬方言等。

另一种情况是古缅甸语中的辅音韵尾 k、t、p 经过演变之后，变成塞音韵尾，而并没影响韵母的语音（不变短促）、声调（一般都是高降调），其中包括东友、土瓦、茵达、丹老、德努等方言，我们将它们归入带喉塞音的高降调而不作为短促调处理。例如：

仰光话	若开	约	蓬	东友	土瓦	丹老	茵达	德努	词义
aʔ⁴⁴	ε⁴²ʔ	εʔ³³	tə tɕε⁵²ʔ	ɒ⁵³ʔ	a⁴²ʔ	a⁴²ʔ	aʔ⁴⁵	a³²ʔ	针

（10）ɪʔ 韵母带喉塞尾的情况也有三种：一种是元音受到喉塞音的影响，韵母音长变短，并带有紧喉音的现象，如仰光话、若开方言等。另一种情况是韵母元音基本没变，声调与高降调同，只是韵尾带有喉塞音，我们将其归入带喉塞音的高降调中，如东友、茵达、丹老等方言。还有一种情况是元音不是 ɪ，而是变成别的元音，如在东友方言中变成 aɪ⁴²、eɪ⁴²。土瓦方言中，有带喉塞音的高降调 ɪ⁴²，也有不带喉塞音的高降调 e⁴²。约方言中却是 a⁴²ʔ。

（11）u 元音带塞音韵尾的也分几种情况：一种是变成短促调的仰光话、土瓦方言、蓬方言等；另一种像东友方言那样，有 u⁵³ʔ，也有 ue⁵³ʔ；也有像约、德努方言里那样韵母变成 wa³³（ua³³），wa³²（ua³²）；在若开方言里语音为 wa⁴²ʔ（wa⁴²t），实际上是古缅语中的辅音韵尾 t 尚未完全变成喉塞 ʔ 音，而是处在 t→ʔ 变化的过程中。

（12）ɛ 带喉塞尾的音，在各个方言中各不相同。这实际上是带 k 韵尾的古音在不同阶段的语音变化保留在方言中。古缅语中带 k 韵尾的音，在古缅语中是 ɑk，所以在保留古音较多的方言中都读作 ɑʔ，如东友、若开、土瓦、约方言等；有些方言中变成 ɪʔ，如土瓦、丹老方言；在仰光话、德努方言中为 ɛʔ；而在而在茵达方言中，ɛʔ 和 ɑʔ 都有。

（13）双元音带喉塞尾的音 eɪʔ，在缅甸语方言中也有不同的情况。第一种情况读短促调 eɪʔ 音，如仰光话、若开方言、约方言。第二种是在有些方言中变为带塞音尾的 ɑɪʔ 音。第三种是在东友方言和土瓦方言中变成高降调 i 音，实际上是丢失了塞音尾 ʔ。例如：

仰光话	若开	约	蓬	东友	土瓦	丹老	茵达	德努	词义
eɪʔ⁴⁴	eɪʔ³³	eɪʔ⁴²ʔ	ɑɪ⁵²ʔ	i⁴²	i⁴²ʔ	eɪʔ³²ʔ	ɑɪʔ⁴⁵	ɑɪʔ³²ʔ	睡
peɪʔ⁴⁴	peɪʔ³³	peɪʔ⁴²ʔ	pɑɪ⁵²ʔ	pi⁴²	pi⁴²	peɪʔ³²ʔ	pɑɪʔ⁴⁵	pɑɪʔ³²ʔ	关

（14）双元音带喉塞尾的音 ɑɪʔ，在缅甸语方言中也有不同的情况。第一种情况读 ɑɪʔ 音，如仰光话、茵达方言、若开方言、约方言。第二种情况读 eɪʔ，如东友、德努方言等。第三种情况是读作 ɒuʔ 或 ɑʔ，如东友方言。例如：

仰光话	若开	约	蓬	东友	土瓦	丹老	茵达	德努	词义
tɑɪʔ⁴⁴	tɑɪ⁴²ʔ	tɑɪ³³	ʃwɑɪʔ	tɒu⁵³ʔ	tɑɪ⁴²ʔ	tɑɪ³²ʔ	tɑɪʔ⁴⁵	teɪ³²ʔ	擦
bɑɪʔ⁴⁴	wɛ̃⁴⁴	pɑɪ³³	khe⁵⁵	phɒ⁵³ʔ	bɑɪ⁴²ʔ	bɑɪ³²ʔ	phɑɪʔ⁴⁵	beɪ⁵²ʔ	肚

（15）双元音带喉塞尾的音 auʔ，在方言中有几种不同情况。第一种情况读短促调 auʔ 音，如仰光话和带塞尾的高降调音的茵达、丹老方言等。第二种读 ɔʔ 音，如土瓦、茵达、德努等方言。还有一种就是东友方言，读作带塞尾的 øʔ 音。例如：

仰光话	若开	约方	东友	土瓦	丹老	茵达	德努	词义
pauʔ⁴⁴	pauʔ⁴⁴	pauʔ³³	pø⁵³	pɔ⁴²	pauʔ⁴²	pɔʔ⁴⁵	pɔ³²ʔ	穿孔
mjauʔ⁴⁴	mrauʔ⁴²	mjø⁴²ʔ	mjø⁵³	mjɔ⁴²ʔ	mjauʔ⁴²	ə mjɔʔ⁴⁵	mjɔ³²ʔ	北

（16）双元音带喉塞尾的音 ouʔ，在缅甸语各个方言中都有，但是在茵达、土瓦方言中有时读 auʔ，在东友、土瓦方言中有时也读作不带塞尾的 u⁴² 高降调音。

（17）ã 在缅甸语方言中有三种情况。第一种是大部分方言有的鼻化音 ã 或 ã̠，例如仰光话、若开方言、土瓦方言、茵达方言、丹老方言、德努方言等。第二种是在有些方言中，有时读 ã，有些词里读作 ɛ̃，如若开、茵达、德努、蓬方言等。第三种情况是在东友方言中读作 õ 或 ãĩ。例如：

仰光话	若开	约	东友	土瓦	丹老	茵达	德努	词义
tθã²²	tθɛ̃²²	tθɛ̃¹¹	shõ³²	tθã¹¹	tθã³³	shã³³	tθã³³	铁
pã⁵⁵	pɛ̃⁴⁴	pɛ̃⁴⁴	pãĩ⁵⁵	pã⁴⁴	pã⁵³	pã⁵³	pã⁵³	花

（18）鼻化元音 ĩ 音在各方言里有不同的语音：保持着古缅语的辅音韵尾的有土瓦方言、约方言、蓬方言等，语音为 aŋ。有些方言读作 ɛ̃，如东友方言、茵达方言。仰光话、德努方言读作 ĩ。茵达方言中有读作 ĩ、ɛ̃、ã，而若开方言中读作 ĩ、ã、õ。例如：

仰光话	若开	约	东友	土瓦	丹老	茵达	德努	词义
ĩ⁵⁵	lɛ̃⁴⁴	laŋ⁴⁴	lɛ̃⁵⁵	lã⁴⁴	ĩ⁵³	lɛ̃⁵³	ĩ⁵³	亮
tĩ⁵⁵	tõ⁴⁴	taŋ⁴⁴	tɛ̃⁵⁵	tã⁴⁴	tĩ⁵³	tɛ̃⁵³	tĩ⁵³	紧

（19）ũ 鼻化元音在大部分方言中都一样，只在有东友方言中读作 ũ 或 wɛ̃，约方言中无 ũ 音，读作 waŋ 或 wã 音。例如：

仰光话	若开	约	东友	土瓦	丹老	茵达	德努	词义
tũ⁵⁵	twɛ̃⁴⁴	twã⁴⁴	twɛ̃⁵⁵	tũ⁴⁴	tũ⁵³	tũ⁵³	tũ⁵³	推
tɕhũ²²	tɕhwɛ̃²²	tɕhwã²²	khruẽ³²	ɕũ¹¹	tɕhũ³³	tɕhũ³³	tɕhũ³³	尖

（20）鼻化元音 ɔ̃ 只有在若开、茵达、土瓦方言中有，有些地方实际上还保留了古缅语中的 ɔ 韵母后的鼻辅音韵尾 ŋ，形成语音中带有鼻韵尾的音 ɔŋ，但是大多数情况下都变成鼻化元音 ɔ̃ 了。

（21）eĩ 双元音鼻化作韵母的现象较为普遍，例如仰光话、东友、若开、茵达、丹老、约等方言中都有，可是到德努、蓬方言中，却变成 aĩ 音。在这两种方言中并不是没有 eĩ 音，而是在这两种方言中此音恰恰与其他方言中的 aĩ 音交叉对应。这种语音现象在缅甸语方言中是一种比较特殊的现象。又如茵达方言中没有 aĩ 音，茵达方言中的 eĩ 音就与其他方言中的 aĩ 音相对应。例如：

仰光话	若开	约	东友	土瓦	丹老	茵达	德努	词义
eĩ^{22}	eĩ^{33}	aĩ^{11}	i^{32}	ĩ^{11}	eĩ^{33}	eĩ^{33}	aĩ^{33}	家
teĩ^{22}	teĩ^{33}	taĩ^{11}	ti(m)^{32}	ti^{11}	teĩ^{33}	teĩ^{33}	taĩ^{33}	云

（22）鼻化双元音 aĩ 在仰光话、若开、土瓦、丹老、约等方言中都有，在茵达方言、德努方言中却变成 eĩ，在东友方言中却是 ɯŋ 或 ũ。例如：

仰光话	若开	约	东友	土瓦	丹老	茵达	德努	词义
thaĩ^{22}	thaɪ^{22}	thaĩ^{11}	thũ^{22}	thaĩ^{11}	thaĩ^{33}	theĩ^{33}	theĩ^{33}	坐
hlaĩ^{55}	hlaĩ^{44}	hlaĩ^{44}	hlɯŋ^{55}	hlaĩ^{44}	laĩ^{53}	hleĩ^{53}	leĩ^{53}	波

（23）鼻化双元音 oũ 在绝大多数方言中都有，只有在土瓦方言和东友方言中起了变化，有时发作 uẽ 音或 ɔ̃ 音。

仰光话	若开	约	东友	土瓦	丹老	茵达	德努	词义
toũ^{55}	toũ^{44}	toũ^{44}	toũ^{55}	tɔ̃^{44}	toũ^{53}	toũ^{53}	toũ^{53}	钝
tθoũ^{55}	tθoũ^{44}	tθoũ^{44}	shoũ^{55}	tθɔ̃^{42}	tθoũ^{53}	shoũ^{53}	tθoũ^{53}	三
koũ^{22}	koũ^{22}	koũ^{11}	kuẽ^{32}	koũ^{11}	koũ^{33}	koũ^{33}	koũ^{33}	商
ə phoũ^{55}	ə phoũ^{44}	ə phoũ^{44}	ə phoũ^{55}	ə phɔ̃^{44}	ə phoũ^{53}	ə phoũ^{44}	ə phoũ^{53}	盖子

（24）鼻化元音 aũ 在缅甸语方言中有多种变化，在仰光话、约方言、蓬方言中发作 aũ 音，在东友方言中发作 ɔ̃ 音，在土瓦方言、茵达方言、德努方言发作 ɔ̃ 音或 ɔŋ 音。而在若开方言中发作 au 音或 u 音，在蓬方言中则发作 auŋ 音。例如：

仰光话	若开	约	东友	土瓦	丹老	茵达	德努	词义
taũ²²	taũ²²	taũ¹¹	tø̃³²	tɔ̃¹¹	taũ³³	tɔ̃³³	tɔ̃³³	山
kaũ⁵⁵	kaũ⁴⁴	kaũ⁴⁴	kø̃⁵⁵	kɔ̃⁴⁴	kaũ⁵³	kɔ̃⁵³	kɔ̃⁵³	好
jaũ⁵⁵	raũ⁴⁴	jaũ⁴⁴	jø̃⁵⁵	jũ⁴⁴	jaũ⁵³	jɔ̃⁵³	jɔ̃⁵³	卖

（25）缅甸语方言中，最有历史价值之处是有些方言保持了原来古音有差别的特点，这些语音特点可以从另一个角度证明古缅甸语中确实有不同语音的韵尾辅音。比较特殊的是东友方言中韵尾辅音的不同语音。我们可以从下列表中清楚地看到古缅甸语的韵尾辅音的面貌。在古缅语中，p、t、k、m、n、ŋ等韵尾有着不同的发音，它们都保持着韵尾辅音的本来面貌。在东友方言中有着明显的区别，而这些辅音韵尾传到各方言时，起了不同变化，p、t、k等塞韵尾逐渐变成喉塞音ʔ，后来喉塞音有的没有影响元音韵母的语音和声调，例如在土瓦方言、东友方言中的塞音就成整个词的韵尾。在有些方言中，这种塞音韵尾影响了前面的韵母，形成了独特的声调，如仰光话中的短促调。例如：

鼻韵尾的变化

其他方言词	词义	韵尾	韵母语音	东友方言语音
ပန်း	花	(န်) n	pã⁵⁵	paĩ⁵⁵
လမ်း	路	(မ်) m	lã⁵⁵	lɔ̃⁵⁵，lɒm⁵⁵
လင်	丈夫	(င်) ŋ	lĩ²²	lɛ̃³²
တွန်း	推	(ွန်) wan	tũ⁵⁵	tuã⁵⁵
ကျမ်း	焦	(ွမ်) wam	tɕũ⁵⁵	krɔ̃⁵⁵
ပိန်	瘦	(ိန်) in	peĩ²²	pi⁴²，pẽ³²
တိမ်	云	(ိမ်) im	teĩ²²	tim³²
ကုန်	完	(ုန်) un	koũ²²	kuẽ³²
ကိုင်	握	(ိုင်) uiŋ	kaĩ²²	kũ³²，kɯŋ³²
ဗအောင်	胜利	(ေါင်) ɔŋ	aũ²²	ø̃³²，ɒŋ³²

m、n、ŋ等鼻韵尾原先也是不同的韵尾，但后来有些逐渐变成韵母元音的鼻化，但是有些变化并不同步，有些方言中鼻化与原来的辅音韵尾分

不太清。有些方言中听起来似乎已经鼻化，有些地方和有些人的语言中似乎并没有鼻化，因此较难明确区别。

塞尾的变化

其他方言词	词义	韵尾	韵母语音	东友方言语音
တတ်	会	(့ တ်) t	taʔ⁴⁴	taɪ⁵³ʔ
ရပ်	站立	(့ ပ်) p	jaʔ⁴⁴	jɔ⁵³ʔ
ရစ်	缠	(့ စ်) s	jɪʔ⁴⁴	jeɪ⁵³ʔ
ဖြစ်	是	(ြ ့ စ်) s	phjɪʔ⁴⁴	phlaɪ⁵³ʔ
ဖွတ်	四脚蛇	(့ွ တ်) t	phuʔ⁴⁴	phue⁵³ʔ
စိုစွပ်	潮湿	(့ို ပ်) p	so²²suʔ⁴⁴	sɯ³²su⁵²ʔ
လက်	手	(့ က်) k	lɛʔ⁴⁴	la⁵³ʔ
အိတ်	袋	(့ိ တ်) it	eɪʔ⁴⁴	i⁵³ʔ
အိပ်	睡	(့ိ ပ်) ip	eɪʔ⁴⁴	aɪ⁵³ʔ
အုတ်	砖	(့ု တ်) ut	ouʔ⁴⁴	ui⁵³ʔ
ပုပ်	腐烂	(့ု ပ်) up	pouʔ⁴⁴	pou⁵³ʔ
ကိုက်	咬	(့ို က်) uik	kaɪʔ⁴⁴	kɒu⁵³ʔ
ကျောက်	石头	(ျ ့ော က်) ɔk	tɕauʔ⁴⁴	klø⁵³ʔ

三、缅甸语方言的声调研究

众所周知，缅甸语是一种有声调的语言，也就是说声调是每个音节不可或缺的组成部分，它是依附在音节上的超音段成分。声调的完整意义是指音节在发音过程中的"高低抑扬性"及"顿挫性"。声调不同也能决定音节的词义不同。在现代缅甸语的仰光话中，共有四个声调，分别是：高平调（调值为55）、低平调（调值为22）、高降调（调值为53）和短促调（调值为4）。这几个声调中都只有音节的高低抑扬性一面，就像汉语普通话的阴平、阳平、上声、去声四个声调一样。但是在缅甸语的各个方言中，和汉语的粤方言、闽南方言、吴方言一样在音节末尾还保留着不少辅音韵尾如 p、t、k、ʔ 的塞音和 m、n、ŋ 这样的鼻辅音韵尾。这些包括在声调的

"顿挫性"中。在汉语中古时期的入声韵到后来都"入派三声",在汉语的音韵学中属于"音韵"范畴,与现代汉语中的"声调"原是两个不同的范畴,但是往往被混在一起。而今天的缅甸语也像汉语一样成了四个调。而有些古缅甸语中带辅音韵尾的韵母依然保留在发展不平衡的方言中,这正是方言最有价值的部分,因为它保留了缅甸语历史发展的脚印,为后人研究语音史提供了宝贵的资料,也为研究汉藏语系的发展提供了活的论据。为了突出说明语言历史发展的概貌,我们将方言中带有辅音韵尾的音节都分别归入不同的声调。因为它们可能调值与不带韵尾的音节相同,如果仅仅从调值相同来归类,当然也可以归入调值相同的声调中,比如说缅甸语若开方言中的"眼泪"有两种读法 mjɛ^{3}re^{22}/ mja^{42}ʔ re^{22}。其中第一种发音归入现代缅语的短促调,第二种发音是反映古缅甸语韵尾辅音从 K 尾变成 ʔ 尾,但是尚未影响到韵母元音变化,虽然调值与高降调相同,但是毕竟它带着韵尾ʔ,从发音来说并不完全相同,事实上一个是现代语音范畴,另一个是古语音的范畴,所以还是分成两个声调为好。因此,我们认为若开方言中有 5 个声调。又例如带鼻辅音韵尾的约方言中"头发",语音为 shã^{11} paŋ^{11},从调值来说都是 11 调,但是前一音节是鼻化元音 ã 为韵尾,而后一个音节是以辅音 ŋ 为韵尾,与前者有区别,我们将他们分成两个声调,这样可以明确了解今古音的差别。这样一来,有些方言中的声调就有所增加。例如现将几个声调的情况作一比较,可以发现很有趣的问题。

跟仰光话高平调相对应的各方言点的语音情况如下:

方言	仰光	东友	若开	土瓦	茵达	丹老	约	德努	蓬
调值	55	55	44	44	53	53	44 44(带鼻尾)	53	55

从上表可以看到,各方言中相对应的高平调的调值大致可分成三类:一类是 55 调,一类是 44 调,这两个调值基本上是高调类,相互之间差异并不太大;还有一类是 53 调,其中包括茵达、丹老、和德努方言,这与仰光话的高平调相差较大,实际上这三个方言的高平调相当于仰光话中的高降调。这是不是会引起声调之间的混乱呢?让我们接着来比较一下高降调的情况。

与仰光话高降调相对应的各方言共有两种类型，一类与仰光话的高降调（53）近似，只是调值为（42），另一类则属于中降调（调值为32）。请见下表：

方言	仰光	东友	若开	土瓦	茵达	丹老	约	德努	蓬
调值	53	42	42	42	31	32	42 42（带塞尾k、t、p、ʔ）	32	51 52（带塞尾k、t、p、ʔ）

从上列表中，我们可以看到，有些方言中高平调的调值是53的，在高降调中变成中降调，调值为32或31，这样就不会跟高平调混淆。

在缅甸语方言的低平调中，也有不同的差异，主要有几个方面：（1）与仰光话一致的低平调，调值是22或11，有仰光话、若开方言、土瓦方言、约方言、蓬方言等。（2）低平调表现为中平调（调值为33）的，如茵达方言、丹老方言、德努方言等。（3）还有个别的如东友方言，为中降调（调值为32）的。（4）还有在东友方言和蓬方言中，低平调的字在语言实践中变成低升调（调值为214）。这种变调现象，在仰光话中也可找到。但是，因为它们不是一种普遍的规律，因此我们没有特别强调这种差别，也没有将它们单独列成独立的一类声调类型。请见下表：

方言	仰光	东友	若开	土瓦	茵达	丹老	约	德努	蓬
调值	22	32	22	11	33	33	11	33 11（带鼻尾）	22

我们还很难说方言之间的差异是否跟语音习惯有着必然的联系，可能这些差异是无序的规则变化的结果，因而找不到有力的证据来说明声调变化的规律。但是，从缅甸语方言的差异中我们可以找到语音历史发展的遗迹。例如与仰光话短促调相对应的各方言的短促调反映了缅甸语古音的变化轨迹。从12世纪初缅甸文碑铭中可以看到当时的k、t、p、m、n、ŋ都是作为辅音韵尾的身份出现在文字中。后来随着韵尾的演变逐渐变成了喉塞音和鼻化元音韵尾。当然，由于语音发展的不平衡，有的鼻化，有些仍有鼻辅音尾的残余，再后来喉塞音促使韵母部分不断缩短，元音逐渐带上紧喉的色彩，变成了现代缅甸语仰光话中的短促音。然而由于各方言的语

音发展不平衡,有些方言中的韵尾保持着历史语音发展的各阶段面貌。如约方言中至今仍保留着古缅甸语中塞音韵尾和鼻音韵尾,蓬方言中仍保留了塞音韵尾 p、t、k、ʔ 等,德努方言中仍保留了鼻辅音韵尾等。同时我们正是用这些方言中的残留韵尾现象,反证了古缅甸语中有 p、t、k、m、n、ŋ 等辅音韵尾存在的可能。

同样,我们考察了缅甸语方言中带有辅音韵尾词在其他方言中的变化,证实了古缅甸语中的塞音和鼻音韵尾的发展途径。比如塞音韵尾在东友、若开、土瓦、丹老等方言中已经消失,都变成了喉塞音结尾。这种变化并未引起韵母的变化,因此就产生了喉塞韵尾的声调与高降调调值相的现象,因此有些语言学家将其归入高降调中,只是有塞尾韵的高降调。不当作短促调处理,因此得出结论缅甸语中有三个声调和一个塞音韵。从缅甸语方言比较中我们可以看到,这种塞尾的逐渐变化,促使韵母发生变化,使音节变短,韵母逐渐趋向于紧喉,变成现代缅甸语普通话(仰光话)中的短促调。当然,在短促调中调值仍然有所区别。请见下表:

方言	仰光	东友	若开	土瓦	茵达	丹老	约	德努	蓬
调值	ʔ⁴⁴	53ʔ	ʔ³³	42ʔ	ʔ⁴⁵	32ʔ	ʔ³³	32ʔ	52ʔ

关于声调的产生和发展关键取决于什么,语言学界有着不同的观点:有的认为取决于辅音韵尾,也有说取决于声母的清浊,也有认为取决于元音的长短、松紧。这些观点对于不同的语言确实有一定的道理。在中国,许多专家都认为,"声调是在同一声调中音长、音节、音势三种变化相乘之结果"[①]。这可以理解为元音的音高的升降和音长的总和形成了声调。这里指的是韵母部分,声调与韵母的密切关系是显而易见的。按这个标准汉语就有了平、上、去、入四个声调,而根据声母的清浊又分成阴阳两类。但是,就缅甸语来说,由于作声母的辅音本身就有着清音和浊音的对立,同一声调既可以出现在清声母字,也可以出现在浊声母字,所以缅甸语中声母的清浊并不是声调产生的主要原因。但是,在古缅甸语中,元音有长

---

① 参见陈家康:《四声究竟是什么东西》,北京文字改革出版社,1975 年。

短之分，因而形成两种不同的声调。① 可见在缅甸语中，元音的长短也是形成声调的主要条件。而辅音韵尾的演变确实也是缅甸语声调产生的另一个主要原因。

从辅音韵尾的发展来看，缅甸语声调发展可分几个层次：保持辅音韵尾 k、t、p 等塞音韵尾和 m、n、ŋ 等鼻韵尾时期为第一层次，当时元音分长短，其他声调尚未出现或定型，声调并不是最重要的区别词义的语音手段。第二层次为 k、t、p 等塞音韵尾逐渐变化和消失，韵尾变得残缺不全。此时，韵母部分并未受影响，像东友、土瓦、丹老方言中的带喉塞音的高降调，而鼻韵尾仍然保持，并逐渐跟随语言发展，分化成高平调、高降调和低平调等三个调，第三层次是辅音韵尾 p、t、k、ts 全部便成喉塞韵尾 ʔ，鼻辅音韵尾变成元音鼻化三个声调逐渐形成固定。第四层次是在韵尾喉塞音的影响下，韵母部分进一步缩短，元音有紧喉的趋势，发展成现代缅甸语仰光话中的短促调。这几个层次的变化充分反映在缅甸语方言的区别之中。我们从缅甸语历史发展的轨迹，从缅甸文碑铭、中国史籍《四夷馆译语》等历时的变化，看到了缅甸语声调发展轨迹，同时通过缅甸语方言历史变化的研究对上述的轨迹进行了佐证。

四、缅甸语方言的词汇研究

1. 方言与标准语的词汇差别主要表现在名异实同，即用不同的名称来称呼相同的事物，各个方言地区都有一些具有地方特色的称谓。经济、历史、文化的发展不平衡，造就了各方言许多各不相同的方言词汇。语言是文化的载体，方言是地域文化的表现形式，许多文化词语中凝固了许多与地方文化相关的内容，在风物词、习俗词、亲属称谓词中体现得更为明显，请见下列例词：

---

① 参见汪大年：《缅甸语与汉藏语系比较研究》，昆仑出版社，2008 年，第 116 页声调部分。

缅文	词义	方言	词音
ကလေး	孩子	仰光音	gə le⁵⁵
		东友	lu³²pe⁴²/oũ ³²ŋa³²
		茵达	lu³³khə nɛ³³/lu³³shə ŋɛ³³
		蓬	ə sa²²/ə sɔː/kəɲi⁴⁵⁴
အမဲလိုက်	打猎	仰光音	ə mɛ⁵⁵laɪʔ⁴⁴
		茵达	tɔ⁵³ laɪʔ⁴⁵
		德努	tɔ⁵³lɛ³³
တုတ်	棍子	仰光音	douʔ⁴⁴
		东友	kə twi⁴²
မယား၊ဇနီး	妻子	仰光音	mə ja⁵⁵/zə ni⁵⁵
		东友	mi⁵⁵ma⁴²
တာရိုး	堤坝	仰光音	ta²²jo⁵⁵
		茵达	kã ³³pɔ̃ ³³jo⁵³
စအို	肛门	仰光音	sə o²²
		东友	khe⁵⁵twẽ ⁵⁵/phẽ ³²bø⁵³ʔ
		土瓦	phĩ ³³ bau³²ʔ
		丹老	phã ¹¹ pɔ⁴²ʔ
		茵达	phẽ ³³pɔʔ⁴⁵
		德努	phĩ ³³pɔ³²ʔ
မှဲ့	痣	仰光音	hmɛ⁵³
		丹老	hnã ⁴⁴
နို့စိုကလေး	婴儿	仰光音	no⁵³so⁵³kə lc⁵⁵
		东友	nɯ⁴²sɯ⁴²lu³²/pe⁴²no⁴²sho⁴²/oũ ³²ŋɛ³²
လူငယ်	小伙子	仰光音	lu²²ŋɛ²²
		东友	lu³²ŋɛ³²/lu³²bɛ⁴²
		丹老	kɔ̃ ¹¹tθa⁴⁴/kɔ̃ ¹¹ja⁴⁴
		茵达	lu³³khə nɛ³³/lu³³shə ŋɛ³³

(续表)

缅文	词义	方言	词音
		若开	lu²²ŋɛ²²/lə bjo²²ɕe²²/kaũ²²ɕe²²
		德努	lu³³ŋɛ³³/ɔ̃³³ni³³
လုံမပျို	姑娘	仰光音	loũ²²ma⁵³pjo²²
		东友	mi⁵⁵mɒ⁴²pjɯ³²
		丹老	wɛ¹¹tθa⁴⁴/wɛ¹¹ja⁴⁴
		茵达	eĩ⁵³ma³¹pjo³³
		若开	mə ma⁴²ɕe²²/kaũ²²ma⁴²ɕe²²
		德努	loũ³³ma³²pjo³³/mi³²ni³³
အရပ်သား	百姓	仰光音	ə jaʔ⁴⁴tθa⁵⁵
		丹老	ə ja⁴²ʔtθ a⁴⁴/wa¹¹tθa⁴⁴
အစေခံ	仆人	仰光音	ə ze²²gã²²
		东友	i³²se³²
		丹老	i¹¹se¹¹
		茵达	eĩ³³se³³
		若开	ə ze²²gã²²/ə hŋa⁴⁴tθə ma⁴²
လှေထိုးသား	船夫	仰光音	hle²²do⁵⁵dða⁵⁵
		丹老	hle¹¹laɪ⁴²ʔma⁴⁴
		土瓦	le³³tθə ma⁵³
မိတ်ဆွေ	朋友	仰光音	meɪʔ⁴⁴shwe²²
		德努	meɪ³²ʔshwe³³/ə tθi³²
အကန်း၊မျက်မမြင်	瞎子	仰光音	ə kã⁵⁵/mjɛʔ⁴⁴mə mjĩ²²
		丹老	mjɪ⁴²ʔsi⁴²gã⁴⁴
နားမကြားသူ၊နားပင်းသူ	聋子	仰光音	na⁵⁵mə tɕa⁵⁵dðu²²/na⁵⁵pjĩ⁵⁵dðu²²
		丹老	n a¹¹pã⁴⁴
		土瓦	n a⁵³pjĩ⁵³

(续表)

缅文	词义	方言	词音
ဆွံ့အသူ	结巴	仰光音	shũ^{53} a^{53} dðu^{22}
		丹老	ɑ^{42}/ thɪ^{42}ʔ
		土瓦	ŋə ɑ^{32}
		茵达	ɛ^{33}hnɪʔ^{45}/ɕwe^{33}hnɪʔ^{45}/ pho^{53}ɕwe^{33}hnɪʔ^{45}
ညည်သည်	客人	仰光音	ɛ^{53} dðɛ^{22}
		若开	a^{22}gɛ̃^{22}du^{42}
မမအစ်မ	姐姐	仰光音	ma^{53}ma^{53}/ə ma^{53}
		丹老	m ɑ^{42}m ɑ^{42}/mɛ^{11}mɛ^{11}/ ə mɑ^{42}
ယောက္ခမ	岳父	仰光音	jauʔ^{44}khə ma^{53}
		若开	jauʔ^{44}khə pho^{22}
ယောက္ခမ	岳母	仰光音	jauʔ^{44}khə ma^{53}
		若开	jauʔ^{44}khə ma^{42}
ဘထွေး	继父	仰光音	ba^{53}due^{55}
		丹老	phɑ^{42} ŋɛ^{11}
		茵达	phɑ^{31}ŋɛ^{33}
ဆိတ်	羊	仰光音	sheɪʔ^{44}
		丹老	bɛ^{42}ʔ
ကုလားအုပ်	骆驼	仰光音	kə lə ouʔ^{44}
		东友	kə lɒ^{55} ou^{53}ʔ/ shi^{42}kə lɒ^{55}wi^{42}
မေးဘဲ	鹅	仰光音	ŋã^{55} bɛ^{55}
		丹老	bɛ^{44} ŋ ɑ̃^{44}
ဒရယ်	獐子	仰光音	də jɛ^{22}
		东友	shə rɑ^{32}
		丹老	shɑ^{42}ʔ
		土瓦	tɕhe^{33}
လင်းတ	秃鹫	仰光音	lə da^{53}
		东友	lɒ^{55} tɒ^{42}/lɛ̃^{55}shɑ^{42}

(续表)

缅文	词义	方言	词音
စာကလေး	麻雀	仰光音	sa²²gə le⁵⁵
		丹老	sɑ¹¹ɦa⁴⁴
		土瓦	sɑ³³ŋɛ³³
		茵达	sɑ³³pouʔ⁴⁵ti⁵³/tɕa³³kə te⁵³/tɕa³³sə ŋɛ³³
		若开	sa²²ɕe²²
		约	sɑ¹¹sə le⁴⁴
		德努	seĩ³³sɑ³³
ဥခြ	布谷鸟	仰光音	ouʔ⁴⁴ɔ⁵⁵
		东友	ou⁵³ʔɔ⁵⁵/wi⁴²ɔ⁵⁵
		丹老	au⁴²ʔɔ⁴⁴/tu⁴⁴ɦa⁴⁴
		茵达	ku³³u⁵³kɔ̃³³
		德努	ou³²ʔɔ⁵³/ku³³wu⁵³
ဖွတ်၊ကင်းလိပ်ချော	四脚蛇	仰光音	phuʔ⁴⁴/kĩ⁵⁵leɪ⁴⁴tɕhɔ⁵⁵
		丹老	phu⁴²ʔ/hã⁴⁴khlɑ⁴⁴
ပင့်ကူ	蜘蛛	仰光音	pĩ⁵³ku²²
		丹老	kã⁴⁴phɑ⁴⁴khu¹¹
မြွေ့.	蚂蟥	仰光音	hmjɔ⁵³
		东友	mjɔ⁴²/sə mwɑ⁴²
ကျိုင်းကောင်	蝗虫	仰光音	tɕaĩ⁵⁵gaũ²²
		丹老	hmã¹¹sɑ¹¹
ပုစဉ်း	蜻蜓	仰光音	pə zĩ⁵⁵
		若开	pə zĩ⁴⁴/pə sheĩ²²douʔ⁴⁴
		约	pə saŋ⁴⁴/pauʔ³sheĩ¹¹du⁴⁴
ပင်စည်	树干	仰光音	pĩ²²zi²²
		东友	pã¹¹lɔ̃⁴⁴
ပြောင်း၊ပြောင်းဖူး	玉米	仰光音	pjaũ⁵⁵/pjaũ⁵⁵phu⁵⁵
		丹老	plɔ̃⁴⁴/plɔ̃⁴⁴tθi⁴⁴

（续表）

缅文	词义	方言	词音
ငရုပ်သီး	辣椒	仰光音	ŋə jouʔ⁴⁴tθi⁵⁵
		东友	ŋə jou⁵³ʔshi⁵⁵/sɑ⁵³ʔ tθi⁵⁵
		约	sɑʔ³tθi⁴⁴
		德努	sɑ³²ʔtθi⁵³
		蓬	sã ²²kʰo²²/ sã ²²pʰo²²
ဖိနပ်	鞋	仰光音	phə nɑʔ⁴⁴
		丹老	khe nɑ⁴²ʔ
ပန်းကန်	碗	仰光音	bə gã ²²
		丹老	sã ¹¹
		茵达	khwɛʔ⁴⁵
ပန်းကန်ပြား	盘子	仰光音	bə gã ²²bjɑ⁵⁵
		茵达	khwɛʔ⁴⁵pjɑ⁵³/khwɛʔ⁴⁵prɑ⁵³
ပုဆိန်ရဲတင်း	斧头	仰光音	pə sheĩ ²²/jɛ⁵³dɪ ⁵⁵
		丹老	ka ⁴²ʔpɑ⁴²
		土瓦	ka³²ʔpɑ³²
မြင်းကကြိုး	马缰	仰光音	mjĩ ⁵⁵ ka⁵³ /ka⁵³tɕo⁵⁵
		茵达	hmjẽ ⁵³ oũ ⁵³/koũ ⁵³hni⁵³
နေ့ခင်း	白天	仰光音	ne⁵³gĩ ⁵⁵
		丹老	ne⁴²phɑʔ⁴⁴
မနက်	早晨	仰光音	mə nɛʔ⁴⁴
		丹老	mo⁴⁴ lã ⁴⁴
နေ့လယ်	中午	仰光音	ne⁵³lɛ²²
		丹老	mũ ⁴⁴tɛ⁴²
နေဝင်ရီတရော်	黄昏	仰光音	ne²²wĩ ²²ji²²de jɔ⁵⁵
		丹老	ne⁴²tã ¹¹zɑ¹¹
စင်း	座	仰光音	zĩ ⁵⁵
		丹老	khu⁴²（座（一～桥））

(续表)

缅文	词义	方言	词音
(လမ်း) ပြ	引路	仰光音	(lã^{55}) pja^{53}
		德努	u^{53}jo^{53}
(ဗိုက်) ကယ်	肚胀	仰光音	kɛ^{22}
		茵达	tẽ^{53}/pre^{31}
		德努	phaɪ$^{32?}$pji^{32}/wũ^{53}jõ^{33}
ဆန်	米	仰光音	shã^{22}
		蓬	shwe^{454} shi^{454}
ထမင်း	饭	仰光音	thə mĩ^{55}
		蓬	sha$^{52?}$
အရက်	酒	仰光音	ə jɛʔ^{44}
		蓬	si^{454}sok/si^{454}s^{h}o$^{52?}$/si^{454}sou$^{52?}$
အကျီ	衣服	仰光音	ĩ^{55}dʑi^{22}
		蓬	sho^{55}
ခြံစည်းရိုး	篱笆	仰光音	tɕhã^{22}si^{55}jo^{55}
		蓬	wan^{22} ta^{454}
ဓား	刀	仰光音	da^{55}
		蓬	nã ŋ^{22}kã ŋ^{22}
အုန်းမှုတ်	椰瓢	仰光音	ouʔ^{44}hmouʔ^{44}
		蓬	nə$^{52?}$mwe^{51}
ချိန်ခွင်	秤	仰光音	tɕheĩ^{22}gwĩ^{22}
		蓬	swai$^{52?}$
ပိုက်ဆံ	钱	仰光音	paɪ^{44}shã^{22}
		蓬	mjaĩ^{22}
ကျောပိုးခြင်း၊ကျောပိုးပလိုင်း	背篓	仰光音	tɕɔ^{55}po^{55}tɕhĩ^{55}/tɕɔ^{55}po^{55}pəlaĩ^{55}
		蓬	sauŋ^{22}
ဓားအိမ်	刀鞘	仰光音	də eĩ^{22}
		蓬	eiŋ^{454} ma$^{52?}$

缅文	词义	方言	词音
လေး	弓	仰光音	le^{55}
		蓬	kaŋ^{22}
ညသန်းခေါင်	午夜	仰光音	ȵa^{53}dðə gaũ^{22}
		蓬	də guã^{22}taĩ^{22}

2. 方言中保留了一些古语中的词，这些词在现代缅语中除了作不能独立运用的词素外，不再作独立的词来运用，但方言中仍然保留着这些与古代缅语一脉相承的独立词身份：

缅文	词义	方言	词音
ည	晚上	仰光音	ȵa^{53}
		丹老	nĩ^{42}
အမေ	母亲	仰光音	ə me^{22}
		丹老	mi^{42}
အစေခံ	仆人	仰光音	ə ze^{22}gã^{22}
		德努	tθu^{33}ʃĩ^{53}ŋa^{53}
မိမိ	自己	仰光音	mi^{53}mi^{53}
		茵达	ko^{31}
ဗိုက်	肚子	仰光音	baiʔ^{44}
		若开	wẽ^{44}

若开方言 wẽ^{44}（肚子）对应的标准缅语的 ဝမ်း 一般只在 ဝမ်းသာ（高兴）、ဝမ်းတွင်းပါ（天生的）等合成词中用。

缅文	词义	方言	词音
နှုတ်ခမ်း	唇	仰光音	hnə khã^{55}
		丹老	kh ɑ̃^{44}
ပိုက်ဆံ	钱	仰光音	paıʔ^{44}shã^{22}
		丹老	kɑ^{42}ʔ
		土瓦	tɕi^{53} bja^{53}

土瓦方言 tɕi⁵³ bjɑ⁵³（钱）中的 tɕi⁵³ 对应的标准缅语的 ကြေး 本义为铜，引申为铜币、钱币，标准缅语的 ကြေး 现在一般只在 ကြေးကောင်（征税）、ကြေးရေး（金融）、ကြေးစားတပ်（雇佣军）、ကြေးရင်း（资金、资本）等合成词中用。

缅文	词义	方言	词音
ဟောင်း	旧	仰光音	hau͂⁵⁵
		茵达	hõ⁵³/nwã⁵³/o³³
		德努	hõ⁵³/souʔ³²

茵达方言的 nwã⁵³（旧）对应的标准缅语的 နမ်း 一般只在 နမ်းညစ်（脏、陈旧）、နမ်းပါး（穷困）等合成词中用。

德努方言的 souʔ³²（旧）对应的标准缅语的 စုတ် 一般只在 စုတ်နပ်（脏、陈旧）、စုတ်ပဲ（穷困）等合成词中用。

缅文	词义	方言	词音
ကြိကြ	耽误	仰光音	tɕã⁵³tɕa²²
		丹老	tɕɑ¹¹
		土瓦	tɕɑ³³
		德努	tɕɑ³³
ခန့်မှန်း	估计	仰光音	khã⁵³hmã⁵⁵
		德努	mã⁵³tɕe³²/wɑ³³tɕe³²
(အကျိ)ပြပေါက်	破	仰光音	pjɛ⁵⁵/pauʔ⁴⁴
		丹老	su⁴²
(ခေါင်း)ကိုက်	头疼	仰光音	kaɪʔ⁴⁴
		若开	kaɪʔ⁴⁴/khɛ⁴⁴

若开方言 khɛ⁴⁴（痛（头~））对应的标准缅语的 ခဲ 一般只在 ကိုက်ခဲ（痛）等合成词中用。

缅文	词义	方言	词音
စပါး	水稻	仰光音	zə ba⁵⁵
		蓬	kok

蓬方言的 kok（水稻）对应的标准缅语的 ကောက် 一般只在 ကောက်ရိုး：（稻草）、ကောက်နယ်（打谷）等合成词中用。

3. 各方言中有一些各自特有的特征词。特征词是指那些常用而又具有构词能力的、区内一致而区外特殊的方言词，很多情况下这些特征词往往用作构词词素：

缅文	词义	方言	词音
ဘယ်သူ	谁	仰光音	bə ðu²²
		若开	za²²ðu²² （谁）za²² （什么）
ဒီမှာ	这里	仰光音	di²² hma²²
		丹老	ɛ¹¹ hma¹¹ （这里）
ဘယ်လို	怎么	仰光音	bɛ²²lo²²
		东友	də lɯ³² （怎么）
		土瓦	hɛ¹¹mjo⁴⁴ （怎么）
ဟိုမှာ	那里	仰光音	ho²²hma²²
		东友	də mɒ³² （那里）

不同于标准缅语的 bɛ²²（哪），若开方言用 za²²、东友方言用 də、土瓦方言用 hɛ¹¹ 等各自特有的构词词素来表"哪"；不同于标准缅语的指示代词 di²²（这）、ho²²（那），丹老方言用 ɛ¹¹、东友方言用 də 等各自特有的构词词素来表指示代词"这""那"。

缅文	词义	方言	词音
ရွာသူကြီး	村长	仰光音	jwa²²ðə dʑi⁵⁵
		东友	wɒ³²lu³² kwi⁵⁵
		丹老	w a ¹¹lu¹¹ gi⁴⁴
		土瓦	jwa³³ lu³³ dʑi⁵³
		茵达	wɑ³³lu³³ ki⁵³/wɑ³³lu³³ ku⁵³/jwa⁵³lu³³tɕi⁵³
ဘိုးဘိုး	爷爷	仰光音	pho⁵⁵ pho⁵⁵
		东友	phɒ⁴² ɯ³²

(续表)

缅文	词义	方言	词音
ဘွား:ဘွား:	奶奶	仰光音	phwa⁵⁵phwa⁵⁵
		东友	mɯ⁴² ɯ³²
ကိုကို၊အစ်ကို	哥哥	仰光音	ko²²ko²²/ɪ⁴⁴ko²²
		丹老	nõ ¹¹nõ ¹¹/nõ ¹¹ki⁴⁴
		茵达	nõ ³³ku⁵³/nõ ³³ki⁵³/ko³³tɕi⁵³
ညီလေး၊မောင်လေး	弟弟	仰光音	n̪i²²le⁵⁵/maũ ²²le⁵⁵
		茵达	n̪i³³/ɔ̃ ³³ŋɛ³³mõ ³³ŋɛ³³/ŋɛ³³ni³³
ညီမ၊နှမ	妹妹	仰光音	n̪i²²ma⁵³/hnə ma⁵³
		茵达	n̪ũ ³³hma³¹/n̪ɛ̃ ³³hma³¹/ɔ̃ ²ŋɛ³³n̪i³³ma³¹/mɛ³³ŋɛ³³
ဘကြီး	伯父	仰光音	ba⁵³dʑi⁵⁵
		土瓦	u⁵³u⁵³
ကြီးတော်	伯母	仰光音	dʑi⁵⁵dɔ²²
		若开	dʑi⁴⁴dɔ²²/ə ri⁴⁴
ဘထွေး	叔叔	仰光音	ba⁵³ thwe⁵⁵
		若开	wə ri⁴⁴/ə khĩ ²²ɕe²²

不同于标准缅语表亲属称谓词素，东友方言用 ɯ³²、土瓦方言用 u⁵³、丹老方言用 ki⁴⁴、茵达方言用 ki⁵³ 等各自特有的构词词素来构成表示"年长者的亲属称谓词"，丹老方言用 ŋɛ¹¹、茵达方言用 ŋɛ³³、le⁵³ 等各自特有的构词词素来构成表示"年少者的亲属称谓词"。

缅文	词义	方言	词音
နွား:ပေါက်	牛犊	仰光音	nə pauʔ⁴⁴
		丹老	nwa⁴⁴tθa⁴⁴kã ⁴⁴ɦa⁴⁴
		土瓦	nwa⁵³tθa⁵³gĩ ⁵³ŋɛ³³
		茵达	hnwa⁵³shə ŋɛ³³
		德努	nwa⁵³tθə ŋɛ³³

缅文	词义	方言	词音
ဆိတ်ကလေး	山羊羔	仰光音	sheɪʔ⁴⁴gə le⁵⁵
		丹老	bɛ⁴² tθɑ⁴⁴kã ⁴⁴ɦɑ⁴⁴
		土瓦	sheɪ³²ʔ tθɑ⁵³g̃ɪ ⁵³ŋɛ³³
		茵达	shaɪʔ⁴⁵shə ŋɛ³³
		德努	shaɪ³²ʔtθə ŋɛ³³
သိုးကလေး	绵羊羔	仰光音	tθo⁵⁵ gə le⁵⁵
		丹老	tθo⁴⁴ tθɑ⁴⁴kã ⁴⁴ɦɑ⁴⁴
		土瓦	tθo⁵³ tθɑ⁵³g̃ɪ ⁵³ŋɛ³³
		茵达	to⁵³shə ŋɛ³³
		德努	tθo⁵³tθə ŋɛ³³
ဝက်ကလေး	猪崽	仰光音	wɛʔ⁴⁴gə le⁵⁵
		丹老	wɑ⁴² tθɑ⁴⁴kã ⁴⁴ɦɑ⁴⁴
		土瓦	wɪ³²ʔ tθɑ⁵³g̃ɪ ⁵³ŋɛ³³
		茵达	wɛʔ⁴⁵shə ŋɛ³³
		德努	wɛ³²ʔtθə ŋɛ³³

不同于标准缅语的 gə le⁵⁵，土瓦、茵达、德努分别用 tθɑ⁴⁴kã ⁴⁴ɦɑ⁴⁴、shə ŋɛ³³、tθə ŋɛ³³ 等各自特有的表示幼畜的构词词素来表"牛犊""山羊羔""绵羊羔""猪崽"。

缅文	词义	方言	词音
ပန်းကန်ပြား	盘子	仰光音	bə gã ²²bja⁵⁵
		茵达	khwɛʔ⁴⁵pjɑ⁵³/khwɛʔ⁴⁵prɑ⁵³
အပေါ်	上	仰光音	ə pɔ²²
		丹老	ə thɑ⁴²ʔ（上（桌子~））
ပေါ်	上面	仰光音	pɔ²²
		丹老	thɑ⁴²ʔ（上（天~））
အထက်၊အပေါ်	以上	仰光音	ə thɛʔ⁴⁴/ə pɔ²²
		丹老	ə thɑ⁴²（以上）

(续表)

缅文	词义	方言	词音
မနေ့က	昨天	仰光音	mə ne⁵³ ga⁵³
		丹老	nɑ⁴²ʔki⁴⁴dũ ⁴⁴ɕɑ⁴²
တနေ့က	前天	仰光音	də ne⁵³ ga⁵³
		东友	hɑ⁵⁵ne⁴²kɒ⁴²
		丹老	nɑ⁴²ʔki⁴⁴phɑ⁴²ʔɕɑ⁴²
		土瓦	hoũ ⁵³mə ne³²ɕɑ⁴²
		茵达	mə ne³¹ne³¹ɕe³¹tə ne³¹
တမြန်မနေ့က	大前天	仰光音	də mjã ²²mə ne⁵³ ga⁵³
		东友	tə mə ne⁴²kɒ⁴²
		丹老	nu⁴²ʔne⁴²ɕɑ⁴²
		土瓦	hoũ ⁵³mə ne³² doũ ⁵³ ɕɑ³²
		茵达	mə ne³¹ ne³¹ɕe³¹hne³³ ne³¹
နက်ဖြန်	明天	仰光音	nɛʔ⁴⁴phjã ²²
		东友	mə nɑ⁵³ʔphjã ³²
		丹老	nɑ⁴²ʔki⁴⁴tɛ¹¹ɕɑ¹¹
		土瓦	mo⁵³ʃi ⁵³
		茵达	mə nɛʔ⁴⁵kha³³
တဘက်ခါ	后天	仰光音	də bɛʔ⁴⁴kha²²
		东友	tə phɑ⁵³ʔkhɒ³²
		丹老	nɑ⁴²ʔki⁴⁴phɑ⁴²ʔɕɑ¹¹
		土瓦	nɑu³² ne³²
		茵达	mə nɛʔ⁴⁵kha³³pji⁵³tə jɛ ʔ⁴⁵/ mə nɛʔ⁴⁵kha³³pji⁵³tə ne³¹
ဖိန်းနွဲ့ခါ	大后天	仰光音	pheĩ ⁵⁵hnwɛ⁵⁵ga²²
		东友	phə nwɑ³² khɒ³²
		丹老	nɔ⁴²ʔne⁴²ɕɑ¹¹
		土瓦	nɑu³²ʔtθoũ ⁵³jɛ³²ʔ tɕɑ³² ɕɑ³³
		茵达	mə nɛʔ⁴⁵kha³³pji⁵³hne³¹ jɛ ʔ⁴⁵

(续表)

缅文	词义	方言	词音
ကနေ့ည	今晚	仰光音	gə ne⁵³n̥a⁵³
		东友	khu⁴²n̥ɒ⁴²/kɒ⁴² ne⁴² ŋɒ⁴²
		丹老	ɛ¹¹ne⁴²n̥ĩ⁴²khã⁴⁴zɑ¹¹
		土瓦	dɛ³³ ne³²n̥ɑ³²
ယခုနှစ်	今年	仰光音	jə gu⁵³ hnɪʔ⁴⁴
		丹老	ɛ¹¹ hnɪ⁴²ʔ
		土瓦	dɛ³³ nɪ³²ʔ
		若开	e²² hnɪʔ⁴⁴/e²² hnaɪʔ⁴⁴
နင်၊မင်း၊ညည်း၊ခင်ဗျား၊ ရှင်	你	仰光音	nĩ ²²/mĩ ⁵⁵/n̥i:⁵⁵/khə mja⁵⁵
		丹老	nã ⁴⁴
ရှင်တို့နှစ်ယောက်	你俩	仰光音	ɕĩ ²²do⁵³hnə jauʔ⁴⁴
		东友	nẽ ³²dɯ⁴²hnə jø⁵³ʔ
		丹老	nã ⁴⁴no⁴²hne⁴² jɔ tθɑ⁴²ʔ
		茵达	nẽ ³³lɔʔ⁴⁵hne³¹ jɔʔ⁴⁵/ nẽ ³³tɔ³¹
		德努	nĩ ³³to³²ne jɔ³²ʔ
ဘယ်လောက်၊မည်မျှ	多少	仰光音	bɛ²² lauʔ⁴⁴/mi²² hmja⁵³
		丹老	ɦɛ¹¹ hmjɑ⁴²lɔ⁴²ʔ
ဘယ်နှစ်ခု	几个	仰光音	bɛ²²hnə khu⁵³
		丹老	ɦɛ¹¹hmjɑ⁴² khu⁴²
ကျောဘက်	反面	仰光音	tɕɔ⁵⁵ bɛʔ⁴⁴
		丹老	nɔ⁴² tɕɔ⁴⁴ phɑ⁴²ʔ
(အရောင်)ပြယ်၊ရောင်ပါးစေ	消肿	仰光音	pjɛ²²/jɔ⁵³pa⁵⁵ze²²
		丹老	klɑ⁴²
		茵达	pjɔʔ⁴⁵/klɑ³¹/jɔ³¹
ဝမ်းသွား	泻	仰光音	wũ ⁵⁵tθwa⁵⁵
		丹老	wũ ⁴⁴klɑ⁴²
		若开	wẽ ⁴⁴ la⁴⁴

4. 缅甸语中有大量的词靠形态构词法构成，常见的前加式形态构词法由中心成分语素加词头构成，词头的作用有二：一是起构词作用，即增加或改变词根的意义，词头同词根一起构成新词；二是起构形作用，词头表示某种语法意义或改变词根的词性。与标准语相比，缅语方言词的词头有很多相同之处，不同之处主要体现在：一、方言词省略了词头；二、方言词有着与标准语不同的词头。

缅文	词义	方言	词音
ပါးစပ်	嘴	仰光音	bə zaʔ⁴⁴
		丹老	zɑ⁴²ʔ
တိရစ္ဆာန်	动物	仰光音	tə reıʔ⁴⁴shã²²
		丹老	ri⁴²shã¹¹
အဖေ	爸爸	仰光音	ə phe²²
		茵达	tɔ³¹ phɑ³¹
		德努	to³²phɑ³²
အမေ	母亲	仰光音	ə me²²
		茵达	tɔ³¹ mɛ³¹/tɔ³¹mwe³¹
		德努	ə mwe³²/to³²mwe³²
လက်ခလယ်	中指	仰光音	lɛʔ⁴⁴ khə lɛ²²
		丹老	lɑ⁴²ʔ lɛ¹¹
အဘိုးအို	老头儿	仰光音	ə pho⁵⁵o²²
		丹老	pho⁴⁴tθɑ⁴²ʔki⁴⁴
		东友	phɑ⁴²ɯ³²
		土瓦	pho⁵³dʑi⁵³
		德努	pho⁵³o³³
အဘွားအို	老太太	仰光音	ə phwa⁵⁵o²²
		东友	phɒ⁴²ɯ³²
		丹老	pho⁴⁴tθɑ⁴²ʔki⁴⁴
		土瓦	phwɑ⁵³dʑi⁵³
		德努	phõ³³o³³

(续表)

缅文	词义	方言	词音
သူခိုး	贼	仰光音	tθə kho⁵⁵
		丹老	kho⁴⁴
		茵达	tə kho⁵³
သူတောင်းစား	乞丐	仰光音	tθə taũ⁵⁵ za⁵⁵
		丹老	d ũ⁴⁴ s ɑ⁴⁴
		德努	tɕɔ̃³³ nã³³
အမွေး	毛	仰光音	ə mwe⁵⁵
		丹老	mwi⁴⁴
အကြေးခွံ	鳞	仰光音	ə tɕi⁵⁵ khũ²²
		丹老	tɕe⁴⁴ khũ¹¹
ပုစဉ်း	蜻蜓	仰光音	pə zĩ⁵⁵
		丹老	zĩ⁴⁴
ပင်ပေါက်	芽儿	仰光音	pĩ²²bauʔ⁴⁴
		丹老	ə pĩ³³ŋɛ³³
		德努	ə pĩ³³bɔ³²ʔ
အမဲလိုက်	打猎	仰光音	ə mɛ⁵⁵laɪʔ⁴⁴
		丹老	mɛ⁴⁴laɪ⁴²ʔ
စပါး	水稻	仰光音	zə ba⁵⁵
		丹老	bɑ⁴⁴
သခွါး	黄瓜	仰光音	tθə khwa⁵⁵
		丹老	khwɑ⁴⁴
စတော်ပဲ	豌豆	仰光音	zə dɔ²² pɛ⁵⁵
		丹老	tɔ¹¹ pɛ⁴⁴ɦɑ⁴⁴
ထမင်း	饭	仰光音	thə mĩ⁵⁵
		丹老	hmã⁴⁴
		土瓦	mĩ⁵³
		茵达	mɛ̃⁵³/khə mã⁵³/khə mɛ̃⁵³
		德努	mĩ⁵³

（续表）

缅文	词义	方言	词音
သကြား	糖	仰光音	dðə dʑa⁵⁵
		丹老	tθə dʑɑ⁴⁴
အရက်	酒	仰光音	ə jɛʔ⁴⁴
		丹老	jɪ⁴²ʔ
		茵达	ɛ³³
စားပွဲ	桌子	仰光音	zə bwɛ⁵⁵
		丹老	bwɛ⁴⁴
တံမြက်စည်း	扫帚	仰光音	də bjɪʔ⁴⁴si⁵⁵
		丹老	bjɪ⁴²ʔsɛ⁴⁴
အမွှေးတိုင်	香	仰光音	ə hmwe⁵⁵dãĩ²²
		丹老	hmwi⁴⁴tãĩ¹¹
အမှိုက်	垃圾	仰光音	ə hmaɪʔ⁴⁴
		丹老	hmaɪ⁴²ʔ
တံစဉ်	镰刀	仰光音	də z̃ɪ²²
		丹老	z̃ɪ¹¹
စကား	话	仰光音	zə ga⁵⁵
		丹老	gɑ⁴⁴
သီချင်း	歌	仰光音	tθə tɕhĩ⁵⁵
		丹老	tɕhĩ⁴⁴
သတင်း	信息	仰光音	dðə dĩ⁵⁵
		丹老	dã⁴⁴
သဘောထားကောင်း	和气	仰光音	dðə bɔ⁵⁵tha⁵⁵kaũ⁵⁵
		丹老	bɔ⁴⁴kõ⁴⁴
သနားစရာကောင်း	可怜	仰光音	tθə na⁵⁵zə ja²²kaũ⁵⁵
		丹老	nɑ⁴⁴zɑ¹¹ kõ⁴⁴
သဘောတူ	答应	仰光音	dðə bɔ⁵⁵ tu²²
		丹老	bɔ⁴⁴ tu¹¹

(续表)

缅文	词义	方言	词音
အအေးဒဏ်ခံ	受冻	仰光音	ə e⁵⁵ dã²² khã²²
		丹老	e⁴⁴ da⁴²ʔ khã¹¹
ဆန့်ကျင်	反对	仰光音	shã⁵³ tɕĩ²²
		丹老	bɔ⁴⁴mə tu¹¹
ပလုတ်ကျင်း	漱口	仰光音	pə louʔ⁴⁴tɕĩ⁵⁵
		丹老	lu⁴² tɕĩ⁴⁴
သတိထား	小心	仰光音	tθə ti⁵³ tha⁵⁵
		丹老	di⁴²thɑ⁴⁴
စပါးလှေ့	扬场	仰光音	zə ba⁵⁵ hle⁵³
		丹老	ba⁴⁴ hli⁴²
		茵达	pɑ⁵³ hle³¹
အအေးမိ	着凉	仰光音	ə e⁵⁵mi⁵³
		丹老	e⁴⁴mi⁴²
(အရက်)မူး	醉	仰光音	ə jɛʔ⁴⁴ mu⁵⁵
		丹老	ji⁴²ʔ mɔ⁴⁴
		茵达	ɛ³³ mu⁵³
ထမ်းပိုး	扁担	仰光音	də bo⁵⁵
		丹老	bo⁴⁴

在词头方面蓬语里有很多值得注意的特点，ə、tə、kə (khə、gə)、tʃhi⁴⁵⁴、lə、lo⁵¹等词头在蓬语中频繁出现，这些词头加在名词前，具有区分类别的作用，主要是部分动物、植物、植物的组成部分，或人体的组成部分等。11世纪前缅语中消失了的tə、kə以及现代彝语支已经全部消失了的tə、kə词头在蓬语中大量保留，从保留古形态这个意义上讲蓬语是非常重要的语言。

蓬语中带ə词头的例词：

缅文	词义	方言	词音
ဆံပင်	头发	仰光音	shə bĩ ^{22}
		蓬方言	ə shɛ^{22}
ခေါင်း	头	仰光音	gaũ ^{55}
		蓬方言	ə pɔŋ^{22}
လျှာ	舌头	仰光音	ɕa^{22}
		蓬方言	ə sja^{22}
ကျော	背	仰光音	tɕɔ^{55}
		蓬方言	ə nɔŋ^{55}
လက်	手	仰光音	lɛʔ^{44}
		蓬方言	ə lo^{22}/ə lo^{51}
ကလေး	孩子	仰光音	gə le^{55}
		蓬方言	ə sa^{22}/ə sə:/kəɲi^{454}
အဖော်	伙伴	仰光音	ə phɔ^{22}
		蓬方言	ə phɔ^{33}/ ʃo^{22}/ə so^{22}
သား	儿子	仰光音	tθa^{55}
		蓬方言	ə sa^{22}/ə sə:
မြေး	孙子	仰光音	mji^{55}
		蓬方言	ə mji^{22}

蓬语中带 tə 词头的例词：

缅文	词义	方言	词音
ငါး	鱼	仰光音	ŋa^{55}
		蓬方言	tə ŋə^{454}
ဝက်	猪	仰光音	wɛʔ^{44}
		蓬方言	tə wa^{454}/tə wok/tə wok
ခွေး	狗	仰光音	khwe^{55}
		蓬方言	tə khwi^{55}
ဝါး	竹	仰光音	wa^{55}
		蓬方言	tə wa^{22}/khə wa^{454}

蓬语中带 kə（khə、gə）词头的例词：

缅文	词义	方言	词音
တောင်	山	仰光音	taũ²²
		蓬方言	kə tõ²²
လေ	风	仰光音	le²²
		蓬方言	kə li⁴⁵⁴
လမ်း	路	仰光音	lã⁵⁵
		蓬方言	khə ji⁵⁵/khə ji⁴⁵⁴
ထင်း	柴	仰光音	thĩ⁵⁵
		蓬方言	kə tho²²
ကျား	虎	仰光音	tɕa⁵⁵
		蓬方言	kə la²²/gə la²²
ကျွဲ	水牛	仰光音	tɕwɛ⁵⁵
		蓬方言	gə li²²
ဆူး	刺儿	仰光音	shu⁵⁵
		蓬方言	gə shu⁴⁵⁴（刺儿）
မျောက်	猴子	仰光音	mjauʔ⁴⁴
		蓬方言	kə we²²（猴子）
ဆင်	象	仰光音	shĩ²²
		蓬方言	kə sho²²/sho²²/gə so⁵⁵/gə ʃo⁵⁵

蓬语中带 tʃhi⁴⁵⁴ 词头的例词：

缅文	词义	方言	词音
မြူနှင်း	雾	仰光音	mju²²hnĩ⁵⁵
		蓬方言	tʃhi⁴⁵⁴hno⁴⁵⁴
နှင်းခဲ	霜	仰光音	hnĩ⁵⁵gɛ⁵⁵
		蓬方言	tʃhi⁴⁵⁴hno⁴⁵⁴
နှင်း	露水	仰光音	hnĩ⁵⁵
		蓬方言	tʃhi⁴⁵⁴hno⁴⁵⁴

蓬语中带 lə、lo^{51} 词头的例词：

缅文	词义	方言	词音
အအ	哑巴	仰光音	a^{53}a^{53}
		蓬方言	lə a^{51}
ခြေထောက်	脚	仰光音	tɕhi^{22}dauʔ^{44}
		蓬方言	lo^{51}khi^{22}

5. 缅语方言词汇中有些词一个词有多种说法，反映了承传词、变异词、创新词、借用词等的类别差异：

缅文	词义	方言	词音
ဗိုက်	肚子	仰光音	baiʔ^{44}
		东友方言	khe^{55}phɒ^{53}ʔ
တိရစ္ဆာန်	动物	仰光音	tə reɪʔ^{44}shã^{22}
		茵达方言	tə rɑɪʔ^{45}shã^{33}/tə lɑɪʔ^{45}shã^{33}/ kə rɑɪʔ^{45}shã^{33}/kə lɑɪʔ^{45}shã^{33}
ညစ်	脏	仰光音	ɲɪʔ^{44}
		茵达方言	ɲɪʔ^{45}pɑʔ^{45}/ũ^{31} ĩ^{31}/ we^{33}wa^{33}
အ၊န	呆笨	仰光音	a^{53}/na^{53}
		茵达	ɑ^{31}/nɑ^{31}/thuʔ^{45}/thɪʔ^{45}/thu^{33}/ tha^{33}/thoũ^{33}
ရန်ဖြစ်	打架	仰光音	jã^{22}phjɪʔ^{44}
		德努音	jã^{33}phjɪ^{32}ʔ/loũ^{53}
လျှင်	如果	仰光音	hlj ĩ^{22}
		丹老音	sho^{11}wa^{11}
ကောင်းကင်	天空	仰光音	kaũ^{55}kĩ^{22}
		茵达音	kɔ̃^{53}kɛ̃^{33}/mo^{53}kɛ^{53}sha^{53}/ mo^{53}khɛ^{53}sha^{53}
		若开音	kaũ^{44}kɔ̃^{22}/a^{22}ka^{22}

(续表)

缅文	词义	方言	词音
လယ်၊ယာ	田地	仰光音	$lɛ^{22}/ja^{22}$
		东友音	$lɑ^{32}/hlɑ^{32}/jɒ^{32}$
ချိုင်း	腋	仰光音	$dʑaĩ^{55}$
		东友音	$lɑ^{53ʔ}gə\ ti^{55}/twẽ^{\ 55}$
နာရည်၊နပ်	鼻涕	仰光音	$hna^{22}ji^{22}/hnaʔ^{44}$
		东友音	$nɒ^{32}je^{32}/nɒ^{53ʔ}/khe^{55}$
သီလရင်၊မယ်သီလရင်	尼姑	仰光音	$tθi^{22}la^{53}ʃĩ^{\ 22}/mɛ^{22}\ tθi^{22}la^{53}ʃĩ^{\ 22}$
		东友音	$shi^{32}la^{42}khjẽ^{\ 32}/mɛ^{32}\ tθi^{32}la^{42}ma^{42}$
		丹老音	$phwɑ^{44}\ ɕĩ^{\ 11}ma^{11}/mi^{32}\ ɕĩ^{\ 11}$
		土瓦音	$phwɑ^{53}\ ɕĩ^{\ 33}mɑ^{32}$
		茵达音	$phwɑ^{53}shi^{33}la^{31}$
		若开音	$tθu^{22}dɔ^{22}ma^{42}$
အဖူး၊အငုံ	蓓蕾	仰光音	$ə\ phu^{55}ə\ ŋoũ^{\ 22}$
		丹老音	$ə\ phu^{53}$
ဘွတ်	靴子	仰光音	$buʔ^{44}$
		茵达音	$ke^{33}thouʔ^{45}$
		德努音	$tɕhe^{33}nĩ^{\ 53}$
မင်းဇောင်း	马圈	仰光音	$mʃĩ^{\ 55}\ zaũ^{\ 55}$
		丹老音	$bʃĩ^{\ 44}\ gɑu^{42ʔ}$
ဆန်ခါ	筛子	仰光音	$shã^{\ 22}\ kha^{22}$
		若开音	$zə\ ga^{22}$
		约方言	$shẽ^{\ 11}\ kha^{11}$
		德努方言	$shã^{\ 33}\ kha^{33}$
စကား	话	仰光音	$zə\ ga^{55}$
		丹老音	ga^{44}

（续表）

缅文	词义	方言	词音
စကားပုံ	谚语	仰光音	zə gə poũ²²
		丹老音	zə gə põ¹¹/poũ¹¹hwɛ⁴²ʔ
စကားထာ	谜语	仰光音	zə gə tha⁵⁵
		丹老音	zə gə tha⁴⁴/poũ¹¹hwɛ⁴²ʔ
တနေ့တာ	一整天	仰光音	də ne⁵³ ta²²
		丹老音	niɛ⁴² lõ⁴⁴sa¹¹
ခဏ	一会儿	仰光音	khə na⁵³
		丹老音	ɕɪ⁴²ʔɦɑ⁴²
အနည်းငယ်	少数	仰光音	ə ni⁵⁵ŋɛ²²/ə nɛ⁵⁵ŋɛ²²
		丹老音	dĩ⁴²ɦɑ⁴⁴
		德努音	kə tɪ³²ʔ
ဟိုဘက်	远指	仰光音	ho²²bɛʔ⁴⁴
		约方言	ho¹¹phak⁴²ʔ/hɔ¹¹（近指）/hauʔ⁴⁴（远指）（那边）
မြန်	快	仰光音	mjã²²
		德努音	mjã³³/kə laɪ³²ʔse³³
နောက်	浑浊	仰光音	nauʔ⁴⁴
		德努音	nɔ³²ʔ/tɕu³²
ကျဲ	稀	仰光音	tɕɛ⁵⁵
		德努音	tɕɛ⁵³/ə phjõ³³
ကြို့အံ့	打饱嗝	仰光音	tɕo⁵³ã²²
		德努音	tɕo³²ã³³/le³³tha³²
နားလည်၊သဘောပေါက်	明白	仰光音	na⁵⁵lɛ²²/dðə bɔ⁵⁵pauʔ⁴⁴
		丹老音	na⁴⁴lɛ¹¹/bɔ⁴⁴pu⁴²/ɕĩ⁴⁴
စေလွှတ်	派遣	仰光音	ze²²hluʔ⁴⁴
		丹老音	hlu⁴²ʔ laɪ⁴²ʔ/khaĩ⁴⁴sa⁴⁴/se¹¹sa⁴⁴

(续表)

缅文	词义	方言	词音
ညာ၊လိမ်၊လိမ်လည်လှည့်ဖျား	欺骗	仰光音	n̪a²²/lẽĩ²²/lẽĩ²²lɛ²²hlɛ⁵³phja⁵⁵
		丹老音	n̪a¹¹/li¹¹/pla⁴²ʔ
		茵达音	lẽĩ³³/hlɛ³¹phja⁵³/wa³³
		若开音	n̪a²²/lẽĩ²²/ẽĩ²² le²²hle⁴²phja⁴⁴/wa²²
(ကလေးကို)နမ်းသည်	亲吻	仰光音	nã⁵⁵dði²²
		丹老音	nã⁴⁴fiɛ¹¹/hmwi⁴⁴fiɛ¹¹（亲（～小孩））
အနာကျက်	痊愈	仰光音	ə na²² tɕɛʔ⁴⁴
		丹老音	ə na¹¹sɪ⁴²ʔ
		土瓦音	ə na³³ kaũ⁵³
နေပူဆာလှုံ	晒（太阳）	仰光音	ne²²pu²²sha²²hloũ²²
		丹老音	ne¹¹shã¹¹ khã¹¹
		德努音	ne³³pu³³sa³³kĩ³³
အနာပေါက်	生疮	仰光音	ə na²²pauʔ⁴⁴
		丹老音	ə na¹¹thwa⁴²ʔ
ကလေးမွေး	生（孩子）	仰光音	khə le⁵⁵mwe⁵⁵
		丹老音	mwi⁴⁴ phwa⁴⁴/tθa⁴⁴phwa⁴⁴/tθa⁴⁴pɔ⁴²ʔ
(ထမင်း)ကျက်သည်	熟了	仰光音	(thə mĩ⁵⁵)tɕɛʔ⁴⁴
		丹老音	(thə mĩ⁴⁴)sɪ⁴²ʔfiɛ¹¹
(တံခါးကို)မင်းတုံးချ	闩（门）	仰光音	mĩ⁵⁵toũ⁵⁵tɕha⁵³
		丹老音	gə lɛ⁴⁴tho⁴⁴
အိပ်ပျော်	睡着	仰光音	eɪʔ⁴⁴pjɔ²²
		丹老音	i⁴² mwi⁴²
		茵达音	aɪʔ⁴⁵hmwe³³
		德努音	aɪ³²ʔmwe³³

（续表）

缅文	词义	方言	词音
လှီးဖြတ်သည်၊ကော်ထုတ်	剜	仰光音	ahli^{55}phja$ʔ^{44}$dði^{22}/kɔ^{22}thou$ʔ^{44}$
		丹老音	hli^{44}phja$ʔ^{42}$fiɛ^{11}/kə lɔ^{11}thu^{42}
		土瓦音	li^{53}phja$^{32}ʔ$kə lɔ^{33} thou$^{32}ʔ$
(အရောင်ရမ်းမှ)ပြယ်ရောပါ၊စေ	消肿	仰光音	pjɛ^{22}/jɔ^{53}pa^{55}ze^{22}
		丹老音	klɑ^{42}
		茵达音	pjɔ$ʔ^{45}$/klɑ^{31}/jɔ^{31}
ဝမ်းသွား	泻	仰光音	wũ ^{55}tθwa^{55}
		丹老音	wũ ^{44}klɑ^{42}
		若开音	wɛ̃ ^{44} la^{44}
အအေးမိ	着凉	仰光音	ə e^{55}mi^{53}
		丹老音	e^{44}mi^{42}/ shɔ̃ ^{44}bjĩ ^{44} tθɑ$^{42}ʔ$fiɛ^{11}
		若开音	ə e^{44}mi^{42}/shaũ ^{44}mwɛ$ʔ^{44}$ra^{42}
		德努音	shɔ̃ ^{53}mje^{53}mi^{32}
လှည်	转动	仰光音	hlɛ^{53}
		德努音	lɛ^{32}/we^{32}/i^{32}

6. 缅语方言词汇中有些词在发音上有不同发音同时并存的现象，反映了缅语语音历史变化的层次和语言扩散的轨迹：

缅文	词义	方言	词音
ချွေးမ	媳妇	仰光音	tɕhwe^{55}ma^{53}
		东友方言	khwi^{55}mɒ^{42}/khrwi^{55}mɑ^{42}
ချင်း	生姜	仰光音	dʑĩ ^{55}
		东友方言	khlɛ̃ ^{55} seĩ ^{55}/khrɑ̃ ^{55}

缅语古语中有复辅音声母 kl、khl、pl、phl、ml、kr、khr 等，在东友方言中有的复辅音仍然保留着古音面貌，同时也反映了古音中的复辅音的后置辅音 r、l 可以通转，可以自由变换。在现代缅语中，原先复辅音声母的后置辅音 j、r 有着严格的区别，不能互换。比如 k + j = tɕ，k + r = tɕ。虽然两个复辅音在现代缅语中已经变成相同的语音，但是书写时却要

有严格的区别。这种现象反映了缅甸语原先（至少在公元 12 世纪碑文时期）的 j、r 不能通转。然而在东友方言中，j、r 却表现为并不明显的差别。有时，k + j 可以发 kl 音，有时却发 kr 音。可见，在东友方言中，j、r 的区别并不严格。还有一些复辅音变成腭化音，kj、kr 都发成 tɕ 音。更有一些复辅音起了一定的变化，l、r 都变成 j，但并未完全颚化。

缅文	词义	方言	词音
ကန်	踢	仰光音	kã ^{22}
		茵达方言	kã ^{33}/klɔʔ^{45}/krɔʔ^{45}
ပန်းကန်ပြား	盘子	仰光音	bə gã ^{22}bja^{55}
		茵达方言	khwɛʔ^{45}pja^{53}/khwɛʔ^{45}pra^{53}

茵达方言中的后置辅音 r、l 除了与舌根软腭音结合时有些变成舌面音 tɕ 外，有些地方仍保持着上古复辅音的状况，而且 r、l 还能自由转换。

缅文	词义	方言	词音
ချက်	声，下（动量词）	仰光音	tɕhɛʔ^{44}
		丹老方言	ça^{42ʔ}（声（喊一～）、下（打一～））
		丹老方言	ça tθa^{42ʔ}（脚（踢一～）、口（咬一～））
ရောက်သီး	柠檬	仰光音	çauʔ^{44} tθi^{55}
		丹老方言	tɕhau^{42ʔ} tθi^{53}
ကျား	棋	仰光音	tɕa^{55}
		丹老方言	kã ^{44}

仰光话中有些舌面塞擦音，在丹老方言中是舌面擦音或塞音；而仰光话中有些舌面擦音，在丹老方言中是舌面塞擦音。

缅文	词义	方言	词音
မြွေ	蛇	仰光音	mwe^{22}
		丹老方言	bwi^{11}
မြင်း	马	仰光音	mjĩ ^{55}
		丹老方言	bjĩ ^{44}

仰光话中的 m 音在丹老方言中有时读作 b。

缅文	词义	方言	词音
သိန်း	十万	仰光音	tθẽi⁵⁵
		茵达方言	sẽi⁵³（古）/ tẽi⁵³（现代）（十万）
သန်း	百万	仰光音	tθã⁵⁵
		茵达方言	sã⁵³（古）/ tã⁵³（现代）（百万）
သခွါး	黄瓜	仰光音	tθə khwa⁵⁵
		蓬方言	ʃi⁴⁵⁴kʰwa²²/θu⁵¹kʰwa²²

缅语古语中字母 သ 要读成 /s/，现代缅语中已变成了 /tθ/，但在茵达、蓬方言中有古代和现代两种读音，方言中 ၐ /sh/、w /t/、p/s/ 等塞音和擦音以及塞擦音之间常常可以互换，反映了缅语语音历史变化的层次和语言扩散的轨迹。

缅文	词义	方言	词音
ပုဒ်	（歌）首	仰光音	pouʔ⁴⁴
		丹老方言	pud⁴²（巴利文音）（首（一~歌））
အရက်	酒	仰光音	ə jɛʔ⁴⁴
		蓬方言	si⁴⁵⁴sok/si⁴⁵⁴sʰo⁵²ʔ/si⁴⁵⁴sou⁵²ʔ
အိမ်	房子	仰光音	ẽi²²
		蓬方言	aĩ²²/aiŋ²²
အိုး	罐子	仰光音	o⁵⁵
		蓬方言	u²²kʰwi²²/mɔ²²touŋ²²/mɔ²²toŋ²²
စကား	话	仰光音	zə ga⁵⁵
		蓬方言	təmaiŋ⁵⁵/θəmaiŋ⁵⁵/tə maĩ²²

现代缅语中已经消失的塞音韵尾在丹老方言的个别词中还有残留，蓬方言中同一个词有几种读法，带塞音韵尾的读法与辅音韵尾消失转化为短促调的读法并存，带鼻音韵尾的读法与鼻音韵尾消失转化为鼻化元音的读法并存，反映了语音历史变化的层次和语言扩散的轨迹。

(续表)

缅文	词义	方言	词音
ခုနစ်	七	仰光音	khu⁵³nɪʔ⁴⁴
		丹老方言	khũ¹¹
		茵达方言	khũ³³
		德努方言	khu³²nɪ³²ʔ/khə nɪ³²ʔ
ဆယ်ခုနစ်	十七	仰光音	shɛ⁵³ khũ²²
		东友方言	shɑ⁴² khə neɪ⁵³ʔ
		丹老方言	shɛ⁴² khũ¹¹
		土瓦方言	shɛ³² khə nɪ³²ʔ
		茵达方言	shɛ³¹ khũ³³
		若开方言	shə khwẽ²²
		约方言	shɛ⁴² khwã¹¹
		德努方言	shɛ³² khũ³³
ခုနစ်ဆယ်	七十	仰光音	khũ²² nə shɛ²²
		东友方言	khə neɪ⁵³ʔ shɑ³²
		丹老方言	khũ¹¹ nɪ⁴²ʔ shɛ¹¹
		土瓦方言	khə nɪ³²ʔ shɛ³³
		茵达方言	khũ³³ nə shɛ³³
		若开方言	khu⁴² nə shɛ²²
		约方言	khũ¹¹ nə shɛ¹¹
		德努方言	khũ³³ nə shɛ³³/khu³²ne³³shɛ³³
တရာ့တစ်	一百零一	仰光音	də jɑ⁵³ nɛ⁵³tɪʔ⁴⁴
		茵达方言	tə jɑ³¹ tɪʔ⁴⁵
		若开方言	də rɑ⁴² nɑ⁴²taɪʔ³³
		约方言	də jɑ⁴² nɛ⁴²tɪʔ³³
		德努方言	də jɑ³² nɛ³²tɪʔ³²ʔ

在标准缅语中，基数词"七"在单独用时不变读，读作 khu⁵³nɪʔ⁴⁴，而在与其他数词或量词一起使用时第二个音节要读成轻声，读作 khũ²² nə，在十位数以上的数词中充当尾数时要变读为 khũ²²；在标准缅语中，表十位数的 shɛ²²、表百位数的 jɑ³³ 在与其他数词一起使用时要由低平调变读为

高降调，即读作 shɛ^{53} 和 ja^{53}。这些现代缅语数词的语音变异在东友、丹老、土瓦、茵达、若开、约、德努各方言中的则表现情况不一，这给我们提供了一个观察现代缅语语音变异的窗口。

缅文	词义	方言	词音
ဆန်ခါ	筛子	仰光音	zə ga^{22}
		约方言	shẽ ^{11} kha^{11}
		德努方言	shã ^{33} kha^{33}
ပန်းချီ	画	仰光音	bə dʑi^{22}
		德努方言	pã ^{53} tɕhi^{33}
ကုဋေ	千万	仰光音	gə de^{22}
		丹老方言	ku^{42} de^{11}

在现代标准缅语中，一些多音节词的第一个音节由于受各种音变条件的影响要变读成轻声，但在方言中这些音节往往不弱化成轻读。这也给我们提供了一个观察现代缅语语音变异的窗口。

五、缅甸语方言的语法研究

语法比较可从词法和句法入手，研究的切入点和方法也有多种多样，由于方言之间的差别不是太大，本文就删繁就简，将词法部分放入本书第 271 页的"缅甸语方言的词汇研究"中，而语法部分也以句子构造、句子类型等方面为重点，进行比较研究。

1. 缅甸语方言的单句

主要包括词组、句子结构（主语、宾语、谓语、定语、状语、表语、语序）、句子类型（陈述句、疑问句、祈使句、感叹句）的比较。

（1）词组

① 名词词组：缅甸语方言中名词词组的组成基本与仰光话相同（参见本书仰光话的名词词组部分）。例如：

名词修饰名词：木头椅子 / 铁器（五金）市场 / 纸老虎。

仰光话　　tɵɪʔ^{44} tɵa^{55} kə lə thaɪ ^{22} / tɵã ^{22} ze^{55} / sɛʔ^{44} ku^{22} tɕa^{55}

土瓦方言　　tɕɿ⁴²ʔ tθɑ⁴⁴ kə lə thaĩ ¹¹ / tθɑm¹¹ ze⁴⁴ / sa⁴²ʔ ku¹¹ tɕɑ⁴⁴

丹老方言　　tɕɿ³²ʔ tθɑ⁵³ kə lə thaĩ ³³ / tθã ³³ ze⁵³ / sɛ³²ʔ ku³³ tɕɑ⁵³

若开方言　　tɕθaɿ⁴²ʔ tθɑ⁴⁴ kə lə thaĩ ²² / tθã ²² ze⁴⁴ / sa⁴²ʔ ku²² tɕɑ⁴⁴

约方言　　　tɕɿ⁴²ʔ tθɑ⁴⁴ kə lə thaĩ ¹¹ / tθan¹¹ ze⁴⁴ / sak⁴² ku¹¹ tɕɑ⁴⁴

茵达方言　　shɿʔ⁴⁵ tθɑ⁵³ kə lə theĩ ³³ / shã ³³ ze⁵³ / sɛʔ⁴⁵ ku³³ tɕɑ⁵³

东友方言　　shaɿ⁵³ʔ sha⁵⁵ kə lə thũ ³² / shã ³² ze⁵⁵ / sɑ⁵³ʔ ku³² klɒ⁵⁵

德努方言　　tɕɿ³²ʔ tθɑ⁵³ kə lə thaĩ ³³ / tθã ³³ ze⁵³ / sɛ³²ʔ ku³³ tɕɑ⁵³

蓬方言　　　aiŋ²² kuŋ²² tʃhoʔ 山鸡 / sɛ²²toʔ⁵¹ 水獭洞

② 重叠词：重叠的方式有多种多样，如有完全重叠、不完全重叠等。大部分方言中构词形式相同，如仰光话的 tɕo⁵⁵za⁵⁵ 重叠成 tɕo⁵⁵ dʑo⁵⁵za⁵⁵za⁵⁵ 等。但同时也有不完全重叠的，例如：

仰光话中的 mian²²mian²²tθwa⁵⁵（快快地去），在丹老方言中为 mian⁵³ mian³³ ŋɛ³³ tθɔ⁵³，重叠前字由低平调变成高平调。而且后面还要跟上不同形式的状语助词。

又例如，不完全重叠词"酸溜溜的"，在各个方言中为：

仰光话　　　tɕhĩ ²² fɿ ²²fɿ ²² nɛ⁵³

土瓦方言　　ɕĩ ⁴⁴ ɕĩ ¹¹hi⁴⁴ na⁴²

丹老方言　　tɕhĩ ³³tɕhĩ ³³ fɿ ³³fɿ ³²

若开方言　　tɕha⁴²tɕhaĩ ²² tɕha⁴²tɕhaĩ ²²nɛ⁴²

约方言　　　tɕhaŋ¹¹　tθə lo¹¹ lo¹¹ na⁴² （少叠韵重叠词，如 phju¹¹ phwe⁴⁴ phwe⁴⁴ 之类）

茵达方言　　tɕhĩ ³³ fɿ ³³ fɿ ³³ na³¹

东友方言　　khleĩ ³² teĩ ³² teĩ ³² na⁴²

德努方言　　tɕhĩ ³³ sou³²ʔ sou³²ʔ ñĩ ³²

蓬方言　　　shi⁴⁵⁴ shaĩ ²²sə⁴⁵⁴ rai⁴⁵⁴ le²² 我少少地吃一点。

③ 中心语和修饰语之间的"的"字（定语助词）在各方言中也有区别：

A. 表示归属的"的"（၏）

我的书 / 他的哥哥 / 桌子的腿

仰光话　　　tɕə nɔ²² jɛ⁵³ sa²² ouʔ⁴⁴ / tθu²²jɛ⁵³ ə ko²² / zə bwɛ⁵⁵ jɛ⁵³ tɕhe²² dauʔ⁴⁴

| 土瓦方言 | ŋa⁴² sa¹¹ au⁴²ʔ / tθu⁴² ə ko¹¹ / zə bwɛ⁴⁴ jɛ⁴² khe²² dɔ⁴²ʔ
| 丹老方言 | tɕə nɔ³² sa³³ ou³²ʔ / tθu³² ə ko³³ / zə bwɛ⁵³ jɛ³² tɕhe³³ dau³²ʔ
| 若开方言 | ŋa⁴² sa²² ou⁴²ʔ / tθu⁴² ə ko²² / zə bwɛ⁴⁴ jɛ⁴² khri²² dau⁴²ʔ
| 约方言 | ŋa⁴² sa¹¹ ouʔ⁴⁴ / tθu⁴² ko¹¹ko¹¹ / sə pwɛ⁴⁴ jɛ⁴² tɕhe¹¹ thau⁴²ʔ
| 茵达方言 | ŋa³¹ sa³³ ouʔ⁴⁵ / shu³¹ ə ko³³ / zə bwɛ⁵³ jɛ⁵³ tɕhe³³ dauʔ⁴⁵
| 东友方言 | ŋa⁴² sa³² ou⁵³ʔ / shu⁴² kɯ³² kɯ³² / zə bwɛ⁵⁵ khre³² dø⁵³ʔ
| 德努方言 | tɕə nɔ³² sa³³ ou³²ʔ / tθu³² ə ko³³ / zə bwɛ⁵³ tɕhe³³ dau³²ʔ
| 蓬方言 | ŋaʔ aiŋ²² 我的家 / no⁴⁵⁴ sə moʔ 他的女婿 / no²² te⁵¹sho²² 他们的衣服

B. 表示出自何处的"的"（က）

水里的鱼/山上的树/桌子上的瓶子

| 仰光话 | jɛ²² thɛ⁵⁵ ga⁵³ ŋa⁵⁵ / tau²² bɔ²² ga⁵³tθɪʔ⁴pĩ²² / sə pwɛ⁵⁵ bɔ²² ga⁵³ pə ɬi⁵⁵
| 土瓦方言 | e¹¹ thɛ⁴⁴ ɦa⁴² ŋa⁴⁴ / tɔŋ¹¹ bɔ¹¹ɦa⁴² tθɪʔ⁴⁴ pĩ²² / sə pwɛ⁴⁴ bɔ¹¹ ɦa⁴² pə laŋ⁴⁴
| 丹老方言 | jɛ³³ thɛ⁵³ ɦa³² ŋa⁵³ / tau³³ bɔ³³ ɦa³² tθɪʔ³²ʔ pĩ³³ / sə pwɛ⁵³ bɔ³³ ɦa³² pə ɬi⁵³
| 若开方言 | ri²² thɛ⁴⁴ ga⁴² ŋa⁴⁴ /tau²² bɔ²² ga⁴² tθaɪ⁴²ʔ pĩ²² / sə bwɛ⁴⁴ bɔ²² ga⁴² pə lɔ̃⁴⁴
| 约方言 | jɛ¹¹ thɛ⁴⁴ ga⁴² ŋa⁴⁴ / tɔŋ¹¹ bɔ¹¹ ka⁴² ta⁴²ʔ paŋ¹¹ / sə pwɛ⁴⁴ bɔ¹¹ ga⁴² pə laŋ⁴⁴
| 茵达方言 | jɛ³³ thɛ⁵³ ka³¹ ŋa⁵³ / tɔ̃³³ bɔ³³ ka³¹ shɪʔ⁴⁵ pĩ³³ / sə pwɛ⁵³ bɔ³³ ka⁵³ pə ɬi⁵³
| 东友方言 | jɛ³² thɛ⁵⁵ ga⁴² ŋɒ⁵⁵ / tõ³² bɔ³² ga⁴² shaɪ⁵³ʔ pɛ̃³² / sə pwɛ⁵⁵ bɔ³² ga⁴² pə lɛ̃⁵⁵
| 德努方言 | jɛ³³ thɛ⁵³ ga⁵³ ŋa⁵⁵ / tɔŋ³³ bɔ³³ ga³² tθeɪ³²ʔ pĩ³³ / sə

pwɛ⁵³ bɔ³³ gɑ³² pə ʃɪ ⁵³

C. 表示修饰关系的 "的"（ေသာ ၊ တဲ့ ၊သည့်）

红色的花 / 红花 / 漂亮的衣服 / 出售的商品 / 马吃的草

仰光话　　ni²²dðɔ⁵⁵ pã ⁵⁵/ pã ⁵⁵ni²² /pã ⁵⁵ə ni²²/
　　　　　hla⁵³ pa⁵³ dðɔ⁵⁵ ĩ ⁵⁵ dʑi²² / ĩ ⁵⁵ dʑi²² ə lha⁵³ /
　　　　　jaũ ⁵⁵ dði⁵³ koũ ²² / mjĩ ⁵⁵ sa⁵⁵ dði⁵³ mjɛʔ⁴⁴

土瓦方言　ni¹¹dðɔ⁴⁴ pɑn⁴⁴/ pɑn⁴⁴ni¹¹ /
　　　　　pɑŋ⁴⁴ə ni¹¹/ hla⁴² pa⁴² dðɔ⁴⁴ aŋ⁴⁴ ki¹¹ / aŋ⁴² ki¹¹ ə lha⁴² /
　　　　　jɔŋ⁴⁴ dði⁴² koũ ¹¹/ bjĩ ⁴⁴ sa⁵⁵ dði⁴² bjɪ⁴²ʔ

丹老方言　ni³³dðɔ⁵³ pã ⁵³/ pã ⁵³ni³³ /pã ⁵³ə ni³³/
　　　　　la³² pa³² dðɔ⁵³ ĩ ⁵³ dʑi³³ / ĩ ⁵³ dʑi³³ ə la³² /
　　　　　jaũ ⁵³ dði³² koũ ³³ / mjĩ ⁵³ sa⁵³ dði³² mjɪ³²ʔ

若开方言　ni²²dðɔ⁴⁴ pã ⁴⁴/ pã ⁴⁴ni²² /pã ⁴⁴ə ni²²/
　　　　　hla⁴² pa⁴² dðɔ⁴⁴ ɔ̃ ⁴⁴ dʑi²² / ɔ̃ ⁴⁴ dʑi²² ə lha⁴² /
　　　　　jaũ ⁴⁴ dði⁴² koũ ²² / mrɔ̃ ⁴⁴ sa⁴⁴ dði⁴² mja⁴²ʔ

约方言　　ni¹¹dðɔ⁴⁴ pɑn⁴⁴ / pɑn⁴⁴ni¹¹ / pɑn⁴⁴ ə ni¹¹ /
　　　　　la⁴² pa⁴² dðɔ⁴⁴ aŋ⁴⁴ dʑi¹¹ / aŋ⁴⁴ dʑi¹¹ ə la⁴² /
　　　　　jɔŋ⁴⁴ dði⁴² koũ ¹¹ / mjaŋ⁴⁴ sa⁴⁴ dði⁴² mjɑ⁴²ʔ

茵达方言　ni³³tθɔ⁵³ pã ⁵³/ pã ⁵³ni³³ /pã ⁵³ə ni³³/
　　　　　hla³¹ pa³¹ tθɔ⁵³ ɛ̃ ⁵³ ki³³ / ɛ̃ ⁵³ ki³³ ə lha³¹ /
　　　　　jɔ̃ ⁵³ tθi³¹ koũ ³³ / hmjɛ̃ ⁵³ sa⁵³ tθi³¹ mjɛʔ⁴⁵

东友方言　ni³²dɛ⁴² pẽ ⁵⁵/ pẽ ⁵⁵ni³² /pẽ ⁵⁵ə ni³²/
　　　　　la⁴² pa⁴² dɛ⁴² ɛ̃ ⁵⁵ ki³² / ɛ̃ ⁵⁵ ki³² ə lha⁴² /
　　　　　jø ⁵⁵ dɛ⁴² kuẽ ³² / mrẽ ⁵⁵ sɒ⁵⁵ dɛ⁴² mjɑ⁵³ʔ

德努方言　ni³³ ɛ³² pã ⁵³ / pã ⁵³ni³³ / pã ⁵³ə ni³³/
　　　　　hla³² pa³² dðɔ⁵³ ĩ ⁵⁵ dʑi³³ / ĩ ⁵³ dʑi³³ ə l²a³² /
　　　　　jaũ ⁵³ dði³² koũ ³³ / mjĩ ⁵³ sa⁵³ dði³² mjɛ³²ʔ

蓬方言　　nɛŋ⁴⁵⁴ u⁵⁵ tə pɛ²²/ pɛ²² nɛŋ⁴⁵⁴ /pɛ²²ə nɛŋ⁴⁵⁴

④ 词组的作用：有些词组组成近似完整的句子（缅文中用 တ / da / 或 မှ / hma / 作为助词），这类词组在句子中的作用相当于一个名词，可

以作为句子的各个成分，例如作主语、宾语、定语等。

A. 作主语的词组

<u>公牛犁地比母牛快。</u>

仰光话	nə thi⁵⁵lɛ²²thũ ²²da²²nə ma⁵³thɛʔ⁴⁴mjã ²²dɛ²²
土瓦方言	nə thi⁴⁴lɛ¹¹thũ ¹¹ho¹¹sa¹¹nə ma⁴²tha⁴²ʔ bjã ¹¹fiɛ¹¹
丹老方言	nə thi⁵³lɛ³³thũ ³³dɛ³²ha³³nə ma³² thɛ³²ʔ mjã ³³ fiɛ³³
若开方言	nə thi⁴⁴lɛ²²thũ ²²sɔ⁴⁴nə ma⁴²thɛʔ³³mrɛ̃ ²²jɛ²²
约方言	nə thi⁴⁴lɛ¹¹thũ ¹¹da¹¹nə ma⁴²thaʔ³³ mjã ¹¹dɛ¹¹
茵达方言	hnə thi⁵³lɛ¹¹thũ ¹¹fia¹¹ hnə ma³¹ thɛʔ⁴⁵ mlã ¹¹ fiɛ¹¹
东友方言	nɒ³² thwi⁵⁵ la³² thwĩ ³² da³² nɒ³² mɒ⁴² tha⁴²ʔ mlɑ̃ĩ ³²dɛ³²
德努方言	nə thi⁵³lɛ³³thũ ³³ a³³ nə ma³² thɛ³²ʔ mjã ³³ pɛ⁵³

<u>他今天一定会来的。</u>（他今天会来〈一事〉是肯定的。）

仰光话	tθu²²di²²ne⁵³ la²² hma²² tθɛ²² tɕha²² dɛ²²
土瓦方言	tθu¹¹ɛ¹¹ne⁴² la¹¹ ho⁴² tθɛ¹¹ tɕha¹¹ fiɛ¹¹
丹老方言	tθu³³dɛ³³ne³²la³³lɛĩ ³²mɛ³³lã ⁵³
若开方言	tθu²²e²²ni⁴² la²²pho⁴² tθɛ²² tɕha²² jɛ²²
约方言	tθu¹¹ kə ne⁴² la¹¹ ma¹¹ tθɛ¹¹tɕha¹¹ dɛ¹¹
茵达方言	shu¹¹ khu³¹ ne³¹ la¹¹ ma¹¹ she¹¹ tɕha¹¹ fiɛ¹¹
东友方言	tθu³²khu⁴²ne⁴² la³² hma³² she³² tɕhɒ³² dɛ³²
德努方言	tθu³³ khu³² ne³² la³³ ma³³ tθe³³ tɕha³³ fiɛ³³

<u>你来仰光有多久了？</u>

仰光话	jã ²²koũ ²² jauʔ⁴⁴ tha²² bɛ²² lauʔ⁴⁴ tɕa²² bi²² lɛ⁵⁵
土瓦方言	jã ¹¹koũ ¹¹ jɔ⁴²ʔ fiɛ¹¹ fiɛ¹¹mja⁴² lɔ⁴²ʔ tɕa¹¹ fiɔ⁴⁴ bi¹¹
丹老方言	mĩ ³²jã ³³koũ ³³fiɔ³³jau³²ʔ za³³ bə lau³²ʔ tɕa³³ bi³³ fiɛ³³
若开方言	jã ²²koũ ²² jauʔ⁴⁴ sɔ⁴⁴ za²² lau⁴²ʔ kra²² bjɛ²² lɛ²²
约方言	jaŋ¹¹ koũ ¹¹ jɔk⁴²ʔ tha¹¹ bə lau³³ʔ tɕa¹¹ bi¹¹ lɛ⁴⁴
茵达方言	jã ³³ koũ ³³ jɔʔ⁴⁵ fia³³ phə lɔʔ⁴⁵ tɕa³³ wɔʔ⁴⁵ la⁵³
东友方言	jã ³²koũ ³² jø⁵³ʔ da³² tθə lø⁵³ʔ tɕɒ³² bi³² lɔ⁵⁵
德努方言	jã ³³koũ ³³ jau³²ʔ fia³³ sə lau³²ʔ tɕa³³ ne³³ i⁵³ mo³²

B. 作定语的词组

东边的山更高。

仰光话　　ə ɕe⁵³bɛʔ⁴⁴ ga⁵³ taũ ²² ga⁵³ po²²mjĩ ⁵³ dɛ²²

土瓦方言　ɕe⁴²phɑ⁴²ʔ ho¹¹ tɔŋ¹¹hɑ¹¹ po¹¹bjĩ ⁴² ɦɛ¹¹

丹老方言　ə ɕe³²phɪ³²ʔ ɦa³² taũ ³³ɦa³² po³³mjĩ ³² ɦɛ³³

若开方言　ə ɕe⁴²bɛ⁴²ʔ ga⁴² taũ ²²ga⁴² po²²mrɔ̃ ⁴² jɛ²²

约方言　　ə ɕe⁴²bɛ⁴²ʔ ga⁴² taũ ¹¹ga⁴² po¹¹mjĩ ⁴² dɛ¹¹

茵达方言　ə ɕe³¹ phɛʔ⁴⁵ ka³¹ tɔ̃ ³³ ɦa³³ po³³ mjĩ ³¹ ɦɛ³³

东友方言　ə khre⁴²bɑ⁵³ʔ ga⁴² tɔ̃ ³²ga⁴² pɯ³²mrẽ ⁴² dɛ³²

德努方言　ə she³² bɛ³²ʔ tɔŋ³³ ga³² po³³ mjĩ ³² ɦɛ³³

C. 作状语的词组

粮食堆满仓。

仰光话　　zə bə dʑi²²dɛ⁵⁵ hma²² ə pje⁵³ thɛ⁵³ tha⁵⁵ dɛ²²

土瓦方言　ba⁴⁴ ka⁴²ʔ thɛ⁴⁴ma¹¹ba⁴⁴ ə plɛ⁴² thɛ⁴² ɦa⁴⁴ɦɛ¹¹

丹老方言　zə bə dʑi³³thɛ⁵³ ma³³ ə pje³² thɛ³² tha⁵³ ɦɛ³³

若开方言　zə bə dʑi²²thɛ⁴⁴ hma²² zə ba⁴⁴ ə pre⁴² thɛ⁴² tha⁴⁴ jɛ²²

约方言　　zə bə dʑi¹¹ tha⁴⁴ ma¹¹ ə pje⁴² tha⁴² tha⁴⁴ dɛ¹¹

茵达方言　pɑ⁵³ jẽĩ ³³ thɛ⁵³ ma³³ pɑ⁵³ ə plɛ³¹ thɛ³¹ tha⁵³ ɦɛ³³

东友方言　sə bɒ⁵⁵ klɛ³² tha⁵⁵ ma³² sə bɒ⁵⁵ ə plɛ⁴² thɛ⁴² thɒ⁵⁵ dɛ³²

德努方言　zə bə dʑi³³dɛ⁵³ ma³³ zə ba⁵³ ə pje³² thɛ³² tha⁵³ ɦɛ³³

D. 作状语的词组

他们进进出出的，在做什么？

仰光话　　tθu²²do⁵³ wĩ ²² laɪʔ⁴⁴ thwɛʔ⁴⁴ laɪʔ⁴⁴ nɛ⁵³ ba²² louʔ⁴⁴ ne²² tɕa⁵³ tθə lɛ⁵⁵

土瓦方言　tθu¹¹do⁴² waŋ¹¹ laɪ⁴²ʔ thwa⁴²ʔ laɪ⁴²ʔ na⁴² ɦa⁴²ja⁴⁴ lau⁴²ʔ ne¹¹ ke⁴² ɦɛ¹¹

丹老方言　tθu³³lo³² wĩ ³³ ɦaɪ³²ʔ thwɛ³²ʔ ɦaɪ³²ʔ ɦĩ ³² ba³³ lou³²ʔ ne³³ tɕa³² ɦɛ³³

若开方言　tθu²²ro⁴² ga⁴² wɔ̃ ²² laɪ⁴²ʔ thwɛ⁴² laɪ⁴²ʔ nɛ⁴² za²² lou⁴²ʔ ni ²² kra⁴² lɛ²²

约方言　　tθu¹¹do⁴² waŋ¹¹ laɪ⁴²ʔ thwa⁴²ʔ laɪ⁴²ʔ na⁴² ba¹¹ lou⁴²ʔ ne¹¹

	tɕa⁴² tθə lɛ⁴⁴
茵达方言	shu³³ lo³¹ka³¹ w̃ĩ ³³ <u>laɪʔ⁴⁵ thwɛʔ⁴⁵ laɪʔ⁴⁵</u> na³¹ pha³³ louʔ⁴⁵ ne³³ wa⁵³
东友方言	shu³² dɯ⁴² kɒ⁴² w̃ĩ ³² <u>lau⁵³ʔ thwa⁵³ʔ lau⁵³ʔ</u> na⁴² ba³² sa⁴² hɒ³²louʔ⁵³ ki⁴² jɔ⁴² la⁵⁵
德努方言	tθu³³do³² w̃ĩ ³³ <u>khe³³ thwɛ³²ʔ khe³³</u> nɛ³² ba³² sa³³ lou³²ʔ ne³³ tɕa³² ɦɛ³³ woũ ⁵³

E. 作谓语的词组

这匹公马既<u>漂亮</u>跑得又<u>快</u>。

仰光话	di²²mʃĩ ⁵⁵thi⁵⁵<u>ha²²tɕhɔ⁵⁵lɛ⁵⁵tɕhɔ⁵⁵a⁵³ pje⁵⁵lɛ⁵⁵mjã ²²dɛ²²</u>
土瓦方言	ɛ¹¹bʃĩ ⁴⁴thi⁴⁴<u>ha⁴²tɕhɔ⁴⁴lɛ⁴⁴tɕhɔ⁴⁴ə ple⁴⁴lɛ⁴⁴bjã ¹¹ɦɛ¹¹</u>
丹老方言	dɛ³³mʃĩ ⁵³thi⁵³ <u>la³²lɛ⁵³ la³² a³²pje⁵³lɛ⁵³mjã ³³ɦɛ³³</u>
若开方言	e²²mrõ ⁴⁴thi⁴⁴<u>ga⁴²hla⁴²ʔ lɛ⁴⁴ hla⁴² ə pri⁴⁴ lɛ⁴⁴mrẽ ²² je²²</u>
约方言	di¹¹mjaŋ⁴⁴<u>ha¹¹tɕhɔ⁴⁴lɛ⁴⁴tɕhɔ⁴⁴ə pje⁴⁴lɛ⁴⁴mjẽ ¹¹ dɛ¹¹</u>
茵达方言	sha³³mʃĩ ⁵³thi⁵³ ka³¹<u>tɕhɔ⁵³ lɛ⁵³ tɕhɔ⁵³ ə ple⁵³ lɛ³³ mlã ³³ ɦɛ³³</u>
东友方言	ɛ⁵⁵ mlẽ ⁵⁵ thi⁵⁵ kɒ⁴² <u>khjɔ⁵⁵lɛ⁵⁵khjɔ⁵⁵ a⁴² ple⁵⁵ lɛ⁵⁵mlaĩ ³²dɛ³²</u>
德努方言	he³³ mʃĩ ⁵³ thi⁵³ ka³² <u>tɕhɔ⁵³ lɛ⁵³ tɕhɔ⁵³ mjã ³³ lɛ⁵³ mjã ³³ pɛ³²</u>

⑤语序：缅甸语方言中，句子成分的语序主要为"主—宾—谓"。例如：
今晚我到你们学校去。（主语、宾语、谓语）

仰光话	gə ne⁵³n̥a⁵³ tɕə nɔ²²khə mja⁵⁵do⁵³ tɕaũ ⁵⁵go²²la²²mɛ²²
土瓦方言	ɛ¹¹ ne⁴²n̥ĩ ⁴² tɕu ¹¹ nɔ¹¹khaŋ¹¹ bja⁴⁴do⁴² tɕɒŋ⁴⁴ɦo¹¹la¹¹mɛ¹¹
丹老方言	dɛ³³ne³²n̥a³²tɕa³²ɦa³³tɕə nɔ³³khə mja⁵³do³²tɕaũ ⁵³ɦo³³la³³mɛ³³
若开方言	e²² ni⁴² n̥ĩ ⁴² tɕə nɔ²² ga⁴² hn̥ĩ ²²ro⁴² tɕaũ ⁴⁴go²² la²² mɛ²²
约方言	kə ne⁴²n̥a⁴²ŋa¹¹ga⁴²naŋ⁴⁴do⁴²tɕaũ ⁴⁴go¹¹la¹¹ma¹¹
茵达方言	khu³¹ n̥a³¹ ŋa³³ ñĩ ³¹ tɕɔ̃ ⁵³ go³³ la³³ mɛ³³
东友方言	khu⁴²n̥ɒ⁴²ŋɒ³² nẽ ³²dɯ⁴² tɕø ⁵⁵gɯ³²lɔ³² khɛ⁴² mɛ³²
德努方言	khu³² n̥a³² khə mja⁵³ do³² tɕɔŋ⁵³ na⁵³ la³³ mɛ³³
蓬方言	u⁴⁵⁴ ba⁵¹aũ ²² shaʔ⁵² sə: laĩ ⁴⁵⁴ 吴巴昂将要吃饭。
	no²² ə sa²²shaĩ ⁴⁵⁴li²² 你推了孩子。

一年比一年好

仰光话　　　tə hnɪʔ⁴⁴ theʔ⁴⁴ tə hnɪʔ⁴⁴ kaũ ⁵⁵dɛ²²

土瓦方言　　hnɪ⁴²ʔ thɑ⁴²ʔ hnɪ⁴²ʔ kɔŋ⁴⁴ɦɛ¹¹

丹老方言　　tə nɪ³²ʔ thɪ³²ʔ tə nɪ³²ʔ kaũ ⁵³ ɦɛ³³

若开方言　　tə hnaɪ⁴²ʔ theʔ⁴⁴ tə hnaɪ⁴²ʔ kaũ ⁴⁴ jɛ²²

约方言　　　tə hnɪ⁴²ʔ thɑ⁴²ʔ tə hnɪ⁴²ʔ kɔŋ⁴⁴ la¹¹ dɛ¹¹

茵达方言　　tə hnɪʔ⁴⁵ theʔ⁴⁵ tə hnɪʔ⁴⁵ kɔ̃ ⁵³ ɦɛ³³

东友方言　　tə neɪ⁵³ʔ thɑ⁵³ʔ tə hneɪ⁵³ʔ kõ ⁵⁵dɛ³²

德努方言　　tə nɪ³²ʔ theɪ³²ʔ tə nɪ³²ʔ kɔŋ⁵³ la³³ sa³³ i⁵³ pe³²

⑥形容词比较级：缅甸语方言中表示形容词比较级的方式常常在形容词前加副词或在形容词后加表示"过分的"助词，或者将形容词嵌入固定的格式 ə…zoũ ⁵⁵ 中来表示。

例如：有点苦／相当苦／最苦／太苦

仰光话　　　nɛ⁵⁵nɛ⁵⁵ kha⁵⁵dɛ²² / tɔ²²dɔ⁵³kha⁵⁵dɛ²²/ ə kha⁵⁵zoũ ⁵⁵ / kha⁵⁵ lũ ⁵⁵ a⁵⁵dʑi⁵⁵dɛ²²

土瓦方言　　nɛ⁴⁴nɛ⁴⁴ kha⁴⁴ɦɛ / tɔ¹¹dɔ¹¹kha⁴⁴ɦɛ¹¹/ ə kha⁴⁴zaũ ⁴⁴ / kha⁴⁴ bjĩ ⁴⁴ɦɛ¹¹

丹老方　　　nɛ⁵³nɛ⁵³ kha⁵³ɦɛ³³ / tɔ³³dɔ³³kha⁵³ɦɛ³³/ ə kha⁵³zoũ ⁵³ / kha⁵³ lũ ⁵³ a⁵³dʑi⁵³ɦɛ³³

若开方言　　hne⁴⁴ hne⁴⁴ kha⁴⁴jɛ²² / ga⁴²gaũ ⁴⁴ kha⁴⁴ jɛ²²/ ə kha⁴⁴zoũ ⁴⁴ / ga⁴²gaũ ⁴⁴kha⁴⁴shɔ²² mə la⁴⁴

约方言　　　nɛ⁴⁴nɛ⁴⁴ kha⁴⁴dɛ¹¹ / tɔ¹¹tɔ¹¹kha⁴⁴dɛ¹¹/ ə kha⁴⁴ shoũ ⁴⁴ / kha⁴⁴ lwã ⁴⁴ dɛ¹¹

德努方言　　nɛ⁵³nɛ⁵³ pe³² kha⁵³ / tɔ³³dɔ³³kha⁵³/ ə kha⁵³zoũ ⁵³ / jã ⁵³ sha³² kha⁵⁵ɦɛ³³

茵达方言　　ne⁵³ ne⁵³ kha⁵³ / tɔ³³ tɔ³³ kha⁵³ / ə kha⁵³ shoũ ⁵³ / kə tɔʔ⁴⁵ kə tɛʔ⁴⁵ kha⁵³

东友方言　　nɛ⁵⁵ nɛ⁵⁵ khɒ⁵⁵/ ə tɔ³² khɒ⁵⁵ / ə khɒ⁵⁵ shoũ ⁵⁵ / khɒ⁵⁵ lwẽ ⁵⁵ ɒ⁵⁵ kwi⁵⁵ dɛ³²/

蓬方言　　　shi⁴⁵⁴shaĩ ²²pu²² 有些热 / ɔŋ²² hɛŋ⁴⁵⁴ pu²² 非常热

（2）句子成分

① 主语

这只(鸡)是公鸡。

仰光话　　di²²gaũ²²ga⁵²tɕɛʔ⁴⁴pha⁵³bɛ⁵⁵
土瓦方言　ɛ⁴⁴gɔŋ¹¹ɦa⁴²tɕɪ⁴²ʔ pha⁴²bɛ⁴⁴
丹老方言　dɛ³³ kaũ³³ ɦa³³ tɕɪ³²ʔ pha³² bɛ⁵³
若开方言　e²² kaũ²² ka⁴² tɕɛ⁴²ʔ pha⁴² ja²²
约方言　　di¹¹kaũ¹¹ka⁴²tɕa⁴²ʔ pha⁴²bɛ⁴⁴
茵达方言　shɛ³³ kaũ³³ ka³¹ tɕɛʔ⁴⁵ thi⁵³
东友方言　ɛ⁴² gø³²kɒ⁴² kra⁵³ʔ pha⁴² wɑ⁴²
德努方言　he³³ kaũ³³ ɦa³²tɕɛ³²ʔ pha³²
蓬方言　　shɛ³³ kõ³³ ka³¹ tɕɛʔ⁴⁴pha⁵³bɛ⁵⁵

② 宾语

给他吧。

仰光话　　tθu⁵³go²²pei⁵⁵ba²²
土瓦方言　tθu⁴²ɦo¹¹pe⁴⁴ba¹¹
丹老方言　tθu³² ɦo³³ pe⁵³
若开方言　tθu⁴²go²²pi⁴⁴pa²²
约方言　　tθu⁴²ko¹¹pei⁴⁴ba¹¹
茵达方言　shu³¹ kɔ³³ pe⁵³ pa³³
东友方言　shu⁴² kɯ³² pe⁵⁵ pa³²
德努方言　tθu³² go³³ pe⁵³ ma³²

③ 谓语

我们去种树。

仰光话　　tɕə nɔ²²do⁵³tθɪʔ⁴⁴ pĩ²²twa⁵⁵saɪ⁴⁴ dɛ²²
土瓦方言　tɕə nɔ¹¹do⁴²tθɪ⁴²ʔ paŋ¹¹twa⁴⁴saɪ⁴²ʔ ɦɛ¹¹
丹老方言　tɕə nɔ³³ lo³² tθɪ⁴²ʔpĩ³³ tθɔ⁵³ saɪ³²ʔ ɦɛ³³
若开方言　tɕə nɔ²² ro⁴² tθaɪ⁴²ʔpĩ²² la⁴⁴ saɪ⁴²ʔ jɛ²²
约方言　　ŋa¹¹ do⁴² tθɪ⁴²ʔ paŋ¹¹ tθwa⁴⁴ saɪ⁴²ʔ dɛ¹¹
茵达方言　ŋa³³ lo³¹shɪʔ⁴⁵pĩ³³shwa⁵³saɪʔ⁴⁵ɦɛ³³

东友方言　　ŋɒ³² dɯ⁴² ʃhɪ⁵³ʔ pẽ ³² shwɒ⁵⁵ sɑu⁵³ʔ tɛ³²
德努方言　　tɕə nɔ³³ do³² teɪ³²ʔ pĩ ³³ tθɔ⁵³ seɪ³²ʔ ɦɛ³³
蓬方言　　　no²² lə: ti²² tʃhã ²² ɣu⁴⁵⁴ li²²　他去唱歌。

④ 定语
<u>我的</u>手疼着呢。

仰光话　　　tɕə nɔ⁵³lɛʔ⁴⁴ ka⁵³ na²¹⁴ne²² dɛ²²
土瓦方言　　ŋa⁴² la⁴²ʔ ɦa⁴² na¹¹ne¹¹ ɦɛ¹¹
丹老方言　　tɕə nɔ⁵³la³²ʔ ka⁵³ na³³ne³³ ɦɛ³³
若开方言　　tɕə nɔ⁴² la⁴² ga⁴² na²²ni²² jɛ²²
约方言　　　ŋa⁴² la⁴²ʔ ka⁴² na¹¹ ne¹¹ dɛ¹¹
茵达方言　　ŋa³¹ lɛʔ⁴⁵ ka³¹ na³³ ne³³ ɦɛ³³
东友方言　　ŋɒ⁴² la⁵³ʔ nɒ³² ne³² tɛ³²
德努方言　　tɕə nɔ³² le³²ʔ na³³ nei³³ ɦɛ³³
蓬方言　　　ŋaʔ ə lo⁵¹ na²² hu⁴⁵⁴ li²²

<u>本地的</u>姜不辣。

仰光话　　　di¹¹ ne¹¹ ja¹¹ga⁵³ dʑĩ ⁵⁵ ha²² mə saʔ⁴⁴ bu⁵⁵
土瓦方言　　ɛ¹¹ ne¹¹ ja¹¹ɦa⁴² ɕĩ ⁴⁴ ɦa⁴² mə sa⁴²ʔ ɦa⁴²
丹老方言　　dɛ³³ ne³³ ja³³ɦa³² dʑĩ ⁵³ ɦa³³ mə sa³²ʔ ɦa³²
若开方言　　e ²² ni²² ja²²ga⁴² dʑĩ ⁴⁴（dzɔ̃ ⁴⁴）ga⁴² mə sa⁴²ʔ
约方言　　　di¹¹ ne¹¹ ja¹¹ ka⁴² tɕhaŋ⁴⁴ ha¹¹ mə sa⁴²ʔ bu⁴⁴
茵达方言　　sha³³ ne³³ ja³³ ka³¹ dʑĩ ⁵³ seĩ ⁵³ ka³¹ mə saʔ⁴⁵ wu⁵³
东友方言　　kɒ⁴² ne³² rɑ³²kɒ⁴² khlẽ ⁵⁵ sẽ ³² mə saɪ⁵³ʔ phu⁵⁵
德努方言　　he³³ na⁵³ ga³² dʑĩ ⁵³ ga³² sa³²ʔ e³³ wu⁵³

⑤ 状语
A. 表地点：<u>树上</u>有三只鸟。

仰光话　　　tθɪʔ⁴⁴ pĩ ²²bɔ²²hma²²hŋɛʔ⁴⁴ tθoũ ⁵⁵gaũ ²²ɕi⁵³dɛ²²
土瓦方言　　tθɪ⁴²ʔ paŋ¹¹tha⁴²ʔ hma¹¹hŋa⁴²ʔ tθaũ ⁴⁴kɔŋ¹¹ɕi⁴²ɦɛ¹¹
丹老方言　　tθɪ³²ʔ pĩ ³³bɔ³³ma³³ŋɛ³²ʔ tθoũ ⁵³kaũ ³³ɕi³²ɦɛ³³
若开方言　　tθaɪ⁴²ʔ pĩ ²² the⁴²ʔ hma²² hŋɛ⁴²ʔ tθoũ ⁴⁴ gaũ ²² ɕi⁴² jɛ²²
约方言　　　tθa⁴²ʔ paŋ¹¹ pɔ¹¹ ma¹¹ ŋa⁴²ʔ tθoũ ⁴⁴ kaũ ¹¹ ɕi⁴² tɛ¹¹

茵达方言　　shi⁵⁴ʔ pĩ ³³ bɔ³³ ma³³ hɛʔ⁴⁵ shoũ ⁵³ kɔ̃ ³³ ɕi³¹ ɦɛ³³
东友方言　　shɿ⁵³ʔ pɛ̃ ³² pɔ³² mɒ³² n̪ɑ⁴²ʔ shoũ ⁵⁵ kɔ̃ ³² hi⁴² tɛ³²
德努方言　　tθɿ³²ʔ pĩ ³³ pɔ³³ ma³³ ŋɛ³²ʔ tθoũ ⁵³ gaũ ³³ i⁵³ nɔŋ³³

B. 表方式：用锯子锯木头。

仰光话　　　tθɿʔ⁴⁴ toũ ⁵⁵ go²² hlwa⁵³ nɛ⁵³ taɪʔ⁴⁴ mɛ²²
土瓦方言　　tθɿ⁴²ʔ tɑũ ⁴⁴ ɦo¹¹ hlwa⁴² nɑ⁴² tɑɪ⁴²ʔ mɛ¹¹
丹老方言　　tθɿ³²ʔ toũ ⁵³ wo³³ lwa³² nɑ³² tɑɪ³²ʔ mɛ³³
若开方言　　tθaɪ⁴²ʔ toũ ⁴⁴ go²² hlwa⁴² nɛ⁴² tɑɪ⁴²ʔ pho⁴²
约方言　　　tθa³³ʔ toũ ⁴⁴ ko¹¹ hlwa⁴² na⁴² taɪʔ³³ ma¹¹
茵达方言　　shɿʔ⁴⁵ toũ ⁵³ kɔ³³ lwa³¹ nɑ³¹ tɑɪʔ⁴⁵ mɛ³³
东友方言　　shɿ⁵³ʔ tuɛ̃ ⁵⁵ kɯ³² lwa⁴² nɑ⁴² tau⁵³ʔ mɛ³²
德努方言　　tθɿ³²ʔ toũ ⁵³ go³³ lwa³² nɛ³² teɪ³²ʔ mɛ³³

（3）句子类型

① 陈述句：仰光话中表语句常常用表语动词 phjɪʔ "是"，但是许多方言中却很少用表语动词，尤其在口语中更少用。例如：

今天是星期二。

仰光话　　　di²² ne⁵³ ĩ ²² ga²² ne⁵³ phjɪʔ⁴⁴ ba²² dɛ²²（文章中）
　　　　　　gə ne⁵³ ĩ ²² ga²² ne⁵³ bɛ⁵⁵（口语中）
土瓦方言　　ɛ¹¹ ne⁴² aŋ¹¹ ga¹¹ ne⁴² ɦɛ⁴²ʔ
丹老方言　　dɛ³³ ne³² ĩ ³³ ga³³ ne³²
若开方言　　e²² ni⁴² ɔ̃ ²² ga²² ni⁴² phjɪ⁴²ʔ ba²² jɛ²²
约方言　　　di¹¹ ne⁴² aŋ¹¹ ga¹¹ ne⁴² phjɪ³³ʔ ba¹¹ dɛ¹¹
茵达方言　　khu³¹ ne³¹ ka³¹ ĩ ³³ ga³³ ne³¹
东友方言　　khu⁴² ne⁴² ĩ ³² ga³² ne⁴² hwi⁴² ba³² dɛ³²
德努方言　　ə khu³² ne³² ga³² ĩ ³³ ga²² ne⁵³

缅甸语方言表示有与没有的句子中，不像汉语那样用主语加动词"有"表示，而是用状语"在……处有什么"来表示。有些方言如蓬方言中用倒装句形式简化句子，例如：

我有一个弟弟。

仰光话　　　tɕə nɔ⁵³ hma²² n̪i²² le⁵⁵ tə jauʔ⁴⁴ ɕi⁵³ dɛ²²

土瓦方言	tɕũ¹¹ nɔ⁴² hma¹¹ n̥i¹¹ le⁴⁴ tə jɔ⁴²ʔ ɕi⁴² ɦɛ¹¹
丹老方言	tɕə nɔ³² ma³³ n̥i³³ le⁵³ tə jau³²ʔ ɕi³² ɦɛ³³
若开方言	tɕə nɔ⁴² hma²² n̥i²² le⁴⁴ tə jau⁴²ʔ ɕi⁴² jɛ²²
约方言	tɕə nɔ⁴² ma¹¹ n̥i¹¹ le⁴⁴ tə jau³³ʔ ɕi⁴² dɛ²²
茵达方言	ŋa³¹ ma³³ n̥i³³ tə jɔʔ⁴⁵ ɕi³¹ ɦɛ³³
东友方言	tɕə nɔ⁴² ma³² ŋi³² tə jø⁵³ʔ hi⁴² dɛ³²
德努方言	tɕə nɔ³² ma³³ n̥i³³ tə jau³²ʔ shi³² ɦɛ³³
蓬方言	mjaĩ²²（钱） mə pa⁴⁵⁴（没有） ŋa²²（我）我没有钱。

表示性状：这山很高。

仰光话	di²²taũ²²（山）ga⁵² tθeɪʔ⁴⁴ mjĩ⁵³（高）dɛ²²
土瓦方言	ɛ¹¹tɔŋ¹¹（山）ɦa⁴²ja⁴²ja¹¹taĩ⁴⁴ bjĩ⁴²（高）ɦɛ¹¹
丹老方言	dɛ³³ taũ³³（山）wa³² mjĩ³²（高）ɦɛ³³
若开方言	e²² taũ²²（山）ga⁴² ga⁴² gaũ⁴⁴ mrɔ̃⁴²（高）jɛ²²
约方言	di¹¹ taũ¹¹（山）ka⁴² tθeɪ⁴²ʔ swaŋ⁴²（高）dɛ¹¹
茵达方言	sha³³ tɔ̃³³（山）ka³¹ tɔʔ⁴⁵ tɛʔ⁴⁵ mjɛ̃³¹ ɦɛ³³
东友方言	ɛ⁴² tø̃³²（山）wa⁴² mjaĩ⁴² tɛ³²
德努方言	he³³tɔŋ³³（山）ɦa³³jã⁵³ sha³² mjĩ³² jɛ³³ ri⁵³
蓬方言	haĩ ŋ⁴⁵⁴ kətɔ̃²²（山）ɔŋ²² heŋ⁴⁵⁴ mjo⁴⁵⁴ oum⁴⁵⁴

肯定与否定：在陈述句中一般有表示"肯定"和"否定"的两种句型。缅甸语方言中表示否定的句子，一般也都用否定副词和搭配以表示否定的句尾助词，但是各方言也不尽相同，有些方言中否定句有时省略否定副词，有些方言中则省略表示否定的句尾助词。参见后列"缅甸语方言助词一览表"后的说明第（4）点部分。

例如：

我不吃猪肉。

仰光话	tɕə nɔ²² wɛʔ⁴⁴ tθa⁵⁵ mə（不）sa⁵⁵（吃）bu⁵⁵（表示否定的句尾助词）
土瓦方言	ŋa¹¹ wa⁴²ʔ tθa⁴⁴ mə（不）sa⁴⁴ ɦa⁴²（表示否定的句尾助词）
丹老方言	ŋa³³ wa³²ʔ tθa⁵³ mə（不）sa⁵³ ɦa³²（表示否定的句尾助词）
若开方言	tɕə nɔ²² wɛ⁴²ʔ tθa⁴⁴ mə（不）sa⁴⁴ ba²²（表示否定的句

助词）
约方言　　ŋa¹¹wa⁴²ʔ tθa⁴⁴ mə（不）sa⁴⁴ bu⁴⁴（表示否定的句尾助词）
茵达方言　ŋɑ³³ wɛʔ⁴⁵ shɑ⁵³ sɑ⁵³ wu⁵³（表示否定用句尾助词而不用否定副词）
东友方言　ŋɒ³² wɑ⁵³ʔ shɑ⁵⁵ mə̠ sɒ⁵⁵ phu⁵⁵（表示否定的句尾助词）
德努方言　ŋɑ³³ wɛ³²ʔ tθɑ⁵³ sa⁵³ ĩ³³ u⁵³（表示否定的句尾助词）
蓬方言　　u⁴⁵⁴ba⁵¹aũ²² tʃhi⁴⁵⁴ mə ku²² wa²² le⁵⁵ 吴巴昂没游泳。
　　　　　mə（不）ʃi⁵¹ ja²²（表示否定的句尾助词） 不知道
　　　　　mə（不）ku²² wa（表示否定的句尾助词） 不游泳
　　　　　mə（不）nəːŋ²² le²²（表示否定的句尾助词）无能为力

他不愿意说。
仰光话　　tθu²² mə pjɔ⁵⁵ dʑĩ²² bu⁵⁵
土瓦方言　tθu²² mə pjɔ⁴⁴ ɕĩ¹¹ ɦɑ⁴²
丹老方言　tθu³³ mə pjɔ⁵³ dʑĩ³³ ɦɑ³²
若开方言　tθu²² mə pjɔ⁴⁴ tɕhĩ²² lɛ⁴²
约方言　　tθu¹¹ mə pjɔ⁴⁴ tɕhaŋ¹¹ bu⁴⁴
茵达方言　shu³³ pjɔ⁵³ tɕhĩ³³ wu⁵³
东友方言　shu³² mə hɔ⁵⁵ khĩ³² bu⁵⁵
德努方言　tθu³³ pjɔ⁵³ dʑĩ³³ u⁵³
蓬方言　　no²² na⁴⁵⁴ mə tʃha²²　你没听见。

在缅甸语方言中，表示否定的意思都靠不同的助词表示。例如：
他还没来。（他要来，但现在尚未到来）
他不来。（无论什么原因，反正他不来）
他不来了。（原先要来的，现在［因故］不来了。）

仰光话　　tθu²²mə la²² tθe⁵⁵ bu⁵⁵
　　　　　tθu²² mə la²² bu⁵⁵
　　　　　tθu²²mə la²² dɔ⁵³ bu⁵⁵
土瓦方言　tθu¹¹mə la¹¹ tθe⁴⁴ ɦɑ⁴²
　　　　　tθu¹¹ mə la¹¹ ɦɑ⁴²
　　　　　tθu¹¹mə la¹¹ dɔ⁴² ɦɑ⁴²

丹老方言　tθu³³mə la³³ tθe⁵³ɦɑ³²
　　　　　tθu³³ mə lɑ³³ ɦɑ³²
　　　　　tθu³³mə lɑ³³ dɔ³² ɦɑ³²

若开方言　tθu²²mə la²² tθi⁴⁴ ba²²
　　　　　tθu²² mə la²² ba²²
　　　　　tθu²²mə la²² shɔ²²

约方言　　tθu¹¹ mə la¹¹ te⁴⁴ bu⁴⁴
　　　　　tθu¹¹ mə la¹¹ bu⁴⁴
　　　　　tθu¹¹ mə la¹¹ dɔ⁴² bu⁴⁴

茵达方言　shu³³ la³³ she⁵³ wu⁵³
　　　　　shu³³ la³³ wu⁵³
　　　　　shu³³ la³³ dɔ³¹ wu⁵³

东友方言　shu³² mə lɒ³² shi⁵⁵ bu⁵⁵
　　　　　shu³² mə lɒ³² bu⁵⁵
　　　　　shu³²mə lɒ³² dɔ⁴² bu⁵⁵

德努方言　tθu³³ la³³ tθe⁵³ u⁵³
　　　　　tθu²² la²² u⁵³
　　　　　tθu²² la³³ dɔ³² u⁵³

蓬方言　　hu⁴⁵⁴mo⁵¹ mə pjɛ²² jɛ²² lɛ²²　还没有从那边回来。
　　　　　ŋa²² mə ʃi²²　我不知道。
　　　　　mə lə: lɛ²²　不去了。

② 祈使句：缅甸语方言的祈使句往往需要助词来表达，但也常常省略句尾助词。例如：

快走！
仰光话　　mjã ²²mjã ²² tθwa⁵⁵
土瓦方言　bjã ⁴⁴bjã ¹¹ tθwa⁴⁴
丹老方言　mjã ⁵³mjã ³³ tθwɔ⁵³
若开方言　mrɛ̃ ²² mrɛ̃ ²² tθwa⁴⁴（ə r̃i ²²tθwa⁴⁴）
约方言　　ə mjaŋ¹¹ tθwa⁴⁴
茵达方言　mlã ⁵³ mlã ⁵³ shwa⁵³

东友方言　　mlɑ̃i³² mlɑ̃i³² shwɒ⁵⁵
德努方言　　mjã³³mjã³³ tθwɑ⁵³
别喝冷水！
仰光话　　je²² e⁵⁵ mə tθauʔ⁴⁴ nɛ⁵³
土瓦方言　　je¹¹ e⁴⁴ mə tθɔ⁴²ʔ nɑ⁴²
丹老方言　　je³³ e⁵³ mə tθau³²ʔ nɑ³²
若开方言　　ri²² i⁴⁴ mə tθau⁴²ʔ ke⁴²
约方言　　je¹¹ e⁴⁴ mə tθau³³ʔ nɑ⁴²
茵达方言　　je³³ e⁵³ mə shɔʔ⁴⁵ nɑ³¹
东友方言　　je³² e⁵⁵ mə shø⁵³ʔ nɑ⁴²
德努方言　　je³³e⁵³ tθau³² nɛ³² mã³²
蓬方言　　tʃhi⁴⁵⁴ e²²haʔ shouk lɛ²²
给我看看！
仰光话　　pjɑ⁵³ zã⁵⁵
土瓦方言　　pjɑ⁴² ke⁴²
丹老方言　　pjɑ³² tɕi³²
若开方言　　prɑ⁴² zã⁴⁴
约方言　　pjɑ⁴² tɕi⁴²
茵达方言　　pjɑ³¹ ki³¹
东友方言　　prɒ⁴² sã⁵⁵
德努方言　　pjɑ³² tɕe³²
蓬方言　　ju⁴⁵⁴ lɛ⁵¹ 拿来！
咱们出去走走！（请求别人跟自己一起发出动作）
仰光话　　ə pjĩ²² lã⁵⁵ ɕauʔ⁴⁴ tθwa⁵⁵ tɕa⁵³ ja⁵³ aũ²²
土瓦方言　　ə plaŋ¹¹ lam⁴⁴ ɕɔ⁴²ʔ tθwa⁴²ʔ so⁴²
丹老方言　　ə pjĩ³³ lã⁵³ ɕau³²ʔ tθwɔ⁵³ ja³² aũ³³
若开方言　　ə prõ²² lã⁴⁴ ɕauʔ⁴²ʔ la⁴⁴ gra⁴² mɛ²²
约方言　　ə pjaŋ¹¹ lam⁴⁴ ɕau³³ʔ tθwa⁴⁴ ɔŋ¹¹
茵达方言　　ə pjĩ³³ lã⁵³ ɕɔʔ⁴⁵ shwa⁵³ ja³¹ õ³³
东友方言　　ə plɛ̃³² laũ⁵⁵tɕhø⁵³ʔ shwɒ⁵⁵ tɕɒ⁴² jɒ⁴² ø̃³²

德努方言	ə pjĩ³³ thwɛ³²ʔ lã⁵³ ɕɑu³²ʔ pə lɑ⁵³
蓬方言	aiʔ jɛ⁵¹ 让咱们睡吧！
	sə: ɣɛ⁵¹ 咱们吃吧！

不要告诉别人。

仰光话	tθu²² mja⁵⁵ go²² mə pjɔ⁵⁵ nɛ⁵³
土瓦方言	tθu¹¹ mjɑ⁴⁴ ɦo¹¹ mə pjɔ⁴⁴ nɑ⁴²
丹老方言	tθu³³ mjɑ⁵³ ɦo³³ mə pjɔ⁵³ fĩ³²
若开方言	lu²² mjɑ⁴⁴ go²² mə prɔ⁴⁴ ke⁴²
约方言	tθu¹¹ mjɑ⁴⁴ ko¹¹ mə pjɔ⁴⁴ nɑ⁴²
茵达方言	lu³³ khɛ⁵³ kɔ³³ mə pjɔ⁵³ nɑ³¹
东友方言	shu³² mja⁵⁵ gɯ³² mə hɔ⁵⁵ nɑ⁴²
德努方言	tθu³³ mjɑ⁵³ ɦo³³ mə pjɔ⁵³ nɛ³²
蓬方言	ha⁵²ʔ pjɔ⁴⁵⁴ 别说！

你过来！

仰光话	mĩ⁵⁵ la²²gɛ⁵³
土瓦方言	nɑŋ⁴⁴ lɑ¹¹ oũ⁴⁴
丹老方言	mĩ⁵³ lɑ³³ oũ⁵³
若开方言	tə nɑ⁴⁴ lɑ²² lɑ⁴²ʔ bɑ²²
约方言	nɑŋ¹¹ lɑ¹¹ gɛ⁴²
茵达方言	ñĩ³³ lɑ³³ oũ⁵³
东友方言	mẽ⁵⁵ khə nɒ⁴² lɒ³² khɛ⁴²
德努方言	ñĩ³³ lɑ³³ gɛ³² tɕe³²
蓬方言	kəʃi²² sə: wok 把药吃了！
	tho⁵¹ lɛ⁵¹ 出来！

③ 疑问句：缅甸语方言的疑问句基本上相同，有一般疑问句和特殊疑问句之分，一般疑问句有表示疑问的句尾助词 လား/la/、သလား/tθə la/，特殊疑问句前面还要有 ဘာ/ba/、ဘယ်/bɛ/、ဘယ်လောက်/bə lauʔ/、ဘယ်လို/bɛ lo/ 等疑问代词、疑问副词搭配使用。例如：

A. 一般疑问

我说的对吗？

仰光话　　　　tɕə nɔ²²pjɔ⁵⁵da²² hmã ²² dðə la⁵⁵

土瓦方言　　　ŋa¹¹pjɔ⁴⁴ɦo¹¹ hmã ¹¹ lɔ⁴⁴

丹老方言　　　tɕə nɔ³³pjɔ⁵³tha³³ mã ³³　la³³

若开方言　　　ŋa²²prɔ⁴⁴ sɔ²² hmã ²²　la²²

茵达方言　　　ŋa³³ pjɔ⁵³ dɛ³¹ ɦa³³mã ³³ ta⁵³

东友方言　　　ŋɒ³² hɔ⁵⁵ta³² mã ³² la⁵⁵

德努方言　　　ŋa³³ pjɔ⁵³ ɦa³³　 mã ³³ la⁵³

蓬方言　　　　maik ho⁵²ʔ 是吗？

B. 特殊疑问

缅甸语方言中特殊疑问句的构成常常需要疑问代词和疑问句尾助词搭配组成。但是有的方言中如土瓦、丹老方言的特殊疑问句的助词往往省略。例如：

你找谁？

仰光话　　　　khə mja⁵⁵ bə dðu²² nɛ⁵³ twe⁵³ dʑĩ ²² lo⁵³ lɛ⁵⁵

土瓦方言　　　naŋ¹¹ ɦɛ¹¹ lu¹¹ na⁴² twi⁴² ɕĩ ¹¹ ɦi⁴²

丹老方言　　　ñĩ ³³ bə dðu³³ ɦĩ ³² twe³² tɕhĩ ³³ ɦɛ³³

若开方言　　　mĩ ⁴⁴ za²² tθu²² nɛ⁴² twi⁴² tɕhĩ ²² lo⁴² lɛ⁴²

约方言　　　　naŋ¹¹ bɛ¹¹ tθu¹¹ na⁴² twe⁴² tɕhaŋ¹¹ da¹¹ lɛ⁴⁴

茵达方言　　　ñĩ ³³ bɛ³³ shu³³ na³¹twe³¹ tɕhɛ̃ ³³ lɔʔ⁴⁵ wa⁵³

东友方言　　　nɛ̃ ³² pə shu³² na⁴²twi⁴² khɛ̃ ³² la⁵⁵nɛ̃ ³²

德努方言　　　ñĩ ³³ bə dðu³³ nɛ³² twe³² ɕĩ ³³　lo³² woũ ⁵³

这是什么花？

仰光话　　　　da²² ba²² pã ⁵⁵ lɛ⁵⁵

土瓦方言　　　ɛ¹¹hma¹¹hja⁴⁴ ban⁴⁴

丹老方言　　　dou³² sa³³ ba³³pã ⁵³

若开方言　　　e²²tɕhĩ ⁴² za²² pã ⁴⁴ lɛ⁴²

约方言　　　　da¹¹ ba¹¹ pan⁴⁴ lɛ⁴⁴

茵达方言　　　sha³³ pha³³ pã ⁵³　wa⁵³

东友方言　　　<u>də hɒ³²</u> ma⁴² sa⁴² hɒ³² paĩ ⁵⁵ <u>la⁵⁵</u>

德努方言　　　he³³ tθĩ ⁵² za³³ pã ³³ mo³² woũ ⁵³

蓬方言　　　taʔ tə pɛ²²　这是什么花？
　　　　　　haĩ⁴⁵⁴ nu²² tə: 这是什么？

C. 选择疑问

夏天热不热？

仰光话　　　nwe²² ja²² tθi²² hma²² aɪʔ⁴⁴ tθə la⁵⁵ mə aɪʔ⁴⁴ bu⁵⁵ la⁵⁵
土瓦方言　　nwi¹¹ ka¹¹la⁴² bu¹¹sə lɔ¹¹
丹老方言　　nwe³³ ja²³³tθi³³ ma³³ pu³³ la⁵³ mə pu³³fia³² la³³
若开方言　　nwi²² ra²² tθi²² pu²² la⁴⁴ mə bu²² la⁴⁴
约方言　　　nwe¹¹ ja¹¹dði¹¹ ma¹¹ aɪ⁴²ʔ la⁴⁴ mə aɪ⁴²ʔ bu⁴⁴ la⁴⁴
茵达方言　　nwe³³ ja³³ shi³³ kha³³ pu³³ wu⁵³ wa⁵³ pu³³ ta⁵³
东友方言　　nwe³² ja³² shi³² ma³² ɑu⁵³ʔ lɔ⁵⁵ mə ɑu⁵³ʔ bu⁵⁵ lɔ⁵⁵
德努方言　　nwe³³ ja³³ tθi³³ ma³³ pu³³ fɛ³³ la⁵³ bu³³ wu⁵³ la⁵³

④ 感叹句：缅甸语方言中的感叹句往往需要有语气助词作句尾。例如：

风好大啊！

仰光话　　　te²²pjĩ⁵⁵ thã²²laɪʔ⁴⁴ dɛ⁵³ le²²dʑi⁵⁵ba²²la⁵⁵
土瓦方言　　ɛ¹¹ mjo⁴⁴ wa⁴²ʔ pjĩ⁴⁴ fio¹¹le¹¹fii⁴⁴bɛ⁴²ʔ we⁴⁴
丹老方言　　wa³²pjĩ⁵³fiɛ³²le³³tɕi⁵³bɛ⁵³ma⁵³
若开方言　　ga⁴² gaũ⁴⁴pjĩ⁴⁴ thã²² re²² li²² kri⁴⁴ ra²² mə la⁴⁴
约方言　　　tə a⁴⁴ pjĩ⁴⁴ thã¹¹ dɛ⁴² le¹¹ ba¹¹ la⁴⁴
茵达方言　　kə tɑuʔ⁴⁵ kə tɛʔ⁴⁵ prĩ⁵³ te³¹ le³³ ku⁵³ pa³¹
东友方言　　le³² kwi⁵⁵ tə a⁵⁵ tau⁵³ʔ tɛ³²
德努方言　　le³³ nĩ⁵³ kã³³teɪ³²ʔ ne³³ sa³³ i⁵³ pɛ³²
蓬方言　　　kə li⁴⁵⁴ pu⁴⁵⁴ ə maĩ²²　风好热！

（表埋怨）哎呀，你总算来了！

仰光话　　　ə mɛ²²le⁵⁵ la²² gɛ⁵⁵ laɪʔ⁴⁴ tha²²
土瓦方言　　mi⁴⁴we⁴⁴ - tɕa¹¹ bjĩ⁴⁴ fiɛ¹¹
丹老方言　　mi⁵³we⁵³ tɕa³³ sho⁵³bɛ⁵³
若开方言　　ə ba²²le⁴⁴ la²²khɛ⁴⁴te²²pĩ²²
约方言　　　ə mɛ¹¹ le⁴⁴ la¹¹ khɛ⁴⁴ laɪ⁴²ʔ tha¹¹
茵达方言　　hũ⁵³ la³³ khɛ⁵³ pə la³¹

东友方言　　ə mɑ³² le⁵⁵　lɔ³² khɛ⁵⁵　lau⁵³ʔ tə³²
德努方言　　ə lo³³ la³³ khɛ⁵³ mjo⁵³ i⁵³
哎哟，疼死我了！
仰光话　　　ə mə le⁵⁵ na²² laɪʔ⁴⁴ tha²²
土瓦方言　　mi⁴⁴ we⁴⁴ na¹¹ ɦɛ¹¹
丹老方言　　mi⁵³ we⁵³ na³³ sho⁵³ bɛ⁵³
若开方言　　ə ta²² le⁴⁴ na²² laɪ⁴²ʔ te²²
约方言　　　ə mə le⁴⁴ na¹¹ laɪ⁴²ʔ tha¹¹
茵达方言　　hɑʔ⁴⁵ tɔ³³ mwɛ³³　na³³ pə la³¹ （/ na³³ pə la³¹ lu⁵³/
　　　　　　na³³ lɔ³³ kɔ³³）
东友方言　　ə mə le⁵⁵ na³² li⁴² tə³²
德努方言　　ə lo⁵³ na³³ ka³³ hɛ³²

2. 复句

缅甸语方言的句子类型与仰光话基本相同，复句可分为并立复句和偏正复句两大类。复句基本上都是通过助词、连接词（有些语言学家将一些连接词都归入助词，称之为"接续助词"）相连接。例如：

（1）并列复句

这只是公鸡，那只是母鸡。

仰光话　　　di²²gaũ ²²ga⁵³tɕɛʔ⁴⁴ pha⁵³　ho²²ə kaũ ²² ga⁵³ tɕɛʔ⁴⁴ ma⁵³ bɛ⁵⁵
土瓦方言　　ɛ⁴⁴kɔŋ¹¹ ɦa⁴² tɕɪʔ² pha⁴² ho⁴² kɔŋ¹¹　tɕɪ⁴²ʔ ma⁴² bɛ⁴⁴
丹老方言　　dɛ³³kaũ ³³ha³²tɕɪ³²ʔ pha⁵²　hoũ ⁵³ kaũ ³³ ɦa³² tɕɪ³²ʔ ma³² bɛ³³
若开方言　　e²² kaũ ²²ka⁴² kra⁴²pha⁴² ho²² kaũ ²²ka⁴² kra⁴² ma⁴² ra²²
约方言　　　di¹¹kaũ ¹¹ka⁴² tɕa⁴²ʔ pha⁴² ho¹¹ə kaũ ¹¹ ka⁴² tɕa⁴²ʔ ma⁴² bɛ⁴⁴
茵达方言　　shɛ³³kɔ̃ ³³ ka³¹tɕɛʔ⁴⁵ thi⁵³　hɔ⁵³ kɔ̃ ka³¹ tɕɛʔ⁴⁵ ma³¹
东友方言　　ɛ⁵⁵gø ³²gɒ⁴² kja⁵³ʔ pha⁴² də ha³² gɒ⁴² kja⁵³ʔ ma⁴² wɛ⁵⁵
德努方言　　he³³ kaũ ³³ ɦa³³ tɕɛ³²ʔ pha³² ho⁵³ kaũ ³³ ɦa³³ tɕɛ³²ʔ ma³²

我吃完饭后到你家去。

仰光话　　　ŋa²²thə mĩ ⁵⁵ sa⁵⁵ pi⁵⁵ nĩ ²² ei ²² go²² ə lɛ²² thwa⁵⁵ mɛ²²
土瓦方言　　ŋa¹¹ hmaŋ⁴⁴ sa⁴⁴ pi⁴⁴ ɦa¹¹ naŋ⁴² i¹¹ɦo¹¹i⁴⁴ə lɛ¹¹ tθwa⁴⁴ ɦo¹¹

丹老方言　mĩ⁵³ sɑ⁵³ pi⁵³ ɦɑ³³ ŋɑ³³ nĩ ³² eĩ ²² ɦo³³ ə lɛ³³ tθwɔ⁵³ mɛ³³
若开方言　ŋɑ²² mĩ ⁵⁵ sa pri⁴⁴ ke²² mĩ ²² eĩ ²² go²² ə lɛ²² lɑ⁴⁴ pho⁴²
约方言　ŋɑ¹¹ thə maŋ ⁴⁴ sɑ⁴⁴ pji⁴⁴ jaŋ¹¹ naŋ⁴² eĩ ¹¹ ko¹¹ a⁴² lɛ¹¹ tθwɑ⁴⁴ mɛ¹¹
茵达方言　mẽ ⁵³ sɑ⁵³ pi⁵³ khɑ³³ ŋɑ³³ nĩ ³¹ eĩ ³³ kɔ³³ le³³ shwɑ⁵³ mɛ³³
东友方言　ŋɒ³² mẽ ⁵⁵ sɒ⁵⁵ pi⁵⁵ nẽ ⁴² eĩ ³² kɯ³² ə lɑ³² shwɒ⁵⁵ mɛ³²
德努方言　mã ⁵³ sɑ⁵³ pi⁵³ lo³² shi³² ʃĩ ³³ nĩ ³² eĩ ³³ go³³ tθwɑ⁵³ lɛ³³ mo³²
蓬方言　səʔ⁵² sə: pji²²no⁴⁵⁴ aiŋ²² χo²²laĩ ⁴⁵⁴

多做事，少说话。

仰光话　ə louʔ⁴⁴ mja⁵⁵ mja⁵⁵ louʔ⁴⁴ zə ga⁵⁵nɛ⁵⁵ nɛ⁵⁵ pjɔ⁵⁵
土瓦方言　lau⁴²ʔ mja⁴⁴ mja⁴⁴ lau⁴²ʔ ga⁴⁴nɛ⁴⁴ nɛ⁴⁴ pjɔ⁴⁴
丹老方言　ə lou³²ʔ mja⁵³ mja⁵³ ŋɛ³³ lou³² sə ga⁵³nɛ⁵³ nɛ⁵³ ŋɛ³³ pj ɔ⁵³
若开方言　ə lou⁴²ʔ mja⁴⁴ mja⁴⁴ lou⁴⁴ zə ga⁴⁴ hne⁴⁴ hne⁴⁴ prɔ⁴⁴
约方言　ə lou⁴²ʔ mja⁴⁴mja⁴⁴ lou⁴²ʔ zə ga⁴⁴ nɛ⁴⁴nɛ⁴⁴ pjɔ⁴⁴
茵达方言　ə louʔ⁴⁵ mja⁵³ mja⁵³ louʔ⁴⁵ sə ka⁵³ ne⁵³ ne⁵³ pjɔ⁵³
东友方言　ə lui⁵³ʔ mjɒ⁵⁵ mjɒ⁵⁵ lui⁵³ʔ sə kɒ⁵⁵ ne⁵⁵ ne⁵⁵ hɔ⁵⁵
德努方言　ə lou³²ʔ mja⁵³ mja⁵³ lou³²ʔ zə ga⁵³ nɛ⁵³ ne⁵³ pɛ³² pjɔ⁵³
蓬方言　ə la⁵²ʔ pəŋ⁴⁵⁴ pəŋ⁴⁵⁴ la⁵²ʔ tə maiŋ⁵⁵ shi⁴⁵⁴ shaĩ ²² pjɔ⁴⁵⁴

这是你的，那是他的。

仰光话　da²² mĩ ⁵³ ha²² ba²² ho²² ha²² ga⁵³ tθu⁵³ ha²² ba²²
土瓦方言　ɛ⁴⁴mɑ¹¹ɦa⁴² naŋ⁴² zɑ¹¹ ɦo⁴²hma¹¹ tθu⁴² zɑ¹¹
丹老方言　dou³² sɑ³³ mĩ ³² zɑ³³ hoũ ⁵³ hɑ³³ ɦa³² tθu³³ zɑ³³
若开方言　e²² tɕhĩ ⁴²mĩ ⁴⁴ sho²² ho²² tɕhĩ ⁴² ga⁴² tθu⁴² sho²² pa²²
约方言　di¹¹ ha¹¹ ka⁴² maŋ⁴⁴ ha¹¹ ba¹¹ ho¹¹ ha¹¹ ka⁴² tθu⁴² ha¹¹ ba¹¹
茵达方言　sha³³ nĩ ³¹ ha³³ hɔ⁵³ ha³³ ka³¹ shu³¹ ha³³
东友方言　ɛ⁴² ha³² nẽ ⁴² ha³² ba³² də ha³² kɒ⁴² shu⁴² ha³² ba³²
德努方言　he³³da³³ nĩ ³² ha³³pɛ⁵³ ho⁵³ ha³³ ga³² tθu³² ha³³ pɛ⁵³ bɔ³²

（连动）弟弟爬上树去抓猫。

仰光话	n̠i²² le⁵⁵ ga⁵³ tθɪʔ⁴⁴ pĩ ²² pɔ²² tɛʔ⁴⁴ pji⁵⁵ tɕaũ ²² phã ⁵⁵ dɛ²²
土瓦方言	n̠i¹¹ le⁴⁴ ɦa⁴² tθɪʔ⁴²ʔ paŋ¹¹ tha⁴²ʔ ta⁴²ʔ pi⁴⁴ tɕɔŋ¹¹ pham⁴⁴ ɦɛ¹¹
丹老方言	n̠i³³ ŋɛ³³ ɦa³² tθɪʔ³²ʔ pĩ ³³ pɔ³³ tɪ³²ʔ pji⁵³ tɕaũ ³³ phã ⁵³ ɦɛ³³
若开方言	n̠i²² khle²² ga⁴² tθaɪʔ⁴²ʔ pĩ ²² the⁴²ʔ ta⁴² pji⁴⁴ tɕaũ ²² phã ⁴⁴ rɛ²²
约方言	n̠i¹¹ le⁴⁴ ga⁴² ta⁴²ʔ paŋ¹¹pɔ¹¹ ta⁴²ʔ pji⁴⁴ tɕaũ ¹¹ phã ⁴⁴ dɛ¹¹
茵达方言	õ ³³ ŋa³¹ ka³¹ shɪʔ⁴⁵ pĩ ³³ pɔ³ tɛʔ⁴⁵ wa⁵³ tɕõ ³³ phã ⁵³ ɦɛ³³
东友方言	ŋi³² le⁵⁵ kɒ⁴² shaɪ⁵³ʔ pẽ ³² pɔ³² ta⁵³ʔ pji⁵⁵ tɕõ ³² phã ⁵⁵ dɛ³²
德努方言	n̠i³³ le⁵³ ka³² tθɪʔ³²ʔ pĩ ³³ pɔ³³ tɛ³²ʔ pji⁵³ tɕaũ ³³ phã ⁵⁵ ɦɛ³³
蓬方言	ə sjaĩ ⁴⁵⁴ thaĩ ²² nɛ⁴⁵⁴ sək sə: raĩ ⁴⁵⁴ 加完油后才吃饭。

（2）偏正复句

偏正复句的两个组成部分分句之间还有各种不同的关系。例如：

① 因果关系

没有车，只能等着。

仰光话	ka⁵⁵ mə ɕi⁵³ lo⁵³ saũ ⁵³ ne²² ja⁵³ dɛ²²
土瓦方言	kɑ⁴⁴ hme⁴² bɛ⁴⁴ne¹¹ ɦi⁴² sɔŋ⁴²ne¹¹ ke⁴² ɦɛ¹¹
丹老方言	ka⁵³ mə ɕi³² ɦi³² dɛ³³ ɦi³² saũ ³² ne³³ ja³² ɦɛ³³
若开方言	ka⁴⁴ mə ɕi⁴² lo⁴² saũ ⁴² ni²² kra⁴² ra⁴² rɛ²²
约方言	ka⁴⁴ mə ɕi⁴² lo⁴² saũ ⁴² ne¹¹ ja⁴² dɛ¹¹
茵达方言	ka⁵³ɕi³¹pɛ⁵³ ñĩ ⁵³lauʔ⁴⁵ sõ ³¹ ne³³ tɕa³¹ ja³¹ ɦɛ³³
东友方言	kɒ⁵⁵ mə hi⁴² lɯ⁴² sõ ⁴² ne³² ja⁴² tɛ³²
德努方言	ka⁵³ ɕi³²ĩ ³³ bɛ⁵³ ɦo³² sɔŋ³² ne³³ ja³³ ɦɛ ³³

② 条件与假设

如果天好，我就去。

仰光话	ne²² tθa²² j̃ĩ ²² ŋa²² tθwa⁵⁵ mɛ²²
土瓦方言	ne¹¹ tθɑ¹¹ɦɑ¹¹ŋɑ¹¹tθwa⁴⁴ mɛ¹¹
丹老方言	ne³³ pu³³ɦɑ³³ŋɑ³³tθɔ⁵³mɛ³³
若开方言	ni²² tθa²² ke²² ŋa²² la⁴⁴ mɛ²²
约方言	ne¹¹ tθa¹¹ jaŋ¹¹ ŋa¹¹ tθwa⁴⁴ mɛ¹¹
茵达方言	ne³³ sha³³ lɔ⁵⁴ʔ ɕi⁵³ ŋɑ³³ shwɑ⁵³ mɛ³³
东友方言	ne³² shɒ³²jɛ̃ ³² ŋɒ³² shwɒ⁵⁵mɛ³²

德努方言　　ne³³ tθɑ³³ ʃɪ ³³ŋɑ³³ tθwɑ⁵³ pɑ³²
蓬方言　　　aĩ ⁴⁵⁴ nu⁵¹swaʔ raɪ⁴⁵⁴ pjɛ²² leĩ ⁴⁵⁴ŋɑ⁴⁵⁴　太阳下山我就回去。
　　　　　　no²² wo⁵¹wɛ²²　ŋəː pjɛ²²raĩ ⁴⁵⁴　他来了我就回去。

③ 转折

我不想去，但又不便当面说。

仰光话　　ŋa²² mə tθwa⁵⁵ dʑĩ ²² bɛ²²mɛ⁵³ daɪʔ⁴⁴ jaɪ⁴⁴ mə pjɔ⁵⁵kaũ⁵⁵ bu⁵⁵
土瓦方言　ŋa¹¹ tθwa⁴⁴ɕĩ ¹¹ bɛ⁴⁴wo¹¹ti⁴² tar⁴²ʔ jaɪ⁴²ʔ pjɔ⁴⁴ ɦi⁴² kɔŋ⁴⁴wa⁴²
丹老方言　ŋa³³ mə tθwɔ⁵³ tɕhĩ ³³ bɛ³³mɛ³² tar³²ʔ jaɪ³²ʔ mə pjɔ⁵³kaũ ⁵³ɦa³²
若开方言　ŋa²² mə la⁴⁴　tɕhĩ ²² kɛ²²lɛ⁴² daɪ⁴²ʔ jaɪ⁴²ʔ prɔ⁴⁴ lo⁴² mə　kaũ ⁴⁴
约方言　　ŋa¹¹mə tθwa⁴⁴tɕhaŋ¹¹ pɛ¹¹ mɛ⁴² daɪ⁴²ʔ jaɪ⁴²ʔ mə pjɔ⁴⁴ kaũ ⁴⁴ bu⁴⁴
茵达方言　ŋa³³ mə shwa⁵³　tɕhĩ ³³ pi³³ ka⁵³ lau ʔ⁴⁵ daɪ⁴⁵ jaɪ⁴⁵ pjɔ⁵³ lɔʔ⁴⁵ mə kɔ̃ ⁵³ wu⁵³
东友方言　ŋɒ³² mə shwɒ⁵⁵ khĩ ³² pɛ³² mɒ⁴² tɒ⁵³ʔ lø⁵³ʔ mə hɔ⁵⁵ kø̃ ⁵⁵　bu⁵⁵
德努方言　ŋa³³mə tθwɔ⁵³ ɕĩ ³³ lɛ³³　deɪ³²ʔ jeɪ³²ʔ pjɔ⁵³ kaũ ⁵³ wu⁵³

太阳刚下山，月亮就出来了。

仰光话　　ne²²wĩ ²²da²²nɛ⁵³ la⁵³ mĩ ⁵⁵ga⁵³ thwɛʔ⁴⁴ la²² dɛ²²
土瓦方言　ne¹¹ maŋ⁴⁴ ɦa⁴²kwɛ¹¹ɦo¹¹na⁴² la¹¹ maŋ⁴⁴thwa⁴²ʔ la¹¹ ɦo¹¹ bɛ⁴²ʔ
丹老方言　ne³³mĩ ⁵³ɦa³²kwɛ³³ɦi³² la³² mĩ ⁵³ɦa³² thwɪ³²ʔ la³³ ɦɛ³³
若开方言　ni²² mĩ ⁴⁴ ga⁴² kwɛ²² shɔ²² nɛ⁴² la⁴² mĩ ⁴⁴ ga⁴² thwɛ⁴²ʔ la²² rɛ²²
约方言　　ne¹¹ waŋ¹¹ da¹¹ na⁴² la⁴² thwa⁴²ʔ la¹¹ dɛ¹¹
茵达方言　ne³³ mĩ ⁵³ kwɛ̃ ³³ ɦa⁵³ na³¹ la³¹ mĩ ⁵³ thwɛʔ⁴⁵ la³³² ɦɛ³³
东友方言　ne³²mɛ̃ ⁵⁵ kwa³² tɒ³² na⁴² lɒ⁴² mɛ̃ ⁵⁵ kɒ⁴² thwa⁵³ʔ lɒ³² dɛ³²
德努方言　ne³³wĩ ³³ ɦa³³nɛ³² la³² thwɛ³²ʔ la³³ ɦɛ³³

3. 引语句

缅甸语方言中引语句有直接引语句和间接引语句之分，仰光话中用不同的助词 lo⁵³、dɛ⁵³ 来表示。其他方言也同样用不同的引语助词来起连接作用。例如：

人人都说家乡好。

仰光话　　ko⁵³ za²²ti⁵³ ha²² kaũ⁵⁵ dɛ²² lo⁵³ lu²² taĩ⁵⁵ pjɔ⁵⁵ dɛ²²

土瓦方言　ko⁴² za¹¹ti⁴² ɦo¹¹ ko¹¹lu¹¹taĩ⁴⁴ɦa⁴²lɔ⁴⁴ ha¹¹ kɔŋ⁴⁴ ɦɛ¹¹sho¹¹ɦi⁴²pjɔ⁴⁴kɛ⁴²ɦɛ¹¹ bɛ⁴²ʔ

丹老方言　ko³² za³³ti³² ho³³ kaũ⁵³ ɦɛ² sho³³pi⁵³ lu³³ taĩ⁵³ bɛ⁵³ pjɔ⁵³ nɛ³³bɛ⁵³ lã⁵³

若开方言　ko⁴² za²² ti⁴² ga⁴² kaũ⁴⁴ rɛ²² lo⁴² lu²² daĩ⁴⁴ prɔ⁴⁴ ni²² kra⁴²shɔ²² ra²²

约方言　　ko⁴² za¹¹ ti⁴² ɦa¹¹ kaũ⁴⁴ dɛ¹¹ lo⁴² lu¹¹taĩ⁴⁴ pjɔ⁴⁴ dɛ¹¹

茵达方言　ko³¹ zɑ³³ ti³¹ kɔ³³ kõ⁵³ dɛ³³ lɔ³¹ lu³³ tɛĩ⁵³ pjɔ⁵⁵ tɕa³¹ sho³¹

东友方言　kɯ⁴² zɔ³² ti⁴² hɔ³² kø⁵⁵ dɛ³² lɯ⁴² lu³² taũ⁵⁵ hɔ⁵⁵ nɛ³² da³² wa⁵⁵

德努方言　ko³² zɑ³³ ti³² ɦɑ³² kaũ⁵³ ɦɛ³³ wo³² lu³³ taĩ⁵³ pjɔ⁵³ tɕa³² ɦɛ³³

蓬方言　　jo²²ɣa²² lɔ⁵⁵ laĩ⁴⁵⁴ lɛ⁵¹ 据说（他）将明天去。

前一段时期以来，大家对汉藏语系研究偏重于语音、声调。虽然取得了很好的效果，但是对各语言的词法和语法研究得不够，尤其是对有声调语言中的助词和句法研究显得乏力。过去对广大的无文字记载的语言研究因为资料的匮乏，在进一步深入时遇到了掣肘。随着人们纷纷致力于发掘少数民族的语言宝库，在汉藏语言的形态和功能词的作用方面都会有更大的研究成果出现。随着人们的深入研究，由于分析性的眼光和类型学理论和数据库发挥的高效作用，各种语言和方言的研究必将有一个长足的发展。

六、缅甸语方言的助词研究

缅甸语及其方言中，有一类词特别重要，那就是"助词"。它在遣词造句中，起着举足轻重的作用。根据助词的语法作用和词义，可以分为成分助词、形态助词和语气助词等几类。方言助词有着许多共同的特点。① 概括起来有下列几点：

（1）助词是一种虚词，它不能独立运用，一定要与其他的词结合在一起，才能发挥其重要作用。

（2）由于不能独立运用，它就不能单独回答问题。

（3）缅甸语助词有很多具有兼类性。一个形式可以表达不同的语法意义。例如 က/ka/ 可以作主语助词、状语助词、语气助词，ကို/ko/ 可以作宾语助词，也可以作状语助词、语气助词等等。

（4）助词在句子里虽然起着重要作用，但在口语中几乎都变音。

（5）在不影响语言表达的情况下，尤其在口语中，为了语言的精炼，往往可以将助词省略。例如，蓬方言、约方言常常将主语助词省略，特别是在成语中由于成语要求精炼，故往往将助词省略。

（6）缅甸语和方言中的句子类型如陈述句、疑问句、祈使句、感叹句等，主要靠放在句子最后的句尾助词来表示。但是在有些方言中也常常将表示句子类型的句尾助词省略。例如丹老、茵达、德努、蓬方言。例句可参见本书"缅甸方言的语法研究"中的句子类型比较部分。

（7）许多语气助词可以放在任何一个句子成分后面，表示各种强调的语气。例如仰光话中的语气助词 တောင်/tau²²/ 和其他方言中的类似助词。

（8）助词与句子成分结合在一起，就形成一个整体，讲话时的停顿、书写时的间隔都要放在助词后面。

综合比较缅甸语各个方言助词还有许多不同的特点。例如：

（9）缅甸语中同一语法形式，在不同的方言中用不同助词表示。例如主语助词在仰光话中用 က/ka/，在其他方言中用 /ɦa/、/jɛ⁴²/、/kɑ/、/kɔ⁴²/ 等。它们之间是否有传承关系，抑或在语音上相互影响，尚待进一步研究。

（10）缅甸语方言中同一个语法意义往往用不同的助词表示，如：表示原因的状语助词在仰光话中用 /lo⁵³/，而在其他方言中分别用 /ɦi³²/、

---

① 关于缅甸语助词的定义、分类和特点可参见汪大年：《缅甸语概论》，北京大学出版社，1997年。

/dɛ³³/、/ɦi³²/、/ɦi⁴²/、/lɔʔ⁴⁵/、/wo³²ʔ/、/lɯ³²/（例见后面的"缅甸语方言助词一览表"）。这种变化，暂时无据可查。

（11）个别方言中的助词有元音和谐现象。在仰光话中不管动词的韵尾元音是什么，其后面的句尾助词的元音都是一样的 d$\underline{\varepsilon}$²²、m$\underline{\varepsilon}$²²。但是在蓬方言中就不一样。蓬方言中的句尾助词语音受到动词尾音的影响需采取相应的语音搭配，出现了不同的句尾助词。例如下列蓬方言的动词（或形容词）的词尾音 u、o、i、a 和谓语助词（表示一般时态的句子）开头的元音相应搭配变化也都分别变成 u、o、i、i。例如：

缅甸语	仰光音	蓬方言音	语义
မာတယ်	ma²²d$\underline{\varepsilon}$²²	khou⁵²ʔ u$\underline{ŋ}$⁴⁵⁴	硬
ကိုက်တယ်	kaɪʔ⁴⁴d$\underline{\varepsilon}$²²	ko⁵¹ oum⁴⁵⁴	咬
အိပ်တယ်	eɪʔ⁴⁴ d$\underline{\varepsilon}$²²	ai⁵²ʔ i$\underline{ŋ}$⁴⁵⁴	睡
ပစ်တယ်	pɪʔ⁴⁴ d$\underline{\varepsilon}$²²	wi⁴⁵⁴ i$\underline{ŋ}$²²	射
ရှိတယ်	ɕi⁵³ d$\underline{\varepsilon}$²²	pa⁴⁵⁴ l$\underline{i}$²²	有
ရီတယ်	ji²² d$\underline{\varepsilon}$²²	ji⁴⁵⁴ l$\underline{i}$²²	笑
သိတယ်	tθi⁵³d$\underline{\varepsilon}$²²	ʃi⁴⁵⁴ j$\underline{i}$²²	知道
ချိုတယ်	tɕho²²d$\underline{\varepsilon}$²²	khwi⁴⁵⁴ j$\underline{i}$²²	甜，鲜

在表示将来时态的句子中又有另一种对应的元音和谐规律。例如：

缅甸语	仰光音	蓬方言音	语义
စားမယ်	sa⁵⁵ m$\underline{\varepsilon}$²²	sə: la$\underline{\tilde{\imath}}$ ⁴⁵⁴	将吃
လိုက်မယ်	laɪʔ⁴⁴ m$\underline{\varepsilon}$²²	la$\underline{\imath}$⁵²ʔ im⁴⁵⁴	将跟着

在表示已然时态的句子中亦有另一种元音和谐规律。例如：

缅甸语	仰光音	蓬方言音	语义
လာပြီ	la²² p$\underline{i}$²²	wok la²²	来了
ကျပြီ	tɕa⁵³ p$\underline{i}$²²	tʃa⁵¹ la⁴⁵⁴	掉下去了
တက်ပြီ	tɛʔ⁴⁴ p$\underline{i}$²²	tu²² ra⁵¹	上去了
တော်ပြီ	do²² b$\underline{i}$²²	tɛ²² ja⁵¹	够了，行了
ဝင်ပြီ	w$\tilde{\imath}$²² b$\underline{i}$²²	ro⁵¹ la²²	进去了
သေပြီ	tθe²² b$\underline{i}$²²	ʃi⁴⁵⁴ la²²	死了

在否定句中，动词的韵尾元音和句尾助词的元音的和谐规律又不一样。例如：

缅甸语	仰光音	蓬方言音	语义
မသိဘူး	mə tθi⁵³ bu̠⁵⁵	mə ʃi⁵¹ ja²²	不知道
မကူးဘူး	mə ku⁵⁵ bu̠⁵⁵	mə ku²² wa²²	不游泳
မနိုင်(တော့)ဘူး	mə nãĩ²²bu̠⁵⁵	mə nɔ̃ ŋ²² le²²	吃不消了
မရှိ(တော့)ဘူး	mə ɕi⁵³(dɔ⁵³)bu̠⁵⁵	mə pa⁴⁵⁴ le²²	没有了
မမြင်ဘူးလား	mə mjĩ²²bu̠⁵⁵la⁵⁵⁵	mə mjɔ²² ho?	没看见吗，看不见吗
မကြားဘူးလား	mə tɕa⁵⁵bu̠⁵⁵la⁵⁵	mə tʃha²² ho?	听不见吗
မကူးဘူးလား	mə ku⁵⁵bu̠⁵⁵la⁵⁵	mə ku²²ho?	不游泳了吗

（12）有些缅甸语方言的否定句中，否定副词 mə 可以省略，就剩下表示否定意思的句尾助词。例如：

我不吃猪肉。

茵达方言　ŋa³³ wɛʔ⁴⁵ sha⁵³ sa⁵³ wu⁵³
　　　　　（句中无否定词只有表否定的句尾助词）

德努方言　ŋa³³ wɛ³²ʔ tθa⁵³ sɑ⁵³ ĩ³³ u⁵³
　　　　　（同上）

他不想说。

茵达方言　shu³³ pjɔ⁵³ tɕhĩ³³ wu⁵³
　　　　　（句中无否定副词，只有表否定的句尾助词）

德努方言　tθu³³ pjɔ⁵³ dʑĩ³³ u⁵³
　　　　　（句中无否定副词，只有表否定的句尾助词）

（13）某些方言中，疑问句开头部分有疑问代词"什么""哪儿"等词时，句尾的助词往往省略。如蓬方言的疑问句：

tə⁵⁵　　ə tʃhei²²　　khɛ⁴⁵⁴　　ra²²　　什么时间了（几点了）？
哪个　　时间　　　到　　　　了（省略了句尾组词"呢？"）

taʔ　　　tʃho²² pɔŋ⁴⁵⁴　　　sə⁵⁵　　吃什么菜了（呢）？
什么　　　菜　　　　　　　　吃（省略了句尾组词"呢？"）

taĩ⁴⁵⁴ ma²² aiʔ i⁴⁵⁴ 睡在哪儿了（呢？）
哪儿　在　睡　的（省略了句尾组词"呢？"）

（14）有些助词在诸方言中极为相似，有些差异也是与各方言的音系变化有关，如有些方言中表示处所的状语助词为 hma, 有些方言中没有前置辅音 h，助词就变成 ma。例如：

方言 助词	仰光话	丹老	若开	土瓦	茵达	德努	约	东友	蓬
状语助词 （处所） မှာ	hma²²	mɑ³³	hma²² ha³³	hmɑ¹¹ kɑ²²	mɑ³³ hɑ⁴² ho¹¹	mɑ³³ kɑ³¹	ma¹¹	mɔ³²	mãĩ²²

（15）有些方言助词表示同一语气，但形式各不相同，似乎也无语音上的关联，方言之间如何扩展和影响也无理据可查。例如：

方言 助词	仰光话	丹老	若开	土瓦	茵达	德努	约	东友	蓬
语气助词 （埋怨） လိုက်တာ	laɪʔ⁴⁴ tha²²	sho⁵³ bɛ⁵³	laɪʔ³³ te²²	wɔ⁴⁴ le⁴² fiɛ¹¹	pə le³³	lã³² kɑ³³ ɔ³²h	laɪʔ⁴²ʔ tha¹¹	li⁴² tɑ³²	ə mãĩ²²

（16）在方言的重叠构词中，形式并不统一。有些与仰光话类似，原词为 AB，不完全重叠成 ABB，或经完全重叠成 AABB 式。但也有些方言并非如此，而是有各种不同的形式，如 A 词并不变成 ABB 型，而变成 CDCD 式（如下表中的若开方言）。有些方言在重叠中还有了语音上的变化，如土瓦方言中将重叠的第一个音从低平调提高到高平调。例如：

仰光话	词义	重叠词音	土瓦重叠词音	重叠词义
ကြာ	久	ကြာကြာ /tɕa²² dʑa²²/	tɕa⁴⁴dʑa¹¹	久久
ငြိမ်	安静	ငြိမ်ငြိမ် /n̥ẽĩ²²n̥ẽĩ²²/	n̥i⁴⁴ n̥i¹¹	安静地
တုန်	颤抖	တုန်တုန်ရီရီ /toũ²²toũ²²ji²² ji²²/	tu⁴⁴ du¹¹ la⁴²ʔ_la⁴²ʔ	颤巍巍地
မြန်	快	မြန်မြန် /mjã²² mjã²²/	bjã⁴⁴ bjɑ¹¹	迅速的
မှန်	准	မှန်မှန် /hmã²² hmã²²/	hmã⁴⁴ hmã¹¹	准时，正

方言 助词	仰光话	丹老	若开	土瓦	茵达	德努	东友
重叠 ချင်တင်တင်	tɕhĩ²² fĩ²² fĩ²²	tɕhĩ³³ fĩ³³ fĩ³³	tɕha⁴² tɕhaĩ²² tɕha⁴² tɕhaĩ²² nɛ⁴²	ɕĩ⁴⁴ ɕĩ¹¹ hi¹¹ nɑ⁴²	tɕĩ³³ fĩ³³ fĩ³³	tɕĩ³³ sou³²ʔ sou³²ʔ hnĩ³²	gə lẽĩ³³ tẽĩ³³ tẽĩ³³ nɑ³²

方言之间的助词和语音、词汇的差别，造成了各方言之间的很大差异，有些差异可以根据规律推测，达到相互的了解。但是，很大一部分差异是难以按变化规律来推测从而理解的，而且暂时还很难找到方言之间变化规律，这都有待于我们进一步研究。

缅甸语方言助词一览表
မြန်မာဘာသာစိတ်ပယတကားနှောင်ပုဒ်များ

方言 助词	仰光 ရန်ကုန်	丹老 မြိတ်	若开 ရခိုင်	土瓦 ထားဝယ်	茵达 အင်းသား	德努 ဓနု	约 ယော	东友 တောင်ရိုး	蓬 ပွင်း
主语助词 ကတ္တားပုဒ်	ga⁵³	ɦa⁵⁵/ɦa³² lɔ⁵³/ɦa³²	jɛ⁴²	ɦa⁴²	ka³¹	ka³² ɦa³²	ka⁴²	kɔ⁴²	
宾语助词 ကံပုဒ်	go²²	ɦo³³	ko²²	ɦo¹¹	kɔ³³	ko³³	ko¹¹	kɯ³²	ho⁵²ʔ
定语助词 （修饰） အထူးပြုပုဒ်	dɛ⁵³	ɦɛ32	je(dɛ⁴²) တော(dɛ⁴²)	ɦo	sɔ⁵³(dɛ³¹)	ɛ³²	dɛ⁴²	tθɔ⁵⁵	u⁵⁵
定语助词 （领属）	jɛ⁵³	ɦa³²	jɛ⁴²	jɛ⁴²	jɛ⁵³	jɛ⁵³	jɛ⁴²		ŋa⁵¹ no⁴⁵⁴ 他的
定语助词 （从由） ကတ္တပုဒ်	ga⁵³	ɦa³²	ga⁴²	ɦa⁴²	ka³¹	ga³²	ka⁴²	kɔ⁴²	
状语助词 （从由） ကတ္တပုဒ်	ga⁵³	ɦa³²	ga⁴²	ɦa⁴²	ka³¹	ga³²	ka⁴²	kɔ⁴²	

(续表)

方言\助词	仰光 ရန်ကုန်	丹老 ဗိတ်	若开 ရခိုင်	土瓦 ထားဝယ်	茵达 အင်းသား	德努 ဓနု	约 ယော	东友 တောင်ရိုး	蓬 ပွင်း
状语助词（处所）	hma²²	mɑ³³ haʔ³³	hma²² kaʔ⁴²	hma¹¹ hɑ⁴² hoʔ¹¹	ma³³ kaʔ³¹	ma³³	ma¹¹	mɔ³²	mãɪ²²
状语助词 ၍.	nɛ⁵³	ɦi⁴³²	nɛʔ⁴²	nɑ⁴²	na³¹	nɛ³³	na⁴²	nɑ⁴²	
状语助词（因果）	dʑaũ⁵³	tɕaũ⁵³/ deʔ³³ ɦi³²	tɕaũ⁴²/ loʔ⁴²	hiʔ⁴⁴ dʑũ⁴²	tɕɔŋ³¹	pĩ⁵³		tɕaũ⁴²	
状语助词（很，副词）	təʔɛɪʔ⁴⁴	Waʔ³² tə a⁵³	kaʔ⁴² kaũ⁴⁴	jaʔ⁴²jɑ¹¹ tãɪ⁴⁴	tɔ³³tɔ³³/ ke tau ʔ⁴⁵ ke teʔ⁴⁵	jɑ⁵³ shɑ³²/ ɲi⁵³ kɑ̃³³	ə ja⁴⁴/ tə a⁴⁴	ke⁵⁵/ sheɪ⁵³ʔ	ɔŋ²² heŋ⁴⁵⁴/ ə jaŋ²²/ ə jaiŋ²²
状语助词（原因）	lo⁵³	ɦi³² dɛ³³ ɦi³²	loʔ⁴²	ɦiʔ⁴²	lɔʔ⁴⁵	wo³²²	lo³²	lɯ⁴²	
状语助词（吃起来）	lo⁵³	ɦi³²	loʔ⁴²	ɦiʔ⁴²	lɔʔ⁴⁵	wo³²²	lo³²	lɯ⁴²	wɛ²² wa²² wɛ²²
引语助词	lo⁵³	sho³³ pi⁵³	pho⁴² loʔ⁴²/	sho¹¹ ɦiʔ⁴²/	lɔʔ⁴⁵	wo³²²	lo³²	lɯ⁴²	

第二章　缅甸语方言的比较研究

(续表)

方言\助词	仰光 ရန်ကုန်	丹老 မြိတ်	若开 ရခိုင်	土瓦 ထားဝယ်	茵达 အင်းသား	德努 ဓနု	约 ယော	东友 တောင်ငြို	蓬 ပုန်း
状语助词 လျင်	laɪʔ⁴⁴	ɦɑiʔ	laiʔ³³	lɑɪ⁴²²	paɪʔ⁴⁵	khɛ³²	la⁴²²	lɑu⁵³ʔ	jo⁵¹ wok
状语助词（一般）တယ်	dɛ²²	ɦɛ³³	jɛ²²	ɦɛ²²	ɦɛ³³	ɦɛ³³	dɛ¹¹	dɛ³²	uŋ⁴⁵⁴ li²² oum⁴⁵⁴ ji²² ŋ⁴⁵⁴
谓语助词（过去）ခဲ့တယ်	dɛ²²	ɦɛ³³	jɛ²²	ɦɛ²²	ɦɛ³³	ɦɛ³³	dɛ¹¹	ɛ⁴² dɛ³²	
谓语助词 ဂ	gɛ⁵³	ɦɛ³²	kha⁴²	ɦɛ³²	khɛ³¹	ɛ³³ pɛ³²			koʔ dɛ⁵¹ ɣɛ⁵¹
谓语助词（将来）မယ်	mɛ²²	mɛ³³ lẽi³² mɛ³³	phoʔ⁴²/ mɛ²²		mɛ³³	mo⁴² /hma³³ i⁵³	mɛ¹¹/ ma⁴² ja³³ bi⁴²	mɛ³²	lɑ̃⁴⁵⁴ rɑ̃⁴⁵⁴
谓语助词（已然）ပြီ	bi²²	bi³³	bjɛ²²	wɔ⁴⁴ pi¹¹	pɔ³¹	pɛ³²	pi¹¹	pi³²/ pwi⁵⁵	ra⁵¹ ja⁵¹ la²²

(续表)

方言\助词	仰光 ရန်ကုန်	丹老 မြိတ်	若开 ရခိုင်	土瓦 ထားဝယ်	茵达 အင်းသား	德努 ဓနု	约 ယော	东友 တောင်ရိုး	蓬 ပုန်း
谓语助词（否定）မဟုတ်တဘူး	mə bu⁵⁵	me ɦa³³	mə ba²²	me·ɦa¹¹ hmu⁴² wa⁴² lɔ⁴⁴	wu⁵³ houʔ⁴⁵ wu⁴⁵wa³¹	ĩ⁵³wuʔ⁵³/ houʔ³² pɛ⁵³ wo³²	mə phu⁵³	ma·bu⁵³ᵊ me hui⁵³ᵊ bu⁵⁵ me hui⁵³ᵊ lɔ⁵⁵	me pa⁴⁵⁴ 没有 me ho⁵²ᵊ 不是 me kɔŋ²² 不好 me ɕi²² 不知道 ŋə zaŋ²² 不多
语气助词（祈使）ပါ（ဖို့、ခြင်း）	mə…ba²² nɛ⁵³	mə..ɦɛ	mə·pa ke⁴²	ne¹¹ na⁴²	mə··na³¹	mə··nɛ³² mã³²		mə·na⁴²	ã²²xu⁵¹le²² ha⁵²ᵊpjo⁴⁵⁴ ha⁵²ᵊthai²²la²²
语气助词（祈使）ပါ（ဖို့）	thai²² ba²²	thai³³ ba³³	thai²²	thai¹¹ khə mja⁴⁴	thai³³ shoʔ⁴⁵	thei³³ mã³²·	thai¹¹ pa¹¹	thuŋ¹¹ ba¹¹	li²²le²²yo⁵¹
语气助词（祈愿，祝愿）ပါစေ	ba²² ze²²	ze³³/ ɦɔ⁵³ lã⁴²	paʔ³³ si⁴²	ze¹¹ wɔ⁴² bɔ⁴²/ le⁴⁴hɔ⁴⁴	paʔ³³se³³	se³³		pɔ³²se³²	
语气助词（嘱咐）နော်	nɔ²²	na⁵³	nã⁴⁴		nɔŋ⁴⁴	nɔ³²		nɔ⁴²	

(续表)

方言 စကား: 助词 ပုဒ်ဆုံ:	仰光 ရန်ကုန်	丹老 မြိတ်	若开 ရခိုင်	土瓦 ထားဝယ်	茵达 အင်းသား:	德努 ဓနု	钩 ဂေါ	东友 တောင်ရိုး	蓬 ပွင့်:
语气助词 （表疑问）ေ	gɔ⁵⁵	jɔ⁵³	wa²²	nã¹¹ ha⁴² hɔ⁴⁴	loũ³¹	nɔŋ³³		kɔ⁵⁵	
语气助词 疑问句尾 （一般）	la⁵⁵	la³³	la²²	lɔ⁴⁴	ta⁵³	la⁵³	la⁴⁴	la⁵³	hoʔ⁵²ʔ
语气助词 လား	dɔ̀ə la⁵⁵	ɦɛ³³la⁵³	hou⁴²ʔ la⁴⁴	ɛ¹¹bɛ⁴²ʔ wɔ¹¹	wɔʔ⁴⁵ la⁵³	hou³²ʔpɛ⁵³ wɔ³²/ ɛ³³la⁵³		shɛ lɔ⁵⁵	hoʔ⁵²ʔ
语气助词 လော:	me la⁵⁵	mɛ³³ bɛ³² la⁵³	phɔ⁴² la⁴⁴ me tθi⁴²	lɔ¹¹	ɦi⁵³ ke lɛ⁵³laʔ⁵³	ɛ³²laʔ⁵³		me lɛ⁵⁵	hoʔ⁵²ʔ
语气助词 သလား	ba²² la⁵⁵	bɛ³²	ja²²mə la⁵⁵	mjo⁴⁴ wɛ⁴²ʔlɛ⁴⁴	ku⁵³paʔ³¹/pə lɛ³³	i⁵³pɛ³¹.		paʔ³² lb⁵³	pɔŋ⁴⁵⁴
语气助词 疑问句尾 （特殊疑问）က	lɛ⁵⁵	ɦɛ³³	lɛ⁴²	ɦi⁴²	la⁵³	oũ⁵³	lɛ⁴⁴	la⁵⁵	

(续表)

助词\方言	仰光 ရန်ကုန်	丹老 မြိတ်	若开 ရခိုင်	土瓦 ထားဝယ်	茵达 အင်းသား	德努 ဓနု	约 ယော	东友 တောင်ရိုး	蓬 ပုမ်း
语气助词（表赞赏或埋怨）လို့နော်တော	laɾʔ⁴⁴ tha²²	sho⁵³ bɛ⁵³	laɾʔ⁴²? tɛ²²	wɔ⁴⁴ lɛ⁴²ɦɛ¹¹	pə lɛ³³	lã³² kɑ³³ ɔ⁵³	laɾ⁴²? tha¹¹	li⁴²tɑ³²	khə maĩ²²
语气助词（表强调）တောင်（ပင်）	taũ²²	taũ³³	daũ²²	ko¹¹	tɔŋ³³	taũ³³	tɔŋ¹¹	tɔŋ³²	
语气助词 ဖြစ်ဖြစ်	phjiɾʔ⁴⁴ phjiɾʔ⁴⁴	phjiɾʔ⁴⁴ phjiɾʔ⁴⁴	phjiɾʔ⁴⁴ phjaɾʔ phjiɾʔ⁴⁴ phjaɾʔ	phjiɾʔ⁴⁴ phjiɾʔ⁴⁴	hnĩ³¹hnĩ³¹	nã³²nɑ³²		phalɛɾʔ phalɛɾʔ	
语气助词 နော်	nɛ⁵⁵ nɛ⁵⁵	nɛ⁵³ nɛ⁵³ ŋɛ³³		nɛ⁴⁴ nɛ⁴⁴	nɛ⁵³ nɛ⁵³	nɛ⁵³ nɛ⁵³		nɑ⁵⁵ nɑ⁵⁵	shĩ⁴⁵⁴ shaĩ²²
语气助词 ရောက်စိမ့်	ja⁵³ aũ²²/ zo⁵³	ja³² aũ³³	gaɔ³³ mɛ²²	zo⁴²	ja³¹ɔŋ³³	mə lɑ⁵³	ɔŋ¹¹	jɔ⁴²ɡ̊³²	rɛ⁵¹ jɛ⁵¹ ɣɛ⁵¹ χɛ⁵¹

(续表)

方言 助词	仰光 မြန်မာ	丹老 မြိတ်	若开 ရခိုင်	土瓦 ထားဝယ်	茵达 အင်းသား	德努 ဓနု	约 ယော	东友 တောင်ရိုး	蓬 ဖွန်း
重叠 ကျန်သောထပ်ဆင့်	tɕĩ²² tĩ²² tĩ²²	tɕĩ³³ tĩ³³¹ hĩ³³	tɕha⁴² tɕhaĩ⁴² tɕhaĩ²² ne⁴²	ɕĩ⁴⁴ ɕĩ¹¹ hi¹¹ na⁴²	tɕĩ³³ tĩ³³ tĩ³³	tɕĩ³³ sou³²ʔ sou³²ʔ hnĩ³²		gə lẽĩ³³ tẽĩ³³ tẽĩ³³ na³²	
重叠 ပြိုင်ပြိုင်နပါ	n̥ẽĩ²² n̥ẽĩ²² ne²² ba²²	n̥ẽĩ³³ n̥ẽĩ³³ ŋe³³ ne³³ tɕi³²	i⁴⁴lo⁴² tθa²² ni²² ba²²	nã³³ ɲi⁵⁵ ɲi⁵³ ne³³ wɔ³¹	n̥ẽĩ³³ n̥ẽĩ³³ ne³³wɔ⁵³	n̥ẽĩ³³ n̥ẽĩ³³ ne³³ tɕe³²	n̥ẽĩ³² n̥ẽĩ³² ne¹¹ ba¹¹	ɲi³²ŋi³² ni³² pa³²	
助词（表名词多 ）	do⁵³	lo³²	ro⁴²	wɔ⁴⁴le¹¹	lɔʔ⁴⁵	to³²	te¹¹	tɯ⁴²	te⁵¹
助词（表动词多）	tɕa⁵³	tɕa³²	ga⁴²ʔ	le⁴²/ke⁴²	tɕa³¹	tɕa³²	tɕa⁴²	tɕɔ⁴²	
助词 တာ	da²²	za³³	sɔ⁴⁴	ɦɛ¹¹	ɦa³³	ɦa³³	tha¹¹	da³²	
助词 မှ	hma²²	lẽĩ³² mɛ³³	pho⁴²	ho⁴²	ma¹¹	ma³³	ma¹¹	hma³²	

附录

缅甸语方言词汇表

一、仰光话、东友方言、土瓦方言、丹老方言

序号	汉义	英文	မြန်မာစာ 缅甸文	ရန်ကုန် 标准话 仰光音	တောင်ရိုး 东友 方言音	ထားဝယ် 土瓦 方言音	မြိတ် 丹老 方言音
1	我	I	ငါ	ŋa²²	ŋɒ³²	ŋa¹¹	ŋa³³
2	你	you	နင်၊မင်း၊ ညည်း၊ ခင်ဗျား	nĩ²²/mĩ⁵⁵/ n̪i:⁵⁵/ khə mja⁵⁵	nẽ³²/mẽ⁵⁵	nã¹¹/ khã¹¹ bja⁴⁴	nĩ³³/mĩ⁵³/ n̪i⁵³/ khə mja⁵³
3	我们	we	ငါတို့	ŋa²² do⁵³	ŋɒ³² tu⁴²	do⁴²	ŋa³³ do³²
4	这	this	ဤ/ဒီ	i²²/di²²	ɛ⁴² ha³²/ kə hɒ⁴²	ɛ¹¹	i³³/di³³
5	那	that	ထို/ဟို	tho²²/ho²²	ha⁴²ha³²/ də hɒ⁴²	ho⁴²	tho³³/ho³³
6	谁	who	မည်သူ၊ ဘယ်သူ၊ အဘယ်သူ၊ အကြင်သူ	mji²²ðu²² bə ðu²²/ əbɛ²²ðu²²/ ə tɕĩ²²ðu²²	mə shu³²ha⁵⁵	hɛ¹¹lu¹¹/	bə ðu³³/ phə ðu³³/ ə tɕĩ³³ ðu³³
7	什么	what	သာ	ba²²	ba⁴²za³²	ha⁴²ja⁴⁴ za¹¹	ba³³
8	不	not	မ	mə	ma⁴²	mu¹¹wa⁴²	mə
9	全部	all	အားလုံး	a⁵⁵loũ⁵⁵	ə kuẽ³² loũ⁵⁵	a⁴⁴lɔ̃⁴⁴	a⁵³loũ⁵³

（续表）

序号	汉义	英文	မြန်မာစာ 缅甸文	ရန်ကုန် 标准话 仰光音	တောင်ရှိ 东友 方言音	ထားဝယ် 土瓦 方言音	မြိတ် 丹老 方言音
10	多	many	များ:တို့:	mja^{55}/to^{55}	$mjɔ^{55}/tɯ^{55}$	mja^{44}	mja^{53}/to^{53}
11	一	one	တစ်	$tɪʔ^{44}$	$teɪ^{53ʔ}$	te^{42}	$te^{32ʔ}$
12	二	two	နှစ်	$hnɪʔ^{44}$	$hneɪ^{53ʔ}$	hne^{42}	$nɪ^{32ʔ}$
13	大	big	ကြီး	$tɕi^{55}$	kwi^{55}	ki^{44}	$tɕi^{53}ɦɛ^{33}$
14	长	long	ရှည်	$ɕe^{22}$	$khre^{32}$	$tɕhɛ^{11}$	$ɕre^{33}$
15	小	small	သေး	$tθe^{55}$	she^{55}	$tθe^{44}/ŋɛ^{11}/kã^{44}$	$tθe^{53}$
16	女人	woman	မိန်းမ အမျိုးသမီး	$meɪ^{55}ma^{53}/ə mjo^{55}dðə mi^{55}$	$mi^{55}ma^{42}/ə mjɯ^{55}shə mi^{55}$	$mĩ^{44}ma^{42}$	$mẽɪ^{53}ma^{32}/ə mjo^{53} dðə mi^{53}$
17	男人	man	ယောက်ျား	$jauʔ^{44}tɕa^{55}$	$jɔ^{53ʔ}tɕɒ^{55}$	$jɔ^{42ʔ}tɕa^{44}$	$jau^{32ʔ}tɕa^{53}$
18	人	person	လူ	lu^{22}	lu^{32}	lu^{11}	lu^{33}
19	鱼	fish	ငါး	$ŋa^{55}$	$ŋɒ^{55}$	$ŋa^{44}$	$ŋa^{53}$
20	鸟	bird	ငှက်	$hŋɛʔ^{44}$	$ɲa^{53ʔ}$	$hŋa^{42ʔ}$	$ŋɛ^{32ʔ}$
21	狗	dog	ခွေး	$khwe^{55}$	$khwe^{55}$	$khwi^{44}$	$khwe^{53}$
22	虱子	louse	သန်း	$tθã^{55}$	$shaĩ^{55}$	$tθã^{44}$	$tθã^{53}$
23	树	tree	သစ်ပင်	$tθɪʔ^{44}pĩ^{22}$	$shaɪ^{53ʔ}pẽ^{32}$	$tθɪ^{42ʔ}pã^{11}$	$tθɪ^{32ʔ}pĩ^{33}$
24	种子	seed	မျိုးစေ့	$mjo^{55}zi^{53}$	$mjɯ^{55}se^{42}$	$mjo^{44}se^{42}$	$mjo^{53}ze^{32}$
25	叶子	leaf	အရွက်	$ə jwɛʔ^{44}$	$ə wa^{42}$	$ə wa^{42ʔ}$	$ə jwɛ^{32ʔ}/ə jwɪ^{32ʔ}$
26	根	root	အမြစ်	$ə mjɪ^{44}$	$ə mleɪ^{53ʔ}$	$ə mlɪ^{42ʔ}$	$ə mjɪ^{32ʔ}$
27	树皮	bark	သစ်ခေါက်	$tθɪʔ^{44}khauʔ^{44}$	$tθeɪ^{53ʔ}khɔ^{53ʔ}$	$tθɪ^{42ʔ}khɔ^{42ʔ}$	$tθɪ^{32ʔ}khau^{32ʔ}$
28	皮肤	skin	အသားရေ/ အရေပြား	$ə dðə je^{22}/ə je^{22}bia^{55}$	$ə shɒ^{55} je^{32}/ə je^{32}bjɒ^{55}$	$ə tθa^{44} je^{11}$	$ə tθa^{53} je^{33}/$
29	肉	flesh	အသား	$ə tθa^{55}$	$ə shɒ^{55}$	$ə tθa^{44}$	$ə tθa^{53}$
30	血	blood	သွေး	$tθwe^{55}$	$shwi^{55}$	$tθwi^{44}$	$tθwe^{53}$
31	骨头	bone	အရိုး	$ə jo^{55}$	$ə jɯ^{55}$	$ə jo^{44}$	$ə jo^{53}$
32	脂肪	grease	အဆီ	$ə shi^{22}$	$ə shi^{32}$	$ə shi^{11}$	$ə shi^{33}$
33	鸡蛋	egg	ကြက်ဥ	$tɕɛʔ^{44}u^{53}$	$kra^{53ʔ}u^{42}$	$tɕi^{42ʔ}u^{42}$	$tɕɛ^{32ʔ}u^{32}/tɕɪ^{32ʔ}u^{32}$
34	角	horn	ချို	$dʐo^{22}$	$khrɯ^{32}$	$tɕho^{11}/dʐo^{11}$	$tɕho^{33}$

(续表)

序号	汉义	英文	မြန်မာစာ 缅甸文	ရန်ကုန် 标准话 仰光音	တောင်ငရီး 东友 方言音	ထားဝယ် 土瓦 方言音	မြိတ် 丹老 方言音
35	尾巴	tail	အမြီး	ə mji^{55}	ə mi^{55}	ə bwi^{44}	pʰĩ^{33} mje^{53}
36	羽毛	feather	အမွေး	ə mwe^{55}	ə mwi^{55}	ə mwi^{44}	ə mwe^{53}
37	头发	hair	ဆံပင်	shə bĩ^{22}	shã^{32} bẽ^{32}	sha^{11} bã^{11}	shə bĩ^{33}
38	头	head	ခေါင်း	gaũ^{55}	kʰõ^{55}	kʰɔ̃^{44}	kʰaũ^{53}
39	耳朵	ear	နားရွက်	nə jwɛʔ^{44}	na^{55} waʔ^{53}	na^{44} waʔ^{42}	nə jwɛ^{32}ʔ
40	眼睛	eye	မျက်စိ	mjɛ^{44}si^{53}	mja^{53}ʔsi^{42}	mjɪ^{42}ʔsi^{42}	mje^{32}ʔsi^{32}
41	鼻子	nose	နှာခေါင်း	hnə kʰaũ^{55}	hna^{42} kʰõ^{55}	hna^{11} kʰɔ̃^{44}	hnə kʰɔŋ^{53}
42	嘴	mouth	ပါးစပ်	bə zaʔ^{44}	ba^{55} zɒ^{53}ʔ	zaʔ^{42}	bə zaʔ^{32}
43	牙齿	tooth	သွား	tθwa^{55}	shwɒ^{55}	tθwa^{44}	tθwa^{53}
44	舌头	tongue	လျှာ	ça^{22}	tçha^{32}/ shã^{32}li^{55}	ça^{11}	ça^{33}
45	爪子	claw	ခြေသည်းပါ သည်တိရစ္ဆာန် တို့၏ခြေလက်	tçhe^{22}tθɛ^{55} pa^{22}dðĩ^{53} tə reɪʔ^{44} shã^{22}do^{53}ĩ^{53} tçhe^{22}lɛʔ^{44}	tə ri^{42} shã^{32}dɯ^{42}i^{42} kʰe^{32} laʔ^{53}	ke^{11} laʔ^{42}	tçhe^{33}tθɛ^{53} pa^{33}de^{32} tə reɪʔ^{32} shã^{32}de^{33} ɧɛ^{32}tçɛ^{33} lɛ^{32} (lɪ^{32}ʔ)
46	脚	foot	ခြေထောက်	tçhi^{22}dauʔ^{44}	kʰre^{32}tθø^{53}ʔ	ke^{11}dɔʔ^{42}	ke^{33}dɔʔ^{32}
47	膝	knee	ဒူးထူး	du^{55}	du^{55}kʰõ^{55}	du^{44}	du^{53}
48	手	hand	လက်	lɛʔ^{44}	laʔ^{53}/hlaʔ^{53}	laʔ^{42}	laʔ^{32}
49	肚子	belly	ဗိုက်	baiʔ^{44}	kʰe^{55}phɒʔ^{53}	baiʔ^{42}	baiʔ^{32}
50	脖子	neck	လည်ပင်း	lɛ^{22}bɪ^{55}	la^{32}pẽ^{55}/ hle^{32}pẽ^{55}	lɛ^{11}bã^{11}	lɛ^{33}bĩ^{53}
51	乳房	breast	နို့အုံ	no^{53}oũ^{22}	hnãi^{55}oũ^{32}	no^{42}ɔ̃^{11}	no^{32}oũ^{33}
52	心脏	heart	နှလုံး	hnə loũ^{55}	ne^{32} loũ^{55}	hnə loũ^{44}	hnə loũ^{53}
53	肝	liver	အသည်း	ə tθɛ^{55}	ɒ^{42} she^{55}	ə tθɛ^{44}	ə tθɛ^{53}
54	喝	drink	သောက်	tθauʔ^{44}	shø^{53}ʔ	tθɔʔ^{42}	tθau^{32}ʔ
55	吃	eat	စား	sa^{55}	sɒ^{55}	sa^{44}	sa^{53}
56	咬	bite	ကိုက်	kaɪʔ^{44}	kɒu^{53}ʔ	kaɪʔ^{42}	kaɪʔ^{32}
57	看见	see	မြင်	mjĩ^{22}	mrẽ^{32}/mjɔ^{32}!	bjĩ^{11}	mjĩ^{33}
58	听见	hear	ကြား	tça^{55}	tçɒ^{55}/krɒ^{55}	tça^{44}	tça^{53}
59	知道	know	သိ	tθi^{53}	shi^{42}	tθi^{42}	tθi^{32}

附录　缅甸语方言词汇表　337

（续表）

序号	汉义	英文	မြန်မာစာ 缅甸文	ရန်ကုန် 标准话 仰光音	တောင်ရှိး 东友 方言音	ထားဝယ် 土瓦 方言音	မြိတ် 丹老 方言音
60	睡	sleep	အိပ်	eɪʔ^{44}	i^{42}	i^{42}	eɪ^{32ʔ}
61	死	die	သေ	tθe^{22}	she^{32}	tθe^{11}	tθe^{33}
62	杀	kill	သတ်	tθa^{44}ʔ	shaɪ^{53ʔ}	tθa^{42ʔ}	tθa^{32ʔ}
63	游水	swim	ရေကူး	je^{22}ku^{55}	je^{32}ku^{55}	je^{11}ku^{44}	je^{33}ku^{53}
64	飞	fly	ပျံ	pjã^{22}	plɛ̃^{32}	plã^{11}	pjã^{33}
65	走	walk	လျှောက်	çauʔ^{44}	khlɔ^{53ʔ}	çɔ^{42ʔ}	çau^{32ʔ}
66	来	come	လာ	la^{22}	lɒ^{32}	la^{11}	la^{33}
67	躺	lie	လဲ	lɛ^{55}	le^{55}	lɛ^{44}	lɛ^{53}
68	坐	sit	ထိုင်	thaĩ^{22}	thɯ̃^{32}	thaĩ^{11}	thaĩ^{33}
69	站	stand	ရပ်	jaʔ^{44}	jɒ^{53ʔ}	ja^{42ʔ}	ja^{32ʔ}
70	给	give	ပေး	pe^{55}	pe^{55}	pe^{44}	pe^{53}
71	说	say	ဆို၊ပြော	sho^{22}/pjɔ^{55}	hɔ^{55}/shɯ^{32}	sho^{11}/pjɔ^{44}	sho^{33}/pjɔ^{53}
72	太阳	sun	နေ	ne^{22}	ne^{32}	ne^{11}	ne^{33}
73	月亮	moon	လ	la^{53}	lɒ^{42}	la^{42}	la^{32}
74	星星	star	ကြယ်	tɕɛ^{22}	kra^{32}	tɕɛ^{11}	tɕɛ^{33}
75	水	water	ရေ	je^{22}	re^{32}	je^{11}	je^{33}
76	雨	rain	မိုး	mo^{55}	mɯ^{55}	mo^{44}	mo^{53}
77	石头	stone	ကျောက်	tɕauʔ^{44}	klø^{53ʔ}	klɔ^{42ʔ}	tɕau^{32ʔ}
78	沙子	sand	သဲ	tθɛ^{55}	sha^{55}	tθɛ^{44}	tθɛ^{53}
79	土地	earth	မြေ	mje^{22}	mre^{32}	mle^{11}	mje^{33}
80	云	cloud	တိမ်	teĩ^{22}	ti(m)^{32}	ti^{11}	teĩ^{33}
81	烟	smoke	အိုး၊မီးခိုး	ə kho^{55}/ mi^{55}kho^{55}	ə khɯ^{55}/ mi^{55}khɯ^{55}	ə kho^{44}/ mi^{44}kho^{44}	ə kho^{53}/ mi^{53}kho^{53}
82	火	fire	မီး	mi^{55}	mi^{55}	mi^{44}	mi^{53}
83	灰	ash	ပြာဖုံ	pja^{22}/phoũ^{22}	prɒ^{32}/phoũ^{32}	pla^{11}/ phɔ̃^{11}/ phu^{11}	pja^{33}/ phoũ^{33}
84	烧	burn	လောင်ရှို့	laũ^{22}/çɔ^{53}	lɔ̃^{32}/shɯ^{42}	lɔ̃^{11}/çɔ^{42}	laũ^{33}/çɔ^{32}
85	路	path	လမ်း	lã^{55}	lɒ̃^{55}	lã^{44}	lã^{53}
86	山	mountain	တောင်	taũ^{22}	tø̃^{32}	tɔ̃^{11}	taũ^{33}
87	红	red	နီ	ni^{22}	ni^{32}	ni^{11}	ni^{33}

(续表)

序号	汉义	英文	မြန်မာစာ 缅甸文	ရန်ကုန် 标准话 仰光音	တောင်ရိုး 东友 方言音	ထားဝယ် 土 瓦 方言音	မြိတ် 丹老 方言音
88	绿	green	စိမ်း	seɪ⁵⁵	si⁵⁵/si(m)⁵⁵	si⁴⁴	seĩ⁵³
89	黄	yellow	ဝါ	wa²²	wɒ³²	wa¹¹	wɑ³³
90	白	white	ဖြူ	phju²²	phru³²	phlu¹¹	phju³³
91	黑	black	မဲ၊နက်	mɛ⁵⁵/nɛʔ⁴⁴	me⁵⁵/na⁵³ʔ	mɛ⁴⁴/na⁴²ʔ	mɛ⁵³/nɛ³²ʔ
92	晚上	night	ည	ŋa⁵³	ŋɒ⁴²	ɲĩ⁴²	ŋɑ³²
93	热	hot	ပူ	pu²²	pu³²	pu¹¹	pu³³
94	冷	cold	အေး	e⁵⁵	e⁵⁵	e⁴⁴	e⁵³
95	满	full	ပြည့်	pje⁵³	pre⁴²	plɛ⁴²	pje³²
96	新	new	သစ်	tθɪʔ⁴⁴	ə sheɪ⁵³ʔ	tθɪ⁴²ʔ	tθɪ³²ʔ
97	好	good	ကောင်း	kaũ⁵⁵	kɔ̃⁵⁵	kɔ̃⁴⁴	kaũ⁵³
98	圆	round	ဝိုင်း	waĩ⁵⁵	wũ⁵⁵	waĩ⁴⁴	waĩ⁵³
99	干	dry	ခြောက်	tɕhau⁴⁴ʔ	khrø⁵³ʔ	tɕhɔ⁴²ʔ	tɕhau³²ʔ
100	名字	name	နာမည်	na²²mɛ²²	nã³²mɛ³²	na¹¹mɛ¹¹	nã³³mɛ³³
101	和	and	နှင့်	hnĩ⁵³	na⁴²		hnĩ³²
102	动物	animal	တိရစ္ဆာန်	tə reɪ⁴⁴shã²²	tə ri⁴²shã³²	ri⁴²shã¹¹	tə reɪ³²ʔ shã³³
103	背	back	ကျော	tɕɔ⁵⁵	tɕɔ⁵⁵/klɔ⁵⁵	tɕɔ⁴⁴	tɕɔ⁵³
104	坏	bad	ဆိုး၊ပျက်	sho⁵⁵/pjɛʔ⁴⁴	sho⁵⁵/pja⁵³ʔ	sho⁴⁴/ pjɪ⁴²ʔ	sho⁵³/ pjɛ³²ʔ
105	因为	because	ကြောင့်	dzaũ⁵³	tɕø⁴²	tɕɔ̃⁴²	tɕaũ³²
106	吹	blow	မှုတ်	hmou⁴⁴ʔ	mwi⁵³ʔ	hmu⁴²	mou³²ʔ
107	呼吸	breathe	အသက်ရှူ	ə tθɛʔ⁴⁴ɕu²²	ə sha⁵³ʔɕu³²/ ə sha⁵³ʔshu³²	ə tθa⁴²ʔ ɕu¹¹	ə tθɛ³²ʔɕu³³
108	孩子	child	ကလေး	gə le⁵⁵	lu³²pe⁴²/ oũ³²ŋa³²	tθa⁴⁴kã⁴⁴ le⁴⁴	gə le⁵³
109	数	count	တွက်၊ရေတွက်	twɛʔ⁴⁴/ je²²twɛʔ⁴⁴	twa⁵³ʔ/ je³²twa⁵³ʔ	twa⁴²ʔ/	twɛ³²ʔ/ je³³twɛ³²ʔ
110	砍	cut	ခုတ်	khou⁴⁴ʔ	khwi⁴²	khɒu⁴²ʔ	khou³²ʔ
111	天	day	မိုး	mo⁵⁵	muu⁵⁵	mo⁴⁴	mo⁵³
112	挖	dig	တူး	tu⁵⁵	tu⁵⁵	tu⁴⁴	tu⁵³
113	脏	dirty	ညစ်	ɲɪʔ⁴⁴	ɲeɪ⁵³ʔ	ɲɪ⁴²ʔ	ɲɪ³²ʔ
114	呆,笨	dull	အနု	a⁵³/na⁵³	a⁴²/na⁴²	a⁴²/n a⁴²	a³²/n a³²

附录 缅甸语方言词汇表

（续表）

序号	汉义	英文	မြန်မာစာ 缅甸文	ရန်ကုန် 标准话 仰光音	တောင်ငြို့ 东友 方言音	ထားဝယ် 土瓦 方言音	မြိတ် 丹老 方言音
115	尘土	dust	ဖုံ	phoũ^{22}	phũ^{32}	phɔ̃^{11}	phoũ^{33}
116	掉	fall	ကျ	tɕa^{53}	tɕa^{42}/kla^{42}	kla^{42}	tɕa^{32}
117	远	far	ဝေး	we^{55}	we^{55}	wi^{44}	we^{53}
118	父亲	father	အဖေ	ə phe^{22}	ə pha^{42}/ba^{42}	ə phe^{11}	ə phe^{33}
119	怕	fear	ကြောက်	tɕauʔ^{44}	krø^{53}ʔ	tɕau^{42}ʔ	tɕau^{32}ʔ
120	少	few	နည်း	nɛ^{55}	hnɛ^{55}	nɛ^{44}	nɛ^{53}
121	打架	fight	ရန်ဖြစ်	jã^{22}phjɪʔ^{44}	jõ^{32}phjɪ^{53}ʔ/ jõ^{23}phjaɪ^{53}ʔ	jã^{11} phjɪ^{42}ʔ	jã^{33} phjɪ^{32}ʔ
122	五	five	ငါး	ŋa^{55}	ŋa^{55}	ŋa^{44}	ŋa^{53}
123	漂浮	float	မျော	mjɔ^{55}	mjɔ^{55}	mjɔ^{44}	mjɔ^{53}
124	流	flow	စီး	si^{55}	si^{55}	si^{44}	si^{53}
125	花	flower	ပန်း	pã^{55}	paĩ^{55}	pã^{44}	pã^{53}
126	雾	fog	မြူနှင်း	mju^{22}hnĩ^{55}	mju^{32}	mju^{11} hnã^{44}	mju^{33}hnĩ^{53}
127	四	four	လေး	le^{55}	le^{55}	liɛ^{44}	le^{53}
128	结冰	freeze	ရေခဲသည်	je^{22}khɛ^{55}dði^{22}	je^{32}kha^{55}dɛ^{32}	je^{11}khɛ^{44} fiɛ^{11}	je^{33}khɛ^{53} fiɛ^{33}
129	水果	fruit	သစ်သီး	tθɪʔ^{44}tθi^{55}	shɛɪ^{53}ʔshi^{55}	tθɪ^{42}ʔtθi^{44}	tθɪ^{32}ʔtθi^{53}
130	草	grass	မြက်	mjɛʔ^{44}	mja^{53}ʔ	bjɪ^{42}ʔ	mjɛ^{32}ʔ
131	肠	guts	အူ	u^{22}	u^{32}	u^{11}	u^{33}
132	他	he	သူ	tθu^{22}	shu^{32}	tθu^{11}	tθu^{33}
133	这里	here	ဒီမှာ	di^{22} hma^{22}	də hmɔ^{32}	ɛ^{11} hma^{11}	di^{33} ma^{33}
134	打	hit	နှက်	hnɛʔ^{44}	na^{53}ʔ	hna^{42}ʔ	nɛ^{32}ʔ
135	拿	hold, take	ယူ	ju^{22}	ju^{32}	ju^{11}	ju^{33}
136	怎么	how	ဘယ်လို	bɛ^{22}lo^{22}	də lu^{32}	hɛ^{11}mjo^{44}	bĩ^{53}mjo^{53}
137	打猎	hunt	အမဲလိုက်	ə mɛ^{55}laɪʔ^{44}	ə ma^{55}lɒu^{53}ʔ	ə mɛ^{44} laɪ^{42}ʔ	ə mɛ^{53}laɪ^{32}ʔ
138	丈夫	husband	လင်	ʃĩ^{22}	lɛ̃^{32}	lã^{11}	ʃĩ^{33}
139	冰	ice	ရေခဲ	je^{22}gɛ^{55}	je^{32}kha^{55}	je^{11}khɛ^{44}	je^{33}gɛ^{53}
140	如果	if	လျှင်	hljĩ^{22}	hljɛ̃^{32}	sho^{11}wa^{11}	ljĩ^{33}
141	在	in	မှာ--ရှိ	hma^{22}ɕi^{53}	mɔ^{55}hi^{3}	hma^{44} ɕi^{42}	ma^{53}ɕi^{32}

（续表）

序号	汉义	英文	缅甸文 မြန်မာစာ	标准话 ရန်ကုန် 仰光音	东友 တောင်ရိုး 方言音	土瓦 ထားဝယ် 方言音	丹老 မြိတ် 方言音
142	湖	lake	ကန်အင်း	kã^{22}/ĩ^{55}	kɛ̃^{32}/ɛ̃^{55}	k ɑ̃^{11}/ɑ̃^{44}	k ɑ̃^{33}/ĩ^{53}
143	笑	laugh	ရယ်	ji^{22}	jɑ^{32}	je^{11}	ji^{33}
144	左边	leftside	ဘယ်ဖဲ့	bɛ^{22}/wɛ^{55}	bɑ^{32}/wɑ^{55}	phɛ^{11}/wɛ^{44}	bɛ^{33}/wɛ^{53}
145	腿	leg	ပေါင်	paũ^{22}	pɔ̃^{32}	p ɔ̃^{11}	p ɑũ^{33}
146	活的	live (alive)	အရှင်	ə ɕĩ^{22}	ə ɕɛ̃^{32}	ə ɕĩ^{11}	ə ɕĩ^{33}
147	母亲	mother	အမေ	ə me^{22}	ə mɛ^{42}	ə me^{11}/mi^{42}	ə me^{33}
148	窄	narrow	ကျဉ်း	tɕĩ^{55}	klɛ̃^{55}/tɕĩ^{55}	tɕĩ^{44}	tɕĩ^{53}
149	近	near	နီး	ni^{55}	ni^{55}	ni^{44}	ni^{53}
150	老的	old	အို	o^{22}	ɯ^{32}	o^{11}	o^{33}
151	玩	play	ကစား	gə za^{55}	kə sɒ^{55}	gɑ^{11} z ɑ^{44}	gə z ɑ^{53}
152	拉	pull	ဆွဲ	shwɛ^{55}	shwɑ^{55}	shwɛ^{44}	shwɛ^{53}
153	推	push	တွန်း	tũ^{55}	twẽ^{55}	tũ^{44}	tũ^{53}
154	右边	rightside	ယာညာ	ja^{22}/ɲa^{22}	jɔ^{32}/ɲɒ^{32}	ja^{11}/ɲa^{11}	ja^{33}/ɲa^{33}
155	对	correct	မှန်	hmã^{22}	mɛ̃^{32}	hm ɑ̃^{11}	hm ɑ̃^{33}
156	江	river	မြစ်	mjɪʔ^{44}	mlɐɪ^{53ʔ}	mjɪ^{42ʔ}	mjɪ^{32ʔ}
157	绳子	rope	ကြိုး	tɕo^{55}	kru^{55}	tɕo^{44}	tɕo^{53}
158	腐烂	rotten	ပုပ်	pouʔ^{44}	pou^{53ʔ}	pɔ^{42ʔ}	pou^{32ʔ}
159	擦	rub	တိုက်ပွတ်	taɪʔ^{44}/puʔ^{44}	tɒu^{53ʔ}/pue^{53ʔ}	t ɑɪ^{42ʔ}	t ɑɪ^{32ʔ}/pu^{32ʔ}
160	盐	salt	ဆား	sha^{55}	shɒ^{55}	sh ɑ^{44}	sh ɑ^{53}
161	抓	scratch	ဖမ်း	phã^{55}	phaĩ^{55}	ph ɑ̃^{44}	ph ɑ̃^{53}
162	海	sea	ပင်လယ်	pĩ^{22}lɛ^{22}	pã^{32}lɑ^{32}	pĩ^{11}lɛ^{11}	pĩ^{33}lɛ^{33}
163	缝	sew	ချုပ်	tɕhouʔ^{44}	khrou^{53ʔ}	tɕhɒu^{42ʔ}	tɕhou^{32ʔ}
164	尖	sharp	ချွန်	tɕhũ^{22}	khruẽ^{32}	ɕũ^{11}	tɕhũ^{33}
165	短	short	တို	to^{22}	tɯ^{32}	to^{11}	to^{33}
166	唱	sing	ဆို	sho^{22}	shɯ^{32}	sho^{11}	sho^{33}
167	天空	sky	ကောင်းကင်	kaũ^{55}kĩ^{22}	kɔ̃^{55}kẽ^{32}	k ɔ̃^{44}kɑ̃^{11}	k ɑũ^{53}kĩ^{33}
168	闻	smell	နမ်း	nã^{55}	nɒ̃^{55}/hnɒ̃^{55}	n ɑ̃^{44}	n ɑ̃^{53}

（续表）

序号	汉义	英文	မြန်မာစာ 缅甸文	ရန်ကုန် 标准话 仰光音	တောင်ငြီး 东友 方言音	ထားဝယ် 土瓦 方言音	မြိတ် 丹老 方言音
169	平	smooth	ပြန့်	pjã^{53}	plaĩ^{42}	pl ɑ̃^{42}	pj ɑ̃^{32}
170	蛇	snake	မြွေ	mwe^{22}	mrwi^{32}	bwi^{11}	mwe^{33}
171	雪	snow	ဆီးနှင်း	shi^{55}hnĩ^{55}	shi^{55}nɛ̃^{55}	shi^{44}hnã^{44}	shi^{53}hnĩ^{53}
172	吐	spit	အံ့ထွေး	ã^{22}/thwe^{55}	aĩ^{32}/thwi^{55}	ã^{11}/thwi^{44}	ã^{33}/thwe^{53}
173	撕裂	split	ဖြဲ	phjɛ^{55}	phja^{55}	phlɛ^{44}	phjɛ^{53}
174	压	squeeze	ဖိ	phi^{53}	phi^{42}	phi^{42}	phi^{32}
175	刺	stab	(ဆူး)စူးထိုး	(shu^{55})su^{55}/tho^{55}	(shu^{55})su^{55}/thu^{55}	(shu^{44})su^{44}/tho^{44}	shu^{53}su^{53}/tho^{53}
176	棍子	stick	တုတ်	douʔ^{44}	kə twi^{42}	dɑuʔ^{42}	douʔ^{32}
177	直	straight	ဖြောင့်	phjaũ^{53}	phrø^{42}	phlɔ̃^{42}	phjaũ^{32}
178	吮	suck	စုပ်	souʔ^{44}	sou^{53}ʔ	sɒu^{42}	souʔ^{32}
179	肿	swell	ယောင်	jaũ^{22}	jø^{32}	j ɒ̃^{11}	j a ũ^{33}
180	那里	there	ဟိုမှာ	ho^{22}hma^{22}	də mɒ^{32}	hɛ^{11}hma^{11}	ho^{33}m a^{33}
181	他们	they	သူတို့	tθu^{22}do^{53}	shu^{32}du^{42}	tθu^{11}no^{42}	tθu^{33}do^{32}
182	厚	thick	ထူ	thu^{22}	thu^{32}	thu^{11}	thu^{33}
183	薄	thin	ပါး	pa^{55}	pɒ^{55}	p ɑ^{44}	p ɑ^{53}
184	想	think	တွေး၊စဉ်းစား	twe^{55}/sĩ^{55}za^{55}	twe^{55}tɔ^{55}	sĩ^{44}z a^{44}	twe^{53}/sĩ^{53}z a^{53}
185	三	three	သုံး	tθoũ^{55}	shoũ^{55}	tθɔ̃^{42}	tθoũ^{53}
186	扔	throw	ပစ်လွှင့်ပစ်	pɪ^{44}ʔ/hlwĩ^{53} pɪ^{44}ʔ	plwaɪ^{53}ʔ/lwĩ^{42}	pɪ^{42}ʔ/hlwã^{42} pɪ^{42}ʔ	pɪ^{32}ʔ/hlwĩ^{32} pɪ^{32}ʔ
187	捆	tie	စည်း	si^{55}	se^{55}	sɛ^{44}	si^{53}
188	转	turn	လှည့်	hle^{53}	le^{42}	hlɛ^{42}	lɛ^{32}
189	呕吐	vomit	အံ	ã^{22}	ɒ̃^{32}	ɑ̃^{11}	ã^{33}
190	洗	wash	ဆေး	she^{55}	she^{55}	she^{44}	she^{53}
191	湿	wet	စိုစွတ်	so^{22}suʔ^{44}	su^{32}swi^{53}ʔ	so^{11}su^{42}ʔ	so^{33}su^{32}ʔ
192	哪儿	where	ဘယ်မှာ	bɛ^{22}hma^{22}	də^{32} ma^{32}	fɛ^{11}hm a^{11}	bɛ^{33}m a^{33}
193	宽	wide	ကျယ်	tɕɛ^{22}	tɕɑ^{32}/klɑ^{32}	klɛ^{11}	tɕɛ^{33}
194	妻子	wife	မယား၊ဇနီး	mə ja^{55}/zə ni^{55}	mi^{55}ma^{42}	məja^{44}/zə ni^{44}	mə ja^{53}/zə ni^{53}

（续表）

序号	汉义	英文	မြန်မာစာ 缅甸文	ရန်ကုန် 标准话 仰光音	တောင်ငြီး 东友 方言音	ထားဝယ် 土瓦 方言音	မြိတ် 丹老 方言音
195	风	wind	လေ	le^{22}	le^{32}	le^{11}	le^{33}
196	翅膀	wing	တောင်ပံ	$ta\tilde{u}^{22}p\tilde{a}^{22}$	$t\tilde{ø}^{32}p\tilde{ai}^{32}$	$t\tilde{ɔ}^{11}p\tilde{a}^{11}$	$ta\tilde{u}^{33}p\tilde{a}^{33}$
197	重	heavy	လေး	le^{55}	le^{55}	le^{44}	le^{53}
198	森林	woods	တော	$tɔ^{55}$	$tɔ^{55}$	$tɔ^{44}$	$tɔ^{53}$
199	虫	worm	ပိုး	po^{55}	$pɯ^{55}$	po^{44}	po^{53}
200	年	year	နှစ်	$hnɪʔ^{44}$	$neɪ^{53ʔ}$	$hnɪʔ^{42ʔ}$	$nɪʔ^{32ʔ}$
201	光	light	အလင်း	$ə\ l\tilde{ɪ}^{55}$	$ə\ l\tilde{ɛ}^{55}$	$ə\ l\tilde{a}^{44}$	$ə\ l\tilde{ɪ}^{53}$
202	天气	weather	ရာသီဥတု	$ja^{22}dði^{22}u^{53}du^{53}$	$ja^{32}shi^{32}u^{42}tu^{42}$	$j\ a^{11}tθi^{11}u^{42}du^{42}$	$j\ a^{33}dði^{33}u^{32}du^{32}$
203	雷	thunder	မိုးကြိုး	$mo^{55}tɕo^{55}$	$mɯ^{55}khlɯ^{55}$	$mo^{44}tɕo^{44}$	$mo^{53}tɕo^{53}$
204	虹	rainbow	သက်တံ့	$tθɛʔ^{44}\ t\tilde{a}^{53}$	$tθa^{53ʔ}\ t\tilde{a}^{42}$	$tθa^{42ʔ}\ t\tilde{a}^{42}$	$tθɛʔ^{32ʔ}\ t\tilde{a}^{32}$
205	雹子	hail	မိုးသီး	$mo^{55}dði^{55}$	$mɯ^{55}shi^{55}$	$mo^{44}tθi^{44}$	$mo^{53}tθi^{53}$
206	霜	frost	နှင်းခဲ	$hn\tilde{ɪ}^{55}gɛ^{55}$	$n\tilde{ɛ}^{55}kha^{55}/hn\tilde{ɛ}^{55}kha^{55}$	$hn\tilde{a}^{44}khɛ^{44}$	$n\tilde{ɪ}^{53}kɛ^{53}$
207	露水	dew	နှင်း	$hn\tilde{ɪ}^{55}$	$n\tilde{ɛ}^{55}/hn\tilde{ɛ}^{55}$	$hn\tilde{a}^{44}$	$n\tilde{ɪ}^{53}$
208	气	air, breath	လေအငွေ့	$le^{22}/ə\ ŋwe^{53}$	$le^{32}/ə\ ŋwi^{42}$	$le^{11}/ə\ ŋwe^{42}$	$le^{33}/ə\ ŋwe^{32}$
209	蒸汽	steam	ရေနွေးငွေ့	$je^{22}nwe^{55}ŋwe^{53}$	$je^{32}nwi^{55}ŋwi^{42}$	$je^{11}nwi^{44}ŋwe^{42}$	$je^{33}nwe^{53}ŋwe^{32}$
210	地	earth, ground	မြေ	mje^{22}	mle^{32}	mle^{11}	mje^{33}
211	山坡	hillside, mountain slope	တောင်စောင်း	$ta\tilde{u}^{22}za\tilde{u}^{55}$	$t\tilde{ø}^{32}s\tilde{ø}^{55}$	$t\tilde{ɔ}^{11}z\tilde{ɔ}^{44}$	$t\ a\ \tilde{u}^{33}z\ a\ \tilde{u}^{53}$
212	山谷	valley	လျှိုမြောင်	$ɕo^{22}/mja\tilde{u}^{22}$	$hlju^{32}/mj\tilde{ø}^{32}/khru^{32}/ml\tilde{ø}^{32}$	$ɕo^{11}/mj\ \tilde{ɔ}^{11}$	$ɕo^{33}/mj\ a\ \tilde{u}^{33}$
213	悬崖	cliff	ကမ်းပါးစောက်	$gə\ bə\ zauʔ^{44}$	$k\tilde{ai}^{55}\ pa^{55}sø^{53ʔ}$	$g\tilde{a}^{44}\ pa^{44}z\ \tilde{ɔ}^{42ʔ}$	$gə\ bə\ zau^{32ʔ}$
214	岩石	rock	ကျောက်ဆောင်	$tɕauʔ^{44}sha\tilde{u}^{22}$	$klø^{53ʔ}sh\tilde{ø}^{32}$	$klɔ^{42}sh\ \tilde{ɔ}^{11}$	$tɕ\ a\ u^{32ʔ}sh\ a\ \tilde{u}^{33}$
215	山洞	mountain cave	ဂူ	gu^{22}	gu^{32}	gu^{11}	gu^{33}
216	洞	cave, hole	အပေါက်	$ə\ pauʔ^{44}$	$ə\ pø^{53ʔ}$	$ə\ pɔ^{42ʔ}$	$ə\ p\ a\ u^{32ʔ}$
217	河	river	မြစ်	$mjɪʔ^{44}$	$mleɪ^{53ʔ}$	$mjɪʔ^{42ʔ}$	$mjɪʔ^{32ʔ}$

（续表）

序号	汉义	英文	缅甸文	标准话 仰光音	东友 方言音	土瓦 方言音	丹老 方言音
218	池塘	pond	ကန်၊အိုင်	kã²²/aĩ²²	kaĩ³²/aũ³²	kɑ̃¹¹/ɑĩ¹¹	je³³kɑ̃³³/je³³jɑĩ³³
219	沟	ditch, gully	မြောင်း	mjaũ⁵⁵	mrɔ̃⁵⁵	bjɔ̃⁴⁴	mjɑũ⁵³
220	井	well	ရေတွင်း	je²²twĩ⁵⁵	je³²twɛ̃⁵⁵	je¹¹twɑ̃⁴⁴	je³³twɑ̃⁵³
221	坑	pit	တွင်း၊ချိုင့်	twĩ⁵⁵/tɕhaĩ⁵³	twɛ̃⁵⁵/khlaĩ⁴²	twɑ̃⁴⁴/dzɑĩ⁴²	twɑ̃⁵³/ɕɑĩ³²
222	堤	dike, embankment	တာရိုး	ta²²jo⁵⁵	tɔ³²jɯ⁵⁵	tɑ¹¹jo⁴⁴	tɑ³³jo⁵³
223	平坝	flatland	လွင်ပြင်	lwĩ²²pjĩ²²	lwɛ̃³²plɛ̃³²	lwɑ̃¹¹plɑ̃¹¹	lwĩ³³pjĩ³³
224	地（田~）	fields <for wheat & etc.>	လယ်ယာ	lɛ²²/ja²²	la³²/hla³² /jɔ³²	lɛ¹¹/jɑ¹¹	lɛ³³kwĩ⁵³/jɑ³³
225	水田	paddy fields	လယ်	lɛ²²	la³²/hla³²	lɛ¹¹	lɛ³³
226	泥巴	mud	ရွှံ့	ɕũ⁵³	khrũ⁴²	bwɛ¹¹/dɑ⁴⁴	ɕũ³²
227	波浪	wave	လှိုင်း	hlaĩ⁵⁵	hluŋ⁵⁵	hlɑĩ⁴⁴	lɑĩ⁵³
228	泉水	<water> spring	စမ်းရေ	sã⁵⁵je²²	sɔ̃⁵⁵je³²	sɑ̃⁴⁴je¹¹	sɑ̃⁵³je³³
229	金子	gold	ရွှေ	ɕwe²²	shwe³²/hlwe³²	ɕwe¹¹	ɕwe³³
230	银子	silver	ငွေ	ŋwe²²	ŋwe³²	ŋwe¹¹	ŋwe³³
231	铜	copper	ကြေး	tɕi⁵⁵/tɕe⁵⁵	kle⁵⁵	tɕi⁴⁴/tɕe⁴⁴	tɕi⁵³/tɕe⁵³
232	铁	iron	သံ	tθã²²	shɔ̃³²	tθɑ̃¹¹	tθɑ̃³³
233	锡	tin	ခဲမြူ၊သံဖြူ	khɛ⁵⁵ma⁵³phju²²/tθã²²phju²²	kha⁵⁵ma⁴²phju³²/shɔ̃³²phju³²	khɛ⁴⁴mɑ⁴²phlu¹¹/tθɑ̃¹¹phlu¹¹	khɛ⁵³mɑ³²phju³³/tθɑ̃³³phju³³
234	锈	rust	သံချေး၊သံချေးတက်သည်	tθã²²tɕhi⁵⁵/tθã²²tɕhi⁵⁵/tɛʔ⁴⁴	shɔ̃³²khe⁵⁵/shɔ̃³²tɕhi⁵⁵/ta⁵³ʔ	tθɑ̃¹¹khle⁴⁴/tθɑ̃¹¹khle⁴⁴ta⁴²ʔ	tθɑ̃³³tɕhi⁵³/tθɑ̃³³tɕhi⁵³tɛ³²ʔ
235	铝	aluminum	ခဲနီ	dã²²	dɔ̃³²	bɔ¹¹	dɑ̃³³
236	煤	coal	ကျောက်မီးသွေး	tɕau²²ʔmi⁵⁵dθwe⁵⁵	klɯ⁵³mi⁵⁵shwe⁵⁵	klɔ⁴²ʔmi⁴⁴tθwe⁴⁴	tɕɑu³²ʔmi⁵³tθwe⁵³

(续表)

序号	汉义	英文	缅甸文	标准话仰光音	东友方言音	土瓦方言音	丹老方言音
237	炭	charcoal	မီးသွေး	$mi^{55}dəwe^{55}$	$mi^{55}shwe^{55}$	$mi^{44}tθwe^{44}$	$mi^{53}tθwe^{53}$
238	硫黄	sulphur	ကန့်	$kã^{53}$	$kaĩ^{42}$	$kã^{42}$	$kã^{32}$
239	碱	alkali, soda	ဆိုဒါ၊ဆပ် ပြာဓါတ်	$sho^{22}ta^{22}/$ $sha^{44}pja^{22}$ $da?^{44}$	$shuu^{32}ta^{32}/$ $shaɪ^{53}?$ $pjɒ^{32}daɪ^{53}?$	$sho^{11}da^{11}/$ $sha^{42}?$ $pla^{11}da^{42}?$	$sho^{33}ta^{33}/$ $sha^{32}?pja^{33}$ $da^{32}?$
240	地方	place	နေရာ	$ne^{22}ja^{22}$	$ne^{32}jɒ^{32}$	$ne^{11}ja^{11}$	$ne^{33}ja^{33}$
241	街	street	လမ်း	$lã^{55}$	$lõ^{55}$	$lã^{44}$	$lã^{53}$
242	村子	village	ရွာ	jwa^{22}	$wɒ^{32}$	wa^{11}	jwa^{33}
243	人家	household	နေအိမ်၊ အိမ်ခြေ	$ne^{22}eĩ^{22}/$ $eĩ^{22}dze^{22}$	$ne^{32}i^{32}/i^{32}$ $khre^{32}$	$ne^{11}ĩ^{11}/$ $i^{11}khe^{11}$	$ne^{33}eĩ^{33}/$ $eĩ^{33}tɕhe^{33}$
244	监狱	prison	ထောင်	$thaũ^{22}$	$thõ^{32}$	$thɔ^{11}$	$thaũ^{33}$
245	庙	temple	ဘုရားကျောင်း၊ ကျောင်း	$phəja^{55}$ $dʑaũ^{55}/$ $tɕaũ^{55}$	$phəja^{55}klõ^{55}/$ $phoũ^{55}kwi^{55}$ $klõ^{55}$	$phəja^{44}$ $klɔ^{44}/$ $klɔ^{44}$	$phəja^{53}$ $tɕaũ^{53}/$ $tɕaũ^{53}$
246	桥	bridge	တံတား	$də da^{55}$	$taĩ^{32}ta^{55}$	da^{44}	$də da^{53}$
247	坟	tomb	ဂူသချိုင်း	$gu^{22}tθĩ^{55}$ $dʑaĩ^{55}$	$gu^{32}shĩ^{55}$ $khlaĩ^{55}$	$gu^{11}tθã^{44}$ $khlaĩ^{44}$	$gu^{33}tθĩ^{53}$ $tɕhaĩ^{53}$
248	塔	tower, pagoda	စေတီ	$ze^{22}di^{22}$	$se^{32}ti^{32}$	$ze^{11}ti^{11}$	$phə ja^{53}$
249	身体	body	ခန္ဓာကိုယ်	$khã^{22}da^{55}$ ko^{22}	$khaĩ^{32}da^{32}$ kuu^{32}	$khã^{11}$ $da^{11}ko^{11}$	$khã^{33}$ $da^{33}ko^{33}$
250	辫子	braid, plait	ကျစ်ဆံ)မီး	$tɕɪ?^{44}shã^{22}$ mji^{55}	$tɕeɪ?^{44}shõ^{32}$ mwi^{55}	$tɕɪ?^{42}shã^{11}$ bwi^{44}	$tɕɪ?^{22}shã^{33}$ mji^{53}
251	额头	forehead	နဖူး	$nə phu^{55}$	$nə phu^{55}$	phu^{44}	$nə phu^{53}$
252	眉毛	eyebrow	မျက်ခုံးမွေး	$mjɛ?^{44}khoũ^{55}$ mwe^{55}	$mja^{53}?khoũ^{55}$ mwi^{55}	$mjɪ^{42}?$ $khaũ^{44}$ mwi^{44}	$mje^{32}?$ $khoũ^{53}$ mwe^{53}
253	脸	face	မျက်နှာ	$mjɛ?^{44}hna^{22}$	$mja^{53}?hna^{32}$	$mjɪ^{42}?$ hna^{11}	$mje^{32}?na^{33}$
254	腮	cheek	ပါး၊ပါးသွယ်	$pa^{55}/$ $pə tθwɛ^{22}$	$pa^{55}/$ $pə tθwɛ^{32}$	pa^{44}/pa^{44} $tθwɛ^{11}$	$p a^{53}$
255	嘴唇	lip	နုတ်ခမ်း	$hnə khã^{55}$	$nə khaĩ^{55}$	$khã^{44}$	$nə khã^{53}$
256	胡子	beard, moustache, goatee	နုတ်ခမ်းမွေး	$hnə khã^{55}$ mwe^{55}	$hnə khaĩ^{55}$ mwi^{55}	$khã^{44}$ mwi^{44}	$nə khã^{53}$ mwe^{53}
257	络鬓胡	beard	ပါးသိုင်းမွေး	$pə tθaĩ^{55}$ mwe^{55}	$pɒ^{55}shaĩ^{55}$ mwi^{55}	$pa^{44}tθaĩ^{44}$ mwi^{44}	$pə tθaĩ^{53}$ mwe^{53}

（续表）

序号	汉义	英文	缅甸文	标准话 仰光音	东友 方言音	土瓦 方言音	丹老 方言音
258	下巴	chin	မေးစေ့	mɛ⁵⁵si⁵³	mɛ⁵⁵se⁴²	mɛ⁴⁴	mɛ⁵³se³²
259	肩膀	shoulder	ပခုံး	pə khoũ⁵⁵	pə khoũ⁵⁵	khaũ⁴⁴	pə khoũ⁵³
260	腋	armpit	ချိုင်း	dʑaĩ⁵⁵	la⁵³ʔgə ti⁵⁵ twẽ⁵⁵	dʑ aĩ⁴⁴	lɛ³²ʔ kə ti⁵³
261	胸	chest	ရင်ရင်ဘတ်	jĩ²²/jĩ²² baʔ⁴⁴	jĩ³²/ jɛ̃³² pha⁵³ʔ	jĩ¹¹/ jĩ¹¹ pha⁴²ʔ	jĩ³³/jĩ³³ pha³²ʔ
262	奶汁	milk	နို့ရည်	no⁵³je²²	nuu⁴²je³²	no⁴²jɛ¹¹	no³²jɛ³³
263	肚脐	navel	ချက်	tɕhɛʔ⁴⁴	pa⁵⁵te³²	ɕɪ⁴²ʔ	tɕhɪ³²ʔ
264	腰	waist	ခါး	kha⁵⁵	khɒ⁵⁵	kh a⁴⁴	kh a⁵³
265	屁股	buttocks	ဖင်တင်ပါး	phĩ²²/tĩ²² ba⁵⁵	phã³²/ tɛ̃³²bɒ⁵⁵/ khe⁵⁵ khoũ³²	phã¹¹/ pha⁴⁴ thau⁴²ʔ	phĩ³³/tĩ³³ b a⁵³
266	小腿	calf	ခြေသလုံး	tɕhe²²tθə loũ⁵⁵	khe³²tə loũ⁵⁵	khe¹¹ lõ⁴⁴	tɕhe³³tθə loũ⁵³
267	脚踝	ankle	ခြေမျက်စေ့	tɕhe²²mjɛʔ⁴⁴ si⁵³	khe³²mja⁵³ʔ se⁴²	khe¹¹mjɪ⁴²ʔ si⁴²	tɕhe³³mjɛ²ʔ si³²
268	胳膊	arm	လက်မောင်း	lɛʔ⁴⁴maũ⁵⁵	la⁵³ʔmɔ̃⁵⁵	la⁴²ʔ mɔ̃⁴⁴	lɪ³²ʔmaũ⁵³
269	肘	elbow	တံတောင်	də daũ²²	də dõ³²	d õ¹¹	də d a ũ³³
270	手腕	wrist	လက်ကောက်ဝတ်	lɛʔ⁴⁴kauʔ⁴⁴ wuʔ⁴⁴	la⁵³ʔkɔ⁵³ʔ weɪ⁵³ʔ	la⁴²ʔ k ɔ⁴²ʔ wu⁴²ʔ	lɪ³²ʔkau³²ʔ wu³²ʔ
271	手指	finger	လက်သန်း	lɛʔ⁴⁴tθã⁵⁵	la⁵³ʔshaĩ⁵⁵	la⁴²ʔtθã⁴⁴	lɪ³²ʔtθã⁵³
272	拇指	thumb	လက်မ	lɛʔ⁴⁴ma⁵³	la⁵³mɒ⁴²/ hla⁵³ʔmɒ⁴²	la⁴²ʔma⁴² khõ⁴⁴	lɪ³²ʔma⁵³
273	中指	middle finger	လက်ခလယ်	lɛʔ⁴⁴ kha lɛ²²	l a⁵³ʔ kha la³²/hl a⁵³ʔ khə la³²	la⁴²ʔ lɛ¹¹	lɪ³²ʔ kha lɛ³³
274	小指	little finger	လက်သန်း	lɛʔ⁴⁴tθã⁵⁵	la⁵³ʔshaĩ⁵⁵	la⁴²ʔ tθ ã⁴⁴	lɪ³²ʔtθ ã⁵³
275	指甲	nail	လက်သည်း	lɛʔ⁴⁴tθɛ⁵⁵	la⁵³ʔshe⁵⁵	la⁴²ʔtθɛ⁴⁴	lɪ³²ʔtθɛ⁵³
276	拳	fist	လက်သီး	lɛʔ⁴⁴tθi⁵⁵	la⁵³ʔshi⁵⁵	la⁴²ʔtθi⁴⁴	lɪ³²ʔtθi⁵³
277	肛门	anus	စအို	sə o²²	khe⁵⁵twẽ⁵⁵/ phẽ³²bø⁵³ʔ	phã¹¹ pɔ⁴²ʔ	phĩ³³ bau³²ʔ
278	男性生殖器	male genitals	လီး ယောက်ျားအင်္ဂါ	li⁵⁵/jauʔ⁴⁴ tɕa ĩ²²ga⁵⁵	li⁵⁵/ lə plwaɪ⁵³ʔ	li⁴⁴/j ɔ⁴²ʔ tɕ a⁴⁴ za¹¹	li⁵³
279	睾丸	testicle	ဝှေးစေ့/ ဝှေးစေ့လိင်ဥ	gwe⁵⁵si⁵³/ lẽɪ²²u⁵³	gwe⁵⁵se⁴²/ li⁵⁵ u⁴²	gwe⁴⁴se⁴²/ li¹¹ u⁴²	gwe⁵³se³²/ lẽɪ³³ u³²

(续表)

序号	汉义	英文	မြန်မာစာ 缅甸文	ရန်ကုန် 标准话 仰光音	တောင်ရှိ 东友 方言音	ထားဝယ် 土瓦 方言音	မြိတ် 丹老 方言音
280	女性生殖器	female genitals	စောက်၊ မိန်းမအင်္ဂါ	sauʔ^{44}/meĩ^{55} ma^{53} ĩ^{22}ga^{22}	sø$^{53\text{ʔ}}$/pa^{55}i^{55}	sɔ$^{42\text{ʔ}}$pa$^{42\text{ʔ}}$/mi^{44} ma^{42} za^{11}	sau$^{32\text{ʔ}}$pa$^{32\text{ʔ}}$
281	胎盘	placenta	အချင်း	ə tɕhĩ^{55}	ə khẽ^{55}/ə khlẽ^{55}	çĩ^{44}	ə tɕhĩ^{53}
282	皱纹	wrinkle	အရေတွန့်	ə je^{22} tũ^{53}	ə sha^{55} tuẽ^{42}/ə je^{32} tuẽ^{42}	je^{11} twã^{42}	ə je^{33} tũ^{32}
283	痣	mole	မှဲ့	hmɛ^{53}	ma^{42}	hnã^{44}	mɛ^{32}
284	疮	sore, boil	ဝဲ	wɛ^{55}	wa^{55}	wɛ^{44}	wɛ^{53}
285	伤口	wound	အနာ	ə na^{22}	ə nɒ^{32}	ə na^{11}	ə na^{33}
286	疤	scar	အနာရွတ်	ə na^{22}juʔ^{44}	ə nɒ^{32}se$^{53\text{ʔ}}$	na^{11}a^{11}	ə na^{33}ju$^{32\text{ʔ}}$
287	疹子	measles	ဝက်သက်	wɛʔ^{44}tθɛʔ^{44}	wa$^{53\text{ʔ}}$sha$^{53\text{ʔ}}$	wa^{42}tθa^{42}	wɪ$^{32\text{ʔ}}$tθɪ$^{32\text{ʔ}}$
288	癣	tinea	ပွေး	pwe^{55}	pwi^{55}	pwi^{44}	pwe^{53}
289	肌肉	flesh, muscle	ကြွက်သား	tɕwɛʔ^{44}tθa^{55}	krwa$^{53\text{ʔ}}$shɒ^{55}	kwa$^{42\text{ʔ}}$ tθa^{44}	tɕwɪ$^{32\text{ʔ}}$ tθa^{53}
290	筋	tendon, sinew	အကြော	ə tɕɔ^{55}	ə klɔ^{55}	ə tɕɔ^{44}	ə tɕɔ^{53}
291	手脉	wrist pulse	သွေးတိုး	tθwe^{55}to^{55}	shwi^{55}tuɯ^{55}	tθwi^{44}to^{44}	tθwe^{53}do^{53}
292	脑髓	brain marrow	ဦးနှောက်	oũ^{55} hnauʔ^{44}	oũ^{55} nø$^{53\text{ʔ}}$	aũ^{44} hnɔ$^{42\text{ʔ}}$	oũ^{53} nau$^{32\text{ʔ}}$
293	脊椎骨	spine, backbone	ကျောရိုး	tɕɔ^{55}jo^{55}	klɔ^{55}jɯ^{55}	nɔ$^{42\text{ʔ}}$tɕɔ^{53}jo^{44}	tɕɔ^{53}jo^{53}
294	肋骨	rib	နံရိုး	nã^{22}jo^{55}	nɒ̃^{32}jɯ^{55}	nã^{11} jo^{44}	n ã^{33}jo^{53}
295	骨节	joint	အဆစ်	ə shɪʔ^{44}	ə sheɪ$^{53\text{ʔ}}$	ə shɪ$^{42\text{ʔ}}$	ə shɪ$^{32\text{ʔ}}$
296	牙龈	gum	သွားဖုံး	tθə phoũ^{55}	shə phoũ^{55}	tθwa^{44} phaũ^{44}	tθwa^{53} phoũ^{53}
297	小舌	uvula	လျှာခင်	ça khĩ^{22}	shaĩ^{32}li^{55}	ça khĩ^{11}	ça^{33} ŋ^{33}
298	喉咙	throat	အာခေါင်	a^{22}gaũ^{22}	ɒ^{32}khø^{32}	a^{11}khõ^{11}	a^{33}g a ũ^{33}
299	喉结	Adams apple	အာစွေ့၊ လည်စွေ့	a^{22}zi^{53}/lɛ^{22}zi^{53}	a^{32}se^{42}/lɛ^{32}se^{42}	a^{11}se^{42}/lɛ^{11}se^{42}	a^{33}ze^{32}/lɛ^{33}ze^{32}
300	肺	lung	အဆုပ်	ə shouʔ^{44}	ə shou$^{53\text{ʔ}}$	ə shau$^{42\text{ʔ}}$	ə shou$^{32\text{ʔ}}$
301	肾	kidney	ကျောက်ကပ်	tɕauʔ^{44} kaʔ^{44}	tɕø$^{53\text{ʔ}}$ kɒ$^{53\text{ʔ}}$/krø$^{53\text{ʔ}}$ kɒ$^{53\text{ʔ}}$	klɔ$^{42\text{ʔ}}$ ka$^{42\text{ʔ}}$	tɕau$^{32\text{ʔ}}$ ka$^{32\text{ʔ}}$
302	胆	gall bladder	သည်းခြေ	tθɛ^{55}dʑe^{22}	sha^{55}khe^{32}	tθɛ^{44}khe^{32}	tθɛ^{53}dʑe^{33}
303	胃	stomach	အစာအိမ်	ə sa^{22} eĩ^{22}	ə sa^{32} i^{32}	s a^{11} i^{11}	ə sa^{33} eĩ^{33}

(续表)

序号	汉义	英文	မြန်မာစာ 缅甸文	ရန်ကုန် 标准话 仰光音	တောင်ငြို့ 东友 方言音	ထားဝယ် 土瓦 方言音	မြိတ် 丹老 方言音
304	膀胱	bladder	ဆီးအိမ်	shi^{55} eɪ ^{22}	shi^{55} eɪ ^{32}/ shi^{55} i^{32}	tθe^{44} i^{11}	shi^{53} eɪ ^{33}
305	屎	excrement	ချေး၊	tɕhi^{55}	tɕhe^{55}/khle^{55}	khle^{44}	tɕhe^{53}
306	尿	urine	သေး	tθe^{55}	she^{55}	tθe^{44}	tθe^{53}
307	屁	fart	အီး	i^{55}	khe^{55}	i^{44}	i^{53}
308	汗	sweat	ချွေး	tɕhwe^{55}	khrwi^{55}	tɕhwe^{44}	tɕhwe^{53}
309	痰	sputum	သလိပ်	tθə leɪʔ^{44}	shə li$^{53?}$	tθə li$^{42?}$/ tɕhwɛ^{44}	tθə leɪ$^{32?}$
310	口水	saliva	သွားရည်	tθə je^{22}	shwɒ^{55} je^{32}	tθwa^{44} je^{11}	tθwa^{53} je^{33}
311	鼻涕	nasal mucus	နှာရည်၊နှပ်	hna^{22}ji^{22}/ hnaʔ^{44}	nɒ^{32}je^{32}/nɒ$^{53?}$ khe^{55}	hn a^{11}je^{11}/ hn a$^{42?}$	n a ^{33}ji^{33}/ n a$^{32?}$
312	眼泪	tears	မျက်ရည်	mjɪʔ^{44}je^{22}	mja$^{53?}$je^{32}	mjɪ$^{42?}$je^{11}	mjɪ$^{32?}$je^{33}
313	脓	pus	ပြည်	pji^{22}	ple^{32}	plɛ^{11}	pje^{33}
314	污垢	dirt, filth	အညစ်အ ကြေး	ə ɲɪ^{44} ə tɕe^{55}	ə ɲeɪ$^{53?}$ ə tɕe^{55}/ ə ɲeɪ$^{53?}$ ə ke^{55}	ə ɲɪ^{42} ə tɕe^{44}	ə ɲɪ$^{32?}$ ə tɕe^{53}
315	声音	sound	အသံ	ə tθã ^{22}	ə shɔ̃ ^{32}	ə tθ ã ^{11}	ə tθ ã ^{33}
316	尸体	corpse	အလောင်း	ə laũ ^{55}	ə lɔ̃ ^{55}	ə l ɔ̃ ^{44}	ə l a ũ ^{53}
317	生命	life	အသက်	ə tθɛʔ^{44}	ə sha$^{53?}$	ə tθa$^{42?}$	ə tθɪ$^{32?}$
318	寿命	life-span	သက်တမ်း	tθɛʔ^{44}tθã ^{55}	sha$^{53?}$taĩ ^{55}	tθa$^{42?}$ tθ ã ^{44}	tθɪ$^{32?}$ tθ ã ^{53}
319	汉族（人）	Han Chinese	(တရုတ်)လူမျိုး	hã ^{22} lu^{22} mjo^{55}	haĩ ^{32} lu^{32} mjɯ^{55}	h ã ^{11} lu^{11} mjo^{44}	h ã ^{33} lu^{33} mjo^{53}
320	藏族（人）	Tibetan	တိဘက်လူမျိုး	ti^{53} bɛ^{44} lu^{22} mjo^{55}	ti^{3} ba$^{53?}$ lu^{32} mjɯ^{55}	ti^{42} bɛ$^{42?}$ lu^{11} mjo^{44}	ti^{32} bɪ$^{32?}$ lu^{33} mjo^{53}
321	成年人	adult	လူကြီး	lu^{22} dzi^{55}	lu^{32} kwi^{55}	lu^{11} ki^{44}	lu^{33} dzi^{53}
322	婴儿	baby	နို့စို့ကလေး	no^{53}so^{53}kə le^{55}	nu^{42}su^{42}lu^{32} pe^{42}no^{42}sho^{42} oũ ^{32}ŋe^{32}	no^{11}so^{42} tθa^{44} kã ^{44} ɲa^{44}	tθa^{53}gĩ^{53} ŋe^{33}
323	老头儿	old man	အဘိုးအို	ə pho^{55}o^{22}	ə phɯ^{42}/ pha^{42}u^{32}	pho^{44} tθa$^{42?}$ ki^{44}	pho^{53}dzi^{53}
324	老太太	old lady	အဘွားအို	ə phwa^{55}o^{22}	ə phɒ^{42}/ phɒ^{42}u^{32}	phwa^{44} tθa$^{42?}$ ma^{42}	phwa ^{53} dzi^{53}
325	小伙子	lad, young chap	လူငယ်	lu^{22}ŋe^{22}	lu^{32}ŋe^{32}/ lu^{32}bɛ^{42}	kɔ̃ ^{11}tθa^{44}/ kɔ̃ ^{11}ja^{44}	lu^{33} pjo^{33}

（续表）

序号	汉义	英文	မြန်မာစာ 缅甸文	ရန်ကုန် 标准话 仰光音	တောင်ရိုး 东友 方言音	ထားဝယ် 土瓦 方言音	မြိတ် 丹老 方言音
326	姑娘	girl	လုံမပျို	loũ^{22}ma^{53} pjo^{22}	mi^{55}mɒ^{42} pjɯ^{32}	wɛ^{11}tθa^{44} wɛ^{11}ja^{44}	ə pjo^{33}
327	百姓	common people	အရပ်သား:	ə ja^{22}tθa^{55}	ə jɒ$^{53?}$shɒ^{55}	ə ja$^{42?}$ tθ ɑ ^{44}/ wa^{11}tθa^{44}	ə ja$^{32?}$ tθ ɑ ^{53}
328	农民	peasant	လယ်သမား	lɛ^{22} tθə ma^{55}	lɛ^{32} shə mɒ^{55}/ lɛ^{32} shə ma^{55}	lɛ^{11} tθə m ɑ ^{44}	lɛ^{33} tθə m ɑ ^{53}
329	士兵	soldier	တပ်သား၊ စစ်သား	ta?^{44}tθa^{55}/sɪ?^{44} tθa^{55}	seɪ$^{53?}$ sha^{55}/ seɪ$^{53?}$ shɒ^{55}	ta$^{42?}$ tθ ɑ ^{44}/ sɪ$^{42?}$ tθ ɑ ^{44}	t ɑ $^{32?}$ tθ ɑ ^{53}/ sɪ$^{32?}$ tθ ɑ ^{53}
330	商人	merchant	ကုန်သည်	koũ^{22}dðɛ^{22}	kuẽ^{32}she^{32}	koũ^{11}tθɛ^{11}	koũ^{33}dðɛ^{33}
331	医生	doctor	ဆရာဝန်	shə ja^{22} wũ^{22}	shə jɒ^{32} wẽ^{32}	shə j ɑ ^{11} wũ^{11}	shə j ɑ ^{33} wũ^{33}
332	头人（寨首）	leader (in a stockaded)	ရွာသူကြီး	jwa^{22}dðə dʑi^{55}	wɒ^{32}lu^{32} kwi^{55}	w ɑ ^{11}lu^{11} gi^{44}	jwa^{33} lu^{33} dʑi^{53}
333	仆人	village servant	အစေခံ	ə ze^{22}gã ^{22}	i^{32} se^{32}	i^{11} se^{11}	ə se^{33} khã ^{33}
334	牧童	shepherd boy	နွားကျောင်းသား	nwa^{55}tɕaũ ^{55} dðα^{55}	nwɒ^{55}kjõ ^{55} shɒ^{55}	nwa ^{44}thi^{44} m ɑ ^{44}	nwa^{53} tɕaũ ^{53} tθ ɑ ^{53}
335	木匠	carpenter	လက်သမား	lɛ?^{44} tθə ma^{55}	la$^{53?}$ shə ma^{55}	la$^{42?}$ tθə ma ^{44}	lɪ$^{32?}$ tθə ma ^{53}
336	铁匠	blacksmith	ပန်းပဲဆရာ	bə bɛ^{55}shə ja^{22}	bə ba^{55} shə jɒ^{32}	bɛ^{44} pho^{11} shə j ɑ ^{11}	bã ^{53} bɛ^{53} shə j ɑ ^{33}
337	船夫	boatman	လှေထိုးသား	hle^{22}do^{55} dðα^{55}	hle^{32}thɯ^{55} sha^{55} hle^{32}thɯ^{55} shɒ^{55}	hle^{11}laɪ$^{42?}$ ma^{44}	le^{33}tθə ma^{53}
338	猎人	hunter	မုဆိုးဖို	mou?^{44}sho^{55} pho^{22}	mou$^{53?}$shu^{55} phɯ^{32}	mau$^{42?}$ sho^{44} thi^{44}	mou$^{32?}$ sho^{53} pho^{33}
339	和尚	monk	ဘုန်းကြီး	phoũ^{55}dʑi^{55}	phoũ^{55}kwi^{55}	põ ^{44} gi^{44}	phoũ^{53}dʑi^{53}
340	尼姑	Buddhist nun	သီလရှင်၊ မယ်သီလရှင်	tθi^{22}la^{53}ʃĩ ^{22}/ mɛ^{22} tθi^{22}la^{53} ʃĩ ^{22}	shi^{32}la^{42} khjẽ ^{32}/ mɛ^{32} tθi^{32} la^{42}ma^{42}	phwa^{44} ɕĩ ^{11} ma^{11}/ mi^3 ɕĩ ^{11}	phwa^{53} ɕĩ ^{33} ma^{32}
341	巫师	wizard, sorcerer	စုန်း	soũ ^{55}	zwẽ ^{55}	saũ ^{44}	soũ ^{53}
342	巫婆	witch, sorceress	စုန်းမ	soũ ^{55}ma^{53}	zwẽ ^{55}ma^{42}/ m ɑ ^{42}	soũ ^{44} m ɑ ^{42}	soũ ^{53}m ɑ ^{32}

(续表)

序号	汉义	英文	မြန်မာစာ 缅甸文	ရန်ကုန် 标准话 仰光音	တောင်ရိုး 东友 方言音	ထားဝယ် 土 瓦 方言音	မြိတ် 丹老 方言音
343	乞丐	beggar	သူတောင်းစား	tθə taũ^{55} za^{55}	tθə tɤ ^{55} sɒ^{55}	d ũ ^{44} s a ^{44}	tθə daũ^{53} za^{53}
344	贼	thief	သူခိုး	tθə kho^{55}	tə khɯ^{55}	kho^{44}	tθə kho^{53}
345	强盗	robber	ဓားပြ	də mja^{53}	də mjɒ^{42}	də mI a ^{42}	də mj a ^{42}
346	病人	patient	လူနာ၊ ရောဂါသည်	lu^{22}na^{22}/jɔ^{55}ga^{22}dðɛ^{22}	lu^{32}nɒ^{32}/jɔ^{55}ga^{32}she^{32}	lu^{11}n a ^{11}/ jɔ^{44}ga^{11} tθɛ^{11}	lu^{33} n a ^{33}/ jɔ^{53}g a ^{33} dðɛ^{33}
347	仇人	personal enemy	ရန်သူ	jã^{22}dðu^{22}	jaĩ^{32}shu^{32}	j ã ^{11}tθu^{11}	j ã ^{33}tθu^{33}
348	皇帝	emperor	ဘုရင်၊ရှင်ဘုရင်	bə jĩ^{22}/ ɕĩ^{22} bə jĩ^{22}	bə jẽ^{32}/ shẽ^{32} bə jẽ^{32}	bə jĩ^{11}/ ɕĩ^{11} bə jĩ^{11}	bə jĩ^{33}/ ɕĩ^{33} bə jĩ^{33}
349	官	government official	အရာရှိ၊မူးမတ်	ə ja^{22} ɕi^{53}/ hmu^{55}maʔ^{44}	ə ja^{32} hi^{42}/ mu^{55}maɪ^{53}ʔ	ə ja ^{2} ɕi^{42}/ hmu^{44} ma^{42}ʔ	ə ja ^{33} ɕi^{32}/ mu^{53}ma^{32}ʔ
350	国王	king	မင်း	mĩ^{55}	mẽ^{55}	mã^{44}	mĩ^{53}
351	朋友	friend	မိတ်ဆွေ	meɪʔ^{44}shwe^{22}	mi^{53}ʔshwe^{32}	mɪ^{42} shwe^{11}	meɪ^{32}ʔ shwe^{33}
352	瞎子	a blind person	အကန်း၊မျက်မမြင်	ə kã^{55}/mjɛʔ^{44} mə mjĩ ^{22}	ə kaĩ ^{55}/ mja^{53}ʔ/ mə mjɔ^{32}	mjɪ^{42}ʔ si^{42}/ gã ^{44}	ə kã ^{53}/ mjɛ^{32}ʔ/ mə mjĩ ^{33}
353	跛子	a lame person	ခြေကျိုးသူ၊ ခြေဆော့သူ၊ အကျိုး	tɕhe^{22}tɕo^{55} dðu^{22}/ tɕhe^{22}sha^{22} dðu^{22}	khre^{32}klɯ^{55}/ khre^{32}sha^{32} shu^{32} / ə klɯ^{55}	khe^{11} klo^{44}/ khe^{11} sh a ^{11} / ə klo^{44}	tɕhe^{33}tɕo^{53} dðu^{33}/ tɕhe^{33} sh a ^{33} dðu^{33}
354	聋子	a deaf person	နားမကြားသူ၊ နားပင်းသူ	na^{22} mə tɕa^{55} dðu^{22}/na^{55} pjĩ^{55}dðu^{22}	nɒ^{32} mə tɕɒ^{55}/ nɒ^{55}pjẽ ^{55} shu^{32}/ nɒ^{55}kaĩ^{55}	na^{11} pã ^{44}	na ^{53}pjĩ ^{53}
355	秃子	a baldhead	ဦးပြောင်	theɪʔ^{44}pjaũ ^{22}	thi^{53}ʔplɤ ^{32}	theɪ^{42}ʔ pj ɔ̃ ^{11}	theɪ^{32}ʔ pjaũ ^{33}
356	麻子	a person with a pockmark	ကျောက် ပေါက်မာ	tɕau^{44}ʔpau^{44} ma^{22}	klɤ^{53}ʔpɤ^{53}ʔ mɒ^{32}	klɔ^{42}ʔpɔ^{42} m a ^{11} ja^{11}	tɕau^{32}ʔ pau^{32}ʔ ma ^{33}
357	驼子	hunchback	ခါးကုန်းသူ	kha^{55}koũ ^{55} dðu^{22}	khɒ^{55}kuẽ ^{55} shu^{32}	kh a ^{44}gũ^{44}	kh a ^{53} koũ ^{53}
358	傻子	fool, blockhead	ငထူးငတုံး	ŋə thoũ ^{55}/ ŋə toũ ^{55}	ŋə thoũ^{32}/ ŋə toũ ^{55}	ŋə thu^{11}/ ŋə tɤ̃ ^{44}	ŋə thoũ ^{33}/ ŋə toũ ^{53}
359	疯子	lunatic	အရူး	ə ju^{55}	ə ru^{55}/ə lu^{55}	ə ju^{44}	ə ju^{53}

(续表)

序号	汉义	英文	မြန်မာစာ 缅甸文	ရန်ကုန် 标准话 仰光音	တောင်ရို 东友 方言音	ထားဝယ် 土瓦 方言音	မြိတ် 丹老 方言音
360	结巴	stutterer	ဆွံ့အသူ	ʃũ^{53} a^{53} dðu^{22}	lu^{32} ɒ^{42}	a^{42}/ thɪ^{42ʔ}	ŋə a^{32}
361	哑巴	mute	အအ	a^{53}a^{53}	a^{32}ɒ^{42}	a^{42} a^{42}	a^{32} a^{32}
362	主人	host	သခင်ပိုင်ရှင်	tθə khĩ^{22}	ʃhə khẽ^{32}/ pɒũ^{32}khẽ^{32}	tθə khĩ^{11}/ pɑĩ^{11}ɕĩ^{11}	tθə khĩ^{33}/ pɑĩ^{33}ɕĩ^{33}
363	客人	guest	ဧည့်သည်	ɛ^{53} dðɛ^{22}	e^{42} ʃhe^{32}	ɛ^{42} tθɛ^{11}	ɛ^{32} tθɛ^{33}
364	伙伴	pal, partner	အပေါ်လုပ် ဖော်ကိုင်ဘက်	ə pho^{22}/lou^{44} pho^{22}kɑĩ^{22} bɛʔ^{44}	ə phɒ^{32}/louʔ^{53} phɒ^{32}kɑĩ^{32} ba^{53ʔ}	ə pho^{11}/ lau^{42ʔ} pho^{11}kɑĩ^{11} ba^{42ʔ}	ə pho^{33}/ lou^{32} pho^{33} kɑĩ^{33} phe^{32ʔ}
365	祖宗	ancestors, forebears	ဘိုးဘေးဘီ ဘင်	pho^{55} be^{55} bi^{22}bĩ^{22}	phɯ^{55} be^{55} bi^{32} bĩ^{32}	pho^{44} phe^{44} bi^{11} bĩ^{11}	pho^{53} be^{53} bi^{33}bĩ^{33}
366	爷爷	grandfather	ဘိုးဘိုး	pho^{55} pho^{55}	phɒ^{42} ɯ^{32}	pho^{44} pho^{44}	pho^{53} pho^{53}
367	奶奶	grandmother	ဘွားဘွား	phwa^{55} phwa^{55}	mɯ^{42} ɯ^{32}	phwa^{44} phwa^{44}	phwa^{53} phwa^{53}
368	儿子	son	သား	tθa^{55}	ʃhɒ^{55}	tθ a^{44}	tθa^{53}
369	媳妇（儿~）	daughter-in-law	ချွေးမ	tɕhwe^{55}ma^{53}	khwi^{55}mɒ^{42}/ khrwi^{55}ma^{42}	tɕhwe^{44} ma^{32}	tɕhwe^{53} ma^{32}
370	女儿	daughter	သမီး	tθə mi^{55}	ʃhə mi^{55}	tθə mi^{44}	tθə mi^{53}
371	女婿	son-in-law	သားမက်	tθə mɛʔ^{44}	ʃhə maʔ^{53}/ ʃhə hmaʔ^{53}	tθə maʔ^{42}	tθə mɛʔ^{32}
372	孙子	grandson	မြေး	mji^{55}	mle^{55}	mle^{44}	mje^{53}ŋe^{33}
373	孙女	granddaughter	မြေးမ	mji^{55}ma^{53}	mle^{55}mɒ^{42}	mle^{44}ma^{42}	mje^{53}ma^{32} ŋe^{33}
374	哥哥	elder brother	ကိုကိုအစ်ကို	ko^{22}ko^{22}/ɪʔ^{44} ko^{22}	ə kɯ^{32}	nɔ̃^{11}nɔ̃^{11}/ nɔ̃^{11} ki^{44}	ko^{33}ko^{33}
375	姐姐	elder sister	မမအစ်မ	ma^{53}ma^{53}/ ə ma^{53}	ə mɒ^{42}	ma^{42}ma^{42}/ me^{11}me^{11}/ ə ma^{42}	ma^{32}ma^{32}/ ə ma^{32}
376	弟弟	younger brother	ညီလေး/ မောင်လေး	ɲi^{22}le^{55}/ maũ^{22}le^{55}	ɲi^{32}le^{55}/ mɔ̃^{32}le^{55}	ɲi^{11}le^{44}/ mɔ̃^{11}le^{44}	ɲi^{33}ŋe^{33}/ maũ^{33}le^{53}
377	妹妹	younger sister	ညီမ/ နှမ	ɲi^{22}ma^{55}/ hnə ma^{53}	ɲi^{32}mɒ^{42}/ hnə mɒ^{42}	ɲi^{11}ma^{42}/ mɔ̃^{11} hma^{42}	ɲi^{33}ma^{32} ŋe^{33}/ hnə ma^{32} ŋe^{33}
378	伯父	uncle <father's elder brother>	ဘကြီး	ba^{53}dʑi^{55}	pha^{42}kwi^{55}	pha^{42} ki^{44}	u^{53}u^{53}

(续表)

序号	汉义	英文	မြန်မာစာ 缅甸文	ရန်ကုန် 标准话 仰光音	တောင်ရှိ 东友 方言音	ထားဝယ် 土瓦 方言音	မြိတ် 丹老 方言音
379	伯母	aunt <wife of father's brother>	ကြီးတော်	dzi⁵⁵dɔ²²	kwi⁵⁵dɔ³²	mi⁴⁴ki⁴⁴	ə dɔ³³
380	叔叔	uncle <father's younger brother>	ဘထွေး	ba⁵³ thwe⁵⁵	phɒ⁴² thwe⁵⁵	pha⁴² ŋɛ¹¹ u⁴⁴u⁴⁴ ji⁴⁴ji⁴⁴	u⁵³le⁵³
381	婶母	aunt <wife of father's younger brother>	အဒေါ်	ə dɔ²²	ə dɔ³²	dɔ¹¹ dɔ¹¹ / mi⁴² ŋɛ¹¹	ə dɔ³³
382	侄子	nephew <brother's son>	တူ	tu²²	tu³²	tu¹¹	tu³³
383	兄弟	brothers	ညီမောင် / အစ်ကို	ɲi²²/maũ²² / ə ko²²	ŋi³²/mõ³² / ə kɯ³²	ɲi¹¹ / mɔ̃¹¹ / nɔ̃¹¹ / ə ko¹¹	ɲi³³/ŋɛ³³ / maũ³³ / ŋɛ³³ / ə ko³³
384	姐妹	sisters	အမညီမနှမ	ə ma⁵³/ɲi²² ma⁵³ hnə ma⁵³	ə mɒ⁴²/ŋi³² mɒ⁴² nə mɒ⁴²	ə ma⁴² / ɲi¹¹ma⁴² hɔ̃¹¹ hma⁴²	ə ma³² / ɲi³³ma³² ŋɛ³³/ hnə ma³² ŋɛ³³
385	嫂子	sister-in-law <elder brother's wife>	မရီးယောက်မ	mə ji⁵⁵/jauʔ⁴⁴ ma⁵³	jɔ̃⁵³ʔ mɒ⁴²	jɔ̃⁴⁴ ma⁴²	jau³²ʔ ma²
386	舅父	uncle <mother's brother>	ဦးလေး	u⁵⁵le⁵⁵	u⁵⁵le⁵⁵/pha⁴² ŋɛ³²	ji⁴⁴ ji⁴⁴	u⁵³le⁵³
387	舅母	aunt <wife of mother's brother>	ဒေါ်လေး	dɔ²² le⁵⁵	dɔ³² le⁵⁵/ma⁴² ŋɛ³²	dɔ¹¹ dɔ¹¹ / mi⁴²ŋɛ¹¹	dɔ³³ le⁵³
388	姨父	uncle <husband of mother's sister>	ဦးကြီး၊ ဝဇီးကြီး	u⁵⁵dzi⁵⁵/wə ji⁵⁵dzi⁵⁵	u⁵⁵kwi⁵⁵/ pha⁴² kwi⁵⁵	phe¹¹ ki⁴⁴/ pha⁴²ki⁴⁴	u⁵³u⁵³
389	姨母	aunt <mother's sister>	ဒေါ်ဒေါ်အရီး	dɔ²²dɔ²²/ ə ji⁵⁵	dɔ³²dɔ³²/ ə ji⁵⁵/ me⁴²ki⁵⁵/ ma⁴² kwi⁵⁵	me¹¹ gi⁴⁴/ mi⁴² gi⁴⁴	ə dɔ³³
390	姑父	uncle <husband of father's sister>	ဦးဦး	u⁵⁵u⁵⁵	u⁵⁵u⁵⁵	u⁴⁴u⁴⁴/ ji⁴⁴ji⁴⁴	u⁵³u⁵³

(续表)

序号	汉义	英文	မြန်မာစာ 缅甸文	ရန်ကုန် 标准话 仰光音	တောင်ရိုး 东友 方言音	ထားဝယ် 土瓦 方言音	မြိတ် 丹老 方言音
391	姑母	aunt <father's sister>	ခေါ်ခေါ်	dɔ²²dɔ²²	ə dɔ³²	dɔ¹¹dɔ¹¹	ə dɔ³³
392	亲戚	relatives	ဆွေမျိုး၊အမျိုး	shwe²²mjo⁵⁵/ ə mjo⁵⁵	shwe³²mjɯ⁵⁵/ ə mjɯ⁵⁵	shwe¹¹ mjo⁴⁴/ ə mjo⁴⁴	shwe³³ mjo⁵³
393	岳父	father-in-law	ယောက္ခမ	jauʔ⁴⁴khə ma⁵³	jø⁵³ʔkhə thi⁵⁵	jɔ⁴²ʔkhə ma⁴²	jɑu³²ʔkhə ma³²
394	岳母	mother-in-law	ယောက္ခမ	jauʔ⁴⁴khə ma⁵³	jø⁵³ʔkhə mɒ⁴²	jɔ⁴²ʔkhə ma⁴²	jɑu³²ʔkhə ma³²
395	继母	stepmother	မိထွေး	mi⁵³due⁵⁵	mi⁴²thwe⁵⁵	mi⁴²ŋe¹¹	mi³²thwe⁵³
396	继父	stepfather	ဘထွေး	ba⁵³due⁵⁵	phɒ⁴²thwe⁵⁵	pha⁴² ŋe¹¹	pa³²thwe⁵³
397	寡妇	widow	မုဆိုးမ	mouʔ⁴⁴sho⁵⁵ ma⁵³	mwi⁴²sho⁵⁵ mɒ⁴²	mɑu⁴²ʔ sho⁴⁴ ma⁴²	mou³²ʔ sho⁵³ ma³²
398	孤儿	orphan	မိဘမဲ့သား	mi⁵³ba⁵³mɛ⁵⁵ tθa⁵⁵	mi⁴²pha⁴²mɛ⁴² sha⁵⁵	mi⁴²hme⁴² pha⁴⁴ hme⁴² tθa⁴⁴	mi³²ba³² mɛ³² tθa⁵³
399	牲畜	livestock, domestic animal	တိရစ္ဆာန်	tə reɪʔ⁴⁴ shã ²²	tə reɪ⁵³ʔ shã ³²	li⁴² shã ¹¹	tə reɪ³²ʔ shã ³³
400	牛	cattle	နွား	nwa⁵⁵	nɒ⁵⁵	nwa⁴⁴	nwa ⁵³
401	黄牛	huangniu <a type of cattle>	နွား	nwa⁵⁵	nɒ⁵⁵	nw a ⁴⁴	nwa⁵³
402	水牛	buffalo	ကျွဲ	tɕwɛ⁵⁵	klwa⁵⁵	kwɛ⁴⁴	tɕwɛ⁵³
403	牦牛	yak	စာမရီ	sa²² mə ri²²	sɒ³² mə ri³²		sa³³ mə ri³³
404	犏牛	pianniu <crossbreed of bull & yak>	နွား:ထီးနှင့်၊ စာမရီမွေး၊ သောကြား	nə thi⁵⁵hnĩ ⁵³ sa²² mə ri²² mwe⁵⁵dðɔ⁵³ ka⁵³ pja⁵⁵ nwa⁵⁵	nɒ⁵⁵ thi⁵⁵na⁴² sa³² mə ri³² mwi⁵⁵de⁴²kɒ⁴² pjɒ⁵⁵nɒ⁵⁵		nə thi⁵³ na³² sa³³ mə ri³³ mwe⁵³ dðɔ⁵³ ka³² pja⁵³ nwa⁵³
405	牛犊	calf	နွား:ပေါက်	nə pauʔ⁴⁴	nɒ⁵⁵ pɒ⁵³ʔ	nwa⁴⁴tθa⁴⁴ kã ⁴⁴ fiã⁴⁴	nwa⁵³tθa⁵³ gĩ ⁵³ ŋe³³
406	公牛	bull	နွား:ထီး	nə thi⁵⁵	nɒ⁵⁵ thi⁵⁵	nwa⁴⁴ thi⁴⁴	nwa⁵³ thi⁵³
407	母牛	cow	နွား:မ	nə ma⁵³	nɒ⁵⁵ mɒ⁴²	nwa⁴⁴ ma⁴²	nwa⁵³ ma³²
408	牛粪	cow dung	နောက်ချေး	nauʔ⁴⁴tɕhi⁵⁵	nø⁵³ʔkhle⁵⁵	nwa⁴⁴ khle⁴⁴	nwa⁵³ tɕhe⁵³

(续表)

序号	汉义	英文	မြန်မာစာ 缅甸文	ရန်ကုန် 标准话 仰光音	တောင်ရိုး 东友 方言音	ထားဝယ် 土瓦 方言音	မြိတ် 丹老 方言音
409	犄角	horn	ချို	dzo^{22}	khlɯ^{32}/ khrɯ^{32}	tɕho^{11}	dzo^{33}
410	蹄	hoof	ခွါ	khwa^{22}	khɒ^{32}	khwa^{11}	khwa^{33}
411	毛	down, hair	အမွေး	ə mwe^{55}	ə mwi^{55}	mwi^{44}	ə mwe^{53}
412	马	horse	မြင်း	mjĩ^{55}	mjẽ^{55}/mlẽ^{55}	bjĩ^{44}	mjĩ^{53}
413	马驹	pony	မြင်းကလေး	mjĩ^{55}gə le^{55}	mjẽ^{55}ŋɛ^{32}/ mlẽ^{55}shə ŋɛ^{32}	bjĩ^{44}tɵa^{44} kã^{44} ɦa^{44}	mjĩ^{53}tɵa^{53} gĩ^{53} ŋɛ^{33}
414	公马	stallion	မြင်းထီး	mjĩ^{55}thi^{55}	mjẽ^{55}thi^{55}/ mrẽ^{55}thi^{55}	bjĩ^{44}thi^{44}	mjĩ^{53}thi^{53}
415	母马	mare	မြင်းမ	mjĩ^{55}ma^{53}	mjẽ^{55}mɒ^{42}/ mrẽ^{55}mɒ^{42}	bjĩ^{44}ma^{42}	mjĩ^{53}ma^{42}
416	马鬃	horse mane	မြင်းလည်ဆံ	mjĩ^{55}le^{22} shã^{22}	mjẽ^{55}le^{32} shã^{32}/ mrẽ^{55}la^{32} shã^{32}	bjĩ^{44} mwi^{44}	mjĩ^{53}le^{33} shã^{33}
417	马粪	horse dung	မြင်းချေး	mjĩ^{55}tɕhi^{55}	mjẽ^{55}tɕhe^{55}/ mrẽ^{55}khle^{55}	mjĩ^{44} khle^{44}	mjĩ^{53}tɕhe^{53}
418	羊	sheep <general>	ဆိတ်	sheɪʔ^{44}	shi^{53}ʔ	bɛ^{42}ʔ	sheɪ^{32}ʔ
419	绵羊	sheep	သိုး	tɵo^{55}	tɯ^{55}	tɵo^{44}	tɵo^{53}
420	山羊	goat	ဆိတ်	sheɪʔ^{44}	shi^{53}ʔ	bɛ^{42}ʔ	sheɪ^{32}ʔ
421	山羊羔	lamb	ဆိတ်ကလေး	sheɪʔ^{44}gə le^{55}	shi^{53}ʔshə ŋɛ^{32}	bɛ^{42}ʔ tɵa^{44} kã^{44} ɦa^{44}	sheɪ^{32}ʔ tɵa^{53} gĩ^{53} ŋɛ^{33}
422	绵羊羔	kid	သိုးကလေး	tɵo^{55} gə le^{55}	sho^{55} shə ŋɛ^{32}	tɵo^{44} tɵa^{44} kã^{44} ɦa^{44}	tɵo^{53} tɵa^{53} gĩ^{53} ŋɛ^{33}
423	羊毛	wool, fleece	သိုးမွှေး	tɵo^{55}mwe^{55}	tɯ^{55}mwi^{55}	tɵo^{44}mwi^{44}	tɵo^{53}mwe^{53}
424	羊粪	sheep dung	သိုးချေး	tɵo^{55}tɕhi^{55}	tɯ^{55}khle^{55}	tɵo^{44}khle^{44}	tɵo^{53}tɕhe^{53}
425	骡子	mule	လား	la^{55}	lɒ^{55}	l a^{44}	l a^{53}
426	驴	donkey	မြည်း	mji^{55}	mji^{55}	mji^{44}	mji^{53}
427	骆驼	camel	ကုလားအုပ်	kə lə ouʔ^{44}	kə lɒ^{55} ou^{53}ʔ shi^{42}kə lɒ^{55}wi^{42}	ka^{11} la^{11} au^{42}ʔ	kə lə ou^{32}ʔ
428	猪	pig	ဝက်	wɛʔ^{44}	wa^{53}ʔ	wa^{42}ʔ	wɪ^{32}ʔ
429	公猪	boar	ဝက်ထီး	wɛʔ^{44}thi^{55}	wa^{53}ʔthi^{55}	wa^{42}ʔthi^{44}	wɪ^{32}ʔthi^{53}
430	母猪	sow	ဝက်မ	wɛʔ^{44}ma^{53}	wa^{53}mɒ^{42}	wa^{42}ʔma^{42}	wɪ^{32}ʔma^{32}
431	猪崽	piglet	ဝက်ကလေး	wɛʔ^{44}gə le^{55}	wa^{53}ʔshə ŋɛ^{32}	wa^{42}ʔ tɵa^{44} kã^{44} ɦa^{44}	wɪ^{32}ʔ tɵa^{53} gĩ^{53} ŋɛ^{33}

(续表)

序号	汉义	英文	缅甸文	标准话 仰光音	东友 方言音	土瓦 方言音	丹老 方言音
432	猪粪	pig dung	ဝက်ချေး	wɛʔ^{44}tɕhi^{55}	wa^{53ʔ}khle^{55}	wa^{42ʔ}khle^{44}	wɪ^{32ʔ}tɕhe^{53}
433	猎狗	hound	အမဲလိုက်ခွေး	ə mɛ^{55}laɪʔ^{44}khwe^{55}	ə ma^{55}lɒu^{53ʔ}khwe^{55}	mɛ^{44}laɪ^{42ʔ}khwi^{44}	ə me^{53}laɪ^{32ʔ}khwe^{53}
434	猫	cat	ကြောင်	tɕaũ^{22}	krø^{32}	tɕɔ̃^{11}	tɕaũ^{33}
435	兔子	rabbit	ယုန်	joũ^{22}	joũ^{32}	jɔ̃^{11}	joũ^{33}
436	鸡	chicken	ကြက်	tɕɛʔ^{44}	kja^{53ʔ}/kra^{53ʔ}	tɕɪ^{42ʔ}	tɕɪ^{32ʔ}
437	公鸡	cock	ကြက်ဖ	tɕɛʔ^{44}pha^{53}	kja^{53ʔ}phɒ^{42}/kra^{53ʔ}phɒ^{42}	tɕɪ^{42ʔ}pha^{42}	tɕɪ^{32ʔ}ph a^{32}
438	母鸡	hen	ကြက်မ	tɕɛʔ^{44}ma^{53}	kja^{53ʔ}mɒ^{42}/kra^{53ʔ}mɒ^{42}	tɕɪ^{42ʔ}ma^{42}	tɕɪ^{32ʔ}ma^{32}
439	雏鸡	chick	ကြက်)မိ ပေါက်	tɕɛʔ^{44}mji^{55}baʊʔ^{44}	kja^{53ʔ}mi^{55}pø^{53ʔ}/kra^{53ʔ}mi^{55}pø^{53ʔ}	tɕɪ^{42ʔ}bwi^{44}bɔ^{42ʔ}	tɕɪ^{32ʔ}mji^{53}baʊ^{32ʔ}
440	鸡冠	cockscomb	ကြက်မောက်	tɕɛʔ^{44}maʊʔ^{44}	kja^{53ʔ}mø^{53ʔ}/kra^{53ʔ}mø^{53ʔ}	tɕɪ^{42ʔ}mɔ^{42ʔ}	tɕɛ^{32ʔ}maʊ^{32ʔ}
441	鸭子	duck	ဘဲ	bɛ^{55}	pa^{55}	bɛ^{44}	bɛ^{53}
442	鹅	goose	မေးဘဲ	ŋã^{55} bɛ^{55}	ŋã^{55} pa^{55}	bɛ^{44} ŋ ã^{44}	ŋ ã^{53}
443	鸽子	dove	ချိုးခို	dzo^{55}/kho^{22}	khlɯ^{55}/khu^{32}	tɕho^{44}/kho^{11}	dzo^{53}/kho^{33}
444	野兽	animal, beast	တိရစ္ဆာန်	tə reɪʔ^{44}shã^{22}	tə ri^{53ʔ} shã^{32}	tə ri^{42} shã^{11}	tə reɪ^{32ʔ} shã^{33}
445	老虎	tiger	ကျား	tɕa^{55}	klɒ^{55}	kla^{44}	tɕa^{53}
446	狮子	lion	ခြင်္သေ့	tɕhĩ^{22}tθe^{53}	khrẽ^{32}she^{42}	tɕhĩ^{11}tθe^{42}	tɕhĩ^{33}tθe^{32}
447	龙	dragon	နဂါး	nə ga^{55}	nə gɒ^{55}	nə ga^{44}	nə ga^{53}
448	猴子	monkey	မျောက်	mjaʊʔ^{44}	mrø^{53ʔ}	mjo^{42ʔ}	mjaʊ^{32ʔ}
449	象	elephant	ဆင်	shĩ^{22}	shẽ^{32}	shĩ^{11}	shĩ^{33}
450	豹子	leopard, panther	ကျားသစ်	dzə tθɪ^{44}	klɒ^{55} shɪ^{53ʔ}	kla^{44} tθɪ^{42ʔ}	dzə tθɪ^{32ʔ}
451	熊	bear	ဝက်ဝံ	wɛʔ^{44}wũ^{22}	wa^{53ʔ}wũ^{32}	wa^{42ʔ}wũ^{11}	wɪ^{32ʔ}wũ^{33}
452	野猪	wild boar	တောဝက်	tɔ^{55}wɛʔ^{44}	tɔ^{55}wa^{53ʔ}	tɔ^{44}wa^{42ʔ}	tɔ^{53}wɪ^{32ʔ}
453	鹿	deer	သမင်	tθə mĩ^{22}	shə mẽ^{32}	tθə mĩ^{11}	tθə mĩ^{33}
454	麂子	muntjac, barking deer	ချေ	dzi^{22} z dzɛ^{22}	khli^{22}	khle^{11}	tɕhi^{33}

（续表）

序号	汉义	英文	မြန်မာစာ 缅甸文	ရန်ကုန် 标准话 仰光音	တောင်ရိုး 东友 方言音	ထားဝယ် 土瓦 方言音	မြိတ် 丹老 方言音
455	獐子	river deer	ဒရယ်	də jɛ^{22}	shə ra^{32}	sha^{42ʔ}	tɕhe^{33}
456	麝香	musk	ကတိုးကောင်	gə do^{55}gaũ^{22}	gə dɯ^{55}kõ^{32}	gə do^{44} gɔ̃^{11}	gə do^{53} gaũ^{33}
457	水獭	otter	ဖျံ	phjã^{22}	phjãɪ^{32}	phjã^{11}	phjã^{33}
458	豪猪	porcupine	ဖြူ	phju^{22}	phlu^{32}	phju^{11}/ phlu^{11}	phju^{33}
459	刺猬	hedgehog	ဖြူးယ်	phju^{22}ŋɛ^{22}	phlu^{32}ŋɛ^{32}	phlu^{11}tθa^{44} kã^{44} fiã^{44}	phju^{33}tθa^{33} gĩ^{33} ŋɛ^{33}
460	老鼠	mouse	ကြွက်	tɕwɛʔ^{44}	krwa^{53ʔ}	kwa^{42ʔ}	tɕwɪ^{32ʔ}
461	松鼠	squirrel	ရှဉ့်	ɕĩ^{53}	khrã^{42}/ɕĩ^{42}	ɕĩ^{42}	ɕĩ^{32}
462	黄鼠狼	yellow weasel	ကြောင်ပျံ	tɕaũ^{22}bjã^{22}	klø^{32}pjõ^{32}	tɕɔ̃^{11}plã^{11}	tɕaũ^{33} bjã^{33}
463	豺	jackal	ခွေးအ	khwe^{55}a^{53}	khwe^{55}ɒ^{42}	khwi^{44}a^{42}	khwe^{53}a^{32}
464	狼	wolf	ဝံပုလွေ	wũ^{22}pə lwe^{22}	wãɪ^{32}pə lwe^{32}	wũ^{11}pə lwe^{11}	wũ^{33}pə lwe^{33}
465	狐狸	fox	မြေခွေး	mje^{22}khwe^{55}	mle^{32}khwe^{55}	mle^{11} khwi^{44}	mje^{33} khwe^{53}
466	鸟窝	bird's nest	ငှက်သိုက်	hŋɛʔ^{44}tθaɪʔ^{44}	na^{42} shɒ^{53ʔ}	hŋa^{42ʔ} tθaɪ^{42ʔ}	ŋɛ^{32ʔ}tθaɪ^{32ʔ}
467	老鹰	black-eared kite, hawk	စွန်၊လင်းယုန်	sũ^{22}/ʃĩ^{55} joũ^{22}	lẽ^{55}joũ^{32}	sũ^{11}/ lã^{44}jɔ̃^{11}	sũ^{33}/ʃĩ^{53} joũ^{33} ŋɛ^{33}
468	鹞子	sparrow hawk	စွန်	sũ^{22}	suẽ^{32}	sũ^{11}	sũ^{33}
469	雕	eagle, vulture	လင်းယုန်	ʃĩ^{55}joũ^{22}	lẽ^{55}joũ^{32}	lã^{44}jɔ̃^{11}	ʃĩ^{53}joũ^{33} ŋɛ^{33}
470	秃鹫	cinereous vulture	လင်းတ	lə da^{53}	lɒ^{55} tɒ^{42}/ lẽ^{55}sha^{42}	lə da^{42}	lə da^{32}
471	猫头鹰	owl	ဇီးကွက်	zi^{55}gwɛ^{44}	zi^{55}kwa^{53ʔ}	zi^{44}gwa^{42ʔ}	zi^{53}gwɛ^{32ʔ}
472	燕子	swallow	ပျံလွှာ	bjã^{22}hlwa^{55}	plãɪ^{32}lwɒ^{55}	bjã^{11} hlwa^{44}	bjã^{33} lwa^{53}
473	大雁	wild goose	တောမေ့	tɔ^{55}ŋã^{55}	tɔ^{55}ŋãɪ^{55}	tɔ^{44}bɛ^{44} ŋã^{44}	tɔ^{53}ŋã^{53}
474	白鹤	crane	ကြီးကြာ	dzɔ^{55}dza^{22}	kru^{55}kra^{32}	tɕo^{44}tɕa^{11}	dzɔ^{53}dza^{33}
475	麻雀	sparrow	စာကလေး	sa^{22}gə le^{55}	sɒ^{32}khə le^{55}/ seĩ^{32}sa^{22}	sa^{11}fiã^{44}	sa^{33}ŋɛ^{33}
476	蝙蝠	bat	လင်းနို့	ʃĩ^{55}no^{53}	lẽ^{55}nɯ^{42}	kwa^{42ʔ} lã^{44}jɔ̃^{11}	ʃĩ^{53}no^{32}

(续表)

序号	汉义	英文	မြန်မာစာ 缅甸文	ရန်ကုန် 标准话 仰光音	တောင်ရို 东友 方言音	ထားဝယ် 土瓦 方言音	မြိတ် 丹老 方言音
477	喜鹊	magpie	သပိတ်လွယ် ငှက်	$tθə$ $peɪʔ^{44}$ $lwɛ^{22}$ $hŋɛʔ^{44}$	$plau^{53ʔ}$ $n.a^{53ʔ}$	bi^{42} $lwɛ^{11}$ $hŋa^{42ʔ}$	$tθə$ $peɪ^{32ʔ}$ $lwɛ^{33}/ŋɛ^{32ʔ}$
478	乌鸦	crow	ကျီးကန်း	$tɕi^{55}kã^{55}$	$tɕi^{55}kaĩ^{55}/$ kri^{55} $kaĩ^{55}$	$kli^{44}kã^{44}$	$tɕi^{53}kã^{53}$
479	野鸡	pheasant	ရစ်	$jɪʔ^{44}$	$jeɪ^{53ʔ}$	$jɪ^{42ʔ}$	$jɪ^{32ʔ}$
480	鹦鹉	parrot	ကြက်တူရွေး၊ သာလိကာ	$tɕɛʔ^{44}tu^{22}$ $jwe^{55}/tθa^{22}$ $li^{53}ka^{22}$	$kra^{53ʔ}tu^{32}$ $jwe^{55}/tθa^{32}$ li^3ka^{32}	$tɕɪ^{42ʔ}tu^{11}$ $jwe^{44}/tθa^{11}$ $li^{42}ka^{11}$	$tɕɪ^{32ʔ}tu^{33}$ $jwe^{53}/tθa^{33}$ $li^{32}ka^{33}$
481	斑鸠	turtledove	ချိုး	dzo^{55}	$khrɯ^{55}$	$tɕho^{44}$	dzo^{53}
482	啄木鸟	woodpecker	ခေါက်ရှာငှက်၊ သစ်တောက် ငှက်	$khauʔ^{44}ɕa^{22}$ $hŋɛʔ^{44}/tθɪʔ^{44}$ $tauʔ^{44}hŋɛʔ^{44}$	$shɪ^{53ʔ}$ $tɔ^{53ʔ}n.a^{42ʔ}$	$khɔ^{42ʔ}ɕa^{11}$ $hŋa^{42ʔ}/tθɪ^{42ʔ}$ $tɔ^{42ʔ}hŋa^{42ʔ}$	$khau^{32ʔ}ɕa^{33}$ $ŋɛ^{32ʔ}/tθɪ^{32ʔ}$ $tau^{32ʔ}$ $ŋɛ^{32ʔ}$
483	布谷鸟	cuckoo	ဥသြ	$ouʔ^{44}ɔ^{55}$	$ou^{53ʔ}ɔ^{55}/$ wi^{42} $ɔ^{55}$	$au^{42ʔ}/tu^{44}$ fia^{44}	$ou^{32ʔ}ɔ^{53}$
484	孔雀	peacock	ဒေါင်း	$daũ^{55}$	$dɔ̃^{55}$	$dɔ̃^{44}$	$daũ^{53}$
485	乌龟	tortoise	လိပ်	$leɪʔ^{44}$	$li^{53ʔ}$	$lɪ^{42}$	$leɪ^{32ʔ}$
486	四脚蛇	lizard	ဖွတ်၊ ကင်းလိပ်ချော	$phuʔ^{44}/kĩ^{55}$ $leɪʔ^{44}tɕhɔ^{55}$	$kẽ^{55}li^{53ʔ}$ $tɕhɔ^{55}$	$phu^{42ʔ}/$ $hã^{44}khla^{44}$	$phu^{32ʔ}/$ $kĩ^{53}$ $leɪ^{32ʔ}$
487	青蛙	frog	ဖါး	pha^{55}	$phɔ^{55}$	pha^{44}	pha^{53}
488	蝌蚪	tadpole	ဖါးလောင်း	$pha^{55}laũ^{55}$	$phɔ^{55}lɔ̃^{55}$	pha^{44} $khə$ $lɔ̃^{44}/$ $phə$ $lɔ̃^{44}$	$pha^{53}laũ^{53}$
489	鳞	scale	အကြေးခွံ	$ə$ $tɕi^{55}$ $khũ^{22}$	$ə$ ke^{55} $khũ^{32}$	$tɕe^{44}$ $khũ^{11}$	$ə$ $tɕe^{53}$ $khũ^{33}$
490	臭虫	bedbug	ကြမ်းပိုး	$dʑə$ bo^{55}	$krã^{55}pɯ^{55}$	$tɕã^{44}$ po^{44}	$dʑə$ bo^{53}
491	跳蚤	flea	ခွေးလေး	$khwe^{55}hle^{55}$	$khwe^{55}hle^{55}/$ $khwe^{55}$ $shaĩ^{55}$	$khwi^{44}$ $tθã^{44}$	$khwe^{53}tθã^{53}$
492	虮子	nit	သန်းဥ	$tθã^{55}u^{53}$	$shaĩ^{55}$ u^{42}	$tθã^{44}u^{42}$	$tθã^{53}u^{32}$
493	苍蝇	fly	ယင်	$jĩ^{22}$	$jĩ^{32}$	$jĩ^{11}$	$jĩ^{33}$
494	蛆	maggot	လောက်	$lauʔ^{44}$	$lɔ^{53ʔ}$ $kɔ̃^{32}$	$lɔ^{42ʔ}$ $kɔ̃^{11}$	$lau^{32ʔ}$
495	蚊子	mosquito	ခြင်	$tɕhĩ^{22}$	$khrẽ^{32}$	$tɕhĩ^{11}$	$tɕhĩ^{33}$
496	蜘蛛	spider	ပင့်ကူ	$pĩ^{53}ku^{22}$	$pẽ^{42}ku^{32}$	$kã^{44}pha^{44}$ khu^{11}	$pĩ^{32}ku^{33}$
497	蜈蚣	centipede	ကင်	$kĩ^{55}$	$kẽ^{55}/$ $krẽ^{55}$	$kã^{44}$	$kĩ^{53}$
498	蚯蚓	earthworm	တီ	ti^{22}	ti^{32}	ti^{11}	ti^{33}

（续表）

序号	汉义	英文	မြန်မာစာ 缅甸文	ရန်ကုန် 标准话 仰光音	တောင်ရိုး 东友 方言音	ထားဝယ် 土瓦 方言音	မြိတ် 丹老 方言音
499	蚂蟥	leech	မျှော့	hmjɔ⁵³	mjɔ⁴²/ sə mwa⁴²	hmjɔ⁴²/ tɕɔ⁴²	mjɔ³²
500	蚂蚁	ant	ပုရွက်ဆိပ်	pə jwɛʔ⁴⁴ sheɪʔ⁴⁴	pə jwa⁵³ʔ shi⁵³ʔ	po⁴⁴ ta⁴²ʔ tθa⁴⁴	pə jweɪ³²ʔ sheɪ³²ʔ
501	蚕	silkworm	ပိုး	po⁵⁵	pɯ⁵⁵	po⁴⁴	po⁵³
502	蜜蜂	bee	ပျား	pja⁵⁵	pjɔ⁵⁵	pja⁴⁴	pja⁵³
503	蝗虫 （蚂蚱）	locust	ကျိုင်းကောင်	tɕaĩ⁵⁵gaũ²²	tɕɯɯ̃⁵⁵kɔ̃³²	hnã¹¹ sa¹¹	tɕaĩ⁵³ gaũ³³
504	蜻蜓	dragonfly	ပုစဉ်း	pə zĩ⁵⁵	pə sẽ⁵⁵	zĩ⁴⁴/ziŋ⁴⁴	pə z̃ĩ⁵³
505	蝴蝶	butterfly	လိပ်ပြာ	leɪ⁴⁴pja²²	li⁵³ʔpjɔ³²/ li⁵³ʔplɔ³²	li⁴² pla¹¹	leɪ³²ʔpja³³
506	蜗牛	snail	ခရုပက်ကျိ	khəju⁵³pɛʔ⁴⁴ tɕi⁵³	pa⁵³ʔtɕi⁴²	ɕu⁴²/ ɕu⁴²ku⁴²ʔ ku⁴²ʔ	kha ju³² peɪ³²ʔtɕi³²
507	树干	trunk	ပင်စည်	pĩ²²zi²²	pẽ³²si³²	pã¹¹lɔ̃⁴⁴	pĩ³³zi³³
508	树枝	branch, twig	သစ်ကိုင်း	tθɪ⁴⁴kaĩ⁵⁵	sheɪ⁵³ʔkũ⁵⁵	tθɪ⁴²kaĩ⁴⁴	tθɪ³²ʔkaĩ⁵³
509	核儿	pit, stone	အုတိုင်းအစေ့	u²²daĩ²²/ ə si⁵³	u³²tũ³²/ ə se⁴²	lɛ¹¹u¹¹tã¹¹/ ə si⁴²	u³³daĩ³³/ ə se³²
510	芽儿	sprout, shoot	ပင်ပေါက်	pĩ²²bauʔ⁴⁴	pẽ³²bø⁵³ʔ	pã¹¹po⁴²	ə pĩ³³ŋe³³
511	蓓蕾	bud	အဖူးအငုံ	ə phu⁵⁵ə ŋoũ²²	ə phu⁵⁵/ ə ŋoũ³²	ə phu⁴⁴ə ŋɔ̃¹¹	ə phu⁵³
512	柳树	willow	မိုးမခ	mo⁵⁵mə kha⁵³	mɯ⁵⁵mə khɒ⁴²	mo⁴⁴mə kha⁴²	mo⁵³mə kha³²
513	杨树	poplar	ပေါပလာပင်	pɔ²²pə la²² bĩ²²	pɔ³²pə la³²bẽ³²	pɔ¹¹pə la¹¹bã¹¹	pɔ³³pə la³³bĩ³³
514	杉树	China fir	တရုတ်ထင်းရူး	tə jouʔ⁴⁴ thĩ⁵⁵ ju⁵⁵	tə jou⁵³ʔ thã⁵⁵ ju⁵⁵	tə jou⁴²ʔ thã⁴⁴ ɕu⁴⁴	tə jou³²ʔ thĩ⁵³ ɕu⁵³
515	松树	pine	ထင်းရူး	thĩ⁵⁵ ju⁵⁵	thã⁵⁵ ju⁵⁵/ thə jũ⁵⁵	thã⁴⁴ ɕu⁴⁴	thĩ⁵³ ɕu⁵³
516	柏树	cypress	ဆိုက်ပရက်ပင်	shaɪʔ⁴⁴pə rɪ⁴⁴s pĩ²²	shaɪ⁵³ʔpə rɪ⁵³ʔ spã³²	shaɪ⁴²ʔpə rɑ⁴²ʔspã¹¹	shaɪ³²ʔ pə rɪ³²ʔ spĩ³³
517	松香	resin, colophony	ထင်းရူးဆီ	thĩ⁵⁵ ju⁵⁵ shi²²	thə ju⁵⁵shi³²	thã⁴⁴ ɕu⁴⁴shi¹¹	thĩ⁵³ ɕu⁵³ shi³³
518	松明	pine torches	ထင်းရူးမီးတုတ်	thĩ⁵⁵ ju⁵⁵ mi⁵⁵ douʔ⁴⁴	thə ju⁵⁵ mi⁵⁵ dwi⁴²	thã⁴⁴ ɕu⁴⁴ mi⁴⁴ do⁴²ʔ	thĩ⁵³ ɕu⁵³ mi⁵³ dou³²ʔ
519	竹子	bamboo	ဝါး	wa⁵⁵	wɒ⁵⁵	wa⁴⁴	wa⁵³

(续表)

序号	汉义	英文	မြန်မာစာ 缅甸文	ရန်ကုန် 标准话 仰光音	တောင်ရှိ: 东友 方言音	ထား:ဝယ် 土瓦 方言音	မြိတ် 丹老 方言音
520	藤子	cane, vine	ကြိမ်	tɕeĩ^{22}	ki^{32}/kẽ^{32}	ki^{11}	tɕeĩ^{33}
521	刺儿	thorn, splinter	ဆူ:	shu^{55}	shu^{55}	shu^{44}	shu^{53}
522	桃子	peach	မက်မွန်	mɛʔ^{44}mũ^{22}	mja^{53ʔ}mũ^{32}	ma^{42}mũ^{11}	mɪ^{32ʔ}mã^{53}
523	梨	pear	သစ်တော်	tθɪʔ^{44}tɔ^{22}	sheɪ^{53ʔ}shɔ^{32}	tθɪ^{42ʔ}tɔ^{11}	tθɪ^{32ʔ}tɔ^{33}
524	橘子	tangerine	လိမ္မော်	leĩ^{22}mɔ^{22}	li^{32}mɔ^{32}	leĩ^{11}mɔ^{11}	leĩ^{33}mɔ^{33}
525	柿子	persimmon	တည်သီး	te^{22}dði^{55}	te^{32}shi^{55}	ki^{11}tθi^{44}	te^{33}tθi^{53}
526	葡萄	grape	သဖျစ်သီး	tθə bjɪʔ^{44}tθi^{55}	shə bjeɪ^{53ʔ}tθi^{55}	sə bjɪ^{42} tθi^{44}	sə bjɪ^{32ʔ} tθi^{53}
527	板栗	Chinese chestnut	သစ်အယ်သီး	tθɪʔ^{44}ɛ^{22}dði^{55}	shə a^{32} shi^{55}	tθɪ^{42}ɛ^{11} tθi^{44}	tθɪ^{32ʔ}ɛ^{33} dði^{53}
528	芭蕉	plantain	ဖီးကြမ်းငှက် ပျော	phi^{55}dʑã^{55} hŋə pjɔ^{55}	phi^{55}kraũ^{55} ŋə pjɔ^{55}	bi^{42} la^{44} tθi^{44}/ bjɔ^{11} tθi^{44}	bjɔ^{53} tθi^{53}
529	甘蔗	sugarcane	ကြံ	tɕã^{22}	tɕɒ̃^{32}	tɕã^{11}	tɕã^{33}
530	核桃	walnut	သစ်ကျား:	tθɪʔ^{44}tɕa^{55}	sheɪ^{53ʔ}tɕɒ^{55}	tθɪ^{42}tɕa^{44}	tθɪ^{32ʔ}tɕa^{53}
531	庄稼	crops	ကောက်ပဲသီးနှံ	kauʔ^{44}pɛ^{55}tθi^{55} hnã^{22}	kø^{53}pɛ^{55}shi^{55} nɒ̃^{32}	kɔ^{42ʔ}pɛ^{44} tθi^{44} hnã^{11}	kau^{32ʔ}pɛ^{53} tθi^{53} nã^{33}
532	粮食	foodstuff, grain	စား:နပ်ရိက္ခာ၊ ဆန်စပါး:	sa^{55}na^{22ʔ}jeɪ^{44} kha^{22}/shã^{22} zə ba^{55}	sɒ^{55}nɒ^{53ʔ}ji^{53ʔ} khɒ^{42}/ shaĩ^{32}sə pɒ^{55}	sa^{44}na^{42ʔ} ji^{42} kha^{42}/ba^{44}	sa^{53}na^{32ʔ} jeɪ^{32ʔ} kha^{32ʔ}/ shã^{33} sə pa^{53}
533	水稻	paddy rice	စပါး:	zə ba^{55}	sə pɒ^{55}	ba^{44}	zə pa^{53}
534	糯米	glutinous rice	ကောက်ညင်း	kauʔ^{44}hnɪ̃^{55}	kø^{53ʔ}ŋẽ^{55}/ kø^{53ʔ}hnɛ̃^{55}	kɔ^{42ʔ}hnɪ̃^{44}	kau^{32ʔ} nɪ̃^{53}
535	秧	(rice) seedling	ပျိုး:ပင်	pjo^{55}bɪ̃^{22}	plu^{55}bã^{32}	pjo^{44}pã^{11}	pjo^{53}bɪ̃^{33}
536	穗	ear, spike	အနှံ	ə hnã^{22}	ə nɒ̃^{32}	ə hnã^{11}	ə nã^{33}
537	稻草	rice straw	ကောက်ရိုး	kauʔ^{44}jo^{55}	kø^{53ʔ}jɯ^{55}	kɔ^{42}jo^{44}	kau^{32ʔ}jo^{53}
538	谷粒	unhusked rice	စပါး:	zə ba^{55}	sə pɒ^{55}	ba^{44}	sə pa^{53}
539	小麦	wheat	ဂျုံ	dʑoũ^{22}	kloũ^{32}	dʑoũ^{11}	dʑoũ^{33}
540	大麦	barley	ပါလီ	ba^{22}li^{22}	bɒ^{32}li^{32}	ba^{11}li^{11}	ba^{33}li^{33}
541	青稞	highland barley	ဂျုံကြမ်း	dʑoũ^{22}tɕã^{55}	kloũ^{32}tɕɒ̃^{55}	dʑoũ^{11}dʑã^{44}	dʑoũ^{33} dʑã^{53}

(续表)

序号	汉义	英文	မြန်မာစာ 缅甸文	ရန်ကုန် 标准话 仰光音	တောင်ရိုး 东友 方言音	ထားဝယ် 土瓦 方言音	မြိတ် 丹老 方言音
542	荞麦	buckwheat	ဘက်ဝိုတ်ဂျုံ	ba^{44}hweɪʔ^{44} dʑoũ ^{22}	ba^{53}ʔhweɪ^{53} kloũ ^{32}	ba^{42}ʔhwi^{42} dʑɔ̃ ^{11}	ba^{32}ʔ hweɪʔ^{32} dʑoũ ^{33}
543	麦秸	wheat straw	ဂျုံရိုး	dʑoũ ^{22}jo^{55}	kloũ ^{32}ju^{55}	dʑɔ̃ ^{11}jo^{44}	dʑoũ ^{33}jo^{53}
544	麦芒	awn of wheat	ဂျုံစပါး မွှေး	dʑoũ ^{22}zə bə mwe^{55}	kloũ ^{32}sə bɒ^{55} mwi^{55}	dʑɔ̃ ^{11}zə bə mwi^{44}	dʑoũ ^{33}zə bə mwe^{53}
545	玉米	maize, corn	ပြောင်း၊ ပြောင်းဖူး	pjaũ ^{55}/ pjaũ ^{55} phu^{55}	pjɔ̃ ^{55}/ pjɔ̃ ^{55} phu^{55}	plɔ̃ ^{44}/ plɔ̃ ^{44} tθi^{44}	pjaũ ^{53}/ pjaũ ^{53} phu^{53}
546	小米	millet	ဆပ်တ်	sha^{44}ʔ	sha^{53}ʔ	sha^{42}ʔ	sha^{32}ʔ
547	棉花	cotton	ဝါ၊ ဝါဂွမ်း	wa^{22}/wa^{22} gũ ^{55}	wɒ^{32}/ wɒ^{32}kũ ^{55}	wa^{11}/ wa^{11}gũ ^{44}	wa^{33}/ wa^{33}gũ ^{53}
548	麻	hemp	လျော်ပို့	ɕɔ^{22}/goũ ^{22}	khrɔ^{32}/goũ ^{32}	ɕɔ^{11}/ goũ ^{11}	ɕɔ^{33}/ goũ ^{33}ɕɔ^{33}
549	蔬菜	vegetable	ဟင်းသီးဟင်း ရွက်	hĩ ^{55}dθi^{55} hĩ ^{55}jwɛ^{44}	hẽ ^{55}shi^{55} hẽ ^{55} wa^{53}ʔ	hã ^{44}tθi^{44} hã ^{44} wa^{42}ʔ	hĩ ^{53}tθi^{53} hĩ ^{53} jwe^{32}ʔ
550	萝卜	radish	မုံလာဥ	moũ ^{22}la^{22}u^{53}	moũ ^{32} lɒ^{32}u^{42}/ moũ ^{32} hlɒ^{32}u^{42}	moũ ^{11} la^{11}u^{42}	moũ ^{33} la^{33}u^{32}
551	辣椒	hot pepper, chili	ငရုပ်သီး	ŋə jouʔ^{44}tθi^{55}	ŋə jou^{53}ʔshi^{55}/ sa^{53}ʔ tθi^{55}	dʑu^{42} tθi^{44}	ŋə jou^{32}ʔ tθi^{53}
552	葱	onion, scallion	ကြက်သွန် မြိတ်	tɕɛʔ^{44}tθoũ ^{22} meɪʔ^{44}	kra^{53}ʔtθũ ^{32} mi^{53}ʔ	tɕɪ^{42}ʔtθũ ^{11} meɪ^{42}ʔ	tɕɪ^{32}ʔtθũ ^{33} meɪ^{32}ʔ
553	蒜	garlic	ကြက်သွန်ဖြူ	tɕɛʔ^{44}tθoũ ^{22} phju^{22}	kra^{53}ʔtθũ ^{32} phju^{32}	tɕɪ^{42}ʔtθũ ^{11} phlu^{11}	tɕɪ^{32}ʔtθũ ^{33} phju^{33}
554	姜	ginger	ချင်း	dʑɪ ^{55}	khlẽ ^{55} seĩ ^{55}/ khrã ^{55}	ɕɪ ^{44}	dʑɪ ^{53}
555	马铃薯	potato	အာလူး	a^{22}lu^{55}	ɒ^{32}lu^{55}	a^{11}lu^{44}	a^{33}lu^{53}
556	瓜	melon, gourd	အသီး	ə tθi^{55}	ə shi^{55}	ə tθi^{44}	ə tθi^{53}
557	冬瓜	white gourd	ကျောက်ဖရုံ	tɕauʔ^{44}phə joũ ^{22}	krɔ^{53}phə joũ ^{32}	klɔ^{42}ʔ phjɔ̃ ^{44}	tɕau^{32}ʔphə joũ ^{33}
558	黄瓜	cucumber	သခွါး	tθə khwa^{55}	shə khwɒ^{55}	khwa^{44}	tθə khwa^{53}
559	豆	pea, bean	ပဲ	pɛ^{55}	pa^{55}	pɛ^{44}	pɛ^{53}
560	黄豆	soya bean	ဆိုယာပဲ	sho^{22}ja^{22}pɛ^{55}	shu^{32}jɒ^{32}pa^{55}	sho^{11}ja^{11} pɛ^{44}	sho^{33}ja^{33} pɛ^{53}
561	蚕豆	broad bean	ပဲပြား	pɛ^{55}bja^{55}	pa^{55}bjɒ^{55}	pɛ^{44}pla^{44}	pɛ^{53}bja^{53}

（续表）

序号	汉义	英文	မြန်မာစာ 缅甸文	ရန်ကုန် 标准话 仰光音	တောင်ရိုး 东友 方言音	ထားဝယ် 土瓦 方言音	မြိတ် 丹老 方言音
562	豌豆	pea	စတောပဲ	zə dɔ²² pɛ⁵⁵	sə dɔ³² pa⁵⁵	tɔ¹¹ pɛ⁴⁴ fia⁴⁴	sə dɔ³³ pɛ⁵³
563	花生	peanut	မြေပဲ	mje²² pɛ⁵⁵	mle³² pa⁵⁵	mle¹¹ pɛ⁴⁴	mje³³ bɛ⁵³
564	芝麻	sesame	နမ်း	hnã ⁵⁵	nɒ̃ ⁵⁵	hnã ⁴⁴	nã ⁵³
565	蘑菇	mushroom	မို	hmo²²	mɯ³²	hmo¹¹	mo³³
566	木耳	muer \<an edible fungus\>	ကြက်နာရွက်	tɕwɛ²⁴⁴nə jwɛʔ⁴⁴	krwa⁵³ʔnə jwa⁵³ʔ	kwa⁴²ʔnə pha⁴²ʔ	tɕwi³²ʔnə jwɛ³²ʔ
567	米	rice	ဆန်	shã ²²	shãĩ ³²	shã ¹¹	shã ³³
568	饭	cooked rice	ထမင်း	thə mĩ ⁵⁵	thə mɛ̃ ⁵⁵	hmã ⁴⁴	mĩ ⁵³
569	粥（稀饭）	gruel, porridge	ဆန်ပြုတ်	shã ²²bjouʔ⁴⁴	shãĩ ³²plwi⁵³ʔ	hmã ¹¹ bu⁴²	mĩ ⁵³ bjou³²ʔ
570	面粉	flour	ဂျုံ မှုန်.	dʑoũ ²² hmoũ ⁵³	kloũ ³²moũ ⁴²	dʑu¹¹ hmu⁴²	dʑoũ ³³ moũ ³² hɲɛ³²ʔ
571	瘦肉	lean meat	အဆီမပါ သောအသား	ə shi²²mə pa²²dɔ̃⁵⁵ə tθa⁵⁵	ə shi³²mə pɒ³² tɛ⁴²ə shɒ⁵⁵	ə sha⁴⁴	ə shi³³ mə pa³³ fiɛ³² ə tθa⁵³
572	脂肪油	animal oil	အဆီ	ə shi²²	ə shi³²	ə shi¹¹	ə shi³³
573	清油	vegetable oil	ဆီ	shi²²	shi³²	shi¹¹	shi³³
574	酥油（黄油）	butter	ထောပတ်	thɔ⁵⁵paʔ⁴⁴	thɔ⁵⁵pɒɪ⁵³ʔ	thɔ⁴⁴ba⁴²ʔ	thɔ⁵³ba³²ʔ
575	花椒	seed of Chinese prickly ash	ကသစ်ဆူး	ge tθɪ⁴⁴ shu⁵⁵	ke sheɪ⁵³ʔ shu⁵⁵	kə tθɪ⁴²ʔ shu⁴⁴	ge tθɪ³²ʔ shu⁵³
576	糖	sugar	သကြား	dðə dʑa⁵⁵	shə tɕɒ⁵⁵	dʑa⁴⁴	tθə dʑa⁵³
577	汤	soup	ဟင်းချို	hĩ ⁵⁵tɕho²²	hɛ̃ ⁵⁵khlɯ³²/ hã ⁵⁵tɕhɯ³²	hã ⁴⁴ɕo¹¹	hĩ ⁵³tɕho³³
578	酒	alcoholic beverage	အရက်	ə jɛʔ⁴⁴	ə jaʔ⁵³	jɪ⁴²ʔ	ə jɪ³²ʔ
579	开水	boiled water	ရေနွေး၊ရေကျက်	je²²nwe⁵⁵/ je²²dʑɛʔ⁵⁵	je³²nwi⁵⁵/je³² kraʔ⁵³	je¹¹pu¹¹	je³³nwe⁵³/ je³³nwe⁵³ dʑã ⁵³
580	茶	tea	လက်ဘက်ရည်	lə phɛʔ⁴⁴je²²	laʔ⁵³ pha⁵³ʔ je³²	laʔ⁴²ʔ pha⁴²ʔ je¹¹	phɪ³²ʔje³³
581	烟（吸的~）	cigarette, tobacco	ဆေးလိပ်	she⁵⁵lɛʔ⁴⁴	she⁵⁵li⁵³ʔ	she⁴⁴li⁴²	she⁵³lɛʔ³²ʔ

（续表）

序号	汉义	英文	မြန်မာစာ 缅甸文	ရန်ကုန် 标准话 仰光音	တောင်ရိုး 东友 方言音	ထားဝယ် 土瓦 方言音	မြိတ် 丹老 方言音
582	药	medicine	ဆေး	she^{55}	she^{55}	she^{44}	she^{53}
583	糠	chaff, bran	ဖွဲ	phwɛ^{55}	phwa^{55}	phwɛ^{44}	phwɛ^{53}
584	麦麸	wheat bran	ဂျုံဖွဲ	dʑoũ^{22} phwɛ^{55}	kroũ^{32}phwa^{55}	dʑɔ̃^{11} phwɛ^{44}	dʑoũ^{33} phwɛ^{53}
585	猪食	pig feed, pigwash	ဝက်စာ	wɛʔ^{44}sa^{22}	wa^{53}sɒ^{32}	wa^{42}sa^{11}	wɪ^{32}sa^{33}
586	马料	fodder, horse feed	မြင်းစာ	mjĩ^{55}za^{22}	mjɛ̃^{55}sɒ^{32}/mlɛ̃^{55}sɒ^{32}	bjĩ^{44}za^{11}	mjĩ^{53}sa^{33}
587	线	thread	ချည်	tɕhi^{22}	tɕhe^{32}/khre^{32}	khe^{11}	tɕhe^{33}
588	布	cloth	ပိတ်၊အထည်	peiʔ^{44}/ə the^{22}	pi^{53ʔ}/ə the^{32}	pi^{42}/ə the^{11}	peiʔ^{32}/ə the^{33}
589	丝	silk	ပိုး၊ပိုးချည်	po^{55}/po^{55}tɕhi^{22}	puɯ^{55}/puɯ^{55}khe^{32}	po^{44}/po^{44}khe^{11}	po^{53}/po^{53}tɕhɛ^{33}
590	绸子	silk fabric	ပိုး	po^{55}	puɯ^{55}	po^{44}	po^{53}
591	缎子	satin fabric	ဖဲ	phɛ^{55}	pha^{55}/phɛ^{55}	phɛ^{44}	phɛ^{53}
592	呢子	woollen cloth	သကၠလပ်	dðə gə laʔ^{44}	sha^{53ʔ} kə laɪ^{53ʔ}	tθa^{42ʔ} gə la^{42ʔ}	tθɪ^{32ʔ} gə la^{32ʔ}
593	衣服	clothing, garment	အကျီ	ĩ^{55}dʑi^{22}	ã^{55}kli^{32}	ã^{44}ki^{11}	ĩ^{53}dʑi^{33}
594	衣领	collar	ကော်လာ	kɔ^{22}la^{22}	kɔ^{32}lɒ^{32}	kɔ^{11}la^{11}	kɔ^{33}la^{33}
595	衣袖	sleeve	အကျီလက်	ĩ^{55}dʑi^{22}lɛʔ^{44}	ã^{55}kli^{32}laʔ^{32}	ã^{44}ki^{11}laʔ^{42}	ĩ^{53}dʑi^{33}lɪ^{32}
596	扣子	button	ကြယ်သီး	tɕɛ^{22}dði^{55}	kra^{32}shi^{55}	tɕɛ^{11}tθi^{44}	tɕɛ^{33}tθi^{53}
597	裤子	pants, trousers	ဘောင်းဘီ	baũ^{55}bi^{22}	phɵ̃^{55}phi^{32}	bɔ̃^{44}bi^{11}	baũ^{53}bi^{33}
598	裙子	skirt	စကတ်	sə kaʔ^{44}	sə ka^{53ʔ}	sə ka^{42}	sə ka^{32ʔ}
599	头帕	a colorful cloth worn on the head	ခေါင်းစည်း	gaũ^{55}zi^{55}	khɵ̃^{55}si^{55}	khɔ̃^{44}zɛ^{44}/khɔ̃^{44}pa^{42ʔ}	khaũ^{53}sɛ^{53}
600	包头	head-cloth, turban	ခေါင်းပေါင်း	gaũ^{55}baũ^{55}	khɵ̃^{55}pɵ̃^{55}	khɔ̃^{44}pɔ̃^{44}	khaũ^{53}baũ^{53}
601	帽子	hat	ဦးထုပ်	ou^{55}thouʔ^{44}	ou^{55}thou^{53ʔ}	au^{44}thau^{42ʔ}	ou^{53}thou^{32ʔ}
602	腰带	belt, girdle	ခါးပတ်	gə baʔ^{44}	gə baɪ^{53ʔ}	kha^{44} ba^{42ʔ}	kha^{53} ba^{32ʔ}
603	裹腿	puttee	ပတ်တီး	paʔ^{44}ti^{55}	paɪ^{53ʔ}ti^{55}	pa^{42ʔ}ti^{44}	pa^{32ʔ}ti^{53}
604	袜子	sock, stocking	ခြေအိတ်	tɕhi^{22}eɪ^{44}	khre^{32} i^{53ʔ}	khe^{11}su^{42}	tɕhe^{33}eɪ^{32ʔ}

(续表)

序号	汉义	英文	မြန်မာစာ 缅甸文	ရန်ကုန် 标准话 仰光音	တောင်ရှိ 东友 方言音	ထားဝယ် 土瓦 方言音	မြိတ် 丹老 方言音
605	鞋	shoe	ဖိနပ်	phə naʔ^{44}	phə nɒ^{53ʔ}/ mɔ^{32}za^{32}	khe na^{42ʔ}	phə nã^{32}
606	靴子	boot	ဘွတ်	buʔ^{44}	bu^{53ʔ}		bu^{32ʔ}
607	梳子	comb	ဘီး	bi^{55}	phi^{55}	khɔ̃^{44} phwi^{44}	khaũ^{53} phi^{53}
608	宝贝	treasured object, treasure	ရတနာ/ ကျောက်မျက်ရတနာ	jə də na^{22}/ tɕauʔ^{44}mjɛʔ^{44} jə də na^{22}	jə də nɒ^{32}/ krɒ^{53ʔ}mja^{53ʔ} jə də nɒ^{32}	jə tə na^{11}	jə tə na^{33}/ tɕaa^{32ʔ}mjɪʔ^{32ʔ} jə tə na^{33}
609	珊瑚	coral	သန္တာ	tθã^{22}da^{22}	shã^{32}ta^{32}	tθã^{11}da^{11}	tθã^{33}da^{33}
610	耳环	earrings	နားကွင်း	nə kwĩ^{55}	nɒ^{55} kwã^{55}	na^{44} kwã^{44}	na^{53} kwĩ^{53}
611	项圈	necklace, necklet	လည်ကွင်း	lɛ^{22}gwĩ^{55}	le^{32}gwã^{55}	lɛ^{11}kwã^{44}	lɛ^{33}shwɛ^{53}
612	戒指	ring	လက်စွပ်	lɛʔ^{44}suʔ^{44}	la^{53ʔ}su^{53ʔ}	la^{42ʔ}su^{42ʔ}	lɪ^{32ʔ}su^{32ʔ}
613	手镯	bracelet	လက်ကောက်	lɛʔ^{44}kauʔ^{44}	la^{53ʔ}kɵ^{53}	la^{42ʔ}kɔ^{42ʔ}	lɪ^{32ʔ}kau^{32ʔ}
614	毡子	felt blanket	အမွေးကြမ်း၊ စောင်ထည်	ə mwe^{55} dzã^{55} saũ^{22}dɛ^{22}	ə mwi^{55}krɒ̃^{55} sɵ̃^{32}the^{32}	sɔ̃^{11}	ə mwe^{53} dzã^{53} saũ^{33} dɛ^{33}
615	氆氇	Tibetan woollen cloth	တိဘက်သိုးမွေ့သိုးမွေးထည်	ti^{53}beʔ^{44}tθo^{55} mwe^{55}dɛ^{22}	ti^{3}ba^{53ʔ} de^{32}tθa^{42} ka^{42}tθɯ^{55} mwi^{55}the^{32}	ti^{42}ba^{42ʔ} tθo^{44} mwi^{44} the^{11}	ti^{32}bɪ^{32ʔ}tθo^{53} mwe^{53}dɛ^{33}
616	枕头	pillow	ခေါင်းအုံး	gaũ^{55}oũ^{55}	khɔ̃^{55}oũ^{55}	gɔ̃^{44}ɔ̃^{44}	khaũ^{53} oũ^{53}
617	席子	mat	ဖျာ	phja^{22}	phjɒ^{32}	phja^{11}	phja^{33}
618	垫子	pad, cushion	ကုရှင်/ထိုင်ခုံ	ku^{22}ɕĩ^{22}	thũ^{32}khoũ^{32} ə phoũ^{55}	ku^{11}ɕĩ^{11}	ku^{33}ɕĩ^{33}
619	蓑衣	straw or palm-bark rain cape	ကျူပင်မိုးကာ	tɕu^{22}bĩ^{22} mo^{55}ka^{22}	kju^{32}bẽ^{42} muɯ^{55}ka^{32}		tɕu^{33}bĩ^{32} mo^{53}ka^{33}
620	房子	house	အိမ်	eĩ^{22}	i^{32}	im^{11}	eĩ^{33}
621	房顶	roof	ခေါင်မိုး	khaũ^{22}mo^{55}	khɔ̃^{32}muɯ^{55}	khɔ̃^{11}mo^{44}	khaũ^{33}mo^{53}
622	房檐	eave	တံစက်မြိတ်	də sɛʔ^{44}meɪʔ^{44}	tã^{32}sa^{53ʔ}mi mli^{42}	də sa^{42ʔ}	je^{33} zə jau^{32ʔ}
623	地基	foundation	အုတ်မြစ်	ouʔ^{44}mjɪʔ^{44}	ui^{53ʔ}mreɪ^{53ʔ}	u^{42}mjɪ^{42ʔ}	ou^{32ʔ}mjɪ^{32ʔ}
624	厨房	kitchen	စားဖိုချောင်၊ မီးဖိုချောင်	sə pho^{33} dzaũ^{22}/mi^{55} pho^{22}dzaũ^{22}	mi^{55}phu^{32} khlɵ^{32}	bjĩ^{44}zɔ̃^{11}/ mi^{44} pho^{11} khã^{44}	sə pho^{33} shaũ^{33}/mi^{53} pho^{33}khã^{53}
625	楼房	building	တိုက်အိမ်	taɪʔ^{44}eĩ^{22}	tɒu^{53ʔ}i^{32}/ tɒu^{53ʔ}e^{32}	taɪ^{42ʔ} im^{11}	taɪ^{32ʔ}eĩ^{33}

（续表）

序号	汉义	英文	မြန်မာစာ 缅甸文	ရန်ကုန် 标准话 仰光音	တောင်ရှိ 东友 方言音	ထားဝယ် 土瓦 方言音	မြိတ် 丹老 方言音
626	楼上	upstairs	အပေါ်ထပ်	ə pɔ²²daʔ⁴⁴	ə pɔ³²thɔ⁵³ʔ	ə pɔ¹¹thaʔ⁴²ʔ	ə pɔ³³thaʔ³²ʔ
627	楼下	downstairs	အောက်ထပ်	auʔ⁴⁴thaʔ⁴⁴	ɔ⁵³ʔthɔ⁵³ʔ	ɔ⁴²ʔthaʔ⁴²ʔ	au³²ʔthaʔ³²ʔ
628	仓库	warehouse, storehouse	ဂိုဒေါင်	go²²daũ²²	ku³²tɕ̃³²/ guɯ³²dɤ̃³²	gu¹¹dɔ̃¹¹	go³³daũ³³
629	牛圈	cowshed, ox fence	နွားတင်းကုပ်	nwa⁵⁵tĩ⁵⁵ gouʔ⁴⁴	nɔ⁵⁵tɛ̃⁵⁵kou⁵³ʔ	nwa⁴⁴gauʔ⁴²ʔ	nwa⁵³tĩ⁵³ gou³²ʔ
630	猪圈	pigsty, hogpen	ဝက်)ခံ	wɛʔ⁴⁴tɕhã²²	wa⁵³ʔtɕhɔ̃³²/ wa⁵³ʔkhrɔ̃³²	wa⁴²ʔ tɕhã¹¹	wɪ³²ʔtɕhã³³
631	马圈	stable, horse fence	မြင်းဇောင်း	mjĩ⁵⁵zaũ⁵⁵	mrɛ̃⁵⁵sɤ̃⁵⁵	bjĩ⁴⁴ gauʔ⁴²ʔ	mjĩ⁵³zaũ⁵³
632	羊圈	sheepfold, sheep pen	သိုး)ခံ	tθo⁵⁵dzã²²	tθɯ⁵⁵tɕhɔ̃³²/ tθɯ⁵⁵khrɔ̃³²	tθo⁴⁴tɕhã¹¹	tθo⁵³tɕhã³³
633	鸡圈	chicken pen	ကြက်ခြင်း၊ ကြက်)ခံ	tɕɛʔ⁴⁴tɕhĩ⁵⁵ tɕɛʔ⁴⁴tɕhã²²	tɕa⁵³ʔtɕhɛ̃⁵⁵/ kra⁵³ʔkhrɔ̃³²	tɕɪ⁴²ʔtɕhĩ⁴⁴ tɕɪ⁴²ʔtɕhã¹¹	tɕɪ³²ʔtɕhĩ⁵³ tɕɪ³²ʔtɕhã³³
634	砖	brick	အုတ်ခဲ	ouʔ⁴⁴khɛ⁵⁵	ui⁵³ʔkha⁵⁵	u⁴²khɛ⁴⁴	ou³²ʔkhɛ⁵³
635	瓦	tile	အုတ်ကြွပ်	ouʔ⁴⁴tɕuʔ⁴⁴	ui⁵³ʔkru⁵³ʔ/ ui⁵³ʔtɕu⁵³ʔ	u⁴²tɕwa⁴⁴	ou³²ʔtɕu³²ʔ
636	墙	wall	နံရံ	nã²²jã²²	nɔ̃³²jɔ̃³²	nã¹¹jã¹¹	nã³³jã³³
637	木头	wood, log	သစ်တုံး၊ သစ်	tθɪʔ⁴⁴toũ⁵⁵/ tθɪʔ⁴⁴	shei⁵³ʔtoũ⁵⁵/ shei⁵³ʔ	tθɪ⁴²ʔtɔ̃⁴⁴ tθɪ⁴²ʔ	tθɪ³²ʔtoũ⁵³/ tθɪ³²ʔ
638	木板	plank, board	ပျဉ်ပြား	pjĩ²²bja⁵⁵	pjĩ³²pla⁵⁵/ plã³²prɔ̃⁵⁵	pjĩ¹¹pla⁴⁴	pjĩ³³tɕhaʔ³²ʔ
639	柱子	pillar, column	တိုင်	taĩ²²	tũ³²	taĩ¹¹	taĩ³³
640	门	door	တံခါး	də ga⁵⁵	tə khɔ⁵⁵	khɔ⁴²ʔpɔ⁴²ʔ	tə ga⁵³
641	门槛	threshold	တံခါးခုံ	də ga⁵⁵ khoũ²²	də khɔ⁵⁵ khoũ³²	khɔ⁴²ʔpɔ⁴²ʔ khɔ̃¹¹	tə ga⁵³ khoũ³³
642	大门	front door, entrance door	အိမ်ရှေ့တံခါး	eĩ²²ɕe⁵³ də ga⁵⁵	i³²ɕeʔ⁴² də khɔ⁵⁵	ĩ¹¹ɕe⁴² khɔ⁴²ʔ pɔ⁴²ʔ	eĩ³³ɕe³² tə ga⁵³
643	窗子	window	ပြူတင်းပေါက်	bə dĩ⁵⁵bauʔ⁴⁴	pə ɾĩ⁵⁵bø⁵³ʔ	la⁴²ʔtã⁴⁴ bɔ⁴²ʔ	pə dĩ⁵³bauʔ³²ʔ
644	梁	beam	ယက်မ	jɛʔ⁴⁴ma⁵³	jaʔ⁵³ʔmɔ⁴²	jɪ⁴²ma⁴²	jɪ³²ʔma³²
645	椽子	rafter	ခုံင်း	daĩ⁵⁵	dũ⁵⁵	daĩ⁴⁴	daĩ⁵³
646	台阶	flight of steps	လှေကား)ထစ်	hle²²gə thɪʔ⁴⁴	le³²kha⁵⁵ thei⁵³ʔ	hle¹¹ka⁴⁴ thɪ⁴²ʔ	le³³gə thɪ³²ʔ
647	篱笆	bamboo/ twig fence	ခြံစည်းရိုး	tɕhã²²si⁵⁵jo⁵⁵	khrɔ̃³²si⁵⁵ ju⁵⁵/ sɤ̃³² jã⁵⁵	tɕhã¹¹tã⁴⁴	tɕhã³³sɛ⁵³ jo⁵³

(续表)

序号	汉义	英文	မြန်မာစာ 缅甸文	ရန်ကုန် 标准话 仰光音	တောင်ငြီး 东友 方言音	ထားဝယ် 土瓦 方言音	မြိတ် 丹老 方言音
648	园子	garden (plot)	ဥ	tɕhã^{22}	tɕhã^{32}/khrɒ̃^{32}	tɕhã^{11}	tɕhã^{33}
649	东西	thing	ပစ္စည်း	pɪʔ^{44}si^{55}	peɪ^{53ʔ}si^{55}	pɪ^{42ʔ}si^{44}	tθeɪ^{53}kha^{33}
650	桌子	table	စားပွဲ	zə bwɛ^{55}	sə pwa^{55}/sɒ^{55}pwa^{55}	bwɛ^{44}	sə bwɛ^{53}
651	凳子	stool, bench	ကုလားထိုင်	kə lə thaĩ^{22}	kə lə thũ^{32}	ka^{11}la^{11} thaĩ^{11}	kə lə thaĩ^{33}
652	床	bed	ကုတင်	gə ɗĩ^{22}	kə ɗẽ^{32}	kə tã^{11}	kə ɗĩ^{33}
653	箱子	chest, box, trunk	သေတ္တာ	tθɪʔ^{44}ta^{22}	teɪ^{53ʔ}tɒ^{32}	tθɪ^{42}ta^{11}	tθɪ^{32ʔ}ta^{33}
654	柜子	cupboard, cabinet	ဗီရို	bi^{22}do^{22}	bi^{32}tɯ^{32}	bi^{11}do^{11}	bi^{33}do^{33}
655	盒子	box, case	ဘူးအစ်	bu^{55}/ɪʔ^{44}	phu^{55}/eɪ^{53ʔ}	phu^{44}	bu^{53}/ɪ^{32ʔ}
656	肥皂	soap	ဆပ်ပြာ	shaʔ^{44}pja^{22}	sha^{53ʔ}pjɒ^{32}/sha^{53ʔ}prɒ^{32}	sha^{42ʔ}pla^{11}	sha^{32ʔ}pja^{33}
657	镜子	mirror	မှန်	hmã^{22}	maĩ^{32}/hmaĩ^{32}	hmã^{11}	mã^{33}
658	扫帚	broom	တံမြက်စည်း	də bjɪʔ^{44}si^{55}	tɒ̃^{32}mja^{53ʔ}se^{55}	bjɪ^{42ʔ}sɛ^{44}	mjɪ^{32ʔ}se^{53} kha^{33}
659	灯	light, lamp	မီး	mi^{55}	mi^{55}	mi^{44}	mi^{53}
660	柴	firewood	ထင်း	thĩ^{55}	thẽ^{55}	thã^{44}	thĩ^{53}
661	火炭（燃着的炭）	live charcoal	မီးကျီး	mi^{55}tɕi^{55}	mi^{55}kli^{55}	mi^{44}khɛ^{44}	mi^{53}khɛ^{53}
662	火石	flint	မီးခတ်ကျောက်	mi^{55}khaʔ^{44}tɕau?^{44}	mi^{55}khaɪ^{53ʔ}klɒ^{53ʔ}	mi^{44}kha^{42ʔ}klɒ^{42ʔ}	mi^{53}kha^{32ʔ}tɕau^{32ʔ}
663	火绒	tinder	မီးမွှေးလောင်စာ	mi^{55} hmwe^{55} laũ^{22} za^{22}	mi^{55} mwi^{55} lõ^{32} sɒ^{32}	mi^{44} te^{44} põ^{44}	mi^{53} mwe^{53} laũ^{33} za^{33}
664	火镰	steel\<for flint\>	သံမဏိခဲ	tθã^{22}mə ni^{53} gɛ^{55}	shõ^{32}mə ni^{42} kha^{55}	sti^{44}	khɛ^{53}
665	火柴	match	မီးခြစ်	mi^{55} tɕhɪʔ^{44}	mi^{55} khraɪ^{53ʔ}	mi^{44} tɕhɪ^{42ʔ}ɔ^{42ʔ}	mi^{53} tɕhɪ^{32ʔ}
666	火把	torch	မီးတုတ်	mi^{55} douʔ^{44}	mi^{55} duɪ^{53ʔ}	mi^{44} dɔ^{42ʔ}	mi^{53} dou^{32ʔ}
667	香（烧的～）	joss stick, incense	အမွှေးတိုင်	ə hmwe^{55} daĩ^{22}	ə mwi^{55}dũ^{32}	hmwi^{44} taĩ^{11}	ə mwe^{53}daĩ^{33}
668	垃圾	garbage, rubbish	အမှိုက်	ə hmaɪʔ^{44}	ə mɒu^{53ʔ}	hmaɪ^{42ʔ}	ə maɪ^{32ʔ}
669	染料	dye (stuff)	ဆိုးဆေး	sho^{55}ze^{55}	shɯ^{55}she^{55}	sho^{44}she^{44}	sho^{53}she^{53}

(续表)

序号	汉义	英文	မြန်မာစာ 缅甸文	ရန်ကုန် 标准话 仰光音	တောင်ရိုး 东友方言音	ထားဝယ် 土瓦方言音	မြိတ် 丹老方言音
670	灶	cooking stove, kitchen range	မီးဖို	mi⁵⁵bo²²	mi⁵⁵phu³²	mi⁴⁴pho¹¹	mi⁵³pho³³
671	铁锅	large iron wok, pan	ဒယ်အိုး	dɛ²²o⁵⁵	te³²ɯ⁵⁵	bɔ¹¹o⁴⁴	dɛ³³o⁵³
672	炒菜锅	frying wok	ဟင်းအိုး	hĩ⁵⁵o⁵⁵	hẽ⁵⁵ɯ⁵⁵	hã⁴⁴o⁴⁴	hĩ⁵³o⁵³
673	盖子	lid, cover	စလောင်း၊ အဖုံး	sə laũ⁵⁵/ ə phoũ⁵⁵	sə lõ⁵⁵/ ə phoũ⁵⁵	sə lɔ̃⁴⁴/ ə phɔ̃⁴⁴	ə phoũ⁵³
674	蒸笼	bamboo food steamer	ပေါင်းချောင်	paũ⁵⁵ dʑaũ²²	põ⁵⁵khlõ³²	pɔ̃⁴⁴dʑɔ̃¹¹	paũ⁵³dʑaũ³³
675	刀	knife	ဓား	da⁵⁵	thɒ⁵⁵	thɑ⁴⁴	da⁵³
676	把儿（刀~）	handle (of a knife)	ဓားရိုး	da⁵⁵jo⁵⁵	thɒ⁵⁵jɯ⁵⁵	thɑ⁴⁴jo⁴⁴	da⁵³jo⁵³
677	勺子	ladle	ယောက်မဇွန်းကြီး	jau⁴⁴ma⁵³/ zũ⁵⁵dʑi⁵⁵	jø⁴⁴mɒ³/ zwã⁵⁵kwi⁵⁵/ zwã⁵⁵ku⁵⁵	ju⁴²ʔma⁴²/ zũ⁴⁴ki⁴⁴	jau³²ʔma³²/ zũ⁵³dʑi⁵³
678	匙（调羹）	spoon	ဇွန်း	zũ⁵⁵	zwã⁵⁵	zũ⁴⁴	zũ⁵³
679	碗	bowl	ပန်းကန်	bə gã²²	põ⁵⁵kaĩ³²	sã¹¹	bə gã³³
680	盘子	plate, dish	ပန်းကန်ပြား	bə gã²²bja⁵⁵	põ⁵⁵kaĩ³²prɯ⁵⁵	sã¹¹blɑ⁴⁴	bə gã³³bja⁵³
681	筷子	chopsticks	တူ	tu²²	tu³²	tu¹¹	tu³³
682	瓶子	bottle	ပုလင်း	pə lĩ⁵⁵	pə lẽ⁵⁵	phu⁴⁴	pə lĩ⁵³
683	罐子	pot, jar, tin	အိုး	o⁵⁵	ɯ⁵⁵	o⁴⁴	o⁵³
684	坛子	earthen jar	အိုးစရည်း	o⁵⁵sə ji⁵⁵	ɯ⁵⁵sə je⁵⁵		o⁵³sə ji⁵³
685	壶	kettle, pot	ခရား	khə ja⁵⁵	khə jɒ⁵⁵	khə ja⁴⁴	khə ja⁵³
686	缸	vat, jar	စဉ့်အိုး	sĩ⁵³o⁵⁵	sẽ⁴²ɯ⁵⁵	sĩ⁴²o⁴⁴	sĩ³²o⁵³
687	水桶	bucket	ရေပုံး	je²²boũ⁵⁵	je³²boũ⁵⁵	je¹¹bɔ̃⁴⁴	je³³boũ⁵³
688	木盆	wooden tray	သစ်သားအင်းတုံး	tθɪʔ²⁴⁴tθa⁵⁵ ĩ⁵⁵doũ⁵⁵	sheɪʔ⁴⁴sha⁴⁴ ẽ⁵⁵toũ⁵⁵	tθɪʔ⁴²ʔtθa⁴⁴ ã⁴⁴tɔ̃⁴⁴	tθɪʔ⁴²ʔtθa⁵³ ĩ⁵³doũ⁵³
689	箍子	hoop, band	သံနွေ့ပတ်	tθã²²gwe²² paʔ⁴⁴	shõ³²khwe³² paɪ⁵³ʔ	tθã¹¹pa⁴²ʔ khwi¹¹	tθã³³khwe³³ pa³²ʔ
690	瓢	gourd ladle, wooden dipper	ဘူးမှုတ်	ouʔ²⁴⁴hmouʔ⁴⁴	oũ⁵⁵mui⁵³ʔ	ɔ̃⁴⁴hmu⁴²	oũ⁵³mou³²ʔ
691	三脚架	trivet	ဝက်က	wɛʔ²⁴⁴ ka⁵³		wa⁴²ʔ ka⁴²	wɪ³²ʔ ka³²

（续表）

序号	汉义	英文	မြန်မာစာ 缅甸文	ရန်ကုန် 标准话 仰光音	တောင်ရိုး 东友 方言音	ထားဝယ် 土瓦 方言音	မြိတ် 丹老 方言音
692	火钳	fire-tongs	မီး‌ညှပ်	mi^{55}hna^{44}	mi^{55}ɲeɪ^{53ʔ}	mi^{44}hna^{42ʔ}	mi^{53}ɲa^{32ʔ}
693	吹火筒	a (bamboo) tube for blowing on a fire	မီး‌ပြောင်း	mi^{55} bjaũ ^{55}	mi^{55} prɔ̃ ^{55}	mi^{44} plɔ̃ ^{44}	mi^{53} bjaũ ^{53}
694	竹筒	a section of bamboo used as a container	ဝါး‌ကျည်‌တောက်	wa^{55}tɕi^{22} dauʔ^{44}	wɒ^{55}kre^{32}thø^{44ʔ}	wa^{44}klɛ^{11} dɔ^{42ʔ}	wa^{53}tɕɛ^{33} dau^{32ʔ}
695	背带（背小孩用）	a piece of cloth with straps for carrying a toddler on the back	‌သိုင်း‌ကြိုး	tθaĩ ^{55}dzo^{55}		shaĩ ^{44}tɕo^{44}	tθaĩ ^{53}dzo^{53}
696	秤	steelyard, scales	ချိန်ခွင်	tɕheĩ ^{22}gwĩ ^{22}	khli^{32}khwẽ ^{32}	khi^{11} khwã ^{11}	tɕheĩ ^{33} khwĩ ^{33}
697	斗	a container for measuring grain <=1 decaliter>	ဆယ်း‌တရ‌တ်တင် (တရုတ်ပြည်ဆယ်ပြည်)	zə la^{55}/tə jouʔ^{44} tī ^{55}	tɒ^{32} jou^{53ʔ} sha^{32} pre^{32}	zə la^{44}/tə jou^{42ʔ} tī ^{44}	zə la^{53}/tə jou^{32ʔ} tī ^{53}
698	升	1-litre-volume measuring container	တရုတ်ပြည်	tə jouʔ^{44} pji^{22}	tɒ^{32} jou^{53ʔ} pre^{32}	tə jou^{42ʔ} pji^{11}	tə jou^{32ʔ} pjɛ^{33}
699	钱（货币）	money	ပိုက်ဆံ	paɪʔ^{44}shã ^{22}	peɪ^{53ʔ}shã ^{32}	ka ^{42}	paɪ^{32ʔ}shã ^{33}/ tɕi^{53} bja^{53}
700	本钱	capital, principal	အရင်း	ə j ĩ ^{55}	ɒ^{42} j ɛ̃ ^{55}	ə j ĩ ^{44}	ə j ĩ ^{53}
701	货物	goods, merchandise	ကုန်	koũ ^{22}	kuẽ ^{32}	koũ ^{11}/ku^{11}	koũ ^{33}
702	利息	interest	အတိုး‌ငွေ‌တိုး	ə to^{55}/ŋwe^{22} to^{55}	ɒ^{42} tɯ^{55}/ ŋwe^{32}tɯ^{55}	ə to^{44}/ ŋwe^{11} to^{44}	ə to^{53}/ ŋwe^{33}do^{53}
703	尺子	ruler	‌ပေတံ	pe^{22}dã ^{22}	pe^{32}tɒ̃ ^{32}	pe^{11}tã ^{11}/ mjī ^{44}tã ^{11}	pe^{33} tã ^{33}
704	针	needle	အပ်	aʔ^{44}	ɒ^{53ʔ}	a^{42ʔ}	a^{32ʔ}
705	锥子	awl	စူး	su^{55}	su^{55}	su^{44}	su^{53}

（续表）

序号	汉义	英文	မြန်မာစာ 缅甸文	ရန်ကုန် 标准话 仰光音	တောင်ရိုး 东友 方言音	ထားဝယ် 土瓦 方言音	မြိတ် 丹老 方言音
706	钉子	nail, tack	သံချွန်	tθã^{22} tɕhũ^{22}	shõ^{32} khrũ^{32}/ mɛ^{32}nɒ^{42}	tθã^{11} ɕũ^{11}	tθã^{33} tɕhũ^{33}
707	剪子	scissors	ကတ်ကြေး	kaʔ^{44}tɕi^{55}	kɒ$^{53?}$kre^{55}	ka$^{42?}$tɕe^{44}	ka$^{32?}$tɕe^{53}
708	梯子	ladder	လှေကား	hle^{22}ga^{55}	le^{32}kɒ^{55}/le^{32} kha^{55}	hle^{11}ga^{44}/ hle^{11}ka^{44}	le^{33}ga^{53}
709	伞	umbrella	ထီး	thi^{55}	thi^{55}	thi^{44}	thi^{53}
710	锁	lock	သော့ လောက်	tθɔ^{53}khə lauʔ^{44}	shɔ^{42}khə lɔ$^{53?}$	tθɔ^{42}khə lɔ$^{42?}$	tθɔ^{32}khə lauʔ$^{32?}$
711	钥匙	key	သော့	tθɔ^{53}	shɔ^{42}	tθɔ^{42}	tθɔ^{32}
712	轮子	wheel	ဘီး	bẽi^{55}	phi^{55}	bẽi^{44}	bẽi^{53}
713	马鞍	saddle	မြင်းကႃ ကကြီး	mjĩ^{55} ka^{53}/ ka^{53}tɕo^{55}	mjẽ^{55} kɒ^{42} kru^{55}		mjĩ^{53} ka^{32} tɕo^{53}
714	马笼头	halter, bridle	မြင်းဦးခက်	mjĩ^{55} u^{55} khaʔ^{44}	mjẽ^{55} khwei$^{53?}$		mjĩ^{53} u^{53} kha$^{32?}$
715	马肚带	belly bend	ဝမ်းပတ်ကြီး	wũ^{55}paʔ^{44} tɕo^{55}			wũ^{53}pa$^{32?}$ tɕo^{53}
716	马嚼子	bit	ဇက်	zɛʔ^{44}	sa$^{53?}$		zi$^{32?}$/ zi^{32}
717	马镫子	stirrup	ခြေနင်း	tɕhe^{22} nẽ^{55}	khre^{32} nẽ^{55}	khe^{11} nã^{44}	tɕhe^{33} nĩ^{53}
718	马掌	horseshoe	မြင်းခွါ	mjĩ^{55} khwa^{22}	mjẽ^{55} khɒ^{32}	bjĩ^{44} khwa^{11}	mjĩ^{53} khwa^{33}
719	马槽	manger	မြင်းစားခွက်	mjĩ^{55} sə khwɛʔ^{44}	mjẽ^{55} sɒ^{55} khwa$^{53?}$	bjĩ^{44} sa^{44} khwa$^{42?}$	mjĩ^{53} sa^{33} khwi$^{32?}$
720	后鞦	crupper- strap	မြီးပျဉ်း	mji^{55}pjã^{55}			
721	缰绳	reins	ကြိုး	ka^{53}tɕo^{55}	kɒ^{42}kə rɯ^{55}		ka^{32}tɕo^{53}
722	鞭子	whip	ကြာပွတ်နှင့်ဝါး	dzə puʔ^{44}/ hnĩ^{22} dã^{22}	krɒ^{32} pu$^{53?}$/ nẽ^{32} tõ^{32}	tɕa^{11} pu$^{42?}$/ hnĩ^{11} dã^{11}	tɕa^{33} pu$^{32?}$/
723	驮架	pack rack	ဝန်တင်စင်	wũ^{22}tĩ^{22}zi^{55}	wẽ^{32}tɛ̃^{32}sẽ^{32}		wũ^{33}tĩ^{33} sĩ^{33}
724	牛轭	yoke	ထမ်းပိုး	də bo^{55}	thã^{55}pɯ^{55}/ tə pɯ^{55}	də bo^{44}	thã^{53} bo^{53}
725	牛鼻圈	a ring in a cow's nose, used to lead it about	နွားကွင်း	nə pha^{55} gwĩ^{55}	nɒ^{55} pha^{55} gwẽ^{55}	nə pha^{44} gwã^{44}	nə pha^{53} gwĩ^{53}
726	牛皮绳	oxhide string	သားရေကြိုး	tθə je^{22}dzo^{55}	shə je^{32}kru^{55}	tθə je^{11}tɕo^{44}	tθə je^{33}dzo^{53}
727	船	boat, ship	လှေ	hle^{22}	le^{32}	hle^{11}	le^{33}

（续表）

序号	汉义	英文	မြန်မာစာ 缅甸文	ရန်ကုန် 标准话 仰光音	တောင်ငူ: 东友 方言音	ထား:ဝယ် 土瓦 方言音	မြိတ် 丹老 方言音
728	木筏	raft	ဖောင်	phaũ²²	phɔ̃³²	phɔ̃¹¹	phaũ³³
729	工具	tool	ကိရိယာ	kə ri⁵³ ja²²	kə ri³² jɒ³²	kə ri⁴² ja¹¹	kə ri ja³³
730	斧头	axe	ပုဆိန်၊ရဲတင်း	pə sheĩ²²/ je⁵³dĩ⁵⁵	pə sheĩ³²/ ja⁵⁵tĩ⁵⁵	ka⁴²ʔpa⁴²	ka³²ʔpa³²
731	锤子	hammer	တူ	tu²²	tu³²	tu¹¹	tu³³
732	凿子	chisel	ဆောက်	shauʔ⁴⁴	shɔ⁵³ʔ	shɔ⁴²	shau³²ʔ
733	锯子	saw	လွှ	hlwa⁵³	lɒ⁴²	hlwa⁴²	lwa³²
734	钻子	drill, auger	လွန်	lũ²²	lwẽ³²	lũ¹¹	lũ³³
735	锉	file	တံစဉ်း	tə zĩ⁵⁵	tə zĩ⁵⁵	zĩ⁴⁴	tə zĩ⁵³
736	刨子	plane	ရွှေပေါ်	jwe²²bɔ²²	je³²bɔ³²	ji¹¹ phɔ¹¹	je³³bɔ³³
737	墨斗	carpenter's ink marker	မင်အိုး	hmĩ²²o⁵⁵	mẽ³²ɯ⁵⁵	hmã¹¹ je¹¹ o⁴⁴	mĩ³³o⁵³
738	胶	glue, gum	ကော်	kɔ²²	kɔ³²	kɔ¹¹	kɔ³³
739	犁	plough	ထယ်	thɛ²²	tha³²/thɛ³²	thũ¹¹	thɛ³³
740	铧	ploughshare	ထယ်သွား	thɛ²²dðwa⁵⁵	thɛ³² shɒ⁵⁵	thũ¹¹ tθwa⁴⁴	thɛ³³ tθwa⁵³
741	耙	rake	ထွန်	thũ²²	thuẽ³²	thũ¹¹	thũ³³
742	锄头	hoe	ပေါက်တူး၊ ပေါက်ပြား	pauʔ⁴⁴tu⁵⁵/ pauʔ⁴⁴pja⁵⁵	pø⁵³ʔtu⁵⁵/ pø⁵³ʔprɒ⁵⁵	pɔ⁴²tu⁴⁴/ pau⁴²pla⁴⁴	pau³²ʔtu⁵³/ pau³²ʔpja⁵³
743	扁担	carrying pole, shoulder pole	ထမ်းပိုး	də bo⁵⁵	thə pɯ⁵⁵/ thã⁵⁵pɯ⁵⁵	bo⁴⁴	thã⁵³ bo⁵³
744	楔子	wedge	သပ်	tθaʔ⁴⁴	shɒ⁵³ʔ	tθa⁴²ʔ	tθa³²ʔ
745	把儿（茶缸）	grip, handle	လက်ကိုင်	lɛʔ⁴⁴kaĩ²²	la⁵³ʔkũ³²	la⁴²kaĩ¹¹	lɪ³²ʔkaĩ³³
746	背篓	a basket carried on the back	ကျောပိုး၊ခြင်း၊ ကျောပိုး၊ ပလိုင်း	tɕɔ⁵⁵po⁵⁵ tɕhĩ⁵⁵/ tɕɔ⁵⁵po⁵⁵pə laĩ⁵⁵	krɒ⁵⁵pɯ⁵⁵pə lũ⁵⁵/jwa⁵³ʔ poũ⁵⁵	tɕɔ⁴⁴po⁵⁵ tɕhĩ⁴⁴/ bo⁴⁴ fia¹¹ pə laĩ⁴⁴	tɕɔ⁵³po⁵³ tɕhĩ⁵³/ tɕɔ⁵³ po⁵³ pə laĩ⁵³
747	肥料	fertilizer, manure	မြေသြဇာ	mjeɔ²²ɔ⁵⁵za²²	mreɔ³²ɔ⁵⁵zɒ³²	mle¹¹ɔ⁴⁴ za¹¹	mje³³ɔ⁵³ za³³
748	镰刀	sickle	တံစဉ်	də zĩ²²	tə zĩ³²	zĩ¹¹	də zĩ³³
749	水槽	open water conduit	ရေတ်လျောက်	je²²də jauʔ⁴⁴	je³²khə lø⁵³/ je³²si⁵⁵gə lø⁵³ʔ	je¹¹zə jɔ⁴²ʔ	

(续表)

序号	汉义	英文	缅甸文	标准话仰光音	东友方言音	土瓦方言音	丹老方言音
750	碓（水~）	trip-hammer for hulling rice	မောင်း	maũ^{55}	mɔ̃^{55}	mɔ̃^{44}	maũ^{53}
751	臼	mortar	ဆုံ	shoũ^{22}	shoũ^{32}	shɔ̃^{11}	shoũ^{33}
752	杵	pestle	ကျည်ပွေ့	dzə bwe^{53}	tɕə bwe^{42}/ shoũ^{32}pø^{53}ʔ juɯ^{55}	shɔ̃^{11}thɔ̃^{44}	shoũ^{33} thaũ^{53} jo^{53}
753	筛子	sieve, sifter	ဆန်ခါ	shã^{22} kha^{22}	shə kha^{32}	shã^{11} kha^{11}	shã^{33} kha^{33}
754	簸箕	winnowing fan	အမှိုက်ခွက်	ə hmaɪ^{44} khwɛʔ^{44}	ə hmɒu^{53}ʔ khwa^{53}ʔ	hmaɪ^{42}ʔ khwa^{42}ʔ	ə maɪ^{32}ʔ khwɛ^{32}ʔ
755	磨（石~）	millstones	ဆုံကျောက် ကြိတ်ဆုံ	shoũ^{22}/ tɕau^{44}ʔtɕeɪ^{44}ʔ shoũ^{22}	shoũ^{32}/krø^{53} kri^{53}ʔshoũ^{32}	shɔ̃^{11}/klɔ̃^{42}ʔ kli^{42}ʔshɔ̃^{11}	shoũ^{33}/ tɕau^{32}ʔ tɕeɪ^{32}ʔ shoũ^{33}
756	织布机	loom	ယက္ကန်းစင်	jɛʔ^{44}kã^{55}zɪ^{22}	ja^{53}ʔkãĩ^{55}sɛ̃^{32}	ji^{42}ʔkã^{44}sɪ^{11}	je^{32}ʔkã^{53} sɪ̃^{33}
757	柴刀	chopper	ထင်းခုတ်ဓား	thĩ^{55}khou^{44}ʔ da^{55}	thẽ^{55}khui^{53}ʔ thɒ^{55}	thã^{44}khu^{42}ʔ tha^{44}	thĩ^{53}khou^{32}ʔ da^{53}
758	刀鞘	sheath, scabbard	ဓား:အိမ်	də eĩ^{22}	thɒ^{55} i (m)^{32}	tha^{44} i^{11}	də eĩ^{33}
759	枪	gun, rifle	သေနတ်	tθə na^{44}ʔ	she^{32} naɪ^{53}ʔ	tθe^{11} na^{42}ʔ	tθə na^{32}ʔ
760	弓	bowl	လေး	le^{55}	le^{55}	le^{44}	le^{53}
761	箭	arrow	မြား	hmja^{55}	mjɒ^{55}/mra^{55}	hmja^{44}	mja^{53}
762	圈套（捕兽~）	snare, trap	ကျော့ကွင်း	tɕɔ^{53}kwĩ^{55}	klɔ^{42}kwɛ̃^{55}	tɕɔ^{42}kwĩ^{44}/ tɕɔ^{42}gwã^{44}	tɕɔ^{32}gwĩ^{53}
763	陷阱	trap, pitfall	ထောင်ချောက်	thaũ^{22}dzau^{44}ʔ	thɔ̃^{32}krɔ^{53}ʔ	thũ^{11}tɕhɔ^{42}ʔ	thaũ^{33} tɕhau^{32}ʔ
764	火药	gunpowder	ယမ်း	jã^{55}	jɒ̃^{55}	jã^{44}	jã^{53}
765	毒	poison, toxin	အဆိပ်	ə sheɪ^{44}ʔ	ɒ^{42} shi^{53}ʔ	ə shi^{42}	ə sheɪ^{32}ʔ
766	网	net	ပိုက်ကွန်	paɪ^{44}ʔkũ^{22}	peɪ^{53}ʔkwã^{32}	paɪ^{42}ʔkũ^{11}	paɪ^{32}ʔkũ^{33}
767	字	character, word	စာလုံး	sa^{22}loũ^{55}	sɒ^{32}loũ^{55}	sa^{11}lɔ̃^{44}	sa^{33}loũ^{53}
768	信	letter	စာ	sa^{22}	sɒ^{32}	sa^{11}	sa^{33}
769	画	painting	ပန်းချီ	bə dzi^{22}	pə khri^{32}/ pã^{55}tɕhe^{32}	pã^{44} tɕhi^{11}	pã^{33} tɕhi^{33}
770	书	book	စာအုပ်	sa^{22}ou^{44}ʔ	sɒ^{32}ui^{53}ʔ	sa^{11}au^{42}ʔ	sa^{33}ou^{32}ʔ

(续表)

序号	汉义	英文	မြန်မာစာ 缅甸文	ရန်ကုန် 标准话 仰光音	တောင်ငြီး 东友方言音	ထားဝယ် 土瓦方言音	မြိတ် 丹老方言音
771	纸	paper	စက္ကူ	$sɛʔ^{44}ku^{22}$	$sa^{53ʔ}ku^{32}$	$sɿ^{42ʔ}ku^{11}$	$sɿ^{32ʔ}ku^{33}$
772	笔	pen	ခဲတံ	$khɛ^{55}dã^{22}$	$kha^{55}tõ^{32}$	$khɛ^{44}tã^{11}$	$khɛ^{53}tã^{33}$
773	墨	(Chinese) ink	မင်	$hmĩ^{22}$	$mɛ̃^{32}$	$hmã^{11} jɛ^{11}$	$mĩ^{33}$
774	学问	learning, knowledge	ပညာ	$pĩ^{22}n̥a^{22}$	$pɛ̃^{32}n̥a^{32}/pĩ^{32}ŋ̊jɒ^{32}$	$pjĩ^{11}n̥a^{11}$	$pĩ^{33}n̥a^{33}$
775	话	speech, words	စကား	$zə ga^{55}$	$sə kɒ^{55}$	ga^{44}	$zə ga^{53}$
776	故事	story	ပုံပြင်	$poũ^{22}bjĩ^{22}$	$poũ^{32}plɛ̃^{32}$	$põ^{11}bjĩ^{11}$	$poũ^{33}bjĩ^{33}$
777	谚语	proverb, saying	စကားပုံ	$zə gə poũ^{22}$	$sə kə poũ^{32}$	$zə gə põ^{11}$ $poũ^{11}hwɛ^{42ʔ}$	$zə gə poũ^{33}$
778	笑话	joke, jest	ရယ်စရာ	$ji^{22}zə ja^{22}$	$ja^{32}sə jɒ^{32}$	$jɛ^{11}za^{11}$	$ha^{33}tθa^{32}$
779	谜语	riddle	စကားထာ	$zə gə tha^{55}$	$sə kɒ^{55}thɒ^{55}$	$zə gə tha^{44}/poũ^{11}hwɛ^{42ʔ}$	$sə ka^{53}tha^{33}$
780	歌	song	သီချင်း	$tθə tɕhĩ^{55}$	$shi^{32}khlɛ̃^{55}/tɛ^{32}khlɛ̃^{55}$	$tɕhĩ^{44}$	$tθə tɕhĩ^{53}$
781	舞蹈	dance	အက	$ə ka^{53}$	$ə kɒ^{42}$	$ə ka^{42}$	$ə ka^{32}$
782	棋	chess	ကျား	$tɕa^{55}$	$tɕɒ^{55}/krɒ^{55}$	$kã^{44}$	$tɕa^{53}$
783	鼓	drum	စည်ဖုံ	$si^{22}/boũ^{22}$	$se^{32}/boũ^{32}$	$bõ^{11}$	$sɿ^{33}/boũ^{33}$
784	锣	gong	မောင်း	$maũ^{55}$	$mõ^{55}$	$mõ^{44}$	$maũ^{53}$
785	钹	cymbals	လင်းကွင်	$lə gwĩ^{55}$	$lə khwĩ^{55}/lɛ̃^{32}kwɛ̃^{55}$	$lã^{44}kwã^{44}/tɕhã^{44}tɕhã^{44}$	$lə gwĩ^{53}$
786	钟	chime	နာရီခေါင်း လောင်	$na^{22}ji^{22}/khaũ^{55}laũ^{55}$	$nɒ^{32}ji^{32}/khõ^{55}lõ^{55}$	$na^{11}ji^{11}/khõ^{44}lõ^{44}$	$na^{33}ji^{33}/khaũ^{53}laũ^{53}$
787	笛子	bamboo flute	ပုလွေ	$pə lwe^{22}$	$pə lwi^{32}$	$pə lwi^{11}$	$pə lwe^{33}$
788	箫	a vertical bamboo flute	ခေါင်းလိုက် မှုတ်သော ပုလွေ	$daũ^{22}laɪ^{44}$ $hmouʔ^{44} dðo^{55}$ $pə lwe^{22}$	$thõ^{32}leɪ^{53ʔ}$ $mui^{53ʔ}tɛ^{42}$ $pə lwi^{32}$	$pə lwi^{11}$	$daũ^{33}laɪ^{32ʔ}$ $mou^{32ʔ}dðo^{53}$ $pə lwe^{33}$
789	胡琴	huqin <a two-stringed bowed instrument>	တရုတ် ယော	$tə jouʔ^{44} tə jɔ^{55}$	$tə jou^{53ʔ}tə jɔ^{55}$	$tə jɔ^{44}$	$tə jou^{32ʔ}tə jɔ^{53}$

（续表）

序号	汉义	英文	မြန်မာစာ 缅甸文	ရန်ကုန် 标准话 仰光音	တောင်ရိုး 东友 方言音	ထားဝယ် 土瓦 方言音	မြိတ် 丹老 方言音
790	铃	bell	ဘဲ့စည်	$bɛ^{55}/si^{22}$	$bɛ^{55}/si^{32}$	$bɛ^{44}/si^{11}$	$bɛ^{53}/si^{33}/khaũ^{53}laũ^{53}$
791	喇叭（唢呐）	suona horn	ခရာနဲ့	$khə\ ja^{22}/hnɛ^{55}$	$khə\ jɒ^{32}/hnɛ^{55}$	$khə\ ja^{11}/hnɛ^{44}$	$khə\ ja^{33}/nɛ^{53}$
792	神仙	a celestial being	နတ်	$naʔ^{44}$	$naɪ^{53ʔ}$	$na^{42ʔ}$	$na^{32ʔ}$
793	鬼	ghost, spirit	တစ္ဆေ	$tə\ she^{22}$	$kə\ she^{32}$	$kə\ tθe^{11}/tθə\ jɛ^{44}$	$tθə\ jɛ^{53}$
794	妖精	evil spirit, demon	နတ်ဆိုး	$naʔ^{44}\ sho^{55}$	$naɪ^{53ʔ}\ shɯ^{55}$	$na^{42ʔ}\ sho^{44}$	$na^{32ʔ}\ sho^{53}$
795	龙王	Dragon King <the god of rain>	နဂါးမင်း	$nə\ ga^{55}\ mĩ^{55}$	$nə\ gɒ^{55}\ mẽ^{55}$	$nə\ ga^{44}\ mã^{44}$	$nə\ ga^{53}\ mĩ^{53}$
796	佛	Buddha	ဘုရား	$phə\ ja^{55}$	$phə\ jɒ^{55}$	$phə\ ja^{44}$	$phə\ ja^{53}$
797	灵魂	soul, spirit	လိပ်ပြာ၊ ဝိညာဉ်	$leɪʔ^{44}\ pja^{22}$	$li^{44}\ pjɒ^{32}$	$li^{42}\ pla^{11}/wi^{42}\ ɲĩ^{11}$	$leɪ^{32ʔ}\ pja^{33}/wi^{32}\ ɲĩ^{33}$
798	运气	fortune, luck	ကံ	$kã^{22}$	$kɒ̃^{32}$	$kã^{11}$	$kã^{33}$
799	力气	physical strength	အား	a^{55}	$ɒ^{55}$	a^{44}	a^{53}
800	想法	idea, opinion	အတွေးအခြံ	$ə\ twe^{55}/ə\ tɕã^{22}$	$ə\ twe^{55}/ə\ tɕã^{32}$	$ə\ twe^{44}/ə\ tɕã^{11}$	$ə\ tɕã^{33}$
801	事情	matter, affair	ကိစ္စ	$keɪʔ^{44}sa^{53}$	$ki^{53ʔ}sɒ^{42}$	$ki^{42}sa^{42}$	$keɪ^{32ʔ}sa^{32}$
802	办法	means, solution	နည်း	ni^{55}	ni^{55}	$ni^{44}/nɛ^{44}$	ni^{53}
803	脾气	temper	သဘော	$tθə\ bɔ^{55}$	$shə\ phɔ^{55}$	$tθə\ bɔ^{44}/bɔ^{44}$	$tθə\ bɔ^{53}$
804	信息	news, message	သတင်း	$dðə\ dĩ^{55}$	$shə\ tɛ̃^{55}$	$dã^{44}$	$tθə\ dĩ^{53}$
805	记号	mark, sign	သင်္ကေတ၊ အမှတ်	$tθĩ^{22}khe^{22}ta^{53}/ə\ hmaʔ^{53}$	$shẽ^{32}ke^{32}sha^{42}/ə\ maɪ^{53ʔ}$	$tθĩ^{11}khe^{11}ta^{42}/ə\ hma^{42ʔ}$	$tθĩ^{33}khe^{33}ta^{32}/ə\ ma^{32ʔ}$
806	生日	birthday	မွေးနေ့	$mwe^{55}ne^{53}$	$mwi^{55}ne^{42}$	$mwi^{44}ne^{42}$	$mwe^{53}ne^{32}$
807	生活	life, livelihood	ဘဝ	$bə\ wa^{53}$	$phə\ wɒ^{42}$	$bə\ wa^{42}$	$bə\ wa^{32}$
808	礼物	gift, present	လက်ဆောင်	$lɛʔ^{44}shaũ^{22}$	$la^{53ʔ}shõ^{32}$	$la^{42}shõ^{11}$	$lɪ^{32ʔ}shaũ^{33}$
809	年纪	age	အသက်	$ə\ tθɛʔ^{44}$	$ə\ sha^{53ʔ}$	$ə\ tθa^{42ʔ}$	$ə\ tθɪ^{32ʔ}$

（续表）

序号	汉义	英文	缅甸文	ရန်ကုန် 标准话 仰光音	တောင်ရှိ 东友 方言音	ထားဝယ် 土瓦 方言音	မြိတ် 丹老 方言音
810	姓	surname, family name	မျိုးရိုးနာမည်	mjo⁵⁵jo⁵⁵ na²² mɛ²²	mjɯ⁵⁵jɯ⁵⁵ a³² mrɛ³²	mjo⁴⁴jo⁴⁴ nɔ̃¹¹ mɛ¹¹	mjo⁵³jo⁵³ nɑ³³ mɛ³³
811	痛苦	pain, agony	နာကျည်း၊	na²²tɕi⁵⁵	na³²ke⁵⁵/ si⁵³ʔnɒ³²	si⁴²na¹¹	nɑ³³tɕi⁵³
812	错误	mistake, error	အမှား	ə hma⁵⁵	ə mɒ⁵⁵	ə hma⁴⁴	ə ma⁵³
813	危险	danger	အန္တရာယ်	ã²² də je²²	ã³²shə ja³²	ã¹¹ də je¹¹	ã³³ də je³³
814	区别	distinction, difference	ခြားနားချက်၊ခွဲခြား	tɕha⁵⁵na⁵⁵ dʑɛʔ⁴⁴/ khwɛ⁵⁵tɕha⁵⁵	tɕhɒ⁵⁵nɒ⁵⁵ tɕha⁵³ʔ/ khwa⁵⁵ khrɒ⁵⁵	tɕha⁴⁴na⁴⁴ ɕɪ⁴²ʔ/ khwɛ⁴⁴ tɕha⁴⁴	tɕha⁵³na⁵³ tɕɪ³²ʔ/ khwɛ⁵³ tɕha⁵³
815	份儿	share, portion, part	ဝေစု	we²² zu⁵³	we³² su⁴²	we¹¹ zu⁴²	we³³ zu³²
816	空隙	gap, crevice	ကွက်လပ်၊ ကြား	kwɛʔ⁴⁴laʔ⁴⁴/ dʑa⁵⁵	kwa⁵³ʔlɒ⁵³ʔ/ krɒ⁵⁵	kwa⁴²ʔlaʔ⁴²ʔ/ dʑa⁴⁴	kwɪ³²ʔlaʔ³²ʔ/ dʑa⁵³
817	裂缝	rift, crack, fissure	အက်ကြောင်း	ɛʔ⁴⁴ tɕaũ⁵⁵	a⁵³ʔ krø⁵⁵	ɛ⁴²ʔ tɕɔ̃⁴⁴	ɪ³²ʔ tɕaũ⁵³
818	痕迹	mark, trace, track	အရာ	ə ja²²	ə jɒ³²	ə ja¹¹	ə ja³³
819	渣滓	dregs, sediment	အဖတ်	ə phaʔ⁴⁴	ə phaɪ⁵³ʔ	ə pha⁴²ʔ	ə pha³²ʔ
820	样子	appearance, shape	ပုံ(စံ)	poũ²²/hã²²	poũ³²/hã³²	põ¹¹/hã¹¹	poũ³³/hã³³
821	影子	shadow	အရိပ်	ə jeɪʔ⁴⁴	ə ri⁵³ʔ	ə ji⁴²	ə jeɪ³²ʔ
822	梦	dream	အိပ်မက်	eɪ⁵⁵mɛʔ⁴⁴	i⁵³ma⁵³ʔ	i⁴²ma⁴²ʔ	eɪ³²ʔmɪ³²ʔ
823	好处	advantage, benefit	အကျိုး၊ ကောင်းကျိုး	ə tɕo⁵⁵/kaũ⁵⁵ dʑo⁵⁵	ə krɯ⁵⁵/kõ⁵⁵ tɕɯ⁵⁵	ə tɕo⁴⁴/kõ⁴⁴ tɕo⁴⁴	ə tɕo⁵³/kaũ⁵³ dʑo⁵³
824	用处	use	အသုံး	ə tθoũ⁵⁵	ə shoũ⁵⁵	ə tθõ⁴⁴	ə tθoũ⁵³
825	颜色	color	အရောင်	ə jaũ²²	ə jø³²	ə jɔ̃¹¹	ə jaũ³³
826	方向	direction, orientation	ဦးတည်ချက်၊	u⁵⁵ ti²² dʑɛʔ⁴⁴	u⁵⁵ ti³² khra?⁴⁴	u⁴⁴ ti¹¹ tɕhɪ⁴²ʔ/ u⁴⁴ ti¹¹ dʑɪ⁴²ʔ	u⁵³ti⁵³ tɕhɛ³²ʔ
827	东 (~方)	east	အရှေ့	ə ɕe⁵³	ɒ⁴² khre⁴²	ə ɕe⁴²	ə ɕe³²
828	南 (~方)	south	တောင်	taũ²²	tø³²	tɔ̃¹¹	taũ³³

（续表）

序号	汉义	英文	မြန်မာစာ 缅甸文	ရန်ကုန် 标准话 仰光音	တောင်ရိုး 东友 方言音	ထားဝယ် 土瓦 方言音	မြိတ် 丹老 方言音
829	西（~方）	west	အနောက်	ə nauʔ⁴⁴	ə nøʔ⁴⁴	ə nɔ⁴²	ə nau³²ʔ
830	北（~方）	north	မြောက်	mjauʔ⁴⁴	mrøʔ⁴⁴	mlɔ⁴²ʔ	mjau³²ʔ
831	中间	middle	အလယ်	ə lɛ²²	ɒ⁴²la³²	ə lɛ¹¹	ə lɛ³³
832	旁边	side	အနား	ə na⁵⁵	ɒ⁴² nɒ⁵⁵	ə na⁴⁴	ə na⁵³
833	前（~边）	front	ရှေ့	ɕe⁵³	she⁴²/khre⁴²	ɕe⁴²	ɕe³²
834	后（~边）	back	နောက်	nauʔ⁴⁴	nø⁵³ʔ	nɔ⁴²ʔ	nau³²ʔ
835	外（~边）	outside	အပြင်	ə pjĩ²²	ə pĩ³²/ ɒ⁴² prɛ̃³²	ə plã¹¹	ə pjĩ³³
836	里（~边）	inside	အတွင်း	ə twĩ⁵⁵	ə wɛ̃⁵⁵	ə twã⁴⁴	ə twĩ⁵³
837	角儿	corner, angle	ချောင်၊ထောင့်	dʑaũ²²/ daũ⁵³	khlɔ̃³²/thɔ̃⁴²	tɕɔ̃¹¹/dɔ̃⁴²	dʑaũ³³/dau³²
838	尖儿	point, tip	အဖျား၊ အချွန်၊ ထိပ်ဖျား	ə phja⁵⁵/ ə tɕhũ²²/ theɪʔ⁴⁴phja⁵⁵	ə phjɒ⁵⁵/ ə khrũ³²/ thi⁵³ʔphrɒ⁵⁵	ə phja⁴⁴/ ə tɕhũ¹¹/ theɪ⁴²ʔphja⁴⁴	ə phja⁵³/ ə tɕhũ³³/ theɪ³²ʔphja⁵³
839	边儿	edge, rim, margin	အနား	ə na⁵⁵	ə nɒ⁵⁵	ə na⁴⁴	ə na⁵³
840	周围	the surroundings	ပတ်ဝန်းကျင်	paʔ⁴⁴wũ⁵⁵ tɕĩ²²	pɒ⁵³ʔwuẽ⁵⁵ krɛ̃³²	pɒ⁴²ʔwũ⁴⁴ tɕĩ¹¹	pɒ³²ʔwũ⁵³ tɕĩ³³
841	附近	the vicinity, nearby	အနား	ə na⁵⁵	ə nɒ⁵⁵	ə na⁴⁴	ə na⁵³
842	界线	boundary line, demarcation line	နယ်နိမိတ်၊ စည်းမျဉ်း	nɛ²²nə meɪʔ⁴⁴/ si⁵⁵ mjĩ⁵⁵	na³²nə mi⁵³ʔ/ se⁵⁵ mjẽ⁵⁵	nɛ¹¹nə meɪ⁴²ʔ/ se⁴⁴ bjĩ⁴⁴	nɛ³³nə meɪ³²ʔ/ si⁵³ mjĩ⁵³
843	上方（地势、河流）	the upper part of, upper reaches	အညာ	ə n̪a²²	ɒ⁴² hn̪ɒ³²	ə n̪a¹¹	ə n̪a³³
844	下方（地势、河流）	the lower part of, lower reaches	အကြေ	ə tɕe²²	ə kre³²	ə tɕe¹¹	ə tɕe³³
845	上（桌子~）	on (the table)	အပေါ်	ə pɔ²²	ə pɔ³²	ə tha⁴²ʔ	ə pɔ³³
846	下（桌子~）	under (the table)	အောက်	auʔ⁴⁴	ø⁵³ʔ	ɔ⁴²ʔ	au³²ʔ

(续表)

序号	汉义	英文	မြန်မာစာ 缅甸文	ရန်ကုန် 标准话 仰光音	တောင်ကြီး 东友 方言音	ထားဝယ် 土瓦 方言音	မြိတ် 丹老 方言音
847	上（天~）	in (the sky)	ပေါ်	pɔ^{22}	pɔ^{32}	tha$^{42?}$	pɔ^{33}
848	底下（天~）	under (the sky)	အောက်	auʔ^{44}	ø$^{53?}$	ɔ$^{42?}$	au$^{32?}$
849	上（挂墙~）	on (the wall)	ပေါ်	pɔ^{22}	pɔ^{32}	pɔ^{11}	pɔ^{33}
850	顶上（房~）	on (the roof)	ပေါ်	pɔ^{22}	pɔ^{32}	tha^{42}	pɔ^{33}
851	下（山~）	at the bottom of (a hill)	တောင်ခြေ	tãu^{22}tɕhe^{55}	tõ^{32}khre^{32}	tɔ̃^{11}ke^{11}	tãu^{33}ke^{33}
852	以上	over, above	အထက်၊ အပေါ်	ə thɛʔ^{44}/ə pɔ^{22}	ə tha$^{53?}$/ə pɔ^{32}	ə tha$^{42?}$	ə thɪ$^{32?}$/ə pɔ^{33}
853	以下	below, under	အောက်	auʔ^{44}	ø$^{53?}$	ɔ$^{42?}$	au$^{32?}$
854	往上	upwards	အပေါ်သို့	ə pɔ^{22}dðo^{53}	ə pɔ^{32}nɒ^{42}	ə tha$^{42?}$fio^{11}	ə pɔ^{33}wo^{32}
855	往下	downwards	အောက်သို့	auʔ^{44} dðo^{53}	ø$^{53?}$ nɒ^{42}	u$^{42?}$ fio^{11}	au$^{32?}$ wo^{32}
856	上半身	the upper half of the body	အထက်ပိုင်း	ə thɛʔ^{44}pãi^{55}	ə pɔ^{32}pũ^{55}	ə tha^{42} pãi^{44}	ə thɪ$^{32?}$ pãi^{53}/ə pɔ^{33} pãi^{53}
857	下半身	the lower half of the body	အောက်ပိုင်း	auʔ^{44} pãi^{55}	ø$^{53?}$ pũ^{55}	ɔ$^{42?}$ pãi^{44}	au$^{32?}$ pãi^{53}
858	时间	time	အချိန်	ə tɕhẽi^{22}	ɒ^{42} khrẽi^{32}	ə khi^{11}	ə tɕhẽi^{33}
859	今天	today	ကနေ့	gə ne^{53}	khu^{42}ne^{42}/kɒ^{42} ne^{42}	ɛ^{11} ne^{42}	dɛ^{33} ne^{32}
860	昨天	yesterday	မနေ့က	mə ne^{53} ga^{53}	hmə ne^{42} kɒ^{42}	na$^{42?}$ ki^{44} dũ^{44} fia^{42}	mə ne^{32} fia^{32}
861	前天	the day before yesterday	တနေ့က	də ne^{53} ga^{53}	ha^{55} ne^{42} kɒ^{42}	na$^{42?}$ki^{44} pha$^{42?}$ fia^{42}	hoũ^{53}mə ne^{32} fia^{32}
862	大前天	three days ago	တမြန်မနေ့က	də mjã^{22} mə ne^{53} ga^{53}	tə mə ne^{42} kɒ^{42}	nu$^{42?}$ ne^{42} fia^{42}	hoũ^{53}mə ne^{32} doũ^{53} fia^{32}
863	明天	tomorrow	နက်ဖြန်	nɛʔ^{44}phjã^{22}	mə na$^{53?}$phja^{32}	na$^{42?}$ki^{44}tɛ^{11}	mo^{53}fi^{53}
864	后天	the day after tomorrow	တဘက်ခါ	də bɛʔ^{44}kha^{22}	tə pha$^{53?}$khɒ^{32}	na$^{42?}$ki^{44} pha$^{42?}$ fia^{11}	nau$^{32?}$ ne^{32}

（续表）

序号	汉义	英文	မြန်မာစာ 缅甸文	ရန်ကုန် 标准话 仰光音	တောင်ရိုး 东友 方言音	ထားဝယ် 土瓦 方言音	မြိတ် 丹老 方言音
865	大后天	three days from now	ဖန်ခါနှစ်ခါ	phɛ̃⁵⁵hnwɛ²²ga²²	phə nwa³²khɒ³²	nɔ⁴²ʔne⁴²ɦa¹¹	nau³²ʔtθoũ⁵³ jɛ³²ʔtɕa³²ɦa³³
866	今晚	tonight	ကနေ့ည	gə ne⁵³ɳa⁵³	khu⁴²ɳɒ⁴²/ kɒ⁴² ne⁴² ŋjɒ⁴²	ɛ¹¹ne⁴²ɳĩ⁴² khã⁴⁴za¹¹	de³³ ne³²ɳa³²
867	明晚	tomorrow night/evening	နက်ဖြန်ည	nɛʔ⁴⁴phjã²²ɳa⁵³	mə na⁵³ʔphẽ³²ɳɒ⁴²	na⁴²ki⁴⁴nĩ⁴² khã⁴⁴tɛ¹¹ɦa¹¹	nau³²ʔne³²ɳa³²
868	昨晚	yesterday evening, last night	ညက	ɳa⁵³ga⁵³	ɳɒ⁴²kɒ⁴²	ɛ¹¹ɳĩ⁴²	ɳa³²doũ⁵³ ɦa³²
869	白天	day (time)	နေ့ခင်း	ne⁵³gĩ⁵⁵	ne³khɛ̃⁵⁵	ne⁴²phaʔ⁴⁴	ne³²
870	早晨	morning	မနက်	mə nɛʔ⁴⁴	mə na⁵³ʔ	mo⁴⁴lã⁴⁴	mə nɛ³²
871	中午	noon	နေ့လယ်	ne⁵³lɛ²²	ne⁴²la³²	mũ⁴⁴tɛ⁴²	ne³²lɛ³³pãĩ⁵³
872	黄昏	dusk, twilight	နေဝင်ရီတရော	ne²²wĩ²²ji²²de jɔ⁵⁵	ne³²wɛ̃³²ji³²tə jɔ⁵⁵	ne⁴²tã¹¹za¹¹	ɳa³²ne³³pãĩ⁵³
873	夜里	at night	ညည့်နက်	ɳĩ⁵³nɛʔ⁴⁴	ɳɒ⁴²na⁴²ʔ/ ŋjɒ⁴²na⁵³ʔ	ɳĩ⁴²na⁴²ʔ	ɳa³²nɪ³²ʔ
874	午夜	midnight	ညသန်းခေါင်	ɳa⁵³dθə gaũ²²	ɳɒ⁴²ʃaĩ⁵⁵khẽ³²	ɳĩ⁴²na⁴²ʔtθã⁴⁴gɔ̃¹¹	ɳa³²dθə gaũ³³
875	子（鼠）	the 1st year of the 12-year dizhi cycle, mouse	ကြွက်	tɕwɛʔ⁴⁴	kjwa⁵³ʔ/tɕwa⁵³ʔ	kwa⁴²ʔ	tɕwɪ³²ʔ
876	丑（牛）	2nd year, ox	နွား	nwa⁵⁵	nɒ⁵⁵	nwa⁴⁴	nwa⁵³
877	寅（虎）	3rd year, tiger	ကျား	tɕa⁵⁵	klɒ⁵⁵	kla⁴⁴	tɕa⁵³
878	卯（兔)	4th year, rabbit	ယုန်	joũ²²	juɛ̃³²	jɔ¹¹	joũ³³
879	辰（龙）	5th year, dragon	နဂါး	nə ga⁵⁵	nə kɒ⁵⁵	nə ga⁴⁴	nə ga⁵³
880	巳（蛇）	6th year, snake	မြွေ	mwe²²	mwi³²	bwi¹¹	mwe³³
881	午（马）	7th year, horse	မြင်း	mjĩ⁵⁵	mrɛ̃⁵⁵	bjĩ⁴⁴	mjĩ⁵³
882	未（羊）	8th year, ram	ဆိတ်	sheɪʔ⁴⁴	shi⁵³ʔ	bɛ⁴²ʔ	sheɪ³²ʔ

（续表）

序号	汉义	英文	မြန်မာစာ 缅甸文	ရန်ကုန် 标准话 仰光音	တောင်ငြို့ 东友 方言音	ထားဝယ် 土瓦 方言音	မြိတ် 丹老 方言音
883	申（猴）	9th year, monkey	မျောက်	mjauʔ⁴⁴	ŋə mjø⁵³ʔ/ mrø⁵³ʔ	mjɔ⁴²ʔ	mjau³²ʔ
884	酉（鸡）	10th year, chicken	ကြက်	tɕɛʔ⁴⁴	krɑ⁵³ʔ	tɕɪ⁴²ʔ	tɕɪ³²ʔ
885	戌（狗）	11th year, dog	ခွေး	khwe⁵⁵	khwi⁵⁵	khwi⁴⁴	khwe⁵³
886	亥（猪）	12th year, pig	ဝက်	wɛʔ⁴⁴	wa⁵³ʔ	wa⁴²ʔ	wɪ³²ʔ
887	属相	the 12 animals representing the 12 years	နေ့နံ	ne⁵³nã²²	ne⁴²nõ³²	ne⁴²nã¹¹	ne³²nã³³
888	日子	date	နေ့	ne⁵³	ne⁴²	ne⁴²	ne³²
889	初一	1st day of the lunar month	လဆန်းတစ်ရက်နေ့	la⁵³zã⁵⁵tə jɛʔ⁴⁴ne⁵³	lɒ⁴²shãĩ⁵⁵ tə jɑ⁵³ʔne⁴²	lɑ⁴²zã⁴⁴tə jɪ⁴²ʔne⁴²	lɑ³²zã⁵³tə jɪ³²ʔne³²
890	初二	2nd day of the lunar month	လဆန်းနှစ်ရက်နေ့	la⁵³zã⁵⁵hnə jɛʔ⁴⁴ne⁵³	lɒ⁴²zã⁵⁵ne⁴² jɑ⁵³ʔne⁴²	lɑ⁴²zã⁴⁴ hne⁴² jɪ⁴²ʔne⁴²	lɑ³²zã⁵³ne³³ jɪ³²ʔne³²
891	一月	January	ဇန်နဝါရီလ	zã²² nə wa²² ri²²la⁵³	zɒ³² nə wɒ³² ri³²lɒ⁴²（英文）/ prɔ³² shuu³²lɒ⁴²（缅历十月）	zã¹¹ nə wa¹¹ ri¹¹ lɑ⁴²	zã³³ nə wa³³ ri³³ lɑ³²
892	二月	February	ဖေဖော်ဝါရီလ	phe²²phɔ²² wa²²ri²² la⁵³	phe³²phɔ³² wɒ³² ri³² lɒ⁴²（英）/ tə puɪ⁴² shwa⁵⁵lɒ⁴²（缅历十一月）	phe¹¹phɔ¹¹ wa¹¹ ri¹¹ lɑ⁴²	phe³³phɔ³³ wa³³ ri³³ lɑ³²
893	月初	the beginning of a month	လဆန်း	la⁵³zã⁵⁵	lɒ⁴²shãĩ⁵⁵	lɑ⁴²zã⁴⁴	lɑ³²zã⁵³
894	月中	the middle of a month	လပြည့်	la⁵³pje⁵³	lɒ⁴²pre⁴²	lɑ⁴²plɛ⁴²	lɑ³²bje³²
895	月底	the end of a month	လဆုတ်	la⁵³zou⁴⁴	lɒ⁴²shou⁵³ʔ	lɑ⁴²zɔ⁴²ʔ	lɑ³²zou³²ʔ
896	今年	this year	ယခုနှစ်	jə gu⁵³ hnɪʔ⁴⁴	jə gu⁴² neɪ⁵³ʔ/ kɒ⁴²hneɪ⁵³ʔ	ɛ¹¹ hnɪ⁴²	dɛ³³ nɪ³²ʔ
897	去年	last year	မနှစ်က	mə hnɪʔ⁴⁴ga⁵³	mə hneɪ⁵³ʔkɒ⁴²	me¹¹ hnɪ⁴²ɦa⁴²	ə ʃi³³ nɪ³²ʔɦa³²
898	前年	the year before last	တနှစ်က	də hnɪʔ⁴⁴ga⁵³	də hneɪ⁵³ʔkɒ⁴²	nu⁴²ʔ hnɪ⁴²ʔ dũ⁴⁴ɦa⁴²	hoũ⁵³mə nɪ³²ʔ ɦa³²

(续表)

序号	汉义	英文	မြန်မာစာ 缅甸文	ရန်ကုန် 标准话 仰光音	တောင်ရိုး 东友 方言音	ထားဝယ် 土瓦 方言音	မြိတ် 丹老 方言音
899	明年	next year	ရှေ့ဂ္နစ်	ɕe^{53}hnɪʔ^{44}	tɕhe^{42} hneɪ$^{53?}$	na$^{42?}$ki^{44} tɛ^{11} hnɪ$^{4?}$	nau$^{32?}$nɪ$^{32?}$
900	后年	the year after next	နောက်နှစ်နှစ်	nauʔ^{44}nə hnɪʔ^{44}	nø$^{53?}$ne^{42} hneɪ$^{53?}$	na$^{42?}$ki^{44} pha$^{42?}$ hnɪ$^{42?}$	nau$^{32?}$nɛ^{33} nɪ$^{32?}$
901	从前	in the past	အရင်က	ə ɲɪ^{22} ga^{53}	ɒ^{42} rɛ̃^{32} kɒ^{42}	ɲĩ^{11} du^{44} fiɑ^{42}	ə ɲĩ^{33} fiɑ^{32}
902	古时候	in ancient times	ရှေးခေတ်ရှေး တုရောအခါ	ɕe^{55}khɪʔ^{44}/ ɕe^{55} də jã^{22}jɔ^{55} ə kha^{22}	ha^{55}ɒ^{42} rɛ̃^{32} kɒ^{42}	ɕe^{44}khɪ$^{42?}$/ ɕe^{44}ɕe^{44} du^{44} fiɑ^{42}	hoũ^{53}ɕe^{53} ɕe^{53} doũ^{53} fiɑ^{32}
903	现在	the present	ယခုပစ္စုပ္ပိ	jə khu^{53}/pɪʔ^{44} souʔ^{44}pã^{22}	ɒ^{42} khu^{42}/	ə khu^{42}/	ə khu^{32}/ pɪ$^{32?}$ sou$^{32?}$ pã^{33}
904	近来	recently, lately	အခုတလော	ə gu^{53}də lɔ^{55}	ɒ^{42} khu^{42}də lɔ^{55}	ə ku^{42}də lɔ^{44}	ə khu^{32}tə lɔ^{53}
905	将来	the future	နောက်နောင်၊ အနာဂတ်	nauʔ^{44}naũ^{22}/ ə na^{22}gaʔ^{44}	nõ^{32}ɒ^{42}khɒ^{32}/	nɔ$^{42?}$thɑ$^{42?}$	nau$^{32?}$ sho^{33} fiɑ^{33}
906	开始（~时）	initially, in the beginning	အစ	ə sa^{53}	ɒ^{42} sɒ^{42}	ə sɑ^{42}	ə sɑ^{32}
907	星期一	Monday	တနင်္လာနေ့	də nĩ^{55}la^{22} ne^{53}	də nɛ̃^{55}la^{32} ne^{42}	də nĩ^{44}la^{11}	də nĩ^{53}la^{33} ne^{32}
908	星期二	Tuesday	အင်္ဂါ	ĩ^{22} ga^{22}	ɛ̃^{32} kɒ^{32}	ã^{11} ga^{11}	ĩ^{33} ga^{33}
909	春	spring	နွေဦး	nwe^{22} u^{55}	nwi^{32} u^{55}/ nwe^{32}u^{55}	nwi^{11} u^{44}	nwe^{33} u^{53}
910	夏	summer	နွေ	nwe^{22}	nwe^{32}	nwi^{11}	nwe^{33}
911	秋	fall, autumn	ဆောင်းချင်း	shɔ̃^{55}dʑĩ^{55}	shø̃^{55}khĩ^{55}	shɔ̃^{44}tɕhĩ^{44}	shaũ^{53}wĩ^{33}
912	冬	winter	ဆောင်း	shɔ̃^{55}	shø̃^{55}	shɔ̃^{44}	shaũ^{53}
913	新年	the New Year's Day	နှစ်သစ်သင်္ကြ	hnɪʔ^{44}tθɪʔ^{44}/ dðə dza^{22}	hneɪ$^{53?}$sheɪ$^{53?}$/ shɛ̃^{55} tɕaɪ^{32}	tθa^{44} tɕã^{11}	nɪ$^{32?}$tθɪ$^{32?}$/ tθə dzã^{33}
914	节日	festival	ပွဲ နေ့	pwɛ^{55}ne^{53}	pwa^{55}ne^{42}	pwɛ^{44}ne^{42}	pwɛ^{53}ne^{32}
915	六	six	ခြောက်	tɕhau^{44}	khrø$^{53?}$	tɕhɔ$^{42?}$	tɕhau$^{32?}$
916	七	seven	ခုနှစ်	khu^{53}nɪʔ^{44}	khu^{42}neɪ$^{53?}$	khũ^{11}	khu^{32}nɪ$^{32?}$
917	八	eight	ရှစ်	ɕɪ^{44}	sheɪ$^{53?}$	ɕɪ$^{42?}$/ɕe^{42}	ɕɪ$^{32?}$
918	九	nine	ကိုး	ko^{55}	ku^{55}	ko^{44}	ko^{53}

(续表)

序号	汉义	英文	缅甸文	标准话 仰光音	东友 方言音	土瓦 方言音	丹老 方言音
919	十	ten	ဆယ်	shɛ^{22}	sha^{32}	shɛ^{11}	shɛ^{33}
920	十一	eleven	ဆယ်တစ်	shɛ^{53} tɪʔ^{44}	sha^{42} teɪ$^{53?}$	shɛ^{42} te^{42}	shɛ^{32} tɪʔ$^{32?}$
921	十二	twelve	ဆယ်နှစ်	shɛ^{53} hnɪʔ^{44}	sha^{42} hneɪ$^{53?}$	shɛ^{42} hne^{42}	shɛ^{32} nɪ$^{32?}$
922	十三	thirteen	ဆယ်သုံး	shɛ^{53} tθoũ^{55}	sha^{42} shoũ^{55}	shɛ^{42} tθɔ̃^{44}	shɛ^{32} tθoũ^{53}
923	十四	fourteen	ဆယ်လေး	shɛ^{53} le^{55}	sha^{42} le^{55}	shɛ^{42} lie^{44}	shɛ^{32} le^{53}
924	十五	fifteen	ဆယ်ငါး	shɛ^{53} ŋa^{55}	sha^{42} ŋɒ^{55}	shɛ^{42} ŋa^{44}	shɛ^{32} ŋa^{53}
925	十六	sixteen	ဆယ်ခြောက်	shɛ^{53} tɕhau^{44}	sha^{42} khrɒ$^{53?}$	shɛ^{42} tɕho$^{42?}$	shɛ^{32} tɕhau$^{32?}$
926	十七	seventeen	ဆယ်ခုနှစ်	shɛ^{53} khũ^{22}	sha^{42} khə neɪ$^{53?}$	shɛ^{42} khũ^{11}	shɛ^{32} khə nɪ$^{32?}$
927	十八	eighteen	ဆယ်ရှစ်	shɛ^{53} ɕɪʔ^{44}	sha^{42} sheɪ$^{53?}$	shɛ^{42}ɕɪʔ$^{42?}$/ shɛ^{42}ɕe^{42}	shɛ^{32}ɕɪ$^{32?}$
928	十九	nineteen	ဆယ်ကိုး	shɛ^{53} ko^{55}	sha^{42} kɯ^{55}	shɛ^{42} ko^{44}	shɛ^{32} ko^{53}
929	二十	twenty	နှစ်ဆယ်	nə shɛ^{22}	neɪ$^{53?}$ sha^{32}	hne^{42} shɛ^{11}	ne^{32} shɛ^{33}
930	三十	thirty	သုံးဆယ်	tθoũ^{55} shɛ^{22}	shoũ^{55} sha^{42}	tθɔ̃^{44} shɛ^{42}	tθoũ^{53} shɛ^{33}
931	四十	forty	လေးဆယ်	le^{55}shɛ^{22}	le^{55} sha^{32}	lie^{44} shɛ^{11}	le^{53} shɛ^{33}
932	五十	fifty	ငါးဆယ်	ŋa^{55} shɛ^{22}	ŋa^{55} sha^{32}	ŋa^{44} shɛ^{11}	ŋa^{53} shɛ^{33}
933	六十	sixty	ခြောက်ဆယ်	tɕhauʔ^{44} shɛ^{22}	khrɒ$^{53?}$ sha^{32}	tɕho$^{42?}$ shɛ^{11}	tɕhau$^{32?}$ shɛ^{33}
934	七十	seventy	ခုနှစ်ဆယ်	khũ^{22} nə shɛ^{22}	khə neɪ$^{53?}$ sha^{32}	khũ^{11} nɪ$^{42?}$ shɛ^{11}	khə nɪ$^{32?}$ shɛ^{33}
935	八十	eighty	ရှစ်ဆယ်	ɕɪʔ^{44} shɛ^{22}	sheɪ$^{53?}$ sha^{32}	ɕe^{42} shɛ^{11}	ɕɪ$^{32?}$ shɛ^{33}
936	九十	ninety	ကိုးဆယ်	ko^{55} shɛ^{22}	kɯ^{55} sha^{42}	ko^{44} shɛ^{42}	ko^{53} shɛ^{33}
937	百	hundred	ရာ	ja^{22}	jɒ^{32}	ja^{11}	ja^{33}
938	一百零一	one hundred and one	တရာ့တစ်	də ja^{53} nɛ^{53} tɪʔ^{44}	də jɒ^{42} na^{42} teɪ$^{53?}$	də ja^{42} nɛ^{42} tɪ$^{42?}$	də ja^{32} na^{32} tɪ$^{32?}$
939	千	thousand	ထောင်	thaũ^{22}	thɒ̃^{32}	thɔ̃^{11}	thaũ^{33}
940	万	ten thousand	သောင်း	tθaũ^{55}	shɒ̃^{55}	tθɔ̃^{44}	tθaũ^{53}
941	十万	one hundred thousand	သိန်း	tθeĩ^{55}	sheĩ^{55}/shi^{55}	tθi^{44}	tθeĩ^{53}
942	百万	million	သန်း	tθã^{55}	shaĩ^{55}	tθã^{44}	tθã^{53}
943	千万	ten million	ကုဋေ	gə de^{22}	kə te^{32}	kɯ^{42} de^{11}	gə de^{33}

(续表)

序号	汉义	英文	မြန်မာစာ 缅甸文	ရန်ကုန် 标准话 仰光音	တောင်ကြီး 东友 方言音	ထားဝယ် 土瓦 方言音	မြိတ် 丹老 方言音
944	亿	billion	သန်းတစ်ရာ	$t\theta\tilde{a}^{55}$ $d\partial\ ja^{22}$	$sh\tilde{a}i^{55}\ t\partial\ j\mathrm{o}^{32}$	$t\theta\tilde{a}^{44}$ $d\partial\ ja^{11}$	$t\theta\tilde{a}^{53}$ $t\partial\ ja^{33}$
945	一半	a half	တစ်ဝက်	$t\partial\ w\varepsilon\mathrm{?}^{44}$	$t\partial\ wa^{53?}$	$t\partial\ wa^{42?}$	$t\partial\ wi^{32?}$
946	第一	the first	ပဌမ	$p\partial\ \theta\partial\ ma^{53}$	$p\partial\ \theta\partial\ m\mathrm{o}^{42}$	$p\partial\ \theta\partial\ ma^{42}$	$p\partial\ \theta\partial\ ma^{32}$
947	第二	the second	ဒီယ	$du^{53}di^{53}ja^{53}$	$du^{42}di^{42}j\mathrm{o}^{42}$	$du^{42}di^{42}ja^{42}$	$du^{32}di^{32}ja^{32}$
948	个（一~人）	CL (person)	ယောက်	$jau\mathrm{?}^{44}$	$j\emptyset^{53}$	$j\mathrm{o}^{42?}$	$jau^{32?}$
949	个（一~碗）	CL (bowl)	လုံး	$lo\tilde{u}^{55}$	$lo\tilde{u}^{55}$	$l\tilde{o}^{44}$	$lo\tilde{u}^{53}$
950	条（一~河）	CL (river)	သွယ်	$t\theta w\varepsilon^{22}$	$t\theta wa^{32}$	$t\theta w\varepsilon^{11}$	$t\theta w\varepsilon^{33}$
951	条（一~绳）	CL (rope)	ချောင်း	$t\mathrm{\varepsilon}hau^{55}$	$khr\emptyset^{55}$	$\mathrm{\varepsilon}\tilde{o}^{44}$	$t\mathrm{\varepsilon}hau^{53}$
952	张（一~纸）	sheet (of paper)	ရွက်	$jw\varepsilon\mathrm{?}^{44}$	$jwa^{53?}$	$wa^{42?}$	$jwi^{32?}$
953	页（一~书）	page	မျက်နှာ	$mj\varepsilon\mathrm{?}^{44}hna^{22}$	$mja^{53?}n\mathrm{o}^{32}$	$mji^{42?}hna^{11}$	$mji^{32?}\ na^{33}$
954	个（一~蛋）	CL (egg)	လုံး	$lo\tilde{u}^{55}$	$lo\tilde{u}^{55}$	$l\tilde{o}^{44}$	$lo\tilde{u}^{53}$
955	只（两~鸟）	(two) CL (birds)	ကောင်	$ga\tilde{u}^{22}$	$k\tilde{\emptyset}^{32}$	$g\tilde{o}^{11}$	$ka\tilde{u}^{33}$
956	根（一~棍）	CL (stick)	ချောင်း	$t\mathrm{\varepsilon}hau^{55}$	$khr\tilde{\emptyset}^{55}$	$\mathrm{\varepsilon}\tilde{o}^{44}$	$t\mathrm{\varepsilon}hau^{53}$
957	根（~草）	blade (of grass)	ပင်	$p\tilde{\imath}^{22}$	$p\tilde{\varepsilon}^{32}$	$p\tilde{a}^{11}$	$p\tilde{\imath}^{33}$
958	粒（一~米）	grain (of rice)	လုံး/စေ့	$lo\tilde{u}^{55}$	$lo\tilde{u}^{55}$	$l\tilde{o}^{44}$	$lo\tilde{u}^{53}$
959	把（一~扫帚）	CL (broom)	လက်	$l\varepsilon\mathrm{?}^{44}$	$la^{53?}$	$la^{42?}$	$li^{32?}$
960	把（一~刀）	CL (knife)	လက်	$l\varepsilon\mathrm{?}^{44}$	$la^{53?}$	$la^{42?}/s\tilde{\imath}^{44}/\mathrm{\varepsilon}\tilde{o}^{44}$	$li^{32?}$
961	棵（一~树）	CL (tree)	ပင်	$p\tilde{\imath}^{22}$	$p\tilde{\varepsilon}^{32}$	$p\tilde{a}^{11}$	$p\tilde{\imath}^{33}$
962	本（两~书）	(two) CL (books)	အုပ်	$ou\mathrm{?}^{44}$	$ui^{53?}$	$\mathrm{o}^{42?}$	$ou^{32?}$
963	行（一~麦子）	line (of wheat)	တန်း/ကန့်/ကြောင်း	$t\tilde{a}^{55}/k\tilde{a}^{53}/t\mathrm{\varepsilon}au^{55}$	$ta\tilde{\imath}^{55}/ka\tilde{\imath}^{42}/kr\tilde{\emptyset}^{55}$	$t\tilde{a}^{44}/k\tilde{a}^{42}/t\mathrm{\varepsilon}\tilde{o}^{44}$	$t\tilde{a}^{53}/k\tilde{a}^{32}/t\mathrm{\varepsilon}au^{53}$
964	座（一~桥）	CL (bridge)	စင်း	$z\tilde{\imath}^{55}$	$s\tilde{\varepsilon}^{55}$	khu^{42}	$z\tilde{\imath}^{53}$

(续表)

序号	汉义	英文	မြန်မာစာ 缅甸文	ရန်ကုန် 标准话 仰光音	တောင်ရိုး 东友方言音	ထားဝယ် 土瓦方言音	မြိတ် 丹老方言音
965	把（一~菜）	bunch/bundle (of vegetable)	ဆုပ်	shouʔ^{44}	shou^{53ʔ}	shɔ^{42ʔ}	shou^{32ʔ}
966	把（一~米）	handful (of rice)	ဆုပ်	shouʔ^{44}	shou^{53ʔ}	shɔ^{42ʔ}	shou^{32ʔ}
967	枝（一~笔）	CL (pen)	ချောင်း	tɕhaũ^{55}	khrø̃^{55}	ɕɔ̃^{44}	tɕhaũ^{53}
968	堆（一~粪）	pile (of excrement)	ပုံ	poũ^{22}	poũ^{32}	pɔ̃^{11}	poũ^{33}
969	桶（一~水）	bucket (of water)	ပုံး	boũ^{55}	poũ^{55}	bɔ̃^{44}	poũ^{53}
970	碗（一~饭）	bowl (of cooked rice)	ပန်းကန်	bə gã^{22}	pə kã^{32}	sã^{11}	pə gã^{33}
971	块（一~地）	patch (for ground/field)	ကွက်	kwɛʔ^{44}	kwa^{53ʔ}	kwɛ^{42ʔ}	kwa^{32ʔ}
972	块（一~石头）	CL (rock, stone)	လုံး	loũ^{55}	loũ^{55}	loũ^{44}	lɔ̃^{53}
973	片（一~树叶）	CL (leaf)	ရွက်	jwɛʔ^{44}	jwa^{53}	jwɛ^{42ʔ}	wa^{32ʔ}
974	朵（一~花）	CL (flower)	ပွင့်	pwĩ^{53}	pwẽ^{42}	pwĩ^{42}	pwa^{32}
975	句（一~话）	sentence (of speech)	ခွန်း	khũ^{55}	khuẽ^{55}	khũ^{44}	khũ^{53}
976	首（一~歌）	CL (song)	ပုဒ်	pouʔ^{44}	pou^{53ʔ}	pud^{42}（巴利文音）	pou^{32ʔ}
977	件（一~衣）	CL (garment)	ထည်	thɛ^{22}	thɛ^{32}	thɛ^{11}	thɛ^{33}
978	双（一~鞋）	pair (of shoes)	ရံ	jã^{22}	jã^{32}	jã^{11}	jã^{33}
979	对（一~兔子）	pair (of rabbits)	စုံ	soũ^{22}	soũ^{32}	sɔ̃^{11}	soũ^{33}
980	群（一~羊）	flock (of sheep)	အုပ်	ouʔ^{44}	ui^{53ʔ}	ɔ^{42ʔ}	ou^{32ʔ}
981	段（一~路）	section (of road/journey)	ထောက်	thauʔ^{44}	thø^{53ʔ}	thɔ^{42ʔ}	thau^{32ʔ}/paĩ^{53}
982	节（一~竹子）	section (of bamboo between 2 joints)	ဆစ်	shɪʔ^{44}	sheɪ^{53ʔ}	shɪ^{42ʔ}	shɪ^{32ʔ}

(续表)

序号	汉义	英文	မြန်မာစာ 缅甸文	ရန်ကုန် 标准话 仰光音	တောင်ရို 东友 方言音	ထားဝယ် 土瓦 方言音	မြိတ် 丹老 方言音
983	天（一~路）	a day's (journey)	တနေ့တာ	$də\ ne^{53}\ ta^{22}$	$tə\ ne^{42}\ tɒ^{32}$	$niɛ^{42}\ lɔ̃^{44}\ sa^{11}$	$tə\ ne^{32}\ ta^{33}$
984	只（一~鞋）	(a single) CL (shoe)	ဖက်	$phɛʔ^{44}$	$pha^{53ʔ}$	$pha^{42ʔ}$	$phɪ^{32ʔ}$
985	卷（一~布）	roll (of cloth)	လိပ်	$leɪʔ^{44}$	$li^{53ʔ}$	li^{42}	$leɪ^{32ʔ}$
986	匹（一~布）	bolt (of cloth)	အုပ်	$ouʔ^{44}$	$ui^{53ʔ}$	$ɔ^{42ʔ}$	$ou^{32ʔ}$
987	方（一~布）	square <an area unit for selling cloth>	၀	sa^{53}	sa^{42}	sa^{42}	sa^{32}
988	筐（一~菜）	basketful (of vegetable)	ခြင်း	$tɕhĩ^{55}$	$khrẽ^{55}$	$tɕhĩ^{44}$	$tɕhã^{53}$
989	背（一~柴）	load (of firewood) on the back	ပိုး	po^{55}	$pɯ^{55}$	po^{44}	bo^{53}
990	捆（一~）	bundle, sheaf	စည်း	zi^{55}	si^{55}	si^{44}	se^{53}
991	捧（一~）	a load of cupped-hands	လက်ခုပ်	$lɛʔ^{44}khouʔ^{44}$	$la^{53ʔ}khui^{53ʔ}$	$la^{42ʔ}khɔ^{42ʔ}$	$lɪ^{32ʔ}khou^{32ʔ}$
992	岁口（一~牛，马）	X-year-old (animal)	နှစ်သား	$hnɪʔ^{44}tθa^{55}$	$hneɪ^{53ʔ}sha^{55}$	$hnɪ^{42ʔ}tθa^{44}$	$nɪ^{32ʔ}tθa^{53}$
993	驮（一~）	a load on an animal's back	တင်ဆောင် နိုင်သော တစ်ကောင်စာ	$tĩ^{22}shaũ^{22}$ $naĩ^{22}$ $dðã^{55}də$ $gaũ^{22}za^{2}$	$tẽ^{32}shõ^{32}$ $nũ^{32}/$ $dɛ^{42}tə\ kõ^{32}$ $sɒ^{32}$		
994	袋（一~烟）	a bowl (of tobacco)	အိုး	o^{55}	$ɯ^{55}$	o^{44}	o^{53}
995	队（一~人马）	team/line (of people & animals)	တပ်	$taʔ^{44}$	$tɒ^{53ʔ}$	$ta^{42ʔ}/$ $ə\ tθi^{44}/$ $ɔ^{42ʔ}su^{42}$	$ta^{32ʔ}$
996	排（一~房子）	row (of houses)	တန်း	$dã^{55}$	$taĩ^{55}$	$dã^{44}$	$tã^{53}$
997	串（一~珠子）	string (of beads)	ကုံး	$goũ^{55}$	$koũ^{55}$	$kɔ̃^{44}$	$goũ^{53}$
998	滴（一~油）	drop (of oil)	စက်	$sɛʔ^{44}$	$sa^{53ʔ}$	$sɪ^{42ʔ}$	$sɪ^{32ʔ}$
999	面（一~旗子）	CL (flag)	လက်ချပ်	$lɛʔ^{44}/tɕhaʔ^{44}$	$la^{53ʔ}/khra^{53ʔ}$	$la^{42ʔ}/ɕa^{42ʔ}$	$lɪ^{32ʔ}/tɕha^{32ʔ}$

(续表)

序号	汉义	英文	မြန်မာစာ 缅甸文	ရန်ကုန် 标准话 仰光音	တောင်ရိုး 东友 方言音	ထားဝယ် 土瓦 方言音	မြိတ် 丹老 方言音
1000	层（两~楼）	storey	ထပ်	tha^{44}	thɒ$^{53?}$	thɑ$^{42?}$	thɑ$^{32?}$
1001	封（一~信）	CL (letter)	စောင်	saũ^{22}	sø^{32}	sɔ̃^{11}	saũ^{33}
1002	间（一~房）	CL (room)	ခန်း	khã^{55}	khaĩ^{55}	khã^{44}	khã^{53}
1003	包（一~东西）	parcel/sack (of things)	ထုပ်	thouʔ^{44}	thou$^{53?}$	thɔ$^{42?}$	thou$^{32?}$
1004	瓶（一~酒）	bottle (of wine)	ပုလင်း	pə lĩ^{55}	pə l ɛ̃^{55}	phu^{44}	pə lĩ^{53}
1005	滩（一~泥）	puddle (of mud)	ကွက်	gwɛʔ^{44}	kwa$^{53?}$	kwa$^{42?}$	gwɛ$^{32?}$
1006	斤（一~）	jin <=0.5 kg>	တရွတ်ပိဿာ	tə jouʔ^{44}peɪ^{44} tθa^{22}	tə jou$^{53?}$pi$^{53?}$ shɒ^{32}	tə jɔ$^{42?}$pi^{42} tθɑ^{11}	tə jou$^{32?}$ peɪ$^{32?}$ tθɑ^{33}
1007	两（一~）	tael <=50 grams>	တရွတ်ကျပ် သား	tə jouʔ^{44}tɕaʔ^{44} tθa^{55}	tə jou$^{53?}$krɒ$^{53?}$ shɒ^{55}	tə jɔ$^{42?}$ tɕa$^{42?}$ tθɑ^{44}	tə jou$^{32?}$ tɕa$^{32?}$ tθɑ^{53}
1008	钱（两~）	weight unit <=0.1 tael>					
1009	斗（一~）	a unit of dry measure for grain <=1 decaliter>	တင်း	tĩ^{55}	tẽ^{55}	twã^{44}	tĩ^{53}
1010	升（一~）	litre	ပြည်	pji^{22}	pre^{32}	pjɛ^{11}	bjɛ^{33}
1011	里（一~）	mile <=0.5 km>	လီ	li^{22}	li^{32}	li^{11}	li^{33}
1012	庹（一~）	fingertip to fingertip of out-stretched arms	လံ	lã^{22}	laĩ^{32}	lã^{11}	lã^{33}
1013	尺（一~）	foot <=1/3 meter>	ပေ	pe^{22}	pe^{32}	pe^{11}	pe^{33}
1014	拃（一~）	thumb to out-stretched middle finger	ထွာ	thwa^{22}	thɒ^{32}	thwa^{11}	thwa^{33}
1015	指（一~宽）	the width of a finger	ဆစ်	shɪʔ^{44}	sheɪ$^{53?}$	shɪ$^{42?}$	shɪ$^{32?}$

(续表)

序号	汉义	英文	မြန်မာစာ 缅甸文	ရန်ကုန် 标准话 仰光音	တောင်ရှိ 东友 方言音	ထားဝယ် 土瓦 方言音	မြိတ် 丹老 方言音
1016	肘（一~的长度）	the length from the elbow to the hand	တောင်	$daũ^{22}$	$tø̃^{32}$	$tɔ̃^{11}$	$taũ^{33}$
1017	架（一~牛）	a team (of oxen)	ရှဉ်း	$\varepsilon ĩ^{55}$	$hr\tilde{e}^{55}/khr\tilde{e}^{55}$	$\varepsilon ĩ^{44}$	$\varepsilon ĩ^{53}$
1018	寸（一~）	inch	လက်မ	$lɛʔ^{44}ma^{53}$	$la^{53?}mɒ^{42}$	$la^{42?}ma^{42}$	$lɪ^{32?}ma^{32}$
1019	元（一~）	yuan <=Chinese dollar>	ရွှမ်း	$jwã^{55}$	$jwã^{55}$	$jwã^{44}$	$jwã^{53}$
1020	角（一~）	ten cents	မောင်	$maũ^{22}$	$mø̃^{32}$	$mɔ̃^{11}$	$maũ^{33}$
1021	亩（一~）	mu <=0.0667 hectare>	မူ	mo^{22}	$mɯ^{32}$	mo^{11}	mo^{33}
1022	一会儿	a while	ခဏ	$khə\ na^{53}$	$khə\ nɒ^{42}$	$\varepsilon ɪ^{42}ɲa^{42}$	$khə\ na^{32}ŋe^{33}$
1023	天（一~）	a day's (work)	နေ့	ne^{53}	ne^{42}	$niɛ^{42}$	ne^{32}
1024	夜（一~）	a night's (work)	ည	$ɲa^{53}$	$ɲɒ^{42}/ŋjɒ^{42}$	$ɲĩ^{42}$	$ɲa^{32}$
1025	月（一个~）	a month's (work)	လ	la^{53}	$lɒ^{42}$	la^{42}	la^{32}
1026	年（一~）	a year's (work)	နှစ်	$hnɪʔ^{44}$	$hneɪ^{53?}$	$hnɪ^{42?}$	$nɪ^{32?}$
1027	岁（一~）	X-year old	နှစ်	$hnɪʔ^{44}$	$hneɪ^{53?}$	$hnɪ^{42?}$	$nɪ^{32?}$
1028	辈子（一~）	a lifetime	သက်	$tθɛʔ^{44}$	$sha^{53?}$	$tθa^{42?}$	$tθa^{32?}$
1029	步（走一~）	(to walk) a step	လှမ်း	$hlã^{55}$	$lõ^{55}$	$hlã^{44}$	$lã^{53}$
1030	次（去一~）	(to go somewhere) X time(s)	ခေါက်	$khauʔ^{44}$	$khø^{53?}$	$kho^{42?}$	$khau^{32?}$
1031	顿（吃一~）	(to have) X meal(s)	နပ်	$naʔ^{44}$	$nɒ^{53?}$	$na^{42?}$	$na^{32?}$
1032	声（喊一~）	(to make) X shout(s)	ချက်	$tɕhɛʔ^{44}$	$khla^{53?}$	$ɕa^{42?}$	$tɕhɪ^{32?}$
1033	下（打一~）	(to hit) X time(s)	ချက်	$tɕhɛʔ^{44}$	$khla^{53?}$	$ɕa^{42?}$	$tɕhɪ^{32?}$
1034	脚（踢一~）	(to kick) X time(s)	ချက်	$tɕhɛʔ^{44}$	$khla^{53?}$	$ɕa^{42?}$	$tɕhɪ^{32?}$

（续表）

序号	汉义	英文	မြန်မာစာ 缅甸文	ရန်ကုန် 标准话 仰光音	တောင်ငြို့ 东友 方言音	ထားဝယ် 土瓦 方言音	မြိတ် 丹老 方言音
1035	口（咬一~）	(to have) X bite(s)	ချက်	tɕhɛʔ^{44}	khla^{53}ʔ	ɕa^{42}ʔ	tɕhɪ^{32}ʔ
1036	一些	some	တချို့	tə tɕho^{53}	tə khlɯ^{42}	tə tɕho^{42}	tə tɕho^{32}
1037	几个	a few, several	အနည်းငယ်	ə ni^{55}ŋɛ^{22}/ ə nɛ^{55}ŋɛ^{22}	ne^{55}ne^{55}	ɗi^{42}ɦa^{44}/ nɛ^{44}ŋɛ^{44}ɦa^{44}	ne^{53}ne^{53}ŋɛ^{33}
1038	每天	everyday	နေ့တိုင်း	ne^{53}dãĩ ^{55}	ne^{42}dɯ̃ ^{55}	ne^{42}dãĩ ^{44}	ne^{32}dãĩ ^{53}
1039	每个	each, every	==တိုင်း	tãĩ ^{55}	tɯ̃ ^{55}	dãĩ ^{44}	tãĩ ^{53}
1040	倍（一~）	the double of	ဆ	sha^{53}	shɒ^{42}	sha^{42}	sha^{32}
1041	我俩	the two of us	ဒို့နှစ်ယောက်	do^{53} hnə jauʔ^{44}	dɯ^{42} hnə jø^{53}ʔ	do^{42} hne^{42} jɔ^{42}ʔ	do^{32} nɛ jauʔ^{32}ʔ
1042	你俩	you two	ရှင်တို့နှစ်ယောက်	ɕĩ ^{22}do^{53} hnə jauʔ^{44}	nɛ̃ ^{32}dɯ^{42}hnə jø^{53}ʔ	nã ^{44}no^{42} hne^{42} jɔ^{42}ʔ	ɕĩ ^{33}do^{32} nɛ^{33} jauʔ^{32}ʔ
1043	你们	you <pl.>	ရှင်တို့	ɕĩ ^{22}do^{53}	nɛ̃ ^{32}dɯ^{42}	nã ^{44}no^{42}	ɕĩ ^{33}do^{32}
1044	他俩	the two of them	သူတို့နှစ်ယောက်	tθu^{22}do^{53} hnə jauʔ^{44}	shu^{32}dɯ^{42} hnə jø^{53}ʔ	tθu^{44}no^{42} hne^{42} jɔ^{42}ʔ	tθu^{33}lo^{32} nɛ^{33} jauʔ^{32}ʔ
1045	他们	they	သူတို့	tθu^{22}do^{53}	shu^{32}dɯ^{42}	tθu^{44}no^{42}	tθu^{33}lo^{32}
1046	咱们	we <inclusive>	ခင်ဗျားတို့ကျွန်တော်တို့	khə mja^{55} do^{53}tɕə nɔ^{22} do^{53}	nɛ̃ ^{32}dɯ^{42}ŋ^{32} dɯ^{42}	khã ^{11} bja^{44} le^{11} jɛ^{11} tɕɔ̃ ^{11} nũ ^{11} le^{11} jɛ^{11}	khə mja^{53} lo^{32}tɕə nɔ^{33} lo^{32}
1047	咱俩	the two of us <= you & me>	ဒို့နှစ်ယောက်	do^{53}hnə jauʔ^{44}	dɯ^{42}hnə jø^{53}ʔ	no^{42}hne^{42} jɔ^{42}ʔ	do^{32}nɛ^{33} jauʔ^{32}ʔ
1048	大家	the whole group, we	အားလုံး၊ အများ	a^{55}loũ ^{55}/ ə mja^{55}	ɒ^{55}loũ ^{55}/	a^{44}lɔ̃ ^{44}/	a^{53}loũ ^{53}/ ə mja^{53}
1049	自己	oneself	မိမိ	mi^{53}mi^{53}	mi^{42}mi^{42}		mi^{32}mi^{32}
1050	别人	other person(s)	သူများ	tθu^{22}mja^{55}	shu^{32}mjɒ^{55}/ shu^{32}mrɒ^{55}	tθu^{11}mja^{44}/ lu^{11}mja^{44}	lu^{33}mja^{53}
1051	这些	these	သူများ	da^{22}dwe^{22}	kɒ^{55}hɒ^{32}dwe^{32}	ɛ^{44}mo^{11} za^{11}lie^{11} / ɛ^{44}za^{11}lie^{11}	dou^{32}ʔsa^{33} de^{33}
1052	这边	this side, here	ဒီဘက်	di^{22}bɛʔ^{44}	kɒ^{32}pha^{53}ʔ	ɛ^{11}pha^{42}	dɛ^{33}phɛ^{32}ʔ
1053	这样	this (way), (like) this	ဒီလို	di^{22}lo^{22}	di^{32}lɯ^{32}	ɛ^{11}mjo^{44}	dɛ^{33}lo^{33}
1054	那（近指）	that	ဟို	ho^{22}	hɒ^{55}	ho^{44}	ho^{33}pha^{32}ʔ

附录 缅甸语方言词汇表 385

(续表)

序号	汉义	英文	မြန်မာစာ 缅甸文	ရန်ကုန် 标准话 仰光音	တောင်ရှိုး 东友 方言音	ထားဝယ် 土瓦 方言音	မြိတ် 丹老 方言音
1055	那些	those	ဟိုဟာတွေ	hɔ^{55}ha^{22} dwe^{22}	hɔ^{55}hɒ^{32}dwe^{32}	ho^{44}mo^{11} za^{11} le^{44}	hou$^{32?}$za^{33} de^{33}
1056	那里	there	ဟိုမှာ	ho^{22}hma^{22}		ho^{11}hma^{11}	ho^{33}hma^{33}
1057	那边	that side, there	ဟိုဘက်	ho^{22}bɛʔ^{44}	ha^{32}pha$^{53?}$	ho^{11}ba^{42}	ho^{33}bɛ$^{32?}$
1058	那样	that (way), (like) that	ဟိုလို/ဟိုကဲ့သို့	ho^{22}/tho^{22} gɛ^{53}dðo^{53}	ha^{55}lɯ^{32}	ho^{44}mo^{11} mjo^{44}	hou$^{32?}$za^{33} mjo^{53}
1059	哪里	where	ဘယ်မှာ၊ အဘယ်မှာ	bɛ^{22}hma^{22}/ ə bɛ^{22}hma^{22}		ɦɛ^{11}hma^{11}	bɛ^{33}hma^{33}/ ə bɛ^{33}hma^{33}
1060	几时	when	ဘယ်အချိန်	bɛ^{22} ə tɕheĩ^{22}	mə sɒ^{42}ɒ^{42} khri^{32}	ɦɛ^{11} khi^{11}	bɛ^{33} tɕheĩ^{33}
1061	多少	how many / much	ဘယ်လောက်၊ မည်မျှ	bɛ^{22} lau^{44}/ mi^{22} hmja^{53}	tə lɔ^{53}/	ɦɛ^{11} hmja^{42}	bɛ^{33} lau$^{32?}$ lɔ$^{42?}$/
1062	几个（疑问代词）	how many <a small number>	ဘယ်နှခု	bɛ^{22}hnə khu^{53}	tə mɒ^{42} khu^{42}	ɦɛ^{11}hmja^{42} khu^{42}	bɛ^{33} lau$^{32?}$ khu^{32}
1063	其他	others, miscellaneous	အခြား၊တခြား	ə tɕha^{55} / də tɕha^{55}	tə khrɒ^{55}	ə tɕha^{44} /	ə tɕha^{53}/ tə tɕha^{53}
1064	各自	respective, individual, each	အသီး၊	ə tθi^{55} dði^{55}	shu^{42}hɒ^{32}shu^{32}	ə tθi^{44} tθi^{44}	ə tθi^{53} tθi^{53}
1065	一切	all, everything	အားလုံး၊သမျှ	a^{55}loũ^{55} / tθə hmja^{53}	ɒ^{55}loũ^{55}	a^{44}lɔ̃^{44} /	a^{53}loũ^{53} /
1066	全部	all, the whole	အားလုံး	a^{55} loũ^{55}	ɒ^{55} loũ^{55}	a^{44} lɔ̃^{44}	a^{53} loũ^{53}
1067	粗	wide <in diameter>, coarse	တုပ်	touʔ^{44}	tui$^{53?}$	tɔ$^{42?}$	tou$^{32?}$/tɕi^{53}
1068	细	thin <in diameter>, fine, tiny	သေး	tθe^{55}	she^{55}	tθe^{44}	tθe^{53}/ŋɛ^{33}
1069	高	high, tall	မြင့်	mjĩ^{53}	mrẽ^{42}	bji^{42}	mjĩ^{32}
1070	低（矮）	low, short	နိမ့်	neĩ^{53}	ni^{42}	ni^{42}	neĩ^{32}
1071	凸	protruding, raised	ခုံး	khoũ^{55}	khoũ^{55}	khɔ̃^{44}	khoũ^{53}
1072	凹	sunken, dented	ခွက်	khwɛʔ^{44}	khwa$^{53?}$	khwa$^{42?}$	khwɪ$^{32?}$
1073	宽敞	spacious, commodious	ချောင်	tɕhaũ^{55}	khrɒ̃^{32}	tɕhɔ̃^{44}	tɕhaũ^{53}
1074	狭窄	cramped, narrow	ကျဉ်းကျပ်	tɕĩ^{55}tɕaʔ^{44}	tɕĩ^{55}krɒ$^{53?}$/ krẽ^{55}krɒ$^{53?}$	tɕĩ^{44}tɕa$^{42?}$	tɕĩ^{53}tɕa$^{32?}$

（续表）

序号	汉义	英文	မြန်မာစာ 缅甸文	ရန်ကုန် 标准话 仰光音	တောင်ရိုး 东友 方言音	ထားဝယ် 土瓦 方言音	ြြိတ် 丹老 方言音
1075	深	deep	နက်	nɛʔ⁴⁴	na⁵³ʔ	nɑ⁴²ʔ	nɪ³²ʔ
1076	浅	shallow	တိမ်	teĩ²²	ti³²	ti¹¹	teĩ³³
1077	空	empty	ဟောင်း လောင်	haũ⁵⁵laũ⁵⁵	hø⁵⁵lø⁵⁵	hɔ̃⁴⁴lɔ̃⁴⁴	haũ⁵³laũ⁵³
1078	瘪	shrivelled, shrunken	ခွက်ဝင်၊ ပိမ်၊ ချိုင့်ဝင်	khwɛʔ⁴⁴wĩ²²/ peĩ⁵³/ tɕhaĩ⁵³wĩ²²	khwa⁵³ʔwɛ̃³²/ pi⁴²/pẽ⁴²	khwa⁴²ʔwã¹¹/ pi⁴²/ tɕhaĩ⁴² wã¹¹	peĩ³³/ tɕhaɪ³²wĩ³³
1079	方	square, rectangular	လေးထောင့်	le⁵⁵daũ⁵³	le⁵⁵thõ⁴⁴	le⁴⁴dɔ̃⁴²	le⁵³daũ³²
1080	扁	flat (and shallow)	ပြား	pja⁵⁵	pjɒ⁵⁵/prɒ⁵⁵	pla⁴⁴	pja⁵³
1081	秃	bald, bare	တုံး	toũ⁵⁵	toũ⁵⁵	tɔ̃⁴⁴	toũ⁵³
1082	正（~面）	the right / obverse side	မျက်နှာဘက်	mjɛʔ⁴⁴hna²²bɛʔ⁴⁴	mja⁵³ʔnɒ³²pha⁵³ʔ	mjɪ⁴²ʔhna¹¹pha⁴²ʔ	mjɪ³²ʔna³³bɪ³²ʔ
1083	反（~面）	the reverse side	ကျောဘက်	tɕɔ⁵⁵bɛʔ⁴⁴	krɔ⁵⁵pha⁵³ʔ	nɔ⁴²ʔtɕɔ⁴⁴pha⁴²ʔ	tɕɔ⁵³bɪ³²ʔ
1084	准（打得~）	(to hit sth) on the target	မှန်၊လက်တည်	hmã²²/tɛ⁵³	mãɪ³²/la⁵³ʔte⁴²	thi⁴²/la⁴²ʔtɛ⁴²	mã³³/tɛ³²
1085	偏	slanting, leaning	လွဲ၊စောင်း	lwɛ⁵⁵/saũ⁵⁵	lwa⁵⁵/sø⁵⁵	lwɛ⁴⁴/sɔ̃⁴⁴	lwɛ⁵³/saũ⁵³
1086	歪	askew, wry, slanting	စောင်း/ယိမ်း၊ ရှဲ	saũ⁵⁵/jeĩ⁵⁵/ jwɛ⁵³	sø⁵⁵/ji⁵⁵ jwa⁴²	sɔ̃⁴⁴/jeĩ⁴⁴ jwɛ⁴²	saũ⁵³/jeĩ⁵³ jwɛ³²
1087	横（~的）	horizontal	ကန့်လန့်လိုက်	kã⁵³lã⁵³laɪʔ⁴⁴	kaɪ⁴²lɑɪ⁴² lɒu⁵³ʔ	kã⁴²lã⁴² laɪ⁴²ʔ	kã³²lã³² laɪ³²ʔ
1088	竖（~的）	vertical	ထောင်လိုက်	daũ²²laɪʔ⁴⁴	dø³²lɒu⁵³ʔ	dɔ̃¹¹laɪ⁴²ʔ	daũ³³laɪ³²ʔ
1089	弯（~的）	curved, crooked, bent	ကောက်	kauʔ⁴⁴	kø⁵³ʔ	kɔ⁴²ʔ	kau³²ʔ
1090	蓝	blue	ပြာ	pja²²	pjɒ³²/prɒ³²	pla⁴⁴	pja³³
1091	灰（~的）	grey	မီးခိုးရောင်	mi⁵⁵kho⁵⁵jaũ²²	mi⁵⁵khu⁵⁵jõ³²	mi⁴⁴kho⁴⁴jɔ̃¹¹	mi⁵³kho⁵³jaũ³³
1092	亮（~的）	bright	ထိန်၊လင်	theĩ²²/lĩ⁵⁵	thi³²/lɛ̃⁵⁵	thi¹¹/lã⁴⁴	theĩ³³/lĩ⁵³
1093	暗	dark	မှောင်	hmaũ²²	mø³²	maɪ⁴²ʔ	maũ³³

（续表）

序号	汉义	英文	မြန်မာစာ 缅甸文	ရန်ကုန် 标准话 仰光音	တောင်ငြိ: 东友 方言音	ထားဝယ် 土瓦 方言音	မြိတ် 丹老 方言音
1094	轻	light <weight>	ပေါ့	pɔ^{53}	pɔ^{42}	pɔ^{42}	pɔ^{32}
1095	快	quick, fast	မြန်	mjã^{22}	mrãɪ^{32}	bjã^{11}	mjã^{33}
1096	慢	slow	နှေး	hne^{55}	ne^{55}	hne^{44}/le^{44}	ne^{53}
1097	早	early	စော	sɔ^{55}	sɔ^{55}	sɔ^{44}	sɔ^{53}
1098	迟	late	နောက်ကျ	nauʔ^{44}tɕa^{53}	nø^{53}kla^{42}/ nø^{53}krɒ^{42}	nɔ^{42}ʔkla^{42}	nau^{32}ʔtɕa^{32}
1099	锋利	sharp	ထက်	thɛʔ^{44}	tha^{53}ʔ	tha^{42}ʔ	thɪ^{32}ʔ
1100	钝	blunt, dull	တုံး	toũ^{55}	toũ^{55}	tõ^{44}	toũ^{53}
1101	清（~的）	clear (water)	ကြည်လင်	tɕi^{22} lĩ^{22}	ke^{32} lĩ/kre^{32} lĩ^{32}	tɕɛ^{11}	tɕi^{33} lĩ^{33}
1102	浑浊	muddy, turbid	နောက်	nauʔ^{44}	nø^{53}	nɔ^{42}ʔ	nau^{32}ʔ
1103	胖	fat	ဝ	wa^{53}	wɒ^{42}	wa^{42}	wa^{32}
1104	肥（猪~）	fat (pig)	ဝဖီးဆူ	wa^{53}phi^{55}/ shu^{22}	wɒ^{42}phi^{55}	wa^{42}	wa^{32}phi^{53}/ shu^{33}
1105	瘦	thin	ပိန်	peĩ^{22}	pi^{42}/pẽ^{32}	pi^{11}	peĩ^{33}
1106	瘦（地~）	poor (land)	ညံ့	ɲã^{53}	nɒ̃^{42}	ɲã^{42}	ɲã^{32}
1107	稠（粥~）	thick (porridge)	ပျစ်	pjɪʔ^{44}	plɛɪ^{53}ʔ	plɪ^{42}ʔ	pjɪ^{32}ʔ
1108	稀（粥~）	watery / thin (porridge)	ကျဲ	tɕɛ^{55}	tɕa^{55}/kla^{55}	tɕɛ^{44}	tɕɛ^{53}
1109	密（布~）	tightly-woven (fabric)	စိတ်	seɪʔ^{44}	si^{53}ʔ/sheɪ^{53}ʔ	si^{42}	seɪ^{32}ʔ
1110	稀（头发~）	thin (hair)	ကျဲ	tɕɛ^{55}	tɕa^{55}/kla^{55}	pa^{44}	tɕɛ^{53}
1111	硬	hard	မာ	ma^{22}	mɒ^{32}	ma^{11}	ma^{33}
1112	软	soft	ပျော့	pjɔ^{53}	prɔ^{42}	pjɔ^{42}	pjɔ^{32}
1113	黏	sticky, glutinous	စေးကပ်ချွဲ	si^{55}kaʔ^{44}/ tɕhwɛ^{55}	se^{55}kɒ^{53}ʔ	se^{44}/ tɕhwɛ^{44}	se^{53}/se^{53} ka^{32}ʔ/ tɕhwɛ^{53}
1114	光滑	smooth, glossy, sleek	ချော	tɕhɔ^{55}	khrɔ^{55}	ɕɔ^{44}	tɕhɔ^{53}

(续表)

序号	汉义	英文	缅甸文	标准话 仰光音	东友 方言音	土瓦 方言音	丹老 方言音
1115	粗糙	rough, coarse	ကြမ်း	tɕã⁵⁵	krɒ̃⁵⁵	tɕã⁴⁴	tɕã⁵³
1116	滑（路~）	slippery (road)	ချော်	tɕhɔ²²	khjɔ³²	ɕɔ¹¹	tɕhɔ³³
1117	紧	tense, tight, taut	တင်း	tĩ⁵⁵	tɛ̃⁵⁵	tã⁴⁴	tĩ⁵³
1118	松	lax, loose, slack	လျော့	jɔ⁵³	jɔ⁴²	jɔ⁴²	jɔ³²
1119	脆	crisp, brittle	ကြွပ်	tɕuʔ⁴⁴	tɕwa⁵³ʔ	tɕwa⁴²ʔ	tɕuʔ³²ʔ
1120	结实	solid	တောင့်ကျစ်	taũ⁵³/tɕɪʔ⁴⁴	tɒ̃⁴²/kraɪ⁵³ʔ	tɔ̃⁴²	taũ³²/tɕɪʔ³²ʔ
1121	乱	chaotic, disorderly, messy	ရှုပ်	ɕouʔ⁴⁴	khrouʔ⁵³	ɕɔ⁴²ʔ	ɕouʔ³²ʔ
1122	对	right, correct	မှန်	hmã²²	mãɪ³²	hmã¹¹	mã³³
1123	错	wrong	မှား	hma⁵⁵	mɒ⁵⁵	hma⁴⁴	ma⁵³
1124	真	true	စစ်	sɪʔ⁴⁴	seɪ⁵³ʔ	sɪ⁴²ʔ	ə sɪ³²ʔ
1125	假	false	အတု	ə tu⁵³	ɒ⁴² tu⁴²	ə tu⁴²	ə tu³²
1126	生（~的）	uncooked, raw	စိမ်း	seĩ⁵⁵	si⁵⁵/sẽ⁵⁵	si⁴⁴	seĩ⁵³
1127	旧	used, old	ဟောင်း	haũ⁵⁵	hɔ̃⁵⁵	hɔ̃⁴⁴	haũ⁵³
1128	贵（价钱~）	expensive	ဈေးကြီး	ze⁵⁵dʑi⁵⁵	she⁵⁵kri⁵⁵	ze⁴⁴ki⁴⁴	ze⁵³dʑi⁵³
1129	便宜	cheap	ဈေးချို	ze⁵⁵tɕho²²	she⁵⁵khruɪ³²	tθa⁴²ʔ	ze⁵³ne⁵³
1130	老（植物~）	overgrown (plant)	ရင့်	jĩ⁵³	jɛ̃⁴²	jĩ⁴²	jĩ³²
1131	嫩（植物~）	tender young (plant)	နု	nu⁵³	nu⁴²	nu⁴²	nu³²
1132	年轻	young	နုပျိုမြစ်	nu⁵³/pjo²²mjɪʔ⁴⁴	nu⁴²/pluɪ³²mjeɪʔ⁴⁴	nu⁴²	nu³²
1133	美	beautiful	လှ	hla⁵³	lɒ⁴²	hla⁴²/	la³²
1134	丑	ugly	အကြည့်တန် အရုပ်ဆိုး	ə tɕɪ⁵³dã²²/ ə jouʔ⁴⁴sho⁵⁵	ə ke⁴²dã³²/ juɪʔ⁴⁴shuɪ⁵⁵	ə jɔ⁴²ʔsho⁴⁴	jouʔ³²ʔsho⁵³
1135	温（水~）	lukewarm (water)	နွေး	nwe⁵⁵	nwi⁵⁵	nwi⁴⁴	nwe⁵³
1136	暖和	warm	ပူနွေး၊ နွေးထွေး	pu²² nwe⁵⁵/ nwe⁵⁵thwe⁵⁵	pu³² nwi⁵⁵/ nwi⁵⁵thwi⁵⁵	pu¹¹ nwi⁴⁴	pu³³ nwe⁵³/ nwe⁵³thwe⁵³

（续表）

序号	汉义	英文	မြန်မာစာ 缅甸文	ရန်ကုန် 标准话 仰光音	တောင်ရှိ 东友 方言音	ထားဝယ် 土瓦 方言音	မြိတ် 丹老 方言音
1137	凉快	pleasantly cool	အေးချမ်း	e^{55} dʑã^{55}	e^{55} khlõ^{55}	e^{44}/ɕã^{44}	e^{53} dʑã^{53}/e^{53}
1138	难	difficult	ခက်	khɛʔ^{44}	khɑʔ^{44}	khɑ^{42ʔ}	khɪ^{32ʔ}
1139	容易	easy	လွယ်	lwɛ^{22}	lwa^{32}	lwɛ^{11}	lwɛ^{33}
1140	香（气味~）	fragrant (smell)	မွှေး	hmwe^{55}	mwi^{55}	hmwi^{44}	mwe^{53}
1141	臭	stinking, smelly	နံ	nã^{22}	nõ^{32}	hi^{11} nã^{11}	nã^{33}
1142	香（味道~）	savory, appetizing	မွှေး	hmwe^{55}	mwi^{55}	hmwi^{44}	mwe^{53}
1143	酸	sour	ချဉ်	tɕhĩ^{22}	khlĩ^{32}	ɕĩ^{11}	tɕhĩ^{33}
1144	甜	sweet	ချို	tɕho^{22}	khlɯ^{32}	ɕo^{11}	tɕho^{33}
1145	苦	bitter	ခါး	kha^{55}	khɒ^{55}	khɑ^{44}	khɑ^{53}
1146	辣	hot, spicy	စပ်	saʔ^{44}	sɒ^{53ʔ}/saɪ^{53ʔ}	sɑ^{42ʔ}	sɑ^{32ʔ}
1147	咸	salty	ငံ	ŋã^{22}	ŋõ^{32}	ŋã^{11}	ŋã^{33}
1148	淡（盐~）	tasteless, insipid <not salty>	ပေါ့	pɔ^{53}	pɔ^{42}	pɔ^{42}	pɔ^{32}
1149	涩	astringent, like unripe persimmons	ဖန်	phã^{22}	phaɪ^{32}	phã^{11}	phã^{33}
1150	腥	fishy-smelling	ညီ	hɲi^{22}	ɲi^{32}/ŋji^{32}	hɲi^{11}/hi^{11}nã^{11}	ɲi^{33}
1151	腻	greasy, oily	အီ	i^{22}	i^{32}	i^{11}	i^{33}
1152	闲	not busy, idle	အား	a^{55}	ɑ^{55}	ɑ^{44}	ɑ^{53}
1153	忙	busy	အလုပ်များ	ə louʔ^{44} mja^{55}	ə lou^{53ʔ} mjɒ^{55}	ə lɔ^{42ʔ} mja^{44}	ə lou^{32ʔ} mja^{53}
1154	富	rich	ချမ်းသာငွေ	tɕhã^{55}dða^{22}/the^{55}	khrõ^{55}shɒ^{32}/tɕhaɪ^{55}shɒ^{32}	the^{44}	tɕhã^{53}dða^{33}/the^{33}
1155	穷	poor	ဆင်းရဲ	shĩ^{55}jɛ^{55}	shɛ̃^{55}ja^{55}	shĩ^{44}jɛ^{44}	shĩ^{53}jɛ^{53}
1156	干净	clean	သန့်ရှင်း	tθã^{53}ɕĩ^{55}	tθã^{42}shɛ̃^{55}/taɪ^{42}khrɛ̃^{55}	tθã^{42}ɕĩ^{44}	tθã^{32}ɕĩ^{53}
1157	新鲜	fresh	လတ်ဆတ်	laʔ^{44}shaʔ^{44}	laɪ^{53ʔ}shaɪ^{53ʔ}/lɒ^{53ʔ}shaɪ^{53}	lɑ^{42ʔ}shɑ^{42ʔ}	lɑ^{32ʔ}shɑ^{32ʔ}
1158	死（~的）	dead	သေ	ə tθe^{22}	ə she^{32}	ə tθe^{11}	ə tθe^{33}

(续表)

序号	汉义	英文	缅甸文	标准话 仰光音	东友 方言音	土瓦 方言音	丹老 方言音
1159	清楚	clear, lucid	ရှင်းလင်း/ရှင်း	ɕĩ⁵⁵lĩ⁵⁵ / ɕĩ⁵⁵	ʃẽ⁵⁵lẽ⁵⁵	ɕĩ⁴⁴lã⁴⁴ / ɕĩ⁴⁴	ɕĩ⁵³lĩ⁵³ / ɕĩ⁵³
1160	好吃	tasty, delicious	စားကောင်းသည်	sa⁵⁵kaũ⁵⁵dði²²	sɒ⁵⁵kø̃⁵⁵	sa⁴⁴kɔ̃⁴⁴fiɛ¹¹	sa⁵³kaũ⁵³fiɛ³³
1161	好听	pleasant to the ears	နားဝင်ချိုသည်	nə wĩ²² tɕho²²dði²²	nɒ⁴² wẽ³² khrɯ³²	na⁴⁴dʑa⁴⁴kɔ̃⁴⁴	nə thaũ³³kaũ⁵³fiɛ³³
1162	好看	pleasant to the eyes, beautiful	ကြည့်ကောင်းသည်	tɕi⁵³ kaũ⁵⁵dði²²	ke⁴² kø̃⁵⁵	ke⁴² kɔ̃⁴⁴fiɛ¹¹	tɕi³² kaũ⁵³fiɛ³³
1163	响	loud	မြည်ဟိန်း	mji²²/heĩ⁵⁵	mje³²/hẽ⁵⁵	bjɛ¹¹/hi⁴⁴	mji³³/heĩ⁵³
1164	辛苦	hard, laborious	ဆင်းရဲပင်ပန်း	ʃĩ⁵⁵je⁵⁵pĩ²² pã⁵⁵	ʃə ja⁵⁵ pẽ³² pãĩ⁵⁵	ʃĩ⁴⁴jɛ⁴⁴ pã¹¹ pã⁴⁴	pĩ³³ pã⁵³
1165	闷	bored	ပျင်း	pjĩ⁵⁵	plẽ⁵⁵	pjĩ⁴⁴	pjĩ⁵³
1166	急忙	hurriedly, hastily	အလောတကြီး	ə lɔ⁵⁵ də dʑi⁵⁵	ə lɔ⁵⁵ tə kwi⁵⁵	bjã¹¹ lo¹¹ bjã¹¹ dʑi⁴⁴/ ɔ⁴⁴ li⁴² ɔ⁴⁴ la⁴²ʔ	ə je⁵³ tə tɕi⁵³
1167	花（~的）	multicolored/ patterned (cloth)	ပွင့်ရိုက်(ထည်)	pwĩ⁵³jaɪʔ⁴⁴dɛ²²	pwẽ⁴²jɒu⁵³ʔ the³²	pwã⁴² jaɪ⁴²ʔ thɛ¹¹	pwĩ³²jaɪ³²ʔdɛ³³
1168	聪明	clever	လိမ္မာဉာဏ်ကောင်း	leĩ²²ma²²/nã²²kaũ⁵⁵	lẽ³²mɒ³²/nã³²kø̃⁵⁵	li¹¹ma¹¹/nã¹¹kɔ̃⁴⁴	leĩ³³ma³³/nã³³kaũ⁵³
1169	蠢	stupid	အမိုက်	a⁵³ / maɪʔ⁴⁴	ɒ⁴² / mɒu⁵³ʔ	a⁴² / maɪ⁴²ʔ	maɪ³²ʔ
1170	老实	honest, well-behaved	ရိုးရိုးသား	jo⁵⁵/jo⁵⁵tθa⁵⁵	jɯ⁵⁵/ jɯ⁵⁵shɒ⁵⁵	jo⁴⁴/ jo⁴⁴tθa⁴⁴	jo⁵³/ jo⁵³tθa⁵³
1171	狡猾	sly, cunning	ကောက်ကျစ်စဉ်းလဲ	kauʔ⁴⁴tɕɪ⁴⁴ sĩ⁵⁵lɛ⁵⁵	kø⁵³ʔkraɪ⁵³	kɔ⁴²ʔkraɪ⁴²ʔ sẽ⁴⁴lɛ⁴⁴	kauʔ³²tɕɪ³²ʔ ə tɕɪ³²ʔ jou³²ʔ
1172	细心	careful, attentive	စေ့စပ်မှု	si⁵³zaʔ⁴⁴	se⁴²saɪ⁵³ʔ/ se⁴²sɒ⁵³ʔ	si⁴²sa⁴²ʔ	se³²za³²ʔ
1173	和气	gentle, amiable	သဘောထားကောင်း	dðə bɔ⁵⁵tha⁵⁵ kaũ⁵⁵	shə phɔ⁵⁵thɒ⁵⁵ kɔ̃⁵⁵	bɔ⁴⁴kɔ̃⁴⁴	dðə bɔ⁵³ tha⁵³ kaũ⁵³
1174	骄傲	arrogant, conceited	မာနကြီး	ma²²na⁵³dʑi⁵⁵	mɒ³²nɒ⁴² kwi⁵⁵	ma¹¹na⁴² ki⁴⁴	ma³³na³² tɕi⁵³
1175	合适	suitable	သင့်ကိုက်	tθĩ⁵³/kaɪʔ⁴⁴	shẽ⁴²/kɒu⁵³ʔ	kaɪ⁴²ʔ	tθĩ³²/ kaɪ³²ʔ/ ã³³kaɪ³²ʔ
1176	凶恶	fierce, ferocious	ကြမ်းကြုတ်ခက်ထန်	tɕã⁵⁵tɕou⁴⁴ʔ/ khɛʔ⁴⁴thã²²	krɔ̃⁵⁵krou⁵³ʔ	tɕã⁴⁴ tɕɔ⁴²ʔ/ kha⁴²ʔ thã¹¹	tɕã⁵³ tɕou³²ʔ/ khɛ³²ʔ thã³³

（续表）

序号	汉义	英文	မြန်မာစာ 缅甸文	ရန်ကုန် 标准话 仰光音	တောင်ငူ 东友 方言音	ထားဝယ် 土瓦 方言音	မြိတ် 丹老 方言音
1177	厉害	severe, fierce, sharp	ပြင်းခက်ထန်	pjĩ^{55}/khɛʔ^{44} thã^{22}	pjẽ^{55}/prẽ^{55}	pjĩ^{44}/kha^{42}ʔ thã^{11}	pjĩ^{53}/tɕã^{53}
1178	客气	polite, courteous	ပေါ့ရွှေ	phɔ^{22}jwe^{22}	phɔ^{32}jwe^{32}/phɔ^{32}jwi^{32}	phɔ^{11}jwe^{11}	phɔ^{33}jwe^{33}
1179	吝啬	stingy	တွန့်တိုကပ် စေးနည်း	tũ^{35}to^{22}/kaʔ^{44}si^{55}nɛ^{55}	tuẽ^{42}tu^{32}/kɒ^{53}ʔse^{55}na^{55}	si^{44} hnɛ^{44}	tũ^{53}to^{33}/ka^{32}ʔse^{53}nɛ^{53}
1180	勤快	industrious, hard-working	ကြိုးကြိုးစား စားပေါ့ပေါ့ ပါးပါးရှိသည်	tɕo^{55}dzo^{55}sa^{55}za^{55}/pɔ^{53}bɔ^{53}pa^{55}ba^{55}ɕi^{53}dði^{22}	kru^{55} kru^{55}sɒ^{55} sɒ^{55}/pɔ^{42}pɔ^{42} pɒ^{55}hi^{42}	tɕo^{44} tɕo^{44}sa^{44} sa^{44}/pɔ^{42} pɔ^{42}pa^{44} pa^{44}ɕi^{42}	tɕo^{53}dzo^{53}sa^{53} za^{53}/pɔ^{32} bɔ^{32}pa^{53} ba^{53}ɕi^{32}
1181	懒	lazy	ပျင်းအပျင်းထူ	pjĩ^{55}/ə pjĩ^{55}thu^{22}	pjẽ^{55}/prẽ^{55}ɒ^{42} pjẽ^{55}thu^{32}	pjĩ^{44}/ə pjĩ^{44}thu^{11}	pjĩ^{53}/ə pjĩ^{53}thu^{33}
1182	笨拙	clumsy, awkward	အ	a^{53}	ɒ^{42}	a^{42}	a^{32}/thoũ^{33}
1183	乖	well-behaved and lovable	လိမ္မာ	lẽĩ^{22}ma^{22}	li^{32}mɒ^{32}/lẽ^{32}mɒ^{32}	li^{11}ma^{11}	lẽĩ^{33}ma^{33}
1184	努力	hard-working, exerting oneself	ကြိုးစား	tɕo^{55}za^{55}	kru^{55}sɒ^{55}	tɕo^{44}sa^{44}	tɕo^{53}za^{53}
1185	可怜	pitiable, pitiful	သနားစရာ ကောင်း	tθə na^{55}zə ja^{22} kaũ^{55}dði^{22}	shə nɒ^{55} sə jɒ^{55} kõ^{55}	na^{44}za^{11} kɔ̃^{44}	tθə na^{53} zə ja^{33} kaũ^{53}
1186	高兴	happy and excited	ဝမ်းသာပျော်	wũ^{55}tθa^{22}/pjɔ^{22}	wɒ̃^{55}shɒ^{32}/prɔ^{32}	wũ^{44} tθa^{11}/pjɔ^{11}	wũ^{53}tθa^{33}/pjɔ^{33}
1187	幸福	blissful	ချမ်းသာ	tɕhã^{55}dða^{22}	khrɒ̃^{55}shɒ^{32}/tɕhãĩ^{55}shɒ^{32}	tɕhã^{44}tθa^{11}	tɕhã^{53}tθa^{33}
1188	平安	safe and sound	ဘေးကင်း	be^{55} kĩ^{55}	be^{55} kẽ^{55}	be^{44} kĩ^{44}	ã^{33}tə jɛ^{33} kĩ^{53}
1189	悲哀	sad	ဝမ်းနည်းကြေကွဲ	wũ^{55}nɛ^{55}tɕe^{22}kwɛ^{55}	wɒ̃^{55}ne^{55}kre^{32}kwa^{55}	wũ^{44}nɛ^{44}tɕe^{11} kwɛ^{44}	wũ^{53}nɛ^{53}
1190	亲热	affectionate, intimate	ရင်းရင်းနှီးနှီး ရှိသည်	jĩ^{55}jĩ^{55}hni^{55}hni^{55} ɕi^{53}dði^{22}	jẽ^{55}jẽ^{55}hni^{55}hni^{55} hi^{42}	jĩ^{44} jĩ^{44}hni^{44}hni^{44} ɕi^{42} ɧe^{11}	jĩ^{53}ni^{53}ɧɛ^{11}
1191	讨厌	bothersome, disagreeable	မုန်း	moũ^{55}	moũ^{55}	mu^{44}	moũ^{53}

（续表）

序号	汉义	英文	မြန်မာစာ 缅甸文	ရန်ကုန် 标准话 仰光音	တောင်ရိုး 东友 方言音	ထားဝယ် 土瓦 方言音	မြိတ် 丹老 方言音
1192	单独	alone	တစ်ယောက် တည်း၊ တစ်ဦးချင်း၊ တစ်ကိုယ်တည်း	tə jauʔ^{44}the^{55}/ tə u^{55}dʑĩ ^{55}/ tə ko^{22}dɛ^{55}	tə jø^{53}ʔthe^{55}/ tə jø^{53}ʔkhrɛ̃ ^{55}	tə jo^{42}ʔthe^{44}/ tə jo^{44}ɕi ^{44}/ tə ko^{11}dɛ^{44}	tə jauʔ^{32}the^{53}/ tə u^{53}dʑ̃ ^{53}/ tə ko^{33}dɛ^{53}
1193	陡峭	cliffy, precipitous	မတ်စောက်	maʔ^{44}sauʔ^{44}	maɪ^{53}ʔsø^{53}	ma^{42}ʔso^{42}ʔ	ma^{32}ʔ
1194	挨近	near / close to	အနား:ကပ်	ə na^{55}kaʔ^{44}	ə nɒ^{55}kaɪ^{53}ʔ	ə na^{44}ka^{42}ʔ	ə na^{53}kɑ^{32}ʔ
1195	爱	love, like	ချစ်	tɕhɪʔ^{44}	khreɪ^{53}ʔ	ɕɪ^{42}	tɕhɪ^{32}ʔ
1196	爱（~吃）	like (to eat)	ကြိုက်	tɕaɪʔ^{44}	krɒu^{53}ʔ	tɕaɪ^{42}ʔ	tɕaɪ^{32}ʔ
1197	安装	install	တပ်	taʔ^{44}	taɪ^{53}ʔ	ta^{42}	ta^{32}ʔ
1198	按	press (with palm or finger)	ဖိ၊နှိပ်	phi^{55}/ hneɪʔ^{44}	phi^{42}/ ni^{53}ʔ	phi^{42}/ hni^{42}	phi^{32}/ neɪ^{32}ʔ
1199	熬	decoct (herbal medicine)	ကျို	tɕo^{22}	krɯ^{32}	tɕo^{11}	tɕo^{33}
1200	拔（~草）	pull up (weeds)	နုတ်	hnouʔ^{44}	nuiʔ^{44}	hnu^{44}	nou^{32}ʔ
1201	耙（~田)	to rake (the fields)	ထွန်	thũ ^{22}	thuẽ ^{32}	thũ ^{11}	thũ ^{33}
1202	掰开	to grasp with the fingers & thumb of both hands	ဖဲ့	phɛ^{53}	pha^{42}	phɛ^{42}	phɛ^{32}
1203	摆（~整齐）	put in order, arrange	ထား:	tha^{55}	thɒ^{55}	tha^{44}	tha^{53}
1204	摆动	swing, sway	ယိမ်း၊ ဝှေ့ရမ်း	jẽɪ ^{55}/ hwe^{53} jã ^{55}	hwe^{42} jɒ̃ ^{55}	ji^{44}/ hmwĩ^{42}	jẽɪ ^{53}/ jã ^{53}
1205	败	lose, defeated	ရှုံ:	ɕoũ ^{55}	shoũ ^{55}/ khroũ ^{55}	ɕɔ̃ ^{44}	ɕoũ ^{53}
1206	拜（~菩萨）	make obeisance to, worship	ကန်တော့၊ ရှိုးသည်	gə do^{53}/ ɕɪʔ^{44} kho^{55} dði^{22}	kaɪ ^{32} to^{42}/	khe^{11} do^{42}/ ɕi^{42}kh^{44}	gə do^{32}/ ɕɪ^{32}ʔ kho^{53} ɕɛ^{33}
1207	搬（~家）	move (house)	ပြောင်:	pjaũ ^{55}	pjɒ̃ ^{55}	plɔ̃ ^{44}	pjaũ ^{53}
1208	搬（~凳子）	move (a stool)	ရွှေ့	ɕwe^{53}	shwe^{42}/khre^{42}	ɕwe^{42}	ɕwe^{32}
1209	帮助	help	ကူညီ	ku^{22} ɲi^{22}	ku^{32} ɲi^{32}	ku^{11} ɲi^{11}	ku^{33} ɲi^{33}

(续表)

序号	汉义	英文	မြန်မာစာ 缅甸文	ရန်ကုန် 标准话 仰光音	တောင်ငူ 东友 方言音	ထားဝယ် 土瓦 方言音	မြိတ် 丹老 方言音
1210	绑	bind, tie up	ည်း	si^{55}	se^{55}/si^{55}	sɛ^{44}	sɛ^{53}
1211	包（~药）	to wrap	ထုပ်	thouʔ^{44}	thou^{53}ʔ	thɔ^{42}ʔ	thou^{32}ʔ
1212	剥（~花生）	shell (peanuts)	ခွံ၊ နွာ	khwa^{22}/ hnwa^{22}	khɒ^{32}/ nɒ^{32}	khwa^{11}/ hnwa^{11}	khwa^{33}/ nwa^{33}
1213	剥（~牛皮）	to skin (cattle)	ခွံ	khwa^{22}	khɒ^{32}	khwa^{11}	khwa^{33}
1214	剥落	(paint) peel off	ကွာကျ	kwa^{22}tɕa^{3}	kɒ^{32}kɒ^{42}/kɒ^{32} kla^{42}	kwa^{11}kla^{42}	kwa^{33}tɕa^{32}
1215	保密	keep secret	လျှို့ဝှက်ထား သည်	ɕo^{53}hwɛ^{44} tha^{55}dði^{22}	ɕo^{42}wa^{53}thɒ^{55}	ɕo^{42}hwa^{42} tha^{44}ɦɛ^{11}	ɕo^{32}ha^{53}ɦɛ^{33}
1216	保护	protect	ကာကွယ်	ka^{22}kwɛ^{22}	kɒ^{32}kwa^{32}	ka^{11}kwɛ^{11}	ka^{33}kwɛ^{33}
1217	饱	have eaten one's fill	ဝ	wa^{53}	wɒ^{42}	wa^{42}	wa^{32}
1218	抱	hold in the arms, hug	ဖက်၊ ချီ	phɛʔ^{44}/ tɕhi^{22}	pha^{53}ʔ/ tɕhi^{32}ʔ/khri^{32}ʔ	pha^{42}ʔ/ khi^{11}/ khi^{11}	phɪ^{32}ʔ/ tɕhi^{33}
1219	刨	dig	တူး	tu^{55}	tu^{55}	tu^{44}	tu^{53}
1220	背（~孩子）	carry (a child) on the back	ပိုး	po^{55}	pɯ^{55}	bo^{44}	po^{53}
1221	迸（~出）	spout, burst forth	စင်	sĩ^{22}	sɛ̃^{32}	sĩ^{11}	sĩ^{33}
1222	逼迫	force, compel	အတင်း	ə tĩ^{55}	ɒ^{42} tɛ̃^{55}	ə tã^{44}/ ə tɕã^{44}/ ja^{42} ja^{11} taĩ^{44}	ə tĩ^{53}
1223	比	compare	နှိုင်းစာ	hnaĩ^{55}/sa^{22}	nũ^{55}/sɒ^{32}	hnaĩ^{44}	naĩ^{53}/sa^{33}
1224	闭（~口）	close (the mouth)	ပိတ်	peɪʔ^{44}	pi^{53}ʔ	pi^{42}	peɪ^{32}ʔ
1225	编（~辫子）	to plait	ကျစ်	tɕɪʔ^{44}	kraɪ^{53}	tɕɪ^{42}ʔ/sɪ^{42}ʔ	tɕɪ^{32}ʔ
1226	编（~篮子）	weave (a basket)	ရက်	jɛʔ^{44}	ja^{53}ʔ	jɪ^{42}ʔ	je^{32}ʔ
1227	变化	change	ပြောင်း	pjaũ^{55}	pjõ^{55}	plɔ̃^{44}	pjaũ^{53}
1228	改变	alter	ပြောင်းစေ သည်	pjaũ^{55}ze^{22} dði^{22}	pjõ^{55}se^{32}	plɔ̃^{44}se^{11} ɦɛ^{11}	pjaũ^{53}ze^{33} ɦɛ^{33}
1229	病	to be ill	ဖျား	phja^{55}	phjɒ^{55}	phja^{44}	phja^{53}
1230	补（~衣）	patch (clothing)	ဖာ	pha^{22}	phɒ^{32}	pha^{11}	pha^{33}

(续表)

序号	汉义	英文	မြန်မာစာ 缅甸文	ရန်ကုန် 标准话 仰光音	တောင်ငြို့ 东友 方言音	ထားဝယ် 土瓦 方言音	မြိတ် 丹老 方言音
1231	补（~锅）	tinker (pans)	ဖာ	pha²²	phɔ³²	pha¹¹	pha³³
1232	擦（~桌子）	wipe (the table)	သုတ်	tθouʔ⁴⁴	shui⁵³ʔ	tθu⁴²	tθou³²ʔ
1233	擦掉	wipe away, erase	တိုက်၊ချွတ်	taɪʔ⁴⁴/tɕhuʔ⁴⁴	tɒu⁵³ʔ/khru⁵³ʔ	taɪ⁴²	taɪ³²ʔ/tɕhu³²ʔ
1234	猜（~谜）	guess (a riddle)	ပေါ်	phɔ²²	phɔ³²	phɔ¹¹	phɔ³³
1235	猜中	have guessed right	မှန်	hmã²²	maĩ³²	hmã¹¹	mã³³
1236	裁	cut (paper, cloth)	ဖြတ်	phjaʔ⁴⁴	phraɪ⁵³ʔ	phja⁴²ʔ	phja³²ʔ
1237	踩	step on, tread	နင်း	nĩ⁵⁵	nẽ⁵⁵	nã⁴⁴	nĩ⁵³
1238	藏（~东西）	hide (sth)	ဝှက်	hwɛʔ⁴⁴/phwɛʔ⁴⁴	wɒ⁵³ʔ/phwɒ⁴²ʔ	hwɑ⁴²ʔ/phwɑ⁴²ʔ	ɕo³²ʔ/phwe³²ʔ
1239	蹭（~痒）	scratch (an itch against sth)	ပွတ်	puʔ⁴⁴	pu⁵³ʔ	pu⁴²ʔ	pu³²ʔ
1240	插（~牌子）	to poke (a sign into earth), insert	စိုက်	saɪʔ⁴⁴	sɒu⁵³ʔ	saɪ⁴²ʔ	saɪ³²ʔ
1241	插（~秧）	transplant (rice seedlings), insert	စိုက်	saɪʔ⁴⁴	sɒu⁵³ʔ	sɪ⁴²ʔ	saɪ³²ʔ
1242	查（~账）	audit (accounts)	(စာရင်း)စစ်	(sə jĩ⁵⁵)sɪʔ⁴⁴	(sə jẽ⁵⁵)seɪ⁵³ʔ	(sə jĩ⁴⁴)sɪ⁴²	(sə jĩ⁵³)sɪ³²ʔ
1243	拆（~衣服）	unseal (clothing)	(အကျီ)ဖြေ	ĩ⁵⁵dzi²²phje²²	ẽ⁵⁵gi³²phre³²/phle³²	khlu⁴²ʔ	ĩ⁵³dzi³³phje³³
1244	拆（~房子）	pull down (a house)	ဖျက်	phjouʔ⁴⁴	phrou⁵³ʔ	phlu⁴²	phjou³²ʔ
1245	塌毁	(a house) fall down / collapse	ပြိုကျ	pjo²²tɕa⁵³	pluu³²klɒ⁴²	pjo¹¹kla⁴²	pjo³³tɕa³²
1246	搀扶	support sb with one's hand(s)	ဖေးမ	phe⁵⁵ma⁵³	phe⁵⁵mɒ⁴²	phe⁴⁴ma⁴²/twɛ⁴⁴	phe⁵³ma³²/ma³²
1247	掺（~水）	add (water), dilute	ရော	jɔ⁵⁵	jɔ⁵⁵	jɔ⁴⁴	jɔ⁵³

附录　缅甸语方言词汇表　395

（续表）

序号	汉义	英文	မြန်မာစာ 缅甸文	ရန်ကုန် 标准话 仰光音	တောင်ရှိ: 东友 方言音	ထား:ဝယ် 土瓦 方言音	မြိတ် 丹老 方言音
1248	缠（~线）	to wind (thread onto a keel)	ရစ်	jɪʔ⁴⁴	jeɪ⁵³ʔ	jɪ⁴²ʔ	jɪ³²ʔ
1249	馋（~肉）	want to eat (meat) badly	စား:ချင်သည်	sa⁵⁵dʑĩ²² dði²²	sɒ⁵⁵khrẽ³²	sa⁴⁴ɕĩ¹¹ ɕɛ¹¹	sa⁵³tɕhĩ³³ ɕɛ³³
1250	馋（嘴~）	gluttonous	တော့	ŋaʔ⁴⁴	ŋaɪ⁵³ʔ	ŋa⁴²ʔ	ŋa³²ʔ/ŋã⁵³
1251	尝	taste, try the flavor of	မြည်:ကြည့်	mjĩ⁵⁵tɕi⁵³	mle⁵⁵ke⁴²/ mle⁵⁵kre⁴²	bjɛ⁴⁴ ke⁴²	mjɛ⁵³tɕi³²
1252	偿还	repay	ရော်ပေး:	jɔ²² pe⁵⁵	jɔ³² pe⁵⁵	jɔ¹¹ pe⁴⁴	jɔ³³ pe⁵³
1253	吵	make a row / racket	ဆူ	shu²²	shu³²	shu¹¹/ shɛ⁴⁴/ tɕã⁴⁴	shu³³
1254	炒	stir-fry	လော်ကြော်	hlɔ²²/tɕɔ²²	lɔ³²/hlɔ³²/krɔ²	hlɔ¹¹/tɕɔ¹¹/tɕhɔ¹¹	lɔ³³/tɕɔ³³
1255	沉	sink	မြုပ်	mjouʔ⁴⁴	mrøʔ⁵³ʔ	mlɔ⁴²ʔ	mjou³²ʔ
1256	称（~粮食）	weigh (food)	ချိန်	tɕhẽĩ²²	khri³²	khi¹¹	tɕhẽĩ³³
1257	称赞	commend, praise	ချီး:မွှမ်း	tɕhẽĩ⁵⁵ hmũ⁵⁵	khri⁵⁵ mwãĩ⁵⁵	tɕhi⁴⁴ hmũ⁴⁴	tɕhi⁵³ tɕu⁵³
1258	撑住	prop up, support	ထောက်	thauʔ⁴⁴	thø⁵³ʔ	thɔ⁴²ʔ	thau³²ʔ
1259	撑（~伞）	open (an umbrella)	(ထီး:)ဖွင့်	(thi⁵⁵) phwĩ⁵³	(thi⁵⁵) phwẽ⁴²	(thi⁴⁴) phwã⁴²	(thi⁵³) phwɪ³²
1260	成了	be done / accomplished	ပြီးမြောက် အောင်မြင် ဖြစ်	pji⁵⁵ mjauʔ⁴⁴ aũ²² mjĩ²² phjɪʔ⁴⁴	pji⁵⁵ mrøʔ⁵³ʔ ø³²mrɛ³²	pji⁴⁴ mjɔ⁴²ʔ ũ¹¹ mjĩ¹¹ phjɪ⁴²ʔ	pji⁵³ ɕɛ³³/ aũ³³ mjĩ³³/ phjɪ³²ʔ ɕɛ³³
1261	完成	accomplish, succeed	ပြီးမြောက်	pji⁵⁵ mjauʔ⁴⁴	pji⁵⁵ mrøʔ⁵³ʔ	pi⁴⁴	pji⁵³ ɕɛ³³
1262	盛（~饭）	fill (a bowl with rice)	(ထမင်း:) ခူ	(thə mĩ⁵⁵) khu⁵⁵	(thə mɛ̃⁵⁵) khu⁵⁵	(hmã⁴⁴) khu⁴⁴	(mĩ⁵³) khu⁵³
1263	盛得下	can hold	ဆံ့	shã⁵³	shã⁴²/shãĩ⁴²	shã⁴²	shã³²
1264	承认	admit	ဝန်ခံသည်	wĩ²²khã²² dði²²	wĩ³²khã³²	wĩ¹¹khã¹¹	wĩ³³khã³³ ɕɛ³³
1265	澄清	clarify, clear up	ရှင်:လင်း:	ɕĩ⁵⁵ lĩ⁵⁵	shɛ̃⁵⁵ l ɛ̃⁵⁵	ɕĩ⁴⁴ lĩ⁴⁴	ɕĩ⁵³

(续表)

序号	汉义	英文	မြန်မာစာ 缅甸文	ရန်ကုန် 标准话 仰光音	တောင်ငူ 东友 方言音	ထားဝယ် 土瓦 方言音	မြိတ် 丹老 方言音
1266	冲（~在前）	charge / sprint (in the front)	ရှေ့မှနေ၍ တန့်ထိုးချီ တက်သည်	ɕe⁵³ hma⁵³ ne²² jwe⁵³ tə hoũ²² do²² tɕhi²² tɛʔ⁴⁴ dði²²	khre⁴² mɒ⁴² ne³² pwi⁵⁵ tə hoũ³² thɯ³² khi³² ta⁵³ʔ	ɕe⁴² ɦa⁴² ne¹¹ pi⁴⁴ ja¹¹ ə tɕã⁴⁴ tɕhi¹¹ ta⁴²ʔ ɦɛ¹¹	ɕe³² ɦa³² ne³³ pi⁵³ ɦa³³ mjã³³ mjã³³ ŋe³³ tɕhi³³ tɛ³²ʔ ɦɛ³³
1267	冲（用水~）	rinse, flush	ပတ်ဖျန်းဆေး ကြော	pɛʔ⁴⁴ phjã⁵⁵ she⁵⁵ tɕɔ⁵⁵	pa⁵³ʔ phlaĩ⁵⁵ she⁵⁵ tɕɔ⁵⁵	pa⁴²ʔ phjã⁴⁴ she⁴⁴ tɕɔ⁴⁴	pe³²ʔ / phjã⁵³ / she⁵³
1268	舂	to pestle / pound	ထောင်း	thaũ⁵⁵	thõ⁵⁵	thɔ̃⁴⁴	thaũ⁵³
1269	抽（~出）	take out (from in between, a part from a whole)	နုပ်	hnouʔ⁴⁴	nou⁵³ʔ	hnu⁴²	nou³²ʔ
1270	抽（~烟）	to smoke (a cigarette)	ဆွဲသောက်	phwa²² / tɕauʔ⁴⁴	phɒ³² / shø⁵³ʔ	phwa¹¹ / tɕɔ⁴²ʔ	phwa³³ / tɕau³²ʔ
1271	抽打	whip, thrash	ရိုက်	jaɪ⁴⁴	jɒu⁵³ʔ	jaɪ⁴²ʔ	jaɪ³²ʔ
1272	出产	produce	ထုတ်၊ ထွက်သည်	thouʔ⁴⁴ / thwɛʔ⁴⁴	thui⁵³ʔ / thwa⁵³ʔ	thu⁴² / thwa⁴²ʔ	thou³²ʔ / thwɪ³²ʔ
1273	出去	go out	(အပြင်) ထွက်	(ə pjĩ²²) thwɛʔ⁴⁴	(ə prẽ³²) thwa⁵³ʔ	(ə plã¹¹) thwa⁴²ʔ	(ə pjĩ³³) thwɪ³²ʔ
1274	出（~太阳）	(the sun) come out	(နေ) ထွက်	(ne²²) thwɛʔ⁴⁴	(ne³²) thwa⁵³ʔ	(ne¹¹) thwa⁴²ʔ	(ne³³) thwɪ³²ʔ
1275	出来	come out	ထွက်လာ	thwɛʔ⁴⁴la²²	thwa⁵³ʔlɒ³²	thwa⁴²ʔla¹¹	thwɪ³²ʔla³³
1276	取出	withdraw, take out	ထုတ်	thouʔ⁴⁴	thui⁵³ʔ	thu⁴²	thou³²ʔ
1277	锄（~草）	hoe up (weeds)	ပေါင်းသင်း သည်	(paũ⁵⁵) tɕθĩ⁵⁵ / dði²²	(põ⁵⁵) tɕθɛ̃⁵⁵ / tɛ̃⁵⁵	(pɔ̃⁴⁴) tɕθĩ⁴⁴ ɦɛ¹¹	paũ⁵³ɦɛ³³
1278	穿（~衣）	wear (a garment)	ဝတ်	wuʔ⁴⁴	weɪ⁵³ʔ	wu⁴²ʔ	wu³²ʔ
1279	穿（~鞋）	put on (the shoes)	စီး	si⁵⁵	si⁵⁵	si⁴⁴	si⁵³
1280	穿（~针）	thread (a needle)	လျှို	ɕo²²	khru³² / shɯ³²	ɕo¹¹	ɕo³³
1281	穿孔（胃~）	(stomach) perforation	ပေါက်	pauʔ⁴⁴	pø⁵³ʔ	pɔ⁴²ʔs	pau³²ʔ

(续表)

序号	汉义	英文	မြန်မာစာ 缅甸文	ရန်ကုန် 标准话 仰光音	တောင်ရိုး 东友 方言音	ထားဝယ် 土瓦 方言音	မြိတ် 丹老 方言音
1282	穿孔（用针~）	punch a hole, perforate	ပေါက်	phauʔ^{44}	phɵ^{53}ʔ	phɔ^{42}ʔ	phau^{32}ʔ
1283	传（~给下代）	hand down (to posterity)	လက်ဆင့်ကမ်း ပေးသည်	lɛʔ^{44} shĩ^{53} kã^{55} pe^{55} dði^{22}	la^{53}ʔ shẽ^{42} kə̃^{55}pe^{55}	la^{42}ʔ shĩ^{42} kã^{44}pe^{44} fiɛ^{11}	lɪ^{32}ʔ shĩ^{32} kã^{53} pe^{53} fiɛ^{33}
1284	传染	infect	ကူးစက်	ku^{55}sɛʔ^{44}	ku^{55}sa^{53}ʔ	ku^{44}sɪ^{42}ʔ	ku^{53}
1285	吹（~喇叭）	blow (the trumpet)	တုပ်	touʔ^{44}	shou^{53}ʔ/twi^{53}ʔ	tɔ^{42}ʔ	tou^{32}ʔ
1286	捶打	beat, thump	ထု	thu^{53}	thu^{42}	thu^{42}	thu^{32}
1287	戳	jab, poke, stab	ထိုး	tho^{55}	thɯ^{55}	tho^{44}	tho^{53}
1288	戳破（被~）	pierce through	ထိုးပေါက်	tho^{55}phauʔ^{44}	thɯ^{55}phɵ^{53}ʔ	tho^{44}phɔ^{42}ʔ	tho^{53} phau^{32}ʔ
1289	催	urge, hurry, speed up	လောဆော်	lɔ^{55}shɔ^{22}	lɔ^{55}shɔ^{32}	lɔ^{44}shɔ^{11}	lɔ^{53}khɔ^{33} tɕi^{53}
1290	搓（~绳）	twist (hemp fibers)	ကျစ်	tɕɪʔ^{44}	klei^{53}ʔ	sɪ^{42}ʔ	tɕɪ^{32}ʔ
1291	答应	promise, consent	ပြန်ထူးသည်၊ ခွင့်ပြုသည်၊ သဘောတူ	pjã^{22}thu^{55} dði^{22}/ khwĩ^{53}pju^{53}/ dðə bɔ^{55} tu^{22}	plãɪ^{32}thu^{55}/ khwẽ^{42}pru^{42}/ shə phɔ^{55} tu^{32}	plã^{11}thu^{44} fiɛ^{11}/ khwã^{42} pju^{42} fiɛ^{11}/ bɔ^{44} tu^{11}	pjã^{33}thu^{53} fiɛ^{33}/ khwĩ^{32} pju^{32} fiɛ^{33}/ tθə bɔ^{53} tu^{33}
1292	打（~人）	hit (a person)	(လူကို) ရိုက်သည်	jaɪʔ^{44}dði^{22}	jou^{53}ʔ	jaɪ^{42}ʔ	jaɪ^{32}ʔ
1293	打手势	gesticulate	(ခြေဟန်၊ လက်ဟန်)ပြ	(tɕhe^{22}hã^{22} lɛʔ^{44}hã^{22}) pja^{53}	(khe^{32}hãɪ^{32} la^{53}ʔhãɪ^{32}) prɔ^{42}	(khe^{11}hã^{11} laʔ^{44} hã^{11}) tɕhɪ^{42}ʔ pja^{42}	(tɕhe^{33}hã^{33} lɪ^{32}ʔ hã^{33}) pja^{32}
1294	打猎	hunt	အမဲလိုက်	ə mɛ^{55}laɪʔ^{44}	ə ma^{55}lɔ^{53}ʔ	mɛ^{44}laɪ^{42}ʔ	ə me^{53}laɪ^{32}ʔ
1295	打枪	fire (a shot)	သေနတ်ပစ်	tθə naʔ^{44}pɪʔ^{44}	shə nɔ^{53}ʔpaɪ^{53}	tθə na^{42}ʔ pɪ^{42}ʔ	tθə na^{32}ʔ pɪ^{32}ʔ
1296	打中	hit (the target)	ထိမှန်	thi^{3}hmã^{22}	thi^{42}hmãɪ^{32}	thi^{42}/hmã^{11}	thi^{32}/mã^{33}
1297	打仗	go to war, to battle	စစ်တိုက်	sɪʔ^{44}taɪʔ^{44}	saɪ^{53}ʔtou^{53}ʔ	sɪ^{42}ʔtaɪ^{42}ʔ	sɪ^{32}ʔtaɪ^{32}ʔ
1298	打架	to fight	ရန်ဖြစ်	jã^{22}phjɪʔ^{44}	jãɪ^{32}phjeɪ^{53}ʔ	jã^{11}phjɪ^{42}ʔ	jã^{33}phjɪ^{32}ʔ
1299	打散（队伍~）	break up, scatter	တပ်ပျက်	taʔ^{44}pjɛʔ^{44}	tɔ^{53}ʔpra^{53}ʔ	ta^{42}ʔpjɪ^{42}ʔ	ta^{32}ʔpjɪ^{32}ʔ

（续表）

序号	汉义	英文	မြန်မာစာ 缅甸文	ရန်ကုန် 标准话 仰光音	တောင်ရှိ 东友 方言音	ထား:ဝယ် 土瓦 方言音	မြိတ် 丹老 方言音
1300	失散	to get accidentally separated from and lose contact with	(လူချင်း) ကွဲ	(lu^{22}dʑĩ ^{55}) kwɛ^{55}	(lu^{32}khrẽ ^{55}) kwa^{55}	(lu^{11}ɕĩ ^{44}) kwɛ^{44}	kwɛ^{53}
1301	打倒	overthrow, down with	အလဲထိုး	ə lɛ^{55}tho^{55}	ə lɛ^{55}thɯ^{55}	ə lɛ^{44}tho^{44}	ə lɛ^{53}tho^{53}
1302	打（~水）	fetch / draw (water)	ရေခပ်	je^{22}khaʔ^{44}	je^{32}khɒ^{53}ʔ	je^{11}kha^{42}ʔ	je^{33}kha^{32}ʔ
1303	打（~柴）	gather (firewood)	(ထင်း)ခွေ	(thĩ ^{55}) khwe^{22}	(thẽ ^{55}) khwi^{32}	(thã ^{44}) khwi^{11}/ khu^{42}ʔ	(thĩ ^{53}) khwe^{33}
1304	打赌	to bet	လောင်း	laũ ^{55}	lɔ̃ ^{55}	lɔ̃ ^{44}	laũ ^{53}
1305	打场	thresh grain	တလင်းနယ်	tə lĩ ^{55} nɛ^{22}	tə lẽ ^{55} na^{32}	ba^{44}nã ^{44}	tə lĩ ^{53} nɛ^{33}
1306	打瞌睡	doze / nod off	အိပ်ငိုက်	eɪʔ^{44}ŋaɪʔ^{44}	i^{53}ʔŋɐu^{53}ʔ	i^{42}ʔŋaɪ^{42}ʔ	eɪ^{32}ʔŋaɪ^{32}ʔ
1307	打哈欠	to yawn	သန်းဝေ	tθã ^{55}we^{22}	shaĩ ^{55}	wa^{44}wa^{11} tθã ^{44}	tθã ^{53}
1308	打嗝儿（呃逆）	to hiccup	ကြို့ထိုး	tɕo^{3}tho^{55}	krɯ^{42}thɯ^{55}	tɕo^{42}tho^{44}	tɕo^{32}tho^{53}
1309	打饱嗝儿	to belch	ကြို့အံ့	tɕo^{3}ã ^{22}	krɯ^{42}ã ^{32}	tɕo^{42}ã ^{11}	tɕo^{32}ã ^{33}
1310	打开	to open	ဖွင့်	phwĩ ^{3}	phwẽ ^{42}	phwã ^{42}	phwĩ ^{32}
1311	打霹雳	(thunderbolt) break	မိုးကြိုးပစ်	mo^{55}tɕo^{55}pɪʔ^{44}	mɯ^{55}krɯ^{55} paɪ^{53}ʔ	mo^{44}dzo^{44} pɪ^{42}ʔ	mo^{53}tɕo^{53} pɪ^{32}ʔ
1312	打雷	to thunder	မိုးချုန်း၊ မိုးထစ်ချုန်း	mo^{55}tɕheĩ ^{55}/ mo^{55}thɪʔ^{44}tɕhoũ ^{55}	mɯ^{55}khri^{55}/ mɯ^{55}tha^{53}ʔ khroũ ^{55}	mo^{44}dzo^{44} tɕo^{44}	mo^{53}tɕheĩ ^{53}/ mo^{53}thi^{32}ʔ tɕhoũ ^{53}
1313	带（~钱）	to carry (money) on one	ပါ	pa^{22}	pa^{32}	pa^{11}	pa^{33}/ju^{33}
1314	带（~孩子）	bring up (children)	(ကလေး) ထိန်း	(gə le^{55}) theĩ ^{55}	(lu^{32}pɛ^{42}) thẽ ^{55}	(tθa^{44}kã ^{44} ɕa^{44}) thi^{44}	(gə le^{53}) theĩ ^{53}
1315	带（~路）	to lead (the way), to guide	(လမ်း)ပြ	(lã ^{55}) pja^{53}	(lɔ̃ ^{55}) pla^{42}/ pjɒ^{42}	(lã ^{44}) pja^{42}	(lã ^{53}) pja^{32}
1316	戴（~帽子）	wear (a hat)	(ဦး)ထုပ်) ဆောင်း	shaũ ^{55}	shɔ̃ ^{55}	shɔ̃ ^{44}	shaũ ^{53}
1317	戴（~包头）	wear (a turban)	ခေါင်းပေါင်း ပေါင်း	gaũ ^{55}baũ ^{55} paũ ^{55}	khɔ̃ ^{55}pɔ̃ ^{55} pɔ̃ ^{55}	khɔ̃ ^{44}bɔ̃ ^{44} pɔ̃ ^{44}	khaũ ^{53} baũ ^{53} paũ ^{53}

（续表）

序号	汉义	英文	မြန်မာစာ 缅甸文	ရန်ကုန် 标准话 仰光音	တောင်ငြို 东友 方言音	ထားဝယ် 土瓦 方言音	မြိတ် 丹老 方言音
1318	戴（~手镯）	wear (a bracelet)	(လက်ကောက်)ဝတ်	(lɛʔ⁴⁴kauʔ⁴⁴)wuʔ⁴⁴	(la⁵³kø⁵³ʔ)weɪ⁵³ʔ	(la⁴²kɒʔ⁴²)wu⁴²ʔ	(lɛ³²ʔkau³²ʔ)wu³²ʔ
1319	耽误	hold up, delay	ကြို့ကြာ	tɕã⁵³tɕa²²	krɒ̃⁴²kra³²	tɕa¹¹	tɕa³³
1320	挡（~风）	to block (the wind)	ကာ	ka²²	ka³²/kɒ³²	ka¹¹	ka³³
1321	倒（墙~）	(a wall) fall down / topple	ပြို	pjo²²	pluɯ³²/pruɯ³²	pjo¹¹	pjo³³
1322	弄倒（~墙）	to topple / tear down (a wall)	ဖြို	phjo²²	phluɯ³²z phruɯ³²	phjo¹¹	phjo³³
1323	捣碎	pound to pieces	ကျေညက် အောင်ထောင်း	tɕe²²nɛʔ⁴⁴aũ²² thaɔ̃⁵⁵	ke³²na⁵³ʔõ³² thɔ̃⁵⁵	tɕe¹¹ɔ̃¹¹ thɔ̃⁴⁴	tɕe³³aũ³³ thaɔ̃⁵³
1324	倒（~过来）	to reverse	ပြောင်းပြန်	bjaũ⁵⁵pjã²²	prɒ̃⁵⁵plaɪ³²	plɔ̃⁴⁴plã¹¹	bjaũ⁵³bjã³³
1325	倒掉（~水）	pour or throw out (water)	သွန်	tθũ²²	shuẽ³²	lɔ̃¹¹	tθũ³³
1326	到达	arrive	ရောက်	jauʔ⁴⁴	jɔ⁵³ʔ	jɔ⁴²ʔ	jau³²ʔ
1327	得到	get, acquire	ရ	ja⁵³	ja⁴²	ja⁴²	ja³²
1328	等待	wait	စောင့်	saũ⁵³	sɔ̃⁴²	sɔ̃⁴²	saũ³²
1329	地震	(earth)quake	ငလျှင်လှုပ်	ŋə ȷ̃i²² hlouʔ⁴⁴	ŋə ljẽ³² lwi⁵³ʔ	ŋə ȷ̃i¹¹ hlɔ⁴²ʔ	ŋə ȷ̃i³³ lou³²ʔ
1330	低（~头）	lower (the head)	ခေါင်းငုံ့	gaũ⁵⁵ŋoũ⁵³	khɒ̃⁵⁵ŋoũ⁴²	khɔ̃⁴⁴ŋɔ̃⁴²	khaũ⁵³ŋoũ³²
1331	点（~头）	nod	ညိတ်	ɲeɪʔ⁴⁴	ɲi⁵³ʔ	ɲi⁴²	ɲeɪ³²ʔ
1332	点（~火）	to light (a fire)	ရှို့	ɕo⁵³	shuɯ⁴²/khruɯ⁴²	ɕo⁴²	ɕo³²
1333	燃烧	to burn	လောင်	laũ²²	lɒ̃³²	lɔ̃¹¹	laũ³³
1334	点（~灯）	to light (a light)	ထွန်း	thũ⁵⁵	thwẽ⁵⁵	thũ⁴⁴	thũ⁵³
1335	垫	to pad	ခု	khu³	khu⁴²	khu⁴²	khu³²
1336	凋谢	wither	ကြွေ	tɕwe²²tɕa³	tɕwe³²kla⁴²/krwe³²krɒ⁴²	kwi¹¹ kla⁴²	tɕwe³³tɕa³²/ pjou³²ʔtɕa³²

序号	汉义	英文	မြန်မာစာ 缅甸文	ရန်ကုန် 标准话 仰光音	တောင်ငြို့ 东友 方言音	ထားဝယ် 土瓦 方言音	မြိတ် 丹老 方言音
1337	叼	hold danglingly in the mouth	ချီ	tɕhi^{22}	khri^{32}	khi^{11}	tɕhi^{33}
1338	掉(~下)	to drop	မြွတ်	pjouʔ^{44}	prwi^{53}ʔ	plu^{42}	pjou^{32}ʔ
1339	吊	to hang	ချိတ်	tɕheɪ^{44}	khli^{53}ʔ	khi^{42}	tɕheɪ^{32}ʔ
1340	钓(~鱼)	to fish	မျှား	hmja^{55}	mra^{55}/mjɒ^{55}	hmja^{44}	mja^{53}
1341	跌倒	fall over / down	လဲကျ	lɛ^{55}tɕa^{53}	lɛ^{55}klɒ^{42}	lɛ^{44}kla^{42}	lɛ^{53}
1342	叠(~被)	fold up (a quilt)	ခေါက်	khauʔ^{44}	khø^{53}ʔ	khɔ^{42}ʔ	khau^{32}ʔ
1343	叮(蚊子~)	(mosquito) bite	ကိုက်	kaɪʔ^{44}	kɒu^{53}ʔ	kaɪ^{42}ʔ	kaɪ^{32}ʔ
1344	钉(~钉子)	hammer in (a nail)	(သံချွန်) ရိုက်	(tθã^{22} tɕhũ^{22}) jaɪʔ^{44}	(shaĩ^{32} khrẽ^{32}) jɒu^{53}ʔ	(tθã^{11} ɕũ^{11}) jaɪ^{42}ʔ ʑaɪ^{42}ʔ	(tθã^{33} tɕhũ^{33}) jaɪ^{32}ʔ
1345	丢失	lose, mislay	ပျောက်	pjauʔ^{44}	prø^{53}ʔ	pjɔ^{42}ʔ	pjau^{32}ʔ
1346	懂	understand, grasp	နားလည်	na^{55}lɛ^{22}	nɒ^{55}le^{32}	na^{44}lɛ^{11}	nalɛ^{33}
1347	结冻	(meat) freeze	ခဲ	khɛ^{55}	kha^{55}	khɛ^{44}	khɛ^{53}
1348	冻(手~了)	(hand) be frostbitten	အအေးဒဏ်ခံ	ə e^{55} dã^{22} khã^{22}	ə e^{55} dɒ̃^{32} khɒ̃^{32}	e^{44} da^{42}ʔ khã^{11}	ə e^{53} dã^{33} khã^{33}
1349	动(虫子在~)	move	လှုပ်ရှား	hlouʔ^{44}ɕa^{55}	lui^{53}ʔkhrɒ^{55}/ lou^{53}ʔsha^{55}	hlɔ^{42}ʔɕa^{44}	lou^{32}ʔɕa^{53}
1350	动(~一~)	stir, budge	လှုပ်	hlouʔ^{44}	lou^{53}ʔ/lui^{53}ʔ	hlɔ^{42}ʔ	lou^{32}ʔ
1351	读	read	ဖတ်	phaʔ^{44}	phaɪ^{53}ʔ	pha^{42}ʔ	pha^{32}ʔ
1352	堵塞	block up, plug	ဆို့	sho^{53}	shɯ^{42}	sho^{42}/pi^{42}	sho^{32}
1353	渡(~河)	cross (a river)	ဖြတ်ကူး	phjaʔ^{44}ku^{55}	phraɪ^{53}ʔku^{55}	phja^{42}ʔku^{44}	phja^{32}ʔ
1354	断(线~)	(thread) snap	(ကြိုး) ပြတ်	(tɕo^{55})pjaʔ^{44}	(krɯ^{55})praɪ^{53}ʔ	(tɕo^{44}) pja^{42}ʔ	(tɕo^{53}) pja^{32}ʔ
1355	弄断(~线)	snap (a thread)	ပြတ်	phjaʔ^{44}	phraɪ^{53}ʔ	phja^{42}ʔ	phja^{32}ʔ
1356	断(棍子~)	(stick) break / snap	ကျိုး	tɕo^{55}	krɯ^{55}	klo^{44}	tɕo^{53}

（续表）

序号	汉义	英文	မြန်မာစာ 缅甸文	ရန်ကုန် 标准话 仰光音	တောင်ရိုး 东友 方言音	ထားဝယ် 土瓦 方言音	မြိတ် 丹老 方言音
1357	弄断（~棍子）	snap / break (a stick)	ချိုး	tɕho^{55}	khrɯ^{55}	khlo^{44}	tɕho^{53}
1358	堆（~草）	to heap / stack (hay, grass)	ပုံထား	poũ^{22}tha^{55}	poũ^{32}thɒ^{55}	pɔ̃^{11}tha^{44}	poũ^{33}ha^{53}
1359	躲藏	hide oneself	ပုန်း	poũ^{55}	poũ^{55}	pu^{44}	poũ^{53}
1360	剁（~肉）	chop / cut (meat)	(ဝက်သား) စဉ်း	khouʔ^{44}/sĩ^{55}	khouʔ^{53}/sĩ^{55}	(wa^{42}ʔ tθa^{44}) sĩ^{44}	khouʔ^{32}/sĩ^{53}li^{53}
1361	踩（~脚）	stamp (one's foot)	(ခြေထောက်) ဆောင့်	shaũ^{53}	shɵ̃^{42}	shɔ̃^{42}	shaũ^{32}
1362	饿	be hungry	ဆာ	sha^{22}	shɒ^{32}	ŋa^{42}	sha^{33}/ŋa^{32}ʔ
1363	发生	occur, happen	ဖြစ်ပွါး	phjɪ^{44}ʔpwa^{55}	phrei^{53}ʔpwɒ^{55}	phjɪ^{42}ʔ	phjɪ^{32}ʔ
1364	发展（事业~）	(career, undertaking) develop	တိုးတက်ဖွံ့ဖြိုး	to^{55}tɛʔ^{44}phũ^{53} phjo^{55}	tɯ^{55}ta^{53}ʔ phuẽ^{42} phjɯ^{55}	to^{44}tɛ^{42}ʔ phũ^{42} phjo^{44}	to^{53}tɪ^{32}ʔ
1365	发展（~事业）	develop (a career, undertaking)	ဖွံ့ဖြိုး အောင်လုပ်	phũ^{53}phjo^{55} aũ^{22}louʔ^{44}	phuẽ^{42}phjɯ^{55} ø̃^{32}lou^{53}ʔ	phũ^{42} phjo^{44} ɔ̃^{11}lɔ^{42}ʔ	to^{53}tɪ^{32}ʔ aũ^{33} louʔ^{32}ʔ
1366	发誓	swear, vow	ကျမ်းကျိန်	tɕã^{55}tɕeĩ^{22}	krɒ̃^{55}kri^{32}	ki^{11}khã^{11}	tɕã^{531} tɕeĩ^{33}
1367	发抖	shiver, tremble	တုန်	toũ^{22}	twi^{32}	tu^{11}	toũ^{33}
1368	发酵	ferment	အချဉ်ပေါက်	ə tɕhĩ^{22} phauʔ^{44}	ə khrẽ^{32} phø^{53}ʔ	ə cĩ^{11} phɔ^{42}ʔ	ə tɕhĩ^{33} phau^{32}ʔ
1369	发烧	have a fever	ဖျား၊အဖျား တက် ကိုယ်ပူ	phja^{55}/ ə phja^{55} tɛʔ^{44}/ko^{22}pu^{22}	phjɒ^{55}/ ə phjɒ^{55}ta^{53}ʔ/ kɯ^{32}pu^{32}	phja^{44}/ ə phja^{44} ta^{42}ʔ/ko^{11} pu^{11}	phja^{53}/ ə phja^{53} tɪ^{32}ʔ/ko^{33} pu^{33}
1370	发愁	worry, be anxious	စိတ်ပူ	seɪʔ^{44}pu^{22}	si^{53}ʔpu^{32}	si^{42}pu^{11}	seɪ^{32}ʔpu^{33}
1371	发芽	germinate, sprout	အညွှန့်ထွက်	ə ɲũ^{53}thwɛ^{44}ʔ	ə ɲuẽ^{42} thwa^{53}ʔ	ə ɲuẽ^{42} thwa^{53}ʔ	ə ɲũ^{32} thwɪ^{32}ʔ
1372	罚	punish	ဒဏ်ပေး	dã^{22}pe^{55}	dɒ̃^{32}pe^{55}	dã^{11}pe^{44}	dã^{33}pe^{53}ʑ ə pjɪ^{32}ʔpe^{53}
1373	翻过来（把衣服~）	turn (clothing) inside out, or the reverse	ပြောင်းပြန် လှန်သည်	bjaũ^{55}pjã^{22} hla^{22}dði^{22}	prɒ̃^{55}prã^{32} hlaɪ^{32}	plɔ̃^{44}plã^{11} hlã^{11}ɦe^{11}	bjaũ^{53} bjã^{33}lã^{33} ɦe^{33}

（续表）

序号	汉义	英文	မြန်မာစာ 缅甸文	ရန်ကုန် 标准话 仰光音	တောင်ရှိ: 东友 方言音	ထားဝယ် 土瓦 方言音	မြိတ် 丹老 方言音
1374	翻身（在床上~）	turn over (on bed)	လူးလှိမ့်	lu⁵⁵hlẽĩ ⁵³	lu⁵⁵ li⁴²	lu⁴⁴hli⁴²	lu⁵³lẽĩ ³²
1375	反对	oppose	ဆန့်ကျင်	shã ⁵³ tɕĩ ²²	shãĩ ⁴² kẽ ³²/ shãĩ ⁴² krẽ ³²	shã ⁴² tɕĩ ¹¹ʑ bɔ⁴⁴ mə tu¹¹	shã ³² tɕĩ ³³
1376	反刍	ruminate	စာမြုံ့ပြန်	sə mjoũ ⁵³ pjã ²²	sə mloũ ⁴² plãĩ ³²	sa¹¹ mjoũ ⁴² plã ¹¹	sə mjoũ ³² pjã ³³
1377	纺（~纱）	to spin (into yarn)	ချည်ငင်	tɕhi²² ŋĩ ²²	khre³² ŋẽ ³²	khɛ¹¹ ŋã ¹¹	tɕhi³³ ŋĩ ³³
1378	放（~置）	put sth somewhere	ထား	tha⁵⁵	thɒ⁵⁵	tha⁴⁴	tha⁵³
1379	放（~盐）	put in (salt)	ထည်	thɛ⁵³	thɛ⁴²	thɛ⁴²	thɛ³²
1380	放牧	put out to pasture	ကျောင်း	tɕaũ ⁵⁵	krɔ̃ ⁵⁵	klɔ̃ ⁴⁴	tɕaũ ⁵³ʑ theĩ ⁵³
1381	放火	set on fire	မီးရှို့	mi⁵⁵ɕo⁵³	mi⁵⁵shu⁴²/ mi⁵⁵khrɯ⁴²	mi⁴⁴ɕo⁴²	mi⁵³ɕo³²
1382	分（~东西）	divide / share (things)	ခွဲဝေ	khwɛ⁵⁵wɛ²²	khwa⁵⁵wɛ³²	khwɛ⁴⁴ wi¹¹	khwɛ⁵³ʑ wɛ³³
1383	分家	(offspring) divide up family property & live apart	ခွဲ:အိုး:စား:ခွဲ	khwɛ⁵⁵/o⁵⁵ za⁵⁵ khwɛ⁵⁵	khwa⁵⁵/ ɯ⁵⁵sɒ⁵⁵ khwa⁵⁵	khwɛ⁴⁴/ o⁴⁴ sa⁴⁴ khwɛ⁴⁴	khwɛ⁵³/ o⁵³za⁵³ khwɛ⁵³
1384	分离	separate	ကွဲခွဲချို	kwɛ⁵⁵/ khwɛ⁵⁵ khwa²²	kwa⁵⁵/ khwa⁵⁵khɒ³²	kwɛ⁴⁴/ khwɛ⁴⁴ khwa¹¹	kwɛ⁵³/ khwɛ⁵³ khwa³³
1385	分开（使~）	(cause to) separate	ခွဲ	khwɛ⁵⁵	khwa⁵⁵	khwɛ⁴⁴	khwɛ⁵³
1386	疯	become crazy	အရူးထ	ə ju⁵⁵tha⁵³	ə ju⁵⁵tha⁴²/ɒ² ju⁵⁵thɒ⁴²	ə ju⁴⁴tha⁴²	ə ju⁵³tha³²
1387	敷	apply (ointment)	လိမ်း	lẽĩ ⁵⁵	lẽ ⁵⁵/li⁴²	lu⁴⁴	lẽĩ ⁵³
1388	孵	hatch, incubate	ဥ	u⁵³	u⁴²	u⁴²	u³²
1389	扶（~着栏杆）	put one's hand(s) on (the rail) for support	(လက်ဖြင့်) ကိုင်ဆွဲ:ထွေ	kãĩ ²²shwɛ⁵⁵ tha⁵⁵/ twɛ⁵⁵thu²²	la⁵³ na⁴²twɛ⁵⁵ thu³²	(la⁴²ʔ)na⁴⁴ shwɛ⁴⁴ tha⁴⁴/ shwɛ⁴⁴ thũ ¹¹	kãĩ ³³ ha⁵³/ twɛ⁵³ ha⁵³

（续表）

序号	汉义	英文	缅甸文	标准话 仰光音	东友 方言音	土瓦 方言音	丹老 方言音
1390	符合（～条件）	satisfy (conditions, requirements)	ကိုက်ညီ၊ ညီညွတ်	kaɪ⁴⁴n̪i²²/ n̪i²²n̪uʔ⁴⁴	kɒu⁵³n̪i³²/ n̪i³²n̪u⁵³	kaɪ⁴²ʔn̪i¹¹/ n̪i¹¹n̪u⁴²	kaɪ³²ʔ/n̪i³³/ n̪i³³n̪u³²
1391	符合（使～）	(cause to) conform to/ satisfy	ကိုက်ညီစေ သည်	kaɪ⁴⁴n̪i²²ze²² dði²²	kɒu⁵³n̪i³²se³²	kaɪ⁴²ʔ n̪i¹¹ ze¹¹ ɦɛ¹¹	kaɪ³²ʔaũ³³ lou³²ʔɦɛ³³
1392	盖（～土）	put (soil) on	ဖုံး	phoũ⁵⁵	phoũ⁵⁵	phɔ̃⁴⁴	phoũ⁵³
1393	盖（～被）	pull (a quilt) over oneself	ခြုံ	tɕhoũ²²	khroũ³²	tɕhɔ̃¹¹	tɕhoũ³³
1394	赶集	go to market / a fair	ဈေးသွား	ze⁵⁵tθwa⁵⁵	she⁵⁵shwɒ⁵⁵	she⁴⁴ tθwa⁴⁴	ze⁵³tθɔ⁵³
1395	敢	dare	ရဲ	jɛ⁵⁵	ja⁵⁵	jɛ⁴⁴	jɛ⁵³
1396	干活儿	to work / labor	အလုပ်လုပ်	ə louʔ⁴⁴ louʔ⁴⁴	ə lou⁵³ʔ lou⁵³ʔ	ə lɔ⁴²ʔ lɔ⁴²ʔ	ə lou³²ʔ lou³²ʔ
1397	告诉	tell	ပြော၊ပြ	pjɔ⁵⁵pja⁵³	prɔ⁵⁵prɒ⁴²/ hɔ⁵⁵plɒ⁴²	pjɔ⁴⁴pja⁴²	pjɔ⁵³pja³²
1398	告状	complain about sb to his superior	တိုင်	taĩ²²	tuĩ³²	taĩ¹¹/pjɔ⁴⁴ sa⁴⁴	taĩ³³
1399	割（～肉）	cut (meat)	လှီး	hli⁵⁵	hli⁵⁵	hli⁴⁴	li⁵³
1400	割（～绳）	sever (a rope)	ဖြတ်	phjaʔ⁴⁴	phlaɪ⁵³ʔ	phja⁴²ʔ	phja³²ʔ
1401	割断	cut off, sever	ပြတ်၊ဖြတ်	pjaʔ⁴⁴ / phjaʔ⁴⁴	plaɪ⁵³ʔ / phlaɪ⁵³ʔ	pja⁴²ʔ/ phja⁴²ʔ/ khu⁴²ʔ	pja³²ʔ / phja³²ʔ
1402	割（～草）	mow / cut (grass)	ရိပ်	jeɪʔ⁴⁴	ji⁵³ʔ	ji⁴²	jeɪ³²ʔ
1403	隔（～河）	be on the other side of (a river)	ခြား	tɕha⁵⁵	sha⁵⁵/khra⁵⁵	tɕha⁴⁴	paĩ⁵³
1404	硌（～脚）	(grit in the shoe) hurt (the foot)	ဖိးလိုခုလုဖြစ်	kho⁵⁵lo⁵⁵ khu⁵³lu⁵³ phjɪʔ⁴⁴	khɯ⁵⁵lɯ⁵⁵ khɯ⁴² lu⁴² phreɪ⁵³ʔ	khu⁴²lu⁴² phjɪ⁴²ʔ	khu³²ne³³
1405	跟（～在后面）	follow	လိုက်	laɪʔ⁴⁴	lɒu⁵³ʔ	laɪ⁴²ʔ	laɪ³²ʔ
1406	耕	plough, till	လယ်ထွန်	lɛ²²thũ²²	la³²thuẽ³²	lɛ¹¹thũ¹¹	lɛ³³thũ³³

（续表）

序号	汉义	英文	မြန်မာစာ 缅甸文	ရန်ကုန် 标准话 仰光音	တောင်ရိုး 东友 方言音	ထားဝယ် 土瓦 方言音	မြိတ် 丹老 方言音
1407	钩	to hook	ချိတ်	dʑeɪʔ^{44}	khri^{42}	khi^{42}	tɕheɪ^{32ʔ}
1408	够	be enough	လောက်	lauʔ^{44}	lɒ^{53ʔ}	lɔ^{42ʔ}	lau^{32ʔ}
1409	估计	assess, estimate	ခန့်မှန်း	khã^{53}hmã^{55}	khãɪ^{42}hmãɪ^{55}	khã^{42}hmã^{44}	khã^{32}mã^{53}
1410	雇	hire, employ	ငှား	hŋa^{55}	ŋɒ^{55}	hŋa^{44}	ŋa^{53}
1411	刮（~毛）	to shave (hairs), scrape	(အမွှေး) ရိပ်	jeɪʔ^{44}	jeɪ^{53}	mwi^{44}ji^{42}	jeɪ^{32ʔ}
1412	刮（~风）	(wind) blow	(လေတိုက်)	le^{22}taɪ^{44}	le^{32}tʊ^{53ʔ}	le^{11}taɪ^{42ʔ}	le^{33}taɪ^{32ʔ}
1413	挂（~在墙上）	hang (on the wall)	(နံရံပေါ်) ချိပ်ထား	tɕheɪʔ^{44}	khri^{53ʔ}	khi^{42}fia^{44}	tɕheɪ^{32ʔ}ha^{53}
1414	挂（被~住）	be hung	ချိတ်မိ	tɕheɪʔ^{44}mi^{53}	khri^{53ʔ}mi^{42}	khi^{42}mi^{42}	tɕheɪ^{32ʔ}mi^{32}
1415	关（~门）	close (the door)	(တံခါး)ပိတ်	peɪʔ^{44}	pi^{53ʔ}	pi^{42}	peɪ^{32ʔ}
1416	关（~羊）	to pen in (sheep)	ချုပ်	tɕhouʔ^{44}	khrou^{53ʔ}	tɕhɔ^{42ʔ}	tɕhou^{32ʔ}
1417	管	manage, control	ကိုင်ဦးစီး	kaĩ^{22}/u^{55}si^{55}	kũ^{32}/u^{55}si^{55}	kaĩ^{11}/u^{44}si^{44}	kaĩ^{33}/u^{53}si^{53}
1418	灌（~水）	to fill (with water)	(ရေ)သွင်း	je^{22}tθwĩ^{55}	je^{32}twẽ^{55}/je^{32}shwẽ^{55}	je^{11}tθwã^{44}	je^{33}tθwĩ^{53}
1419	跪	kneel	ဒူးတုပ်ကတော့	du^{55}touʔ^{44}/gə dɔ^{53}	du^{55}twi^{53ʔ}/kə tɔ^{42}	du^{44}tɔ^{42ʔ}/gə dɔ^{42}	du^{53}tou^{32ʔ}/kə dɔ^{32}
1420	滚	roll	လှိမ့်	hleĩ^{53}	hleĩ^{42}/li^{42}	hli^{42}	leĩ^{32}
1421	过年	celebrate (the New Year)	နှစ်သစ်ကူး	hneɪʔ^{44}tθɪʔ^{44}ku^{55}	hneɪ^{53ʔ}sheɪ^{53ʔ}ku^{55}	hneɪ^{42ʔ}tθɪ^{42ʔ}ku^{44}	neɪ^{32ʔ}tθɪ^{32ʔ}ku^{53}
1422	过（~桥）	cross (a bridge)	(တံတား)ဖြတ်	(də da^{55}) phjaʔ^{44}	(dã^{32}tɒ^{55}) phlaɪ^{53ʔ}	(kha^{44}) phja^{42ʔ}	phja^{32ʔ}
1423	过（~了两年）	(two years) go by / pass	(အချိန်) လွန်	(ə tɕheĩ^{22}) lũ^{22}	(ə khri^{32})luẽ^{32} lũ^{11}	(ə khi^{11}) lũ^{11}	(ə tɕheɪ^{33}) lũ^{33}
1424	害羞	be shy / bashful	ရှက်	ɕɛʔ^{44}	khra^{53ʔ}/hja^{53ʔ}	ɕɪ^{42ʔ}	ɕɪ^{32ʔ}
1425	害怕	be afraid	ကြောက်	tɕauʔ^{44}	krø^{53ʔ}	tɕɔ^{42ʔ}	tɕau^{32ʔ}
1426	喊（~人过来）	to ask (sb) to come here, fetch	ခေါ်	khɔ^{22}	khɔ^{32}	khɔ^{11}	khɔ^{33}

(续表)

序号	汉义	英文	缅甸文	标准话 仰光音	东友 方言音	土瓦 方言音	丹老 方言音
1427	喊叫	yell, shout	အော်	ɔ²²	ɔ³²	ɔ¹¹	ɔ³³
1428	焊	weld, solder	ဂဲ(ဆော်)	gə he²²shɔ²²	gə he³²shɔ³²	wĩ⁴⁴dĩ⁴⁴ shɔ¹¹	gə he³³shɔ³³
1429	合上（~书本）	close (a book)	(စာအုပ်)ပိတ်လိုက်	(sa²²ouʔ⁴⁴) perʔ⁴⁴laɪʔ⁴⁴	(sa³²ouʔ⁴⁴) pi⁵³ʔ lɔu⁵³ʔ	(sa¹¹ɔ⁴²ʔ) pi⁴² laɪ⁴²ʔ	(sa³³ou³²ʔ) per³²ʔ fiaɪ³²ʔ
1430	恨	hate	မုန်း	moũ⁵⁵	moũ⁵⁵	mu⁴⁴	moũ⁵³
1431	烘	dry by fire	ကင်	kĩ²²	kɛ̃³²	kã¹¹	kĩ³³
1432	哄	coax, fool	ချော့မော့	tɕhɔ⁵³mɔ⁵³	khlɔ⁴²mɔ⁴²	tɕhɔ⁴²mɔ⁴²	tɕhɔ³²
1433	后悔	regret	နောင်တရ	naũ²²ta⁵³ja⁵³	nõ³²tɒ⁴²jɒ⁴²	nũ¹¹ta⁴² ja⁴²	naũ³³ta³² ja³²
1434	划（~船）	paddle, row	(လှေ)လှော်	hle²²hlɔ²²	le³²lɔ³²	hle¹¹hlɔ¹¹	le³³lɔ³³
1435	画（~画儿）	draw (a picture)	(ပန်းချီ)ဆွဲ	bə dʑi²² shwɛ⁵⁵	pə khi³² shwa⁵⁵/ pə khri³² shwa⁵⁵	bə dʑi¹¹ shwɛ⁴⁴	shwɛ⁵³
1436	怀孕	to be pregnant	ကိုယ်ဝန် ဆောင်	ko²²wũ²² shaũ²²	kɯ³²wuɛ³² shø̃³²	ko¹¹wũ¹¹ shaũ¹¹	ko³³wũ³³ shaũ³³/ baɪ³²ʔ tɕi⁵³
1437	怀疑	to doubt	သံသယဖြစ်/ မယုံသက်ကာ ဖြစ်	tθa²²tθə ja⁵³ phjɪ⁴⁴/mə joũ²²tθɪ²² ga²² phjɪʔ⁴⁴	shã³²shə jaʔ³ phleɪ⁴⁴/ mə joũ³²shɛ̃³² kɒ³² phleɪ⁵³ʔ	mə jõ¹¹ tθa¹¹kaʔ¹¹ phjɪ⁴²ʔ	tθa³³ tθə ja³² phjɪ³²ʔ/ mə joũ³³ tθɪ³³ga³³ phjɪ³²ʔ
1438	还（~账）	to repay (a debt)	(တင်သော ကြေး) ပြန် ပေးဆပ်	pjã²²pe⁵⁵/ shaʔ⁴⁴	plaɪ³²pe⁵⁵/ shɔ⁵³ʔ	plã¹¹pe⁴⁴/ sha⁴²ʔ	pjã³³ pe⁵³/ sha³²ʔ
1439	还（~钢笔）	to return (a pen)	ပြန်ပေး	pjã²²pe⁵⁵	plaɪ³²pe⁵⁵	plã¹¹pe⁴⁴	pjã³³pe⁵³
1440	换	to change	လဲ	lɛ⁵⁵	lɛ⁵⁵/la⁵⁵	lɛ⁴⁴	lɛ⁵³
1441	挥动	wave, wield	ရမ်းလွှဲ	jã⁵⁵/hwe⁵³	jõ⁵⁵/hwe⁴²	jã⁴⁴/ hmwi⁴²	jã⁵³/we³²
1442	回	return	ပြန်	pjã²²	praɪ³²	plã¹¹	pjã³³
1443	回（使~）	(cause to) return	ပြန်စေ	pjã²²ze²²	praɪ³²se³²	plã¹¹se¹¹	pjã³³ze³³
1444	回头（~看）	turn one's head to the back	ခေါင်းလှည့်	gaũ⁵⁵hlɛ⁵³	khõ⁵⁵le⁴²	khõ⁴⁴hlɛ⁴²	khaũ⁵³lɛ³²

（续表）

序号	汉义	英文	မြန်မာစာ 缅甸文	ရန်ကုန် 标准话 仰光音	တောင်ရိုး 东友 方言音	ထားဝယ် 土瓦 方言音	မြဝတီ 丹老 方言音
1445	回忆	recall, recollect	ပြန်ပြောင်း တွေးကြည့်	pjã²²bjaũ⁵⁵ twe⁵⁵tɕi⁵³	plãi³²pjø⁵⁵ twe⁵⁵ kre⁴²	pjɔ̃⁴⁴ plã¹¹ twe⁴⁴ ke⁴²	pjã³³ twe⁵³ tɕi³²
1446	回答	answer, reply	ပြန်ဖြေအ ဖြေပေး	pjã²²phje²²	praĩ³²phre³²/ ɒ⁴²phre³²pe⁵⁵	plã¹¹ phje¹¹/ ə phje¹¹ pe⁴⁴	pjã³³ phje³³/ ə phje³³ pe⁵³
1447	毁灭	destroy exterminate	ပျက်ပျုက်ပြုန်	pjɛʔ⁴⁴/ pjɛʔ⁴⁴ pjoũ⁵⁵	praʔ⁵³/ pjã⁵³ pjoũ⁵⁵	pjɪ⁴²ʔ	pjɪ³²ʔ/ pjɪ³²ʔ pjoũ⁵³
1448	毁灭 （使~）	(cause to) destroy	ပျက်ပျက် ပြုန်းအောင် လုပ်သည်	phjɪʔ⁴⁴/ pjɪʔ⁴⁴ pjoũ⁵⁵aũ²² lou⁴⁴dði²²	phra⁵³/ phra⁵³/ phruẽ⁵⁵ ø³² lou⁴⁴	phjɪ⁴²ʔ/ pjɪ⁴²ʔ pja⁴⁴ õ¹¹ lɔ⁴²ʔ ɦɛ¹¹	phjɪ³²ʔ/ pjɪ³²ʔ aũ³³ lou³²ʔ ɦɛ¹¹
1449	会 （~写）	know (to write)	(ရေး) တတ်	taʔ⁴⁴	taɪ⁵³ʔ	ta⁴²ʔ	ta³²ʔ
1450	混合	mix, blend, mingle	ရောရောနော	jɔ̃⁵⁵/jɔ̃⁵⁵hnɔ⁵⁵	jɔ̃⁵⁵/jɔ̃⁵⁵ nɔ⁵⁵	jɔ⁴⁴/ jɔ⁴⁴hnɔ⁴⁴	jɔ⁵³
1451	混合 （使~）	(cause to) mix	ရော	jɔ⁵⁵	jɔ⁵⁵	jɔ⁴⁴/ hmwi¹¹	jɔ⁵³
1452	搅浑	muddle (the water)	နောက်	hnauʔ⁴⁴	nø⁵³ʔ	hnu⁴²ʔ/ hmwi¹¹	nau³²ʔ
1453	活 （~了）	become alive / active	ရှင်	ɕĩ²²	khrẽ³²	ɕĩ¹¹	ɕĩ³³
1454	养活	support, raise	ကျွေးမွေး	tɕwe⁵⁵mwe⁵⁵	krwi⁵⁵mwi⁵⁵	tɕwe⁴⁴ mwe⁴⁴/ mwi⁴⁴	tɕwe⁵³
1455	和 （~泥）	mix (powder) with water	နယ်	nɛ²²	nɑ³²	nɛ¹¹	nɛ³³
1456	积 （~水）	(water) gather / build up	ဝပ်	wuʔ⁴⁴	wɒ⁵³ʔ	wu⁴²ʔ	wu³²ʔ
1457	积攒	accumulate	စုစုဆောင်း	su⁵³/ su⁵³shaũ⁵⁵	su⁴²/ su⁴² shõ⁵⁵	su⁴²/ su⁴² shɔ̃⁴⁴	su³²/ su³²shaũ⁵³
1458	集（聚集）	gather, assemble	စု	su⁵³	su⁴²	su⁴²	su³²
1459	集合（~队伍）	assemble / muster (a team)	စုစုစည်း	su⁵³/ su⁵³si⁵⁵	su⁴²/ su⁴²si⁵⁵	su⁴²/ su⁴²si⁴⁴	su³²
1460	挤（~牙膏）	press (a tube of toothpaste)	ညှစ် ဖျစ်ခြစ်	hnɹʔ⁴⁴/ phjɹʔ⁴⁴ hnɹʔ⁴⁴	nɛɪ⁵³ʔ/ phi⁵³ʔ nɛɪ⁵³	hnɹ⁴²ʔ/ phjɹ⁴²ʔ hnɹ⁴²ʔ	nɹ³²ʔ/ phjɹ³²ʔnɹ³²ʔ

（续表）

序号	汉义	英文	မြန်မာစာ 缅甸文	ရန်ကုန် 标准话 仰光音	တောင်ရှိး 东友 方言音	ထားဝယ် 土瓦 方言音	မြိတ် 丹老 方言音
1461	挤（~奶）	squeeze (for milk)	ညှစ်	hɲɯʔ⁴⁴	ɲeɪ⁵³ʔ	hɲɯ⁴²ʔ	ɲɯ³²ʔ
1462	挤（~脚）	(shoe) pinch	ကျပ်	tɕaʔ⁴⁴	kɒ⁵³ʔ	tɕa⁴²ʔ	tɕa³²ʔ
1463	记得	remember	မှတ်မိ	hmaʔ⁴⁴mi⁵³	maɪ⁵³ʔmi⁴²	hma⁴²ʔmi⁴²	ma³²ʔmi³²
1464	寄存	deposit, leave with	အပ်ထား	aʔ⁴⁴tha⁵⁵	ø⁵³ʔthɒ⁵⁵	a⁴²ʔɦa⁴⁴	a³²ʔha⁵³
1465	寄（~信）	send (a letter)	(စာ)ထည့်	(sa²²)thɛ⁵³	(sɒ³²)thɒ⁴²	(sa¹¹)thɛ⁴²	(saɔ³)thɛ⁴²
1466	忌妒	envy	မနာလို／ငြူစူ	mə na²²lo²²/ɲɯ²²su²²	mə nɒ³²lɯ³²/ŋru³²su³²	mə na¹¹lo¹¹/ɲɯ¹¹su¹¹	mə na³³lo³³/ɲɯ³³su³³
1467	忌（~嘴）	avoid certain food (because of allergy)	ရှောင်	ɕaũ²²	ʃõ³²/khrõ³²	ɕũ¹¹	ɕaũ³³
1468	系（~腰带）	buckle up / fasten (a belt)	ပတ်စည်း	paʔ⁴⁴/si⁵⁵	paɪ⁵³ʔ/se⁵⁵	pa⁴²ʔ/sɛ⁴⁴	pa³²ʔ/si⁵³
1469	夹（~菜）	pick up (food with chopsticks)	ညှပ်	hɲaʔ⁴⁴	ɲɒ⁵³ʔ/ŋrɒ⁵³ʔ	hɲa⁴²ʔ	ɲa³²ʔ
1470	捡	pick up	ကောက်	kauʔ⁴⁴	kø⁵³ʔ	kɔ⁴²ʔ	kau³²ʔ
1471	减	reduce	နုတ်	hnouʔ⁴⁴	nrwi⁵³ʔ/nwi⁵³ʔ	hnu⁴²	nou³²ʔ
1472	剪	scissor	ညှပ်ကိုက်ညှပ်	hɲaʔ⁴⁴/kaɪ⁴⁴hɲaʔ⁴⁴	ɲɒ⁵³ʔ/kɒ⁵³ʔɲɒ⁵³	hɲa⁴²ʔ/kaɪ⁴²ʔhɲa⁴²ʔ	ɲa³²ʔ/kaɪ³²ʔɲa³²ʔ
1473	讲（~故事）	tell (a story)	(ပုံ)ပြောသည်	(poũ²²)pjɔ⁵⁵dði²²	(poũ³²)hɔ⁵⁵	(põ¹¹)pjɔ⁴⁴ɦɛ¹¹	(poũ³³)pjɔ⁵³
1474	降落	land, descend	ကျကျဆင်း ဆင်းသက်	tɕa⁵³/tɕa⁵³ʃĩ⁵⁵/ʃĩ⁵⁵tθɛ⁴⁴	kjɒ⁴²/kjɒ⁴²ʃẽ⁵⁵/ʃẽ⁵⁵tɒ⁵³ʔ	kla⁴²/kla⁴²ʃĩ⁴⁴	tɕa³²/ʃĩ⁵³/ʃĩ⁴⁴khla⁴²
1475	交换	exchange	လဲလဲလှယ်	lɛ⁵⁵/lɛ⁵⁵hlɛ²²	la⁵⁵/la⁵⁵la³²	lɛ⁴⁴	lɛ⁵³
1476	交付	turn, hand over, consign	အပ်ပေးဆောင်း (ကုန်)ပို့	aʔ⁴⁴/pe⁵⁵ʃaũ²²(koũ²²)po⁵³	aɪ⁵³ʔ/ɒ⁵³ʔpe⁵⁵ʃõ³²(kuẽ³²)pɯ⁴²	a⁴²ʔ/pe⁴⁴ʃɔ¹¹(koũ¹¹)po⁴²	a³²ʔ/pe⁵³(koũ³³)po³²
1477	交（~朋友）	make friends with	(မိတ်)ဖွဲ့ပေါင်း	(meɪʔ⁴⁴)phwɛ⁵³paũ⁵⁵	(mi⁵³ʔ)phwa⁴²põ⁵⁵	(mi⁴²ʔ)phwɛ⁴²põ⁴⁴	(meɪ³²ʔ)phwɛ³²paũ⁵³

(续表)

序号	汉义	英文	မြန်မာစာ 缅甸文	ရန်ကုန် 标准话 仰光音	တောင်ရိုး 东友 方言音	ထားဝယ် 土瓦 方言音	မြိတ် 丹老 方言音
1478	浇（~水）	to water / sprinkle / irrigate	(ရေ)လောင်း၊ သွင်း၊ဖျန်	(je²²) laũ⁵⁵/ tθwĩ⁵⁵/ phjã⁵⁵	(je³²) lə̃⁵⁵/ tθwẽ⁵⁵/ phlãĩ⁵⁵	(je¹¹) lɔ̃⁴⁴/ tθwã⁴⁴/ phjã⁴⁴	(je³³) laũ⁵³/ tθwĩ⁵³/ phjã⁵³
1479	焦（烧~）	to be burnt /scorched	ကျမ်း(လောင်)	(laũ²²) tɕũ⁵⁵/ tɕwã⁵⁵	(lə̃³²) krɒ̃⁵⁵ tɕwã⁵⁵	(lɔ̃¹¹) tɕũ⁴⁴/ tɕwã⁴⁴	(laũ³³) tɕũ⁵³/ tɕwã⁵³
1480	嚼	chew	ဝါး	wa⁵⁵	wɒ⁵⁵	wa⁴⁴	wa⁵³
1481	教	teach	သင်	tθĩ²²	tẽ³²/shã³²	tθã¹¹	tθĩ³³
1482	叫（公鸡~）	(cocks) to crow	(ကြက်ဖ)တွန်	tũ²²	tuẽ³²	tũ¹¹	tũ³³
1483	叫（母鸡~）	(hens) to crow	(ကြက်မ)ကတော်	kə tɔ²²	kə tɔ³²	kə tũ¹¹	kə tɔ³³/ɔ³³
1484	叫（猫~）	to meow	(ကြောင်)အော်	ɔ²²	(kjə̃³²/ krə̃³²) ɔ³²	ɔ¹¹	ɔ³³
1485	叫（驴~）	to bray	(မြည်း)အော်	ɔ²²	ɔ³²	ɔ¹¹	ɔ³³
1486	叫（马~）	to neigh	(မြင်းဆင့်)ဟီး	hi⁵⁵	hi⁵⁵	hi⁴⁴	hi⁵³
1487	叫（牛~）	to moo	(နွား)အော်	ɔ²²	ɔ³²	ɔ¹¹	ɔ³³
1488	叫（狗~）	to bark	(ခွေး)ဟောင်	haũ²²	hə̃³²	hɔ̃¹¹	haũ³³
1489	叫（猪~）	(pigs) grunt	(ဝက်)အော်	ɔ²²	ɔ³²	ɔ¹¹	ɔ³³
1490	叫（羊~）	to baa /bleat	(ဆိတ်)အော်	ɔ²²	ɔ³²	ɔ¹¹	ɔ³³
1491	叫（老虎~）	(tigers) growl	(ကျား)ဟိန်း	heĩ⁵⁵	hẽ⁵⁵/hĩ⁵⁵	heĩ⁴⁴/hi⁴⁴	heĩ⁵³
1492	叫（狼~）	(wolves) howl	(ဝံပုလွေ)အူ	u²²	(wẽ³²pə lwe³²) u³²	u¹¹	u³³
1493	叫（~名字）	be called / named	(နာမည်)ခေါ်	khɔ²²	khɔ³²	khɔ¹¹	khɔ³³
1494	揭（~盖子）	lift (the lid)	(အဖုံး)ဖွင့်	phwĩ⁵³	phwẽ⁴²	phwã⁴²	phwĩ³²
1495	结（~果子）	bear (fruit)	(အသီး)သီး	tθi⁵⁵	shi⁵⁵	tθi⁴⁴/ thwa⁴²ʔ	tθi⁵³
1496	结婚	to marry	လက်ထပ်၊ မင်္ဂလာဆောင်	leʔ⁴⁴thaʔ⁴⁴/ mĩ²²gə la²² shaũ²²	la⁵³ʔthɔ⁵³ʔ/ mẽ³²gə lɔ³² shə̃³²	i¹¹taʔ⁴²ʔ	lɪʔ³²ʔthaʔ³²ʔ/ mĩ³³ gə la³³ shaũ³³

（续表）

序号	汉义	英文	缅甸文	标准话 仰光音	东友 方言音	土瓦 方言音	丹老 方言音
1497	借（~钱）	to borrow (money)	(ငွေ)ချေး	tɕhi^{55}	khle^{55}/khre^{55}	tɕhe^{44}	tɕhe^{53}
1498	借（~工具）	to borrow (tools)	(ပစ္စည်း)ငှား	hŋa^{55}	ŋɒ^{55}	hŋa^{44}	ŋa^{53}
1499	浸泡	soak, steep	စိမ်	sẽɪ^{22}	sẽ^{32}/si^{32}	si^{11}	sẽɪ^{33}
1500	禁止	ban, forbid, prohibit	တားမြစ်ပိတ်ပင်ထား	ta^{55}mjɪ^{44}/ peɪʔ^{44}pĩ^{22} tha^{55}	tɒ^{55}mleɪ^{53}ʔ/ pi^{53}ʔpẽ^{32} thɒ^{55}	ta^{44}mjɪ^{42}ʔ	ta^{53}
1501	浸入	immerse, submerge	ကျုံးချင်းနှင်းဝင်ရောက်	tɕu^{55}/ tɕhĩ^{55}nĩ^{55} wĩ^{22}jauʔ^{44}	klu^{55}/ khẽ^{55}nẽ^{55} wẽ^{32}jø^{53}ʔ	tɕhĩ^{44}wũ^{11} la^{11}	tɕu^{53}tɕɔ^{33}
1502	进（~屋）	to enter (a house)	(အိမ်)ဝင်	wĩ^{22}	wẽ^{32}	wũ^{11}	wĩ^{33}
1503	经过	to pass / go by	ဖြတ်ဖြတ်ကျော်	phjaʔ^{44}/ phja^{44}tɕɔ^{22}	phlaɪ^{53}ʔ/ phlaɪ^{53}ʔ klɔ^{32}	phja^{42}ʔ/ phja^{42}ʔtɕɔ^{11}	phja^{32}ʔ/ tɕɔ^{33}
1504	惊动	startle, disturb	လန့်ဖျပ်ထိတ်လန့်တကြား	lã^{53} phjaʔ^{44}/ theɪʔ^{44}lã^{53}tə tɕa^{55}	laĩ^{42} phlaɪ^{53}ʔ/ thi^{53}ʔlã^{42} tɕɔ^{32}/thi^{44}lã^{42} tə krɒ^{32}	lã^{42} lã^{42} phja^{42}ʔ phja^{42}ʔ	lã^{32}/ theɪ^{32}ʔla^{33} tə tɕa^{53}
1505	受惊	be startled, (animals) shy	လန့်	lã^{53}	laĩ^{42}	lã^{42}	lã^{32}
1506	救	rescue, save	ကယ် ကယ်တင်	kɛ^{22} kɛ^{22}tĩ^{22}	ka^{32} ka^{32}tẽ^{32}	kɛ^{11} kɛ^{11}tĩ^{11}	kɛ^{33} kɛ^{33}tĩ^{33}
1507	居住	live, reside	နေ	ne^{22}	ne^{32}	ne^{11}	ne^{33}
1508	举（~手）	to raise (the hand)	(လက်)ထောင်	lɛʔ^{44}thaũ^{22}	la^{53}ʔthø^{32}	la^{42}thɔ̃^{11}	thaũ^{33}
1509	锯	to saw	လွှ	hlwa^{53}	lɒ^{42}	hlwa^{42}	lwa^{32}
1510	聚齐	all get together, assemble	စုစုံး အားလုံးစုစည်း	su^{53}joũ^{55}/ a^{53}loũ^{55} su^{53}si^{55}	su^{42}joũ^{55}/ ɒ^{55}loũ^{55}su^{53} si^{55}	su^{42}jɔ̃^{44}	su^{32}/ a^{53}loũ^{53} su^{32}si^{53}
1511	卷（~布）	roll up (cloth)	(ပိတ်)လိပ်	leɪʔ^{44}	li^{53}ʔ	(pi^{42})li^{42}	leɪ^{32}ʔ/ khau^{32}ʔ
1512	蜷缩	huddle / curl up	ခွေ	khwe^{22}	khwi^{32}/khwe^{32}	khwi^{11}	khwe^{33}
1513	掘	dig, excavate	တူးတူးဖော်	tu^{55}/tu^{55} phɔ^{22}	tu^{55}/tu^{55}phɔ^{32}	tu^{44}/ tu^{44}phɔ^{11}	tu^{53}/ tu^{53}phɔ^{33}
1514	卡住	block, obstruct	(အရာ)မျှပ်	(ə jo^{55}) mjɛʔ^{44}	(ə jɯ^{55}) mlaɪ^{53}ʔ	(ə jo^{44}) mjɪ^{42}ʔ/ɛ^{42}ʔ	(ə jo^{53}) mjɪ^{32}ʔ

(续表)

序号	汉义	英文	မြန်မာစာ 缅甸文	ရန်ကုန် 标准话 仰光音	တောင်ရှိ: 东友 方言音	ထားဝယ် 土瓦 方言音	မြိတ် 丹老 方言音
1515	卡住（使~）	(cause to) obstruct / block	ပိတ်ဆို့	peɪʔ^{44}sho^{53}	pi^{53ʔ}shɯ^{42}	pi^{42} sho^{42}	peɪ^{32ʔ}/sho^{32}
1516	开（~门）	open (a door)	(တံခါး)ဖွင့်	phwĩ ^{53}	phwẽ ^{42}	(khɔ^{42ʔ} pɔ^{42ʔ}) phwã ^{42}	phwĩ ^{32}
1517	开（水~了）	(water) be boiling	(ရေ)ဆူ	shu^{22}	shu^{32}	shu^{11}pi^{11}	shu^{33}
1518	开（花~了）	(flowers) blossom	(ပန်း)ဖွင့်	pwĩ ^{53}	pwẽ ^{42}	pwã ^{42}	pwĩ ^{32}
1519	开（~车）	start /drive (a car)	(ကား)မောင်း	maũ ^{55}	mõ ^{55}	mɔ̃ ^{44}	maũ ^{53}
1520	开始	start, begin	စတင်	sa^{53}/ sa^{53}tĩ ^{22}	sɒ^{42}/ sɒ^{42}tẽ ^{32}	sa^{42}	sa^{32}/
1521	开荒	open up wasteland	တီကျင်း	ti^{22}tɕĩ ^{55}	ti^{32}krẽ ^{55}	ti^{11}twã ^{44}	ti^{33}tɕĩ ^{53}
1522	看	watch	ကြည့်ဖတ်	tɕi^{53}/pha^{44}	kre^{42}/phaɪ^{53ʔ}	ke^{42}/pha^{42ʔ}	tɕi^{32}/pha^{32ʔ}
1523	看（给~）	(let sb) see, show	ပြ	pja^{53}	pjɒ^{42}	pja^{42}	pja^{32}
1524	看见	see	မြင်	mjĩ ^{22}	mrẽ ^{32}	bjĩ ^{11}	mjĩ ^{33}
1525	看病（病人~）	see (a doctor)	ဆရာဝန်ပြ သည်	shə ja^{22} wũ ^{22} pja^{53}dði^{22}	shə ja^{32} wẽ ^{32} pjɒ^{42}	shə ja^{11} wũ ^{11} pja^{42} ɕie^{11}	shə ja^{33} wũ ^{33} pja^{32} ɕie^{33}
1526	扛	to shoulder	ထမ်း	thã ^{55}	thaĩ ^{55}	thã ^{44}	thã ^{53}
1527	烤（~火）	warm oneself by (a fire)	လှူ	hloũ ^{22}	loũ ^{32}/hloũ ^{32}	hlɔ̃ ^{11}	loũ ^{33}
1528	靠	rely, depend on	နှီး	hmi^{55}	mi^{55}	hmi^{44}	mi^{53}
1529	磕头	to kowtow	ကတော့	gə dɔ^{53}	kã ^{32} tɔ^{42}	kə tɔ^{42}	kə dɔ^{32}
1530	咳嗽	to cough	ချောင်းဆို:	tɕhaũ ^{55}sho^{55}	khõ ^{55}shɯ^{55}/ khjõ ^{55}shɯ^{55}	tɕhɔ̃ ^{44}sho^{44}	tɕhaũ ^{53}sho^{53}
1531	渴	be thirsty	ရေငတ်/ ရေဆာ	je^{22} ŋa^{44}/ je^{22}sha^{22}	je^{32} ŋaɪ^{53ʔ}/ je^{32}shɒ^{32}	je^{11} ŋa^{42ʔ}/ je^{11}sha^{11}	je^{33} ŋa^{32ʔ}/
1532	刻	carve, engrave	ထွင်း	thwĩ ^{55}	thwẽ ^{55}	thwã ^{44}	thwĩ ^{53}
1533	肯	agree, consent	သဘောတူ သည်	dðə bo^{55} tu^{22} dði^{22}	shə phɔ^{55} tu^{32}	bo^{44} tu^{11} ɕie^{11}	tθə bɔ^{53} tu^{33}
1534	啃	gnaw, nibble	ကိုက်ဝါး	kaɪʔ^{44}wa^{55}	kɒu^{53ʔ}wɒ^{55}	kaɪ^{42}wa^{44}	kaɪ^{32ʔ}sa^{53}

(续表)

序号	汉义	英文	မြန်မာစာ 缅甸文	ရန်ကုန် 标准话 仰光音	တောင်ရိုး 东友 方言音	ထားဝယ် 土瓦 方言音	မြိတ် 丹老 方言音
1535	抠	dig out with finger	ကော်၊လက်နှင့်၊ ကော်ထုတ်၊ ကလော်ထုတ်	kɔ²²/ lɛʔ⁴⁴hnĩ⁵³ɔ²² kɔ²²thouʔ⁴⁴/kə lɔ²²thouʔ⁴⁴	kɔ³²/lɑ⁵³ʔnɑ⁴² kɔ³²thui⁵³ʔ/ kə lɔ³² thui⁵³ʔ	lɛ⁴²ʔnɑ⁴²kə lɔ¹¹ thu⁴²	kɔ³³/lɪ³²ʔ nĩ³² kɔ³³thou³²ʔ/ kə lɔ³³ thou³²ʔ
1536	扣（~扣子）	to buckle / button up	(ကြယ်သီး) တပ်	taʔ⁴⁴	tɒ⁵³ʔ	tɑ⁴²ʔ	tɑ³²ʔ
1537	空闲	be idle / unoccupied	အား	a⁵⁵	ɒ⁵⁵	ɑ⁴⁴	ɑ⁵³
1538	哭	cry	ငို	ŋo²²	ŋɯ²	ŋo¹¹	ŋo³³
1539	困（~倦）	be sleepy	အိပ်ငိုက်	eɪʔ⁴⁴ŋaɪʔ⁴⁴	i⁵³ʔŋɒu⁵³ʔ	i⁴²ŋaɪ⁴²ʔ	eɪ³²ʔŋaɪ³²ʔ
1540	拉屎	empty the bowels	ချေးယို	tɕhi⁵⁵jo²²	khre⁵⁵jɯ³²	khle⁴⁴jo¹¹	tɕhe⁵³jo³³
1541	落（遗漏）	leave sth behind	ကျ(ကျန်ရစ်)	tɕa⁵³(tɕã²² jɪʔ⁴⁴)	klɒ⁴²(klãi³² jeɪ⁵³ʔ)	kla⁴²(tɕã¹¹ jɪʔ⁴²ʔ)	tɕa³²(tɕã³³ jɪʔ³²ʔ)
1542	捞	drag for, dredge up	ဆယ်	shɛ²²	shɑ³²	shɛ¹¹	shɛ³³
1543	勒	rein in	(ကြိုးကို) တင်းလိုက်	tĩ⁵⁵laɪʔ⁴⁴	tẽ⁵⁵lɒu⁵³ʔ	tã⁴⁴laɪ⁴²ʔ	tĩ⁵³ɲaɪ³²ʔ/ shwɛ⁵³ ɲaɪ³²ʔ
1544	累	be tired / fatigued	ပင်ပန်း	pĩ²²pã⁵⁵	pẽ³²pãi⁵⁵	pã¹¹pã⁴⁴	pĩ³³bã⁵³
1545	连接	connect, join	ဆက်၊ဆက်သွယ်	shɛʔ⁴⁴/shɛʔ⁴⁴ tθwɛ²²	shɑ⁵³ʔ/shɑ⁵³ʔ twɑ³²	shɪ⁴²ʔ/shɪ⁴²ʔ tθwɛ¹¹	shɪ³²ʔ/shɪ³²ʔ tθwɛ³³
1546	量	to measure	တိုင်း	taĩ⁵⁵	tũ⁵⁵	taĩ⁴⁴	taĩ⁵³
1547	晾（~衣）	to dry (clothes) in the air	(အကို) လှန်း	ne²²hlã⁵⁵	ne³²lãi⁵⁵	(ã⁴⁴ki¹¹) hlã⁴⁴	ne³³ lã⁵³
1548	聊天	chat	ထွေရာလေးပါး၊ ပြော	thwe²²ja²²lɛ⁵⁵ ba⁵⁵ pjɔ⁵⁵	kli⁴²klɔ³²hɔ⁵⁵	tɕhĩ⁴⁴ pjɔ⁴⁴ sɑ¹¹jɛ⁴⁴ mja⁴² pɛ⁴⁴ sɑ¹¹ lɛ¹¹ pjɔ⁴⁴	thwɛ³³ja³³ lɛ⁵³ba⁵³ pjɔ⁵³
1549	裂开	split open, rend	အက်၊အက်ကွဲ	ɛʔ⁴⁴/ɛʔ⁴⁴kwɛ⁵⁵	ɑ⁵³ʔ/ɑ⁵³ʔkwɑ⁵⁵	ɛ⁴²ʔ/ɛ⁴² kwɛ⁴⁴	ɪ³²ʔ/kwɛ⁵³
1550	淋	drench	မိုးမိသည်၊ အတွင်း အပြင်ကို စွတ်သည်	mo⁵⁵mi⁵³ dθi²²/ ə twĩ⁵⁵ ə pjĩ²²so²²suʔ dθi²²	mɯ⁵⁵mi⁴²/ ə twẽ⁵⁵ ə plɛ³² sɯ³²sui⁵³ʔ	mo⁴⁴mi⁴² ɕiɛ¹¹/ thɛ⁴⁴plã¹¹ so¹¹ɕwɛ⁴² ɕiɛ¹¹	mo⁵³mi³² ɕiɛ³³/ ə twĩ⁵³ jɔ⁵³ ə pjĩ³³ so³³ɕiɛ³³
1551	留（~种）	reserve (seeds)	(မျိုးစေ့) ချန်ထား	tɕhã²²tha⁵⁵	tɕhã³²thɒ⁵⁵/ khrãi³²thɒ⁵⁵	tɕhã¹¹ɕiɑ⁴⁴	tɕhã³³ha⁵³

（续表）

序号	汉义	英文	မြန်မာစာ 缅甸文	ရန်ကုန် 标准话 仰光音	တောင်ငြို 东友 方言音	ထားဝယ် 土瓦 方言音	မြိတ် 丹老 方言音
1552	聋	be deaf	နား:ပင်း၊နား:မကြား	na^{55}pĩ^{55}/ na^{55}mə tɕa^{55}	nɒ^{55}pẽ^{55}/na^{55} mə krɒ^{55}	na^{44}pã^{44}/ na^{44}kã^{44}	na^{53}pĩ^{53}/ na^{53}mə tɕa^{53}
1553	搂（~在怀里）	cuddle, embrace	ဖက်၊ ဖွေ့ဖက်	phɛʔ^{44}/ pwe^{53} phɛʔ^{44}	pha^{53}ʔ/ pwi^{42} pha^{53}ʔ	pha^{42}ʔ/ paɪ^{42}ʔ	phɪ^{32}ʔ/ pwe^{32} phɪ^{32}ʔ
1554	漏（~水）	to leak	(ရေ)ယို	je^{22}jo^{22}	je^{32}jɯ^{32}	je^{11}jo^{11}	je^{33}jo^{33}
1555	轮到	be sb's turn	အလှည့်ကျ	a^{53} hlɛ^{53}tɕa^{53}	ɒ^{42} lɛ^{42}tɕɒ^{42}/ ɒ^{42}lɛ^{42}klɒ^{42}	a^{42} hlɛ^{42} kla^{42}	a^{32} lɛ^{32}tɕa^{32}
1556	滤	to filter / strain	စစ်	siʔ^{44}	sei^{53}ʔ	si^{42}ʔ	si^{32}ʔ
1557	摞	pile / stack up	ထပ်	thaʔ^{44}	thaɪ^{53}ʔ	tha^{42}ʔ/si^{11}	tha^{32}ʔ
1558	落（太阳~）	(the sun) set	(နေ)ကျကွယ်	(ne^{22})tɕa^{53}/ kwɛ^{22}	(ne^{32})klɒ^{42}/ kwa^{32}	(ne^{32})tã^{11}/	(ne^{33}) ɕa^{32}/ kwe^{33} ɕɛ^{33}
1559	麻木	be numb	ထုံ၊ ထုံကျင်	thoũ^{22}/ thoũ^{22}tɕĩ^{22}	thoũ^{32}/ thoũ^{32}kɛ̃^{32}	thu^{11}/ sũ^{11}	thoũ^{33}/ tɕĩ^{33}
1560	骂	to scold	ဆဲ	shɛ^{55}	sha^{55}	shɛ^{44}	shɛ^{53}
1561	埋	bury	မြှုပ်	hmjouʔ^{44}	mlou^{53}ʔ/mlui^{42}	hmlɔ^{42}ʔ	mjou^{32}ʔ
1562	买	buy	ဝယ်	wɛ^{22}	wa^{32}	wɛ^{11}	wɛ^{33}
1563	卖	sell	ရောင်း	jaũ^{55}	jø^{55}	jũ^{44}	jaũ^{53}
1564	没有	do not have	မရှိ	mə ɕi^{53}	mə hi^{42}/ mə khi^{42}	hmɛ̃^{42}	mə ɕi^{32}
1565	蒙盖	cover up (objects)	ဖုံး	phoũ^{55}	phoũ^{55}	phɔ̃^{44}	phoũ^{53}
1566	鸣（鸟~）	(birds) cry / chirp	ငှက်တွန်၊ ကျူးရင့်	hŋɛʔ^{44}tũ^{22}/ tɕu^{55}ɟi^{53}	ŋa^{53}ʔtuẽ^{32}/ kru^{55}jɛ^{42}	hŋa^{42}ʔɔ^{11}	ŋɪ^{32}ʔ ɔ^{33}/ tɕu^{53}ɟi^{32}
1567	灭（火~）	(fire) die out	မီး:သတ်	mi^{55} tθaʔ^{44}	mi^{55} shaɪ^{53}ʔ	mi^{44} tθa^{42}ʔ	mi^{53} tθa^{32}ʔ
1568	抿着（~嘴）	close (the mouth) lightly	(ပါး:စပ်) ခပ်ယဲ့ယဲ့ပိတ်	khaʔ^{44}jɛ^{53}jɛ^{53} peɪʔ^{44}	kha^{53}ʔja^{42}ja^{42} pi^{53}ʔ	(saʔ^{44}pɔʔ^{44}) pi^{33} (sa^{42}ʔpɔ^{42}ʔ) pi^{42}	kha^{32}ʔjɛ^{32} jɛ^{32} peɪ^{32}ʔ
1569	明白	understand	နားလည်၊ သဘော ပေါက်	na^{55}lɛ^{22}/ dθə bɔ^{55}pauʔ^{44}	nɒ^{55}le^{32}/ shə phɔ^{55}pø^{53}	na^{44}lɛ^{11}/ bɔ^{44}pu^{42}ʔ/ ɕĩ^{44}	na^{53}lɛ^{33}/ tθə bɔ^{53} pau^{32}ʔ
1570	摸	stroke, touch	စမ်း:သပ်	sã^{55}tθaʔ^{44}	sãɪ^{55}taɪ^{53}ʔ	sã^{44}tθa^{42}ʔ	sã^{53}

（续表）

序号	汉义	英文	မြန်မာစာ 缅甸文	ရန်ကုန် 标准话 仰光音	တောင်ရိုး 东友 方言音	ထားဝယ် 土瓦 方言音	မြိတ် 丹老 方言音
1571	磨（~刀）	whet (a knife)	(ဓါး)သွေး	(da^{55})tθwe^{55}	(thɒ^{55}) shwi^{55}	(tha^{44})tθwi^{44}	(da^{53})tθwe^{53}
1572	磨（~面）	grind (flour)	(ဂျုံ)ကြိတ်	(dʑoũ ^{22})tɕeɪʔ^{44}	(dʑoũ ^{32})kri^{53}ʔ	(dʑoũ ^{11})kli^{42}	(dʑoũ ^{33})tɕeɪ^{32}ʔ
1573	拿到	have taken hold of / gotten	ရ	ja^{53}	jɒ^{42}	ja^{42}	ja^{32}
1574	挠（~痒）	scratch (an itch)	အယားဖျောက်	ə ja^{55} phjauʔ^{44}	ə jɒ^{55} phjø^{53}ʔ/ ə jɒ^{55} phrø^{53}ʔ	ə ja^{44} phjɔ^{42}ʔ	ə ja^{53} phjau^{32}ʔ
1575	能够	can	နိုင်	nãĩ ^{22}	nũ ^{32}	nãĩ ^{11}	nãĩ ^{33}
1576	蔫（花~）	shrivel up, wither	(ပန်း)နမ်းသွားသည်	nũ ^{55}tθwa^{55} dði^{22}	nuẽ ^{55}shɒ^{55}	hnɔ^{44}fiɛ^{11}	nũ ^{53}wɔ^{53} fiɛ^{33}
1577	拧~毛巾	twist (a towel)	(ပုဝါ)ရေညှစ်	je^{22}hnɪʔ^{44}	je^{32}ɲeɪ^{53}ʔ	je^{11}hnɪ^{42}ʔ	je^{33} ɲɪ^{32}ʔ
1578	凝固	to solidify / congeal	ခဲ	khɛ^{55}	kha^{55}	khɛ^{44}	khɛ^{53}
1579	爬（人~）	(people) crawl	(လူ)တွားသွား	twa^{55}tθwa^{55}	twɒ^{55}shwɒ^{55}	le^{44}khe^{11} tθwa^{44}	twa^{53}tθwa^{53}
1580	爬（虫子~）	(insects) crawl	(ပိုးကောင်)သွား	tθwa^{55}	tθwɒ^{55}	tθwa^{44}	tθɔ^{53}
1581	爬（~山）	climb (a mountain)	(တောင်)တက်	tɛʔ^{44}	ta^{53}ʔ	ta^{42}	tɪ^{32}ʔ
1582	爬（~树）	climb up (a tree)	(သစ်ပင်)တက်	tɛʔ^{44}	ta^{53}ʔ	ta^{42}ʔ	tɪ^{32}ʔ
1583	拍（桌子）	strike (the table)	ပုတ်	pouʔ^{44}	pui^{53}ʔ	pɔ^{42}ʔ	pou^{32}ʔ
1584	排（~队）	to line up	တန်းစီ	tã ^{55}si^{22}	taĩ ^{55}si^{32}	tã ^{44}si^{11}	tã ^{53}si^{33}
1585	派（~人）	send / dispatch (a person)	စေလွှတ်	ze^{22}hluʔ^{44}	se^{32}lui^{53}ʔ	hlu^{42}ʔ/ laɪ^{42}ʔ/ khãĩ ^{44} sa^{44}/ se^{11}sa^{44}	ze^{33}lu^{32}ʔ/ khãĩ ^{53}
1586	盘旋	circle, hover, wheel	ဝဲ	wɛ^{55}	wa^{55}	wɛ^{44}	wɛ^{53}
1587	跑	run	ပြေး	pje^{55}	ple^{55}	ple^{44}	pje^{53}
1588	泡（~茶）	make (tea)	(လက်ဘက်ရည်) ဖျော်	phjɔ^{22}	phjɔ^{32}	phjɔ^{11}	phjɔ^{33}
1589	赔偿	compensate	လျော်	jɔ^{22}	ljɔ^{32}/khrɔ^{32}	jɔ^{11}	jɔ^{33}

（续表）

序号	汉义	英文	မြန်မာစာ 缅甸文	ရန်ကုန် 标准话 仰光音	တောင်ရို 东友 方言音	ထားဝယ် 土瓦 方言音	မြိတ် 丹老 方言音
1590	赔（~本）	sustain losses (in business)	ရှုံး	çoũ^{55}	khroũ^{55}	çɔ̃^{44}	çoũ^{53}
1591	佩带	wear, bear	တပ်ဆင်ထား သည်	taʔ^{44}shĩ^{22} tha^{55} dði^{22}	taɪ^{53}ʔshɛ̃^{32} thɒ^{55}	ta^{42}ʔɦa^{44} ɦɛ^{11}	ta^{33}ʔ ha^{53} ɦɛ^{33}
1592	膨胀	expand, swell	ပေါင်း	phaũ^{55}	phɵ̃^{55}	phũ^{44}/phɔ̃^{44}	phaũ^{53}
1593	碰撞	collide, run into	တိုက်	taɪʔ^{44}	tɒu^{53}ʔ	taɪ^{42}ʔ	taɪ^{32}ʔ
1594	披（~衣）	drape (a garment) over one's shoulders	(အကျီ))ခါ့/ ခုံ	tɕhoũ^{22}/ tɕhoũ^{22}joũ^{22}	khroũ^{32}/ tɕhoũ^{32}joũ^{32}	tɕhũ^{11}	tɕhoũ^{33}/ tɕhoũ^{33} joũ^{33}
1595	劈（~柴）	chop (firewood)	ထင်းခွဲ	thĩ^{55}khwɛ^{55}	thɛ̃^{55}khwɑ^{55}	thã^{44} khwɛ^{44}	thĩ^{53} khwɛ^{53}
1596	泼（~水）	splash, sprinkle	(ရေ)ပက်ဖျမ်	pɛʔ^{44}phjã^{55}	pɑ^{53}ʔphrãĩ^{55}	pa^{42}phjã^{44}	pɪ^{32}ʔphjã^{53}
1597	破（~篾）	split up (bamboo strips)	(ဝါး:နီး)ခွဲ	khwɛ^{55}	khwɑ^{55}	khwɛ^{44}/si^{42}	khwɛ^{53}
1598	破（衣服~了）	(clothing) become worn through/torn	(အကျီ))ပဲ/ ပေါက်	pjɛ^{55}/ pauʔ^{44}	pja^{55}/ pɵ^{53}ʔ	su^{42}	pjɛ^{53}/ pau^{32}ʔ
1599	破（竹~了）	(bamboo pole) split up	(ဝါး:လုံး)ကွဲ	kwɛ^{55}	kwɑ^{55}	kwɛ^{44}	kwɛ^{53}
1600	破（房~了）	(house) be damaged / cave in	(အိမ်)ပျက်	pjɛʔ^{44}	ɛ̃^{32}pja^{53}ʔ/ i^{32}prɑ^{53}ʔ	pjɪ^{42}ʔ	pjɪ^{32}ʔ
1601	破（碗~了）	(bowls) be broken	(ပန်း:ကန်)ကွဲ	kwɛ^{55}	kwɑ^{55}	kwɛ^{44}	kwɛ^{53}
1602	打破（~碗）	break / smash (a bowl)	ခွဲ	khwɛ^{55}	khwɑ^{55}	khwɛ^{44}	khwɛ^{53}
1603	剖	cut open	ခွဲ	khwɛ^{55}	khwɑ^{55}	khwɛ^{44}	khwɛ^{53}
1604	铺	pave, lay	ဖြန့်ခင်း	phjã^{53}/khĩ^{55}	phjãĩ^{42}/khɛ̃^{55}	phlã^{42}/ khã^{44}	phjã^{32}/ khĩ^{53}
1605	欺负	to bully, treat sb roughly	အနိုင်ကျင့်/ စော်ကား:	ə naĩ^{22}tɕɪ^{53}/ sɔ^{22} ga^{55}	ə nũ^{32}krɛ̃^{42}/ sɔ^{32}kɒ^{55}	ə naĩ^{11} tɕɪ^{42}/ sɔ^{11}ka^{44}	ə naĩ^{33} tɕɪ^{32}/ sɔ^{33}ga^{53}

（续表）

序号	汉义	英文	မြန်မာစာ 缅甸文	ရန်ကုန် 标准话 仰光音	တောင်ရိုး 东友 方言音	ထားဝယ် 土瓦 方言音	မြိတ် 丹老 方言音
1606	欺骗	deceive, cheat	ညာလိမ်လိမ် လည်လှည့် ဗျာ:	n̥a²²/leĩ²²/ leĩ²²lɛ²²hlɛ⁵³ phja⁵⁵	n̥a³²/li³²/li³² lɛ³²/lɛ⁴²phrɒ⁵⁵/ lɛ⁴²phjɒ⁵⁵	n̥a¹¹/li¹¹/ pla⁴²ʔ	n̥a³³/leĩ³³/ leĩ³³ lɛ³³ hlɛ³² phja⁵³
1607	砌	build by laying bricks, stones, etc.	အုတ်ခဲစီးတည် သည်/ ဆောက်သည်	ouʔ⁴⁴khɛ⁵⁵ si²²/ti²² dði²²/ ʃauʔ⁴⁴ dði²²	ou⁵³ʔkha⁵⁵si³²/ tɛ³²/ʃø⁵³ʔ	u⁴²khɛ⁴⁴ si¹¹/ tɛ¹¹ ɕɛ¹¹/ ʃɔ⁴²ʔ ɕɛ¹¹	ou³²ʔkhɛ⁵³ si³³/ tɛ³³ ɕɛ³³/ ʃau³²ʔ ɕɛ³³
1608	骑	ride (a horse)	စီး	si⁵⁵	si⁵⁵	si⁴⁴	si⁵³
1609	起来	rise / stand up	ထ	tha⁵³	thɒ⁴²	tha⁴²	tha³²
1610	牵（~牛）	pull / lead (a cow) along	ဆွဲ	ʃwɛ⁵⁵	ʃwa⁵⁵	ʃwɛ⁴⁴	ʃwɛ⁵³
1611	欠（~钱）	to owe (money)	ကြွေးတင်	tɕwe⁵⁵tĩ²²	kwji⁵⁵tɛ̃³²	tɕwe⁴⁴tã¹¹	ə tɕwe⁵³ ũ³³
1612	抢	rob, loot	လုသည်	lu⁵³dði²²	lu⁴²	lu⁴²ɕɛ¹¹	lu³²
1613	敲	knock, strike	တီးခေါက်	ti⁵⁵/khauʔ⁴⁴	ti⁵⁵/khø⁵³ʔ	ti⁴⁴/khɔ⁴²ʔ	ti⁵³/khau³²ʔ
1614	翘（~尾巴）	raise (the tail)	(အ)မီး)ထောင်	thaũ²²	thõ³²	thɔ̃¹¹	thaũ³³
1615	撬	prize, pry	ကော်	kɔ²²	kɔ³²	kɔ¹¹	kə lɔ³³
1616	切（~菜）	cut up (vegetable)	လှီး	hli⁵⁵	hli⁵⁵	hli⁴⁴	li⁵³
1617	亲（~小孩）	embrace a child cheek to cheek (& kiss him)	(ကလေးကို) နမ်းသည်	nã⁵⁵dði²²	naĩ⁵⁵tɛ³²/ nõ⁵⁵ tɛ³²	nã⁴⁴ɕɛ¹¹/ hmwi⁴⁴ ɕɛ¹¹	nã⁵³
1618	驱逐	drive out, expel	နင်နင်ထုတ်	hnĩ²²/ hnĩ²² thouʔ⁴⁴	nɛ̃³²/ nɛ̃³² thwi⁵³ʔ	hnã¹¹/ hnã¹¹ thu⁴²	nĩ³³/ nĩ³³thou³²ʔ
1619	取	get, fetch	ယူ၊ထုတ်	ju²²/thouʔ⁴⁴	ju³²/thui⁵³ʔ	ju¹¹/thu⁴²	ju³³/thou³²ʔ
1620	娶	marry (a woman)	မိန်းမယူသည်	meĩ⁵⁵ma⁵³ ju²²dði²²	mĩ⁵⁵mɒ⁴²ju³² tɛ³²	mja⁴⁴ju¹¹ ɕɛ¹¹ /mi⁴⁴ ma⁴² ju¹¹ ɕɛ¹¹/i¹¹ thũ¹¹ kla⁴² ɕɛ¹¹	meĩ⁵³ma³² ju³³
1621	去	go, leave	သွား	tθwa⁵⁵	ʃɒ⁵⁵	tθwa⁴⁴	tθɔ⁵³

(续表)

序号	汉义	英文	မြန်မာစာ 缅甸文	ရန်ကုန် 标准话 仰光音	တောင်ငူ: 东友 方言音	ထားဝယ် 土瓦 方言音	မြိတ် 丹老 方言音
1622	痊愈（病~）	fully recover (from an illness)	(ရောဂါ) ပျောက်	pjauʔ^{44}	plø^{53}ʔ/prø^{53}ʔ	pjɔ^{42}ʔ	pjau^{32}ʔ
1623	痊愈（伤~）	(wound) have healed	အနာကျက်	ə na^{22}tɕɛʔ^{44}	ə nɔ^{32}kra^{53}ʔ/ ə nɔ^{32}tɕa^{53}ʔ	ə na^{11}sɪ^{42}ʔ	ə na^{33}kaũ^{53}
1624	缺（~个口）	chip (the rim)	ပဲ့	pɛ^{53}	pa^{42}	pɛ^{42}	pɛ^{32}
1625	全（~了）	be complete	စုံလင်	soũ^{22}ʃi^{22}	soũ^{32}lɛ̃^{32}	sɔ̃^{11}ʃi^{11}	soũ^{33}
1626	染	dye	အရောင်ဆိုး, ကူး	ə jaũ^{22}sho^{55}/ ku^{55}	ə jø^{32}shɯ^{55}/ ku^{55}	ə jũ^{11}sho^{44}/ ku^{44}	ə jaũ^{33}sho^{53}/ ku^{53}
1627	嚷	shout, yell	အော်,ဆူညံ	ɔ^{22}/shu^{22} nã^{22}	ɔ^{32}/shu^{32}nɔ̃^{32}/ shu^{32}ɲɔ̃^{32}	ɔ^{11}/hi^{44}hi^{44} shu^{11}	ɔ^{33}/ shu^{33}nã^{33}
1628	让路	make way for, give way	လမ်းဖယ်ပေး	lã^{55}phɛ^{22}pe^{55}	lɔ̃^{55}pha^{32}pe^{55}	lã^{44}phɛ^{11} pe^{44}	lã^{53}phɛ^{33} pe^{53}
1629	热（~饭）	heat up (cold rice)	(ထမင်း)ပြန် နွေး	pjã^{22}hnwe^{55}	plɑ̃^{32}nwi^{55}	plã^{11}nwi^{44}	pjã^{33}nwe^{53}
1630	忍耐	endure, be patient	အောင့်,အောင့် အီးထား	aũ^{53}/aũ^{53} i^{55}tha^{55}	ø^{42}/ø^{42}i^{55} thɔ^{55}	ũ^{42}/ ũ^{42}i^{44} fia^{44}	aũ^{32}/ aũ^{32}ha^{53}
1631	认（~字）	look at & distinguish (characters)	(စာလုံး)ဖတ်	phaʔ^{44}	phaɪ^{53}ʔ	pha^{42}ʔ	pha^{32}ʔ
1632	认得	recognize	(လူကို)သိ	tθi^{53}	shi^{42}	tθi^{42}	tθi^{32}
1633	扔	throw, toss	ပစ်	pɪʔ^{44}	paɪ^{53}ʔ	pɪ^{42}	pɪ^{32}ʔ
1634	溶化（~了）	dissolve	ပျော်,အရည် ပျော်	pjɔ^{22}/ə ji^{22} pjɔ^{22}	pjɔ^{32}/ə je^{32} prɔ^{32}	pjɔ^{11}/ə je^{11} pjɔ^{11}	pjɔ^{33}/ ə je^{33}pjɔ^{33}
1635	溶化（使~）	(cause to) dissolve	ပျော်စေသည်	pjɔ^{22}ze^{22}dði^{22}	pjɔ^{32}se^{32}	pjɔ^{11}ze^{11} fiɛ^{11}	pjɔ^{33}khaĩ^{53}
1636	揉（~面）	knead (dough)	(ျပ)နယ်	nɛ^{22}	na^{32}	nɛ^{11}	nɛ^{33}
1637	洒（~水）	sprinkle, spray	ရေဖျန်း, ရေပက်	je^{22}phjã^{55}/ je^{22}pɛʔ^{44}	je^{32}phlɑ̃^{55}/ je^{32}pa^{53}ʔ	je^{11} phjã^{44}/ je^{11}pa^{42}ʔ	je^{33} phjã^{53}/ je^{33}pɪ^{32}ʔ
1638	撒（~尿）	piss, pee	သေးပေါက်, အပေါ့သွား	tθe^{55}pauʔ^{44}/ ə pɔ^{53}tθwa^{55}	she^{55}pø^{53}ʔ/ ə pɔ^{42}shɔ^{55}	tθe^{44}pɔ^{42}ʔ/ ə pɔ^{42} tθwa^{44}	tθe^{53}pau^{32}ʔ/ ə pɔ^{32}tθɔ^{53}

(续表)

序号	汉义	英文	မြန်မာစာ 缅甸文	ရန်ကုန် 标准话 仰光音	တောင်ရို: 东友 方言音	ထား:ဝယ် 土瓦 方言音	မြိတ် 丹老 方言音
1639	撒（~种）	scatter (seeds)	မျိုးစေ့ကျဲ/ မျိုးကျဲ	mjo⁵⁵zi⁵³ tɕɛ⁵⁵/pjo⁵⁵tɕɛ⁵⁵	mjɯ⁵⁵se⁴² krɑ⁵⁵/ prɯɯ⁵⁵ krɑ⁵⁵	pjo⁴⁴tɕɛ⁴⁴	mjo⁵³ze³² tɕɛ⁵³/ pjo⁵³tɕɛ⁵³
1640	散（会~了）	(meeting) break up / end	(အစည်းအဝေး) ပြီး/ပြီ	(ə si⁵⁵ə we⁵⁵) pji⁵⁵bji²²	(ə si⁵⁵ə we⁵⁵) pli⁵⁵pli³²	(ə si⁴⁴ə we⁴⁴) pi⁴⁴bi¹¹	(ə si⁵³ə we⁵³) pji⁵³bji³³
1641	散开（鞋带~）	(shoelace) come loose	(ဖိနပ်ကြိုး) ပြယ်	pjɛ²²	plaɪ³²	pjɛ¹¹	pjɛ³³
1642	解开	untie, undo	ဖြေ	phje²²/phji²²	phle³²/phre³²	phje¹¹	phje³³/phje³³
1643	扫	sweep	တံမြက်စည်းနှင့်လှဲ	tə mjeʔ⁴⁴si⁵⁵ hnĩ⁵³ hlɛ⁵⁵	tə mjɑ⁵³se⁵⁵ nɑ⁴² le⁵⁵	hlɛ⁴⁴sɛ⁴⁴ khɑ¹¹ nɑ⁴² khɑ¹¹	mjɪ³²ʔsɛ⁵³ khɑ³³ fĩ³² le³²
1644	筛（~米）	to sieve / sift	ဆန်ကါတင်	zə gɑ²²tĩ²²	sə kɔ³²tẽ³² shaĩ³² kɔ³²tẽ³²	zə gɑ¹¹ taɪ¹¹ shã¹¹ khɑ¹¹ tã¹¹	zə gɑ³³tĩ³³
1645	晒（~衣服）	dry (clothes) in the sun	(အဝတ်)လှန်း	hlã⁵⁵	(ə weɪ⁵³ʔ) laĩ⁴²/ hlaĩ⁵⁵	hlã⁴⁴	lã⁵³
1646	晒（~太阳）	sunbathe	နေပူဆာလှု	ne²²pu²²sha²² hloũ²²	ne³²pu³²shɔ³² loũ³²	ne¹¹shã¹¹ khã¹¹	ne³³pu³³sha³³ loũ³³
1647	闪电	to lightning	လျှပ်ပြက်	hljaʔ⁴⁴pjɛʔ⁴⁴	la⁵³ʔpjaɪ⁵³ʔ/ la⁵³ʔ plaɪ⁵³ʔ	la⁴²ʔshɪ⁴²ʔ plɑ⁴²ʔ	hljɑ³²ʔ pjɪ³²ʔ
1648	伤（~了手）	injure / hurt (the arm)	လက်ဒဏ်ရာ သွားသည်	(lɛʔ²⁴⁴)dã²²jɑ²² jɑ⁵³tθwa⁵⁵ dði²²	(lɑ⁵³ʔ)nɔ⁴²nɔ³² jɑ⁴²shɔ⁵⁵	(laʔ⁴²ʔ)dã¹¹ jɑ¹¹jɑ⁴² tθwa⁴⁴fiɛ¹¹	(lɪ³²ʔ)dã³³ jɑ³³jɑ³² tθwɔ⁵³fiɛ³³
1649	商量	consult, discuss	တိုင်ပင်၊ ညှိနှိုင်း	taĩ²²phĩ²²/ hni³hnaĩ⁵⁵	tũ³²plẽ³²/ ɲi⁴²nũ⁵⁵	taĩ¹¹pã¹¹	taĩ³³pĩ³³/ ɲi³²nɑĩ⁵³
1650	上（~楼）	go upstairs	(အပေါ်ထပ်) တက်သည်	tɛʔ⁴⁴	ta⁵³ʔ	ta⁴²ʔfiɛ¹¹	tɪ³²ʔ
1651	烧荒	burn the grass on wasteland	မြက်ခင်းကိုမီးရှို့ပြစ်	mjɛʔ⁴⁴khĩ⁵⁵ go²²mi⁵⁵ɕo⁵³ pɪ⁴⁴	mjɑ⁵³ʔkhẽ⁵⁵ kɯ³² mi⁵⁵ sho⁴²peɪ⁵³	bjɪ⁴²ʔ plɑ¹¹ fio¹¹mi⁴⁴ ɕo⁴² pɪ⁴²ʔ	mjɪ³²ʔkhĩ⁵³ wo³³ mi⁵³ ɕo³² pɪ³²ʔ
1652	射（~箭）	shoot (an arrow)	(မြား)ပစ်	pɪʔ⁴⁴	(mrɔ⁵⁵ʔ mjɔ⁵⁵) peɪ⁵³ʔ	pɪ⁴²ʔ	pɪ³²ʔ
1653	射中	hit (the target)	မှန်၊ ထိမှန်	hmã²²/ thi⁵³ hmã²²	maĩ³²/ thi⁴² maĩ³²	hmã¹¹/ thi⁴² hmã¹¹	mã³³/ thi³²
1654	伸	stretch out (the arm)	ဆန့်	shã⁵³	shaĩ⁴²	shã⁴²	shã³²
1655	伸长	extend, elongate	ဆန့်	shã⁵³	shaĩ⁴²	shã⁴²	shã³²

（续表）

序号	汉义	英文	မြန်မာစာ 缅甸文	ရန်ကုန် 标准话 仰光音	တောင်ရိုး 东友方言音	ထားဝယ် 土瓦方言音	မြိတ် 丹老方言音
1656	抻长	draw out, stretch	ဆွဲဆန့်	shwɛ⁵⁵shã⁵³	shwa⁵⁵shaĩ⁴²	shwɛ⁴⁴ shã⁴²	shwɛ⁵³ shã³²
1657	渗（～入）	seep into, permeate	စိမ့်ဝင်	seĩ⁵³wĩ²²	si⁴²wɛ̃³²	si⁴²wã¹¹	seĩ³²wĩ³³
1658	生长	grow	ကြီးထွား	dzi⁵⁵thwa⁵⁵	kwi⁵⁵thɒ⁵⁵	ki⁴⁴hwa⁴⁴/ kila¹¹	tɕi⁵³
1659	生锈	to rust	သံချေးတက်	tθã²²dzi⁵⁵tɛ?⁴⁴	shaĩ³²khe⁵⁵ ta⁵³?	tθã¹¹khle⁴⁴ ta⁴²?	tθã³³tɕhe⁵³ tɪ³²?
1660	生疮	grow (a boil)	အနာပေါက်	ə na²²pau?⁴⁴	ə nɒ³²pø⁵³?	ə na¹¹ thwa⁴²?	ə na³³ pau³²?
1661	生（～子）	give birth to	ကလေးမွေး	khə le⁵⁵ mwe⁵⁵	khə le⁵⁵mwi⁵⁵/ oũ³²ŋa⁵⁵mwi⁵⁵	mwi⁴⁴ phwa⁴⁴/ tθa⁴⁴ phwa⁴⁴/ tθa⁴⁴ pɔ⁴²?	khə le⁵³ mwe⁵³
1662	生气	be angry, take offence	ဒေါပွစိတ်ဆိုး	dɔ⁵⁵pwa⁵³/ seĩ⁴⁴sho⁵⁵	dɔ⁵⁵pɒ⁴²/ si³²shɯ⁵⁵	si⁴²sho⁴⁴/ si⁴²to¹¹	dɔ⁵³tθa³² thwɪ³²?/ seĩ³²?to⁵³
1663	剩	be left over, remain	ကျန်	tɕã²²	kraĩ³²	tɕã¹¹	tɕã³³
1664	升起	rise, go up	တက်	tɛ?⁴⁴	ta⁵³?	ta⁴²?	tɪ³²?
1665	失落	lose (sth)	ပျောက်ဆုံး	pjau?⁴⁴shoũ⁵⁵	pjø⁵³?shoũ⁵⁵	pjɔ⁴²?	pjau³²?
1666	使	make, cause	စေ	ze²²	se³²	se¹¹	ze³³/khaĩ⁵³
1667	释放	release, set free	လွှတ်	hlu?⁴⁴	lue⁵³?	hlu⁴²?	lu³²?
1668	试	try, attempt	စမ်း	sã⁵⁵	sɒ̃⁵⁵	sã⁴⁴	sã⁵³
1669	是	to be	ဖြစ်ဟုတ်	phjɪ?⁴⁴/houʔ⁴⁴	phlaɪ⁵³?/hou⁵³	phjɪ⁴²?/ hɔ⁴²?	phjɪ³²?/ hou³²?
1670	收割	to harvest / reap	ရိပ်သိမ်း	jeɪ?⁴⁴tθeĩ⁵⁵	jaɪ⁵³?shi⁵⁵	ji⁴²tθi⁴⁴	jeɪ³²?
1671	收到	receive	ရရှိ	ja⁵³ɕi⁵³	jɒ⁴²shi⁴²/jɒ⁴² khri⁴²	ja⁴²	ja³²
1672	收（～伞）	close (an umbrella)	ထီးပိတ်	(thi⁵⁵)peɪ?⁴⁴	(thi⁵⁵)pi⁵³?	(thi⁴⁴)pi⁴²	(thi⁵³) peɪ³²?
1673	收拾	put in order, to tidy	သိမ်းဆည်းကိုင်	tθeĩ⁵⁵shi⁵⁵/ tθeĩ⁵⁵she⁵⁵/ kaĩ²²	shẽ⁵⁵shi⁵⁵/ kũ³²	tθi⁴⁴kaĩ¹¹	tθeĩ⁵³/ tθeĩ⁵³she⁵³/ kaĩ³³
1674	守卫	to guard / defend	စောင့်ကြပ်	saũ⁵³tɕa?⁴⁴	sõ⁴²krɒ⁵³?	sɔ̃⁴²	saũ³²

（续表）

序号	汉义	英文	မြန်မာစာ 缅甸文	ရန်ကုန် 标准话 仰光音	တောင်ငူ: 东友 方言音	ထားဝယ် 土瓦 方言音	မြိတ် 丹老 方言音
1675	梳	to comb	(ခေါင်း)ဖီး	phi^{55}	phi^{55}	phwi^{44}	phi^{53}
1676	输	lose (a game)	ရှုံး	ɕoũ^{55}	shoũ^{55}/khroũ^{55}	ɕɔ̃^{44}	ɕoũ^{53}
1677	熟悉	be familiar with, know sth / sb well	သိကျွမ်း	tθi^{53}tɕũ^{55}/tθi^{3}tɕwã^{55}	shi^{3}tɕũ^{55}/shi^{3}tɕwã^{55}	tθi^{42}	tθi^{32}tɕũ^{53}/tθi^{32}tɕwã^{53}
1678	熟（饭~）	(rice) be cooked / done	(ထမင်း)ကျက်သည်	(thə mĩ^{55})tɕɛʔ^{44}	(mẽ^{55})tɕaʔ^{53}/kra^{53}	(thə mĩ^{44})sɪ$^{42?}$fiɛ^{11}	(mĩ^{53})tɕɪ$^{32?}$fiɛ^{33}
1679	熟（果子~）	(fruit) be ripe	(အသီး)မှည့်	hmɛ^{53}	mɛ^{42}	hmɛ^{42}	mɛ^{32}
1680	漱（~口）	rinse (the mouth)	ပလုပ်ကျင်း	pə louʔ^{44}tɕĩ^{55}	pə lou$^{53?}$krɛ̃^{55}	lu^{42} tɕĩ^{44}	pə lou$^{32?}$tɕĩ^{53}
1681	摔（~下来）	fall / tumble down	ကျ	tɕa^{53}	klɒ^{42}/kjɒ^{42}	kla^{42}	tɕa^{32}
1682	甩	fling, toss	ပစ်သည်၊လွှ	pɪʔ^{44}dðɪ^{22}/hlwɛ^{55}	pji$^{53?}$/pjeɪ^{53}/lwa^{55}	pɪ$^{42?}$fiɛ^{11}/hlwɛ^{44}	pɪ$^{32?}$/lwɛ^{53}
1683	闩（~门）	bolt (the door)	(တံခါးကို)မင်းတုံးကျ	mĩ^{55}toũ^{55}tɕha^{53}	mẽ^{55}toũ^{55}khlɒ^{42}	gə lɛ^{44}tho^{44}	gə la$^{32?}$tɕha^{32}
1684	拴（牛）	tie (a cow) to	ချည်	tɕhi^{22}	khle^{32}	khɛ^{11}	tɕhe^{33}
1685	睡着	fall asleep	အိပ်ပျော်	eɪʔ^{44}pjɔ^{22}	i$^{53?}$pjɔ^{32}/i$^{53?}$plɔ^{32}	i^{42} mwi^{42}	eɪ$^{32?}$pjɔ^{33}
1686	算	calculate	တွက်	twɛʔ^{44}	twa$^{53?}$	twa$^{42?}$	twɪ$^{32?}$
1687	碎（米粒~了）	(grain) break to pieces	ကွဲကြေ	kwɛ^{55}/tɕe^{22}	kwa^{55}/kle^{32}	kwɛ^{44}/tɕe^{11}	kwɛ^{53}/tɕe^{33}
1688	压碎	crush to pieces	ကြိတ်ခွဲ	tɕeɪʔ^{44}khwɛ^{55}	ki$^{53?}$khwa^{55}/kri$^{53?}$khwa^{55}	kli^{42}khwɛ^{44}	tɕeɪ$^{32?}$khwɛ^{53}
1689	损坏	damage, spoil	ပျက်စီး	pjɛʔ^{44}si^{55}	pja$^{53?}$si^{55}/pra$^{53?}$si^{55}	pjɪ$^{42?}$si^{44}	pjɪ$^{32?}$si^{53}
1690	锁（~门）	lock (the door)	(တံခါး)သော့ခတ်	tθɔ^{53}khaʔ^{44}	shɔ^{42}khaɪ$^{53?}$	tθɔ^{42}kha$^{42?}$	tθɔ^{32}kha$^{32?}$
1691	塌	collapse, cave in, fall down	ပြို	pjo^{22}	prɯ^{32}	pjo^{11}	pjo^{33}
1692	踏	step on, trample, stamp	နင်း	nĩ^{55}	nɛ^{55}	nã^{44}	nĩ^{53}

（续表）

序号	汉义	英文	မြန်မာစာ 缅甸文	ရန်ကုန် 标准话 仰光音	တောင်ရိုး 东友 方言音	ထားဝယ် 土瓦 方言音	မြိတ် 丹老 方言音
1693	抬，挑，抬（~头）	lift up, carry	ထမ်း၊ ခေါင်း:မော့	thã^{55}/ gaũ^{55}mɔ^{53}	thɔ̃^{55}/ khɔ̃^{55}mɔ^{42}	thã^{44}/ khɔ̃^{44}mɔ^{42}	thã^{53}/ khaũ^{53}mɔ^{32}
1694	淌（~泪）	shed (tears)	(မျက်ရည်) ကျ၊ယို:ဆင်း	tɕa^{53}/jo^{22}/ si^{55}shĩ^{55}	kɿ^{42}/jɯ^{32}/ si^{55}shẽ^{55}	kla^{42}/jo^{11}/ si^{44}shĩ^{44}	tɕa^{32}
1695	躺	lie down	လှဲ၊တုံး၊လုံး:လှဲ	hlɛ^{55}/ toũ^{55} loũ^{55}hlɛ^{55}	la^{55}/ toũ^{55}loũ^{55} la^{55}	hlɛ^{44}/ toũ^{44} loũ^{44}hlɛ^{44}	lɛ^{53}/ toũ^{53}loũ^{53} lɛ^{53}
1696	烫（~手）	scald / burn (the hand)	(လက်)ပူ၊ လောင်	pu^{22}laũ^{22}	pu^{32}lɔ̃^{32}	pu^{11}lũ^{11}	pu^{33}laũ^{33}/ laũ^{33}
1697	逃跑	escape, run away	ထွက်ပြေး	thwɛʔ^{44}pje^{55}	thwa^{53}ʔpre^{55}	thwa^{42}ʔ ple^{44}	thwe^{32}ʔ pjẽ^{53}
1698	讨（~饭）	beg (for food)	(ထမင်း:) တောင်း:	taũ^{55}	tø^{55}	tɔ̃^{44}	taũ^{53}
1699	套（~衣服）	put on (another layer of clothing)	စွပ်	suʔ^{44}	su^{53}ʔ	su^{42}ʔ	su^{32}ʔ
1700	痛（头~）	(head) ache	(ခေါင်း:)ကိုက်	kaɪʔ^{44}	kɒ^{53}ʔ	kaɪ^{42}ʔ/khɛ^{44}	kaɪ^{32}ʔ
1701	踢	kick	ကန်	kã^{22}	kaĩ^{32}	kã^{11}	kã^{33}
1702	剃（~头）	shave (the head)	(ဆံပင်)ညှပ်	hŋaʔ^{44}	ŋɒ^{53}ʔ/ŋjɒ^{53}ʔ	hŋa^{42}ʔ/ kaɪ^{42}ʔ	ŋa^{32}ʔ
1703	天阴	(sky) be cloudy / overcast	မိုး:အုံ့	mo^{55}oũ^{53}	mɯ^{55}oũ^{42}	mo^{44}ɔ̃^{42}/ mo^{44}ji^{42} ɔ̃^{42}	mo^{53}oũ^{32}
1704	天晴	(weather) be clear / sunny	နေသာ	ne^{22}tθa^{22}	ne^{32}shɒ^{32}	ne^{11}tθa^{11}/ ne^{11}pu^{11}	ne^{33}tθa^{33}
1705	天亮	(the day) dawn	မိုး:လင်း	mo^{55} lĩ^{55}	mɯ^{55} lɛ̃^{55}	mo^{44} lã^{44}	mo^{53} lĩ^{53}
1706	天黑	get dark	မိုး:မှောင်ကျ၊ မိုး:ချုပ်	mo^{55}hmaũ^{22} tɕa^{53}/mo^{55} tɕhouʔ^{44}	mɯ^{55}hmɔ̃^{32} kjɒ^{42}/mɯ^{55} khlou^{53}ʔ	maɪ^{42}ʔkla^{42}	mo^{53} maũ^{33} tɕa^{32}/ mo^{53} tɕhou^{32}ʔ
1707	填（~坑）	fill up (a hollow)	(တွင်း:)ဖို့	pho^{53}	phɯ^{42}	pho^{42}	pho^{32}
1708	舔	lick, lap	လျက်	jɛʔ^{45}	lja^{53}ʔ	jɪ^{42}ʔ	jɪ^{32}ʔ
1709	挑选	choose, pick	ရွေး:	jwe^{55}	jwi^{55}	wi^{44}	jwe^{53}

（续表）

序号	汉义	英文	မြန်မာစာ 缅甸文	ရန်ကုန် 标准话 仰光音	တောင်ငြို 东友 方言音	ထားဝယ် 土瓦 方言音	မြိတ် 丹老 方言音
1710	挑（~担）	carry(sth) with a pole on the shoulder	(ဆိုင်း)ထမ်း	thã^{55}	thã^{55}	thã^{44}	thã^{53}
1711	跳舞	to dance	ကသည်	ka^{53}dðɪ^{22}	kɒ^{42}	ka^{42}ɦɛ^{11}	ka^{32}
1712	跳（~远）	to jump	(အလျား)ခုန်	(ə lja^{55}) khoũ ^{22}	(ə ljɒ^{55}) khuẽ ^{32}	(ə lja^{44}) khu^{11}	(ə lja^{53}) khoũ ^{33}
1713	跳（脉~）	to pulse / beat	သွေး:တိုး:ခြင်း/ သွေး:တုန်ခြင်း	tθwe^{55}to^{55} dʑĩ ^{55} / tθwe^{55} toũ ^{22} dʑĩ ^{55}	shwi^{55}tɯ^{55} khrẽ ^{55}/shwi^{55} toũ ^{32}khrẽ ^{55}	tθwi^{44}to^{44} ta$^{42?}$/	tθwe^{53}to^{53} ɦɛ^{33} / tθwe^{55} toũ ^{33}ɦɛ^{33}
1714	贴	to paste / stick / glue	ကပ်	ka?^{44}	kɒ$^{53?}$	ka$^{42?}$	ka$^{32?}$
1715	听	listen	နား:ထောင်	na^{55}thaũ ^{22}	na^{55}thɒ̃ ^{32}	na^{44}thɔ̃ ^{11}	na^{53}thaũ ^{33}
1716	停止	stop, cease	ရပ်တန့်	ja?^{44}tã ^{53}	ja$^{53?}$tãĩ ^{42}	ja$^{42?}$/na^{44}	ja$^{32?}$
1717	挺（~胸）	throw out (one's chest)	(ရင်) ကော့	j ĩ ^{42}kɔ^{53}	j ẽ ^{32}kɔ^{42}	j ĩ kɔ^{42}	kɔ^{32}
1718	通知	notify, inform	အကြောင်း ကြား:	ə tɕaũ ^{55}tɕa^{55}	ə tɕɒ̃ ^{55}tɕɒ^{55}/ ə krɒ̃ ^{55}kjɒ^{55}	ə tɕɔ̃ ^{44} tɕa^{44}	ə tɕaũ ^{53} tɕa^{53}
1719	偷	steal	ခိုး:	kho^{55}	khu^{55}	kho^{44}	kho^{53}
1720	投掷	throw, hurl	ပစ်	pɪ?^{44}	peɪ$^{53?}$	pɪ$^{42?}$	pɪ$^{32?}$
1721	推托	refuse by making excuses	လွှဲဖယ်	hlwɛ^{55}phɛ^{22}	lwa^{55}pha^{32}	hlwɛ^{44} phɛ^{11}	phɛ^{33}
1722	退（后~）	back up, retreat	(နောက်)ဆုတ်	nau?^{44}shou?^{44}	nø$^{53?}$shou$^{53?}$/ nø$^{53?}$shui^{53}	nɔ$^{42?}$shu^{42}	nau$^{32?}$ shou$^{32?}$/ shou$^{32?}$
1723	吞	swallow	မျိုချ	mjo^{22}tɕha^{53}	mlɯ^{32}khla^{42}	mjo^{11} khla^{42}	mjo^{33}tɕha^{32}
1724	蜕（蛇 ~皮）	(snake) slough off	(မြွေ)အရေလဲ	ə je^{22}lɛ^{55}	ə je^{32}la^{55}	je^{11}lɛ^{44}	ə je^{33}lɛ^{53}
1725	拖（~木头）	pull / drag (a log)	သစ်တုံး:ဆွဲ	(tθɪ^{44}toũ ^{55}) shwɛ^{55}	(sheɪ$^{53?}$toũ ^{55}) shwa^{55}	(tθɪ$^{42?}$tɔ̃ ^{44}) shwɛ^{44}	(tθɪ$^{32?}$ toũ ^{53}) shwɛ^{53}
1726	脱（~衣）	take off (clothes)	(အကျီ)ချွတ်	tɕhu?^{44}	khrue$^{53?}$	khlu$^{42?}$	tɕhu$^{32?}$
1727	脱（~臼）	dislocate (a joint)	(အဆစ်)လွဲ	(ə shɪ?^{44}) lwɛ^{55}	(ə shɪ$^{53?}$) lwa^{55}	(ə shɪ$^{42?}$) lwɛ^{44}	(ə shɪ$^{32?}$) lwɛ^{53}

(续表)

序号	汉义	英文	မြန်မာစာ 缅甸文	ရန်ကုန် 标准话 仰光音	တောင်ရိုး 东友 方言音	ထားဝယ် 土 瓦 方言音	မြိတ် 丹老 方言音
1728	驮	(pack animals) carry (loads)	(မြင်း၊လား၊တို့ ကျောက်ကုန်း ပေါ်) ဝန်တင် ခြင်း၊	wũ²² fĩ²² dzĩ⁵⁵	wɛ̃³² tɛ̃³² khrɛ̃⁵⁵	bjĩ⁴⁴ la⁴⁴ le¹¹ nɔ⁴²ʔ tɕɔ⁴⁴ ku⁴⁴ tha⁴²ʔ fio¹ pɪ⁴² si⁴⁴ tã¹¹	pɪ³²ʔ si⁵³ fĩ³³ fiɛ³³
1729	剜	cut / gouge out	လှီးဖြတ်သည်၊ ကော်ထုတ်	hli⁵⁵ phjaʔ⁴⁴ dði²² / kɔ²² thouʔ⁴⁴	li⁵⁵ phlaʔ⁵³ʔ / kɔ³² thui⁵³ʔ	hli⁴⁴ phjaʔ⁴²ʔ fiɛ¹¹ / kə lɔ¹¹ thu⁴²	li⁵³ phjaʔ³²ʔ kə lɔ³³ thouʔ³²ʔ
1730	弯	become curved / bent	ကောက်ကွေး	kauʔ⁴⁴ / kwe⁵⁵	kø⁵³ʔ / kwe⁵⁵ / kwi⁵⁵	kɔ⁴²ʔ / kwi⁴⁴	kau³² / kwe⁵³
1731	弄弯	bend	ကွေးအောင် လုပ်	kwe⁵⁵ aũ²² louʔ⁴⁴	kwi⁵⁵ ø̃³² louʔ⁵³ʔ / kwi⁵⁵ ø̃³² lui⁵³ʔ	kwi⁴⁴ ɔ̃¹¹ lɔ⁴²ʔ	kwe⁵³ aũ³³ louʔ³²ʔ
1732	完	finish, be over	ပြီးမြောက်	pji⁵⁵ mjauʔ⁴⁴	pji⁵⁵ mlø⁵³ʔ / pli⁵⁵ mrø⁵³ʔ	pji⁴⁴	pji⁵³
1733	忘记	forget	မေ့	me⁵³	me⁴²	me⁴²	me³²
1734	违反	violate, breach	(စည်းကမ်း) ဖေါက်ဖျက်	(si⁵⁵ kã⁵⁵) phauʔ⁴⁴ phjɛʔ⁴⁴	(si⁵⁵ kaĩ⁵⁵) phø⁵³ʔ phla⁵³ʔ	(se⁴⁴ kã⁴⁴) phjɪ⁴²ʔ	(si⁵³ kã⁵³) phau³²ʔ phjɪ³²ʔ
1735	喂（~奶）	breast-feed, suckle	နို့တိုက်	no⁵³ taɪʔ⁴⁴	nɯ⁴² tɒu⁵³ʔ	no⁴² taɪ⁴²	no³² taɪ³²ʔ
1736	问	ask, question	မေး	me⁵⁵	me⁵⁵	me⁴⁴	me⁵³
1737	握（~笔）	to hold (a pen)	(ကလောင်) ကိုင်	kaĩ²²	kuĩ³²	kaĩ¹¹	kaĩ³³
1738	捂（~嘴）	cover (the mouth)	(ပါးစပ်)ဖုံ၊ အုပ်	phoũ⁵⁵ ouʔ⁴⁴	phoũ⁵⁵ ui⁵³ʔ	pi⁴²	phoũ⁵³
1739	吸（~气）	inhale	(လေ)ရှူရှိုက်	ɕu²² ɕaɪʔ⁴⁴	shu³² shaɪ⁵³ʔ	ɕu¹¹ ɕaɪ⁴²ʔ	ɕu³³ ɕaɪ³²ʔ
1740	习惯	be accustomed to, have the habit of	လေ့လုံးစံ၊ အကျင့်	də le⁵³ thoũ⁵⁵ zã²² / ə tɕĩ⁵³	də le⁴² thuĩ⁵⁵ saĩ³² / shə le⁴² thuĩ⁵⁵ sɔ̃³²	də le⁴² thɔ̃⁴² sã¹¹ / ə tɕĩ⁴²	də le³² thoũ⁵³ zã³³ / ə tɕĩ³²
1741	洗（~衣）	wash (clothes)	(အဂျီ)လျှော်၊ ဖွပ်	ɕɔ²² / phuʔ⁴⁴	shɔ³² / phu⁵³ʔ	ɕɔ¹¹ / phu⁴²ʔ	ɕɔ³³ / phu³²ʔ
1742	喜欢	like, love	ကြိုက်သည်၊ ချစ်သည်	tɕaɪʔ⁴⁴ dði²² / tɕhɪʔ⁴⁴ dði²²	kjɒu⁵³ʔ / khrei⁵³ʔ	tɕaɪ⁴²ʔ fiɛ¹¹ / tɕhɪ⁴²ʔ fiɛ¹¹	tɕaɪ³²ʔ / tɕhɪ³²ʔ
1743	瞎	be blind	ကန်း	kã⁵⁵	kaĩ⁵⁵	kã⁴⁴	kã⁵³
1744	下（~楼）	go downstairs	(အပေါ်ထပ်မှ) ဆင်းသည်	shĩ⁵⁵ dði²²	shɛ̃⁵⁵	shĩ⁴⁴ fiɛ¹¹	shĩ⁵³

（续表）

序号	汉义	英文	မြန်မာစာ 缅甸文	ရန်ကုန် 标准话 仰光音	တောင်ရိုး 东友 方言音	ထားဝယ် 土瓦 方言音	မြိတ် 丹老 方言音
1745	下（~猪崽）	give birth to (piglets)	မွေး	mwe^{55}	mwi^{55}	mwi^{44}	mwe^{53}
1746	下（~蛋）	lay (eggs)	(ကြက်ဉ)ဉ	u^{53}	u^{42}	u^{42}	u^{32}
1747	下（~雨）	(rain) fall	(မိုး)ရွာ	jwa^{22}	jɒ^{32}	wa^{11}	jwa^{33}
1748	下垂	hang down, droop	တွဲလောင်းကျ	twɛ^{55}laũ^{55}tɕa^{53}	twa^{55}lõ^{55}klɒ^{42} / twa^{55}lõ^{55}kjɒ^{42}	tã^{44}lã^{44}kla^{42}	twɛ^{53}ne^{33}fiɛ^{33}
1749	吓唬	frighten, scare	ချောက်လှန့်	tɕhauʔ^{44}hlã^{53}	khjɔ$^{53?}$laĩ^{42}	tɕhɔ$^{42?}$hlã^{42}	tɕhau$^{32?}$
1750	下陷	cave in, sink	နစ်မြုပ်	nɪʔ^{44}mjou^{44}	neɪʔ$^{53?}$mlou$^{53?}$	nɪ$^{42?}$mlɔ$^{42?}$	nɪ$^{32?}$mjou$^{32?}$
1751	献	offer, dedicate	ဆက်သ	shɛʔ^{44}tθa^{53}	sha$^{53?}$shɒ^{42}	shɪ$^{42?}$tθa^{42}	shɪ$^{32?}$
1752	羡慕	admire and envy	အားကျ	a^{55}tɕa^{53}	ɒ^{55}klɒ^{42}	a^{44}kla^{42}	a^{53}tɕa^{32}
1753	相信	believe, trust	ယုံကြည်	joũ^{22}tɕi^{22}	joũ^{32}kri^{32} / joũ^{32}ke^{32}	jɔ̃^{11}tɕi^{11}	joũ^{33}
1754	想	think	စဉ်းစား	sĩ^{55}za^{55}	sẽ^{55}sɒ^{55}	sĩ^{44}sa^{44}	sĩ^{53}za^{53}
1755	想起	recall, remember	စဉ်းစားရသည်	sĩ^{55}za^{55}ja^{53} dði^{22}	sẽ^{55}sɒ^{55}jɒ^{42}	sĩ^{44}sa^{44}ja^{42}fiɛ^{11}	sĩ^{53}za^{53}ja^{32}fiɛ^{33}
1756	想（~去）	want (to go)	သွားချင်သည်	tθwa^{55}dʑĩ^{22} dði^{22}	shɒ^{55}khɛ̃^{32}tɛ^{32}	tθwa^{44}ɕĩ^{11}fiɛ^{11}	tθɔ^{53}tɕhĩ^{33}fiɛ^{33}
1757	像	look like, resemble	တူသည်	tu^{22}dði^{22}	tu^{32}tɛ^{32}	tu^{11}fiɛ^{11}	tu^{33}
1758	消化	digest	အစာကြေ	ə sa^{22}tɕe^{22}	ə sɒ^{32}kre^{32} / ə sɒ^{32}ke^{32}	ə sa^{11}tɕe^{11}	ə sa^{33}tɕe^{33}
1759	消失	disappear, vanish	ပျောက်	pjauʔ^{44}	pjɔ$^{53?}$	pjɔ$^{42?}$	pjau$^{32?}$
1760	消（肿~）	(swelling) subside	(အရောင်ရမ်းမှ) ပြယ်ရော်ပါးစေ	pjɛ^{22} / jɔ^{53}pa^{55}ze^{22}	pre^{32}/pla^{32}	kla^{42}	pjɛ^{33} / jɔ^{32}wɔ^{53}se^{33}
1761	削	pare / peel with a knife	ချွှင်နွှာ	tɕhũ^{22} / hnwa^{22}	tɕhũ^{32} / khruẽ^{32}/nɒ^{32}	ɕũ^{11}	tɕhũ^{33} / nwa^{33}
1762	小心	be careful / cautious	သတိထား	tθə ti^{53}tha^{55}	shə ti^{42}thɒ^{55}	di^{42}tha^{44}	tθə di^{32}tha^{53}
1763	写	write	ရေး	je^{55}	je^{55}	je^{44}	je^{53}
1764	泻	have diarrhea	ဝမ်းသွား	wũ^{55}tθwa^{55}	wɒ̃^{55}shɒ^{55}	wũ^{44}kla^{42}	wũ^{53}tθɔ^{53}

（续表）

序号	汉义	英文	မြန်မာစာ 缅甸文	ရန်ကုန် 标准话 仰光音	တောင်ငြို့ 东友 方言音	ထားဝယ် 土瓦 方言音	မြိတ် 丹老 方言音
1765	擤	blow (one's nose)	နှပ်ညှစ်	hnaʔ^{44}hnɹɪʔ^{44}	nɒ^{53ʔ}n̥ɛɪ^{53ʔ}	hna^{42ʔ} hnɹɪ^{42ʔ}	na^{32ʔ} nɹɪ^{32ʔ}
1766	醒（睡~）	wake up	နိုး	no^{55}	nɯ^{55}	no^{44}	no^{53}
1767	休息	to rest	အနားယူ	ə na^{55}ju^{22}	ə nɒ^{55}ju^{32}	ə na^{44}ju^{11}	ə na^{53}ju^{33}
1768	绣（~花）	embroider	ပန်းချည်ထိုး	pã^{55}tɕhi^{22}tho^{55}	paĩ^{55}khre^{32}thɯ^{55}	pã^{44}tho^{44}	tɕhɛ^{33}tho^{53}
1769	学	learn	သင်ယူ	tθĩ^{22}ju^{22}	shẽ^{32}ju^{32}	tθã^{11}ju^{11}	tθĩ^{33}
1770	熏	smoke, fumigate	ကျပ်တိုက်သည်၊ ကျပ်တင်သည်	tɕaʔ^{44}taɪ^{44}dði^{22}/tɕa^{44}tĩ^{22}dði^{22}	kra^{53ʔ}tɒu^{53ʔ}/kra^{53ʔ} tẽ^{32}	tɕa^{42ʔ}taɪ^{42ʔ}/tɕa^{42ʔ} tã^{11}	tɕa^{32ʔ}taɪ^{32ʔ}/tɕa^{32ʔ} ti^{33}/mi^{53}kho^{53}taɪ^{32ʔ}
1771	寻找	find, look for	ရှာ	ça^{22}	khɒ^{32}/shɒ^{32}	ça^{11}	ça^{33}
1772	阉（~鸡）	castrate (cocks)	သင်း	tθĩ^{55}	shẽ^{55}/tẽ^{55}	tθĩ^{44}	tθĩ^{53}
1773	研（~药）	grind / pestle (medicine)	(ဆေးအမှုန့် ဖြစ်အောင်) ကြိတ်သည်	tɕeɪʔ^{44} dði^{22}	krwi^{53ʔ}	(she^{44}mu^{42} phjɪ^{42ʔ} õ^{11}) kli^{42} fiɛ^{11}	tɕeɪ^{32ʔ}
1774	扬场	winnow	စပါးလေ့	zə ba^{55} hle^{53}	sə pa^{55} le^{42}	ba^{44} hli^{42}	zə ba^{53} le^{32}
1775	痒	to itch / tickle	ယားသည်	ja^{55}dði^{22}	jɒ^{55}	ja^{44}fiɛ^{11}	ja^{53}
1776	养（~鸡）	raise (chickens)	(ကြက်)မွေး ထားသည်	mwe^{55}	mwi^{55} thɒ^{55}	mwi^{44}fia^{44} fiɛ^{11}	mwe^{53}ha^{53} fiɛ^{33}
1777	摇晃	rock, sway	ယမ်းယိုင်	jeĩ^{55}jaĩ^{22}	ji^{55}jũ^{32}	ji^{44} fiɛ^{11}	jaĩ^{33}
1778	摇（~头）	shake (one's head)	(ခေါင်း)ခါ	kha^{22}	kha^{32}	kha^{11}	kha^{33}
1779	舀（~水）	scoop up (water), ladle out	(ရေ)ခပ်	khaʔ^{44}	khɒ^{53ʔ}	kha^{42}	kha^{32ʔ}
1780	要	want, need	လိုချင်သည်	lo^{22}dʑĩ^{22} dði^{22}	lɯ^{32}khrẽ^{32}tɛ^{32}	lo^{11}ɕĩ^{11}fiɛ^{11}	lo^{33}dʑĩ^{33}fiɛ^{33}
1781	引（~路）	lead the way	(လမ်း)ပြ	pja^{53}	pjɒ^{42}	pja^{42}	pja^{32}
1782	依靠	rely / lean on	အားကို	a^{55}ko^{55}	ɒ^{55}kɯ^{55}	a^{44}ko^{44}	a^{53}ko^{53}
1783	溢（~出来）	overflow, spill	လျှံ	çã^{22}	tɕhã^{32}/ljõ^{32}	çã^{11}	çã^{33}

附录　缅甸语方言词汇表　425

（续表）

序号	汉义	英文	မြန်မာစာ 缅甸文	ရန်ကုန် 标准话 仰光音	တောင်ရိုး 东友 方言音	ထားဝယ် 土瓦 方言音	မြိတ် 丹老 方言音
1784	隐瞒	withhold the facts, conceal	လိမ်ဝှက်ကွယ် ထောက် ထားခြင်း	leĩ^{22}hwɛʔ^{44} kwɛ^{22}thau^{44} tha^{55}dʑĩ^{55}	ti^{32}wa^{53} kwa^{32}thø$^{53?}$ thɔ^{55}khrẽ^{55}	ɕo^{11}fiɑ^{44} fiɛ^{11}	leĩ^{33}wɪ$^{32?}$ kwɛ^{33} thau$^{32?}$ ha^{53}fiɛ^{33}
1785	赢	win	နိုင်	nãĩ^{22}	nũ^{32}	nãĩ^{11}	nãĩ^{33}
1786	迎接	bid sb welcome, greet	ကြိုဆို	tɕo^{22}zo^{22}	krɯ^{32}sɯ^{32}	tɕo^{11}sho^{11}	tɕo^{33}
1787	拥抱	embrace, hug	ဖက်	phɛʔ^{44}	pha$^{53?}$	pha$^{42?}$	phɪ$^{32?}$
1788	有（～钱）	have (money)	(ပိုက်ဆံ)ရှိ သည်	paɪ^{44}shã^{22} ɕi^{53}dði^{22}	peɪ$^{53?}$shãĩ^{32} hi^{42}	ka$^{42?}$ɕi^{42} fiɛ^{11}	paɪ$^{32?}$shã^{33} ɕi^{32}
1789	有（～人）	there are (people)	(လူ)ရှိသည်	(lu^{22})ɕi^{53}dði^{22}	(lu^{32})hi^{42}te^{32}	(lu^{11})ɕi^{42} fiɛ^{11}	(lu^{33})ɕi^{32}
1790	有（山上～树）	there are (trees on the mountain)	(တောင်ပေါ်မှာ) သစ်ပင်)ရှိ သည်	(taũ^{22}bɔ^{22} hma^{22}tθɪ^{44} pĩ^{22})ɕi^{53} dði^{22}	(tõ^{32}pɔ^{32} mɔ^{32} shɪ$^{53?}$pẽ^{32}) hi^{42} te^{32}	(tõ^{11}tha$^{42?}$ hma^{11} tθɪ$^{42?}$pã^{11}) ɕi^{42}fiɛ^{11}	ɕi^{32}
1791	有（～眼睛）	have (eyes)	(မျက်စိ)ရှိ သည်	(mjɛʔ^{44}si^{53}) ɕi^{53}dði^{22}	(mja$^{53?}$si^{42}) hi^{42}	(mjɪ$^{42?}$si^{42}) ɕi^{42}fiɛ^{11}	(mjɪ$^{32?}$se^{32}) ɕi^{32}fiɛ^{33}
1792	有（碗里～水）	there is (water in the bowl)	(ပန်းကန် ထဲ့မှာရေ)ရှိ သည်	ɕi^{53}dði^{22}	hi^{42}	ɕi^{42}fiɛ^{11}	ɕi^{32}fiɛ^{33}
1793	遇见	meet, come across	တွေ့သည်	twe^{53}dði^{22}	twi^{42}dði^{32}	twi^{42}fiɛ^{11}	twe^{32}fiɛ^{33}
1794	约定	agree on, arrange	ချိန်းသည်	tɕheĩ^{55}dði^{22}	khreĩ^{55}	tɕhi^{44}fiɛ^{11}	tɕheĩ^{53}fiɛ^{33}
1795	越过	cross, pass	ကျော်၊ဖြတ် ကျော်	tɕɔ^{22}/phja^{44} tɕɔ^{22}	krɔ^{32}/phraɪ$^{53?}$ krɔ^{32}	tɕɔ^{11}/ phja$^{42?}$ tɕɔ^{11}	tɕɔ^{33}/ phja$^{32?}$
1796	晕（头～）	feel dizzy / giddy	(ခေါင်း)မူး	gaũ^{55}mu^{55}	khõ^{55}mu^{55}	khõ^{44} kaɪ$^{42?}$	khaũ^{53} mu^{53}
1797	允许	permit, allow	ခွင့်ပြု	khwĩ^{53}pju^{53}	khwẽ^{42}pru^{42}	khwã^{42} pju^{42}	khwĩ^{32} pju^{32}
1798	栽（～树）	to plant	(သစ်ပင်)စိုက်	saɪʔ^{44}	sɒu$^{53?}$	saɪ$^{42?}$	saɪ$^{32?}$
1799	增加	to increase / gain	တိုး	to^{55}	tɯ^{55}	to^{44}	to^{53}
1800	凿	to chisel, to bore	ဖောက်သည်၊ ထွင်းသည်	phau^{44}dði^{22}/ thwĩ^{55}dði^{22}	phø$^{53?}$/ thwẽ^{55}	phɔ$^{42?}$/ thwã^{44}	phau$^{32?}$/ thwã^{53}
1801	扎（刀～）	stick into, stab	(ဓား)နှင့် ထိုးသည်	tho^{55}dði^{22}	thɯ^{55}	tho^{44}	tho^{53}

(续表)

序号	汉义	英文	မြန်မာစာ 缅甸文	ရန်ကုန် 标准话 仰光音	တောင်ရှိ 东友 方言音	ထားဝယ် 土瓦 方言音	မြိတ် 丹老 方言音
1802	扎（~刺）	be pricked (on a thorn)	(ဆူး)စူးသည်	su^{55} $d\eth i^{22}$	$(shu^{55})su^{55}$	su^{44}	su^{53}
1803	眨（~眼）	blink, wink	(မျက်စေ့) ပေကလပေ ကလပ် လုပ်သည် မျက်တောင် ခတ်သည်	$(mj\varepsilon^{44}si^{53})$ $pe^{22}k\partial la^{44}$ $pe^{22}k\partial la^{2?}$ $lou^{44}d\eth i^{22}$ /$mj\varepsilon^{44}ta\tilde{u}^{22}$ $kha^{44}d\eth i^{22}$	$(mja^{53?}si^{42})$ $pe^{32}k\partial lai^{53?}$ $pe^{32}k\partial$ $lai^{53?}lou^{5?}$ /$mja^{5?}$ $t\tilde{o}^{32}kha^{53?}t\varepsilon^{32}$	$(mji^{42?}si^{42})$ $pha^{42}la^{42?}$ $ta^{42?}pha^{42}$ $la^{42?}ta^{42?}$ $l\partial^{42?}\text{fi}\varepsilon^{11}$/ $mj\varepsilon^{42?}$ $t\tilde{o}^{11}kha^{42?}$ $\text{fi}\varepsilon^{11}$	$(mji^{32?}si^{32})$ $pe^{33}k\partial la^{32?}$ $pe^{33}k\partial$ $la^{32?}lou^{32?}$/ $mj\varepsilon^{32?}ta\tilde{u}^{33}$ $kha^{32?}$
1804	榨（~油）	extract (oil)	(ဆီ)ကြိတ် သည်	$(shi^{22})t\varepsilon\varepsilon\text{I}^{44}$ $d\eth i^{22}$	$(shi^{32})kri^{53?}$	(shi^{11}) $kli^{42}\text{fi}\varepsilon^{11}$	$(shi^{33})t\varepsilon\varepsilon\text{I}^{32?}$
1805	摘（~花）	pluck (flowers)	(ပန်း)ခွတ်ခူး	$shu^{2?44}khu^{55}$	khu^{55}	$shu^{42?}$	$shu^{32?}khu^{53}$/
1806	黏（~信）	stick down (an envelope)	(စာ)ကပ်	$ka^{2?44}$	$k\mathfrak{p}^{53?}$	$ka^{42?}$	$ka^{32?}$
1807	张（~嘴）	open (the mouth)	(ပါးစပ်)(	$(b\partial za^{2?44})ha^{53}$	$(p\partial s\mathfrak{p}^{53?})h\mathfrak{p}^{42}$	$(sa^{42?}p\partial^{42?})$ ha^{42}	$(b\partial za^{32?})$ ha^{32}
1808	长（~大）	grow up	ကြီးပြင်း	$t\varepsilon i^{55}pj\tilde{i}^{55}$	$kwi^{55}l\mathfrak{p}^{32}$	ki^{44}	$t\varepsilon i^{53}$
1809	涨（~水）	(water level) go up / rise	(ရေ)တက်လျှံ	$je^{22}t\varepsilon^{44}$/ $je^2\varsigma\tilde{a}^{22}$	$je^{32}ta^{53?}$/ $je^{32}t\varepsilon h\tilde{a}^{32}$/ $je^{32}khj\tilde{o}^{32}$	$je^{11}ta^{42?}$/ $je^{11}ki^{44}$	$je^{33}tI^{32?}$/ $je^{33}\varsigma\tilde{a}^{33}$
1810	胀（肚子~）	(the stomach) feel bloated	(ဗိုက်)ကယ်	$k\varepsilon^{22}$	ka^{32}	$k\varepsilon^{11}$/ ε^{11}	$k\varepsilon^{33}$
1811	着（~火）	catch (fire), be (on fire)	(မီး)တောက်စွဲ	$mi^{55}tau^{2?44}$/ $mi^{55}sw\varepsilon^{55}$	$mi^{55}t\theta^{53?}$/ $mi^{55}swa^{55}$	$mi^{44}t\mathfrak{p}^{42?}$/ $mi^{44}sw\varepsilon^{44}$	$mi^{53}tau^{32?}$/ $mi^{53}sw\varepsilon^{53}$
1812	着凉	catch cold	အအေးမိ	$\partial e^{55}mi^{53}$	$\mathfrak{p}^{42}e^{55}mi^{42}$	$e^{44}mi^{42}$/ $sh\tilde{o}^{44}bj\tilde{i}^{44}$ $t\theta a^{42?}\text{fi}\varepsilon^{11}$	$\partial e^{53}mi^{32}$
1813	召集	call together, convene	ခေါ်ဆောင်စု	$kh\mathfrak{o}^{22}shau^{22}$/ su^{53}	$kh\mathfrak{o}^{32}sh\tilde{o}^{32}$/ su^{42}	$kh\mathfrak{o}^{11}$ $sh\tilde{o}^{11}$/ su^{42}	$kh\mathfrak{o}^{33}$ $shau^{33}$/ su^{32}
1814	找到	have found / located	ရှာတွေ့	$\varsigma a^{22}twe^{53}$	$\varsigma a^{32}twi^{42}$/ $khr\mathfrak{p}^{32}twi^{42}$	$\varsigma a^{11}twi^{42}$	$\varsigma a^{33}twe^{32}$
1815	蜇（马蜂~）	(wasps) sting	(ပျား)တုပ်	$(pja^{55})tou^{2?44}$	$(pj\mathfrak{p}^{55})tui^{2?44}$	(pja^{44}) $kaI^{42?}$	(pja^{53}) $tou^{32?}$
1816	遮蔽	cover, hide from view	ဖုံးဖုံးကွယ်	$ph\tilde{o}\tilde{u}^{55}$/ $ph\tilde{o}\tilde{u}^{55}$ $kw\varepsilon^{22}$	$ph\tilde{o}\tilde{u}^{55}$/ $ph\tilde{o}\tilde{u}^{55}kwa^{32}$	$ph\tilde{o}^{44}$/ $kw\varepsilon^{11}$/ $phwa^{42?}$	$ph\tilde{o}\tilde{u}^{53}$/ $kw\varepsilon^{33}$

(续表)

序号	汉义	英文	မြန်မာစာ 缅甸文	ရန်ကုန် 标准话 仰光音	တောင်ငြို့ 东友 方言音	ထားဝယ် 土瓦 方言音	မြိတ် 丹老 方言音
1817	震动	shake, quake	တုန်	toũ^{22}	tuẽ^{32}	tu^{11}	toũ^{33}
1818	争夺	fight / vie for	လု	lu^{53}	lu^{42}	lu^{42}	lu^{32}
1819	蒸	steam	ပေါင်း	paũ^{55}	pɔ̃^{55}	pɔ̃^{44}	paũ^{53}
1820	织	weave, knit	ရက်	jɛʔ^{44}	ja^{53}ʔ	jɪ^{42}ʔ	je^{32}ʔ
1821	指	point at / to / out	ညွှန်	hɲũ^{22}	ɲuẽ^{32}	hɲũ^{11}/pja^{42}	hɲũ^{33}
1822	种（~麦子）	plant / raise (wheat)	(စပါး)စိုက်	(zə ba^{55})saɪ^{44}	(sə pʊ^{55})sʊu^{53}	(ba^{44})saɪ^{42}	(zə ba^{53})saɪ^{32}ʔ
1823	拄（~拐棍）	use or lean on (a walking stick)	(တောင်ဝှေး) ထောက်	(taũ^{22} hwe^{53}) thau^{44}	(tɔ̃^{32} we^{42}) thɔ^{53}ʔ	(tɔ̃^{11} u^{44}) thɔ^{42}ʔ	(taũ^{33} we^{32}) thau^{32}ʔ
1824	煮	cook, boil	ပြုတ်	pjouʔ^{44}	pruɪ^{53}ʔ	plu^{42}	pjou^{32}ʔ
1825	转弯	turn (a corner)	ကွေ့	kwe^{53}	kwe^{42}/kwi^{42}	kwe^{42}	kwe^{32}
1826	装（~进）	put into a container, pack	ထည်	thɛ^{53}	thɛ^{42}	thɛ^{42}	thɛ^{32}
1827	追	chase after	လိုက်	laɪʔ^{44}	lʊu^{53}ʔ	laɪ^{42}	laɪ^{32}ʔ
1828	准备	prepare, get ready, intend	ပြင်ဆင်	pjĩ^{22}shĩ^{22}	prẽ^{32}shẽ^{32}	pjĩ^{11}	pjĩ^{33}
1829	捉	catch, capture	ဖမ်း	phã^{55}	phɔ̃^{55}	phã^{44}	phã^{53}
1830	啄（鸡~米）	(chicken) peck at (rice)	(ကြက်ကဆန်ကို) ဆိတ်	sheɪʔ^{44}	shi^{53}ʔ	shi^{42}	sheɪ^{32}ʔ
1831	钻（~洞）	bore / drill (a hole)	(အပေါက်) ဖောက်	(ə pauʔ^{44}) phau^{44}	(ə pɔ^{53}ʔ) phɔ^{53}ʔ	(ə pɔ^{42}ʔ) phɔ^{42}ʔ	(ə pau^{32}ʔ) phau^{32}ʔ
1832	钻（用钻子~）	to drill	(လွန့်နှင့်)အ ပေါက် ဖောက်သည်	(lũ^{22}hɲĩ^{53}) ə pau^{44} phau^{44} dði^{22}	(luẽ^{32}na^{42}) ə pɔ^{53}ʔ phɔ^{53}ʔ	(lũ^{11}na^{42}) ə pɔ^{42}ʔ phɔ^{42}ʔ	(lũ^{33}hnɪ^{32}) ə pau^{32}ʔ phau^{32}ʔ
1833	醉	be drunk	(အရက်)မူး	ə jɛʔ^{44} mu^{55}	ə ja^{53}ʔ mu^{55}	jɪ^{42}ʔ mɔ^{44}	ə jɪ^{32}ʔ mu^{53}
1834	做	do, make	လုပ်	louʔ^{44}	lou^{53}ʔ	lɔ^{42}ʔ	lou^{32}ʔ
1835	做（~梦）	to dream	(အိမ်မက်)မက်	(eĩ^{55}mɛʔ^{44}) mɛʔ^{44}	(i^{32}ma^{53}ʔ) ma^{53}ʔ	(i^{42}ma^{42}) ma^{42}ʔ	(eĩ^{53}mɪ^{32}ʔ) mɪ^{32}ʔ
1836	做生意	do / be in business	အရောင်းအ ဝယ်လုပ်	ə jaũ^{55} ə we^{22} louʔ^{44}	ə jɔ̃^{55} ə lou^{53}ʔ	ə jɔ̃^{44}ə we^{11} lɔ^{42}ʔ	ə jaũ^{53} ə we^{33} lou^{32}ʔ

二、茵达方言、若开方言、约方言、德努方言、蓬方言

序号	汉义	英文	မြန်မာစာ 缅甸文	အင်းသား 茵达方言音	ရခိုင် 若开方言音	ယော 约方言音	ဓနု 德努方言音	ဖွန်း 蓬方言音
1	我	I	ငါ	ŋa³³	ŋa²²	ŋa¹¹	ŋa³³	ŋa⁴⁵⁴
2	你	you	နင်မင်း၊ ညည်း၊ ခင်ဗျား	nɛ̃³³	hnĩ²²/ ə jo⁴⁴	naŋ¹¹/ maŋ⁴⁴	nĩ³³/ mĩ⁵³/ khə mja⁵³	no²²
3	我们	we	ငါတို့	to³¹	ŋə jo⁴²	ŋa¹¹do⁴²	ŋa³³ do³²	
4	这	this	ဤ/ဒီ	sha³³/ shɛ³³/e⁵³	e²²/de²²	i¹¹/di¹¹	he³³	hain⁴⁵⁴/ haĩ⁴⁵⁴
5	那	that	ထိုု/ို	hɛ̃⁵³/ hɔ⁵³/ hoũ⁵³/ hã⁵³/ ha⁵³	tho²²/ ho²²	tho¹¹/ ho¹¹	ho⁵³	hũ⁴⁵⁴/ hu⁴⁵⁴
6	谁	who	မည်သူ၊ ဘယ်သူ၊ အဘယ်သူ၊ အကြင်သူ	pə shu³³/ phɛ³³ shu³³/ phə shu³³	za²² dðu²²	phɛ¹¹/ tθu¹¹/	bə dðu³³/ sə³³ dðu³³/ za³³ dðu³³/ ba³²za³³ dðu³³	
7	什么	what	ဘာ	sɛ³³ha³³ sə ha³³ pha³³ mjo⁵³	za²²	pha¹¹	ba³³/ha³³	pa⁴⁵⁴
8	不	not	မ	mə/pa³¹	mə	mə	mə/ɪ³³	
9	全部	all	အားလုံး	a³¹koũ³³ oũ⁵³	a⁴⁴loũ⁴⁴	a⁴⁴loũ⁴⁴	a³²koũ³³ woũ⁵³	
10	多	many	များ၊တို့	mja⁵³/ to⁵³	di²²	mja⁴⁴/ to⁴⁴	ə mja⁵³ i⁵³/ ə mja⁵³ ri⁵³	ɔŋ²²/ hεŋ²²/ pəŋ⁴⁵⁴
11	一	one	တစ်	tɪʔ⁴⁵	taiʔ³³	tɪʔ³³	te³²ʔ	
12	二	two	နှစ်	hnɛʔ⁴⁵	hnaɪʔ⁴⁴²	hnɪʔ³³	ne³³	haiʔ⁵² kɔŋ⁴⁵⁴
13	大	big	ကြီး	ki⁵³/ku⁵³	kri⁴⁴	tɕi⁴⁴	tɕi⁵³	tʃi²²/ tʃʰi²²
14	长	long	ရှည်	ɕe³³	hre²²	ɕe¹¹	she³³	ʃe²²
15	小	small	သေး	she⁵³/ŋe³³	ŋe²²/ ŋe²²	tθe⁴⁴	tθe⁵³	ʃi⁴⁵⁴saɪ²²

（续表）

序号	汉义	英文	မြန်မာစာ 缅甸文	အင်း:သား: 茵达 方言音	ရခိုင် 若开 方言音	ယော 约 方言音	ဓနု 德努 方言音	ဖုန် 蓬 方言音
16	女人	woman	မိန်းမ အမျိုးသမီး:	meĩ^{53}ma^{31}/ ə mjo^{53} shə mi^{53}	ma^{42}ma^{42}	meĩ^{44}ma^{42}/ ə mjo^{44} dðə mi^{44}	maĩ^{53}ma^{32}/ mĩ^{32} dðə ŋe^{33}	tə mi^{22} sa^{22}/ hmi^{22}sa^{22}
17	男人	man	ယောက်ျား:	jɔʔ^{45}tɕa^{53}	jau^{42}ʔtɕa^{44}	jau^{233}tɕa^{44}	jɔ^{32}ʔtɕa^{53}	ə lo^{22}
18	人	person	လူ	lu^{33}	lu^{22}	lu^{11}	lu^{33}	
19	鱼	fish	ငါး:	ŋa^{53}	ŋa^{44}	ŋa^{44}	ŋa^{53}	tə ŋa^{454}
20	鸟	bird	ငှက်	hŋɛʔ^{45} hɛʔ^{45}	hŋɛ^{42}ʔ/ hŋa^{42}	ŋa^{233}	ŋe^{32}ʔ	ŋu^{51} sa^{454}/ ŋu^{51}sa^{22}
21	狗	dog	ခွေး	khwe^{53}	khwi^{44}	khwe^{44}	khwe^{53}	
22	虱子	louse	သန်း:	tθã^{53}	tθɛ̃^{44}	tθan^{44}	tθã^{53}	ʃeiŋ^{454}
23	树	tree	သစ်ပင်	shɪʔ^{45}pɛ̃^{33}	tθaɪʔ^{42} pĩ^{22}/ tθaɪʔ^{42} pɔ̃^{22}	taʔ^{33} paŋ^{11}	te^{32}ʔ pĩ^{33}	
24	种子	seed	မျိုး:စေ့	mjo^{53} se^{31}/ ə se^{31}	mjo^{44}zi^{42}	mjo^{44}se^{42}	mjo^{53}ze^{32}	
25	叶子	leaf	အရွက်	ə jwɛʔ^{45}/ ə wɛʔ^{45}	ə jwɛ^{42}ʔ/ ə rwɔ^{42}	ə jwa^{233}	ə jwɛ^{32}ʔ	
26	根	root	အမြစ်	ə mjɪʔ^{45}	ə mjaɪʔ^{42}	ə mjɪʔ^{33}	ə mje^{32}ʔ	
27	树皮	bark	သစ်ခေါက်	shɪʔ^{45} khɔʔ^{45}	tθaɪʔ^{42} khau^{42}ʔ	tθɪʔ^{33} khau^{33}ʔ	tθe^{32}ʔ khɔ^{32}ʔ	
28	皮肤	skin	အသား:ရေ အရေပြား:	ə sha^{53} re^{33}/ ə re^{33} ə le^{33} khũ^{33} ə je^{33} khũ^{33}	ə tθa^{44} ri^{22}/ ə ri^{22}bja^{44}	ə tθa^{44} je^{11}/ ə je^{11} pja^{44}	ə dðə je^{33}/ ə je^{33} pja^{53}	
29	肉	flesh	အသား:	ə sha^{53}	ə tθa^{44}	ə tθa^{44}	ə tθa^{53}	
30	血	blood	သွေး:	shwe^{53}	tθwi^{44}	tθwe^{44}	tθwe^{53}	
31	骨头	bone	အရိုး	ə jo^{53}	ə jo^{44}/ ə ro^{44}	ə jo^{44}	ə jo^{53}	
32	脂肪	grease	အဆီ	ə shi^{33}	ə shi^{22}	ə shi^{11}	ə shi^{33}	
33	鸡蛋	egg	ကြက်ဥ	tɕɛʔ^{45}u^{31}	tɕɛ^{42}ʔu^{42}/ kra^{42}u^{42}	tɕaʔ^{4}u^{42}	tɕɛ^{32}ʔu^{32}	u^{51}

(续表)

序号	汉义	英文	မြန်မာစာ 缅甸文	အင်းသား 茵达 方言音	ရခိုင် 若开 方言音	ယော 约 方言音	ဓနု 德努 方言音	ဖုန်း 蓬 方言音
34	角	horn	ချို	ço^{33}	dzo^{22}	dzo^{11}	tɕho^{33}	khau^{52}ʔ hwaĩ^{454}
35	尾巴	tail	အမြီး	ə mi^{53}/ ə hmi^{53}	ə hmji^{44}/ ə mre^{44}	ə mji^{44}	ə mji^{53}	
36	羽毛	feather	အမွေး	ə mwe^{53}	ə mwi^{44}	ə mwe^{44}	ə mwe^{53}	
37	头发	hair	ဆံပင်	shə bẽ^{33} khɔ̃^{53} mwe^{53}	zə bĭ^{22}/ shẽ^{22} pɔ̃^{22}	shã^{11} paŋ^{11}	shã^{33} bĭ^{33}	ə shɛ^{22}
38	头	head	ခေါင်း	khɔ̃^{53}	gaũ^{44}	khaũ^{44}	khɔ̃^{53}	op (ဖုန်း/ရှမ်း)/ ə pɔŋ^{454}/ fio^{454}
39	耳朵	ear	နားရွက်	na^{53} wɛʔ^{45}	nə jwɛ^{42}ʔ/ nə rwɔ^{42}ʔ	nə jwa^{23}	nə jwɛ^{32}ʔ	
40	眼睛	eye	မျက်စိ	mjɛʔ^{45}si^{31}	mja^{44}si^{42}	mja^{23}se^{42}	mjɛ^{32}ʔ se^{32}	jo^{51}ʃi^{22}/ joʔ^{52} shi^{454}
41	鼻子	nose	နှာခေါင်း	hnə khɔ̃^{53}/ hnɔ̃^{33}	hnə khaũ^{44}	hna^{11} khaũ^{44}	nə khɔ̃^{53} ṇɔ̃^{32}	nək kwã^{22}/ naʔ kwaŋ^{454}
42	嘴	mouth	ပါးစပ်	pə saʔ^{45}	bə zaʔ^{42}ʔ/ bə zɛ^{42}ʔ	pə saʔ^{3}	pə z aʔ^{32}ʔ	pə sə^{454}
43	牙齿	tooth	သွား	shwa^{53}	tθwa^{44}	tθwa^{44}	tθwa^{53}	
44	舌头	tongue	လျှာ	ça^{33}	ça^{22}	ça^{11}	sha^{33}	ə sja^{22}
45	爪子	claw	ခြေသည်းပါ သည်းတိရစ္ဆာန် တို့၏ခြေလက်	khe^{33}	khre^{22} tθɛ^{44} pa^{22}tθi^{42} tə rei^{42}ʔ shẽ^{22} do^{42}i^{42} khri^{22}la^{42}	tɕhe^{11} tθɛ^{44} pa^{11} tθi^{42} tə rei^{23} shã^{11} do^{42}i^{42} tɕe^{11}lɛʔ^{3}	tɕhe^{33} tθɛ^{53} pa^{33} dði^{32} təreɪ^{32}ʔ shã^{33} do^{32}i^{32} tɕe^{33}lɛ^{32}ʔ	
46	脚	foot	ခြေထောက်	khe^{33}dɔ^{45}	khri^{22} dau^{42}ʔ	tɕhe^{11} thauʔ^{3}	tɕhi^{33} thɔ^{32}ʔ	lo^{51} khji^{22}/ lo^{51} khi^{22}/ ʃi^{454} taʔ^{52}
47	膝	knee	ဒူး	du^{53}/tu^{53}	du^{44}	du^{44}	thu^{53}	
48	手	hand	လက်	lɛʔ^{45}	la^{42}	lak^{42}ʔ	laʔ^{32}ʔ	ə lo^{22}/ ə lo^{51}

（续表）

序号	汉义	英文	မြန်မာစာ 缅甸文	အင်း:သား: 茵达方言音	ရခိုင် 若开方言音	ယော 约方言音	ဓနု 德努方言音	ဖွန် 蓬方言音
49	肚子	belly	ဗိုက်	phaıʔ⁴⁵	wɛ̃⁴⁴	paıʔ³³	beɪʔ⁵	pak ma⁴⁵⁴
50	脖子	neck	လည်ပင်း	le³³bɛ̃⁵³	le²²bĩ⁴⁴/ laĩ²²bɔ̃⁴⁴	lɛ¹¹paŋ⁴⁴	le³³pĩ⁵³	
51	乳房	breast	နို့အုံ	no³¹oũ³³	no⁴²oũ²²	no⁴²oũ¹¹	no³²oũ³³	
52	心脏	heart	နှလုံး	hnə loũ⁵³	hnə loũ⁴⁴	nə loũ⁴⁴	tə loũ⁵³	
53	肝	liver	အသည်း	ə shɛ⁵³/ shɛ⁵³ khe³³/ seĩ⁵³ khe³³	ə tθɛ⁴⁴/ ə tθe⁴⁴	ə tθɛ⁴⁴	ə tθɛ⁵³	
54	喝	drink	သောက်	shɔʔ⁴⁵	tθau⁴²ʔ	tθau³³	tθɔ³²ʔ	shau⁵²ʔ/ shauk/ shou⁵²ʔ/ sok
55	吃	eat	စား:	sa⁵³	sa⁴⁴	sa⁴⁴	sa⁵³	shɔ²²/ sha²²
56	咬	bite	ကိုက်	kaıʔ⁴⁵	kaı⁴⁴	kaı³³	keı³²ʔ	kho⁵¹
57	看见	see	မြင်	mjɛ̃³³	mjĩ²²/ mrɔ̃²²	mjaŋ¹¹	mjɔ³³/ mjĩ³³	mjo²² mjoŋ²²
58	听见	hear	ကြား:	tɕa⁵³	tɕa⁴⁴/ kra⁴⁴	tɕa⁴⁴	tɕa⁵³	tʃha²²
59	知道	know	သိ	shi³¹	tθi⁴²	tθi⁴²	tθi³²	shji⁵⁵/ ʃi⁵¹
60	睡	sleep	အိပ်	aıʔ⁴⁵	eı⁴²ʔ	eı³³	aı³²ʔ	
61	死	die	သေ	she³³	tθi²²	tθe¹¹	tθe³³	ʃi⁴⁵⁴
62	杀	kill	သတ်	shaʔ⁴⁵	tθa⁴²ʔ/ tθɛ⁴²ʔ	tθaʔ³³	tθa³²ʔ	
63	游水	swim	ရေကူး	je³³ku⁵³	ri²²ku⁴⁴	je¹¹ku⁴⁴/ je¹¹phɔ⁴⁴	je³³ku⁵³	tʃhi⁴⁵⁴ ku²²
64	飞	fly	ပျံ	plã³³/ prã³³	pjɛ̃²²	pjɛ̃¹¹	pjã³³/ wɛ⁵³	
65	走	walk	လျှောက်	tɕ³³/ ɕɔʔ⁴⁵	ɕau⁴²ʔ/ tɕhauʔ⁴	ɕauʔ³³	shau³²ʔ	lã²²
66	来	come	လာ	la³³	la²²	la¹¹	la³³	la²²/ ɔ⁵²/lə⁴⁵⁴/ wok wo⁵¹
67	躺	lie	လဲ	lɛ̃⁵³/ hlɛ̃⁵³	le⁴⁴	le⁴⁴	lɛ⁵³	

(续表)

序号	汉义	英文	မြန်မာစာ 缅甸文	အင်း:သာ: 茵达 方言音	ရ ခိုင် 若开 方言音	ယော 约 方言音	ဓ နု 德努 方言音	ဖုန်: 蓬 方言音
68	坐	sit	ထိုင်	thaĩ^{33}	thaĩ^{22}	thaĩ^{11}	thẽĩ^{33}	thaĩ^{22} thəŋ^{454}/ thɔŋ^{22}
69	站	stand	ရပ်	jaʔ^{45}/ jɪʔ^{45}	ja^{42}ʔ/ rɛ^{42}ʔ	jaʔ^{33}	jaʔ^{32}ʔ	
70	给	give	ပေ:	pe^{53}	pi^{44}	pe^{44}	pe^{53}	pi^{22}
71	说	say	ဆို/ပြော	sho^{33}/ pjɔ^{53}	sho^{22}/ pjɔ^{44}	sho^{11}/ pjɔ^{44}	sho^{33}/ pjɔ^{53}	pjɔ^{22}/ tho^{522}/ tho^{51}
72	太阳	sun	နေ	ne^{33}	ni^{22}	ne^{11}	ne^{33}	aĩ^{22}jo^{51}
73	月亮	moon	လ	la^{31}	la^{42}	la^{42}	la^{32}	
74	星星	star	ကြယ်	tɕɛ^{33}	tɕɛ^{22}/kre^{22}	tɕɛ^{11}	tɕɛ^{33}	
75	水	water	ရေ	je^{33}	ri^{22}	je^{11}	je^{33}	tʃhi^{55}
76	雨	rain	မိုး	mo^{53}	mo^{44}	mo^{44}	mo^{53}	tə mu^{22}
77	石头	stone	ကျောက်	tɕɔʔ^{45}	tɕau^{42}ʔ	tɕau^{33}ʔ	tɕɔ^{32}ʔ	lok
78	沙子	sand	သဲ	shə lɛ^{53}	tθe^{44}	tθɛ^{44}	tθɛ^{53}	
79	土地	earth	မြေ	mje^{33}/ mle^{33}	mri^{22}	mje^{11}	mje^{33}	tə mje^{22}
80	云	cloud	တိမ်	teĩ^{33}	teĩ^{22}	teĩ^{11}	taĩ^{33}	tʃhi^{22}
81	烟	smoke	အိုး:မီး:ခိုး	ə kho^{53}/ mi^{53}kho^{53}	ə kho^{44}/ mi^{44}kho^{44}	ə kho^{44}/	ə kho^{53}/ mi^{53}kho^{53}	
82	火	fire	မီး	mi^{53}	mi^{44}/ meĩ^{44}	mi^{44}	mi^{53}	tə mi^{22}/ tə mi^{454}
83	灰	ash	ပြာ/ဖုံ	pja^{33}/ phoũ^{33}	pja^{22}/ phoũ^{22}/ pra^{22}	pja^{11}/ phoũ^{11}	pja^{33}/ phoũ^{33}	
84	烧	burn	လောင်/ရှို့	lɔ^{33}/ taɪʔ^{45}	hlaũ^{22}/ ɕo^{42}	laũ^{11}/ ɕo^{42}	lɔ^{33}/ sho^{32}	lɔŋ^{22}
85	路	path	လမ်:	lã^{53}	lɛ̃^{44}	lɛ̃^{44}	lã^{53}	khə ji^{55}/ khə ji^{454}
86	山	mountain	တောင်	tɔ̃^{33}	taũ^{22}	taũ^{11}	tɔ̃^{33}	kə tɔ̃^{22}
87	红	red	နီ	ni^{33}	ni^{22}/nẽĩ^{22}	ni^{11}	ni^{33}	gə ne^{22}
88	绿	green	စိမ်	seĩ^{53}	seĩ^{44}	seĩ^{44}	seĩ^{53}	ɔn^{22} tʃho^{22}
89	黄	yellow	ဝါ	wa^{33}	wa^{22}	wa^{11}	wa^{33}	
90	白	white	ဖြူ	phlu^{33}/ phru^{33}	phru^{22}	phju^{11}/ phwe^{44}	phju^{33}	

（续表）

序号	汉义	英文	မြန်မာစာ 缅甸文	အင်းသား 茵达方言音	ရခိုင် 若开方言音	ယော 约方言音	ဓနု 德努方言音	ဖွန်း 蓬方言音
91	黑	black	မဲနက်	mɛ⁵³/mɛ⁵³/nɛʔ⁴⁵	mɛ⁴⁴/mɛ⁴⁴/nɛ⁴²ʔ/na⁴²	mɛ⁴⁴/nak⁴²	mɛ⁵³/nɛ³²ʔ	kə no⁵²ʔ
92	晚上	night	ည	ɲa³¹	ɲa⁴²/ɲaĩ⁴²	ɲa⁴²	ɲa³²	
93	热	hot	ပူ	pu³³	pu²²	pu¹¹	pu³³	pu²²/pu⁴⁵⁴
94	冷	cold	အေး	e⁵³/sɪʔ⁴⁵/tɕhã⁵³/tɕhĩ⁵³	e⁴⁴	e⁴⁴	e⁵³	
95	满	full	ပြည်	ple³¹/pre³¹	pre⁴²	pje⁴²	pje³²	pjaĩ²²
96	新	new	သစ်	shɪʔ⁴⁵	tθaɪʔ⁴⁴	tθɪ³	tθɪ³²ʔ	
97	好	good	ကောင်း	kɔ̃⁵³	kaũ⁴⁴	kaũ⁴⁴	kɔ̃⁵³	kwaŋ²²/sha⁴⁵⁴
98	圆	round	ဝိုင်း	weĩ⁵³	waĩ⁴⁴	waĩ⁴⁴	weĩ⁵³	
99	干	dry	ခြောက်	tɕhɔʔ⁴⁵	khrauʔ⁴⁴	tɕhauʔ³	tɕhɔ³²ʔ	ə khɔk/khou⁵²ʔ
100	名字	name	နာမည်	na³³mɛ³³	na²²mɛ²²	na¹¹mɛ¹¹	na³³mɛ³³	
101	和	and	နှင့်	na³¹	nɛ⁴²	hnaŋ⁴²	hnĩ³²	
102	动物	animal	တိရစ္ဆာန်	tə raɪʔ⁴⁵ shã³³/tə laɪʔ⁴⁵ shã³³/kə raɪʔ⁴⁵ shã³³/kə laɪʔ⁴⁵ shã³³	tə reɪʔ⁴⁴ shẽ²²	tə reɪʔ³³ shẽ¹¹	tə reɪ³²ʔ shã³³	
103	背	back	ကျော	tɕɔ⁵³	nauʔ⁴⁴/koũ⁴⁴	tɕɔ⁴⁴	tɕɔ⁵³	ə nɔŋ⁵⁵
104	坏	bad	ဆိုးပျက်	sho⁵³/pjɛʔ⁴⁵	sho⁴⁴/pja⁴²	sho⁴⁴/pjak⁴²ʔ	sho⁵³/pjɛ³²ʔ	
105	因为	because	ကြောင့်	tɕɔ̃³¹	ə twa⁴²nɛ⁴²	tɕaũ⁴²	tɕɔ̃³²	
106	吹	blow	မှုတ်	hmauʔ⁴⁵	hmouʔ⁴²	mouʔ³³	mouʔ⁴²ʔ	ɸu⁵²ʔ
107	呼吸	breathe	အသက်ရှူ	ə shɛʔ⁴⁵ɕu³³	ə tθa⁴²ɕu²²	ə tθak⁴²ʔɕu¹¹	ə tθɛ³²ʔshu³³	
108	孩子	child	ကလေး	lu³³khə nɛ³³/lu³³shə ŋɛ³³	ə ɕe²²	gə le⁴⁴	gə le⁵³	ə sa²²/ə sə⁴⁵⁴/kə ɲi⁴⁵⁴

(续表)

序号	汉义	英文	မြန်မာစာ 缅甸文	အင်းသား 茵达 方言音	ရခိုင် 若开 方言音	ယော 约 方言音	ဓနု 德努 方言音	ဖွန်း 蓬 方言音
109	数	count	တွက်၊ရေတွက်	twɛʔ⁴⁵/ je³³twɛʔ⁴⁵	twɔ⁴²/ ri²²	twak⁴²ʔ/ je¹¹ twak⁴²ʔ	twɛ³²ʔ/ je³³twɛʔ⁴⁴	
110	砍	cut	ခုတ်	khouʔ⁴⁵	khou⁴²ʔ	khouʔ³³	khou³²ʔ	
111	天	day	မိုး	mo⁵³	mo⁴⁴	mo⁴⁴	mo⁵³	
112	挖	dig	တူး	tu⁵³	tu⁴⁴	tu⁴⁴	tu⁵³	
113	脏	dirty	ညစ်	ɲaʔ⁴⁵paʔ⁴⁵/ ũ³¹ĩ³¹/ wɛ³³wa³³	ɲaɪ⁴⁴	ɲak⁴²ʔ	ɲa³²ʔ	
114	呆，笨	dull	အချ	a³¹/na³¹ thuʔ⁴⁵/ thɪʔ⁴⁵/ thu³³/ tha³³/ thoũ³³	a⁴²/na⁴²	a⁴²/na⁴²	a³²/nɑ³²	
115	尘土	dust	ဖုံ	phoũ³³/ phouʔ⁴⁵	phoũ²²	phoũ¹¹	phoũ³³	
116	掉	fall	ကျ	kla³¹/ kra³¹	tɕa⁴²	tɕa⁴²	tɕa³²	
117	远	far	ဝေး	we⁵³	wi⁴⁴	we⁴⁴	we⁵³	
118	父亲	father	အဖေ	tɔ³¹ pha³¹	ə pha⁴²/ pa²²pa²²	ə phe¹¹	ə ba³²/ to³²pha³²	ə pha²²
119	怕	fear	ကြောက်	tɕɔʔ⁴⁵	krauʔ⁴⁴	tɕauʔ³	tɕɔ³²ʔ	
120	少	few	နည်း	nɛ⁵³	hnɛ⁴⁴	nɛ⁴⁴	nɛ⁵³	
121	打架	fight	ရန်ဖြစ်	jɛ̃³³ phjɪʔ⁴⁵/ jɛ̃³³ twɛʔ⁴⁵/ jã³³ phjɪʔ⁴⁵	jɛ̃²² phjaɪʔ⁴⁴	jɛ̃¹¹ phjak⁴²ʔ	jã³³ phjɪ³²ʔ/ loũ⁵³	
122	五	five	ငါး	ŋa⁵³	ŋa⁴⁴	ŋa⁴⁴	ŋa⁵³	kɔŋ²² jɔŋ²²
123	漂浮	float	မျော	hmjɔ⁵³	mjɔ⁴⁴	mjɔ⁴⁴	mjɔ⁵³	
124	流	flow	စီး	si⁵³	si⁴⁴	si⁴⁴	si⁵³	
125	花	flower	ပန်း	pã⁵³	pɛ̃⁴⁴	pɛ̃⁴⁴	pã⁵³	tə pɛ²²
126	雾	fog	မြူနှင်း	mju³³ hnɛ̃⁵³	mru²² hnɔ̃⁴⁴	mju¹¹ naŋ²²	mju³³/ hnĩ³³	tʃhi⁴⁵⁴ hlo⁴⁵⁴
127	四	four	လေး	le⁵³/li⁵³	li⁴⁴	le⁴⁴	le⁵³	ɲi²² kɔŋ⁴⁵⁴

附录 缅甸语方言词汇表

（续表）

序号	汉义	英文	缅甸文	茵达方言音	若开方言音	约方言音	德努方言音	蓬方言音
128	结冰	freeze	ရေခဲသည်	$je^{33}khɛ^{53}shɛ^{33}$	$ji^{22}khɛ^{44}$	$je^{11}khɛ^{44}$	$je^{33}khɛ^{53}$	
129	水果	fruit	သစ်သီး	$shɪʔ^{45}shi^{53}$	$tθaɪʔ^{44}tθi^{44}$	$tθɪʔ^{3}tθi^{44}$	$ə\ tθi^{53}$	
130	草	grass	မြက်	$mjɛʔ^{45}$	mja^{42}	$mjak^{42ʔ}$	$mjɛ^{32ʔ}$	$jəm^{454}$
131	肠	guts	ဘူ	u^{33}	u^{22}	u^{11}	u^{33}	
132	他	he	သူ	shu^{33}	$tθu^{22}$	$tθu^{11}$	$tθu^{33}$	no^{55}/no^{22}
133	这里	here	ဒီမှာ	$e^{53}\ ma^{33}/shɛ^{33}\ ma^{33}/shə\ ma^{33}$	$de^{22}hma^{22}/e^{22}\ hma^{22}$	$di^{11}hma^{11}$	$he^{33}ma^{33}$	
134	打	hit	နက်	$hnɛʔ^{45}/thu^{31}$	hna^{42}	$nak^{42ʔ}$	$nɛ^{32ʔ}$	to^{51}
135	拿	hold, take	ယူ	ju^{33}	ju^{22}	ju^{11}	ju^{33}	$tɛ^{51}juŋ^{454}/ju^{454}/ju^{51}/jɔk$
136	怎么	how	ဘယ်လို	$shə\ ha^{33}/phə\ lɛ^{53}/phɛ^{33}kə\ lɛ^{53}$	$za^{22}paɪ^{22}$	$phɛ^{11}lo^{11}$	$bɛ^{33}lo^{33}/zə\ lo^{33}$	
137	打猎	hunt	အမဲလိုက်	$tɔ^{53}\ laɪʔ^{45}$	$ə\ mɛ^{44}laɪ^{44}$	$ə\ mɛ^{44}laɪ^{3}$	$tɔ^{53}lɛ^{33}$	
138	丈夫	husband	လင်	$lɛ̃^{33}$	$lĩ^{22}/lɔ̃^{44}$	$laŋ^{11}$	$jɔ^{32ʔ}tɕa^{53}$	$thə\ mo^{22}$
139	冰	ice	ရေခဲ	$je^{33}khɛ^{53}$	$ji^{22}khɛ^{44}$	$je^{11}gɛ^{44}$	$je^{33}khɛ^{53}$	
140	如果	if	လျှင်	$lɛ̃^{33}$	ke^{22}	$j\ aŋ^{11}$	$j\ ĩ^{33}$	
141	在	in	မှာ--ရှိ	$ma^{33}\ ɕi^{31}$	$hma^{44}\ ɕi^{42}$	$ma^{44}\ ɕi^{42}$	$ma^{53}\ shi^{32}$	
142	湖	lake	ကန်အင်း	$kã^{33}/ɛ̃^{44}$	$kɛ̃^{22}/ɔ̃^{44}$	$kɛ̃^{11}/aŋ^{44}$	$je^{33}kã^{33}/ĩ^{53}$	$nɔŋ^{22}$
143	笑	laugh	ရယ်	ji^{33}/je^{33}	je^{22}	je^{11}	$jɛ^{33}$	ji^{454}
144	左边	leftside	ဘယ်ဖဲ	$bɛ^{33}/wɛ^{53}$	be^{22}/we^{44}	$phɛ^{11}/wɛ^{44}$	$bɛ^{33}/wɛ^{53}$	$tə^{52ʔ}$
145	腿	leg	ပေါင်	$põ^{33}$	$paũ^{22}$	$paũ^{11}$	$põ^{33}$	
146	活的	live (alive)	အရှင်	$ə\ ɕɛ̃^{33}$	$ə\ tɕhĩ^{22}/ə\ ɕɔ̃^{44}$	$ə\ ɕaŋ^{11}$	$shĩ^{33}$	
147	母亲	mother	အမေ	$tɔ^{31}mɛ^{31}/tɔ^{31}mwe^{31}$	$ə\ mi^{42}$	$ə\ me^{11}$	$ə\ mwe^{32}/tɔ^{32}mwe^{32}$	$ə\ ji^{22}$
148	窄	narrow	ကျဉ်း	$tɕĩ^{53}$	$tɕĩ^{44}/tɕaĩ^{44}$	$tɕaŋ^{44}$	$tɕĩ^{53}$	

(续表)

序号	汉义	英文	缅甸文	茵达方言音	若开方言音	约方言音	德努方言音	蓬方言音
149	近	near	နီး	ni^{53}	ni^{44}/nẽi^{44}/pa^{44}	ni^{44}	ni^{53}	niŋ^{55}/ñi^{22}
150	老的	old	အို	o^{33}	o^{22}	o^{11}	o^{33}	
151	玩	play	ကစား	kə sa^{53}/sho^{53}	gə zɛ^{42ʔ}	kə sa^{44}	kɑ^{32}	gə zəŋ^{454}/gə za^{22}/gə zam^{454}
152	拉	pull	ဆွဲ	shwɛ^{53}	shwɛ^{44}	shwɛ^{44}	shwɛ^{53}	swɛ^{454}
153	推	push	တွန်း	tũ^{53}	twẽ^{44}	twã^{44}	tũ^{53}	sai^{454}
154	右边	rightside	ယာညာ	ja^{33}/hɲa^{33}	ja^{22}/ɲa^{22}	ja^{11}/ɲa^{11}	ɲɑ^{33}	
155	对	correct	မှန်	hmã^{33}	hmã^{22}	mẽ^{11}	mã^{33}	
156	江	river	မြစ်	mjɪ^{45}	mjai^{42ʔ}	mjɪ^{3}	mje^{32ʔ}	
157	绳子	rope	ကြိုး	tɕo^{53}	kro^{44}	tɕo^{44}	tɕo^{53}	
158	腐烂	rotten	ပုပ်	po^{45}	pou^{42ʔ}	pou^{33}	pou^{32ʔ}	
159	擦	rub	တိုက်ပွတ်	tai^{45}/puʔ^{45}	tai^{42ʔ}/pwɛ^{42ʔ}	tai^{33}/pwa^{33}	tei^{32ʔ}/pu^{32ʔ}	
160	盐	salt	ဆား	sha^{53}	sha^{44}	sha^{44}	sha^{53}	shəŋ^{454}/shə^{454}
161	抓	scratch	ဖမ်း	phã^{53}	phẽ^{44}	phẽ^{44}	phã^{53}	
162	海	sea	ပင်လယ်	pẽ^{33}lɛ^{33}	pɔ^{22}lɛ^{22}	paŋ^{11}lɛ^{11}	pɪ^{33}lɛ^{33}	
163	缝	sew	ချုပ်	tɕhouʔ^{45}	tɕhouʔ^{44}	tɕhouʔ^{33}	tɕhou^{32ʔ}	
164	尖	sharp	ချွန်	tɕhũ^{53}	tɕhũ^{22}/tɕhwẽ^{22}	tɕhwã^{11}	tɕhũ^{33}	
165	短	short	တို	to^{33}	to^{22}	to^{11}	to^{33}	
166	唱	sing	ဆို	sho^{33}	sho^{22}	sho^{11}	sho^{33}	hu^{454}
167	天空	sky	ကောင်းကင်	kɔ̃^{53}kẽ^{33}/mo^{53}kɛ^{53}/sha^{53}/mo^{53}khɛ^{53}/sha^{53}	kaũ^{44}kɔ̃^{22}/a^{22}ka^{22}	kaũ^{44}kaŋ^{11}	kɔ̃^{53}kĩ^{33}	
168	闻	smell	နမ်း	nã^{53}/hmwe^{53}	nẽ^{44}	nẽ^{44}	nã^{53}	
169	平	smooth	ပြ	pjã^{31}/tɕho^{53}/ɲi^{33}	prẽ^{42}	pjẽ^{42}	pjã^{32}	

（续表）

序号	汉义	英文	缅甸文	茵达方言音	若开方言音	约方言音	德努方言音	蓬方言音
170	蛇	snake	မြွေ	hmwe^{33}	mwi^{22}	mwe^{11}	mwe^{33}	
171	雪	snow	ဆီးနှင်း	shi^{53}hnɛ̃^{53}	shi^{44}hnɔ̃^{44}	shi^{44}naŋ^{44}	shi^{53}hnĩ^{53}	
172	吐	spit	အံ့ထွေး	ã^{33}/ thwe^{53}	ɛ̃^{22}/ thwi^{44}	ɛ̃^{11}/ thwe^{44}	ã^{33}/ thwe^{53}	
173	撕裂	split	ခြဲ	phle^{53}/ phrɛ^{53}	phre^{44}	phjɛ^{44}	phjɛ^{53}	
174	压	squeeze	ဖိ	phi^{31}/ hɲɪʔ^{45}	phi^{42}	phi^{42}	phi^{32}	
175	刺	stab	(ဆူး)စူး၊ထိုး	(shu^{53}) su^{53}/ tho^{53}	(shu^{44}) su^{44}/ tho^{44}	(shu^{44}) su^{44}/ tho^{44}	(shu^{53}) su^{53}/ tho^{53}	
176	棍子	stick	တုတ်	dauʔ^{45}	douʔ^{42}	douʔ^{33}	touʔ^{32}	
177	直	straight	ဖြောင့်	phjɔ̃^{31}	phraũ^{42}	phjaũ^{42}	phjaũ^{32}	
178	吮	suck	စုပ်	souʔ^{45}	souʔ^{44}	souʔ^{3}	souʔ^{32}	
179	肿	swell	ယောင်	jɔ̃^{33}	jaũ^{22}	jaũ^{11}	jɔ̃^{33}	
180	那里	there	ဟိုမှာ	bɛ^{33}ma^{33}/ phə ma^{33}	ho^{22}hma^{22}	hɔ^{44}	ho^{53} na^{53} ma^{33}	
181	他们	they	သူတို့	shu^{33}tɔ^{31}	tθu^{22}ro^{42}	tθu^{11}do^{42}	tθu^{33}to^{32}	
182	厚	thick	ထူ	thu^{33}	thu^{22}	thu^{11}	thu^{33}	
183	薄	thin	ပါး	pa^{53}	pa^{44}	pa^{44}	pa^{53}	
184	想	think	တွေး၊စဉ်းစား	twe^{53}/sɪ̃^{53} sa^{53}	twi^{44}/sɔ̃^{44} za^{44}	twe^{44}/ saŋ^{44}za^{44}	twe^{53}	
185	三	three	သုံး	shoũ^{53}	tθoũ^{44}	tθoũ^{44}	tθoũ^{53}	shaŋ^{22} kɔŋ^{454}
186	扔	throw	ပစ်၊လွှင့်၊ပစ်	pjɪʔ^{45}/ we^{53}/ hlwɛ̃^{31}	paɪʔ^{44}/ we^{44}	pɪ^{33}/ hlwaŋ^{42} pɪ^{33}	lɔ^{53}/ lɔ^{53} pɪ^{32}ʔ	
187	捆	tie	စည်း	sɛ^{53}	si^{44}/se^{44}	si^{44}	sɛ^{53}	
188	转	turn	လှည့်	hle^{31}/ le^{33}/e^{33}	hle^{42}	lɛ^{42}	hlɛ^{32}/ kwe^{32}	
189	呕吐	vomit	အံ	ã^{33}	ɛ̃^{22}	ɛ̃^{11}	ã^{33}	
190	洗	wash	ဆေး	she^{53}	shi^{44}	she^{44}	she^{53}	
191	湿	wet	စိုစွတ်	so^{33}	so^{22}/swɛʔ^{44}	so^{11}swa^{33}	so^{33}	
192	哪儿	where	ဘယ်မှာ	phɛ^{33}ma^{33}/ phə ma^{33}	za^{22}hma^{22}	phɛ^{11} ma^{11}	bə na^{53} hma^{33}/ sa^{33}na^{53} ma^{33}	

（续表）

序号	汉义	英文	မြန်မာစာ 缅甸文	အင်းသား 茵达方言音	ရခိုင် 若开方言音	ယော 约方言音	ဓနု 德努方言音	ဗုန်း 蓬方言音
193	宽	wide	ကျယ်	klɛ^{33}/krɛ^{33}	tɕɛ^{22}	tɕɛ^{11}	tɕɛ^{33}	
194	妻子	wife	မယား၊ဇနီး	mja^{53} eĩ^{53} mɑ^{31}/ meĩ^{53} mɑ^{31}	mə ja^{44}/ zə ni^{44}	mə ja^{44}/ zə ni^{44}	mãĩ^{53} mɑ^{32}	tə mi^{22} sa^{22}/ hmi^{22}sa^{22}
195	风	wind	လေ	le^{33}	li^{22}	le^{11}	le^{33}	kə li^{454}
196	翅膀	wing	တောင်ပံ	tɔ̃^{33} pã^{33}/ ə tɔ̃^{33}	taũ^{22} bɛ̃^{22}	taũ^{11} pɛ̃^{11}	tɔ̃^{33}pã^{33}	
197	重	heavy	လေး	le^{53}	li^{44}	le^{44}	le^{53}	
198	森林	woods	တော	tɔ^{53}	tɔ^{44}	tɔ^{44}	tɔ^{53}	aĩ^{22}ŋ kũ^{22}ŋ/ aĩ^{22}ŋ kɔ̃^{22}
199	虫	worm	ပိုး	po^{53}	po^{44}	po^{44}	po^{53}	
200	年	year	နှစ်	hnɪʔ^{45}	hnaɪ^{42ʔ}	hnɪ^{33}	hnɪ^{32ʔ}	
201	光	light	အလင်း	ə lɛ̃^{53}	ə lɔ̃^{44}	ə laŋ^{44}	ə lĩ^{53}	
202	天气	weather	ရာသီဥတု	ja^{33}shi^{33} u^{31} du^{31}/ ja^{33}si^{33} u^{31}du^{31}	ra^{22}dði^{22} u^{42}du^{42}	ja^{11}tθi^{11} u^{42}tu^{42}	ja^{33}tθi^{33} u^{32} tu^{32}	
203	雷	thunder	မိုးကြိုး	mo^{53}tɕo^{53}	mo^{44}kro^{44}	mo^{44}tɕo^{44}	mo^{53}tɕo^{53}	
204	虹	rainbow	သက်တံ	shɛʔ^{45} tã^{31}/ tɛʔ^{45} tã^{31}	tθa^{42} tẽ^{42}	tθak^{42} tẽ^{42}	tθɛ^{32ʔ} tã^{33}/ kĩ^{53}je^{33} tθɔ^{32ʔ}	
205	雹子	hail	မိုးသီး	mo^{53}shi^{53}	mo^{44}dði^{44}	mo^{44}dði^{44}	mo^{53}tθi^{53}	
206	霜	frost	နှင်းခဲ	hnẽ^{53} khɛ^{53}	hnɔ̃^{44}gɛ^{44}	hnaŋ^{44} khɛ^{44}	hnĩ^{53}gɛ^{53}	tʃh^{454} hno^{454}
207	露水	dew	နှင်း	hnẽ^{53}	hnɔ̃^{44}	hnaŋ^{44}	hnĩ^{53}	tʃhi^{454} hno^{454}
208	气	air, breath	လေ၊အငွေ့	le^{33}/ ə ŋwe^{31}	li^{22}/ ə ŋwi^{42}	le^{11}/ ə ŋwe^{42}	le^{33}/ ə ŋwe^{32}	
209	蒸汽	steam	ရေနွေးငွေ့	je^{33}nwe^{53} ŋwe^{31}	ri^{22}nwi^{44} ŋwi^{33}	je^{11}nwe^{44} ŋwe^{42}	je^{33}nwe^{53} ŋwe^{32}	
210	地	earth, ground	မြေ	mle^{33}	mri^{22}	mje^{11}	mje^{33}	

（续表）

序号	汉义	英文	မြန်မာစာ 缅甸文	အင်းသား: 茵达方言音	ရခိုင် 若开方言音	ယော 约方言音	ဓနု 德努方言音	ဖုံး 蓬方言音
211	山坡	hillside, mountain slope	တောင်စောင်း	tɔ̃^{33}sɔ̃^{53}	taũ^{22} zaũ^{44}	taũ^{11} saũ^{44}	tɔ̃^{33}zɔ̃^{53}	
212	山谷	valley	လျှိုမြောင်	ɕo^{33}/ hmjɔ̃^{33}	ɕo^{22}/ mjaũ^{22}/ mraũ^{22}	ɕo^{11}/ mjaũ^{11}	sho^{33}/ mjɔ̃^{33}/ dzɔ$^{32?}$	
213	悬崖	cliff	ကမ်းပါးစောက်	kã^{53} pɑ^{53} sɔʔ^{45}	gẽ^{44} ba^{44} zauʔ$^{42?}$	gə ba^{44} zauʔ^{33}	kã^{53} pɑ^{53} sɔ$^{32?}$	
214	岩石	rock	ကျောက်ဆောင်	tɕɔʔ^{45} shɔ̃^{33}	tɕau$^{42?}$ shaũ^{22}	tɕauʔ^{33} shaũ^{11}	tɕɔ$^{32?}$ shɔ̃^{33}	
215	山洞	mountain cave	ဂူ	ku^{33}	gu^{22}	gu^{11}	gu^{33}	
216	洞	cave, hole	အပေါက်	ə pɔʔ^{45}	ə pauʔ$^{42?}$	ə pauʔ^{33}	ə pɔ$^{32?}$	
217	河	river	မြစ်	mjɪʔ$^{45?}$	mjaɪʔ$^{42?}$	mjɪʔ^{33}	mjɪ$^{32?}$	
218	池塘	pond	ကန်အိုင်	kã^{33}/ẽɪ^{33}	kẽ^{22} aɪ^{22}	kẽ^{11}/aɪ^{11}	kã^{33}/aɪ^{33}	
219	沟	ditch, gully	မြောင်း	mjɔ̃^{53}	mraũ^{44}	mjaũ^{44}	mjɔ̃^{53}/ tɕhɔ̃^{53}	
220	井	well	ရေတွင်း	je^{33}twẽ^{53}	ji^{22}twɔ̃^{44}	je^{11}twaŋ^{44}	je^{33}twɪ̃^{53}	to^{22}
221	坑	pit	တွင်း၊ ချိုင့်	twẽ^{53}/ khrẽɪ^{31}/ kloũ^{31}	twɔ̃^{44}/ dzaɪ^{42}	twaŋ^{44}/ tɕhaɪ^{42}	twɪ̃^{53}/ tɕhaɪ^{32}	to^{22}
222	堤	dike, embankment	တာရိုး	kã^{33}pɔ̃^{33} jo^{53}	ta^{22}jo^{44}	ta^{11}jo^{44}	ta^{33}jo^{53}	
223	平坝	flatland	လွင်ပြင်	lwẽ^{33} pjẽ^{33}	lwɔ̃^{22} bjɔ̃^{22}	lwaŋ^{11} pjaŋ^{11}	lwɪ̃^{33} pjɪ̃^{33}	
224	地（田~）	fields <for wheat & etc.>	လယ်ယာ	lɛ^{33}/ja^{33}	lɛ^{22}/ja^{22}	lɛ^{11}/ja^{11}	lɛ^{33}/ja^{33}	
225	水田	paddy fields	လယ်	lɛ^{33}	lɛ^{22}	lɛ^{11}	lɛ^{33}	
226	泥巴	mud	ရွှံ့	ɕũ^{31}	hrwẽ^{42}	ɕwã^{42}	shũ^{32}	
227	波浪	wave	လှိုင်း	hleɪ^{53}	hlaɪ^{44}	hlaɪ^{44}	leɪ^{53}	
228	泉水	<water> spring	စမ်းရေ	sẽɪ^{53}je^{33}	sẽ^{44}ri^{22}	sẽ^{44}je^{11}	sã^{53}je^{33}	
229	金子	gold	ရွှေ	ɕwe^{33}	ɕwe^{22}/ hrwi^{22}	ɕwe^{11}	shwe^{33}	məŋ^{454}/ shaɪ^{22}
230	银子	silver	ငွေ	ŋwe^{33}	ŋwi^{22}	ŋwe^{11}	ŋwe^{33}	

（续表）

序号	汉义	英文	မြန်မာစာ 缅甸文	အင်း:သား: 茵达方言音	ရခိုင် 若开方言音	ယော 约方言音	ဓနု 德努方言音	ဖုန်: 蓬方言音
231	铜	copper	ကြေး:	tɕe⁵³	tɕi⁴⁴/tɕe⁴⁴	tɕi⁴⁴/tɕe⁴⁴	tɕe⁵³/tɕi⁵³	
232	铁	iron	သံ	shã³³	tθɛ̃²²	tθɛ̃¹¹	tθã³³	
233	锡	tin	ခဲမဖြူ၊သံဖြူ	khɛ⁵³ma³¹ phru³³/ shã³³ phru³³	khɛ⁴⁴ ma⁴² phru²²/ tθɛ̃²² phru²²	khɛ⁴⁴ma⁴² phju¹¹/ tθɛ̃¹¹ phju¹¹	khɛ⁵³ phju³³/ tθã³³ phju³³	
234	锈	rust	သံချေး၊သံချေး တက်သည်	shã³³ khre⁵³/ shã³³ khre⁵³ tɛʔ⁴⁵si³³	tθɛ̃²²ɕi⁴⁴/ tθɛ̃²²ɕi⁴⁴ ta⁴²	tθɛ̃¹¹ tɕhi⁴⁴/ tθã¹¹ tɕhi⁴⁴ tak⁴²?	tθã³³ tɕhe⁵³/ tθã³³ tɕhe⁵³ kaɪ³²?	
235	铝	aluminum	ခဲနီ	tã³³	dẽ²²	dẽ¹¹	dã³³	
236	煤	coal	ကျောက်မီး သွေး:	tɕɔʔ⁴⁵mi⁵³ shwe⁵³	tɕau⁴²? mi⁴⁴ tθwi⁴⁴	tɕau²³³ mi⁴⁴ tθwe⁴⁴	tɕɔ³²?mi⁵³ tθwe³³	
237	炭	charcoal	မီး:သွေး:	mi⁵³ shwe⁵³	mi⁴⁴ tθwi⁴⁴	mi⁴⁴ tθwe⁴⁴	mi⁵³ tθwe⁵³	mi⁴⁵⁴ swe⁴⁵⁴
238	硫黄	sulphur	ကန့်	kã³¹	kɛ̃⁴²	kɛ̃⁴²	kã³²	
239	碱	alkali, soda	ဆိုတာ၊ဆပ် ပြာခါတ်	sho³³ta³³/ shaʔ⁴⁵ pja³³taʔ⁴⁵	sho²²ta²²/ shɛ⁴²? pra²²dɛ⁴²?	sho¹¹ta¹¹/ shɛ²³³ pja¹¹dɛ¹¹?	sho³³ta³³/ sha³²? pja³³da³²?	
240	地方	place	နေရာ	ne³³jɑ³³	ni²²ra²²	ne¹¹ja¹¹	ne³³jɑ³³	
241	街	street	လမ်း	lã⁵³	lɛ̃⁴⁴	lɛ̃⁴⁴	lã⁵³	
242	村子	village	ရွာ	wa³³/ jwa³³	jwa²²/ rwa²²	jwa¹¹	jwa³³	khə ra⁵²?
243	人家	household	နေအိမ်၊ အိမ်ခြေ	ne³³ẽi³³/ ẽi³³ khe³³	ni²²ɛ̃i²²/ ẽi²² khri²²	ne¹¹ɛ̃i¹¹/ ẽi¹¹tɕhe¹¹	ne³³ãi³³/ ãi³³tɕhe³³	
244	监狱	prison	ထောင်	thɔ̃³³	thaũ²²	thaũ¹¹	thɔ̃³³	
245	庙	temple	ဘုရား:ကျောင်း: ကျောင်း:	phə ja⁵³ krɔ̃⁵³/ tɕɔ̃⁵³/ krɔ̃⁵³	phə ra⁴⁴ tɕaũ⁴⁴	phə ja⁴⁴ tɕaũ⁴⁴/ tɕaũ⁴⁴	phə ja⁵³ tɕɔ̃⁵³/ tɕɔ̃⁵³	tʃauŋ⁴⁵⁴
246	桥	bridge	တံတား:	tə tha⁵³	dẽ²² da⁴⁴/ tẽ²²tha⁴⁴	tẽ¹¹ ta⁴⁴	tə ta⁵³	
247	坟	tomb	ဂူသင်္ချိုင်း:	ku³³shẽ⁵³ ɕẽi⁵³	gu²²tθɔ̃⁴⁴ dʑaĩ⁴⁴	gu¹¹tθaŋ⁴⁴ dʑaĩ⁴⁴	tθi⁵³ tɕhaɪ⁵³ koũ⁵³	

附录　缅甸语方言词汇表　441

（续表）

序号	汉义	英文	မြန်မာစာ 缅甸文	အင်းသား 茵达 方言音	ရခိုင် 若开 方言音	ယော 约 方言音	ဓနု 德努 方言音	ဖုန် 蓬 方言音
248	塔	tower, pagoda	စေတီ	$se^{33}ti^{33}$	$zi^{22}di^{22}$	$se^{11}ti^{11}$	$se^{33}ti^{33}$	
249	身体	body	ခန္ဓာကိုယ်	$kh\tilde{a}^{33}ta^{33}$ ko^{33}	$kh\tilde{e}^{22}da^{22}$ ko^{22}	$kh\tilde{e}^{11}$ $da^{11}ko^{11}$	ko^{33} $kh\tilde{a}^{33}$ ta^{33}	
250	辫子	braid, plait	ကျစ်ဆံ)မီး	$tɕɪʔ^{45}$ $sh\tilde{a}^{33}$ $hmi^{53}/$ $tɕɪʔ^{45}$ $pja^{53}tho^{53}$	$tɕaɪ^{42ʔ}$ $sh\tilde{e}^{22}$ mri^{44}	$tɕɪʔ^{33}$ $sh\tilde{a}^{11}$ mji^{44}	$sh\tilde{a}^{33}$ $tɕɪ^{32ʔ}$	
251	额头	forehead	နဖူး	$thaɪʔ^{45}$	$nə\ phu^{44}$	$nə\ phu^{44}$	$nə\ phu^{53}$	
252	眉毛	eyebrow	မျက်ခုံးမွေး	$mjɛ^{45}$ $kho\tilde{u}^{53}$ mwe^{53}	mja^{42} $kho\tilde{u}^{44}$ mwi^{44}	$mjak^{42ʔ}$ $kho\tilde{u}^{44}$ mwe^{44}	$mje^{32ʔ}$ $kho\tilde{u}^{53}$ mwe^{53}	
253	脸	face	မျက်နှာ	$mjɛ^{45}$ hna^{33}	$mja^{42}hna^{22}$	$mjak^{42ʔ}$ na^{11}	$mje^{32ʔ}$ na^{33}	
254	腮	cheek	ပါး၊ပါးသွယ်	$pa^{53}/$ pa^{53} $shwe^{33}$	$pa^{44}/pə$ $tθwɛ^{22}$	$pa^{44}/pə$ $tθwɛ^{11}$	$pa^{53}/$ $pə\ tθwɛ^{33}$	
255	嘴唇	lip	နုတ်ခမ်း	$nau ʔ^{45}$ $kh\tilde{a}^{53}$	$nə$ $khwɛ^{44}$	$nə\ kh\tilde{e}^{44}$	$nou^{32ʔ}$ $kh\tilde{a}^{53}$	
256	胡子	beard, moustache, goatee	နုတ်ခမ်းမွေး	$n\ au ʔ^{45}$ $kh\tilde{a}^{53}$ mwe^{53}	hna $khwɛ^{44}$ mwi^{44}	$nə\ kh\tilde{e}^{44}$ mwe^{44}	$nou^{32ʔ}$ $kh\tilde{a}^{53}$ mwe^{53}	
257	连鬓胡	beard	ပါးသိုင်းမွေး	pa^{53} $mwe^{53}/$ $pə\ teĩ^{53}$ mwe^{53}	$pə\ tθaĩ^{44}$ mwi^{44}	$pə\ tθaĩ^{44}$ mwe^{44}	pa^{53} $tθaĩ^{53}$ mwe^{53}	
258	下巴	chin	မေးစေ့	$me^{53}she^{31}$	$me^{44}zi^{42}$	$me^{44}se^{42}$	$mɛ^{53}se^{32}$	
259	肩膀	shoulder	ပခုံး	$pə\ kho\tilde{u}^{53}$	$pə\ kho\tilde{u}^{44}$	$pə\ kho\tilde{u}^{44}$	$pə\ kho\tilde{u}^{53}$	
260	腋	armpit	ချိုင်း	$lɛ\ ʔ^{45}$ $kə\ ti^{53}/$ $lɛ\ ʔ^{45}$ $kə\ tu^{53}$	$dʑaĩ^{44}$	$dʑaĩ^{44}/$ $zɛʔ^{33}\ kə$ $leɪʔ^{33}$	$tɕhaĩ^{53}$	
261	胸	chest	ရင်၊ရင်ဘတ်	$j\tilde{e}^{33}/$ $j\tilde{e}^{33}$ pha^{45}	$r\tilde{o}^{22}/$ $r\tilde{o}^{22}bɛ^{42ʔ}$	$jaŋ^{11}/$ $jaŋ^{11}$ $ba^{42ʔ}$	$j\tilde{ɪ}^{33}/j\tilde{ɪ}^{33}$ $ba^{32ʔ}$	
262	奶汁	milk	နို့ရည်	$no^{31}je^{33}$	$no^{42}re^{22}$	$no^{42}je^{11}$	$no^{32}je^{33}$	
263	肚脐	navel	ချက်	$tɕheʔ^{45}/$ $ɕɛʔ^{45}$	$ɕa^{42}$	$tɕhak^{42ʔ}$	$tɕhe^{32ʔ}$	
264	腰	waist	ခါး	kha^{53}	kha^{44}	kha^{44}	kha^{53}	

(续表)

序号	汉义	英文	မြန်မာစာ 缅甸文	အင်းသား： 茵达方言音	ရခိုင် 若开方言音	ယော 约方言音	ဓနု 德努方言音	ဖွန်း 蓬方言音
265	屁股	buttocks	ဖင်တင်ပါး	phẽ^{33}/ phẽ^{33} toũ^{53}	phɔ̃^{22}/ tɔ̃^{22}ba^{44}	phaŋ^{11} taŋ^{11} pa^{44}	phĩ^{33}/ tĩ^{33} ba^{53}	
266	小腿	calf	ခြေသလုံး	khe^{33}shə loũ^{53}	khri^{22}tθə loũ^{44}	tɕhe^{11}tθə loũ^{44}	tɕhe^{33}tθə loũ^{53}/ mɛ^{33}ta^{32} jo^{53}	
267	脚踝	ankle	ခြေမျက်စေ့	khe^{33} mjɛʔ^{45} si^{31}	khri^{22} mja^{42} si^{42}	tɕhe^{11} mjakʔ^{42} se^{42}	tɕhe^{33} mjɛ^{32}ʔ si^{32}	
268	胳膊	arm	လက်မောင်း	lɛ^{45}ʔmɔ̃^{53}	la^{42}maũ^{44}	lak^{42}ʔ maũ^{44}	lɛ^{32}ʔmɔ̃^{53}	
269	肘	elbow	တံတောင်	lɛ^{45}ʔ kə tɔ̃^{33}	də daũ^{22}/ tɛ̃^{22} daũ^{22} shaɪ^{42}ʔ	tə taũ^{11}	tə tɔ̃^{33} shɪ^{42}ʔ	
270	手腕	wrist	လက်ကောက်ဝတ်	lɛʔ^{45}kɔʔ^{45} wuʔ^{45}	la^{42}kau^{42}ʔ wɛ^{42}ʔ	lak^{42}ʔ kau^{33} wa^{33}ʔ	lɛ^{32}ʔkɔ^{32}ʔ wu^{32}ʔ	
271	手指	finger	လက်သန်း	lɛʔ^{45}shã^{53}	la^{42}tθɛ̃^{44}	l akʔ^{42} tθɛ̃^{44}	lɛ^{32}ʔ tθã^{53}	
272	拇指	thumb	လက်မ	lɛʔ^{45}ma^{31} ku^{53} khɔ̃^{53}/ lɛʔ^{45}ma^{31} ki^{53}khɔ̃^{53}	la^{42}ma^{42}	l akʔ^{42} ma^{42}	lɛ^{32}ʔma^{32}	
273	中指	middle finger	လက်ခလယ်	lɛʔ^{45} khə lɛ^{33}	la^{42} khə le^{22}	l akʔ^{42} khə le^{11}	lɛ^{32}ʔ khə le^{33}	
274	小指	little finger	လက်သန်း	lɛʔ^{45}shã^{53}	la^{42}tθɛ̃^{44}	l akʔ^{42} tθã^{44}	lɛ^{32}ʔ tθã^{53}	
275	指甲	nail	လက်သည်း	lɛ^{45}ʔ shĩ^{53}/ lɛʔ^{45}shẽ^{53}	la^{42}tθe^{44}	l akʔ^{42} tθɛ^{44}	lɛ^{32}ʔtθɛ^{53}	
276	拳	fist	လက်သီး	lɛ^{45}ʔshi^{53} khɔ̃^{53}	la^{42}tθi^{44}	lakʔ^{42}tθi^{44}	lɛ^{32}ʔtθi^{53}	
277	肛门	anus	စအို	phẽ^{33} pɔʔ^{45}	sə o^{22}	sə o^{11}	phĩ^{33} pɔ^{32}ʔ	
278	男性生殖器	male genitals	လီး/ ယောကျ်ားအင်္ဂါ	li^{53} khɔ̃^{53}/ jɔʔ^{45}tɕa^{53} ɛ̃^{33}ka^{33}	li^{44}/jau^{42}ʔ tɕa^{22} ɔ̃^{22}ga^{22}	li^{44}/ jauʔ^{3}tɕa^{44} aŋ^{11}ga^{11}	li^{53}/ jau^{32}ʔ tɕa^{53} ĩ^{33}ga^{33}	

(续表)

序号	汉义	英文	缅甸文	အင်းသား 茵达 方言音	ရခိုင် 若开 方言音	ယော 约 方言音	ဓနု 德努 方言音	ဖွန်း 蓬 方言音
279	睾丸	testicle	ဝှေ့စေ့၊ ဝှေ့စေ့လိင်၌	li^{53}puʔ^{45} se^{31}/ khwe^{53} se^{31}/ lə pluʔ^{45}se^{31}	gwi^{44}si^{42}/ leĩ ^{22} u^{42}	gwe^{44} se^{42}/ leĩ ^{11} u^{42}	gwe^{53} si^{32}/ leĩ ^{33} u^{32}	
280	女性生殖器	female genitals	စောက်၊ မိန်းမအင်္ဂါ	sɔʔ^{45}/ pɑʔ^{45}/ meĩ ^{53} mɑ^{31} ɛ^{33} kɑ^{33}	shauʔ^{44}/ meĩ ^{44} mɑ^{42} ɔ̃ ^{22} gɑ^{22}	sauʔ^{3}/ meĩ ^{44} mɑ^{42}aŋ^{11} gɑ^{11}	sɔ^{32}ʔ/ pe^{53}i^{53}	tsu^{51} mɑ^{52}ʔ
281	胎盘	placenta	အချင်း	ə tɕʰẽ^{53}/ nɔʔ^{45}lɑɯ^{45}	ə tɕʰɔ̃ ^{44}	ə tɕʰaŋ^{44}	ə tɕʰĩ ^{53}	
282	皱纹	wrinkle	အရေတွန့်	ə re^{33} tũ ^{31}	ə ri^{22} twẽ^{42}	ə je^{11} twɑ̃^{42}	ə je^{33} tũ ^{32}	
283	痣	mole	မှဲ့	hme^{31}	hme^{42}	mɛ^{42}	mɛ^{32}	
284	疮	sore, boil	ဝ	wɛ^{53}	wɛ^{44}	wɛ^{44}	wɛ^{53}	
285	伤口	wound	အနာ	ə nɑ^{33}	ə nɑ^{22}	ə nɑ^{11}	ə nɑ^{33}	
286	疤	scar	အနာရွတ်	ə nɑ^{33} luʔ^{45}/ ə nɑ^{33} ruʔ^{45}	ə nɑ^{22} rwɛ^{42}	ə nɑ^{11} jwaʔ^{33}	ə nɑ^{33} ju^{32}ʔ	
287	疹子	measles	ဝက်သက်	wɛʔ^{45} shɛʔ^{45}	wɑ^{42}tθɑ^{42}	wak^{42}ʔ tθak^{42}ʔ	wɛ^{32}ʔ tθɛ^{32}	
288	癣	tinea	ပွေး	pwe^{53}	pwi^{44}	pwe^{44}	pwe^{53}	
289	肌肉	flesh, muscle	ကြွက်သား	tɕwɛ^{45}ʔ shɑ^{53}	tɕwɔ^{42} tθɑ^{44}	tɕwak^{42}ʔ tθɑ^{44}	tɕwɛ^{32}ʔ tθɑ^{53}	
290	筋	tendon, sinew	အကြော	ə tɕɔ^{53}	ə tɕɔ^{44}	ə tɕɔ^{44}	ə tɕɔ^{53}	
291	手脉	wrist pulse	သွေးတို့	shwe^{53} to^{53}	tθwi^{44}to^{44}	tθwe^{44} to^{44}	tθwe^{53} to^{53}	
292	脑髓	brain marrow	ဦးနှောက်	oũ ^{53} hnɔʔ^{45}	oũ ^{44} hnauʔ^{44}	oũ ^{44} nauʔ^{42}	oũ ^{53} nɔ^{32}ʔ	
293	脊椎骨	spine, backbone	ကျောရိုး	tɕɔ^{53}jo^{53}	tɕɔ^{44}jo^{44}	tɕɔ^{44}jo^{44}	tɕɔ^{53}jo^{53}	
294	肋骨	rib	နံရိုး	nɑ̃^{33}jo^{53}	nɛ̃^{22}jo^{44}	nɛ̃^{11}jo^{44}	nɑ̃^{33}jo^{53}	pã ^{22} xã ^{22}
295	骨节	joint	အဆစ်	ə ʃɪʔ^{45}	ə ʃɑɪ^{42}ʔ	ə ʃɪʔ^{33}	ə ʃɪ^{32}ʔ	
296	牙龈	gum	သွားဖုံ	shwɑ^{53} pʰoũ ^{53}	tθə pʰoũ ^{44}	tθə pʰoũ ^{44}	tθə pʰoũ ^{53}	
297	小舌	uvula	လျှာခင်	ɕɑ^{33} kʰẽ ^{33}	ɕə kʰɔ̃ ^{22}/ ɕɑ^{22}ɕe^{22}	ɕɑ^{11} kʰaŋ^{11}	ʃɑ kʰĩ ^{33}	

(续表)

序号	汉义	英文	မြန်မာစာ 缅甸文	အင်းသား 茵达方言音	ရ နိုင် 若开方言音	ယော 约方言音	ဓ နု 德努方言音	ဖုန်း 蓬方言音
298	喉咙	throat	အာခေါင်	a³³khɔ̃³³	a²²gaũ²²	a¹¹gaũ¹¹	a³³khaũ³³	
299	喉结	Adams apple	အာစေ့/ လည်ချေ့	a³³li³¹/ le³³si³¹	a²²zi⁴²/ le²²zi⁴²	a¹¹se⁴²/ lɛ¹¹se⁴²	a³³se³²/ le³³se³²/ tɔ̃³³sha³³ tɕi⁵³	
300	肺	lung	အဆုပ်	ə shɔʔ⁴⁵	ə shouʔ⁴²	ə shouʔ³³	ə shouʔ³²	
301	肾	kidney	ကျောက်ကပ်	tɕɔʔ⁴⁵ kaʔ⁴⁵	tɕauʔ⁴² kɛʔ⁴²	tɕauʔ³³ kaʔ³³	tɕɔʔ³² kɑʔ³²	
302	胆	gall bladder	သည်းခြေ	shi⁵³ khe³³/ sheĩ³³ khe³³/ sɛĩ³³ khe³³	tθi⁴⁴khri²²	tθɛ⁴⁴ tɕhe¹¹	tθɛ⁵³ tɕhe³³	
303	胃	stomach	အစာအိမ်	ə sa³³ eĩ³³	ə sa²² eĩ²²	ə sa¹¹ eĩ¹¹	ə sa³³ ɑĩ³³	
304	膀胱	bladder	ဆီးအိမ်	shi⁵³ eĩ³³	shi⁴⁴ eĩ²²	shi⁴⁴ eĩ¹¹	shi⁵³ ɑĩ³³	
305	屎	excrement	ချေး	khle⁵³/ khre⁵³	tɕhi⁴⁴	tɕhe⁴⁴	tɕhi⁵³	
306	尿	urine	သေး	she⁵³	tθi⁴⁴	tθe⁴⁴	tθe⁵³	
307	屁	fart	အီး	i⁵³	i⁴⁴	i⁴⁴	tɕhe⁵³	
308	汗	sweat	ချွေး	ɕwe⁵³/ tɕhwe⁵³	ɕwi⁴⁴	tɕhwe⁴⁴	tɕhwe⁵³	
309	痰	sputum	သလိပ်	sha laɪʔ⁴⁵	tθə leɪʔ⁴⁴	tθə leɪʔ³	tθə leɪʔ³²/ tə twe⁵³	
310	口水	saliva	တွေးရည်	shwa⁵³ je³³/ ɕa³³je³³/ shã³³ thwe⁵³	tθə re²² ɕa²² re²²	tθə je¹¹	tθə ji³³/ sha³³ji³³	
311	鼻涕	nasal mucus	နှာရည်နပ်	hnɔ³³ji³³/ hnaʔ⁴⁵	hna²²re²²/ hna⁴²	na¹¹je¹¹/ naʔ³	na³³ji³³/ na³²ʔ	
312	眼泪	tears	မျက်ရည်	mjɛʔ⁴⁵je³³	mja⁴²re²²	mjakʔ⁴² je¹¹	mjeʔ³²ji³³	
313	脓	pus	ပြည်	ə pje³³	pre²²	pji¹¹	pje³³	
314	污垢	dirt, filth	အညစ်အကြေး	ə ɲɪʔ⁴⁵ ə tɕe⁵³	ə naɪ⁴²ʔ ə kri⁴⁴	ə naʔ³³ ə tɕe⁴⁴	ə nɪʔ³² ə tɕe⁵³	
315	声音	sound	အသံ	ə tθã³³	ə tθɛ̃²²	ə tθã¹¹	ə tθã³³	

（续表）

序号	汉义	英文	မြန်မာစာ 缅甸文	အင်းသား: 茵达 方言音	ရခိုင် 若开 方言音	ယော 约 方言音	ဓနု 德努 方言音	ဖွန်း 蓬 方言音
316	尸体	corpse	အလောင်း	ə lɔ̃⁵³	ə laũ⁴⁴	ə laũ⁴⁴	ə lɔ̃⁵³	
317	生命	life	အသက်	ə shɛʔ⁴⁵	ə tθa⁴²	ə tθak⁴²ʔ	ə tθɛʔ⁵	
318	寿命	life-span	သက်တန်း	shɛʔ⁴⁵tã⁵³	tθa⁴²tθɛ̃⁴⁴	tθak⁴²ʔ tθɛ̃⁴⁴	tθɛ³²ʔ tθã⁵³	
319	汉族（人）	Han Chinese	ဟန်လူမျိုး	hã³³ lu³³ mjo⁵³	hẽ²² lu²² mjo⁴⁴	hẽ¹¹ lu¹¹ mjo⁴⁴	hã³³ lu³³ mjo⁵³	
320	藏族（人）	Tibetan	တိဘက်လူမျိုး	ti³¹ phɛʔ⁴⁵ lu³³ mjo⁵³	ti³² ba⁴² lu²² mjo⁴⁴	ti⁴² bak⁴²ʔ lu¹¹ mjo⁴⁴	ti³² bɛ³²ʔ lu³³ mjo⁵³	
321	成年人	adult	လူကြီး	lu³³ ki⁵³/ lu³³ku⁵³	lu²² kri⁴⁴	lu¹¹ ki⁴⁴	lu³³ tɕi⁵³	
322	婴儿	baby	နို့စို့ကလေး	no³¹so³¹ lu³³ sha ŋɛ³³	no⁴²so⁴² kə li⁴⁴/ ə ɕe²²	no⁴²so⁴² kə le⁴⁴	no³²so³² kə le⁵³/ lu³³ pe³²	
323	老头儿	old man	အဘိုးအို	ə pho⁵³o³³	ə pho⁴⁴o²²	ə pho⁴⁴ o¹¹	phɔ̃⁵³ o³³	
324	老太太	old lady	အဘွား:အို	ə phwa⁵³ o³³	ə phwa⁴⁴ o²²/ ə baũ²²	ə phwa⁴⁴ o¹¹	phɔ̃³³o³³	
325	小伙子	lad, young chap	လူငယ်	lu³³khə ne³³/ lu³³sha ŋɛ³³	lu²²ŋɛ²²/ lə bjo²² ɕe²²/ kaũ²²ɕe²²	lu¹¹ŋɛ¹¹	lu³³ŋɛ³³/ ɔ̃³³ni³³	
326	姑娘	girl	လုံမျိုး	eĩ⁵³ma³¹ pjo³³	mə ma⁴² ɕe²² kaũ²² ma³³ɕe²²	loũ¹¹ ma⁴² pjo¹¹	loũ³³ ma³² pjo³³/ mi³²ni³³	ʃu⁵⁵/ tə mi²² shu⁴⁵⁴
327	百姓	common people	အရပ်သား	ə jaʔ⁴⁵ sha⁵³	ə ja⁴²ʔ tθa⁴⁴/ ə rɛ⁴²ʔ tθa⁴⁴	ə jaʔ³³ tθa⁴⁴	ə ja³²ʔ tθa⁵³	
328	农民	peasant	လယ်သမား	lɛ³³ shə ma⁵³	lɛ²² tθə ma⁴⁴	lɛ¹¹ tθə ma⁴⁴	lɛ³³ tθə ma⁵³	
329	士兵	soldier	တပ်သား/ စစ်သား	taʔ⁴⁵ sha⁵³/ sɪʔ⁴⁵ sha⁵³	tɛ⁴²ʔ tθa⁴⁴/ saɪ⁴²ʔ tθa⁴⁴	taʔ³³ tθa⁴⁴/ sɪʔ³³ tθa⁴⁴	ta³²ʔ tθa⁵³/ sɪ³²ʔ tθa⁵³	
330	商人	merchant	ကုန်သည်	koũ³³ she³³	koũ²² dðe²²	koũ¹¹ tθɛ¹¹	koũ³³ tθɛ³³	

(续表)

序号	汉义	英文	မြန်မာစာ 缅甸文	အင်းသား 茵达 方言音	ရခိုင် 若开 方言音	ယော 约 方言音	ဓနု 德努 方言音	ဖွန်း 蓬 方言音
331	医生	doctor	ဆရာဝန်	shə ra^{33} wũ^{33}/ shə la^{33} wũ^{33}/ shə ja^{33} wũ^{33}	shə ja^{22} wɛ̃^{22}	shə ja^{11} wã^{11}	shə ja^{33} wũ^{33}	
332	头人（寨首）	leader (in a stockaded)	ရွာသူကြီး	wa^{33}lu^{33}ki^{53}/ wa^{33} lu^{33}ku^{53}/ jwa^{53} lu^{33}tɕi^{53}	rwa^{22}dðə dzi^{44}	jwa^{11} tθu^{11} ki^{44}	jwa^{33} tθə tɕi^{53}	
333	仆人	village servant	အစေခံ	ə se^{33} khã^{33}/ eĩ^{33}se^{33}	ə ze^{22} gã^{22}/ ə hŋa^{44} tθə ma^{42}	ə ze^{11} khɛ̃^{11}	ə se^{33} gã^{33}/ tθu^{33} ʃi^{33} ŋa^{53}	
334	牧童	shepherd boy	နွားကျောင်းသား	hnwa^{53} tɕɔ̃^{53} sha^{53}	nwa^{44} tɕaũ^{44} dðа^{44}	nwa^{44} tɕaũ^{44} tθa^{44}	nwa^{53} tɕaũ^{53} tθa^{53}	
335	木匠	carpenter	လက်သမား	lɛʔ^{45} shə ma^{53}	la^{42} tθə ma^{44}	lak$^{42?}$ tθə ma^{44}	lɛ$^{32?}$ tθə ma^{53}	
336	铁匠	blacksmith	ပန်းပဲဆရာ	pã^{53} phɛ^{53} shə ja^{33}/ kə phɛ^{53} shə ja^{33}	bə be^{44} shə ra^{22}	bə be^{44} shə ja^{11}	pə pɛ^{53} shə ja^{33}	
337	船夫	boatman	လှေထိုးသား	hle^{33}tho^{53} sha^{53}	hle^{22}tho^{44} dðа^{44}	le^{11}do^{44} tθa^{44}	lẽ^{33}tho^{53} tθa^{53}	
338	猎人	hunter	မုဆိုးဖို	mau?^{45} sho^{53} pho^{33}	mə sho^{44} pho^{22}	mou?^{33} sho^{44} pho^{11}	mou$^{32?}$ sho^{53} pho^{33}	
339	和尚	monk	ဘုန်းကြီး	phoũ^{53} ki^{53}	phoũ^{44} kri^{44}	phoũ^{44} dzi^{44}	phoũ^{53} tɕi^{53}	phoũ^{454} tʃi^{454}/ bõ ŋ^{454} dzi^{454}
340	尼姑	Buddhist nun	သီလရှင်၊ မယ်သီလရှင်	phwa^{53} shi^{33} la^{31}	tθu^{22}də^{22} ma^{42}	tθi^{11}la^{42} jaŋ^{11} mε^{11} tθi^{11} la^{42} jaŋ^{11}	tθi^{33}la^{32} ʃi^{33}/ mε^{33} tθi^{33}la^{32} ʃi^{33}	
341	巫师	wizard, sorcerer	စုန်း	soũ^{53}	shoũ^{44}	soũ^{44}	soũ^{53}	
342	巫婆	witch, sorceress	စုန်းမ	soũ^{53} ma^{31}	shoũ^{44} ma^{42}	soũ^{44} ma^{42}	soũ^{53} ma^{32}	

(续表)

序号	汉义	英文	မြန်မာစာ 缅甸文	အင်းသား 茵达方言音	ရခိုင် 若开方言音	ယော 约方言音	ဓနု 德努方言音	ဖုန်း 蓬方言音
343	乞丐	beggar	သူတောင်းစား	tə tɔ̃⁵³ sɑ⁵³	tθə daũ⁴⁴ za⁴⁴	tθə taũ⁴⁴ sa⁴⁴	tθə tɔ̃⁵³ sɑ⁵³/ tɕɔ̃³³ nã³³	
344	贼	thief	သူခိုး	shə kho⁵³/ tə kho⁵³	tθə kho⁴⁴	tθə kho⁴⁴	tθə kho⁵³	
345	强盗	robber	ဓားပြ	tə mjɑ³¹	də mra⁴²	də bja⁴²	də mjɑ³²	
346	病人	patient	လူနာ၊ ရောဂါသည်	lu³³na³³/ jɔ⁵³kɑ³³ she³³	lu²²na²²/ rɔ⁴⁴ga²² dðɛ²²	lu¹¹na¹¹/ jɔ⁴⁴ga¹¹ tθɛ¹¹	lu³³na³³/ jɔ⁵³gɑ³³ dðɛ³³	
347	仇人	personal enemy	ရန်သူ	jã³³shu³³	rɛ̃²²dðu²²	jɛ̃¹¹tθu¹¹	jã³³tθu³³	
348	皇帝	emperor	ဘုရင့်ရှင်ဘုရင်	phə jẽ³³ ɕɛ̃³³ phə rẽ³³	bə rɔ̃²²/ hrɔ̃²² bə rɔ̃²²/	bə jaŋ¹¹ ɕaŋ¹¹ phə jaŋ¹¹	bə jĩ³³/ shĩ³³ bə jĩ³³	
349	官	government official	အရာရှိမှူးမတ်	ə ja³³ ɕi³¹/ mu⁵³ mɑ⁴⁵	ə ra²² ɕi⁴²/ ə ra²²ɕi⁴² hmu⁴⁴ mɛ⁴²ʔ	ə ja¹¹ ɕi⁴²/ mu⁴⁴mɛʔ³	ə jɑ³³ shi³²/ hmu⁵³ mɑ³²ʔ	
350	国王	king	မင်း	mẽ⁵³	mɔ̃⁴⁴	maŋ⁴⁴	mĩ⁵³	
351	朋友	friend	မိတ်ဆွေ	maɪʔ⁴⁵ shwe³³	meɪ⁴²ʔ shwi²²	meɪ³³ shwe¹¹	meɪ³²ʔ shwe³³/ ə tθi³²	
352	瞎子	a blind person	အကန်းမျက်မမြင်	ə kã⁵³/ mjɛʔ⁴⁵ mə hmjẽ³³	ə kẽ⁴⁴/ mja⁴² mə mrɔ̃²²	ə kẽ⁴⁴/ mjak⁴²ʔ mə mjaŋ¹¹	ə kã⁵³/ mjɛ³²ʔ mə mjĩ³³	
353	跛子	a lame person	ခြေချိုးသူ၊ ခြေဆာသူ၊ အကျိုး	khe³³ kro⁵³ shə mɑ⁵³/ khe³³ tẽɪ³¹shə mɑ⁵³/ ə kro⁵³	ə tɕɔ⁴⁴	tɕhe¹¹ tɕo⁴⁴ tθu¹¹/ tɕhe¹¹ sha¹¹ tθu¹¹	tɕhe³³ tɕo⁵³ tθu³³/ tɕhe³³ tθu³³	
354	聋子	a deaf person	နားကြားသူ၊ နားပျင်းသူ	nɑ⁵³ pjẽ⁵³ shə mɑ⁵³	nə bĩ⁴⁴	na¹¹ mə tɕa⁴⁴ tθu¹¹/ na⁴⁴ pjaŋ⁴⁴ tθu¹¹	na³³ mə tɕa⁵³ tθu³³/ na⁵³pjĩ⁵³ tθu³³	

(续表)

序号	汉义	英文	မြန်မာစာ 缅甸文	အင်းသား 茵达方言音	ရခိုင် 若开方言音	ယော 约方言音	ဓနု 德努方言音	ဖုန် 蓬方言音
355	秃子	a baldhead	ထိပ်ပြောင်	thaɪʔ^{45} prɔ̃^{33}/ thaɪʔ^{45} plɔ̃^{33}	theɪʔ^{42} praũ^{22}	theɪʔ^{33} pjaũ^{11}	thaɪʔ^{32} pjɔ̃^{33}	
356	麻子	a person with a pockmark	ကျောက် ပေါက်မာ	tɕɔʔ^{45}pɔʔ^{45} ma^{33}	tɕau^{42}ʔ pau^{42}ʔ ma^{22}/ tɕau^{42}ʔ mə ra^{22}	tɕau^{33} pau^{33} ma^{11}	tɕɔ^{32}ʔ pɔ^{32}ʔ ma^{33}	
357	驼子	hunchback	ခါးကုန်းသူ	kha^{53} koũ^{53} shə ma^{53}/ kha^{53} keĩ^{53} shə ma^{53}	khə goũ^{44}	kha^{44} koũ^{44} tθu^{11}	kha^{53} koũ^{53}	
358	傻子	fool, blockhead	အထုံးတုံးၤ	lə thu^{33}/ lə a^{33} lə thuʔ^{45}/ lu^{33}u^{33}	ŋə thoũ^{22}/ ŋə toũ^{44}	ŋə thoũ^{11}/ ŋə toũ^{44}	ŋə thoũ^{33}/ ŋə a^{32}	lə a^{51}
359	疯子	lunatic	အရူး	ə ju^{53}/ lu^{33}hnã^{53}	ə ju^{44}/ ə ru^{44}	ə ju^{44}	ə ju^{53}	
360	结巴	stutterer	ဆွံ့အသူ	ɛ^{33}hnɪʔ^{45}/ ɕwe^{33} hnɪ^{45}ʔ/ pho^{53} ɕwe^{33} hnɪʔ^{45}	a^{42}a^{42}	shwã^{42} a^{42} tθu^{11}	shũ^{32} a^{32} dðu^{33}	
361	哑巴	a mute	အအ	a^{31}a^{31}	pə pɔ^{44}	a^{42}a^{42}	a^{32}a^{32}	lə a^{51}
362	主人	host	သခင်ပိုင်ရှင်	sə khẽ^{33}/ tə khẽ^{33} peĩ^{33} ɕẽ^{33}	tθə khɔ̃^{22}/ paĩ^{22} hrɔ̃^{22}	tθə khaŋ^{11}	tθə khĩ^{33}/ peĩ^{33} shĩ^{33}	
363	客人	guest	ဧည့်သည်	e^{31} she^{33}	ɛ^{42} dðɛ^{22}/ a^{22}gẽ^{22} du^{42}	ɛ^{42} tθɛ^{11}	ɛ^{32} tθɛ^{33}	
364	伙伴	pal, partner	အပေါ်လုပ် ဖော်ကိုင်ဘက်	ə pho^{33}/ louʔ^{45} pho^{33} kaĩ^{33} phɛʔ^{45}	ə pho^{22}/ lou^{42} pho^{22} kaĩ^{22}ba^{42}	ə pho^{11}/ lou^{44} pho^{11} kaĩ^{11} bak^{42}	ə pho^{33}/ lou^{32}ʔ pho^{33} keĩ^{33} be^{32}ʔ/ pɔ^{53}leĩ^{53}	ə ʃo^{22}/ ə so^{22}
365	祖宗	ancestors, forebears	ဘိုးဘေးဘီ ဘင်	pho^{53} phe^{53} phi^{33} phẽ^{33}	pho^{44} be^{44} bi^{22}bɔ̃^{22}	pho^{44} bẽ^{44} bi^{11}baŋ^{11}	pho^{53} phe^{53} pi^{33}pĩ^{33}	

(续表)

序号	汉义	英文	မြန်မာစာ 缅甸文	အင်းသား 茵达方言音	ရခိုင် 若开方言音	ယော 约方言音	ဓနု 德努方言音	ပုန်း 蓬方言音
366	爷爷	grandfather	ဘိုးဘိုး	tɔ³¹ phə o³³ / phõ⁵³ phõ⁵³	ə pho⁴⁴ çõ²²	pho⁴⁴ pho⁴⁴	ə pho⁵³ pha³²o³³	ə ɸu²² mo⁴⁵⁴ / ə ɸu²² mo²²
367	奶奶	grandmother	ဘွားဘွား	tɔ³¹mɛ³¹ o³³/ phõ⁵³ phõ⁵³	ə baũ²² çõ²²/ baũ²² baũ²²	phwa⁴⁴ phwa⁴⁴	ə põ⁵³	ə jã⁴⁵⁴ mo⁴⁵⁴/ ə ji⁴⁵⁴ mo⁴⁵⁴/ lã⁴⁵⁴ nə mo²²/ jã⁵⁵ nə mo²²
368	儿子	son	သား	sha⁵³	tθa⁴⁴	tθa⁴⁴	tθa⁵³	ə sa²²/ ə sə⁴⁵⁴
369	媳妇（儿~）	daughter-in-law	ချွေးမ	çwe⁵³ ma³¹/ tɕhwe⁵³ ma³¹	khrou⁴²ʔ ma⁴²	tɕhwe⁴⁴ ma⁴²	tɕhwe⁵³ ma³²	khwaĩ²² ma⁵¹
370	女儿	daughter	သမီး	shə mi⁵³	tθə mi⁴⁴	tθə mi⁴⁴	tθə mi⁵³	ə sa²²/ ə sə⁴⁵⁴
371	女婿	son-in-law	သားမက်	shə mɛʔ⁴⁵	tθə ma⁴²	tθə mɛʔ³	tθə mɛ³²ʔ	sə mo⁵²ʔ
372	孙子	grandson	မြေး	mle⁵³	mri⁴⁴	mje⁴⁴	mje⁵³	ə mji²²
373	孙女儿	granddaughter	မြေးမ	mle⁵³ma³¹	mri⁴⁴ma⁴²	mje⁴⁴ma⁴²	mje⁵³ maĩ⁵³ ma³²	
374	哥哥	elder brother	ကိုကို၊အစ်ကို	nõ³³ku⁵³/ nõ³³ki⁵³/ ko³³tɕi⁵³	ko²²ko²²/ ə ko²²	ko¹¹ko¹¹	ko³³ko³³/ ɪʔ³²ko³³	
375	姐姐	elder sister	မမ၊အစ်မ	mɛ³³ku⁵³/ mɛ³³ki⁵³	ma⁴² ma⁴²/ ə ma⁴²/ e⁴⁴ma⁴²	ma⁴² ma⁴²/ ə ma⁴²	ma³² ma³²/ ə ma³²	pi²²pi⁴⁵⁴
376	弟弟	younger brother	ညီလေး၊ မောင်လေး	n̠i³³/ õ³³ŋɛ³³/ mõ³³/ ŋɛ³³/ ŋɛ³³ni³³	n̠i²²le⁴⁴/ maũ²² le⁴⁴/ maũ²² ɕe²²	n̠i¹¹le⁴⁴/ maũ¹¹ le⁴⁴	n̠i³³le⁵³/ maũ³³ le⁵³	
377	妹妹	younger sister	ညီမ၊ နှမ	n̠ũ³³ hma³¹/ n̠ɛ̃³³ hma³¹/ õ³³ŋɛ³³ n̠i³³ ma³¹/ mɛ³³ŋɛ³³	n̠i²²ma⁴²/ e⁴⁴ ma⁴²/ hnə ma⁴²	n̠i¹¹ma⁴²/ nə ma⁴²	n̠i³³ ma³²/ nə ma³²	i⁵¹sa²²

（续表）

序号	汉义	英文	မြန်မာစာ 缅甸文	အင်းသား 茵达 方言音	ရခိုင် 若开 方言音	ယော 约 方言音	ဓနု 德努 方言音	ဖုန်း 蓬 方言音
378	伯父	uncle <father's elder brother>	ဘကြီး	pha³¹ki⁵³/ pha³¹ ku⁵³/ pha³¹tɕi⁵³	ba⁴²dʑi⁴⁴	ba⁴²ki⁴⁴	ba³²tɕi⁵³	
379	伯母	aunt <wife of father's brother>	ကြီးတော်	mwe³¹ ku⁵³/ mwe³¹ ki⁵³/me³¹ tɕi⁵³/ mɛ³¹tɕi⁵³	dʑi⁴⁴dɔ²²/ ə ri⁴⁴	tɕi⁴⁴tɔ¹¹	tɕi⁵³dɔ³³/ tɕi⁵³tɕi⁵³	
380	叔叔	uncle <father's younger brother>	ဘထွေး	pha³¹ ŋɛ³³/ le⁵³ ~ ~ （~ ~ 表示名 字）	wə ri⁴⁴/ ə khĩ²²	pha⁴² thwe⁴⁴ ɕe²²	ba³² thwe⁵³	
381	婶母	aunt <wife of father's younger brother>	အဒေါ်	mwe⁵³ ŋɛ³³/ tɔ³³le⁵³	ə ri⁴⁴ɕe²²	ə dɔ¹¹	ə dɔ³³	
382	侄子	nephew <brother's son>	တူ	sha⁵³tɔ³³	tu²²	tu¹¹	tu³³	
383	兄弟	brothers	ညီမောင်၊ အစ်ကို	ɲi³³/ mɔ̃³³/ nɔ̃³³ ku⁵³ (ki⁵³)	ɲi²²/ maũ²²/ ə ko²²	ɲi¹¹/ maũ¹¹/ ə ko¹¹	ɲi³³/ maũ³³/ ə ko³³	
384	姐妹	sisters	အမညီမနှမ	mɛ³³ku⁵³/ ɲũ³³ hma³¹/ hɲɛ̃³³ hma³¹	e⁴⁴ma⁴²/ ɲi²²ma⁴²	ə ma⁴²/ ɲi¹¹ ma⁴²/ nə ma⁴²	ə ma³²/ ɲi³³ ma³²/ nə ma³²	
385	嫂子	sister-in-law <elder brother's wife>	မရီးယောက်မ	mju⁵³/ jɔ̃⁵³ ma³¹	mə ri⁴⁴/ jauʔ⁴² ma⁴²	mə ji⁴⁴/ jauʔ³³ ma⁴²	mə ji⁵³/ jɔ³²ʔ ma³²	
386	舅父	uncle <mother's brother>	ဦးလေး	pha³¹ ŋɛ³³/ le⁵³ ~ ~ （~ ~代 表名字）	wə ri⁴⁴	u⁴⁴le⁴⁴	u⁵³le⁵³	
387	舅母	aunt <wife of mother's brother>	ဒေါ်လေး	mwe³¹ ŋɛ³³/ tɔ³³le⁵³	ə ri⁴⁴	dɔ¹¹ le⁴⁴	dɔ³³ le⁵³/ dwe⁵³tɔ³³	

（续表）

序号	汉义	英文	မြန်မာစာ 缅甸文	အင်းသား 茵达方言音	ရခိုင် 若开方言音	ယော 约方言音	ဓနု 德努方言音	ဖွန် 蓬方言音
388	姨父	uncle \<husband of mother sister's\>	ဦးကြီး၊ ရီးကြီး	pha³¹ku⁵³/ pha³¹ki⁵³/ pha³¹tɕi⁵³	ə be²²ɕe²²/ ə be²²gri⁴⁴	u⁴⁴ki⁴⁴/ wə ji⁴⁴ki⁴⁴	u⁵³tɕi⁵³	
389	姨母	aunt \<mother's sister\>	ဒေါ်ဒေါ်အရီး	tɔ³³tɔ³³/ mwe³¹ŋɛ³³	ə rwɛ²²	dɔ¹¹dɔ¹¹/ ə ji⁴⁴ki⁴⁴	ə dɔ³³/ ə ji⁵³	
390	姑父	uncle \<husband of father's sister\>	ဦးဦး	pha³¹ŋɛ³³/ tɔ³¹ŋɛ³³	ə khẽ²² ɕe²²	u⁴⁴u⁴⁴	u⁵³le⁵³	
391	姑母	aunt \<father's sister\>	ဒေါ်ဒေါ်	dɔ³³le⁵³/ mwe³¹ŋɛ³³	ə ri⁴⁴gri⁴⁴	dɔ¹¹dɔ¹¹	dɔ³³dɔ³³/ ə tɕi⁵³	
392	亲戚	relatives	ဆွေမျိုးအမျိုး	shwe³³mjo⁵³/ ə mjo⁵³/ ə shwe³³	ə mjo⁴⁴	shwe¹¹mjo⁴⁴/ ə mjo⁴⁴	shwe³³mjo⁵³/ ə mjo⁵³	ə mjo⁴⁵⁴
393	岳父	father-in-law	ယောက္ခမ	tɔ³¹pho⁵³/ tɔ³¹phe³³	jau⁴²ʔkhə pho²²	jau⁴²ʔ khə ma⁴²	jɔ³²ʔ khə ma³² thi⁵³	
394	岳母	mother-in-law	ယောက္ခမ	tɔ³¹põ³³/ tɔ³¹me³³	jauʔ khə ma⁴²	jau³³ khə ma⁴²	jɔ³²ʔ khə ma³²	
395	继母	stepmother	မိထွေး	mwe³¹ŋɛ³³	mə thwi⁴⁴	mi⁴²thwe⁴⁴	mi³²thwe⁵³	
396	继父	stepfather	ဘထွေး	pha³¹ŋɛ³³	ba⁴²thwi⁴⁴	ba⁴²thwe⁴⁴	pha³²thwe⁵³	
397	寡妇	widow	မုဆိုးမ	mouʔ⁴⁵sho⁵³ma³¹	mə sho⁴⁴ma⁴²	mouʔ³³sho⁴⁴ma⁴²	mou³²ʔsho⁵³ma³²	mukʔ⁵²sho⁴⁵⁴
398	孤儿	orphan	မိဘမဲ့သား	mi³¹pha³¹mɛ³¹sha⁵³	mi⁴²pha⁴²mɛ⁴²tθa⁴⁴	mi⁴²pha⁴²mɛ⁴²tθa⁴⁴	mi³²ba³²mɛ³²tθa⁵³	
399	牲畜	livestock, domestic animal	တိရစ္ဆာန်	tə raɪʔ⁴⁵shã³³/ kə raɪʔ⁴⁵shã³³	tə reɪʔ⁴⁴shẽ²²	tə reɪʔ³³shẽ¹¹	tə raɪ³²ʔshã³³/ ə kɔ̃⁵³pə lɔ̃⁵³	
400	牛	cattle	နွား	hnwa⁵³	nwa⁴⁴	nwa⁴⁴	nwa⁵³	
401	黄牛	huangniu \<a type of cattle\>	နွား	hnwa⁵³	nwa⁴⁴	nwa⁴⁴	nwa⁵³	
402	水牛	buffalo	ကျွဲ	tɕwɛ⁵³/ kwɛ⁵³	tɕwɛ⁴⁴	tɕwɛ⁴⁴	tɕwɛ⁵³	gə li²²

(续表)

序号	汉义	英文	မြန်မာစာ 缅甸文	အင်းသား: 茵达 方言音	ရ ခိုင် 若开 方言音	ယော 约 方言音	ဓ နု 德努 方言音	ဖုန်း 蓬 方言音
403	牦牛	yak	စာမရီ	sa³³ mə ri³³	sa²² mə ri²²	sa¹¹ mə ri¹¹	sɑ³³ mə ri³³	
404	犏牛	pianniu <crossbreed of bull & yak>	နွား:ထီး:နှင့် စာမရီမွေး သောကပြား နွား:	hnwa⁵³ thi⁵³ na³¹ sa³³ mə ri³³ mwe⁵³ tɛ³¹ kɑ³¹pja⁵³ hnwa⁵³	nə thi⁴⁴ nɛ⁴² sa²² mə ri²² mwi⁴⁴ dðɔ⁴⁴ka⁴² pra⁴⁴ nwa⁴⁴	nə thi⁴⁴ na⁴² sa¹¹ mə ri¹¹ mwe⁴⁴ tθɔ⁴⁴ ka⁴² pja⁴⁴ nwa⁴⁴	nə thi⁵³ hnĩ³² sɑ³³ mə ri³³ mwe⁵³ dðɔ⁴⁴ ka³² pjɑ⁵³ nwɑ⁵³	
405	牛犊	calf	နွား:ပေါက်	hnwa⁵³ shə ŋɛ³³	hnə bau⁴²ʔ	nə pauʔ³³/ nwa⁴⁴ tθa⁴⁴ tθa⁴⁴lɛ⁴⁴	nwɑ⁵³ tθə ŋɛ³³	
406	公牛	bull	နွား:ထီး:	hnwa⁵³ thi⁵³	hnə thi⁴⁴	nə thi⁴⁴	nwɑ⁵³ thi⁵³	
407	母牛	cow	နွား:မ	hnwa⁵³ ma³¹	nə ma⁴²	nə ma⁴²	nwɑ⁵³ mɑ³²	
408	牛粪	cow dung	နောက်ချေး:	hnwa⁵³ khre⁵³	hnau⁴²ʔ tɕhi⁴⁴	nwa⁴⁴ tɕhe⁴⁴	nwɑ⁵³ tɕhi⁵³	
409	犄角	horn	ချို	ə ɕo³³	dzo²²/ ə gro²²	dzo¹¹	tɕho³³	
410	蹄	hoof	ခွါ	khwa³³	khwa²²	khwa¹¹	khwɑ³³	
411	毛	down, hair	အမွှေး:	ə mwe⁵³	ə mwi⁴⁴	ə mwe⁴⁴	ə mwe⁵³	
412	马	horse	မြင်း:	hmjɛ̃⁵³	mrɔ̃⁴⁴/ mrɔ̃⁴⁴	mjaŋ⁴⁴	mjĩ⁵³	mjo⁵¹/ ma⁵¹
413	马驹	pony	မြင်း:ကလေး:	hmjɛ̃⁵³ shə ŋɛ³³	mrɔ̃⁴⁴ gə le⁴⁴	mj aŋ⁴⁴ tθa⁴⁴ le⁴⁴	mjĩ⁵³ tθə ŋɛ³³	
414	公马	stallion	မြင်း:ထီး:	hmjɛ̃⁵³ thi⁵³	mrɔ̃⁴⁴thi⁴⁴	mj aŋ⁴⁴ thi⁴⁴	mjĩ⁵³ thi⁵³	
415	母马	mare	မြင်း:မ	hmjɛ̃⁵³ ma³¹	mrɔ̃⁴⁴ ma⁴²	mj aŋ⁴⁴ ma⁴²	mjĩ⁵³ɑ³²	
416	马鬃	horse mane	မြင်း:လည်ဆံ	hmjɛ̃⁵³ lɛ³³ shã³³	mrɔ̃⁴⁴ lɛ²² zɛ̃²²	mj aŋ⁴⁴ lɛ¹¹ shɛ̃¹¹	mjĩ⁵³lɛ̃³³ shã³³	
417	马粪	horse dung	မြင်း:ချေး:	hmjɛ̃⁵³ khre⁵³	mrɔ̃⁴⁴ɕi⁴⁴	mjĩ⁴⁴ tɕhe⁴⁴	mjĩ⁵³ tɕhi⁵³	
418	羊	sheep <general>	ဆိတ်	shaɪʔ⁴⁵	sheɪ⁴²ʔ	sheɪʔ³³	shaɪʔ³²	pjɛ⁵¹ja²²
419	绵羊	sheep	သို:	so⁵³/to⁵³	tθo⁴⁴	tθo⁴⁴	tθo⁵³	

（续表）

序号	汉义	英文	မြန်မာစာ 缅甸文	အင်းသား 茵达 方言音	ရခိုင် 若开 方言音	ယော 约 方言音	ဓနု 德努 方言音	ဖွန် 蓬 方言音
420	山羊	goat	ဆိတ်	shaɪʔ^{45}	sheɪ^{42ʔ}	sheɪʔ^{33}	shɑɪ^{32ʔ}	pjɛ^{51} pha^{22}
421	山羊羔	lamb	ဆိတ်ကလေး	shaɪʔ^{45} shə ŋɛ^{33}	sheɪ^{42ʔ} ɕe^{22}	sheɪʔ^{33} tθa^{44} le^{44}	shɑɪ^{32ʔ} tθə ŋɛ^{33}	
422	绵羊羔	kid	သိုးကလေး	to^{53} shə ŋɛ^{33}	tθo^{44} ɕe^{22}	tθo^{44} tθa^{44} le^{44}	tθo^{53} tθə ŋɛ^{33}	
423	羊毛	wool, fleece	သိုးမွေး	to^{53}mwe^{53}	tθo^{44} mwi^{44}	tθo^{44} mwe^{44}	tθo^{53} mwe^{53}	
424	羊粪	sheep dung	သိုးချေး	to^{53}khə le^{53}/ to^{53}khə re^{53}	tθo^{44}tɕhi^{44}	tθo^{44} tɕhe^{44}	tθo^{53} tɕhi^{53}	
425	骡子	mule	လား	la^{53}	la^{44}	la^{44}	lɑ^{53}	
426	驴	donkey	မြည်း	mji^{53}	mji^{44}	mji^{44}	mji^{53}	
427	骆驼	camel	ကုလားအုပ်	kə lə auʔ^{45}	ku^{42} la^{44}ouʔ^{42}	kə lə ouʔ^{33}	kə lə ou^{32ʔ}	
428	猪	pig	ဝက်	wɛʔ^{45}	wɛʔ^{44}/ wa^{42}	wak^{42ʔ}	wɛ^{32ʔ}	tə wa^{454}/ tə wok/
429	公猪	boar	ဝက်ထီး	wɛʔ^{45}thi^{53}	wɛ^{42ʔ}thi^{44}/ wa^{42}thi^{44}	wak^{42ʔ} thi^{44}	wɛ^{32ʔ}thi^{53}	
430	母猪	sow	ဝက်မ	wɛʔ^{45}ma^{31}	wɛʔ^{44}ma^{42}/ wa^{42} ma^{42}	wak^{42ʔ} ma^{42}	wɛ^{32ʔ} mɑ^{32}	
431	猪崽	piglet	ဝက်ကလေး	wɛʔ^{45} shə ŋɛ^{33}	wɛʔ^{4}ɕe^{22}/ wa^{42}ɕe^{22}	wak^{42ʔ} tθa^{44} le^{44}	wɛ^{32ʔ} tθə ŋɛ^{33}	
432	猪粪	pig dung	ဝက်ချေး	wɛʔ^{45} khre^{53}	wɛʔ^{44}tɕhi^{44}/ wa^{42} tɕhi^{44}	wak^{42ʔ} tɕhe^{44}	wɛ^{32ʔ} tɕhi^{53}	
433	猎狗	hound	အမဲလိုက်ခွေး	to^{53}laɪʔ^{45} khwe^{53}	ə mɛ^{44} laɪ^{42ʔ} khwi^{44}	ə mɛ^{44} laɪ^{33} khwe^{44}	ə mɛ^{53} leɪ^{32ʔ} khwe^{53}	
434	猫	cat	ကြောင်	tɕɔ̃^{33}	kraũ^{22}	tɕaũ^{11}	tɕɔ̃ ^{33}	tʃhəŋ^{22}
435	兔子	rabbit	ယုန်	joũ^{33}	joũ^{22}	joũ^{11}	joũ^{33}	paŋ^{22} thwaĩ^{454}
436	鸡	chicken	ကြက်	tɕɛʔ^{45}	kra^{42}	tɕak^{42ʔ}	tɕɛ^{32ʔ}	tʃho^{52ʔ}/ tʃhok
437	公鸡	cock	ကြက်ဖ	tɕɛʔ^{45}thi^{53}	kra^{42}pha^{42}	tɕak^{42ʔ} pha^{42}	tɕɛ^{32ʔ} pha^{32}	
438	母鸡	hen	ကြက်မ	tɕɛʔ^{45}ma^{31}	kra^{42}ma^{42}	tɕak^{42ʔ} ma^{42}	tɕɛ^{32ʔ} mɑ^{32}	

(续表)

序号	汉义	英文	မြန်မာစာ 缅甸文	အင်းသား 茵达方言音	ရခိုင် 若开方言音	ယော 约方言音	ဓနု 德努方言音	ဖွန် 蓬方言音
439	雏鸡	chick	ကြက်)ဖြီးပေါက်	tɕɛʔ⁴⁵ ʃə ŋɛ³³	kra⁴² ɕe²²	tɕak⁴²ʔ mji⁴⁴ pauʔ³³ tɕak⁴²ʔ ŋɛ¹¹le⁴⁴	tɕɛ³²ʔ bɔ³²ʔ / tɕɛ³²ʔ tθə ŋɛ³³	
440	鸡冠	cockscomb	ကြက်မောက်	tɕɛʔ⁴⁵ mɔʔ⁴⁵	kra⁴² mau⁴²ʔ	tɕak⁴²ʔ mau³³	tɕɛ³²ʔ mɔ³²ʔ	
441	鸭子	duck	ဘဲ	pɛ⁵³/ɔ̃³³ pɛ⁵³/ wũ⁵³pɛ⁵³	bɛ⁴⁴/be⁴⁴	bɛ⁴⁴	bɛ⁵³	
442	鹅	goose	ငမ်းဘဲ	ŋã⁵³ / pɛ⁵³ŋã⁵³	ŋɛ̃⁴⁴ be⁴⁴	ŋã⁴⁴ bɛ⁴⁴	ŋã⁵³	həŋ⁴⁵⁴
443	鸽子	dove	ချိုးငို	ɑuʔ⁴⁵ɕo⁵³ kho³³	dʑo⁴⁴/ kho²²	dʑo⁴⁴/ kho¹¹	tɕho⁵³ kho³³	
444	野兽	animal, beast	တိရစ္ဆာန်	tə rɑɪʔ⁴⁵ ʃã³³	tə reɪ⁴²ʔ ʃɛ̃²²	tə reɪ³³ ʃã¹¹	tə rɑɪ³²ʔ ʃã³³	
445	老虎	tiger	ကျား	tɕa⁵³	tɕa⁴⁴	tɕa⁴⁴	tɕa⁵³	kəla²²/ gəla²²
446	狮子	lion	ခြင်္သေ့	tɕhɛ̃³³ ʃe³¹/ ɕɛ̃³³ ʃe³¹	khrɔ̃²² tθe⁴²	tɕhaŋ¹¹ tθe⁴²	tɕhĩ³³ tθe³²	
447	龙	dragon	နဂါး	nə ka⁵³	nə ga⁴⁴	nə ga⁴⁴	nə ka⁵³	
448	猴子	monkey	မျောက်	mjɔʔ⁴⁵	mjauʔ⁴⁴	mjauʔ³³	mjɔ³²ʔ	kə we²²
449	象	elephant	ဆင်	ʃẽ³³	ʃĩ²²/ ʃɔ̃²²	ʃaŋ¹¹	ʃĩ³³	kəsho²²/ sho²²/ gə so⁵⁵/ gə ʃo⁵⁵
450	豹子	leopard, panther	ကျားသစ်	tɕa⁵³ ʃɪʔ⁴⁵/ tɕa⁵³ tɪʔ⁴⁵	dʑə tθɑɪ⁴²ʔ	tɕa⁴⁴ tθɪʔ³³/ khwe⁴⁴ sa⁴⁴tɕa⁴⁴	tɕə tθɪ³²ʔ	
451	熊	bear	ဝက်ဝံ	wɛʔ⁴⁵ wũ³³	wa⁴²wɛ̃²²	wak⁴²ʔ wã¹¹	we³²ʔ wũ³³	
452	野猪	wild boar	တောဝက်	tɔ⁵³wɛʔ⁴⁵	tɔ⁴⁴wa⁴²	tɔ⁴⁴ wak⁴²ʔ	tɔ⁵³wɛ³²ʔ	
453	鹿	deer	သမင်	ʃə mɛ̃³³	tθə mɔ̃²²	tθə maŋ¹¹	tθə mĩ³³	
454	麂子	muntjac, barking deer	ချေ	kli³³ʑ kri⁵³	dʑi²²	tɕhe¹¹	tθə mĩ³³	
455	獐子	river deer	ရယ်	tə jɛ³³	də re²²	də jɛ¹¹	də jɛ³³	

附录　缅甸语方言词汇表

（续表）

序号	汉义	英文	မြန်မာစာ 缅甸文	အင်းသား 茵达方言音	ရခိုင် 若开方言音	ယော 约方言音	ဓနု 德努方言音	ဖွန် 蓬方言音
456	麝香	musk	ကတိုးကောင်	kə to⁵³ kɔ̃³³	gə do⁴⁴ gaũ²²	gə do⁴⁴ gaũ¹¹	kə do⁵³ kɔ̃³³	
457	水獭	otter	ဖျံ	phjã³³/ hn̥ã³³	phjɛ̃²²	phjɛ̃¹¹	phjã³³	shɛ²²
458	豪猪	porcupine	ဖြူ	phju³³	phru²²	phju¹¹	phju³³	
459	刺猬	hedgehog	ဖြူငယ်	phju³³ŋɛ³³	phru²²ɕe²²	phju¹¹ ŋe¹¹	phju³³ tθə ŋɛ³³	
460	老鼠	mouse	ကြွက်	tɕwɛʔ⁴⁵	krwa⁴²	tɕwak⁴²ʔ	tɕwɛ³²ʔ	
461	松鼠	squirrel	ရှဉ့်	ɕĩ³¹ / tɕwɛʔ⁴⁵	ɕĩ⁴²/ hraĩ⁴²	ɕaŋ⁴²	shĩ³²	
462	黄鼠狼	yellow weasel	ကြောင်ပျံ	tɕɔ̃³³ prã³³/ tɕɔ̃³³ pjã³³	kraũ²² bjɛ̃²²	tɕaũ¹¹ pjɛ̃¹¹	tɕɔ̃³³ pjã³³	
463	豺	jackal	ခွေးအ	khwe⁵³a³¹	khwi⁴⁴a⁴²	khwe⁴⁴a⁴²	khwe⁵³a³²	
464	狼	wolf	ဝံပုလွေ	wũ³³ pə lwe³³	wɛ̃²² pə lwi²²	wã¹¹ pə lwe¹¹	wũ³³ pə lwe³³	
465	狐狸	fox	မြေခွေး	mje³³ khwe⁵³	mri²² khwi⁴⁴	mje¹¹ khwe⁴⁴	mje³³ khwe⁵³	
466	鸟窝	bird's nest	ငှက်သိုက်	hŋɛʔ⁴⁵ tẽ⁵³/ hɛʔ⁴⁵tẽ⁵³	hŋa⁴² tθaɪ⁴²ʔ	ŋ ak⁴²ʔ tθaɪ⁴²ʔ	ŋɛ³²ʔ tθer³²ʔ	
467	老鹰	black-eared kite, hawk	စွန်လင်းယုန်	sũ³³/lẽ⁵³ joũ³³	swɛ̃²²/ lɔ̃⁴⁴ joũ²²	swã¹¹/ laŋ⁴⁴ joũ¹¹	sũ³³/ lĩ⁵³ joũ³³	
468	鹞子	sparrow hawk	စွန်	sũ³³	swɛ̃²²	swã¹¹	sũ³³	
469	雕	eagle, vulture	လင်းယုန်	lẽ⁵³joũ³³	lɔ̃⁴⁴joũ²²	laŋ⁴⁴ joũ¹¹	lĩ⁵³joũ³³	
470	秃鹫	cinereous vulture	လင်းတ	lə ta³¹/ lẽ⁵³ ta³¹	lə da⁴²	lə ta⁴²	lə ta³²	laŋ⁴⁵⁴ ta⁴⁵⁴
471	猫头鹰	owl	ဇီးကွက်	si⁵³kwɛʔ⁴⁵	zi⁴⁴gwa⁴²	zi⁴⁴ kwak⁴²ʔ	zi⁵³ kwe³²ʔ	
472	燕子	swallow	ပျံလွှား	mo⁵³lẽ³³ tɕɛʔ⁴⁵ sə ŋe³³	bjɛ̃²² hlwa⁴⁴	pjɛ̃¹¹ lwa⁴⁴	pjã³³ lwa⁵³	
473	大雁	wild goose	တောငမ်း	tɔ⁵³ŋã⁵³	tɔ⁴⁴ŋɛ̃⁴⁴	tɔ⁴⁴ŋɛ̃⁴⁴	tɔ⁵³ŋã⁵³	
474	白鹤	crane	ကြိုးကြာ	tɕo⁵³tɕa³³	dzo⁴⁴dza²²/ gro⁴⁴kra²²	tɕo⁴⁴tɕa¹¹	tɕo⁵³tɕa³³	

(续表)

序号	汉义	英文	မြန်မာစာ 缅甸文	အင်းသား 茵达方言音	ရခိုင် 若开方言音	ယော 约方言音	ဓနု 德努方言音	ဖုန်း 蓬方言音
475	麻雀	sparrow	စာကလေး	sa^{33}pou?^{45} ti^{53}/ tɕɑ^{33} kə te^{53}/ tɕɑ^{33} sə ŋɛ^{33}	sa^{22}ɕe^{22}	sa^{11}sə le^{44}	seĩ^{33}sɑ^{33}	
476	蝙蝠	bat	လင်းနို့	lɛ̃^{53}no^{31}	lĩ^{44}no^{42}/ lɔ̃^{44}no^{42}	laŋ^{44}no^{42}	lĩ^{53}no^{32}	
477	喜鹊	magpie	သပိတ်လွှယ် ငှက်	shə paɪ^{45}? lwe^{33} hɛ?^{45}/ mje^{33} hɲu?^{45} hɲɛ?^{45}	tθə peɪ^{42}? lwe^{22} hɲa^{42}	tθə peɪ^{33} lwɛ^{11} ŋak^{42}?	tθə paɪ^{32}? lwe^{33} ŋɛ^{32}?	
478	乌鸦	crow	ကျီးကန်း	kli^{53}/kri^{53}	dʑə gɛ̃^{44}	tɕi^{44}kɛ̃^{44}	tɕe^{53}kã^{53}	
479	野鸡	pheasant	ရစ်	jɪ?^{45}	jɪ^{42}?/ raɪ^{42}?	jak^{42}?	jɪ^{32}?	
480	鹦鹉	parrot	ကြက်တူရွေး သာလိကာ	tɕɛ?^{45} tu^{33}je^{53}/ ŋwe^{33} khe^{53} sha^{33} li^{31}ka^{33}	kra^{42}tu^{22} jwi^{44} tθa^{22} li^{42}ka^{22}	tɕak^{42}? tu^{11} jwe^{44}/ tθa^{11} li^{42}ka^{11}/ tɕe^{44}	tɕe^{32}?tu^{33} jwe^{53} tθa^{33} li^{32}ka^{33}	
481	斑鸠	turtledove	ချိုး	au?^{45}ɕo^{53}	dʑo^{44}	tɕho^{44}	dʑo^{53}	
482	啄木鸟	woodpecker	ခေါက်ရှာငှက် သစ်တောက် ငှက်	shɪ?^{45} phɔ?^{45} hɲɛ?^{45}/ shɪ?^{45} tɔ?^{45}hɲɛ?^{45}	khə ɕa^{22} hɲa^{42} tθaɪ^{42}? tau^{42}? hɲa^{42}	khau?^{33} ɕa^{11} ŋak^{42}? tθɪ^{33} tau?^{33} ŋak^{42}?	kho^{32}? ɕa^{33} ŋɛ^{32}?/ tθɪ^{32}? tɔ^{32}?ŋɛ^{32}?	
483	布谷鸟	cuckoo	ဥသြ	ku^{33}u^{53} kɔ̃^{33}	ou?^{42}ɔ^{44}	ou?^{33}ɔ^{44}	ou^{32}?ɔ^{53}/ ku^{33}wu^{53}	
484	孔雀	peacock	ဒေါင်း	taũ^{53}	daũ^{44}	daũ^{44}	dɔ̃^{53}	
485	乌龟	tortoise	လိပ်	laɪ?^{45}	leɪ^{42}?	leɪ?^{33}	laɪ^{32}?	
486	四脚蛇	lizard	ဖွတ် ကင်းလိပ်ချော	phu?^{45}/ lɛ̃^{53}ɕo^{53}	phu^{42}?/ kɔ̃^{44} leɪ^{42}?ɕo^{44}	phu?^{33} kaŋ^{44} leɪ?^{33} tɕho^{44}	phu^{32}?/ kĩ^{53} laɪ^{32}? tɕho^{53}	
487	青蛙	frog	ဖါး	pha^{53}	pha^{44}	pha^{44}	pha^{53}	

(续表)

序号	汉义	英文	မြန်မာစာ 缅甸文	အင်းသား 茵达 方言音	ရခိုင် 若开 方言音	ယော 约 方言音	ဓနု 德努 方言音	ဖုန်း 蓬 方言音
488	蝌蚪	tadpole	ဖါးလောင်း	pha⁵³ tə peĩ³³ ŋa⁵³tə peĩ³³	phə laũ⁴⁴	pha⁴⁴ laũ⁴⁴	pha⁵³pə laũ⁵³/ pha⁵³tə peĩ⁵³ ŋa⁵³tə peĩ⁵³	
489	鳞	scale	အကြေးခွံ	ə tɕe⁵³ khũ³³	ə kri⁴⁴ khwɛ̃²²	ə tɕe⁴⁴ khwã¹¹	ə tɕe⁵³ khũ³³	
490	臭虫	bedbug	ကြမ်းပိုး	tɕã⁵³ po⁵³	dzə bo⁴⁴	tɕə po⁴⁴	dzə bo⁵³	tʃhi⁵⁵ tʃhi⁵²ʔ
491	跳蚤	flea	ခွေးလှေး	khwe⁵³ le⁵³	khwi⁴⁴ hli⁴⁴	khwe⁴⁴ le⁴⁴	khwe⁵³ hle⁵³	
492	虮子	nit	သန်းဥ	shã⁵³u³¹	tθɛ̃⁴⁴u⁴²	tθã⁴⁴u⁴²	tθã⁵³u³²	
493	苍蝇	fly	ယင်	tɕhẽ³³mə me⁵³/ ɕɛ̃³³mə me⁵³	jɔ̃²²	jaŋ¹¹	jĩ³³kɔ̃³³	
494	蛆	maggot	လောက်	po⁵³lɔʔ⁴⁵	lauʔ⁴²	lauʔ⁵³	lɔ³²	
495	蚊子	mosquito	ခြင်	tɕhẽ³³/ ɕɛ̃³³	tɕhĩ²²/ khrɔ̃²²	tɕhaŋ¹¹	tɕhĩ³³	
496	蜘蛛	spider	ပင့်ကူ	pã⁵³ ku³³/ pẽ⁵³ ku³³	põ⁴²ku²²	paŋ⁴² ku¹¹/ kaŋ⁴⁴	pĩ³²ku³³	
497	蜈蚣	centipede	ကင်း	kẽ⁵³	kɔ̃⁴⁴	kaŋ⁴⁴/ kaŋ⁴⁴ tθɛ⁴⁴ni¹¹	kĩ⁵³/ kĩ⁵³ tɕhe³³ mja⁵³	
498	蚯蚓	earthworm	တီ	ti³³	ti²²	ti¹¹	ti³³kɔ̃³³	
499	蚂蟥	leech	မျှော့	hmjɔ³¹a³¹	hmjɔ⁴²	mjɔ⁴²	mjɔ³²	pe²²iŋ⁴⁵⁴
500	蚂蚁	ant	ပုရွက်ဆိပ်	kleĩ³³/ klĩ³³	pə jwa⁴² sheɪ⁴²ʔ	pə jwakʔ⁴²ʔ sheɪʔ³³	sə mwa³²/ kə jĩ³³ kɔ̃³³	
501	蚕	silkworm	ပိုး	po⁵³	po⁴⁴	po⁴⁴	po⁵³	
502	蜜蜂	bee	ပျား	pja⁵³	pja⁴⁴	pja⁴⁴	pja⁵³	
503	蝗虫(蚂蚱)	locust	ကျိုင်းကောင်	tɕeĩ⁵³ kaũ³³	tɕaĩ⁴⁴ gaũ²²	tɕaĩ⁴⁴ kaũ¹¹	tɕeĩ⁵³ gaũ³³	
504	蜻蜓	dragonfly	ပုစဉ်း	pə zĩ⁵³	pə zĩ⁴⁴/ pə sheĩ²² dou⁴²ʔ	pə saŋ⁴⁴/ pauʔ³³ sheĩ¹¹ du⁴⁴	pe³³sĩ⁵³	

（续表）

序号	汉义	英文	မြန်မာစာ 缅甸文	အင်းသား 茵达 方言音	ရခိုင် 若开 方言音	ယော 约 方言音	ဓနု 德努 方言音	ဖုန်း 蓬 方言音
505	蝴蝶	butterfly	လိပ်ပြာ	laɪʔ⁴⁵pja³³	leɪ⁴²ʔpra²²	leɪʔ³³pja¹¹	laɪ³²ʔpja³³	
506	蜗牛	snail	ခရုပတ်ကို	phɛʔ⁴⁵kri³¹	khə ju⁴² pa⁴² tɕi⁴²	khə ju⁴² pakʔ⁴²ʔ tɕi⁴²	khə ju³ pe³²ʔ tɕi³³	
507	树干	trunk	ပင်စည်	pẽ³³zi³³	põ²²zi²²	paŋ¹¹si¹¹	pĩ³³si³³	
508	树枝	branch, twig	သစ်ကိုင်း	shɪʔ⁴⁵keĩ⁵³	tθaɪ⁴²ʔ kaĩ⁴⁴	tθa³³ kaĩ⁴⁴	tθɪ³²ʔ keĩ⁵³	
509	核儿	pit, stone	အူတိုင်အဆေ	u³³deĩ³³/ə se³¹	u²²daĩ²²/ə si⁴²	u¹¹daĩ¹¹/ə se⁴²	u³³teĩ³³/ə si³²	
510	芽儿	sprout, shoot	ပင်ပေါက်	pẽ³³pɔ⁴⁵	põ²²bauʔ⁴²ʔ	paŋ¹¹bauʔ³³	ə pĩ³³bɔ³²ʔ	
511	蓓蕾	bud	အဖူးအငုံ	ə phu⁵³ə ŋoũ³³	ə phu⁴⁴ə ŋoũ⁴⁴	ə phu⁴⁴ə ŋoũ¹¹	ə phu⁵³ə ŋoũ³³	
512	柳树	willow	မိုးမခ	mo⁵³mə kha³¹	mo⁴⁴mə kha⁴²	mo⁴⁴mə kha⁴²	mo⁵³mə kha³²	
513	杨树	poplar	ပေါ်ပုလာပင်	pɔ³³pə la³³ pẽ³³	pɔ²²pə la²² bõ²²	pɔ¹¹pə la¹¹ baŋ¹¹	pɔ³³pə la³³ bĩ³³	
514	杉树	China fir	တရုတ်ထင်းရှူး	tə jouʔ⁴⁵ thə lu⁵³ (ru⁵³)	tə jouʔ⁴²ʔ thõ⁴⁴ ru⁴⁴	tə jouʔ³³ thaŋ⁴⁴ju⁴⁴	tə jouʔ³²ʔ thĩ⁵³ ju⁵³	
515	松树	pine	ထင်းရှူး	thə lu⁵³/thə ru⁵³	thõ⁴⁴ ru⁴⁴	thaŋ⁴⁴ju⁴⁴	thĩ⁵³ ju⁵³	
516	柏树	cypress	ဆိုက်ပရက်ပစ်ပင်	shaɪʔ⁴⁵pə rɛʔ⁴⁵spẽ³³	shaɪ⁴²ʔ pə rɛ⁴²ʔ spõ²²	shaɪ³ pə rɪʔ³³ spaŋ¹¹	shaɪ³²ʔ pə rɛʔ⁵ spĩ³³	
517	松香	resin, colophony	ထင်းရှူးဆီ	thə lu⁵³ shi³³	thõ⁴⁴ru⁴⁴ shi²²	thaŋ⁴⁴ju⁴⁴ shi¹¹	thĩ⁵³ shu³³ shi³³	
518	松明	pine torches	ထင်းရှူးမီးတုတ်	thə lu⁵³ mi⁵³ touʔ⁴⁵/mi⁵³sho³³	thõ⁴⁴ ru⁴⁴mi⁴⁴ douʔ⁴²ʔ	thaaŋ⁴⁴ ju⁴⁴mi⁴⁴ touʔ³³	thĩ⁵³ shu⁵³ tou³²ʔ	
519	竹子	bamboo	ဝါး	wa⁵³	wa⁴⁴	wa⁴⁴	wa⁵³	tə wa²²/khə wa⁴⁵⁴
520	藤子	cane, vine	ကြိမ်	tɕeĩ³³	kreĩ²²	tɕeĩ¹¹	tɕaĩ³³	phu²² khə laĩ²² ou⁵²ʔ/khlaĩ²² ou⁵²ʔ
521	刺儿	thorn, splinter	ဆူး	shu⁵³	shu⁴⁴	shu⁴⁴	shu⁵³	gə shu⁴⁵⁴

（续表）

序号	汉义	英文	မြန်မာစာ 缅甸文	အင်းသား: 茵达 方言音	ရခိုင် 若开 方言音	ယော 约 方言音	ဓနု 德努 方言音	ဖုန်: 蓬 方言音
522	桃子	peach	မက်မွန်	mɑ³³mɑ⁵³	mɑ⁴² mwɛ̃ ²²	mak⁴²ʔ mwã ¹¹	mɛ³²ʔ mũ ³³	
523	梨	pear	သစ်တော်	ʃɪʔ⁴⁵tɔ³³	tθaɪ⁴²ʔtɔ²²	tθaʔ³³tɔ¹¹	tθɪ³²ʔtɔ³³	
524	橘子	tangerine	လိမ္မော်	leĩ ³³mɔ³³	leĩ ²²mɔ²²	leĩ ¹¹mɔ¹¹	leĩ ³³mɔ³³	
525	柿子	persimmon	တည်သီး	te³³ʃi⁵³	te²²tði⁴⁴	tɛ¹¹tθi⁴⁴	tɛ³³tθi⁵³	
526	葡萄	grape	သဖျစ်သီး	sə pjɪʔ⁴⁵ ʃi⁵³	sə bjaɪ⁴²ʔ tθi⁴⁴	tθə bjaʔ³³ tθi⁴⁴	tθə bjɪ³²ʔ tθi⁵³	
527	板栗	Chinese chestnut	သစ်အယ်သီး	ʃɪʔ⁴⁵ɛ³³ʃi⁵³/ sə ɛ³³ʃi⁵³	tθaɪ⁴²ʔɛ²² dði⁴⁴	tθaʔ³³ ɛ¹¹dði⁴⁴	tθɪ³²ʔ ɛ³³tθi⁵³	
528	芭蕉	plantain	ဧီးကြမ်းငှက် ပျော	ã ³³pjɔ⁵³ çĩ ³³/ ã ³³pjɔ⁵³ tɕhĩ ³³	phi⁴⁴dzã ⁴⁴ hŋə pjɔ⁴⁴	phi⁴⁴ tθɛ̃ ⁴⁴ ŋə pjɔ⁴⁴	phi⁵³ tɕã ⁵³ ŋə pjɔ⁵³	ə ŋo⁵¹ʃi⁴⁵⁴
529	甘蔗	sugarcane	ကြံ	tɕã ³³	krɛ̃ ²²	tɕɛ̃ ¹¹	tɕã ³³	
530	核桃	walnut	သစ်ကျး	ʃɪʔ⁴⁵tɕɑ⁵³/ tə tɕɑ⁵³	tθaɪ⁴²ʔtɕa⁴⁴	tθaʔ³³tɕa⁴⁴	tθɪ³²ʔtɕa⁵³	
531	庄稼	crops	ကောက်ပဲသီးနှံ	kɔʔ⁴⁵pe⁵³ ʃi⁵³ hnã ³³	kau⁴²ʔ pe⁴⁴tθi⁴⁴ hnɛ̃ ²²	kauʔ³³ peʔ⁴⁴ tθi⁴⁴ nɛ̃ ¹¹	kɔ³²ʔ pe⁵³ tθi⁵³ nã ³³	
532	粮食	foodstuff, grain	စားနပ်ရိက္ခာ, ဆန်စပါး	sa⁵³naʔ⁴⁵ jaɪʔ⁴⁵/ kha³³/ shã ³³pa⁵³	sa⁴⁴nɛ⁴²ʔ jeɪ⁴²ʔ kha⁴² shɛ̃ ²² zə ba⁴⁴	sa⁴⁴nɛʔ³³ jeɪʔ³³ kha⁴²/ shɛ̃ ¹¹ sə pa⁴⁴	sa⁵³na³²ʔ jaɪ³²ʔ kha³²/ shã ³³ sə pa⁵³	
533	水稻	paddy rice	စပါး	pa⁵³	zə ba⁴⁴	sə pa⁴⁴	sə pa⁵³	kok
534	糯米	glutinous rice	ကောက်ညှင်း	kɔʔ⁴⁵ hnɛ̃ ⁵³	kau⁴²ʔ hnɔ̃ ⁴⁴	kauʔ³³ hnaŋ⁴⁴	kɔ³²ʔnĩ ⁵³	kok ɲo⁴⁵⁴
535	秧	(rice) seedling	ပျိုးပင်	pjɔ⁵³pɛ̃ ³³	pjɔ⁴⁴bɔ̃ ²²	pjɔ⁴⁴ paŋ¹¹	pjɔ⁵³pĩ ³³	
536	穗	ear, spike	အနှံ	ə hnã ³³	ə hnɛ̃ ²²	ə nɛ̃ ¹¹	ə nã ³³	
537	稻草	rice straw	ကောက်ရိုး	kɔʔ⁴⁵jo⁵³	kau⁴²ʔjo⁴⁴	kauʔ³³ jo⁴⁴	kɔ³²ʔjo⁵³	
538	谷粒	unhusked rice	စပါး	pa⁵³	zə ba⁴⁴	sə pa⁴⁴	sə pa⁵³	
539	小麦	wheat	ဂျုံ	tɕoũ ³³	dzoũ ²²	tɕoũ ¹¹	dzoũ ³³	

(续表)

序号	汉义	英文	မြန်မာစာ 缅甸文	အင်းသား 茵达方言音	ရ ခိုင် 若开方言音	ယော 约方言音	ဓ နု 德努方言音	ဖုန်း 蓬方言音
540	大麦	barley	ပါလီ	ja³³sa³¹tɕo³³ / ra³³sa³¹tɕo³³	ba² ²li²²	pa¹¹li¹¹se⁴²	ba³³li³³	
541	青稞	highland barley	ဂျုံကြမ်း	tɕoũ³³tɕã⁵³	dʑoũ²²krẽ⁴⁴	tɕoũ¹¹tɕẽ⁴⁴	dʑoũ³³tɕã⁵³	
542	荞麦	buckwheat	ဘတ်ဝိတ်ဂျုံ	baʔ⁴⁵hwaɪʔ⁴⁵tɕoũ³³	bɛ⁴²ʔhweɪ⁴²ʔdʑoũ²²	bɛʔ³³hweɪʔ³³tɕoũ¹¹	ba³²ʔhweɪ³²ʔdʑoũ³³	
543	麦秸	wheat straw	ဂျုံရိုး	tɕoũ³³jo⁵³	dʑoũ²²ro⁴⁴	tɕoũ¹¹jo⁴⁴	dʑoũ³³jo⁵³	
544	麦芒	awn of wheat	ဂျုံစပါးမွေး	tɕoũ³³pa⁵³hmwe⁵³	dʑoũ²²zə ba⁴⁴mwi⁴⁴	tɕoũ¹¹sə pə mwe⁴⁴	dʑoũ³³sə pə mwe⁵³	
545	玉米	maize, corn	ပြောင်း၊ ပြောင်းဖူး	plɔ̃⁵³/ plɔ̃⁵³ phu⁵³/ khɔ³³shi⁵³	praũ⁴⁴/ praũ⁴⁴ phu⁴⁴	pjaũ⁴⁴/ pjaũ⁴⁴ phu⁴⁴/ tɕeɪʔ³³phu⁴⁴	pjaũ⁵³/ pjaũ⁵³ phu⁵³	pjɔŋ⁴⁵⁴
546	小米	millet	ဆပ်	shaʔ⁴⁵	shɛ⁴²ʔ	shɛʔ³³	sha³²ʔ	
547	棉花	cotton	ဝါ၊ ဝါဂွမ်း	wa³³/ wa³³ gũ⁵³	wa²²/ wa²² gwɛ⁴⁴	wa¹¹/ wa¹¹ gwã⁴⁴	wa³³/ wa³³ gũ⁵³	
548	麻	hemp	လျော့ဂုံ	ɕɔ³³/ koũ³³	ɕɔ²²/ goũ²²	ɕɔ¹¹/ goũ¹¹	shɔ³³/ goũ³³	
549	蔬菜	vegetable	ဟင်းသီးဟင်း ရွက်	hẽ⁵³shi⁵³ hẽ⁵³ wɛʔ⁴⁵	hɔ̃⁴⁴dði⁴⁴ hɔ̃⁴⁴ rwɔ⁴²	haŋ⁴⁴tθi⁴⁴ haŋ⁴⁴ jwaʔ³³	hĩ⁵³tθi⁵³ hĩ⁵³ jwɛ³²ʔ	tʃhe²² pe²²
550	萝卜	radish	မုံလာဥ	moũ³³ la³³u³¹	moũ²² la²²u⁴²	moũ¹¹ la¹¹u⁴²	moũ³³ la³³u³²	
551	辣椒	hot pepper, chili	ငရုပ်သီး	ta³¹shi⁵³/ saʔ⁴⁵shi⁵³	ŋrou⁴²ʔ tθi⁴⁴	saʔ³³tθi⁴⁴	sa³²ʔtθi⁵³	sã²² kho²²/ sã²² pho²²
552	葱	onion, scallion	ကြက်သွန် မြိတ်	tɕɛʔ⁴⁵ shũ³³ kha⁵³/ tɕɛʔ⁴⁵ shũ³³ pẽ³³	kra⁴² tθwẽ²² meɪ⁴²ʔ	tɕakʔ⁴²ʔ tθoũ¹¹ meɪ³³	tɕɛ³²ʔ tθoũ³³ maɪ³²ʔ	—

附录　缅甸语方言词汇表

（续表）

序号	汉义	英文	မြန်မာစာ 缅甸文	အင်းသား 茵达 方言音	ရခိုင် 若开 方言音	ယော 约 方言音	ဓနု 德努 方言音	ဖွန် 蓬 方言音
553	蒜	garlic	ကြက်သွန်ဖြူ	tɕɛʔ⁴⁵ shũ³³ phru³³/ tɕɛʔ⁴⁵ shũ³³ khɔ̃⁵³ phru³³	kra⁴² tθoũ²² phru²²	tɕak⁴²ʔ tθoũ¹¹ phju¹¹	tɕɛ³²ʔ tθoũ³³ phju³³	
554	姜	ginger	ချင်း	ɕẽ⁵³ sẽĩ⁵³/ tɕhẽ⁵³ sẽĩ⁵³	dʑĩ⁴⁴/ dʑɔ̃⁴⁴	tɕhaŋ⁴⁴	dʑĩ⁵³	
555	马铃薯	potato	အာလူ	a³³lu⁵³	a²²lu⁴⁴	a¹¹lu⁴⁴	a³³lu⁵³	
556	瓜	melon, gourd	အသီး	ə shi⁵³	ə tθi⁴⁴	ə tθi⁴⁴	ə tθi⁵³	ə shi⁴⁵⁴
557	冬瓜	white gourd	ကျောက်ဖရုံ	tɕɔʔ⁴⁵phə joũ³³	tɕau⁴²ʔ phə roũ²²	tɕau²³³ phə joũ¹¹	tɕɔ³²ʔpha joũ³³	
558	黄瓜	cucumber	သခွား	sə khwa⁵³/ khwa⁵³ shi⁵³	tθə khwa⁴⁴	tθə khwa⁴⁴	tθə khwa⁵³	ʃi⁴⁵⁴ khwa²² tu⁵¹ khwa²²
559	豆	pea, bean	ပဲ	pɛ⁵³/ pɛ⁵³tɔ̃³¹	pɛ⁴⁴	pɛ⁴⁴	pɛ⁵³	
560	黄豆	soya bean	ဆိုယာပဲ	pɛ⁵³pouʔ⁴⁵	sho²² ja²²pɛ⁴⁴	sho¹¹ ja¹¹pɛ⁴⁴	pɛ⁵³ pou³²ʔ	
561	蚕豆	broad bean	ပဲပြား	pɛ⁵³bra⁵³	pɛ⁴⁴bra⁴⁴	pɛ⁴⁴pja⁴⁴	pɛ⁵³pja⁵³	
562	豌豆	Pea	စတော်ပဲ	sə tɔ³³ pɛ⁵³	zə dɔ²² pɛ⁴⁴	sə tɔ¹¹ pɛ⁴⁴	sə tɔ³³ pɛ⁵³	
563	花生	Peanut	မြေပဲ	mje³³ pɛ⁵³	mri²² pɛ⁴⁴	mje¹¹ pɛ⁴⁴	mje³³ pɛ⁵³	
564	芝麻	Sesame	နှမ်း	hnã⁵³	hnẽ⁴⁴	nã⁴⁴	nã⁵³	
565	蘑菇	mushroom	မှို	hmo³³	hmo²²	mo¹¹	mo³³	
566	木耳	muer ‹an edible fungus›	ကြက်နား ရွက်	tɕwɛʔ⁴⁵ nɑ⁵³ wɛʔ⁴⁵ hmo³³	tɕwa⁴²nə rwɔ⁴²	tɕwak⁴²ʔ nə jwak⁴²ʔ	tɕwɛ³²ʔ nə jwɛ³²ʔ	
567	米	rice	ဆန်	shã³³	shẽ²²	shẽ¹¹	shã³³	shwe⁴⁵⁴ shi⁴⁵⁴
568	饭	cooked rice	ထမင်း	mẽ⁵³/ khə mã⁵³/ khə mẽ⁵³	thə mĩ⁴⁴/ thə mɔ̃⁴⁴	thə maŋ⁴⁴	thə mĩ⁵³/ thə mã⁵³/ mĩ⁵³	sha⁵²ʔ

(续表)

序号	汉义	英文	မြန်မာစာ 缅甸文	အင်းသား: 茵达 方言音	ရခိုင် 若开 方言音	ယော 约 方言音	ဓနု 德努 方言音	ဖုန်: 蓬 方言音
569	粥（稀饭）	gruel, porridge	ဆန်ပြုတ်	shã^{33} brouʔ^{45}	shẽ^{22} brou^{42}	shẽ^{11} bjou^{33}/ jakʔ^{42} mẽ^{44}je^{11}	shã^{33} pjou^{32}	
570	面粉	flour	ဂျုံ မုန့်	dʑoũ^{33} hmoũ^{31}	dʑoũ^{22} hmoũ^{42}	tɕoũ^{11} moũ^{42}	dʑoũ^{33} moũ^{32}	
571	瘦肉	lean meat	အဆီမပါ သောအသား:	ə shi^{33} luʔ^{45} ə sha^{53}	ə shi^{22}mə pa^{22} dθa^{44} ə tθa^{44}	ə shi^{11}mə pa^{11} tθa^{44} ə tθa^{44}	ə shi^{33}mə pa^{33}tθɔ^{53} ə tθa^{53}	
572	脂肪油	animal oil	အဆီ	ə shi^{33}	ə shi^{22}	ə shi^{11}	ə shi^{33}	ə shi^{22}
573	清油	vegetable oil	ဆီ	shi^{33}	shi^{22}	shi^{11}	shi^{33}	ə sjaĩ^{454}
574	酥油（黄油）	butter	ထောပတ်	thɔ^{53}paʔ^{45}	thɔ^{44}bɛʔ^{42}	thɔ^{44}pɛʔ^{33}	thɔ^{53}paʔ^{32}	
575	花椒	seed of Chinese prickly ash	ကသစ်ဆူး:	ke shɪʔ^{45} shu^{53}	ge tθaɪ^{42} shu^{44}	ke tθaʔ^{33} shu^{44}	ge tθɪ^{32} shu^{53}	
576	糖	sugar	သကြား:	sə tɕa^{53}/ tə tɕa^{53}	dθə dʑa^{44}	tθə tɕa^{44}	tθə dʑa^{53}	
577	汤	soup	ဟင်:ချို	hẽ^{53} tɕho^{33}	hɔ̃^{44}ɕo^{22}	han^{44} tɕho^{11}	hĩ^{53} tɕho^{33} ji^{33}	
578	酒	alcoholic beverage	အရက်	ɛ^{33}	ə ra^{42}	ə jakʔ^{42}	ə je^{32}	si^{454}sok/ si^{454} sho^{52}/ si^{454} sou^{52}
579	开水	boiled water	ရေနွေ:ရေ ကျက်	je^{33} nwe^{53}/ je^{33}tɕɛʔ^{45}	rə nwi^{44}/ rə dʑa^{42}	je^{11} nwe^{44}/ je^{11} tɕakʔ^{42}	je^{33} nwe^{53}/ je^{33} tɕɛ^{32}e^{53}	
580	茶	tea	လက်ဘက် ရည်	lə phɛʔ^{45} je^{33}/lɛʔ^{45} phɛ^{45} je^{33}	lə pha^{42} re^{22}	lə phakʔ^{42} je^{11}	lə phɛ^{32} je^{33}/ ə tɕho^{33} je^{33}	nɛ^{52} pho^{52} gaĩ^{22}
581	烟（吸的～）	cigarette, tobacco	ဆေး:လိပ်	she^{53}laɪʔ^{45}	shə leɪʔ^{42}	she^{44} leɪʔ^{33}	she^{53} leɪ^{32}	she^{454} lei^{52}
582	药	medicine	ဆေး:	she^{53}	shi^{44}	she^{44}	she^{53}	kə ʃi^{22}
583	糠	chaff, bran	ဖွဲ	phwɛ^{53}	phwɛ^{44}	phwɛ^{44}	phwɛ^{53}	
584	麦麸	wheat bran	ဂျုံဖွဲ	tɕoũ^{33} phwɛ^{53}	dʑoũ^{22} phwɛ^{44}	tɕoũ^{11} phwɛ^{44}	dʑoũ^{33} phwɛ^{53}	
585	猪食	pig feed, pigwash	ဝက်စာ	wɛʔ^{45}sa^{33}	wa^{42}sa^{22}	wakʔ^{42} sa^{11}	wɛ^{32}sa^{33}	

（续表）

序号	汉义	英文	မြန်မာစာ 缅甸文	အင်းသား 茵达方言音	ရခိုင် 若开方言音	ယော 约方言音	ဓနု 德努方言音	ဖုန် 蓬方言音
586	马料	fodder, horse feed	မြင်းစာ	mjɛ̃^{53}sa^{33}	mrɔ̃^{44}za^{22}	mjaŋ^{44}za^{11}	mĩ^{53}sa^{33}	
587	线	thread	ချည်	çi^{33}/tɕhi^{33}	çi^{22}	tɕhi^{11}	tɕhi^{33}	
588	布	cloth	ပိတ်၊အထည်	pai?^{45}/ ə thɛ^{33}	pei?^{42}/ ə thɛ^{22}	pei?^{33}/ ə thɛ^{11}	pai?^{32}/ ə thɛ^{33}	
589	丝	silk	ပိုး၊ပိုးချည်	po^{53}/po^{53}çi^{33}	po^{44}/po^{44}tɕhi^{22}	po^{44}/po^{44}tɕhi^{11}	po^{53}/po^{53}tɕhi^{33}	
590	绸子	silk fabric	ပိုး	po^{53}	po^{44}	po^{44}	po^{53}	
591	缎子	satin fabric	ဖဲ	phɛ^{53}	phɛ^{44}/phe^{44}	phɛ^{44}	phɛ^{53}	
592	呢子	woollen cloth	သကၠလပ်	shə kə la?^{45}/sha?^{45} kə la?^{45}	dðə gə lɛ?^{42}	tθə kə lɛ?^{33}	tθə gə la?^{32}	
593	衣服	clothing, garment	အကျႌ	ɛ̃^{53}ki^{33}/ã^{53}ki^{33}	ɔ̃^{44}dʑi^{22}	aŋ^{44}tɕi^{11}	ĩ^{53}tɕi^{33}	sho^{55}
594	衣领	collar	ကော်လာ	kɔ^{33}hla^{33}	kɔ^{22}la^{22}	kɔ^{11}la^{11}	kɔ^{33}la^{33}	
595	衣袖	sleeve	အကျႌလက်	ɛ̃^{53}ki^{33}lɛ?^{45}	ɔ̃^{44}dʑi^{22}la^{42}	aŋ^{44}tɕi^{11}lak^{42}	ĩ^{53}tɕi^{33}lɛ^{32}	
596	扣子	button	ကြယ်သီး	tɕɛ^{33}shi^{53}	kre^{22}dði^{44}/ɔ̃^{44}dʑi^{22}tθi^{44}	tɕɛ^{11}tθi^{44}	tɕɛ^{33}tθi^{53}	
597	裤子	pants, trousers	ဘောင်းဘီ	phɔ̃^{53}phi^{33}	baũ^{44}bi^{22}	phaũ^{44}phi^{11}	bɔ̃^{53}bi^{33}	
598	裙子	skirt	စကတ်	sə ka?^{45}	sə ka^{42}	sə kɛ?^{33}	sə ka?^{32}	
599	头帕	a colorful cloth worn on the head	ခေါင်းစည်း	khɔ̃^{53}se^{53}phə wa^{33}/khɔ̃^{53}se^{53}pɛ?^{45}	gaũ^{44}zi^{44}/gaũ^{44}pɛ?^{42}	khaũ^{44}si^{44}	khɔ̃^{53}zi^{53}tɕo^{53}	
600	包头	head-cloth, turban	ခေါင်းပေါင်	khɔ̃^{53}pɔ̃^{53}	gaũ^{44}baũ^{44}	khaũ^{44}paũ^{44}	khɔ̃^{53}pɔ̃^{53}/pɔ̃^{53}sɔ̃^{33}	kəŋ^{22}pɔŋ^{22}
601	帽子	hat	ဦးထုပ်	khɔ̃^{53}thou?^{45}	ou^{44}thou?^{42}/mɔ^{42}	ou^{44}thou?^{33}	khɔ^{53}thou?^{32}	
602	腰带	belt, girdle	ခါးပတ်	kha^{53}tɕo^{53}	gə bɛ?^{42}	khə pɛ?^{33}	kha^{53}pa?^{32}	
603	裹腿	puttee	ပတ်တီး	pa?^{45}ti^{53}	pɛ?^{42}ti^{44}	pa?^{33}ti^{44}	pa?^{32}ti^{53}	

(续表)

序号	汉义	英文	မြန်မာစာ 缅甸文	အင်းသား 茵达方言音	ရခိုင် 若开方言音	ယော 约方言音	ဓနု 德努方言音	ဖုန်း 蓬方言音
604	袜子	sock, stocking	ခြေအိတ်	hmɔ^{33}sa^{33}/khe^{33}aɪʔ^{45}	khri^{22}eɪʔ^{42}	mɔ^{11}za^{11}	tɕhe^{33}su^{32}ʔ	
605	鞋	shoe	ဖိနပ်	phə nɑʔ^{45}	phə nɛ^{42}ʔ	phə nɛ^{33}	phə nɑ^{32}ʔ	
606	靴子	boot	ဘွတ်	ke^{33}thouʔ^{45}	bwɔ^{42}	buʔ^{33}	buʔ^{32}/tɕhe^{33}ñĩ^{53}	
607	梳子	comb	ဘီး	khɔ̃^{53}phi^{53}	bi^{44}	bi^{44}	bi^{53}	pi^{454}/wi^{454}(vi^{454})
608	宝贝	treasured object, treasure	ရတနာ၊ ကျောက်မျက် ရတနာ	jə tə nɑ^{33}/tɕɔʔ^{45}mjɛʔ^{45}jə tə nɑ^{33}	rə də nɑ^{22}/tɕauʔ^{42}mja^{42}rə də nɑ^{22}	jə tə nɑ^{11}/tɕauʔ^{33}mjak^{42}ʔjə tə nɑ^{11}	jə də nɑ^{33}/tɕɔ^{32}ʔmjɛʔ^{32}jə də nɑ^{33}	
609	珊瑚	coral	သန္တာ	sã^{33}tɑ^{33}	tθɛ̃^{22}da^{22}	tθɛ̃^{11}tɑ^{11}	tθã^{33}tɑ^{33}	
610	耳环	earrings	နားကွင်း	nə^{53}kwɛ̃^{53}	nə kwɔ̃^{44}	nə kwaŋ^{44}	nə kwĩ^{53}	
611	项圈	necklace, necklet	လည်ကွင်း	lɛ^{33}kwɛ̃^{53}	bə di^{44}	lɛ^{11}kwaŋ^{44}	lɛ^{33}gwĩ^{53}	
612	戒指	ring	လက်စွပ်	lɛʔ^{45}suʔ^{45}	hla^{42}swɔ^{42}	lakʔ^{42}swaʔ^{33}	lɛʔ^{32}suʔ^{32}	
613	手镯	bracelet	လက်ကောက်	lɛʔ^{45}kɔʔ^{45}	hla^{42}kau^{42}ʔ	lakʔ^{42}kauʔ^{33}	lɛʔ^{32}kɔʔ^{32}	
614	毡子	felt blanket	အမွေးကြမ်း စောင်ထည်	ə mwe^{53}tɕã^{53}sɔ̃^{33}the^{33}	ə mwi^{44}dʑɛ̃^{44}saũ^{22}dɛ^{22}	ə mwe^{44}tɕɛ̃^{11}saũ^{11}the^{11}	ə mwe^{53}dʑɛ^{53}sɔ̃^{33}the^{33}	
615	氆氇	Tibetan woollen cloth	တိဘက်ဒေသမှ သိုးမွေးထည်	ti^{31}pɛʔ^{45}te^{33}sa^{31}kɑ^{31}sho^{53}mwe^{53}the^{33}	ti^{42}ba^{42}tθo^{44}mwi^{44}dɛ^{22}	ti^{42}bɛʔ^{33}tθo^{44}mwe^{44}the^{11}	ti^{32}be^{32}ʔtθo^{53}mwe^{53}sɔ̃^{33}	
616	枕头	pillow	ခေါင်းအုံး	khɔ̃^{53}oũ^{53}	gaũ^{44}oũ^{44}	khaũ^{44}oũ^{44}	khɔ̃^{53}oũ^{53}	
617	席子	mat	ဖျာ	phjɑ^{33}	phjɑ^{22}	phjɑ^{11}	phjɑ^{33}	tə sha^{22}
618	垫子	pad, cushion	ကုရှင်/ထိုင်ခုံ	ku^{33}ɕĩ^{33}/theĩ^{33}phoũ^{33}	ku^{22}ɕĩ^{22}	ku^{11}ɕaŋ^{11}	ku^{33}ɕĩ^{33}/theĩ^{33}phoũ^{33}	

（续表）

序号	汉义	英文	မြန်မာစာ 缅甸文	အင်းသား 茵达方言音	ရ ခိုင် 若开方言音	ယော 约方言音	ဓ နု 德努方言音	ဖုန် 蓬方言音
619	蓑衣	straw or palm-bark rain cape	ကျွပင်မိုးကာ	klu³³bẽ³¹ mo⁵³ ka³³	tɕu²²bɔ̃⁴² mo⁴⁴ ka²²	tɕu¹¹ baŋ¹¹ mo⁴⁴ ka¹¹	tɕu³³ bĩ³²mo⁵³ ka³³	
620	房子	house	အိမ်	eĩ³³	eĩ²²	eĩ¹¹	aĩ³³	aĩ²²/ aiŋ²²
621	房顶	roof	ခေါင်မိုး	khɔ̃³³ mo⁵³	khaũ²² mo⁴⁴	khaũ¹¹ mo⁴⁴	khɔ̃³³ mo⁵³	
622	房檐	eave	တံစက်)မိတ်	tə sɛʔ⁴⁵ maɪʔ⁴⁵/ tɕɔ̃³³ wɛ̃³³	də za⁴² meɪ⁴²ʔ	tə sak⁴²ʔ meɪʔ³	tə sɛ³²ʔ maɪ³²ʔ	
623	地基	foundation	အုတ်မြစ်	ouʔ⁴⁵ mjɪʔ⁴⁵	ou⁴²ʔ mraɪ⁴²ʔ	ouʔ³³ mja⁴²ʔ	ou³²ʔ mjɪ³²ʔ	
624	厨房	kitchen	စားဖိုချောင်, မီးဖိုချောင်	mi⁵³ pho³³ khaũ³³	sə pho²² dʑaũ²² mi⁴⁴ pho²² dʑaũ²² thə mɔ̃⁴⁴ ɕa⁴² khɛ̃⁴⁴	sə pho¹¹ tɕhaũ¹¹ mi⁴⁴ pho¹¹ tɕhaũ¹¹	sə pho³³ tɕhaũ³³/ mi⁵³ pho³³ tɕhaũ³³	
625	楼房	building	တိုက်အိမ်	taɪʔ⁴⁵eĩ³³	taɪʔ⁴²ʔeĩ²²	taɪʔ³³eĩ¹¹	teɪ³²ʔaĩ³³	
626	楼上	upstairs	အပေါ်ထပ်	ə pɔ³³ tha⁴⁵	ə pɔ²² dɛ⁴²ʔ	ə pɔ¹¹ theʔ³³	ə pɔ³³ tha³²ʔ	
627	楼下	downstairs	အောက်ထပ်	ɔʔ⁴⁵thə⁴⁵	au⁴²ʔ theʔ⁴²ʔ	au³³ theʔ³³	ɔ³²ʔthə³²ʔ	
628	仓库	warehouse, storehouse	ဂိုဒေါင်	kho³³tɔ̃³³	go²²daũ²²	go¹¹ daũ¹¹	go³³ daũ³³	
629	牛圈	cowshed, ox fence	နွားတင်းကုပ်	hnwa⁵³ taʔ⁴⁵	nwa⁴⁴tɔ̃⁴⁴ kou⁴²ʔ	nwa⁴⁴ taŋ⁴⁴ kouʔ³³	nwa⁵³fĩ⁵³ kou³²ʔ	
630	猪圈	pigsty, hogpen	ဝက်ခြံ	wɛʔ⁴⁵taʔ⁴⁵	wa⁴² ɕɔ̃²²	wak⁴²ʔ tɕhɛ̃¹¹	wɛ³²ʔ tɕhã³³	
631	马圈	stable, horse fence	မြင်းဇောင်း	mjẽ⁵³ sɔ̃⁵³/ mjẽ⁵³ taʔ⁴⁵	mrɔ̃⁴⁴ zaũ⁴⁴	mjaŋ⁴⁴ zaũ⁴⁴	mjĩ⁵³ zɔ̃⁵³	
632	羊圈	sheepfold, sheep pen	သိုးခြံ	sho⁵³taʔ⁴⁵	tθo⁴⁴dʑã²²	tθo⁴⁴ tɕhɛ̃¹¹	tθo⁵³ tɕhã³³	
633	鸡圈	chicken pen	ကြက်ခြင်း, ကြက်ခြံ	tɕɛʔ⁴⁵ taʔ⁴⁵/ tɕɛʔ⁴⁵tẽ⁵³	kra⁴² ɕɔ̃⁴⁴ kra⁴² ɕɛ̃²²	tɕak⁴²ʔ tɕhaŋ⁴⁴ tɕak⁴²ʔ tɕhẽ¹¹	tɕɛ³²ʔ tɕhĩ⁵³ tɕɛ³²ʔ tɕhã³³	

（续表）

序号	汉义	英文	မြန်မာစာ 缅甸文	အင်းသား 茵达方言音	ရ နိုင် 若开方言音	ယော 约方言音	ဓ နု 德努方言音	ဖုန်း 蓬方言音
634	砖	brick	အုတ်ခဲ	ouʔ^{45}khɛ^{53}	ouʔ^{42} khɛ^{44}	ouʔ^{33} khɛ^{44}	ouʔ^{32} khɛ^{53}	
635	瓦	tile	အုတ်ကြွပ်	ouʔ^{45} tɕu^{45}	ouʔ^{42} krɔ^{42}	ouʔ^{33} tɕwɛʔ^{33}	ouʔ^{32} tɕu^{32}	
636	墙	wall	နံရံ	nə jã^{33}	nẽ^{22}rẽ^{22}	nẽ^{11}jẽ^{11}	nã^{33}jã^{33}	
637	木头	wood, log	သစ်တုံး၊သစ်	shɪʔ^{45} toũ^{53}/ shɪʔ^{45}	tθaɪʔ^{42} toũ^{44}/ tθaɪʔ^{42}	tθaʔ^{33} toũ^{44}/ tθaʔ^{33}	tθɪʔ^{32} toũ^{53}/ tθɪʔ^{32}	
638	木板	plank, board	ပျဉ်ပြား	pjĩ^{33} pja^{53}/ pjĩ^{33}	pjaĩ^{22} bra^{44}	pjaŋ^{11} pja^{44}	pjĩ^{33} pja^{53}	
639	柱子	pillar, column	တိုင်	teĩ^{33}	taĩ^{22}	taĩ^{11}	teĩ^{33}	
640	门	door	တံခါး	tã^{33} kha^{53}	dɛ̃^{22} ga^{44}	tẽ^{11} kha^{44}	tə kha^{53}	
641	门槛	threshold	တံခါးခုံ	tã^{33} kha^{53} khoũ^{33}	də ga^{44} khoũ^{22}	tẽ^{11} kha^{44} khoũ^{11}	də ga^{53} khoũ^{33}	
642	大门	front door, entrance door	အိမ်ရှေ့တံခါး	eĩ^{33}ɕe^{31} tã^{33} kha^{53} ma^{31}	eĩ^{22}ɕe^{42} dɛ̃^{22} ga^{44}	eĩ^{11}ɕe^{42} tẽ^{11} kha^{44}	eĩ^{33}she^{32} tə ga^{53} pɔ^{32}ʔ	
643	窗子	window	ပြူတင်းပေါက်	pə tẽ^{53} pɔ^{45}	bə dɪ^{44} bau^{44} pru^{22} dɛ̃^{44}bauʔ^{44}	pə taŋ^{44} pauʔ^{33}	pə tĩ^{53} pɔ^{32}ʔ	
644	梁	beam	ယက်မ	jɛʔ^{45}ma^{31}/ jũ^{53}	ja^{42} ma^{42}/	jakʔ^{42} ma^{42}	jɛ^{32}ʔma^{32}	
645	椽子	rafter	ဒိုင်း	teĩ^{53}	daĩ^{44}	daĩ^{44}	teĩ^{53}	
646	台阶	flight of steps	လှေကားထစ်	hle^{33}kə^{53} thɪʔ^{45}	hle^{22}gə thaʔ^{42}	le^{11}kə thaʔ^{33}	hle^{33}kə^{53} thɪ^{32}ʔ	
647	篱笆	bamboo/ twig fence	ခြံစည်းရိုး	tɕhã^{53}si^{53} jo^{53}	tɕhã^{22} si^{44}jo^{44}/ tɛ^{42}ʔ/ tɛʔ^{44}thə rẽ^{22}	tɕhẽ^{11} si^{44}jo^{44}	tɕhã^{33} se^{53} jo^{53}/ sɔ̃^{33}jĩ^{53}	wan^{22} ta^{454}
648	园子	garden（plot）	ခြံ	tɕhã^{33}/ ɕã^{33}	khrẽ^{22}	tɕhẽ^{11}	tɕhã^{33}	
649	东西	thing	ပစ္စည်း	pjɪʔ^{45}si^{53}	paɪʔ^{42}si^{44}	paʔ^{33}si^{44}	pɪ^{32}ʔsi^{53}	
650	桌子	table	စားပွဲ	sə pwɛ^{53}	zə bwɛ^{44}	sə pwɛ^{44}	sə pwɛ^{53}	

附录 缅甸语方言词汇表

(续表)

序号	汉义	英文	မြန်မာစာ 缅甸文	အင်းသား 茵达方言音	ရခိုင် 若开方言音	ယော 约方言音	ဓနု 德努方言音	မွန်း 蓬方言音
651	凳子	stool, bench	ကုလားထိုင်	kə leĩ^{33} theĩ^{33}	kə lə thaĩ^{22}	kə lə thaĩ^{11}	kə lə theĩ^{33}/ theĩ^{33} khoũ^{33}	
652	床	bed	ကုတင်	kə dɛ̃^{33}	gə dɔ̃^{22}	kə daŋ^{11}	kə dɪ^{33}	
653	箱子	chest, box, trunk	သေတ္တာ	tɪʔ^{45}ta^{33}/ taɪʔ^{45}ta^{33}	tθaɪʔ^{44}ta^{22}	tθaʔ^{33}ta^{11}	tθɪʔ^{32}ta^{33}	
654	柜子	cupboard, cabinet	ဗီရို	pi^{33}to^{33}	bi^{22}do^{22}	bi^{11}do^{11}	pi^{33}ro^{33}	
655	盒子	box, case	ဘူးအစုံ	phu^{53}/ɪʔ^{45}	bu^{44}/aɪʔ^{42}	phu^{44}	phu^{53}/ɪʔ^{32}	
656	肥皂	soap	ဆပ်ပြာ	shaʔ^{45} pja^{33}	shɛ^{42} pra^{22}/ tθə boũ^{22}	shɛ^{33} pja^{11}	sha^{32} pja^{33}	
657	镜子	mirror	မှန်	hmã^{33}	hmɛ̃^{22}	mɛ̃^{11}	mã^{33}	
658	扫帚	broom	တံမြက်စည်း	moũ^{31} sheĩ^{53}	də bjaɪ^{42} si^{44}/ eĩ^{22}hle^{44}	də mja^{33} si^{44}/ tθaŋ^{11} paũ^{44} khak^{42}	də mjɛ^{32} sɛ^{53}	
659	灯	light, lamp	မီး	mi^{53}	mi^{44}	mi^{44}	mi^{53}	
660	柴	firewood	ထင်း	thẽ^{53}	thĩ^{44}	thaŋ^{44}	thĩ^{53}	kə tho^{22}
661	火炭（燃着的炭）	live charcoal	မီးကျီး	mi^{53}khɛ^{53}	mə dzi^{44}	mi^{44}tɕi^{44}	mi^{53}tɕe^{53}	
662	火石	flint	မီးခတ်ကျောက်	mi^{53}khaʔ^{45} tɕɔʔ^{45}	mə khɛ^{42} tɕau^{42}	mi^{44} khɛ^{33} tɕau^{33}	mi^{53} kha^{32} tɕɔ^{32}	lok
663	火绒	tinder	မီးမွှေးလောင်စာ	mi^{53} hmwe^{53} sa^{33}	mi^{44} hmwi^{44} laũ^{22} za^{22}	mi^{44} mwe^{44} laũ^{11} sa^{11}	mi^{53} hmwe^{53} lɔ̃^{33} sa^{33}	
664	火镰	steel<for flint>	သံမဏိခဲ	shã^{33} mə ni^{31} khɛ^{53}	tθɛ̃^{22} mə ni^{42} ge^{44}	tθɛ̃^{11} mə ni^{42} khɛ^{44}	tθã^{33} mə ni^{3} khɛ^{53}	
665	火柴	match	မီးခြစ်	mi^{53} tɕhɪ^{45}/ mi^{53} khaʔ^{45}/ mi^{53} ɕɪʔ^{45}	mə shwe^{44} za^{22}/ mə shwe^{44}	mi^{44} tɕha^{33}	mi^{53} tɕhe^{32}	
666	火把	torch	မီးတုတ်	mi^{53} douʔ^{45}	mi^{44} douʔ^{42}/ meĩ^{44} douʔ^{42}	mi^{44} dou^{33}	mi^{53} tou^{32}	

(续表)

序号	汉义	英文	မြန်မာစာ 缅甸文	အင်းသား 茵达方言音	ရခိုင် 若开方言音	ယော 约方言音	ဓနု 德努方言音	ဖုန်း 蓬方言音
667	香（烧的~）	joss stick, incense	အမွှေးတိုင်	ə hmwe^{53} tẽi^{33}/ pã^{53} hmwe^{53} tẽi^{33}	ə hmwi^{44} dãi^{22}	ə mwe^{44} tãi^{11}	ə mwe^{53} tẽi^{33}	
668	垃圾	garbage, rubbish	အမှိုက်	ə moũ^{31}	ə hmaɪʔ^{42}	ə maɪʔ^{33}	ə meɪʔ^{32}	
669	染料	dye (stuff)	ဆိုးဆေး	sho^{53}she^{53}	sho^{44}shi^{44}	sho^{44}se^{44}	sho^{53}she^{53}	
670	灶	cooking stove, kitchen range	မီးဖို	mi^{53}pho^{33}	mə pho^{22}	mi^{44}pho^{11}	mi^{53}pho^{33}	
671	铁锅	large iron wok, pan	ဒယ်အိုး	o^{53}kɛ̃^{53}	dɛ^{22}o^{44}/ tθɛ̃^{22} phə ra^{22} bãi^{44}/ tɕɔ^{22} bja^{42}	dɛ^{11}o^{44}	o^{53}kĩ^{53}	
672	炒菜锅	frying wok	ဟင်းအိုး	hɛ̃^{53}o^{53}	hĩ^{44}o^{44}/ hɔ̃^{44}o^{44}	haŋ^{44}o^{44}	hĩ^{53}o^{53}	
673	盖子	lid, cover	စလောင်း၊ အဖုံး	sə lɔ̃^{53}/ ə phoũ^{53} o^{53} phoũ^{53} khwɛʔ^{45}	sə laũ^{44}/ ə phoũ^{44}	sə laũ^{44}/ ə pjoũ^{44}	sə lɔ̃^{53}/ ə pjoũ^{53}	
674	蒸笼	bamboo food steamer	ပေါင်းချောင်	pɔ̃^{53} tɕhaũ^{33}	paũ^{44} dʑaũ^{22}	paũ^{44} tɕhaũ^{11}	paũ^{53} dʑaũ^{33}	pauŋ^{22} khauŋ^{454}
675	刀	knife	ဓား	tha^{53}	da^{44}	tha^{44}	tha^{53}	naŋ^{22} kaŋ^{22}
676	把儿（刀~）	handle (of a knife)	ဓားရိုး	tha^{53}jo^{53}	də jo^{44}/ da^{44} ro^{44}	tha^{44}jo^{44}	tha^{53}jo^{53}	
677	勺子	ladle	ယောက်မစွန်းကြီး	jauʔ^{45} ma^{31} khoũ^{53}/ sũ^{53}ki^{53}/ sũ^{53}ku^{53}	jau^{42} ma^{42}/ zũ^{44}dʑi^{44}/ zwɛ^{44} kri^{44}	jau^{33} ma^{42}/ zwã^{44} tɕi^{44}	jɔ^{322}ma^{32}/ sũ^{53} dʑi^{53}	
678	匙（调羹）	spoon	ဇွန်း	sũ^{53}	zũ^{44}/ zwɛ̃^{44}	zwã^{44}	sũ^{53}	sɔ^{51}
679	碗	bowl	ပန်းကန်	khwɛʔ^{45}	bə gɛ̃^{22}	pə kɛ̃^{11}	pə kã^{33}	ku^{22} taŋ^{22}
680	盘子	plate, dish	ပန်းကန်ပြား	khwɛʔ^{45} pja^{53}/ khwɛʔ^{45} pra^{53}	bə gã^{22} bja^{44}	pə kɛ̃^{11} pja^{44}	pə kã^{33} pja^{53}	

（续表）

序号	汉义	英文	မြန်မာစာ 缅甸文	အင်းသား 茵达方言音	ရခိုင် 若开方言音	ယော 约方言音	ဓနု 德努方言音	ဖုန်း 蓬方言音
681	筷子	chopsticks	တူ	tu^{33}	tu^{22}	tu^{11}	tu^{33}	
682	瓶子	bottle	ပုလင်း	$pə\ l\tilde{\varepsilon}^{53}$	$pə\ \widehat{\Omega}^{44}$ / $pə\ l\tilde{ɔ}^{44}$	$pə\ laŋ^{44}$	$pə\ \widehat{\Omega}^{53}$	
683	罐子	pot, jar, tin	အိုး	o^{53}	o^{44}	o^{44}	o^{53}	$u^{22}khwi^{22}$ / $mɔ^{22}touŋ^{22}$ / $mɔ^{22}toŋ^{22}$
684	坛子	earthen jar	အိုးစရည်း	$o^{53}\ w\tilde{e}^{53}$	$o^{44}sə\ ri^{44}$	$o^{44}sə\ ji^{44}$	$mjɔ^{53}o^{53}$	
685	壶	kettle, pot	ခရား	$khə\ jɑ^{53}$	$khə\ jɑ^{44}$ / be^{44} / $khə\ rɑ^{44}$	$khə\ jɑ^{44}$	$khə\ jɑ^{53}o^{53}$	
686	缸	vat, jar	စည်အိုး	$s\tilde{\imath}^{31}o^{53}$	$s\tilde{a\imath}^{42}o^{44}$	$saŋ^{42}o^{44}$	$s\tilde{\imath}^{32}o^{53}$	
687	水桶	bucket	ရေပုံး	$je^{33}po\tilde{u}^{53}$	$rə\ bo\tilde{u}^{44}$	$je^{11}po\tilde{u}^{44}$	$je^{33}po\tilde{u}^{53}$	
688	木盆	wooden tray	သစ်သား အင်းတုံး	$shɪʔ^{45}\ shɑ^{53}\ \tilde{\varepsilon}^{53}\ to\tilde{u}^{53}$	$tθaɪ^{42ʔ}\ tθa^{44}\ \tilde{ɔ}^{44}\ do\tilde{u}^{44}$	$tθ\tilde{\varepsilon}^{33}\ tθa^{44}\ aŋ^{44}\ do\tilde{u}^{44}$	$tθɪ^{32ʔ}\ tθa^{53}\ \tilde{\imath}^{53}\ do\tilde{u}^{53}$	
689	箍子	hoop, band	သံနွေ့ပတ်	$sh\tilde{a}^{33}\ khwe^{33}\ paʔ^{45}$	$tθ\tilde{\varepsilon}^{22}khə\ bɛ^{42ʔ}$	$tθ\tilde{\varepsilon}^{11}\ khwe^{11}\ pɛʔ^{33}$	$tθ\tilde{a}^{33}\ khwe^{33}\ pa^{32ʔ}$	
690	瓢	gourd ladle, wooden dipper	အုန်းမှုတ်	$o\tilde{u}^{53}\ hmouʔ^{45}$	$o\tilde{u}^{44}\ hmou^{42ʔ}$	$ou\tilde{}^{33}\ mouʔ^{33}$	$o\tilde{u}^{53}\ hmou^{32ʔ}\ khwe^{32ʔ}$	$nə^{52ʔ}\ mwe^{51}$
691	三脚架	trivet	ဝက်က	$sho\tilde{u}^{53}\ tɕhɔ^{53}\ thɔʔ^{45}$	$wa^{42}\ ka^{42}$	$wakʔ^{42}\ ka^{42}$	$we^{32ʔ}\ ka^{32}$	
692	火钳	fire-tongs	မီးညှပ်	$mi^{53}\ hnɑʔ^{45}$	$mi^{44}\ hnɑ^{42ʔ}$	$mi^{44}\ ɲɑʔ^{33}$	$mi^{53}ɲɑ^{32ʔ}$	
693	吹火筒	a (bamboo) tube for blowing on a fire	မီးပြောင်း	$mi^{53}\ pl\tilde{ɔ}^{53}$	$mi^{44}\ bjaũ^{44}$ / $praũ^{44}\ dʑaĩ^{22}$	$mi^{44}\ pjaũ^{44}$	$mi^{53}\ bj\tilde{ɔ}^{53}$ / $mi^{53}pl\tilde{ɔ}^{53}$	
694	竹筒	a section of bamboo used as a container	ဝါးကျည်တောက်	$wa^{53}kle^{33}\ tɔʔ^{45}$	$wa^{44}tɕi^{22}\ dau^{42ʔ}$	$wa^{44}tɕi^{11}\ tauʔ^{33}$	$wa^{53}tɕi^{33}\ tɔ^{32ʔ}$	

(续表)

序号	汉义	英文	缅甸文	茵达方言音	若开方言音	约方言音	德努方言音	蓬方言音
695	背带（背小孩用）	a piece of cloth with straps for carrying a toddler on the back	သိုင်းကြိုး	shei͂^{53} tɕo^{53}	tθai͂^{44} dzo^{44}/ tθai͂^{44} gro^{44}	tθai͂^{44} tɕo^{44}	tθei͂^{53} tɕo^{53}	
696	秤	steelyard, scales	ချိန်ခွင်	tɕhei͂^{33} gwẽ^{33}/ ja^{33}zu^{33}	tɕhei͂^{22} gwĩ^{22}/ phə li^{22}	tɕhei͂^{11} khwaŋ^{11}/ ja^{11} zu^{11}	tɕhai͂^{33} khwĩ^{33}/ ja^{33}zu^{33}	swai$^{52?}$
697	斗	a container for measuring grain <=1 decaliter>	လောက၊ တရက်တင်း (တရက် ပြည်ဆယ် ပြည်)	tə la^{53}/ sə la^{53}/ tə jou?^{45} tẽ^{53}	zə la^{44}/tə rou$^{42?}$ tõ^{44}	zə la^{44}/ tə jou^{33} taŋ^{44}	zə la^{53}/ pji^{33} tɕhĩ^{33} khwe$^{32?}$ tə jou$^{32?}$ fĩ^{53}	
698	升	1-litre-volume measuring container	တရက်ပြည်	tə jou?^{45} ple^{33}	tə rou$^{42?}$ prai͂^{22}	tə jou^{33} pji^{11}	tə jou$^{32?}$ pji^{33}	
699	钱（货币）	money	ပိုက်ဆံ	paɪ?^{45} shã^{33}	phe^{42}tθa^{22}	paɪ^{33} shẽ^{11}	per$^{32?}$ shã^{33}	mjai͂^{22}
700	本钱	capital, principal	အရင်း	ə j ɛ̃^{53}	ə j ĩ^{44}/ ə rõ^{44}	ə jaŋ^{44}	ə j ĩ^{53}	
701	货物	goods, merchandise	ကုန်	koũ^{33}	koũ^{22}	koũ^{11}	koũ^{33}	
702	利息	interest	အတိုး၊ ငွေတိုး	ə to^{53}/ ŋwe^{33}to^{53}	ə to^{44}/ ŋwe^{22}to^{44}	ə to^{44}/ ŋwe^{11} to^{44}	ə to^{53}	
703	尺子	ruler	ပေတံ	pe^{33}tã^{33}	pe^{22}dɛ̃^{22}	pe^{11}dɛ̃^{11}	pe^{33}tã^{33}	
704	针	needle	အပ်	a?^{45}	ɛ^{42}	ɛ?^{33}	a$^{32?}$	
705	锥子	awl	စူး	su^{53}	su^{44}	su^{44}	su^{53}	
706	钉子	nail, tack	သံချွန်	shã^{33} tɕhũ^{33} shã^{33} hmo^{33}/ mɛ^{33}na^{31}	tθẽ^{22} ɕwẽ^{22}	tθɛ̃^{11} tɕhwã^{11}	tθã^{33}/ mɛ^{33}na^{32}	
707	剪子	scissors	ကတ်ကြေး	ka$^{45?}$tɕe^{53}	kɛ$^{42?}$ tɕi^{44}/ kɛ$^{42?}$ tɕaɪ$^{42?}$	kɛ?^{33}tɕe^{44}	ka$^{32?}$tɕe^{53}	
708	梯子	ladder	လှေကား	hle^{33}ka^{53}	hlə ga^{44}	le^{11}kha^{44}	le^{33}ga^{53}	

（续表）

序号	汉义	英文	缅甸文	အင်းသား 茵达方言音	ရခိုင် 若开方言音	ယော 约方言音	ဓနု 德努方言音	ဖုန် 蓬方言音
709	伞	umbrella	ထီး	thi^{53}	thi^{44}	thi^{44}	thi^{53}	
710	锁	lock	သော့ခ လောက်	shɔ^{31} khə lɔʔ^{45}	tθɔ^{42}khə lauʔ^{42}/ la^{42} khou^{42}ʔ tθi^{44}	tθɔ^{42}khə lauʔ^{33}	tθɔ^{32} khə lɔʔ^{32}/ tθɔ^{32}aĩ^{33}	
711	钥匙	key	သော့	shɔ^{31}	tθɔ^{42}	tθɔ^{42}	tθɔ^{32}tã^{33}	
712	轮子	wheel	ဘီး	beĩ^{53}	beĩ^{44}	beĩ^{44}	baĩ^{53}	
713	马鞍	saddle	မြင်းကကြိုး	hmjẽ^{53} oũ^{53}/ koũ^{53} hni^{53}	mrɔ̃^{44} ka^{42}/ ka^{42} kro^{44}	mjaŋ^{44} ka^{42} tɕo^{44}	mjĩ^{53} ka^{32}	
714	马笼头	halter, bridle	မြင်းဦးခွတ်		mrɔ̃^{44} u^{44} khaʔ^{42}	mjaŋ^{44} u^{44} khɛʔ^{33}	mjĩ^{53} u^{53} kha^{32}	
715	马肚带	belly bend	ဝမ်းပတ်ကြိုး	wũ^{53} paʔ^{45} tɕo^{53}	wɛ̃^{44} pɛʔ^{42} kro^{44}	wũ^{44} pɛʔ^{33} tɕo^{44}	wũ^{53} pa^{32} tɕo^{53}	
716	马嚼子	bit	ဇက်	sɛʔ^{45}	za^{42}	zɛʔ^{33}	zɛ^{32}ʔ	
717	马镫子	stirrup	ခြေနင်း	khe^{33} nẽ^{53}	khri^{22} nɔ̃^{44}	tɕhe^{11} naŋ^{44}	tɕhe^{33} nĩ^{53}	
718	马掌	horseshoe	မြင်းခွါ	mjẽ^{53} khwa^{33}	mrɔ̃^{44} khwa^{22}	mjaŋ^{44} khwa^{11}	mjĩ^{53} khwa^{33}	
719	马槽	manger	မြင်းစားခွက်	mjẽ^{53} sa^{53} khwɛʔ^{45}	mrɔ̃^{44} sa^{44} khwɔ^{42}	mjaŋ^{44} sa^{44} khwakʔ^{42}	mjĩ^{53} sa^{33} khwɛ^{32}ʔ	
720	后鞦	crupper-strap	မြီးပျဉ်း		mri^{44} pjẽ^{44}	mji^{44} pjẽ^{44}	mji^{53} pjã^{53}	
721	缰绳	reins	ကကြိုး	ka^{31}tɕo^{53}	ka^{42}kro^{44}	ka^{42}tɕo^{44}	ka^{3}tɕo^{53}	
722	鞭子	whip	ကြာပွတ်၊နှင်တံ	tɕa^{33} puʔ^{45}/ hnẽ^{33} tã^{33}	dʑə pwɛ^{42}ʔ/ hnɔ̃^{22} dẽ^{22}	naŋ^{11} tɛ̃^{11}	tɕo puʔ^{32}/ nĩ^{53} tã^{33}	
723	驮架	pack rack	ဝန်တင်စင်	wũ^{33}tẽ^{53} sẽ^{33}	wẽ^{22}tɔ̃^{22} zɔ^{22}	wã^{11} taŋ^{11} saŋ^{11}	wũ^{33}fɪ^{33} sĩ^{33}	
724	牛轭	yoke	ထမ်းပိုး	tã^{33} pho^{53}	thẽ^{44} bo^{44}	thə po^{44}	tə po^{53}/ thã^{53}po^{53}	
725	牛鼻圈	a ring in a cow's nose, used to lead it about	နပါးကွင်း	nə pha^{53} gwẽ^{53}	nə pha^{44} gwɔ̃^{44}	nə pha^{44} kwaŋ^{44}	nə pha^{53} kwĩ^{53}	

(续表)

序号	汉义	英文	缅甸文	အင်းသား 茵达 方言音	ရခိုင် 若开 方言音	ယော 约 方言音	ဓနု 德努 方言音	ဖုန် 蓬 方言音
726	牛皮绳	oxhide string	သားရေကြိုး	shə je³³ tɕo⁵³	tθə re²² dzo⁴⁴	tθə je¹¹ tɕo⁴⁴	tθə je³³ tɕo⁵³	
727	船	boat, ship	လှေ	hle³³	hli²²	le¹¹	le³³	li⁵⁵
728	木筏	raft	ဖောင်	phõ³³	phaũ²²	phaũ¹¹	phõ³³	
729	工具	tool	ကိရိယာ	kə ri³¹ ja³³	kə ri⁴² ja²²	kə ri⁴² ja¹¹	kə ri³ ja³³	
730	斧头	axe	ပုဆိန်ရဲတင်း	poʔ⁴⁵ sheĩ³³/ jɛ⁵³tɛ̃⁵³	pə sheĩ²²/ jɛ⁴⁴taŋ⁴⁴	pə sheĩ¹¹/ jɛ⁴⁴taŋ⁴⁴	pə shaĩ³³/ jɛ⁵³dĩ⁵³	
731	锤子	hammer	တူ	tu³³	tu²²	tu¹¹	tu³³	
732	凿子	chisel	ဆောက်	shoʔ⁴⁵	shauʔ⁴²	shauʔ³³	shoʔ³²ʔ	
733	锯子	saw	လွှ	hlwa³¹	hlwa⁴²	lwa⁴²	lwa³²	
734	钻子	drill, auger	လွန်	lũ³³	lwẽ²²	lwã¹¹	lũ³³	
735	锉	file	တံစဉ်း	tə sĩ⁵³	tə zĩ⁴⁴	tə zaŋ⁴⁴	tã³³ sĩ⁵³	
736	刨子	plane	ရွှေပေါ်	je³³pho³³	rə bɔ²²	jwe¹¹pɔ³³	jwe³³ phɔ³³	
737	墨斗	carpenter's ink marker	မင်အိုး	hmɛ̃³³o⁵³	hmĩ²² o⁴⁴/ mõ²²o⁴⁴	maŋ¹¹o⁴⁴	mĩ³³o⁵³	
738	胶	glue, gum	ကော်	kɔ³³	kɔ²²	kɔ¹¹	kɔ³³	
739	犁	plough	ထယ်	thɛ³³	thɛ²²	thɛ¹¹	thɛ³³	
740	铧	ploughshare	ထယ်သွား	thɛ³³ shwa⁵³/ thɪʔ⁴⁵ shwa⁵³	thɛ²² dðwa⁴⁴	thɛ¹¹ tθwa⁴⁴	thɛ³³ tθwa⁵³	
741	耙	rake	ထွန်	thũ³³	thwẽ²²	thwã¹¹	thũ³³	
742	锄头	hoe	ပေါက်တူ၊ ပေါက်ပြား	tə lwẽ³³/ tə jwẽ⁵³	pauʔ⁴² tu⁴⁴/ pauʔ⁴² pra⁴⁴/	pau³³ tu⁴⁴/ pauʔ³³ pja⁴⁴	pɔ³²ʔtu⁵³/ pɔ³²ʔpja⁵³	
743	扁担	carrying pole, shoulder pole	ထမ်းပိုး	tã pho⁵³	thɛ̃⁴⁴ po⁴⁴	thə po⁴⁴	thə po⁵³	
744	楔子	wedge	သပ်	shaʔ⁴⁵ sə lwe⁵³	tθɛ⁴²ʔ	tθɛ²³³	tθa⁴²ʔ	
745	把儿 （茶缸）	grip, handle	လက်ကိုင်	lɛ⁴⁵²keĩ³³	la⁴² kaĩ²²	lak⁴²ʔ kaĩ¹¹	lɛ³²²ʔkeĩ³³	

(续表)

序号	汉义	英文	မြန်မာစာ 缅甸文	အင်းသား 茵达方言音	ရခိုင် 若开方言音	ယော 约方言音	ဓနု 德努方言音	ဖွန်း 蓬方言音
746	背篓	a basket carried on the back	ကျောပိုး;ခြင်း၊ ကျောပိုး ပလိုင်း	pə leĩ⁵³	tɕɔ⁴⁴po⁴⁴ khrɔ̃⁴⁴/ tɕɔ⁴⁴po⁴⁴ pə laĩ⁴⁴	tɕɔ⁴⁴po⁴⁴ tɕhaŋ⁴⁴/ tɕɔ⁴⁴po⁴⁴ pə laĩ⁴⁴	tɕɔ⁵³po⁵³ tɕhĩ⁵³/ tɕɔ⁵³po⁵³ pə laĩ⁵³	sauŋ²²
747	肥料	fertilizer, manure	မြေသြဇာ	mje³³ɔ⁵³za³³	mri²²ɔ⁴⁴za²²	mje¹¹ɔ⁴⁴za¹¹	mje³³ɔ⁵³za³³	
748	镰刀	sickle	တံစဉ်	tã⁵³ sĩ³³	də zi²²/ tẽ⁴⁴ swe²²	tə zaŋ¹¹	də zi³³	
749	水槽	open water conduit	ရေတံလျောက်	je³³tã⁵³ jauʔ⁴⁵	ji²²də jau⁴²ʔ	je¹¹tə jauʔ³³	je³³də jɔ³²ʔ	
750	碓（水~）	trip-hammer for hulling rice	မောင်း	mɔ̃⁵³	maũ⁴⁴	maũ⁴⁴	maũ⁵³	
751	臼	mortar	ဆုံ	shoũ³³	shoũ²²	shoũ¹¹	shoũ³³	
752	杵	pestle	ကျည်ပွေ့	tɔ̃³³ pwe³¹/ tã³³pwe³¹	dzɔ bwi⁴²	sə pwe⁴²	tɕi³³ pwe³²	
753	筛子	sieve, sifter	ဆန်ခါ	shə ka³³/ sã³³ tɕha⁵³	zə ga²²	shẽ¹¹ kha¹¹	shã³³ kha³³	
754	簸箕	winnowing fan	အမှိုက်ခွက်	ə hmoũ³¹ khwɛʔ⁴⁵	ə hmaɪ⁴²ʔ khwɔ⁴²	ə maɪ³³ khwak⁴²ʔ	ə meɪ³²ʔ poũ⁵³	
755	磨（石~）	millstones	ဆုံကျောက် ကြိတ်ဆုံ	shoũ³³/ tɕɔʔ⁴⁵ tɕaɪʔ⁴⁵ shoũ³³	shoũ²²/ tɕau⁴²ʔ tɕeɪʔ⁴² shoũ²²	shoũ¹¹/ tɕau³³ tɕeɪʔ³³ shoũ¹¹	shoũ³³/ tɕɔ³²ʔ tɕaɪ³²ʔ shoũ³³	
756	织布机	loom	ယက္ကန်းစင်	eĩ³³sɛ̃³³	ja⁴²kɛ̃⁴⁴ zɔ̃²²	jakʔ⁴²ʔ kã⁴⁴ saŋ¹¹	je³²ʔkã⁵³ sĩ³³	tʃi²² fiok⁵²ʔ
757	柴刀	chopper	ထင်းခုတ်ဓား	thẽ⁵³ khouʔ⁴⁵ kha ma³¹	thɔ̃⁴⁴ khou⁴²ʔ da⁴⁴	thaŋ⁴⁴ khouʔ³³ tha⁴⁴	thĩ⁵³ khou³²ʔ tha⁵³	
758	刀鞘	sheath, scabbard	ဓားအိမ်	tha⁵³ eĩ³³/ tha⁵³ phoũ⁵³	da⁴⁴ eĩ²²	də eĩ¹¹	thə aĩ³³	eiŋ⁴⁵⁴ ma⁵²ʔ
759	枪	gun, rifle	သေနတ်	shi³³ naʔ⁴⁵	tθə nɛ⁴²ʔ	tθə nɛ³³	tθe na³²ʔ	
760	弓	bowl	လေး	le⁵³keĩ⁵³	li⁴⁴	le⁴⁴	le⁵³	kaŋ²²
761	箭	arrow	မြား	hmja⁵³	hmra⁴⁴	mja⁴⁴	mja⁵³	

（续表）

序号	汉义	英文	缅甸文	茵达方言音	若开方言音	约方言音	德努方言音	蓬方言音
762	圈套（捕兽~）	snare, trap	ကျော့ကွင်း	tɕɔ⁵³ kwẽ⁵³	tɕɔ⁴² kwɔ̃⁴⁴	tɕɔ⁴² kwaŋ⁴⁴	tɕɔkwĩ⁵³	
763	陷阱	trap, pitfall	ထောင်ချောက်	thɔ̃³³ tɕhɔʔ⁴⁵	thaũ²² dzauʔ⁴²ʔ	thaũ¹¹ tɕhauʔ³³	thɔ̃³³ tɕhɔ³²ʔ	
764	火药	gunpowder	ယမ်း	jã⁵³	jẽ⁴⁴	jẽ⁴⁴	jã⁵³	
765	毒	poison, toxin	အဆိပ်	ə shaɪʔ⁴⁵	ə sheɪʔ⁴²ʔ	ə sheɪʔ³³	ə shaɪ³²ʔ	
766	网	net	ပိုက်ကွန်	paɪʔ⁴⁵ kũ³³	paɪʔ⁴²ʔ kwẽ²²	paɪʔ³³ kwã¹¹	peɪ³²ʔ kũ³³	
767	字	character, word	စာလုံး	sa³³loũ⁵³	sa²²loũ⁴⁴	sa¹¹loũ⁴⁴	sa³³loũ⁵³	
768	信	letter	စာ	sa³³	sa²²	sa¹¹	sa³³	
769	画	painting	ပန်းချီ	pə ɕi³³	bə dzi²²	pə tɕhi¹¹	pã⁵³ tɕhi³³	
770	书	book	စာအုပ်	sa³³ouʔ⁴⁵	sa²²ouʔ⁴²ʔ	sa¹¹ouʔ³³	sa³³ouʔ³²ʔ	
771	纸	paper	စက္ကူ	sɛʔ⁴⁵ku³³/ saʔ⁴⁵ku³³	sa⁴²ku²²	sakʔ⁴²ʔ ku¹¹	sɛ³²ʔku³³	
772	笔	pen	ခဲတံ	khɛ⁵³dã³³	khe⁴⁴dẽ²²	khe⁴⁴tẽ¹¹	khɛ⁵³tã³³	
773	墨	(Chinese) ink	မင်	hmẽ³³	mɔ̃²²	maŋ¹¹	mĩ³³	
774	学问	learning, knowledge	ပညာ	pĩ³³n̥a³³	pĩ²²n̥a²²/ pɔ̃²²n̥a²²	paŋ¹¹n̥a¹¹	pĩ³³n̥a³³	
775	话	speech, words	စကား	sə ka⁵³	zə ga⁴⁴	sə ka⁴⁴	sə ka⁵³	tə maiŋ⁵⁵/tθə maiŋ⁵⁵/tə maĩ²²
776	故事	story	ပုံပြင်	poũ³³ bjẽ³³	poũ²² brõ²²	poũ¹¹ bjaŋ¹¹	poũ³³ pjĩ³³	
777	谚语	proverb, saying	စကားပုံ	sə ka⁵³ poũ³³	zə ga poũ²²	sə ka poũ¹¹	sə ka poũ³³	
778	笑话	joke, jest	ရယ်စရာ	ə ɕuʔ⁴⁵ə nɔʔ⁴⁵/ ha³³ sha³¹	ri²² zə ra²²	je¹¹ sə ja¹¹	je³³ sə ja³³	
779	谜语	riddle	စကားထာ	sə ka⁵³ tha³³	zə ga tha⁴⁴	sə ka tha⁴⁴	sə ka tha⁵³	
780	歌	song	သီချင်း	sə tɕhẽ⁵³/ tə tɕhi⁵³	tθə tɕhĩ⁴⁴/ te⁴⁴ khrɔ̃⁴⁴	tθə tɕhaŋ⁴⁴	tθə tɕhĩ⁵³	te²² tʃhã²²/ ti²² tʃhã²²
781	舞蹈	dance	အက	ə ka³¹	ə ka⁴²	ə ka⁴²	ə ka	

(续表)

序号	汉义	英文	မြန်မာစာ 缅甸文	အင်းသား 茵达方言音	ရခိုင် 若开方言音	ယော 约方言音	ဓနု 德努方言音	ဖုန်း 蓬方言音
782	棋	chess	ကျား:	tɕa⁵³	tɕa⁴⁴	tɕa⁴⁴	tɕa⁵³	
783	鼓	drum	စည်ဘုံ	si³³/ poũ³³	si²²/ boũ²²	si¹¹/ boũ¹¹	o⁵³si³³/ boũ³³	
784	锣	gong	မောင်း	mɔ̃⁵³	maũ⁴⁴	maũ⁴⁴	mɔ̃⁵³	
785	钹	cymbals	လင်ကွင်း	lɛ̃⁵³ khwẽ⁵³/ ɕɛ̃⁵³ khwẽ⁵³	lə gwɔ̃⁴⁴	laŋ¹¹ kwaŋ⁴⁴	lə khwĩ⁵³	
786	钟	chime	နာရီခေါင်း လောင်း	na³³ri³³/ khɔ̃⁵³ lɔ̃⁵³	na²²ri²²/ khaũ⁴⁴ laũ⁴⁴	na¹¹ji¹¹/ khaũ⁴⁴ laũ⁴⁴	na³³ji³³/ khɔ̃⁵³ lɔ̃⁵³	
787	笛子	bamboo flute	ပုလွေ	pə lwe³³/ pə rwe³³	pə lwi²²	pə lwe¹¹	pə lwe³³	
788	箫	a vertical bamboo flute	ခေါင်လိုက် မှုတ်သော ပုလွေ	pə lwe³³/ pə rwe³³	daũ²² laiʔ⁴²/ hmouʔ⁴² dɔ⁴⁴ pə lwi²²	thaũ¹¹ laiʔ³³ mouʔ³³ tθa⁴⁴ pə lwe¹¹		
789	胡琴	huqin <a two-stringed bowed instrument>	တရုတ် ယော	tə jouʔ⁴⁵ tə jɔ⁵³	tə rouʔ⁴² tə jɔ⁴⁴	tə jouʔ³³ tə jɔ⁴⁴	tə jouʔ³² tə jɔ⁵³	
790	铃	bell	ဘဲစည်	si³³	bɛ⁴⁴/shi²²	bɛ⁴⁴/si¹¹	khɔ̃⁵³ lɔ⁵³/ si³³	
791	喇叭 (唢呐)	suona horn	ခရာနဲ့	khə ja³³/ hnɛ⁵³	khə ja⁴⁴/ hnɛ⁴⁴/ khə ra⁴⁴/ hnɛ⁴⁴	khə ja¹¹/ nɛ⁴⁴	khə ja³³/ nɛ⁵³	
792	神仙	a celestial being	နတ်	naʔ⁴⁵	nɛʔ⁴²	nɛʔ³³	naʔ³²	
793	鬼	ghost, spirit	တစ္ဆေ	sheɪ⁵³ she³³	tə si²²/	tə she¹¹	kə she³³	
794	妖精	evil spirit, demon	နတ်ဆိုး	naʔ⁴⁵ sho⁵³	nɛʔ⁴² sho⁴⁴	nɛʔ³³ sho⁴⁴	naʔ³² sho⁵³	
795	龙王	Dragon King <the god of rain>	နဂါးမင်း	nə ka⁵³ mɛ̃⁵³	nə ga⁴⁴ mɔ̃⁴⁴	nə ga⁴⁴ maŋ⁴⁴	nə ga⁵³ mĩ⁵³	
796	佛	Buddha	ဘုရား	phə ra⁵³	phə ra⁴⁴	phə ja⁴⁴	phə ja⁵³	phə ja⁴⁵⁴

（续表）

序号	汉义	英文	မြန်မာစာ 缅甸文	အင်းသား 茵达方言音	ရခိုင် 若开方言音	ယော 约方言音	ဓနု 德努方言音	ပုန်း 蓬方言音
797	灵魂	soul, spirit	လိပ်ပြာ၊ ဝိညာဉ်	laɪʔ⁴⁵ pja³³/ wẽɪ³³ nɪ̃³³	leɪʔ⁴⁴ pra²²	leɪʔ²³ pja¹¹	laɪʔ³²ʔ pja³³	
798	运气	fortune, luck	ကံ	kã³³	kɛ̃²²	kɛ̃¹¹	kã³³	
799	力气	physical strength	အား	a⁵³	a⁴⁴	a⁴⁴	a⁵³	
800	想法	idea, opinion	အတွေး၊အကြံ	ə twe⁵³ə tɕã³³	ə twi⁴⁴ə krɛ̃²²	ə twe⁴⁴ə tɕɛ̃¹¹	ə twe⁵³/ ə tɕã³³	
801	事情	matter, affair	ကိစ္စ	kaɪʔ⁴⁵sa³¹	keɪʔ⁴²sa⁴²	keɪʔ³³sa⁴²	kaɪʔ³²ʔsa³²	
802	办法	means, solution	နည်း	ni⁵³	ni⁴⁴	ni⁴⁴	ni⁵³	
803	脾气	temper	သဘော	sə pho⁵³/ tə pho⁵³	tθə bɔ⁴⁴	tθə pho⁴⁴	tθə bɔ⁵³	
804	信息	news, message	သတင်း	sə tẽ⁵³/ tə fĩ⁵³	dðə dĩ⁴⁴/ dðə dɔ̃⁴⁴	tθə tan⁴⁴	tθə fĩ⁵³	
805	记号	mark, sign	သင်္ကေတ၊ အမှတ်	shẽ³³ke³³ ta³¹/ ə hmaʔ⁴⁵	tθɔ̃²² khe²² ta⁴²/ ə mɛʔ⁴²ʔ	tθaŋ¹¹ khe¹¹ ta⁴²/ ə maʔ³³	tθĩ³³ khe³³ ta³²/ ə ma³²ʔ ə tθa⁵³	
806	生日	birthday	မွေးနေ့	mwe⁵³ne³¹	mwi⁴⁴ni⁴²	mwe⁴⁴ne⁴²	mwe⁵³ne³²	
807	生活	life, livelihood	ဘဝ	phə wa³¹	bə wa⁴²	bə wa⁴²	bə wa³²	
808	礼物	gift, present	လက်ဆောင်	lɛʔ⁴⁵shɔ̃³³	laʔ⁴² shaũ²²	laʔ³³ shaũ¹¹	lɛʔ³²ʔ shɔ̃³³	
809	年纪	age	အသက်	ə shɛʔ⁴⁵	ə tθɛʔ⁴²ʔ/ ə tθa⁴²	ə tθak⁴²ʔ	ə tθɛʔ³²ʔ	
810	姓	surname, family name	မျိုးရိုးနာမည်	mjo⁵³ jo⁵³ na³³mje³³	mjo⁴⁴ro⁴⁴ na²²me²²	mjo⁴⁴ jo⁴⁴ na¹¹mɛ¹¹	mjo⁵³ jo⁵³ nã³³ mɛ³³	
811	痛苦	pain, agony	နာကျည်း	saɪʔ⁴⁵ na³³	na²²tɕi⁴⁴	na¹¹tɕi⁴⁴	na³³tɕi⁵³	
812	错误	mistake, error	အမှား	ə hma⁵³	ə hma⁴⁴	ə ma⁴⁴	ə ma⁵³	
813	危险	danger	အန္တရာယ်	ã³³ tə je³³	ɛ̃²² də re²²	ɛ̃¹¹ tə je¹¹	ã³³ də je³³	

（续表）

序号	汉义	英文	မြန်မာစာ 缅甸文	အင်းသား 茵达方言音	ရခိုင် 若开方言音	ယော 约方言音	ဓနု 德努方言音	ဖုန် 蓬方言音
814	区别	distinction, difference	ခြားနားချက်၊ ခွဲခြား	tɕha⁵³na⁵³ tɕhɛʔ⁴⁵/ khwɛ⁵³ tɕha⁵³	khra⁴⁴na⁴⁴ dʑa⁴²/ khwe⁴⁴ khra⁴⁴	tɕha⁴⁴na⁴⁴ tɕhɛʔ³³/ khwɛ⁴⁴ tɕha⁴⁴	tɕha⁵³na⁵³ tɕhɛ³²ʔ/ khwɛ⁵³ tɕha⁵³	
815	份儿	share, portion, part	ဝေစု	we³³ su³¹	we²² zu⁴²	we¹¹ su⁴²	we³³ su³²	
816	空隙	gap, crevice	ကွက်လပ်၊ ကြား	kwɛʔ⁴⁵ laʔ⁴⁵/ tɕa⁵³	kwɔ⁴² lɛ⁴²ʔ/ dʑa⁴⁴/ kra⁴⁴	kwak⁴²ʔ lɛʔ³³/	kwɛ³²ʔ la³²ʔ/ tɕa⁵³	
817	裂缝	rift, crack, fissure	အက်ကြောင်း	ɛʔ⁴⁵ tɕɔ̃⁵³	ɛ⁴²ʔ tɕaũ⁴⁴/ a⁴² kraũ⁴⁴	ak⁴²ʔ tɕaũ⁴⁴	ɛ³²ʔ tɕɔ̃⁵³/ ɛ³²ʔ ja³³	
818	痕迹	mark, trace, track	အရာ	ə ja³³	ə ja²²/ ə ra²²	ə ja¹¹	ə ja³³	
819	渣滓	dreg, sediment	အဖတ်	ə phaʔ⁴⁵	ə phɛ⁴²ʔ	ə phɛʔ³³	ə pha³²ʔ	
820	样子	appearance, shape	ပုံ၊ ဟန်	poũ³³/ hã³³	poũ²²/ hɛ̃²²	poũ¹¹/ hɛ̃¹¹	poũ³³/ hã³³	
821	影子	shadow	အရိပ်	ə jaɪʔ⁴⁵	ə reɪ⁴²ʔ	ə jeɪʔ³³	ə jaɪ³²ʔ	
822	梦	dream	အိပ်မက်	eɪ⁵³mɛʔ⁴⁵	eɪ⁴²ʔ ma⁴² mak⁴²ʔ	eɪ⁴⁴	aɪ⁵³ mɛ³²ʔ	
823	好处	advantage, benefit	အကျိုး၊ ကောင်းကျိုး	ə tɕo⁵³/ kɔ̃⁵³ tɕo⁵³	ə tɕo⁴⁴/ kaũ⁴⁴ tɕo⁴⁴	ə tɕo⁴⁴/ kaũ⁴⁴ tɕo⁴⁴	ə tɕo⁵³/ kɔ̃⁵³ tɕo⁵³	
824	用处	use	အသုံး	ə shoũ⁵³	ə tθoũ⁴⁴	ə tθoũ⁴⁴	ə tθoũ⁵³	
825	颜色	color	အရောင်	ə jɔ̃³³	ə raũ²²	ə jaũ¹¹	ə jɔ̃³³	
826	方向	direction, orientation	ဦးတည်ချက်	u⁵³ ti³³ tɕhɛʔ⁴⁵	u⁴⁴ ti²² dʑa⁴²	u⁴⁴ ti¹¹ tɕhak⁴²ʔ	u⁵³ ti³³ tɕhɛ³²ʔ/ ji³³jwɛ³³ tɕhɛ³²ʔ	
827	东（~方）	east	အရှေ့	ə ɕe³¹	ə hri⁴²	ə ɕe⁴²	ə she³²	
828	南（~方）	south	တောင်	ə tɔ̃³³	taũ²²	taũ¹¹	tɔ̃³³	
829	西（~方）	west	အနောက်	ə nɔʔ⁴⁵	ə nauʔ⁴²	ə nauʔ³³	ə nɔ³²ʔ	

(续表)

序号	汉义	英文	缅甸文	茵达方言音	若开方言音	约方言音	德努方言音	蓬方言音
830	北（~方）	north	မြောက်	ə mjɔʔ⁴⁵	mrauʔ⁴²	mjauʔ³³	mjɔʔ³²	
831	中间	middle	အလယ်	ə lɛ³³/khə lɛ³³ kɔ̃³³	ə lɛ²²	ə lɛ¹¹	ə lɛ³³	
832	旁边	side	အနား	ə nɑ⁵³	ə nɑ⁴⁴	ə nɑ⁴⁴	ə nɑ⁵³	
833	前（~边）	front	ရှေ့	ɕe³¹	hri⁴²	ɕe⁴²	she³²	
834	后（~边）	back	နောက်	nɔʔ⁴⁵	nauʔ⁴²	nau³³	nɔʔ³²	
835	外（~边）	outside	အပြင်	ə pjẽ³³	ə prɔ̃²²	ə pjaŋ¹¹	ə pjĩ³³	
836	里（~边）	inside	အတွင်း	ə twẽ⁵³	ə twɔ̃⁴⁴	ə twaŋ⁴⁴	ə twĩ⁵³/ə the⁵³	
837	角儿	corner, angle	ချောင့်ထောင့်	thaũ³¹	dʑaũ²²/daũ⁴²	tɕhaũ¹¹/thaũ⁴²	tɕhɔ̃³³/thɔ̃³²	
838	尖儿	point, tip	အဖျား၊ အချွန်၊ ထိပ်ဖျား	ə phja⁵³/ə tɕhũ³³/thaɪʔ⁴⁵/phja⁵³	ə phja⁴⁴/ə ɕwẽ²²/theɪ⁴²/phja⁴⁴	ə phja⁴⁴/ə tɕhwã¹¹/theɪ³³/phja⁴⁴	ə phja⁵³/ə tɕhũ³³/thaɪʔ³²/phja⁵³	
839	边儿	edge, rim, margin	အနား	ə nɑ⁵³	ə nɑ⁴⁴	ə nɑ⁴⁴	ə nɑ⁵³	
840	周围	the surroundings	ပတ်ဝန်းကျင်	paʔ⁴⁵ wũ⁵³ tɕẽ³³	pɛʔ⁴² wẽ⁴⁴ tɕɔ̃²²	pɛ³³ wã⁴⁴ tɕaŋ¹¹	paʔ³² wũ⁵³ tɕĩ³³	
841	附近	the vicinity, nearby	အနား	ə nɑ⁵³	ə pa⁴⁴ɕe²²	ə nɑ⁴⁴	ə nɑ⁵³	
842	界线	boundary line, demarcation line	နယ်နိမိတ်၊ စည်းမျဉ်း	nɛ³³ nə maɪʔ⁴⁵/si⁵³/hmjẽ⁵³	ne²²nə meɪ⁴²/si⁴⁴/mjaĩ⁴⁴	nɛ¹¹nə meɪ³³/si⁴⁴/mjaŋ⁴⁴	nɛ³³nə maɪʔ³²/si⁵³	
843	上方（地势、河流）	the upper part of, upper reaches	အညာ	ə pɔ³³ peɪ⁵³	ə n̥a²²	ə n̥a¹¹	ə n̥a³³	
844	下方（地势、河流）	the lower part of, lower reaches	အကြေ	ɔʔ⁴⁵ peɪ⁵³	ə kri²²	ə tɕe¹¹	ə tɕe³³	
845	上（桌子~）	on (the table)	အပေါ်	ə pɔ³³	ə pɔ²²	ə pɔ¹¹	ə pɔ³³	
846	下（桌子~）	under (the table)	အောက်	ɔʔ⁴⁵	auʔ⁴²	auʔ³³	ɔʔ³²	

(续表)

序号	汉义	英文	မြန်မာစာ 缅甸文	အင်း:သား 茵达方言音	ရခိုင် 若开方言音	ယော 约方言音	ဓနု 德努方言音	ဖုန်း 蓬方言音
847	上（天~）	in (the sky)	ပေါ်	pɔ³³	pɔ²²	pɔ¹¹	pɔ³³	
848	底下（天~）	under (the sky)	အောက်	ɔʔ⁴⁵	auʔ⁴²	auʔ³³	ɔ³²ʔ	
849	上（挂墙~）	on (the wall)	ပေါ်	pɔ³³	pɔ²²	pɔ¹¹	pɔ³³	
850	顶上（房~）	on (the roof)	ပေါ်	pɔ³³	pɔ²²	pɔ¹¹	pɔ³³	
851	下（山~）	at the bottom of (a hill)	တောင်ခြေ	tɔ̃²²khe³³	taũ⁴⁴ khri²²	taũ¹¹ tɕhe¹¹	tɔ̃³³ tɕhi³³	
852	以上	over, above	အထက်၊ အပေါ်	ə theʔ⁴⁵/ ə pɔ³³	ə tha⁴²/ ə pɔ²²	ə thak⁴²ʔ/ ə pɔ¹¹	ə the³²ʔ/ ə pɔ³³	
853	以下	below, under	အောက်	ɔʔ⁴⁵	auʔ⁴²	auʔ³³	ɔ³²ʔ	
854	往上	upwards	အပေါ်သို့	ə pɔ³³so³¹	ə pɔ²² dðo⁴²	ə pɔ¹¹ tθo⁴²	ə pɔ³³ tθo³²	
855	往下	downwards	အောက်သို့	ɔʔ⁴⁵ so³¹	auʔ⁴² dðo⁴²	auʔ³³ tθo⁴²	ɔ³²ʔ tθo³²	
856	上半身	the upper half of the body	အထက်ပိုင်း	ə theʔ⁴⁵ peĩ⁵³	ə tha⁴² paĩ⁴⁴	ə thak⁴²ʔ paĩ⁴⁴	ə the³²ʔ peĩ⁵³/ ə pɔ³³ peĩ⁵³	
857	下半身	the lower half of the body	အောက်ပိုင်း	ɔ⁴⁵ʔ peĩ⁵³	auʔ⁴² paĩ⁴⁴	auʔ³³ paĩ⁴⁴	ɔ³²ʔ peĩ⁵³	
858	时间	time	အချိန်	ə tɕhei³³/ ə ɕei³³	ə ɕei²²	ə tɕhei¹¹	ə tɕhaĩ³³	ə tʃhei²²
859	今天	today	ဂနေ့	khu³¹ ne³¹	gə ni⁴²/ e²²ni	kə ne⁴²	ə khu³² ne³²	khə ni⁴⁵⁴
860	昨天	yesterday	မနေ့က	mə ne³¹ ne³¹	mə ne⁴² ka⁴²/ ɲa⁴²za²² ga⁴²	mə ne⁴² ka⁴²	mə ne³² ka³²	khə me²²
861	前天	the day before yesterday	တနေ့က	mə ne³¹ ne³¹ ɕe³¹ tə ne³¹	də ni⁴² ga⁴²	tə ne⁴² ka⁴²	ho⁵³ ne³² toũ⁵³ka³²	
862	大前天	three days ago	တမြန်မနေ့က	mə ne³¹ ne³¹ ɕe³¹ hne³³ ne³¹	lwẽ²² khə re²² ni⁴²ga⁴²	tə mjẽ¹¹ mə ne⁴² ka⁴²	ho⁵³ ə ɲi³³ ne³² ka³²	

（续表）

序号	汉义	英文	မြန်မာစာ 缅甸文	အင်းသား: 茵达方言音	ရ နိုင် 若开方言音	ယော 约方言音	ဓ န 德努方言音	ဖွန်း 蓬方言音
863	明天	tomorrow	နက်ဖြန်	mə nɛ^{45} kha^{33}	nɛ$^{42?}$ phẽ ^{22} kha^{22}/ mo^{44} tθau$^{42?}$ kha^{22}	nak$^{42?}$ phjẽ ^{11}	mə ne$^{32?}$ kha^{33}	jõ ^{454} kha^{22}/ jo^{22}
864	后天	the day after tomorrow	တဘက်ခါ	mə nɛ^{45} kha^{33} pji^{53} tə jɛ ʔ^{45}/ mə nɛʔ^{45} k ha^{53} pji^{53} tə ne^{31}	tθẽ ^{22} ba^{42} kha^{22}	tə phak$^{42?}$ kha^{11}	tθə phɛ$^{32?}$ kha^{33}	
865	大后天	three days from now	ဖိန်ခါ	mə nɛʔ^{45} kha^{33} pji^{53} hne^{31} jɛ ʔ^{45}	phẽĩ ^{44} ni^{42} kha^{22}	phẽĩ ^{44} nwe^{11} kha^{11}	phãĩ ^{53} nwɛ^{33} kha^{33}	
866	今晚	tonight	ကနေ့ည	khu^{31} ne^{31} ɲa^{31}	e^{22} ni^{42} ɲẽĩ ^{42}	kə ne^{42} ɲa^{42}	ə khu^{32} ɲa^{32}	
867	明晚	tomorrow night/ evening	နက်ဖြန်ည	mə nɛʔ^{45} kha^{33} ɲa^{31}	na^{42}phẽ ^{22} ɲẽĩ ^{42}	nak$^{42?}$ phjẽ ^{11} ɲa^{42}	mə ne$^{32?}$ khã ^{33} ɲa^{32}	
868	昨晚	yesterday evening, last night	ညက	ɲa^{32}toũ ^{53} ka^{31}	ɲa^{42}ga^{42}	ɲa^{42}ka^{42}	ɲa^{32}ka^{32}	
869	白天	day (time)	နေ့ခင်း	ne^{31}khẽ ^{53}	ni^{42} khõ ^{44}	ne^{42} khaŋ^{44}	ne^{32}li^{33}	
870	早晨	morning	မနက်	mə nɛʔ^{45} sa^{33}	mo^{44} tha^{42}	mə nak$^{42?}$	mə ne$^{32?}$	
871	中午	noon	နေ့လယ်	ne^{31} lɛ^{33} kõ ^{33}	ni^{42}lɛ^{22}	ne^{42}lɛ^{11}	ne^{32}lɛ^{33}	
872	黄昏	dusk, twilight	နေဝင်ရီတရော်	ne^{33}wẽ ^{33} kha^{33} ni^{53}	ne^{22}wõ ^{22} çẽĩ ^{22}	ne^{11}waŋ^{11} ji^{11} tə jo^{44}	ne^{33}wĩ ^{33} kha^{33}ni^{53}	
873	夜里	at night	ညနက်	ɲĩ ^{31}nɛʔ^{45}	ɲẽĩ ^{42}na^{42}	ɲaŋ^{42} nak$^{42?}$	ɲĩ ^{32}ne$^{32?}$	
874	午夜	midnight	ညသန်းခေါင်	ɲa^{31}tə kõ ^{33}/ ɲa^{31}sə kõ ^{33}	ɲa^{42}tθẽ ^{44} khaũ ^{22}	ɲa^{42}tθə khaũ ^{11}	ɲa^{32} tθã ^{53} khõ ^{33}	də guã ^{22} taĩ ^{22}

(续表)

序号	汉义	英文	မြန်မာစာ 缅甸文	အင်းသား 茵达方言音	ရခိုင် 若开方言音	ယော 约方言音	ဓနု 德努方言音	ဖွန် 蓬方言音
875	子（鼠）	the 1st year of the 12-year dizhi cycle, mouse	ကြွက်	tɕwɛʔ⁴⁵ hnɪʔ⁴⁵	krwa⁴²	tɕwak⁴²ʔ	tɕwɛ³²ʔ	
876	丑（牛）	2nd year, ox	နွား	hnwa⁵³ hnɪʔ⁴⁵	nwa⁴⁴	nwa⁴⁴	nwa⁵³	
877	寅（虎）	3rd year, tiger	ကျား	tɕa⁵³ hnɪʔ⁴⁵	tɕa⁴⁴	tɕa⁴⁴	tɕa⁵³	
878	卯（兔）	4th year, rabbit	ယုန်	joũ³³ hnɪʔ⁴⁵	joũ²²	joũ¹¹	joũ³³	
879	辰（龙）	5th year, dragon	နဂါး	nə ga⁵³ hnɪʔ⁴⁵	nə ga⁴⁴	nə ka⁴⁴	nə ga⁵³	
880	巳（蛇）	6th year, snake	မြွေ	mwe³³ hnɪʔ⁴⁵	mwi²²	mwe¹¹	mwe³³	
881	午（马）	7th year, horse	မြင်း	mjẽ⁵³ hnɪʔ⁴⁵	mrɔ̃⁴⁴	mjaŋ⁴⁴	mjĩ⁵³	
882	未（羊）	8th year, ram	ဆိတ်	shaɪʔ⁴⁵ hnɪʔ⁴⁵	sheɪʔ	sheɪ³³	shaɪ³²ʔ	
883	申（猴）	9th year, monkey	မျောက်	mjɔʔ⁴⁵ hnɪʔ⁴⁵	mjau⁴²ʔ	mjau³³	mjɔ³²ʔ	
884	酉（鸡）	10th year, chicken	ကြက်	tɕɛʔ⁴⁵ hnɪʔ⁴⁵	kra⁴²	tɕak⁴²ʔ	tɕɛ³²ʔ	
885	戌（狗）	11th year, dog	ခွေး	khwe⁵³ hnɪʔ⁴⁵	khwi⁴⁴	khwe⁴⁴	khwe⁵³	
886	亥（猪）	12th year, pig	ဝက်	wɛʔ⁴⁵ hnɪʔ⁴⁵	wa⁴²	wak⁴²ʔ	wɛ³²ʔ	
887	属相	the 12 animals representing the 12 years	နေ့နံ	ne³¹nã³³	ni⁴²nɛ̃²²	ne⁴²nɛ̃¹¹	ne³²nã³³	
888	日子	date	နေ့	ne³¹	ni⁴²	ne⁴²	ne³²	
889	初一	1st day of the lunar month	လဆန်းတစ်ရက်နေ့	la³¹shã⁵³ tɪʔ⁴⁵ jɛʔ⁴⁵ne³¹	la⁴²zɛ̃⁴⁴tə ra⁴²ni⁴²	la⁴²sɛ̃⁴⁴ tə jak⁴²ʔ ne⁴²	la³² shã⁵³ tə jɛ³²ʔne³²	
890	初二	2nd day of the lunar month	လဆန်းနှစ်ရက်နေ့	la³¹shã⁵³ hne³³ jɛʔ⁴⁵ne³¹	la⁴²zɛ̃⁴⁴ hnə ra⁴²ni⁴²	la⁴²sɛ̃⁴⁴ nə jak⁴²ʔ ne⁴²	la³²shã⁵³ ne³²jɛ³²ʔ ne³²	
891	一月	January	ဇန်နဝါရီလ	zã³³ nə wa³³ ri³³la³¹	zwɛ̃²² nə wa²² ri²² la⁴²	zɛ̃¹¹ nə wa¹¹ ri¹¹la⁴²	zã³³ nə wa³³ ri³³la³²	

（续表）

序号	汉义	英文	မြန်မာစာ 缅甸文	အင်းသား 茵达 方言音	ရခိုင် 若开 方言音	ယော 约 方言音	ဓနု 德努 方言音	ဖုန်း 蓬 方言音
892	二月	February	ဖေဖော်ဝါရီလ	phe^{33} phɔ^{33} wa^{33} ri^{33} la^{31}	phe^{22} phɔ^{22}wa^{22} ri^{22}la^{42}	phe^{11} phɔ^{11} wa^{11} ri^{11} la^{42}	phe^{33} phɔ^{33} wa^{33} ri^{33} la^{32}	
893	月初	the beginning of a month	လဆန်း	la^{31}shã^{53}	la^{42}zɛ̃^{44}	la^{42}sɛ̃^{44}	la^{32}shã^{53}	
894	月中	the middle of month	လပြည့်	la^{31}pre^{31}	la^{42}bre^{42}	la^{42}pje^{42}	la^{32}pje^{32}	
895	月底	the end of a month	လဆုတ်	la^{31}shouʔ^{45}	la^{42}shouʔ^{42}	la^{42}shouʔ^{33}	la^{32}shouʔ^{32}/ la^{32}kwɛ^{33}	
896	今年	this year	ယခုနှစ်	khu^{31}shã^{33} hnɪʔ^{45}	e^{22}hnɪ^{42ʔ}/ e^{22}hnaɪ^{42ʔ}	jə khu^{42} naʔ^{33}	ə khu^{32} nɪ^{32ʔ}	
897	去年	last year	မနှစ်က	ə jɛ̃^{33} hnɪʔ^{45} ka^{31}	mə hnɪ^{42ʔ}ka^{42}/mə hnaɪ^{42ʔ}ka^{42}	mə naʔ^{33} ka^{42}	pji^{53}khɛ^{32} nɪ^{32ʔ}ka^{32}	
898	前年	the year before last	တနှစ်က	tɪʔ^{44} hnɪʔ^{45}ka^{31}	də hnɪ^{42ʔ}ka^{42}/de hnaɪʔ^{44}ka^{42}	tə naʔ^{33} ka^{42}	ho^{53}tə nɪ^{32ʔ} toũ^{53}ka^{32}	
899	明年	next year	ရှေ့နှစ်	la^{33}me^{31} hnɪʔ^{45}	ɕi^{42} hnaɪʔ^{42}	ɕe^{42}naʔ^{33}	she^{32}nɪ^{32ʔ}	
900	后年	the year after next	နောက်နှစ်နှစ်	nɔʔ^{45}hne^{33}hnɪʔʔ^{45}	nau^{42ʔ}hnə hnaɪʔ^{42}	nau^{33}nə hnaʔ^{33}	nɔ^{32ʔ}ne^{32}nɪ^{32ʔ}	
901	从前	in the past	အရင်က	ə jɪ̃^{33}ka^{31}	ə jɪ̃^{22}ga^{42}/ə rɔ̃^{22}ga^{42}	ə jaŋ^{11}ka^{42}	ə jɪ̃^{33}kha^{33} toũ^{53}ka^{32}	ə jaŋ^{22}
902	古时候	in ancient times	ရှေးခေတ်၊ ရှေးအုံရာအခါ	ɕe^{53}khɪʔ^{45}/ ɕe^{53}khɪʔ^{45} toũ^{53} ka^{31}	ɕe^{42}khɪ^{42ʔ}/ hri^{42} khaɪ^{42ʔ}/ ɕe^{42} də jɛ̃^{22} jɔ^{44} ə kha^{22}	ɕe^{44}kha^{33}/ ɕe^{44} də jɛ̃^{11} jɔ^{44} ə kha^{11}	she^{53}kha^{33} toũ^{53} ka^{32}/ she^{53} she^{53} kha^{33} toũ^{53}ka^{32}	
903	现在	the present	ယခုပစ္စုပ္ပန်	khu^{31}/ pɪʔ^{45}souʔ^{45} pã^{33}	jə khu^{42} paɪ^{42ʔ} souʔ^{42ʔ} pɛ̃^{22}	jə khu^{42}/ pa^{33} souʔ^{33} pɛ̃^{11}	ə khu^{32}/ pɪ^{32ʔ} souʔ^{32ʔ} pã^{33}	

附录　缅甸语方言词汇表

（续表）

序号	汉义	英文	မြန်မာစာ 缅甸文	အင်းသား： 茵达 方言音	ရခိုင် 若开 方言音	ယော 约 方言音	ဓနု 德努 方言音	ဖုန် 蓬 方言音
904	近来	recently, lately	အခုတလော	khu^{31} tə lɔ^{53}	ə khu^{42} ə kha^{22}	ə khu^{42} ə lɔ^{44}	ə khu^{32} də lɔ^{53}	
905	将来	the future	နောက်နောင်၊ အနာဂတ်	ə na^{33} kaʔ^{45}	nauʔ^{42} naũ^{22}/ ə na^{22} gɛʔ^{42}	nauʔ^{33} naũ^{11}/ ə na^{11} kɛʔ^{33}	nɔʔ^{32} khã^{33}/ ə na^{33} gaʔ^{32}	
906	开始（~时）	initially, in the beginning	အစ	ə sa^{31}	ə sa^{42}	ə sa^{42}	ə sa^{32}	
907	星期一	Monday	တနင်္လာနေ့	də nẽ^{53} la^{33} ne^{31}	də nɔ̃^{44} la^{22} ni^{42}	də naŋ^{44} la^{11}ne^{42}	də nĩ^{53} la^{33}ne^{31}	
908	星期二	Tuesday	အင်္ဂါ	ɛ̃^{33} ga^{33}	ɔ̃^{22} ga^{22}	aŋ^{11} ga^{11}	ĩ^{33} ga^{33}	
909	春	spring	နွေဦး	nwe^{33} u^{53}	nwi^{22} u^{44}	nwe^{11} u^{44}	nwe^{33} u^{53}	
910	夏	summer	နွေ	nwe^{33}	nwi^{22}	nwe^{11}	nwe^{33}	
911	秋	fall, autumn	ဆောင်းချင်း	shɔ̃^{53} wẽ^{33}sa^{31}	shaũ^{44} ũ^{44}	shaũ^{44} twaŋ^{44}	shɔ̃^{53}u^{53}	
912	冬	winter	ဆောင်း	shɔ̃^{53}	shaũ^{44}	shaũ^{44}	shɔ̃^{53}	
913	新年	the New Year's Day	နှစ်သစ်ကူးသင်္ကြန်	hnɪʔ^{45} shɪʔ^{45}/ sĩ^{53} tɕã^{33}/ tə tɕã^{33}	hnaɪʔ^{42} tθaɪʔ^{42}/ tθĩ^{44} dʑã^{22}/ tθɔ̃^{44} dʑã^{22}	naʔ^{33} tθaʔ^{3}/ tθĩ^{44} tθaŋ^{44} tɕɛ^{11}	nɪʔ^{32} tθɪ^{32}/ tθə tɕã^{33}	
914	节日	festival	ပွဲနေ့	pwɛ^{53}ne^{31}	pwi^{44}ni^{42}	pwɛ^{44}ne^{42}	pwɛ^{53}ne^{32}	
915	六	six	ခြောက်	tɕhoʔ^{45}	khrauʔ^{42}	tɕhauʔ^{33}	tɕhoʔ^{32}	kɔŋ^{454} jɔŋ^{454}
916	七	seven	ခုနစ်	khu^{31} nɪʔ^{45}/ khũ^{33}	khu^{42} naɪʔ^{42}	khu^{42} naʔ^{33}	khu^{32} nɪʔ^{32}/ khə nɪʔ^{32}	haĩ so^{51}
917	八	eight	ရှစ်	ɕɪʔ^{45}	hraɪʔ^{42}	ɕaʔ^{42}	ɕɪʔ^{32}	maŋ^{22} taŋ^{22}
918	九	nine	ကိုး	ko^{53}	ko^{44}	ko^{44}	ko^{53}	siŋ^{22} jɔŋ^{22}
919	十	ten	ဆယ်	shɛ^{33}	shɛ^{22}	shɛ^{11}	tə shɛ^{33}	tʃwat^{52}
920	十一	eleven	ဆယ့်တစ်	shɛ^{31} tɪʔ^{45}	shə^{42} taɪ^{42}	shɛ^{42} tθaʔ^{33}	shɛ^{32} tθɪ^{32}	
921	十二	twelve	ဆယ့်နှစ်	shɛ^{31} hne^{33} (hnɪʔ^{45})	shə hnaɪʔ^{42}	shɛ^{42} naʔ^{33}	shɛ^{32} ne^{32}	

(续表)

序号	汉义	英文	မြန်မာစာ 缅甸文	အင်းသား: 茵达 方言音	ရခိုင် 若开 方言音	ယော 约 方言音	ဓနု 德努 方言音	ဖုန်း 蓬 方言音
922	十三	thirteen	ဆယ်သုံး:	shɛ³¹ shoũ³¹	shə tθoũ⁴²	shɛ⁴² tθoũ⁴²	shɛ³² tθoũ³²	
923	十四	fourteen	ဆယ်လေး	shɛ³¹ lɛ⁵³	shə li⁴⁴	shɛ⁴² lɛ⁴⁴	shɛ³² lɛ⁵³	
924	十五	fifteen	ဆယ်ငါး:	shɛ³¹ ŋa⁵³	shə ŋa⁴⁴	shɛ⁴² ŋa⁴⁴	shɛ³² ŋa⁵³	
925	十六	sixteen	ဆယ်ခြောက်	shɛ³¹ tɕhɔʔ⁴⁵	shə krau⁴²ʔ	shɛ⁴² tɕhau³³	shɛ³² tɕhɔ³²ʔ	
926	十七	seventeen	ဆယ်ခုနစ်	shɛ³¹ khũ³³	shə khwɛ̃²²	shɛ⁴² khwã¹¹	shɛ³² khũ³³	
927	十八	eighteen	ဆယ်ရှစ်	shɛ³¹ ɕɪʔ⁴⁵	shə hraɪ⁴²ʔ	shɛ⁴² ɕa⁴²ʔ	shɛ³² ʃɪ³²ʔ	
928	十九	nineteen	ဆယ်ကိုး:	shɛ³¹ ko⁵³	shə ko⁴⁴	shɛ⁴² ko⁴⁴	shɛ³² ko⁵³	
929	二十	twenty	နှစ်ဆယ်	hne³³ shɛ³³	nə shɛ²²	nə shɛ¹¹	ne³² shɛ³³	
930	三十	thirty	သုံး:ဆယ်	shoũ⁵³ shɛ³¹	tθoũ⁴⁴ shɛ²²	tθoũ⁴⁴ shɛ¹¹	tθoũ⁵³ shɛ³²	
931	四十	forty	လေးဆယ်	lɛ⁵³ shɛ³³	li⁴⁴ shɛ²²	lɛ⁴⁴ shɛ¹¹	lɛ⁵³ shɛ³³	
932	五十	fifty	ငါး:ဆယ်	ŋa⁵³ shɛ³³	ŋa⁴⁴ shɛ²²	ŋa⁴⁴ shɛ¹¹	ŋa⁵³ shɛ³³	
933	六十	sixty	ခြောက်ဆယ်	tɕhɔʔ⁴⁵ shɛ³³	krau⁴²ʔ shɛ²²	tɕhau³³ shɛ¹¹	tɕhɔ³²ʔ shɛ³³	
934	七十	seventy	ခုနစ်ဆယ်	khũ³³ nə shɛ³³	khu⁴² nə shɛ²²	khũ¹¹ nə shɛ¹¹	khũ³³ nə shɛ³³/ khu³² ne³³shɛ³³	
935	八十	eighty	ရှစ်ဆယ်	ɕɪʔ⁴⁵ shɛ³³	hraɪ⁴²ʔ shɛ²²	ɕa²ʔ³³ shɛ¹¹	ʃɪ³²ʔ shɛ³³	
936	九十	ninety	ကိုး:ဆယ်	ko⁵³ shɛ³³	ko⁴⁴ shɛ²²	ko⁴⁴ shɛ¹¹	ko⁵³ shɛ³³	
937	百	hundred	ရာ	ja³³	ra²²	ja¹¹	ja³³	
938	一百零一	one hundred and one	တရာ့နှင့်တစ်	tə ja³¹ tɪʔ⁴⁵	də ra⁴² na⁴² taɪ⁴²ʔ	də ja⁴² ne⁴² tɪ⁴²ʔ	də ja³² ne³² tɪ³²ʔ	
939	千	thousand	ထောင်	thɔ̃³³	thaũ²²	thaũ¹¹	thɔ̃³³	
940	万	ten thousand	သောင်း:	shɔ̃⁵³	tθaũ⁴⁴	tθaũ⁴⁴	tθɔ̃⁵³	maŋ²²
941	十万	one hundred thousand	သိန်း	seĩ⁵³（古）/ teĩ⁵³（现代）	tθeĩ⁴⁴	tθeĩ⁴⁴	tθaĩ⁵³	

（续表）

序号	汉义	英文	မြန်မာစာ 缅甸文	အင်းသား 茵达方言音	ရ နိုင် 若开方言音	ယော 约方言音	ဓ နု 德努方言音	ဖုန်း 蓬方言音
942	百万	million	သန်း	sã^{53}（古）/ tã^{53}（现代）	tθɛ̃^{44}	tθɛ̃^{44}	tθã^{53}	
943	千万	ten million	ကုဋေ	kə te^{33}	gə di^{22}	kə te^{11}	kə te^{33}	
944	亿	billion	သန်းတစ်ရာ	sã^{53} tə ja^{33}	tθɛ̃^{44} də ra^{22}	tθɛ̃^{44} tə ja^{11}	tθã^{53} tə ja^{33}	
945	一半	a half	တစ်ဝက်	tə wɛʔ^{45}	tə wa^{42}	tə wak^{42ʔ}	tə wɛ^{32ʔ}	to^{22}wak
946	第一	the first	ပဌမ	pə thə mɑ^{31}	pə thə mɑ^{42}	pə thə mɑ^{42}	pə thə mɑ^{32}	
947	第二	the second	ဒုတိယ	du^{3}di^{31} ja^{31}	du^{42}di^{42} ja^{42}	du^{42}ti^{42} ja^{42}	du^{32}di^{32} ja^{32}	
948	个（一~人）	Cl (person)	ယောက်	jɔʔ^{45}	jau^{42ʔ}	jauʔ^{33}	jɔ^{32ʔ}/u^{53}	jok
949	个（一~碗）	CL (bowl)	လုံး	loũ^{53}	loũ^{44}	loũ^{44}	loũ^{53}	laŋ^{22}
950	条（一~河）	CL (river)	သွယ်	shwɛ^{33}/ sɛ̃^{53}/ khu^{31}	tθwɛ^{22}	tθwɛ^{11}	tθwɛ^{33}	gaũ^{22}
951	条（一~绳）	CL (rope)	ချောင်း	tɕhɔ̃^{53}	ɕaũ^{44}	tɕhaũ^{44}	tɕhɔ̃^{53}	gaũ^{22}
952	张（一~纸）	sheet (of paper)	ရွက်	wɛʔ^{45}	rwa^{42}	jwak^{42ʔ}	jwɛ^{32ʔ}	
953	页（一~书）	page	မျက်နှာ	mjɛʔ^{45} hna^{33}	mja^{42} hna^{22}	mjak^{42ʔ} na^{11}	mjɛ^{32ʔ} na^{33}	
954	个（一~蛋）	CL (egg)	လုံး	loũ^{53}	loũ^{44}	loũ^{44}	loũ^{53}	laŋ^{22}
955	只（两~鸟）	(two) CL (birds)	ကောင်	kɔ̃^{33}	gaũ^{22}	kaũ^{11}	kɔ̃^{33}	
956	根（一~棍）	CL（stick）	ချောင်း	tɕhɔ̃^{53}	ɕaũ^{44}	tɕhaũ^{44}	tɕhɔ̃^{53}	
957	根（~草）	blade (of grass)	ပင်	pẽ^{33}/ hmjẽ^{31}	pɔ̃^{22}	paŋ^{11}	pĩ^{33}	
958	粒（一~米）	grain (of rice)	လုံး/စေ့	loũ^{53}/ se^{31}	loũ^{44}	loũ^{44}	se^{32}	laŋ^{22}
959	把（一~扫帚）	CL (broom)	လက်	lɛʔ^{45}/ tɕhɔ̃^{53}	la^{42}	lak^{42ʔ}	lɛ^{32ʔ}	
960	把（一~刀）	CL (knife)	လက်	lɛʔ^{45}/ tɕhɔ̃^{53}	la^{42}	lak^{42ʔ}	lɛ^{32ʔ}/ tɕhɔ̃^{53}	
961	棵（一~树）	CL (tree)	ပင်	pẽ^{33}	pɔ̃^{22}	paŋ^{11}	pĩ^{33}	

(续表)

序号	汉义	英文	မြန်မာစာ 缅甸文	အင်းသား 茵达 方言音	ရခိုင် 若开 方言音	ယော 约 方言音	ဓနု 德努 方言音	ထွန်း 蓬 方言音
962	本（两～书）	(two) CL (books)	အုပ်	ouʔ^{45}	ouʔ$^{42?}$	ouʔ^{33}	ouʔ$^{32?}$	
963	行（一～麦子）	line (of wheat)	တန်းကြောင်း	tã^{53}/ kã^{31}/ tɕɔ̃^{53}	tẽ^{44}/ kẽ^{42}/ kraũ^{44}	tẽ^{44}/ kẽ^{42}/ tɕaũ^{44}	tã^{53}/ kã^{32}/ tɕɔ̃^{53}	
964	座（一～桥）	CL (bridge)	စင်း	sẽ^{53}/ khu^{31}	sɔ̃^{44}	saŋ^{44}	sĩ^{53}	
965	把（一～菜）	bunch/ bundle (of vegetable)	ဆုပ်	shouʔ^{45}	shou$^{42?}$	shouʔ^{33}	shou$^{32?}$	
966	把（一～米）	handful (of rice)	ဆုပ်	shouʔ^{45}	shou$^{42?}$	shouʔ^{33}	shou$^{32?}$	
967	枝（一～笔）	CL (pen)	ချောင်း	tɕhɔ̃^{53}/ khu^{31}	ɕau^{44}	tɕhau^{44}	tɕhɔ̃^{53}	gaũ^{22}
968	堆（一～粪）	pile (of excrement)	ပုံ	poũ^{33}	poũ^{22}	poũ^{11}	poũ^{33}	
969	桶（一～水）	bucket (of water)	ပုံး	poũ^{53}/ loũ^{53}	boũ^{44}	boũ^{44}	boũ^{53}	
970	碗（一～饭）	bowl (of cooked rice)	ပန်းကန်	khwɛʔ^{45}	bə gẽ^{22}	pə kẽ^{11}	pə kã^{33}	
971	块（一～地）	patch (for ground/ field)	ကွက်	kwɛʔ^{45}/ pɛ^{33}	kwa^{42}	kwak$^{42?}$	kwɛ$^{32?}$	
972	块（一～石头）	CL (rock, stone)	လုံး	loũ^{53}/ toũ^{53}	loũ^{44}	loũ^{44}	loũ^{53}	laŋ^{22}
973	片（一～树叶）	CL (leaf)	ရွက်	wɛʔ^{45}	rwɔ^{42}	jwak$^{42?}$	jwɛ$^{32?}$	
974	朵（一～花）	CL (flower)	ပွင့်	pwẽ^{31}	pwɔ̃^{42}	pwaŋ^{42}	pwĩ^{32}	
975	句（一～话）	sentence (of speech)	ခွန်း	khũ^{53}	khwẽ^{44}	khwaŋ^{44}	khũ^{53}	
976	首（一～歌）	CL (song)	ပုဒ်	pouʔ^{45}	pou$^{42?}$	pou^{33}	pou$^{32?}$	
977	件（一～衣）	CL (garment)	ထည်	thɛ^{33}	thi^{22}	thɛ^{11}	thɛ^{33}	
978	双（一～鞋）	pair (of shoes)	ရံ	rã^{33}/lã^{33}	rẽ^{22}	jẽ^{11}	jã^{33}	
979	对（一～兔子）	pair (of rabbits)	စုံ	soũ^{33}	soũ^{22}	soũ^{11}	soũ^{33}	
980	群（一～羊）	flock (of sheep)	အုပ်	ouʔ^{45}	ouʔ$^{42?}$	ouʔ^{33}	ouʔ$^{32?}$	

（续表）

序号	汉义	英文	မြန်မာစာ 缅甸文	အင်းသား 茵达方言音	ရခိုင် 若开方言音	ယော 约方言音	ဓနု 德努方言音	ဖုန်း 蓬方言音
981	段（一~路）	section (of road/journey)	ထောက်	thɔʔ^{45}	thau^{42ʔ}	thauʔ^{33}	thɔ^{32ʔ}	
982	节（一~竹子）	section (of bamboo between 2 joints)	ဆစ်	shɪʔ^{45}	shaɪ^{42ʔ}	shɪʔ^{33}	shɪ^{32ʔ}	
983	天（一~路）	a day's (journey)	တနေ့တာ	tə ne^{31} ta^{33}	də ni^{42} ta^{22}	tə ne^{42} ta^{11}	tə ne^{32} ta^{33}	
984	只（一~鞋）	(a single) CL (shoe)	ဖက်	phɛʔ^{45}	pha^{42}	phak^{42ʔ}	phe^{32ʔ}	
985	卷（一~布）	roll (of cloth)	လိပ်	laɪʔ^{45}	leɪ^{42ʔ}	leɪʔ^{32}	laɪ^{32ʔ}	
986	匹（一~布）	bolt (of cloth)	အုပ်	ouʔ^{45}	ou^{42ʔ}	ouʔ^{32}	ou^{32ʔ}	
987	方（一~布）	square <an area unit for selling cloth>	စ	sa^{31}	sa^{42}	sa^{42}	sa^{32}	
988	筐（一~菜）	basketful (of vegetable)	ခြင်း	tɕhẽ^{53}	khrɔ̃^{44}	tɕhaŋ^{44}	tɕhĩ^{53}	sauŋ^{22} tɔŋ^{454}
989	背（一~柴）	load (of firewood) on the back	ပိုး	po^{53}	po^{44}	po^{44}	po^{53}	
990	捆（一~）	bundle, sheaf	စည်း	se^{53}	zi^{44}	si^{44}	si^{53}	
991	捧（一~）	a load of cupped-hands	လက်ခုပ်	lɛʔ^{45} khouʔ^{45}	la^{42} khou^{42ʔ}	lak^{42ʔ} khouʔ^{33}	le^{32ʔ} khou^{32ʔ}	
992	岁口（一~牛，马）	X-year-old (animal)	နှစ်သား	hnɪʔ^{45} sha^{53}	hnaɪ^{42ʔ} tθa^{44}	naʔ^{33} tθa^{44}	nɪ^{32ʔ} tθa^{53}	
993	驮（一~）	a load on an animal's back	တင်ဆောင် နိုင်သော တစ်ကောင်စာ	tə kɔ̃^{33} ta^{33}	tɔ̃^{22} shaũ^{22} naĩ^{22} dðo^{44} də gaũ^{22} za^{22}	taŋ^{11} shaũ^{11} naĩ^{11} tθo^{44} tə kaũ^{11} sa^{11}	ñ^{33} shaũ^{33} neĩ^{33} tθo^{53} tə kɔ̃^{33} sa^{33}	
994	袋（一~烟）	a bowl (of tobacco)	အိုး	o^{53}	o^{44}	o^{44}	o^{53}	

(续表)

序号	汉义	英文	မြန်မာစာ 缅甸文	အင်းသား 茵达 方言音	ရ နိုင် 若开 方言音	ယော 约 方言音	၈ န 德努 方言音	ဖုန်း 蓬 方言音
995	队（一~人马）	team/line (of people & animals）	တပ်	taʔ⁴⁵	tɛ⁴²ʔ	tɛʔ³³	taʔ³²ʔ	
996	排（一~房子）	row (of houses)	တန်း	tã⁵³	tɛ̃⁴⁴	tɛ̃⁴⁴	tã⁵³	
997	串（一~珠子）	string (of beads)	ကုံး	koũ⁵³	koũ⁴⁴	koũ⁴⁴	koũ⁵³	
998	滴（一~油）	drop (of oil)	စက်	sɛʔ⁴⁵	sa⁴²	sak⁴²ʔ	sɛʔ³²ʔ	
999	面（一~旗子）	CL (flag)	လက်၊ချပ်	lɛʔ⁴⁵/tɕhaʔ⁴⁵	la⁴²/ɕɛ⁴²ʔ	lak⁴²ʔ/tɕhɛʔ³³	lɛʔ³²ʔ/tɕhaʔ³²ʔ	
1000	层（两~楼）	storey	ထပ်	thaʔ⁴⁵	thɛ⁴²ʔ	thɛʔ³³	thaʔ³²ʔ	
1001	封（一~信）	CL (letter)	စောင်	sɔ̃³³	saũ²²	saũ¹¹	sɔ̃³³	
1002	间（一~房）	CL (room)	ခန်း	khã⁵³	khɛ̃⁴⁴	khɛ̃⁴⁴	khã⁵³	
1003	包（一~东西）	parcel/sack (of things)	ထုပ်	thouʔ⁴⁵	thou⁴²ʔ	thouʔ³³	thou³²ʔ	
1004	瓶（一~酒）	bottle (of wine)	ပုလင်း	pə l ɛ̃⁵³	pə lĩ⁴⁴/pə lɔ̃⁴⁴	pə laŋ⁴⁴	pə lĩ⁵³	
1005	滩（一~泥）	puddle (of mud)	ကွက်	kwɛʔ⁴⁵	kwɔ⁴²	kwak⁴²ʔ	kwɛʔ³²ʔ	
1006	斤（一~）	jin <=0.5 kg>	တရတ်ပိဿာ	tə jouʔ⁴⁵ paɪʔ⁴⁵ shaʔ³³	tə rou⁴²ʔ peɪ⁴²ʔ tθa²²	tə jouʔ³³ peɪʔ³³ tθa¹¹	tə jouʔ³²ʔ paɪʔ³²ʔ tθa³³	
1007	两（一~）	tael <=50 grams>	တရတ်ကျပ်သား	tə jouʔ⁴⁵ tɕɛʔ⁴⁵ shaʔ⁵³	tə rou⁴²ʔ tɕɛ⁴²ʔ tθa⁴⁴	tə jouʔ³³ tɕa³³ tθa⁴⁴	tə jouʔ³²ʔ tɕa³²ʔ tθa⁵³	
1008	钱（两~）	weight unit <=0.1 tael>						
1009	斗（一~）	a unit of dry measure for grain <=1 decaliter>	တင်း	tɛ̃⁵³	tɔ̃⁴⁴	taŋ⁴⁴	tĩ⁵³	
1010	升（一~）	litre	ပြည်	pje³³/ple³³/pre³³	pje²²	pje¹¹	pji³³	
1011	里（一~）	mile <=0.5 km>	လီ	li³³	li²²	li¹¹	li³³	

(续表)

序号	汉义	英文	မြန်မာစာ 缅甸文	အင်းသား: 茵达方言音	ရခိုင် 若开方言音	ယော 约方言音	ဓနု 德努方言音	ဖုန်း 蓬方言音
1012	庹（一~）	fingertip to fingertip of out-stretched arms	လံ	lã^{33}	lɛ̃^{22}	lɛ̃^{11}	lã^{33}	
1013	尺（一~）	foot <=1/3 meter>	ပေ	pe^{33}	pe^{22}	pe^{11}	pe^{33}	
1014	拃（一~）	thumb to out-stretched middle finger	ထွာ	thwa^{33}	thwa^{22}	thwa^{11}	thwa^{33}	
1015	指（一~宽）	the width of a finger	ဆစ်	shɪʔ^{45}	shaɪ^{42}ʔ	shɪʔ^{33}	shɪʔ^{32}ʔ	
1016	肘（一~的长度）	the length from the elbow to the hand	တောင်	dɔ̃^{33}	daũ^{22}	taũ^{11}	dɔ̃^{33}	
1017	架（一~牛）	a team (of oxen)	ရှဉ်း	çĩ^{53}	hraĩ^{44}	çaŋ^{44}	shĩ^{53}	
1018	寸（一~）	inch	လက်မ	lɛʔ^{45}ma^{31}	la^{42}ma^{42}	l啊 k^{42}ʔma^{42}	le^{32}ʔma^{32}	
1019	元（一~）	yuan <=Chinese dollar>	ရွှမ်း	jwã^{53}	jwɛ̃^{44}	jwɛ̃^{44}	jwã^{53}	
1020	角（一~）	ten cents	မောင်	maũ^{33}	maũ^{22}	maũ^{11}	maũ^{33}	
1021	亩（一~）	mu <=0.0667 hectare>	မို့	mo^{33}	mo^{22}	mo^{11}	mo^{33}	
1022	一会儿	a while	ခက	tə na^{31}	khə na^{42}/ tə ɕa^{42} ɕe^{22}	khə na^{42}	khə na^{32}	
1023	天（一~）	a day's (work)	နေ့	ne^{31}	ni^{42}	ne^{42}	ne^{32}	
1024	夜（一~）	a night's (work)	ည	ɲa^{31}	ɲa^{42}	ɲa^{42}	ɲa^{32}	
1025	月（一个~）	a month's (work)	လ	la^{31}	la^{42}	la^{42}	la^{32}	
1026	年（一~）	a year's (work)	နှစ်	hnɪʔ^{45}	hnaɪ^{42}ʔ	naʔ^{33}	nɪʔ^{32}ʔ	

(续表)

序号	汉义	英文	မြန်မာစာ 缅甸文	အင်းသား 茵达 方言音	ရခိုင် 若开 方言音	ယော 约 方言音	ဓနု 德努 方言音	ဖုန် 蓬 方言音
1027	岁（一~）	X-year old	နှစ်	hnɪʔ⁴⁵	hnaɪ⁴²⁷	naʔ³³	nɪ³²⁷	
1028	辈子（一~）	a lifetime	သက်	shɛʔ⁴⁵	tθa⁴²	tθak⁴²⁷	tθɛ³²⁷	
1029	步（走一~）	(to walk) a step	လှမ်း	hlã⁵³	hlɛ̃⁴⁴	lɛ̃⁴⁴	lã⁵³	
1030	次（去一~）	(to go somewhere) X time(s)	ခေါက်	khɔʔ⁴⁵	khau⁴²⁷	khau³³	khɔ³²⁷	
1031	顿（吃一~）	(to have) X meal(s)	နပ်	hnaʔ⁴⁵	nɛ⁴²⁷	nɛʔ³³	na³²⁷	
1032	声（喊一~）	(to make) X shout(s)	ချက်	tɕhɛʔ⁴⁵	tɕhe⁴²⁷	tɕhak⁴²⁷	tɕhɛ³²⁷	
1033	下（打一~）	(to hit) X time(s)	ချက်	tɕhɛʔ⁴⁵	ɕa⁴²	tɕhak⁴²⁷	tɕhɛ³²⁷	
1034	脚（踢一~）	(to kick) X time(s)	ချက်	tɕhɛʔ⁴⁵	ɕa⁴²	tɕhak⁴²⁷	tɕhɛ³²⁷	
1035	口（咬一~）	(to have) X bite(s)	ချက်	tɕhɛʔ⁴⁵	ɕa⁴²	tɕhak⁴²⁷	tɕhɛ³²⁷	
1036	一些	some	တချို့	tə tɕho³¹	tə ɕo⁴²	tə tɕho⁴²	tə tɕho³²/ ə tɕho³²	
1037	几个	a few, several	အနည်းငယ်	tə u³¹ le⁵³	ə hne⁴⁴ ɕe²²	ə ni⁴⁴ ŋɛ¹¹/ ə nɛ⁴⁴ŋɛ¹¹	kə tɪ³²⁷	shiŋ⁴⁵⁴ shaiŋ⁵⁵/ ʃi⁴⁵⁴ saɪ²²
1038	每天	everyday	နေ့တိုင်း	ne³¹teĩ⁵³	ni⁴²daĩ⁴⁴	ne⁴²daĩ⁴⁴	ne³²teĩ⁵³	
1039	每个	each, every	==တိုင်း	teĩ⁵³	daĩ⁴⁴	taĩ⁴⁴	teĩ⁵³	
1040	倍（一~）	the double of	ဆ	sha³¹	sha⁴²	sha⁴²	sha³²	
1041	我俩	the two of us	ဒို့နှစ်ယောက်	tɔ³¹ hne³³ jɔʔ⁴⁵	ŋa²²ro⁴² hnə jau⁴²⁷	do⁴² nə jɔ³³	do³² ne jɔ³²⁷	
1042	你俩	you two	ရှင်တို့နှစ်ယောက်	nẽ³³lɔʔ⁴⁵ hne³¹ jɔʔ⁴⁵/ nẽ³³tɔ³¹	ɕɔ̃²²ro⁴²	ɕaŋ¹¹do⁴² nə jau⁴²⁷	nẽ³³to³² ne jɔ³²⁷	
1043	你们	you <pl.>	ရှင်တို့	nẽ³³lɔʔ⁴⁵ hne³¹ jɔʔ⁴⁵/ nẽ³³tɔ³¹	ɕɔ̃²²ro⁴²	ɕaŋ¹¹do⁴² nə jɔ³³	nẽ³³to³² ne jɔ³²⁷	
1044	他俩	the two of them	သူတို့နှစ်ယောက်	shu³³lɔʔ⁴⁵ hne³³ jɔʔ⁴⁵	tθu²²ro⁴² hnə jau⁴²⁷	tθu¹¹do⁴² nə jɔ³³	tθu³³to³² ne jɔ³²⁷	

（续表）

序号	汉义	英文	မြန်မာစာ 缅甸文	အင်းသား 茵达方言音	ရခိုင် 若开方言音	ယော 约方言音	ဓနု 德努方言音	ဖွန်း 蓬方言音
1045	他们	they	သူတို့	tθu³³lɔʔ⁴⁵	tθu²²ro⁴²	tθu¹¹do⁴²	tθu³³to³²	
1046	咱们	we <inclusive>	ခင်ဗျားတို့ကျွန်တော်တို့	nɛ̃³³lɔʔ⁴⁵ ŋa³³lɔʔ⁴⁵	mĩ⁴⁴ro⁴² ŋa²²ro⁴²	khə mja⁴⁴ do⁴² tɕə nɔ¹¹ do⁴²	khə mja⁵³ to³² tɕə nɔ³³ to³²/do³²	
1047	咱俩	the two of us <= you & me>	ဒို့နှစ်ယောက်	tɔ³¹hne³³ jɔʔ⁴⁵	ŋa²²ro⁴² hnə jau⁴²ʔ	do⁴²nə jauʔ³³	do³² ne³³ jɔ³²ʔ	
1048	大家	the whole group, we	အားလုံး၊ အများ	a⁵³koũ³³ oũ⁵³/ ə mja⁵³	a⁴⁴loũ⁴⁴ ə mja⁴⁴	a⁴⁴loũ⁴⁴ ə mja⁴⁴	a⁵³koũ⁵³ woũ⁵³	
1049	自己	oneself	မိမိ	ko³¹	mi⁴²mi⁴²	mi⁴²mi⁴²	mi³²mi³²	
1050	别人	other person(s)	သူများ	lu³³khɛ⁵³	tθu²²mja⁴⁴	tθu¹¹ mja⁴⁴	ho⁵³ tθu³³	
1051	这些	these	ဒါတွေ	shə ha³³ le³³/ shɛ³³ ha³³le³³/ shɛ³³ ouʔ⁴⁵sa³³	e²²çĩ⁴²ti⁴²	da¹¹dwe¹¹	he³³ da³³ dwe³³	
1052	这边	this side, here	ဒီဘက်	sha³³ phɛʔ⁴⁵/ e⁵³phɛʔ⁴⁵	e²²ba⁴²ʔ	di¹¹ phak⁴²ʔ	he³³ phɛ³²ʔ	
1053	这样	this (way), (like) this	ဒီလို	sha³³lɛ⁵³/ e⁵³kə lɛ⁵³/ e⁵³ tə lɛ⁵³	e²²paĩ²²	di¹¹lo¹¹	he³³lo³³	
1054	那（近指）	that	ဟို	hɔ⁵³	hɔ²²	ho¹¹	hɔ³³	
1055	那些	those	ဟိုဟာတွေ	hɔ⁵³hoũ⁵³ ha³³lɛ³³/ ha⁵³ ha³³ lɛ³³/ hɛ̃⁵³ ha³³ lɛ³³	hɔ²² hrɔ̃⁴²di⁴²	hɔ⁴⁴ha¹¹ dwe¹¹	hɔ⁵³ da³³ de³³	
1056	那里	there	ဟိုမှာ	hɔ⁵³hou⁵³ ma³³/ ha⁵³ ma³³/ hɛ̃⁵³ ma³³	hɔ²²hma²²	ho¹¹ ma¹¹	hɔ⁵³ma³³	
1057	那边	that side, there	ဟိုဘက်	hɔ⁵³hou⁵³ phɛʔ⁴⁵/ ha⁵³ phɛʔ⁴⁵/ hɛ̃⁵³ phɛʔ⁴⁵	hɔ²²ba⁴²	ho¹¹ phak⁴²ʔ/ ho¹¹ (近指)/ hau⁴²ʔ(远指)	hɔ⁵³ phɛ³²ʔ	

(续表)

序号	汉义	英文	မြန်မာစာ 缅甸文	အင်းသား 茵达方言音	ရခိုင် 若开方言音	ယော 约方言音	ဓနု 德努方言音	ဖုန်း 蓬方言音
1058	那样	that (way), (like) that	ဟိုလို၊ဟိုကဲ့သို့	ha^{53} tə lɛ^{53}/ hɛ̃ ^{53} kə lɛ^{53}/ ha^{53}lɛ^{53}	ho^{22} paĩ ^{22}/ tho^{22} paĩ ^{22}	ho^{11}/ tho^{11} kɛ^{42} tθo^{42}	ho^{33} lo^{33} mjo^{53}/ he^{33}lo^{33}	
1059	哪里	where	ဘယ်မှာ၊ အဘယ်မှာ	phɛ^{33} ma^{33}/ phə ma^{33}	za^{22} hma^{22}/	phɛ^{11} ma^{11}/	bɛ^{33} ma^{33}/ ə bɛ^{33} ma^{33}	
1060	几时	when	ဘယ်အချိန်	phɛ^{33} tɕheĩ ^{33}/ pha^{33} tɕheĩ ^{33}	za^{22} ə ɕeĩ ^{22}	phɛ^{11} ə tɕheĩ ^{11}	bɛ^{33} ə tɕhaĩ ^{33}	
1061	多少	how many / much	ဘယ်လောက်၊ မည်မျှ	phɛ^{33} lɔʔ^{45}/ phə lɔʔ^{45}	za^{22} lau^{42}ʔ mi^{22} hmja^{42}	phɛ^{11} lau^{33}	zə lɔ^{32}ʔ i^{53}/ zə lɔ^{32}ʔ ri^{53}/ mi^{33} mja^{32}	
1062	几个（疑问代词）	how many <a small number>	ဘယ်နှစ်ခု	phɛ^{33}nə khu^{31}/ phə nə khu^{31}	za^{22}hnə khu^{42}	phɛ^{11}nə khu^{42}	bɛ^{33}ne^{33} khu^{32}/ sɛ^{32} ne^{33}khu^{32}	
1063	其他	others, miscellaneous	အခြား၊တခြား	tə tɕha^{53} tə khra^{44}	ə khra^{44}/ tə khra^{44}	ə tɕha^{44}/ tə tɕha^{44}	ə tɕha^{53}/ tə tɕha^{53} ha^{33}	
1064	各自	respective, individual, each	အသီးသီး	ə shi^{53} shi^{53}	ə tθi^{44} tθi^{44}	ə tθi^{44} tθi^{44}	ə tθi^{53} tθi^{53}/ ə khu^{32} teĩ ^{53}	
1065	一切	all, everything	အားလုံး၊သမျှ	a^{53}koũ ^{33} oũ ^{53}/ sə hmja^{31}	a^{44}loũ ^{44}/ tθə hmja^{42}	a^{44}loũ ^{44}	a^{53}koũ ^{53} woũ ^{53}/	
1066	全部	all, the whole	အားလုံး	a koũ ^{53} oũ ^{53}	a^{44} loũ ^{44}	a^{44} loũ ^{44}	a^{53}koũ ^{53} woũ ^{53}	
1067	粗	wide <in diameter>, coarse	တုပ်	touʔ^{45}	touʔ^{44}	touʔ^{3}	tou^{32}ʔ/ tɕi^{53}	
1068	细	thin <in diameter>, fine, tiny	သေး	she^{53}	tθi^{44}	tθe^{44}	tθe^{53} ŋe^{33}/ kĩ ^{53}	ʃi^{454}saĩ ^{22}
1069	高	high, tall	မြင့်	mjẽ ^{31}	mrõ ^{42}/ ə põ ^{44} hre^{22}（身材高）	swaŋ^{42}	mjĩ ^{32}/ she^{33}	

（续表）

序号	汉义	英文	မြန်မာစာ 缅甸文	အင်းသား: 茵达方言音	ရခိုင် 若开方言音	ယော 约方言音	ဓနု 德努方言音	ပှုန် 蓬方言音
1070	低（矮）	low, short	နိမ့်	neĩ³¹/ puʔ³¹/ to³³	neĩ⁴²	neĩ⁴²	nɑĩ³²/ puʔ³²lu³²	
1071	凸	protruding, raised	ဒုံး	khoũ⁵³	khoũ⁴⁴	khoũ⁴⁴	khoũ⁵³	
1072	凹	sunken, dented	ခွက်	khwɛʔ⁴⁵	khwɔ⁴²	khwak⁴²ʔ	khwɛ³²ʔ	
1073	宽敞	spacious, commodious	ချောင်	tɕhɔ³³/ khlɔ³³	ɕaũ²²	tɕhaũ¹¹	tɕhɔ³³	
1074	狭窄	cramped, narrow	ကျဉ်းကျပ်	tɕĩ⁵³ tɕaʔ⁴⁵	tɕaĩ⁴⁴ tɕɛ⁴²ʔ	tɕaŋ⁴⁴ tɕɛʔ³³	tɕĩ⁵³ tɕa³²ʔ	
1075	深	deep	နက်	nɛʔ⁴⁵	na⁴²ʔ	nak⁴²ʔ	nɛ³²ʔ	
1076	浅	shallow	တိမ်	ti³¹	teĩ²²	teĩ¹¹	tɑĩ³³	
1077	空	empty	ဟောင်း လောင်း	hɔ⁵³lɔ⁵³	haũ⁴⁴ laũ⁴⁴	haũ⁴⁴ laũ⁴⁴	ə pwɑ³³ i⁵³/ə pwɑ³³ri⁵³	
1078	瘪	shrivelled, shrunken	ခွက်ဝင်/ဝိမ်း၊ ချုံ့ငင်ဝင်	khwɛʔ⁴⁵ wɛ̃³³/ peĩ³¹/ kə loũ³¹ khə reĩ³³	khwɔ⁴² wɔ²²/ peĩ⁴²/ ɕai⁴² wɔ²²	khwak⁴²ʔ waŋ¹¹/ peĩ⁴²/ tɕhaĩ⁴² waŋ¹¹	khwɛ³²ʔ wĩ³³/ pɑĩ³²/ tɕheĩ³² wĩ³³	
1079	方	square, rectangular	လေးထောင့်	le⁵³thɔ³¹	le⁴⁴daũ⁴²	le⁴⁴daũ⁴²	le⁵³thɔ³²	
1080	扁	flat（and shallow）	ပြား	ə pjɑ⁵³/ ə prɑ⁵³	pra⁴⁴	pja⁴⁴	pjɑ⁵³	
1081	秃	bald, bare	တုံး	toũ⁵³	toũ⁴⁴	toũ⁴⁴	toũ⁵³	
1082	正（~面）	the right / obverse side	မျက်နှာဘက်	mjɛʔ⁴⁵ hna³³ pheʔ⁴⁵	mja⁴² hna²² ba⁴²	mjak⁴²ʔ na¹¹ phak⁴²ʔ	mjɛ³²ʔ nɑ³³ phɛ³²ʔ	
1083	反（~面）	the reverse side	ကျောဘက်	tɕɔ⁵³ phɛ⁴²ʔ	tɕɔ⁴⁴ ba⁴²ʔ	tɕɔ⁴⁴ phak⁴²ʔ	tɕɔ⁵³ phɛ³²ʔ	
1084	准（打得~）	(to hit sth) on the target	မှန်/လက်တည့်	hmã³³/ ti³¹/ mi³/ lɛʔ⁴⁵teʔ³¹	hmẽ²²/ tai⁴²	mẽ¹¹/ tɛ⁴²	mã³³/ lɛ³²ʔ tɛ³²	
1085	偏	slanting, leaning	လွဲစောင်း	lwɛ⁵³/ sɔ⁵³/ phe³³	lwɛ⁴⁴/ saũ⁴⁴	lwɛ⁴⁴/ saũ⁴⁴	lwɛ⁵³/ sɔ⁵³	
1086	歪	askew, wry, slanting	စောင်း/ယိမ်း ရဲ့	saũ⁵³/ jeĩ⁵³/ wɛ³¹	saũ⁴⁴/ jeĩ⁴⁴ rwɛ⁴²	saũ⁴⁴/ jeĩ⁴⁴ jwɛ⁴²	sɔ⁵³/ jɑĩ⁵³/ jwɛ³²	

（续表）

序号	汉义	英文	မြန်မာစာ 缅甸文	အင်းသား 茵达方言音	ရခိုင် 若开方言音	ယော 约方言音	ဓနု 德努方言音	ဖုန်း 蓬方言音
1087	横（~的）	horizontal	ကန့်လန့်လိုက်	ə kã^{31} laɪʔ^{45}	kɛ̃^{42} lɛ̃^{42} laɪ^{42}ʔ	kɛ̃^{42} lɛ̃^{42} laɪʔ^{33}	kã^{32} lã^{32}	
1088	竖（~的）	vertical	ထောင်လိုက်	ə thõ^{33} laɪʔ^{45}	daũ^{22} laɪ^{42}ʔ	daũ^{11} laɪʔ^{33}	dõ^{33} leɪ^{32}ʔ	
1089	弯（~的）	curved, crooked, bent	ကောက်	kɔʔ^{45}	kau^{42}ʔ	kauʔ^{33}	kɔ^{32}ʔ/ kwe^{32}	kou^{52}ʔ leɪ^{52}ʔ
1090	蓝	blue	ပြာ	pja^{33}/ pla^{33}/ pra^{33}	pra^{22}	pja^{11}	pja^{33}	
1091	灰（~的）	grey	မီးနိုးရောင်	mi^{53}kho^{53} jɔ̃^{33}	mi^{44}kho^{44} jaũ^{22} mẽ^{44} kho^{44} raũ^{22}	mi^{44}kho^{44} jaũ^{11}	mi^{53} kho^{53}jɔ̃^{33}	
1092	亮（~的）	bright	ထိန်လင်း	teɪ̃^{33}/ lɛ̃^{53} wɛ̃^{53}	teɪ̃^{22}/ lĩ^{44}	teɪ̃^{11}/ laŋ^{44}	thaɪ̃^{33}/ lĩ^{53}	lo^{22}
1093	暗	dark	မှောင်	hmɔ̃^{33}	hmaũ^{22}/ maɪ^{42}ʔ	maũ^{11}	maũ^{33}	swaik
1094	轻	light <weight>	ပေါ့	pɔ^{31}	pɔ^{42}	pɔ^{42}	pɔ^{32}	
1095	快	quick, fast	မြန်	mjã^{33}/ mlã^{33}/ mrã^{33}	mrɛ̃^{22}	mjɛ̃^{11}	mjã^{33}/ kə laɪ^{32}ʔ se^{33}	
1096	慢	slow	နှေး	hne^{53}	hni^{44}	phaŋ^{42}	ne^{53}	
1097	早	early	စော	sɔ^{53}	sɔ^{44}	sɔ^{44}	sɔ^{53}	
1098	迟	late	နောက်ကျ	nɔʔ^{45} kla^{31}/ nɔʔ^{45}kra^{31}	nau^{42}ʔ tɕa^{42}	nauʔ^{33} tɕa^{42}	nɔ^{32}ʔ tɕa^{32}	
1099	锋利	sharp	ထက်	thɛʔ^{45}/ mje^{31}	tha^{42}	thak^{42}ʔ	thɛ^{32}ʔ	
1100	钝	blunt, dull	တုံး	toũ^{53}	toũ^{44}	toũ^{44}	toũ^{53}	
1101	清（~水）	clear (water)	ကြည်လင်	tɕe^{33}	kre^{22} lɔ̃^{22}	tɕi^{11} laŋ^{11}	tɕe^{33} lĩ^{33}	
1102	浑浊	muddy, turbid	နောက်	nɔʔ^{45}	nau^{42}ʔ	nauʔ^{33}	nɔ^{32}ʔ/ tɕu^{32}	
1103	胖	fat	ဝ	wa^{31}/ phɔ^{53}	wa^{42}	wa^{42}	wa^{32}	tʃi^{22}

（续表）

序号	汉义	英文	မြန်မာစာ 缅甸文	အင်းသား 茵达方言音	ရခိုင် 若开方言音	ယော 约方言音	ဓနု 德努方言音	ဖွန်း 蓬方言音
1104	肥（猪~）	fat (pig)	ဝဖီးၥဆူ	wa³¹ pheĩ³¹/shu³³	wa⁴² phi⁴⁴/shu²²	wa⁴² phi⁴⁴/shu¹¹	wa³² touʔ³²	
1105	瘦	thin	ပိန်	peĩ³³	peĩ²²/kroũ²²	peĩ¹¹	paĩ³³	
1106	瘦（地~）	poor (land)	ညံ့	nã³¹/phjɛ̃⁵³	nɛ̃⁴²	nɛ̃⁴²	nã³²	
1107	稠（粥~）	thick (porridge)	ျစ်	pjɪʔ⁴⁵/nɪʔ⁴⁵	pjaɪ⁴²ʔ/thɛ⁴²ʔ	pjaʔ³³	pjɪʔ³²	
1108	稀（粥~）	watery / thin (porridge)	ကျဲ	tɕɛ⁵³	tɕɛ⁴⁴	tɕɛ⁴⁴	tɕɛ⁵³/ə phjɔ̃³³	
1109	密（布~）	tightly-woven (fabric)	စိတ်	saɪʔ⁴⁵	seɪ⁴²ʔ	seɪʔ³³	saɪʔ³²	
1110	稀（头发~）	thin (hair)	ကျဲ	tɕɛ⁵³	tɕɛ⁴⁴	tɕɛ⁴⁴	tɕɛ⁵³	
1111	硬	hard	မာ	ma³³	ma²²	ma¹¹	ma³³	khouʔ
1112	软	soft	ပျော့	pjɔ³¹	pjɔ⁴²	pjɔ⁴²	pjɔ³²	
1113	粘	sticky, glutinous	စေးကပ်/ချဲ	si⁵³kaʔ⁴⁵/tɕhwɛ⁵³/pjĩ⁵³	si⁴⁴kɛ⁴²ʔ/ɕwe⁴⁴	se⁴⁴kɛʔ³³/tɕhwɛ⁴⁴	si⁵³kaʔ³²ʔ/tɕhwɛ⁵³	
1114	光滑	smooth, glossy, sleek	ချော	tɕhɔ⁵³	ɕɔ⁴⁴	tɕhɔ⁴⁴	tɕhɔ⁵³	
1115	粗糙	rough, coarse	ကြမ်း	tɕã⁵³	krɛ̃⁴⁴	tɕɛ̃⁴⁴	tɕã⁵³/thɔ³³	
1116	滑（路~）	slippery (road)	ချော့	khlɔ³³/khrɔ³³	ɕɔ²²	tɕhɔ¹¹	tɕhɔ³³	
1117	紧	tense, tight, taut	တင်း	tɛ̃⁵³	tɔ̃⁴⁴	taŋ⁴⁴	tĩ⁵³/tɕaʔ³²/thou³²	
1118	松	lax, loose, slack	လျော့	jɔ³¹	jɔ⁴²	jɔ⁴²	jɔ³²/ljɔ³²	
1119	脆	crisp, brittle	ကြွပ်	tɕuʔ⁴⁵/shaʔ⁴⁵	tɕwɔ⁴²	tɕwaʔ³³	tɕuʔ³²	
1120	结实	solid	တောင့်/ကျပ်	tɔ̃³¹/tɪʔ⁴⁵	taũ⁴²/tɕaɪ⁴²ʔ	taũ⁴²/tɕaʔ³³	tɔ̃³²/tɕɪʔ³²	

(续表)

序号	汉义	英文	မြန်မာစာ 缅甸文	အင်းသား 茵达方言音	ရခိုင် 若开方言音	ယော 约方言音	ဓနု 德努方言音	ဖုန်း 蓬方言音
1121	乱	chaotic, disorderly, messy	ရှုပ်	ɕauʔ^{45}	hrou^{42ʔ}/ thwi^{44}	ɕou^{42ʔ}	ɕou^{32ʔ}/ pwa^{32}/ tə tɕɛ^{53}/ thɛ^{53}	
1122	对	right, correct	မှန်	hmã^{53}	hmẽ^{22}	mẽ^{11}	mã^{33}	
1123	错	wrong	မှား	hma^{53}	hma^{44}	ma^{44}	ma^{53}	
1124	真	true	စစ်	sɪʔ^{45}	saɪ^{42ʔ}	saʔ^{33}	sɪ^{32ʔ}	
1125	假	false	အတု	ə tu^{31}	ə tu^{42}	ə tu^{42}	ə tu^{32}	
1126	生（~的）	uncooked, raw	စိမ်း	sẽɪ^{53}	sẽɪ^{44}	sẽɪ^{44}	sãɪ^{53}	
1127	旧	used, old	ဟောင်း	hɔ̃^{53}/ nwã^{53}/ o^{33}	haũ^{44}	haũ^{44}	hɔ̃^{53}/ sou^{32ʔ}	ə hoŋ^{22}
1128	贵（价钱~）	expensive	ဈေးကြီး	ɕa^{53}/ she^{53}ki^{53}	zi^{44}mja^{44}/ zi^{44}kha^{42}	ze^{44}tɕi^{44}	she^{53}/ sha^{53}	
1129	便宜	cheap	ဈေးချို	she^{53} tɕho^{33}/ pɔ^{53}	zi^{44}pɔ^{44}	ze^{44}tɕho^{11}	she^{53}pɔ^{53}	
1130	老（植物~）	evergrown (plant)	ရင့်	j ɛ̃^{31}	j ɔ̃^{42}	jaŋ^{42}	j ĩ^{32}thɔ^{33}	
1131	嫩（植物~）	tender young (plant)	နု	nu^{31}	nu^{42}	nu^{42}	nu^{32}	
1132	年轻	young	နုပျိုမြစ်	nu^{31}nɛ^{33}	nu^{42}/ pjo^{22}/ mraɪ^{42ʔ}	nu^{42}/ pjo^{11}/ mja^{33}	nu^{32}/ pjo^{33}/ mjɪ^{32ʔ}	
1133	美	beautiful	လှ	hla^{31}	hla^{42}	la^{42}	la^{32}	
1134	丑	ugly	အကြည်တန် အရုပ်ဆိုး	ə jouʔ^{45} sho^{53}	ə krai^{42} dẽ^{22}/ ə rouʔ^{42} sho^{42}	ə tɕi^{42} tẽ^{11}/ ə jouʔ^{33} sho^{44}	ə tɕi^{32} tã^{33}/ jouʔ^{32ʔ} sho^{53}	
1135	温（水~）	lukewarm (water)	နွေး	nwe^{53}	nwi^{44}	nwe^{44}	nwe^{53}	
1136	暖和	warm	ပူနွေး နွေးထွေး	pu^{33} nwe^{53}/ nwe^{53}	pu^{44} nwi^{44}/ nwi^{44}	pu^{11} nwe^{44}/ nwe^{44} thwe^{44}	nwe^{53} nwe^{53} lɔ^{53}lɔ^{53}	
1137	凉快	pleasantly cool	အေးချမ်း	e^{53}/ tɕhã^{53}/ tɕhĩ^{53}	i^{44} ɕɛ̃^{44}	e^{44} tɕhẽ^{44}	tɕhã^{53}	tʃhaĩ^{55}

（续表）

序号	汉义	英文	မြန်မာစာ 缅甸文	အင်းသား 茵达方言音	ရ ခိုင် 若开方言音	ယော 约方言音	ဓ နု 德努方言音	ဖုန်း 蓬方言音
1138	难	difficult	ခက်	khɛʔ^{45}	kha^{42}	khak$^{42?}$	khɛ$^{32?}$	
1139	容易	easy	လွယ်	lwɛ^{33}	lwe^{22}	lwɛ^{11}	lwe^{33}	lwi$^{52?}$
1140	香（气味~）	fragrant (smell)	မွှေး	hmwe^{53}	hmwi^{44}	mwe^{44}	mwe^{53}	
1141	臭	stinking, smelly	နံ	nã^{33}	nẽ^{22}	nẽ^{11}	nã^{33}	nɛŋ^{22}
1142	香（味道~）	savory, appetizing	မွှေး	hmwe^{53}	hmwi^{44}	mwe^{44}	mwe^{53} / tɕeĩ^{33}	
1143	酸	sour	ချဉ်	tɕhĩ^{33}	tɕhĩ^{22}	tɕhaŋ^{11}	tɕhĩ^{33}	ʃi^{454} / ʃi^{51} / ʃe^{454}
1144	甜	sweet	ချို	tɕho^{33}	tɕho^{22}	tɕho^{11}	tɕho^{33}	khwi^{454}
1145	苦	bitter	ခါး	kha^{53}	kha^{44}	kha^{44}	kha^{53}	kha^{22}
1146	辣	hot, spicy	စပ်	saʔ^{45}	sa$^{42?}$	sɛʔ^{33}	sa$^{32?}$	
1147	咸	salty	ငန်	ŋã^{33}	ŋã^{22}	ŋɛ̃^{11}	ŋã^{33}	
1148	淡（盐~）	tasteless, insipid <not salty>	ပေါ့	pɔ^{31}	pɔ^{42}	pɔ^{42}	pɔ^{32} / pje^{33}	
1149	涩	astringent, like unripe persimmons	ဖန်	phã^{33}	phã^{22}	phẽ^{11}	phã^{33}	
1150	腥	fishy-smelling	ညီ	hɲi^{33}	hɲi^{22}	ɲi^{11}	ɲi^{33}	
1151	腻	greasy, oily	အီ	i^{33}	i^{22}/a^{42}	i^{11}	i^{33}	
1152	闲	not busy, idle	အား	a^{53}	a^{44}	a^{44}	a^{53}	
1153	忙	busy	အလုပ်များ	ə louʔ^{45} mja^{53}	ə louʔ$^{42?}$ mja^{44}	ə lou^{33} mja^{44}	ə lou$^{32?}$ shou$^{32?}$	
1154	富	rich	ချမ်းသာငွေ	tɕhã^{53} sha^{33} / the^{53}	ɕɛ̃^{44} tθa^{22} / thi^{44}	tɕhẽ^{44} tθa^{2} / the^{44}	tɕhã^{53} tθa^{33} / the^{53}	
1155	穷	poor	ဆင်းရဲ	shẽ^{53} jɛ^{53} / mwɛ^{53} pra^{33}	shɔ̃^{44} re^{44}	shaŋ^{44} jɛ^{44}	shĩ^{53} jɛ^{53}	
1156	干净	clean	သန့်ရှင်း	shã^{31} ɕɛ̃^{53}	tθɛ̃^{42} hrɔ^{44}	tθɛ̃^{42} ɕaŋ^{44}	tθã^{32} shĩ^{53}	
1157	新鲜	fresh	လတ်ဆတ်	laʔ^{45} shaʔ^{45}	lɛʔ$^{42?}$s he$^{42?}$	lɛʔ^{33} shɛʔ^{33}	la$^{32?}$ sha$^{32?}$	

(续表)

序号	汉义	英文	မြန်မာစာ 缅甸文	အင်းသား茵达方言音	ရခိုင် 若开方言音	ယော 约方言音	ဓနု 德努方言音	ဖုန်း 蓬方言音
1158	死(~的)	dead	သေ	ə she^{33}	ə tθi^{22}	ə tθe^{11}	ə tθe^{33}	
1159	清楚	clear, lucid	ရှင်းလင်း၊ရှင်	ɕɛ̃^{53} lɛ̃^{53}/ ɕɛ̃^{53}	ɕɔ̃^{44} lɔ̃^{44}/ ɕɔ̃^{44}	ɕaŋ^{44} laŋ^{44}/ ɕaŋ^{44}	shĩ^{53} lĩ^{53}/ shĩ^{53}	
1160	好吃	tasty, delicious	စားကောင်း သည်	sa^{53}kɔ̃^{53} si^{33}	sa^{44}kaũ^{44} dðe^{22}	sa^{44}kaũ^{44}	sɑ^{53} tɕho^{33}	
1161	好听	pleasant to the ears	နားဝင်ချို သည်	na^{53} wɛ̃^{33} tɕho^{33}	nə wɔ̃^{22} ɕo^{22}	nə waŋ^{11} tɕho^{11}	nə wĩ^{33} tɕho^{33}	
1162	好看	pleasant to the eyes, beautiful	ကြည့်ကောင်း သည်	ki^{31} kɔ̃^{53} si^{33}	krɛ^{42} kaũ^{44} dðe^{22}	tɕɛ^{42} kaũ^{44}	tɕe^{32} kɔ̃^{53}	
1163	响	loud	မြည်ဟုန်း	hmje^{33}/ hmi^{33}/ heĩ^{53}	mre^{22}/ heĩ^{44}	mji^{11}/ heĩ^{44}	mje^{33}/ haĩ^{53}	
1164	辛苦	hard, laborious	ဆင်းရဲပင်ပန်း	shɛ̃^{53}jɛ^{53} pɛ̃^{33}pã^{53}	shɔ̃^{44}re^{44} pɔ̃^{22}pɛ̃^{44}	shaŋ^{44}jɛ^{44} paŋ^{11} pɛ̃^{44}	shĩ^{53}jɛ^{53} pĩ^{33}pã^{53}	
1165	闷	bored	ပျင်း	pjɛ̃^{53}	pjɔ̃^{44}	pjaŋ^{44}	pjĩ^{53}	
1166	急忙	hurriedly, hastily	အလောတကြီး	kə pja^{33} kə ja^{33}	ə lɔ^{44} də dʑi^{44}	ə lɔ^{44} tə tɕi^{44}	ə ɲĩ^{33} sə lo^{33}	
1167	花(~的)	multicolored/ patterned (cloth)	ပွင့်ရှိက်(ထည်)	pwɛ̃^{31} rɑɪ^{45}	pwɔ̃^{42} rɑɪ^{42}the^{22}	pwaŋ^{42} jɑɪ^{23} thɛ^{11}	ə pwĩ^{32} pa^{33} ə the^{33}	
1168	聪明	clever	လိမ္မာ၊ဉာဏ် ကောင်း	leĩ^{33} ma^{33}/ ɲã^{33}kɔ̃^{53}	leĩ^{22} ma^{22}/ ɲɛ̃^{22} kaũ^{44}	leĩ^{11} ma^{11}/ ɲɛ̃^{11} kaũ^{44}	laĩ^{33} ma^{33}/ nã^{33} kɔ̃^{53}	
1169	蠢	stupid	အမိုက်	a^{31}/ mɑɪ^{45}ʔ	a^{42}/ hmɑɪ^{42}ʔ	a^{42}/ mɑɪ^{42}ʔ	a^{32}/ meɪ^{32}ʔ	
1170	老实	honest, well-behaved	ရိုးရိုးသား	jo^{53}/ jo^{53}sha^{53}	ro^{44}/ ro^{44}tθa^{44}	jo^{44}/ jo^{44}tθa^{44}	jo^{53}/ jo^{53}tθa^{53}	
1171	狡猾	sly, cunning	ကောက်ကျစ် စဉ်းလဲ	sɔʔ^{45}tɕɛ̃^{31} jouʔ^{45}	kauʔ^{42} tɕaɪ^{42} saĩ^{44}lɛ^{44}	kauʔ^{33} tɕa^{33} saŋ^{44}lɛ^{44}	ə tɕĩ^{32} jouʔ^{32}	
1172	细心	careful, attentive	စေ့စပ်	se^{31}sɑʔ^{45} se^{33} tɕha^{33}	si^{42}zɛ^{42}ʔ	se^{42}sɛʔ^{23}	se^{32}sɑ^{32}ʔ	

（续表）

序号	汉义	英文	缅甸文	အင်းသား茵达方言音	ရခိုင်若开方言音	ယော约方言音	ဓနု德努方言音	ဖုန်蓬方言音
1173	和气	gentle, amiable	သဘောထား ကောင်း	sə phɔ⁵³ thɑ⁵³ kɔ̃⁵³	dðə bɔ⁴⁴ thɑ⁴⁴ kaũ⁴⁴	tθə phɔ⁴⁴ thɑ⁴⁴ kaũ⁴⁴	sɑɪ³²ʔ thɑ⁵³ kɔ̃⁵³	
1174	骄傲	arrogant, conceited	မာနကြီး	ə khã⁵³ ki⁵³/ ə khã⁵³ ku⁵³	ma²² na⁴²dʑi⁴⁴	ma¹¹na⁴² tɕi⁴⁴	ma³³na³² tɕi⁵³	
1175	合适	suitable	သင့်ကိုက်	sĩ³¹/ thɑɪʔ⁴⁵	tθɔ̃⁴²/ kaɪ⁴²ʔ	tθaŋ⁴²/ kaɪ³³	tθĩ³²/ keɪ³²ʔ/ tɔ³³ ne³³ bɛ³²	
1176	凶恶	fierce, ferocious	ကြမ်းကြုတ် ခက်ထန်	tɕã⁵³ thɔ³³/ ma³³tɑ³³	krẽ⁴⁴ krou⁴²ʔ khɑ⁴² thẽ²²	tɕẽ⁴⁴ tɕou³³ʔ khɑk⁴²ʔ thẽ¹¹	tɕã⁵³ tɕou³²ʔ/ khe³²ʔ thã³³	
1177	厉害	severe, fierce, sharp	ပြင်းခက်ထန်	plẽ⁵³/ prẽ⁵³	prɔ̃⁴⁴/ khɑ⁴² thẽ²²	pji⁴⁴/ khɛʔ³³ thã¹¹	pji⁵³/ khe³²ʔ thã³³/ se⁵³kã⁵³ tɕi⁵³	
1178	客气	polite, courteous	ဖော်ရွေ	phɔ³³ jwe³³	phɔ²²rwi²²	phɔ¹¹ jwe¹¹	phɔ³³ jwe³³/ ɲĩ³³tɕe⁵³	
1179	吝啬	stingy	တွန့်တိုကပ် စေးနှဲသည်	tũ³¹tɔ³³/ kaʔ⁴⁵se⁵³ nɛ⁵³	tũ⁴²tɔ²²/ kaʔ⁴²ʔsi⁴⁴ nɛ⁴⁴	twã⁴² tɔ¹¹/ kɛʔ³³se⁴⁴ nɛ⁴⁴	tũ³²tɔ³³/ kaʔ³²ʔse⁵³ nɛ⁵³	
1180	勤快	industrious, hard-working	ကြိုးကြိုးစား စားပေါ်ပေါ် ပါးပါးရှိသည်	kɛ̃⁵³	tɕo⁴⁴dʑo⁴⁴ sa⁴⁴za⁴⁴ pə bɔ⁴² pə ba⁴⁴	tɕo⁴⁴tɕo⁴⁴ sa⁴⁴ sa⁴⁴ pɔ⁴²pɔ⁴² pa⁴⁴pa⁴⁴ ɕi⁴²	tɕo⁵³sa⁵³/ ə lou³²ʔ kɛ⁵³	
1181	懒	lazy	ပျင်းအပျင်းထူ	pjẽ⁵³/ ə pjẽ⁵³ thu³³/ ə pjẽ⁵³ ki⁵³	pjɔ̃⁴⁴/ ə pjɔ̃⁴⁴ thu²²	pjaŋ⁴⁴/ ə pjaŋ⁴⁴ thu¹¹	pji⁵³/ ə pji⁵³ thu³³	
1182	笨拙	clumsy, awkward	အ	ɑ³¹/nɑ³¹ u³³ɑ³³	ɑ⁴²	ɑ⁴²	ɑ⁵³/ thoũ³³	
1183	乖	well-behaved and lovable	လိမ္မာ	leĩ³³mɑ³³	leĩ²²ma²²	leĩ¹¹ma¹¹	leĩ³³mɑ³³	

(续表)

序号	汉义	英文	မြန်မာစာ 缅甸文	အင်းသား 茵达方言音	ရခိုင် 若开方言音	ယော 约方言音	ဓနု 德努方言音	ဖွန်း 蓬方言音
1184	努力	hard-working, exerting oneself	ကြိုးစား	tɕɔ⁵³sɑ⁵³/ kɛ⁵³	kro⁴⁴zɑ⁴⁴	tɕɔ⁴⁴sɑ⁴⁴	kɛ⁵³	
1185	可怜	pitiable, pitiful	သနားစရာကောင်း	shə nɑ⁵³ phɔʔ⁴⁵ kɔ̃⁵³	tθə nɑ⁴⁴zə rɑ²² kaũ⁴⁴	tθə nɑ⁴⁴ sə jɑ¹¹ kaũ⁴⁴	tθə nɑ⁵³ zə jɑ³³ kɔ̃⁵³	
1186	高兴	happy and excited	ဝမ်းသာ၊ပျော်	wũ⁵³ shɑ³³/ pjɔ³³/ lwẽ³³	wẽ⁴⁴ tθɑ²² pjɔ²²	wã⁴⁴ tθɑ¹¹	pjɔ³³	pjɔ²²
1187	幸福	blissful	ချမ်းသာ	tɕhã⁵³ shɑ³³	ɕẽ⁴⁴tθɑ²²	tɕhẽ⁴⁴ tθɑ¹¹	tɕhã⁵³ tθɑ³³	
1188	平安	safe and sound	ဘေးကင်း	phe⁵³ kẽ⁵³	bi⁴⁴ kɔ̃⁴⁴	be⁴⁴ kaŋ⁴⁴	be⁵³ kĩ⁵³	
1189	悲哀	sad	ဝမ်းနည်းကြေကွဲ	wũ⁵³nɛ⁵³ kri²² kwe⁴⁴	wẽ⁴⁴nɛ⁴⁴ tɕe¹¹ kwe⁴⁴	wã⁴⁴nɛ⁴⁴	wũ⁵³ nɛ⁵³/ sɑɯ³²ʔ mə kɔ̃⁵³ phjɪ³²ʔ	
1190	亲热	affectionate, intimate	ရင်းရင်းနှီးနှီးရှိသည်	jẽ⁵³jẽ⁵³ hni⁵³ hni⁵³ ɕi³¹si³³	rɔ̃⁴⁴rɔ̃⁴⁴ hni⁴⁴ hni⁴⁴ hri⁴²	jaŋ⁴⁴ jaŋ⁴⁴ ni⁴⁴ni⁴⁴ ɕi⁴²	ʃɪ⁵³ni⁵³	
1191	讨厌	bothersome, disagreeable	မုန်း	moũ⁵³	moũ⁴⁴	moũ⁴⁴	moũ⁵³	
1192	单独	alone	တစ်ယောက်တည်း၊ တစ်ဦးခြင်း၊ တစ်ကိုယ်တည်	tə jɔʔ⁴⁵ le⁵³/ tə jɔʔ⁴⁵ tɕhẽ⁵³/ tə ko³³le⁵³	tə jau⁴²ʔ the⁴⁴/ tə u⁴⁴ dʑɪ⁴⁴/ tə ko²de⁴⁴	tə jau³³ the⁴⁴/ tə u⁴⁴ tɕhaŋ⁴⁴/ tə ko¹¹ the⁴⁴	tə jo³²ʔ the⁵³/	
1193	陡峭	cliffy, precipitous	မတ်စောက်	mɑʔ⁴⁵sɔʔ⁴⁵	me⁴²ʔ sauʔ⁴²ʔ	me³³ sauʔ³³	mɑ³²ʔ sɔ³²ʔ	
1194	挨近	near / close to	အနားကပ်	ə nɑ⁵³ kɑʔ⁴⁵	ə nɑ⁴⁴ kɛ⁴²ʔ	ə nɑ⁴⁴ kɛʔ³³	ə nɑ⁵³to⁵³	
1195	爱	love, like	ချစ်	tɕhɪʔ⁴⁴/ ɕɪʔ⁴⁵	ɕaɪ⁴²ʔ	tɕhɑ⁴²ʔ	tɕhe³²ʔ	
1196	爱（~吃）	like (to eat)	ကြိုက်	tɕaɪʔ⁴⁵	kraɪ⁴⁴	tɕaɪ⁴²ʔ	tɕeɪ³²ʔ	
1197	安装	install	တပ်	tɑʔ⁴⁵	tɛ⁴²ʔ	tɑʔ³³	tɑ³²ʔ	

(续表)

序号	汉义	英文	မြန်မာစာ 缅甸文	အင်းသား 茵达 方言音	ရခိုင် 若开 方言音	ယော 约 方言音	ဓနု 德努 方言音	ဖုန်း 蓬 方言音
1198	按	press (with palm or finger)	ဖိနှိပ်	phi^{31}/ hnaɪʔ^{45}	phi^{42}/ hneɪ$^{42?}$	phi^{42}/ neɪ^{33}	phi^{32}/ naɪ$^{32?}$	nɛ^{51}
1199	熬	decoct (herbal medicine)	ကျို	tɕo^{33}	tɕo^{22}	tɕo^{11}	tɕo^{33}	
1200	拔（~草）	pull up (weeds)	နုတ်	hnou^{45}	hnou$^{42?}$	nouʔ^{33}	nou$^{32?}$	
1201	耙（~田）	to rake (the fields)	ထွန်	thũ^{33}/ thɛ^{33}/ (kwɛ^{53}) kẽɪ^{33}	thwɛ̃^{22}	thwã^{11}	thũ^{33}	
1202	掰开	to grasp with the fingers & thumb of both hands	ဖဲ့	phɛ^{31}	phɛ^{42}	phɛ^{42}	phɛ^{32}	
1203	摆（~整齐）	put in order, arrange	ထား	tha^{53}	tha^{44}	tha^{44}	tha^{53}	
1204	摆动	swing, sway	ယိမ်း၊ ဝှေ့ရမ်း	jẽɪ^{53}/ hwi^{42} rɛ̃^{44}	jẽɪ^{44}/ hwe^{42} jẽ^{44}	jẽɪ^{44}/ hwe^{42}	jẽɪ^{53}/ we^{32}	
1205	败	lose, defeated	ရှုံး	ɕoũ^{53}	hroũ^{44}	ɕoũ^{44}	shoũ^{53}	
1206	拜（~菩萨）	make obeisance to, worship	ကန်တော့၊ ရှိခိုးသည်	kə tɔ^{31}/ ɕɪʔ^{45} kho^{53} si^{33}	gə dɔ^{42}/ hraɪ$^{42?}$ kho^{44}	kə tɔ^{42}/ ɕɪʔ^{33} kho^{44}	shi^{32} kho^{53}	
1207	搬（~家）	move (house)	ပြောင်း	pjɔ̃^{53}/ plɔ̃^{53}	praũ^{44}	pjaũ^{44}	pjɔ̃^{53}	
1208	搬（~凳子）	move (a stool)	ရွှေ့	ɕwe^{31}	hrwi^{42}	ɕwe^{42}	shwe^{32}	
1209	帮助	help	ကူညီ	ku^{33}/ louʔ^{45} ku^{33}	ku^{22} ɲi^{22}	ku^{11} ɲi^{11} paũ^{11}	lou$^{32?}$ ku^{33}	shwaĩ^{454}
1210	绑	bind, tie up	စည်း	se^{53}	se^{44}	si^{44}	se^{53}	
1211	包（~药）	to wrap	ထုပ်	thouʔ^{45}	thou$^{42?}$	thouʔ^{33}	thou$^{32?}$	
1212	剥（~花生）	shell (peanuts)	ခွံ၊ နွာ	khwa^{33}/ hnwɛ̃^{33}/ thwɛ̃^{33}	khwa^{22}/ hnwa^{22}	khwa^{11}/ nwa^{11}	ə khũ^{33} nwe^{53}	

(续表)

序号	汉义	英文	မြန်မာစာ 缅甸文	အင်းသား: 茵达方言音	ရခိုင် 若开方言音	ယော 约方言音	ဓနု 德努方言音	ဖုန်း 蓬方言音
1213	剥（~牛皮）	to skin (cattle)	ချွတ်	khwa^{33}	khwa^{22}	khwa^{11}	khwa^{33}/ nwe^{53}	
1214	剥落	(paint) peel off	ကွာကျ	kwa^{33} kla^{31}/ kwa^{33} kra^{31}	kwa^{22} tɕa^{42}	kwa^{11} tɕa^{42}	kwa^{33} tɕa^{32}	
1215	保密	keep secret	လျှို့ဝှက်ထား သည်	ɕo^{33}tha^{53} si^{33}	hljo^{42} hwa^{42} tha^{44}	ɕo^{42} hwak^{42ʔ} tha^{44}	sho^{32} we^{32ʔ} tha^{53}/ thaĩ^{33} tɕhã^{33}	
1216	保护	protect	ကာကွယ်	ka^{33}kwɛ^{33}	ka^{22}kwɛ^{22}	ka^{11}kwɛ^{11}	ka^{33} kwɛ^{33}	
1217	饱	have eaten one's fill	၀	wa^{31}	wa^{42}	wa^{42}	beı^{32ʔ} wa^{32}	
1218	抱	hold in the arms, hug	ဖက် ချီ	phɛʔ^{45}/ kwe^{31}/ tɕhi^{33}	pha^{42}/ ɕi^{22}	phak^{42ʔ}/ tɕhi^{11}	phe^{32ʔ}/ tɕhi^{33}	
1219	刨	dig	တူး	tu^{53}	tu^{44}	tu^{44}	tu^{53}	
1220	背（~孩子）	carry a child on the back	ပိုး	po^{53}	po^{44}	po^{44}	po^{53}	
1221	迸（~出）	spout, burst forth	စင်	sẽ^{33}	shɔ̃^{22}	saŋ^{11}	sĩ^{33}	
1222	逼迫	force, compel	အတင်း	ə^{31}thə ma^{31}	ə tɔ̃^{44}	ə taŋ^{44}	ə də ma^{32}tĩ^{53}	
1223	比	compare	နှိုင်းစာ	hneĩ^{53}/ sa^{33}	hnaĩ^{44}/ sa^{22}/ hnoũ^{44}	naĩ^{44}/ sa^{11}	neĩ^{53}/ sa^{33}	
1224	闭（~口）	close (the mouth)	ပိတ်	paıʔ^{45}	peıʔ^{42}	peıʔ^{33}	paıʔ^{32}	
1225	编（~辫子）	to plait	ကျစ်	tɕıʔ^{45}	tɕaıʔ^{42}	tɕıʔ^{33}	tɕı^{32ʔ}	
1226	编（~篮子）	weave (a basket)	ရက်	jɛʔ^{45}	ra^{42}	jak^{42ʔ}	je^{32ʔ}	
1227	变化	change	ပြောင်း	plɔ̃^{53}	praũ^{44}	pjaũ^{44}	pjɔ̃^{53}	
1228	改变	alter	ပြောင်းစေ သည်	plɔ̃^{53}se^{33}	praũ^{44} zi^{22}	pjaũ^{44} se^{11}	pjaũ^{53} se^{33}	
1229	病	to be ill	ဖျား	phja^{53}	phja^{44}	phja^{44}	phja^{53}	
1230	补（~衣）	patch (clothing)	ပါ	pha^{33}	pha^{22}	pha^{11}	pha^{33}	

附录 缅甸语方言词汇表

(续表)

序号	汉义	英文	မြန်မာစာ 缅甸文	အင်းသား 茵达方言音	ရခိုင် 若开方言音	ယော 约方言音	ဓနု 德努方言音	ဖုန် 蓬方言音
1231	补(～锅)	tinker (pans)	ဖာ	pha³³	pha²²	pha¹¹	pha³³	
1232	擦(～桌子)	wipe (the table)	သုတ်	ʃouʔ⁴⁵	tθouʔ⁴²ʔ	tθou³³	tθou³²ʔ	
1233	擦掉	wipe away, erase	တိုက်ချွတ်	taɪʔ⁴⁵/ khruʔ⁴⁵/ khluʔ⁴⁵	taɪʔ⁴²ʔ/ ɕwɔ⁴²	taɪʔ³³/ tɕhwa³³	tɛɪ³²ʔ/ tɕhu³²ʔ	
1234	猜(～谜)	guess (a riddle)	ပေါ်	phɔ³³	phɔ²²	phɔ¹¹	phɔ³³/ mã⁵³	
1235	猜中	have guessed right	မှန်	hmã³³	hmɛ̃²²	mɛ̃¹¹	mã³³	
1236	裁	cut (paper, cloth)	ဖြတ်	phlaʔ⁴⁵/ phraʔ⁴⁵	phrɛ⁴²ʔ	phjɛʔ³³	phjaʔ³²ʔ	
1237	踩	step on, tread	နင်း	nɛ̃⁵³	nɔ̃⁴⁴	naŋ⁴⁴	nĩ⁵³	
1238	藏(～东西)	hide (sth)	ဝှက်	ɔ̃⁵³/ɕɔ³³	hwaʔ⁴²ʔ/ phwaʔ⁴²ʔ	hwaʔ⁴²ʔ/ phwaʔ⁴²ʔ	ɔ̃⁵³	
1239	蹭(～痒)	scratch (an itch against sth)	ပွတ်	puʔ⁴⁵	pwɔ⁴²	pwa³³	puʔ³²ʔ	
1240	插(～牌子)	to poke (a sign into earth), insert	စိုက်	saɪʔ⁴⁵/ thu³³	saɪʔ⁴²ʔ	saɪʔ³	sɛɪʔ³²ʔ	
1241	插(～秧)	transplant (rice seedlings), insert	စိုက်	saɪʔ⁴⁵	saɪʔ⁴²ʔ	saɪʔ³³	sɛɪʔ³²ʔ	
1242	查(～账)	aidot (accounts)	(စာရင်း)စစ်	(sə jɛ̃⁵³) sɪʔ⁴⁵	(sə rɔ̃⁴⁴) sɪʔ⁴²ʔ	(sə jaŋ⁴⁴) sɪʔ³³	(sə ɲĩ⁵³) sɪʔ³²ʔ	
1243	拆(～衣服)	unseal (clothing)	(အကျီ)ဖြေ	ɛ̃⁵³ki³³ phle³³/ ɛ̃⁵³ki³³ phre³³	ɔ̃⁴⁴dʑi²² phri²²	aŋ⁴⁴tɕi¹¹ phje¹¹	ĩ⁵³dʑi³³ phje³³	
1244	拆(～房子)	pull down (a house)	ဖြုတ်	phrouʔ⁴⁵/ phro³³	phrouʔ⁴²ʔ	phjou³³	phjouʔ³²ʔ	
1245	塌毁	(a house) fall down / collapse	ပြိုကျ	pro³³ kla³¹/ pjo³³kla³¹	pro²²tɕa⁴²	pjo¹¹tɕa⁴²	pjo³³tɕa³²	
1246	搀扶	support sb with one's hand(s)	ဖေးမ	ma³¹	phe⁴⁴ma⁴²	phe⁴⁴ ma⁴²	phe⁵³ ma³²	

（续表）

序号	汉义	英文	မြန်မာစာ 缅甸文	အင်းသား： 茵达方言音	ရခိုင် 若开方言音	ယော 约方言音	ဓနု 德努方言音	ဖွန်း 蓬方言音
1247	掺（~水）	add (water), dilute	ရော	lɔ⁵³	rɔ⁴⁴	jɔ⁴⁴	jɔ⁵³/saʔ³²	
1248	缠（~线）	to wind (thread onto a keel)	ရစ်	jɪʔ⁴⁵	raɪʔ⁴²	jɪʔ³³	jɪʔ³²	
1249	馋（~肉）	want to eat (meat) badly	စားချင်သည်	sa⁵³tɕhɛ̃³³si³³	sa⁴⁴dʑĩ²²dðe²²	sa⁴⁴tɕhaŋ¹¹	sa⁵³tɕe³²tɕhĩ³³	
1250	馋（嘴~）	gluttonous	ငတ်	ŋaʔ⁴⁵/muʔ⁴⁵	ŋɛʔ⁴²	ŋɛʔ³³	ŋaʔ³²	
1251	尝	taste, try the flavor of	မြည်းကြည့်	mji⁵³ki³¹/mji⁵³tɕi³¹	mje⁴⁴kre⁴²	mjɛ⁴⁴tɕi⁴²	mjɛ⁵³tɕe³²	
1252	偿还	repay	ရောပေး	jɔ³³pe⁵³	rɔ²²pi⁴⁴	jɔ¹¹pe⁴⁴	leʔ³²sa⁵³shaʔ³²	
1253	吵	make a row / racket	ဆူ	tũ³³	shu²²	shu¹¹	shu³³/n̥ã³³	
1254	炒	stir-fry	လှော်ကြော်	ço³³/tɕho³³	hlɔ²²/krɔ²²	lɔ¹¹/tɕɔ¹¹	lɔ³³/tɕɔ³³	
1255	沉	sink	မြုပ်	mrouʔ⁴⁵	mrouʔ⁴²	mjouʔ³³	mjouʔ³²	
1256	称（~粮食）	weigh (food)	ချိန်	tɕhei³³	çei²²	tɕhei¹¹	tɕhai³³	
1257	称赞	commend, praise	ချီးမွမ်း	tɕhi⁵³	çei⁴⁴hmwɛ̃⁴⁴	tɕhei⁴⁴mwã⁴⁴	tɕhi⁵³mũ⁵³	
1258	撑住	prop up, support	ထောက်	thɔʔ⁴⁵	thauʔ⁴²	thauʔ³³	thɔʔ³²	
1259	撑（~伞）	open (an umbrella)	(ထီး)ဖွင်	(thi⁵³)phwɛ̃³¹	(thi⁴⁴)phwɔ̃⁴²	(thi⁴⁴)phwaŋ⁴²	(thi⁵³)phwĩ³²	
1260	成了	be done / accomplished	ပြီးမြောက်အောင်မြင်ဖြစ်	pji⁵³mjɔʔ⁴⁵ɔ̃³³mjɛ̃³³/phjɪʔ⁴⁵	pre⁴⁴mrauʔ⁴²aũ²²mrɔ̃²²/phraɪʔ⁴²	pji⁴⁴mjauʔ³³/aũ¹¹mjaŋ¹¹/pji³³	ɔ̃³³mjĩ³³/phjɪʔ³²/sou³²	
1261	完成	accomplish, succeed	ပြီးမြောက်	pi⁵³hmjɔʔ⁴⁵	pre⁴⁴mrauʔ⁴²	pji⁴⁴mjauʔ³³	pji⁵³mjɔʔ³²/pji⁵³	
1262	盛（~饭）	fill (a bowl with rice)	(ထမင်း)ခူး	(thə mɛ̃⁵³)khu⁵³	(thə mɔ̃⁴⁴)	(thə maŋ⁴⁴)khu⁴⁴	(mã⁵³)khu⁵³	
1263	盛得下	can hold	ဆံ့	a⁵³	shɛ̃⁴²	shã⁴²	shã³²	

(续表)

序号	汉义	英文	မြန်မာစာ 缅甸文	အင်းသား 茵达方言音	ရခိုင် 若开方言音	ယော 约方言音	ဓနု 德努方言音	ဖွန်း 蓬方言音
1264	承认	admit	ဝန်ခံသည်	wũ³³ khã³³/ wũ³³ tɕha³¹	wẽ²² khẽ²²	wã¹¹ khẽ¹¹	wũ³³ khã³³	
1265	澄清	clarify, clear up	ရှင်းလင်း	ɕɛ̃⁵³ l ɛ̃⁵³	hrɔ̃⁴⁴ l ɔ̃⁴⁴	ɕaŋ⁴⁴ laŋ⁴⁴	shĩ⁵³	
1266	冲（~在前）	charge / sprint (in the front)	ရှေ့မှနေ၍ တ(န်ထိုး၍) တက်သည်	ɕe³¹ ka³¹ ne³³ mətə ta³³le⁵³ ɕi³¹tɛʔ⁴⁵ si³³	ɕe⁴² hma⁴² ni⁴²jwi⁴² tə hoũ²² do²²ɕi²² ta⁴²	ɕe⁴² ma⁴² ne¹¹ jwe⁴² tə hoũ¹¹ tho¹¹ tɕhi¹¹ tak⁴²ʔ	u⁵³ jo⁵³/ jo⁵³ tθwa⁵³	
1267	冲（用水~）	rinse, flush	ပက်ဖျဉ်း၊ဆေး ကြော	pɛʔ⁴⁵ phrã⁵³ she⁵³ tɕɔ⁵³	pa⁴² phjẽ⁴⁴ shi⁴⁴ tɕɔ⁴⁴	pak⁴²ʔ phjẽ⁴⁴ she⁴⁴ tɕɔ⁴⁴	pe³²ʔ phjã⁵³ she⁵³ tɕɔ⁵³	
1268	舂	to pestle / pound	ထောင်း	thɔ̃⁵³	thaũ⁴⁴	thaũ⁴⁴	thɔ̃⁵³	thɔŋ⁴⁵⁴/ thɔŋ²²
1269	抽（~出）	take out (from in between, a part from a whole)	နုပ်	hnouʔ⁴⁵	hnouʔ⁴²ʔ	nouʔ³³	nou³²ʔ	
1270	抽（~烟）	to smoke (a cigarette)	ဆွဲသောက်	phwa³³/ shɔʔ⁴⁵	phwa²²/ tθau²⁴⁴	phwa¹¹/ tθau²³	phwa³³/ tθɔ³²ʔ	
1271	抽打	whip, thrash	ရိုက်	rɑɪʔ⁴⁵	rɑɪʔ⁴⁴	jɑɪʔ³	jeɪ³²ʔ	
1272	出产	produce	ထုတ်၊ ထွက်သည်	thouʔ⁴⁵/ thwɛʔ⁴⁵	thouʔ⁴²ʔ/ thwɔ⁴²	thouʔ³³/ thwak⁴²ʔ	thou³²ʔ/ thwe³²ʔ	
1273	出去	go out	(အပြင်) ထွက်	(ə pjẽ³³) thwɛʔ⁴⁵	(ə prɔ̃²²) thwɔ⁴²	(ə pjaŋ¹¹) thwak⁴²ʔ	(ə pjĩ³³) thwe³²ʔ	tho⁵¹/ tho⁵²ʔ
1274	出（~太阳）	(the sun) come out	(နေ)ထွက်	(ne³³) thwɛʔ⁴⁵	(ni²²) thwɔ⁴²	(ne¹¹) thwak⁴²ʔ	(ne²²) thwe³²ʔ	
1275	出来	come out	ထွက်လာ	thwɛʔ⁴⁵ la³³	thwɔ⁴²la²²	thwak⁴²ʔ la¹¹	thwe³²ʔ la³³/ pɔ³³la³³	
1276	取出	withdraw, take out	ထုတ်	thouʔ⁴⁵	thouʔ⁴²ʔ	thouʔ³³	thou³²ʔ	
1277	锄（~草）	hoe up (weeds)	ပေါင်းသင် သည်	(pɔ̃⁵³) sĩ⁵³	(paũ⁴⁴) tθɔ̃⁴⁴	(paũ⁴⁴) tθaŋ⁴⁴	(paũ⁵³) tθi⁵³	
1278	穿（~衣）	wear (a garment)	ဝတ်	wuʔ⁴⁵	wɔ⁴²	waʔ³³	wu³²ʔ	

（续表）

序号	汉义	英文	မြန်မာစာ 缅甸文	အင်းသား 茵达方言音	ရခိုင် 若开方言音	ယော 约方言音	ဓနု 德努方言音	ဖွန် 蓬方言音
1279	穿（~鞋）	put on (the shoes)	စီး	si^{53}	si^{44}	si^{44}	si^{53}	
1280	穿（~针）	thread (a needle)	လျှို	ɕo^{33}	hljo^{22}	ɕo^{11}	sho^{33}	
1281	穿孔（胃~）	(stomach) perforation	ပေါက်	pɔʔ^{45}	pau^{42ʔ}	pauʔ^{33}	pɔ^{32ʔ}	
1282	穿孔（用针~）	punch a hole, perforate	ပေါက်	phɔʔ^{45}	phau^{42ʔ}	phauʔ^{33}	phɔ^{32ʔ}	
1283	传（~给下代）	hand down (to posterity)	လက်ဆင့်ကမ်း ပေးသည်	lɛʔ^{45} shẽ^{31} kã^{53} pe^{53}si^{33}	la^{42} shõ^{42} kẽ^{44}pi^{44}	lakʔ^{42ʔ} shaŋ^{42} kẽ^{44}pe^{44}	lɛ^{32ʔ} shĩ^{32} kã^{53}	
1284	传染	infect	ကူးစက်	ku^{53}sɛʔ^{45}	ku^{44}sa^{42}	ku^{44}sakʔ^{42ʔ}	ku^{53}sɛ^{32ʔ}	
1285	吹（~喇叭）	blow (the trumpet)	တုပ်	touʔ^{45}	tou^{42ʔ}	touʔ^{33}	tou^{32ʔ}	
1286	捶打	beat, thump	ထု	thu^{31}/ hnɛʔ^{45}	thu^{42}	thu^{42}	thu^{32}	
1287	戳	jab, poke, stab	ထိုး	tho^{53}	tho^{44}	tho^{44}	tho^{53}	
1288	戳破（被~）	pierce through	ထိုးပေါက်	tho^{53} phɔʔ^{45}	tho^{44} phau^{42ʔ}	tho^{44} phauʔ^{33}	tho^{53} phɔ^{32ʔ}	
1289	催	urge, hurry, speed up	လောဆော်	lɔ^{53} shɔ^{33}/ə lɔ^{53} shoũ^{53} shɛ^{33}	lɔ^{44}shɔ^{22}	lɔ^{44}shɔ^{11}	lɔ^{53}shɔ^{33}/ shɔ^{33} ɔ^{53}	
1290	搓（~绳）	twist (hemp fibers)	ကျစ်	tɕɪʔ^{45}	tɕaɪ^{42ʔ}	tɕaʔ^{33}	tɕɪ^{32ʔ}	
1291	答应	promise, consent	မြွန်ထူးသည်၊ ခွင့်ပြုသည်၊ သဘောတူ	prɑ^{33} thu^{53}/ khwẽ^{31} pju^{31}/ sə phɔ^{53} tu^{33}	prẽ^{22} thu^{44}/ khwaŋ^{42} pru^{42}/ tθə bɔ^{44} tu^{22}	pjẽ^{11} thu^{44}/ khwaŋ^{42} pju^{42}/ tθə phɔ^{11} tu^{11}	pjã^{33} thu^{53}/ khwĩ^{32} pju^{32ʔ}/ tθə bɔ^{53} tu^{33}	
1292	打（~人）	hit (a person)	(လူကို) ရိုက်သည်	jaɪʔ^{45}	jaɪ^{42ʔ}	jaɪʔ^{33}	jeɪ^{32ʔ}dði^{33}	
1293	打手势	gesticulate	ခြေဟန် လက်ဟန်ပြ	(khe^{33} hã^{33} lɛʔ^{45}hã^{33}) pja^{31}	(khri^{22} hẽ^{22} la^{42}hẽ^{22}) pra^{42}	(tɕhe^{11} hẽ^{11} lakʔ^{42ʔ} hẽ^{11}) pja^{42}	(tɕhe^{33} hã^{33} lɛ^{32ʔ}hã^{33}) pja^{32}	

附录 缅甸语方言词汇表

(续表)

序号	汉义	英文	မြန်မာစာ 缅甸文	အင်းသား 茵达方言音	ရခိုင် 若开方言音	ယော 约方言音	ဓနု 德努方言音	ဖွန်း 蓬方言音
1294	打猎	hunt	အမဲလိုက်	tɔ⁵³laɪʔ⁴⁵	ə me⁴⁴laɪʔ⁴²ʔ	ə me⁴⁴laɪʔ³³	tɔ⁵³lɛ³³	
1295	打枪	fire (a shot)	သေနတ်ပစ်	shə naʔ⁴⁵pjɪʔ⁴⁵/shi³³naʔ⁴⁵pjɪʔ⁴⁵	tθə nɛʔ⁴²ʔpaɪ⁴²ʔ	tθə nɛʔ³³pɪʔ³³	tθe³³naʔ³²ʔpɪ³²ʔ	
1296	打中	hit (the target)	ထိမှန်	thi³¹hmã³³/mi³¹	thi⁴²hmɛ̃²²	thi⁴²mã¹¹	mã³³	
1297	打仗	go to war, to battle	စစ်တိုက်	sɪʔ⁴⁵taɪʔ⁴⁵	saɪ⁴²ʔtaɪ⁴²ʔ	sɪʔ³³taɪ³³	sɪ³²ʔteɪ³²ʔ	
1298	打架	to fight	ရန်ဖြစ်	jã³³phjɪʔ⁴⁵	rɛ̃²²phraɪ⁴²ʔ	jã¹¹phjɪʔ³³	jã³³phje³²ʔ	
1299	打散（队伍~）	break up, scatter	တပ်ပျက်	taʔ⁴⁵pjɛʔ⁴⁵	tɛ⁴²ʔpja⁴²pjak⁴²ʔ	taʔ³³pjɛ³³	ta³²ʔpjɛ³²ʔ	
1300	失散	to get accidentally separated from and lose contact with	(လူချင်း) ကွဲ	(lu³³tɕhɛ⁵³)kwɛ⁵³	(lu²²ɕɔ̃⁴⁴)kwe⁴⁴	(lu¹¹tɕhaŋ⁴⁴)kwe⁴⁴	(lu³³)kwɛ⁵³	
1301	打倒	overthrow, down with	အလဲထိုး	ə lɛ̃⁵³tho⁵³	ə le⁴⁴tho⁴⁴	ə le⁴⁴tho⁴⁴	ə lɛ⁵³tho⁵³	
1302	打（~水）	fetch / draw (water)	ရေခပ်	je³³khaʔ⁴⁵	ri²²khɛ⁴²ʔ	je¹¹khɛʔ³³	je³³kha³²ʔ	
1303	打（~柴）	gather (firewood)	(ထင်း)ခွေ	(thɛ̃⁵³)khwe³³	(thɔ̃⁴⁴)khwi²²	(thaŋ⁴⁴)khwe¹¹	(thĩ⁵³)khwe³³	
1304	打赌	to bet	လောင်း	lɔ̃⁵³	laũ⁴⁴	laũ⁴⁴	lɔ̃⁵³	
1305	打场	thresh grain	တလင်းနယ်	tə lɛ̃⁵³nɛ³³/sə lɛ̃⁵³nɛ³³	tə lɔ̃⁴⁴ne²²	tə laŋ⁴⁴nɛ¹¹	pou³²ʔ/dzoũ³³pou³²ʔ	
1306	打瞌睡	doze / nod off	အိပ်ငိုက်	aɪʔ⁴⁵ŋaɪʔ⁴⁵	eɪ⁴²ʔŋaɪ⁴²ʔ	eɪ³³ŋaɪʔ³³	aɪ³²ʔŋeɪ³²ʔ	
1307	打哈欠	to yawn	သန်းဝေ	shã⁵³	tθɛ̃⁴⁴wi²²	tθɛ̃⁴⁴we¹¹	tθã⁵³	
1308	打嗝儿（呃逆）	to hiccup	ကြို့ဆို့	tɕo³¹tho⁵³	kro⁴²tho⁴⁴	tɕo⁴²tho⁴⁴	tɕo³tho⁵³	
1309	打饱嗝儿	to belch	ကြို့အဲ့	tɕo³¹tɛʔ⁴⁵	kro⁴²ɛ̃²²	tɕo⁴²ɛ̃¹¹	tɕo³²ã³³/le³³tha³²	

（续表）

序号	汉义	英文	မြန်မာစာ 缅甸文	အင်းသား 茵达方言音	ရခိုင် 若开方言音	ယော 约方言音	ဓနု 德努方言音	ပုန် 蓬方言音
1310	打开	to open	ဖွင့်	phwẽ^{31}	phwɔ̃^{42}	phwaŋ^{42}	phwĩ^{32}	
1311	打霹雳	(thunderbolt) break	မိုးကြိုးပစ်	mo^{53}tɕo^{53} pjɪʔ^{45}	mo^{44}kro^{44} paɪ^{42}ʔ	mo^{44}tɕo^{44} pɪ^{33}	mo^{53}tɕo^{53} pɪ^{32}ʔ	
1312	打雷	to thunder	မိုးချုန်း/ မိုးထစ်ချုန်း	mo^{53} khroũ^{53}/ mo^{53} khloũ^{53}	mo^{44} tɕheĩ^{44}/ mo^{44} ɕeĩ^{44}/ mo^{44} thaɪ^{42}ʔ ɕoũ^{44}	mo^{44} tɕheĩ^{44}/ mo^{44} thɪ^{33} tɕhoũ^{44}	mo^{53} tɕheĩ^{53}/ mo^{53} tɕhoũ^{53}	
1313	带（~钱）	to carry (money) on one	ပါ	ju^{33}	tθɛ^{22}	pa^{11}	pa^{33}	
1314	带（~孩子）	bring up (children)	(ကလေး) ထိန်း	(lu^{33}khə ne^{31}/ lu^{33}shə ŋe^{33}) theĩ^{53}/ klɔ̃^{53}	(gə li^{44}) theĩ^{44}	(kə le^{44}) theĩ^{44}	(khə le^{53}) thaĩ^{53}	
1315	带（~路）	to lead (the way), to guide	(လမ်း)ပြ	(lã^{53}) pjɑ^{31}	(lɛ̃^{44}) pra^{42}	(lɛ̃^{44}) pja^{42}	(lã^{53}) pja^{32}/ jo^{53}	
1316	戴（~帽子）	wear (a hat)	(ဦးထုပ်) ဆောင်း	shɔ̃^{53}	shaũ^{44}	shaũ^{44}	shɔ̃^{53}	
1317	戴（~包头）	wear (a turban)	ခေါင်းပေါင်း ပေါင်း	khɔ̃^{53} pɔ̃^{53} pɔ̃^{53}	gaũ^{44} baũ^{44} paũ^{44}	khaũ^{44} paũ^{44} paũ^{44}	khɔ̃^{53} pɔ̃^{53} pɔ̃^{53}	toũ^{22}
1318	戴（~手镯）	wear (a bracelet)	(လက်ကောက်) ဝတ်	(lɛʔ^{45}kɔʔ^{45}) wuʔ^{45}	(la^{42} kauʔ^{42}) wɛ^{42}ʔ	(lak^{42}ʔ kauʔ^{33}) waʔ^{33}	(lɛ^{32}ʔ kɔʔ^{32}) wu^{32}	
1319	耽误	hold up, delay	ကြာ	tɕa^{33}	krɛ̃^{42} kra^{22}	tɕɛ̃^{11} tɕa^{11}	tɕa^{33}	
1320	挡（~风）	to block (the wind)	ကာ	ka^{33}/ kwɛ^{33}	ka^{22}	ka^{11}	ka^{33}	
1321	倒（墙~）	(a wall) fall down / topple	ပြို	plo^{33}/ pro^{33}	pjo^{22}	pjo^{11}	pjo^{33}	pju^{454}
1322	弄倒（~墙）	to topple / tear down (a wall)	ဖြို	phlo^{33}/ phro^{33}	phjo^{22}	phjo^{11}	phjo^{33}	
1323	捣碎	pound to pieces	ကျေညက် အောင်ထောင်း	kle^{33} nɛʔ^{45}ɲɔ̃^{33} thɔ̃^{53}	tɕe^{22}na^{42} ɲak^{42}ʔ thaũ^{44}	tɕe^{11} ɲaũ^{11} thaũ^{44}	ɲɛ^{32}ʔ aũ^{33} thɔ̃^{53}	thoŋ^{454}/ thoŋ^{22}

（续表）

序号	汉义	英文	缅甸文	茵达方言音	若开方言音	约方言音	德努方言音	蓬方言音
1324	倒（~过来）	to reverse	ပြောင်းပြန်	plaũ⁵³ plã³³	braũ⁴⁴ prẽ²²	pjaũ⁴⁴ pjẽ¹¹	pjaũ⁵³ pjã³³	
1325	倒掉（~水）	pour or throw out (water)	သွန်	shũ³³	tθwẽ²²	tθwã¹¹	tθũ³³	
1326	到达	arrive	ရောက်	jɔʔ⁴⁵	rau⁴²ʔ	jau²³³	jɔ³²ʔ	khɛ⁴⁵⁴
1327	得到	get, acquire	ရ	ja³¹	ra⁴²	ja⁴²	ja³²	lək/xo²²
1328	等待	wait	စောင့်	sɔ̃³¹	saũ⁴²	saũ⁴²	saũ³²	
1329	地震	(earth) quake	လှုပ်လှုပ်	jẽ³³ hlouʔ⁴⁵	ŋə jɔ̃²² hlouʔ⁴²	ŋə jaŋ¹¹ louʔ³³	ŋə jĩ³³ lou³²ʔ	
1330	低（~头）	lower (the head)	ခေါင်းငုံ့	khɔ̃⁵³ ŋoũ³¹	gaũ⁴⁴ ŋoũ⁴²	khaũ⁴⁴ ŋoũ⁴²	khaũ⁵³ ŋoũ³²	
1331	点（~头）	nod	ညိတ်	n̪ɛɪʔ⁴⁵/ n̪ɛĩ³¹	n̪ɛɪ⁴²ʔ	n̪ɛɪʔ³³	khɔ̃⁵³ n̪ɛɪ³²ʔ	
1332	点（~火）	to light (a fire)	ရှို့	to³¹/ hn̪i³¹ taɪʔ⁴⁵	ɕo⁴²/hro⁴²	ɕo⁴²	sho³²	
1333	燃烧	to burn	လောင်	lɔ̃³³	laũ²²	laũ¹¹	lɔ̃³³	lɔŋ²²
1334	点（~灯）	to light (a light)	ထွန်း	thũ⁵³	thwẽ⁴⁴	thwã⁴⁴	mi⁵³ thũ⁵³	
1335	垫	to pad	ခု	khu³¹/	khu⁴²	khu⁴²	khu³²/ khã³³	
1336	凋谢	wither	ကြွေ	tɕwe³³ kla³¹/ tɕwe³³ kra³¹	krwi²² tɕa⁴²	tɕwe¹¹ tɕa⁴²	tɕwe³³ tɕa³²	
1337	叼	hold danglingly in the mouth	ခဲ	khi³³	ɕi²²	tɕhi¹¹	tɕhi³³	
1338	掉（~下）	to drop	ပြုတ်	plouʔ⁴⁵/ prouʔ⁴⁵	prou⁴²ʔ	pjouʔ³³	pjou³²ʔ tɕa³²	
1339	吊	to hang	ချိတ်	tɕhaɪʔ⁴⁵	ɕɛɪ⁴²ʔ	tɕhɛɪʔ³³	tɕhaɪ³²ʔ	
1340	钓（~鱼）	to fish	မျှား	hn̪a⁵³	hmja⁴⁴	mja⁴⁴	mja⁵³	
1341	跌倒	fall over / down	လဲကျ	lɛĩ⁵³kla³¹	lɛ⁴⁴tɕa⁴²	lɛ⁴⁴tɕa⁴²	lɛ⁵³tɕa³²	
1342	叠（~被）	fold up (a quilt)	ခေါက်	khɔʔ⁴⁵	khau⁴²ʔ	khau ʔ³³	khɔ³²ʔ	
1343	叮（蚊子~）	(mosquito) bite	ကိုက်	kaɪʔ⁴⁵	kaɪ⁴²ʔ	kaɪʔ³³	kɛɪ³²ʔ	

(续表)

序号	汉义	英文	缅甸文	အင်းသား茵达方言音	ရခိုင်若开方言音	ယော约方言音	ဓနု德努方言音	ဖုန်蓬方言音
1344	钉（~钉子）	hammer in (a nail)	(သံချွန်) ရိုက်	(shã^{33} tɕhũ^{33} jaɪʔ^{45}/ hnɛʔ^{45}	(tθɛ̃^{22} tɕhũ^{22} raɪ^{42ʔ}/ tθɛ̃^{22} hmo^{22} khɛ^{42ʔ}	(tθɛ̃^{11} tɕhwã^{11} jaɪʔ^{33}	(tθã^{33} mɛ^{33} na^{32}) jeɪ^{32ʔ}	
1345	丢失	lose, mislay	ပျောက်	pjɔʔ^{45}	pjau^{42ʔ}	pjauʔ^{33}	pjɔ^{32ʔ}	
1346	懂	understand, grasp	နားလည်	na^{53}le^{33}	na^{44}le^{22}	na^{44}lɛ^{11}	na^{53}lɛ^{33}/ tθə bɔ^{53} pɔ^{32ʔ}	
1347	结冻	(meat) freeze	ခဲ	khɛ^{53}	khɛ^{44}/ khɛ^{44}	khɛ^{44}	khɛ^{53}	
1348	冻（手~了）	(hand) be frostbitten	အအေးဒက်ခံ	ə e^{53} tã^{33} khã^{33}	ə i^{44} dɛ̃^{22} khɛ̃^{22}	ə e^{44} dɛ̃^{11} khɛ̃^{11}	ə e^{53} dã^{33} khã^{33}	
1349	动（虫子在~）	move	လှုပ်ရှား	hlouʔ^{45} ɕa^{53}	hlou^{42ʔ} ɕa^{44}/ hra^{44}	louʔ^{33}ɕa^{44}	lou^{32ʔ} sha^{33}	
1350	动（~一~）	stir, budge	လှုပ်	hlouʔ^{45}	hlou^{42ʔ}	louʔ^{33}	lou^{32ʔ}	thɛ^{52ʔ}
1351	读	read	ဖတ်	phaʔ^{45}	phɛ^{42ʔ}	phɛʔ^{33}	pha^{32ʔ}	
1352	堵塞	block up, plug	ဆို့	sho^{31}/ paɪʔ^{45}	sho^{42}	sho^{42}	sho^{32}	
1353	渡（~河）	cross (a river)	ဖြတ်ကူး	phraʔ^{45} ku^{53}	phrɛ^{42ʔ} ku^{44}	phjɛʔ^{33} ku^{44}	phja^{32ʔ} ku^{53}	
1354	断（线~）	(thread) snap	(ကြိုး) ပြတ်	(tɕo^{53}) plaʔ^{45}/ praʔ^{45}	(kro^{44}) pjɛ^{42ʔ}	(tɕo^{44}) pjɛʔ^{33}	(tɕo^{53}) pja^{32ʔ}	ku^{22}
1355	弄断（~线）	snap (a thread)	ဖြတ်	phlaʔ^{45}	phjɛ^{42ʔ}	phjɛʔ^{33}	phja^{32ʔ}	
1356	断（棍子~）	(stick) break / snap	ကျိုး	klo^{53}/ kro^{53}	tɕo^{44}	tɕo^{44}	tɕo^{53}	
1357	弄断（~棍子）	snap / break (a stick)	ချိုး	khlo^{53}/ khro^{53}	ɕo^{44}	tɕho^{44}	tɕho^{53}	
1358	堆（~草）	to heap / stack (hay, grass)	ပုံထား	poũ^{33} tha^{53}	poũ^{22} tha^{44}	poũ^{11} tha^{44}	poũ^{33} tha^{53}	
1359	躲藏	hide oneself	ပုန်း	poũ^{53}	poũ^{44}	poũ^{44}	õ^{53}	
1360	剁（~肉）	chop / cut (meat)	(ဝက်သား) စဉ်း	khouʔ^{45}/ sĩ^{53}	khou^{42ʔ}/ saĩ^{44}	khouʔ^{33}/ saŋ^{44}	khou^{32ʔ}/ sĩ^{53}	

(续表)

序号	汉义	英文	မြန်မာစာ 缅甸文	အင်းသား 茵达 方言音	ရခိုင် 若开 方言音	ယော 约 方言音	ဓနု 德努 方言音	ဖုန်း 蓬 方言音
1361	跺 (~脚)	stamp (one's foot)	(ခြေထောက်) ဆောင့်	shɔ̃³¹	shaũ⁴²	shaũ⁴²	shɔ̃³²	
1362	饿	be hungry	ဆာ	muʔ⁴⁵	sha²²/thə mɔ̃⁴⁴ mwɛ⁴²ʔ	sha¹¹	sha³³	mjeik
1363	发生	occur, happen	ဖြစ်ပွါး	phjɪʔ⁴⁵ pwa⁵³	phraɪ⁴²ʔ pwa⁴⁴	phjɪʔ³³ pwa⁴⁴	phjɪ³²ʔ	
1364	发展 (事业 ~)	(career, undertaking) develop	တိုး(တက်ဖွံ့)ဖြိုး	to⁵³tɛʔ⁴⁵ phwɛ̃³¹ phjo⁵³	to⁴⁴ta⁴² phwɛ̃⁴² phro⁴⁴	to⁴⁴tak⁴²ʔ phwã⁴² phjo⁴⁴	to⁵³tɛ³²ʔ/ to⁵³pwa⁵³	
1365	发展(~ 事业)	develop (a career, undertaking)	(ဖွံ့)ဖြိုး အောင်လုပ်	phwɛ̃³¹ phjo⁵³ɔ̃³³ louʔ⁴⁵	phwɛ̃⁴² phro⁴⁴ aũ²² louʔ⁴²	phwã⁴² phjo⁴⁴ aũ¹¹ louʔ³³	pwa⁵³ɔ̃³³ lou³²ʔ	
1366	发誓	swear, vow	ကျမ်းကျိန်	tɕã⁵³ tɕɛĩ³³	tɕɛ̃⁴⁴ tɕɛĩ²²	tɕɛ̃⁴⁴ tɕɛĩ¹¹	tɕã⁵³ tɕaĩ³³	
1367	发抖	shiver, tremble	တုန်	toũ³³	toũ²²	toũ¹¹	toũ³³/ kha³³	
1368	发酵	ferment	အချဉ်ပေါက်	ə tɕhĩ³³ te³³	ə ɕaĩ²² phau⁴²ʔ	ə tɕhaŋ¹¹ phauʔ³³	ə tɕhĩ³³ te³³	
1369	发烧	have a fever	ဖျား၊အဖျား တက် ကိုယ်ပူ	phja⁵³/ ə phja⁵³ tɛʔ⁴⁵/ ko³³pu³³	phja⁴⁴/ ə phja⁴⁴ ta⁴²/ ko²²pu²²	phja⁴⁴/ ə phja⁴⁴ takʔ⁴²ʔ/ ko¹¹pu¹¹	phja⁵³/ shɔ̃⁵³ mje⁵³ mi³²/ ko³³pu³³	
1370	发愁	worry, be anxious	စိတ်ပူ	saɪʔ⁴⁵ pu³³	seɪʔ⁴²ʔpu²²	seɪʔ³³pu¹¹	saɪ³²ʔpu³³	
1371	发芽	germinate, sprout	အညှန့်ထွက်	ə ɲũ³¹ thwɛʔ⁴⁵/ ə tɛʔ⁴⁵ thwɛʔ⁴⁵	ə ɲwɛ̃⁴² thwɔ⁴²	ə ɲwã⁴² thwak⁴²ʔ	ə ɲũ³² thwɛ³²ʔ	
1372	罚 (处~)	punish	ဒဏ်ပေး	tã³³pe⁵³	dɛ̃²²pi⁴⁴	dɛ̃¹¹pe⁴⁴	dã³³pe⁵³	
1373	翻过来 (把衣 服~)	turn (clothing) inside out, or the reverse	ပြောင်းပြန် လှန်သည်	plɔ⁵³ plã³³ hlã³³ si³³	braũ⁴⁴ prɛ̃²² hlɛ̃⁴⁴	pjaũ⁴⁴ pjɛ̃¹¹ lɛ̃¹¹	bjaũ⁵³ pjã³³ lã³³	
1374	翻身 (在床 上~)	turn over (on bed)	လူးလှိမ့်	lu⁵³hleĩ³¹	lu⁴⁴hleĩ⁴²	lu⁴⁴leĩ⁴²	lu⁵³laĩ³²	
1375	反对	oppose	ဆန့်ကျင်	shã³¹ tɕɛ̃³³	shɛ̃⁴² tɕɔ̃²²	shɛ̃³² tɕaŋ¹¹/ phi¹¹la¹¹	shã³² tɕĩ³³	

(续表)

序号	汉义	英文	မြန်မာစာ 缅甸文	အင်းသား 茵达方言音	ရခိုင် 若开方言音	ယော 约方言音	ဓနု 德努方言音	ပုန်း 蓬方言音
1376	反刍	ruminate	စာ)မဲ့ပြန်	sə mjoũ^{31} plã^{33}	sə mroũ^{42} prẽ^{22}	sə mjoũ^{42} pjẽ^{11}	sə mjoũ^{32} pjã^{33}	
1377	纺（~纱）	to spin (into yarn)	ချည်ငင်	ɕi^{33} ŋẽ^{33}/ tɕhi^{33}ŋẽ^{33}	ɕi^{22} ŋɔ̃^{22}	tɕhi^{11} ŋaŋ^{11}	tɕhi^{33} ɲĩ^{33}	
1378	放（~置）	put sth somewhere	ထား	thɑ^{53}	thɑ^{44}	thɑ^{44}	thɑ^{53}	
1379	放（~盐）	put in (salt)	ထည်	thɛ^{31}	thɛ^{42}	thɛ^{42}	thɛ^{32}	thaĩ^{22}
1380	放牧	put out to pasture	ကျောင်း	klɔ̃^{53}	tɕaũ^{44}	tɕaũ^{44}	tɕɔ̃^{53}	
1381	放火	set on fire	မီး႐ှို့	mi^{53}taɪʔ^{45}	mẽĩ^{44} hro^{42}	mi^{44}ɕo^{42}	mi^{53}sho^{32}	
1382	分（~东西）	divide / share (things)	ခွဲဝေ	khwɛ^{53} wɛ^{33}	khwɛ^{44} wi^{22}	khwɛ^{44} wɛ^{11}	khwɛ^{53} wɛ^{33}	
1383	分家	(offspring) divide up family property & live apart	ခွဲ၊အိုး၊စားခွဲ	khwɛ^{53}/ o^{53}sɑ^{53} khwɛ^{53}	khwɛ^{44}/ o^{44}zɑ^{44} khwɛ^{44}	khwɛ^{44}/ o^{44}sɑ^{44} khwɛ^{44}	khwɛ^{53} /o^{53} khwɛ^{53} sɑ^{53}	
1384	分离	separate	ကွဲခွဲခွါ	kwɛ^{53}/ khwɛ^{53} khwɑ^{33}	kwɛ^{44}/ khwɛ^{44} khwɑ^{22}	kwɛ^{44}/ khwɛ^{44} khwɑ^{11}	kwɛ^{53}/ khwɛ^{53} khwɑ^{33}	
1385	分开（使~）	(cause to) separate	ခွဲ	khwɛ^{53}	khwɛ^{44}	khwɛ^{44}	khwɛ^{53}	
1386	疯	become crazy	အ႐ူးထ	ə ju^{53} thɑ^{31}	ə ru^{44} thɑ^{42}	ə ju^{44} thɑ^{42}	ə ju^{53} thɑ^{32}	
1387	敷	apply (ointment)	လိမ်း	leĩ^{53}/lu^{53}	leĩ^{44}	leĩ^{44}	laĩ^{53}	
1388	孵	hatch, incubate	ဥ	u^{31}	u^{42}	u^{42}	u^{32}	aŋ^{22}
1389	扶（~着栏杆）	put one's hand(s) on (rail) for support	(လက်ဖြင့်) ကိုင်ဆွဲထား:/ တွဲလူ	keĩ^{33} shwɛ^{53} thɑ^{53}/ twɛ^{53}thu^{33}	kaĩ^{22} shwɛ^{44} thɑ^{44}/ twɛ^{44}thu^{22}	kaĩ^{11} shwɛ^{44} thɑ^{44}/ twɛ^{44} thu^{11}	lɛ^{32}ʔ shwɛ^{53} thɑ^{53}/ twɛ^{53} thu^{33}	
1390	符合（~条件）	satisfy (conditions, requirements)	ကိုက်ညီ၊ ညီညွတ်	kaɪʔ^{45} ɲi^{33}/ ɲi^{33}ɲuʔ^{45}	kaɪ^{44}ɲi^{22}/ ɲi^{22}ɲwɔ^{42}	kaɪʔ^{3} ɲi^{11}/ ɲi^{11} ɲwa^{33}	keɪ^{32}ʔ/ ɲi^{33}/ ɲi^{33}ɲuʔ^{32}	

（续表）

序号	汉义	英文	မြန်မာစာ 缅甸文	အင်းသား: 茵达方言音	ရခိုင် 若开方言音	ယော 约方言音	ဓနု 德努方言音	ဖုန်း 蓬方言音
1391	符合（使~）	(cause to) conform to / satisfy	ကိုက်ညီစေ သည်	kaɪʔ⁴⁵ɲi³³se³³	kaɪʔ⁴²²ɲi²²zi²²	kaɪʔ³³ɲi¹¹se¹¹	keɪ³²²ɲi³³se³³	
1392	盖（~土）	put (soil) on	ဖုံး	phoũ⁵³/ouʔ⁴⁵	phoũ⁴⁴	phoũ⁴⁴	phoũ⁵³	
1393	盖（~被）	pull (a quilt) over oneself	ခြုံ	tɕhoũ³³/hlwã⁵³	çoũ²²	tɕhoũ¹¹	tɕhoũ³³	
1394	赶集	go to market / a fair	ဈေးသွား	she⁵³shwa⁵³	zi⁴⁴la⁴⁴	ze⁴⁴tθwa⁴⁴	she⁵³tθwa⁵³	she⁴⁵⁴la²²/shi⁴⁵⁴la²²
1395	敢	dare	ရဲ	jɛ⁵³	jɛ⁴⁴	jɛ⁴⁴	jɛ⁵³	
1396	干活儿	to work / labor	အလုပ်လုပ်	ə louʔ⁴⁵louʔ⁴⁵	ə louʔ⁴²²louʔ⁴²²	ə louʔ³³louʔ³³	ə louʔ³²²louʔ³²²	
1397	告诉	tell	ပြော	pjɔ⁵³pjɑ³¹	prɔ⁴⁴pra⁴²	pjɔ⁴⁴pjɑ⁴²	pjɔ⁵³pjɑ³²	
1398	告状	complain about sb to his superior	တိုင်	teĩ³³	taĩ²²	taĩ¹¹	teĩ³³	lɛk/ lak
1399	割（~肉）	cut (meat)	လှီး	hni⁵³	hli⁴⁴	li⁴⁴	li⁵³	
1400	割（~绳)	sever (a rope)	ဖြတ်	phraʔ⁴⁵	phrɛ⁴²²	phjɛ³³	phja³²²	
1401	割断	cut off, sever	ပြတ်၊ဖြတ်	praʔ⁴⁵/phraʔ⁴⁵	prɛ⁴²²/phrɛ⁴²²	pjɛʔ³³/phjɛʔ³³	pja³²²/phja³²²	
1402	割（~草）	mow / cut (grass)	ရိတ်	jaɪʔ⁴⁵	reɪʔ⁴²²	jeɪʔ³³	jaɪʔ³²²	
1403	隔（~河）	be on the other side of (a river)	ခြား	tɕha⁵³	khra⁴⁴	tɕha⁴⁴	tɕha⁵³	
1404	硌（~脚）	(grit in the shoe) hurt (the foot)	ခဲးလိုးခုလုဖြစ်	kho⁵³lo⁵³khu³¹lu³¹phjɪʔ⁴⁵	kho⁴⁴lo⁴⁴khu⁴²lu⁴²phjaɪʔ⁴²²	kho⁴⁴lo⁴⁴khu⁴²lu⁴²phja³³	zə nɔ̃³² zə ɲĩ⁵³	
1405	跟（~在后面）	follow	လိုက်	laɪʔ⁴⁵	hlaɪʔ⁴²²	laɪʔ³³	leɪʔ³²²	lã²²
1406	耕	plough, till	လယ်ထွန်	lɛ³³thũ³³/lɛ³³the³³/kwɛ⁵³keĩ³³	lɛ²²	lɛ¹¹thwɛ̃²²	lɛ³³thũ³³	
1407	钩	to hook	ချိတ်	tɕhaɪʔ⁴⁵	dzeɪʔ⁴²²	tɕheɪʔ³³	tɕhaɪʔ³²²	tʃhã ŋ²²

（续表）

序号	汉义	英文	မြန်မာစာ 缅甸文	အင်းသား: 茵达方言音	ရ နိုင် 若开方言音	ယော 约方言音	ဓ န 德努方言音	ဖုန်း 蓬方言音
1408	够	be enough	လောက်	lɔʔ⁴⁵	lauʔ⁴²ʔ	lau³³	lɔ³²ʔ pa³²	
1409	估计	assess, estimate	ခန့်မှန်း	khã³¹ hmã⁵³	khɛ̃⁴² hmɛ̃⁴⁴	khɛ̃⁴² mɛ̃⁴⁴	mã⁵³ tɕe³²/ wa³³ tɕe³²	
1410	雇	hire, employ	ငှါး	hŋa⁵³	hŋa⁴⁴	ŋa⁴⁴	ŋa⁵³	
1411	刮（~毛）	to shave (hairs), scrape	(အမွေး) ရိပ်	jaɪʔ⁴⁵	reɪʔ⁴²ʔ	jeɪʔ³³	jaɪʔ³²ʔ	
1412	刮（~风）	(wind) blow	(လေတိုက်)	le³³taɪʔ⁴⁵	li²²taɪ⁴²ʔ	le¹¹taɪ³³	le³³teɪ³²ʔ	wok
1413	挂（~在墙上）	hang (on the wall)	(နံရံပေါ်) ချိပ်ထား:	tɕhaɪʔ⁴⁵	çeɪ⁴²ʔ	tɕheɪʔ³³	tɕhaɪ³²ʔ/ shwe⁵³	
1414	挂（被~住）	be hung	ချိတ်မိ	tɕhaɪʔ⁴⁵ mi³¹	çeɪ⁴²ʔ mi⁴²	tɕheɪʔ³³ mi⁴²	tɕhaɪ³²ʔ mi³²	
1415	关（~门）	close (the door)	(တံခါး:)ပိတ်	paɪʔ⁴⁵	peɪ⁴²ʔ	peɪʔ³³	paɪ³²ʔ se³²	peɪ⁵²ʔ
1416	关（~羊）	to pen in (sheep)	ချုပ်	tɕhouʔ⁴⁵	çou⁴²ʔ	tɕhouʔ³³	tɕhou³²ʔ	
1417	管	manage, control	ကိုင်ညှိ:စီ:	u⁵³si⁵³/ u⁵³keɪ³³	kaɪ̃²²/ u⁴⁴si⁴⁴	kaɪ̃¹¹/ u⁴⁴si⁴⁴	keɪ̃³³/ u⁵³si⁵³/ u⁵³jo⁵³	sɔŋ⁴⁵⁴
1418	灌（~水）	to fill (with water)	(ရေ)သွင်း	je³³ shwɛ̃⁵³	ri²² tθwɔ̃⁴⁴	je¹¹ tθwã⁴⁴	je³³ tθwĩ⁵³/ the³²	
1419	跪	kneel	ဒူး:တုပ်ကတော့	tu⁵³ krouʔ⁴⁵/ tu⁵³douʔ⁴⁵	du⁴⁴ touʔ⁴²ʔ/ gə dɔ⁴²	du⁴⁴ touʔ³³/ kə tɔ⁴²	pə sɪ³²ʔ tou³²ʔ/ theɪ³³/ gə dɔ³²	
1420	滚	roll	လှိမ့်	hleɪ³¹	hleɪ⁴²	leɪ⁴²	leɪ³²	
1421	过年	celebrate (the New Year)	နှစ်သစ်ကူ:	hnɪʔ⁴⁵shrɪ⁴⁵ ku⁵³	hnaɪ⁴²ʔ tθaɪ⁴²ʔ ku⁴⁴	nɪ³³ tθɪ³³ku⁴⁴	nɪ³²ʔtθɪ³²ʔ ku⁵³	
1422	过（~桥）	cross (a bridge)	(တံတား:)ဖြတ်	(tə tha⁵³) phraʔ⁴⁵	(də da⁴⁴) phrɛ⁴²ʔ	(də da⁴⁴) phjɛʔ³³	(də da⁵³) phja³²ʔ/ ku⁵³	
1423	过（~了两年）	(two years) go by / pass	(အချိန်) လွန်	(ə tɕeɪ̃³³) lũ³³	(ə çeɪ̃²²) lwɛ̃²²	(ə tɕeɪ̃¹¹) lwã¹¹	(ə tɕeɪ̃³³) lũ³³/ nɔ̃⁵³	

(续表)

序号	汉义	英文	မြန်မာစာ 缅甸文	အင်းသား: 茵达方言音	ရ ခိုင် 若开方言音	ယော 约方言音	ဓ နု 德努方言音	မွန်: 蓬方言音
1424	害羞	be shy / bashful	ရှက်	ɕɛʔ⁴⁵	ɕɛ⁴²ʔ/ hra⁴²	ɕak⁴²ʔ	she³²ʔ	
1425	害怕	be afraid	ကြောက်	tɕɔʔ⁴⁵	tɕau⁴²ʔ	tɕauʔ³³	tɕɔ³²ʔ	tʃo²²/ tʃho⁵¹
1426	喊（~人过来）	to ask (sb) to come here, fetch	ခေါ်	khɔ³³	khɔ²²	khɔ¹¹	khɔ³³	hei⁵²ʔ
1427	喊叫	yell, shout	အော်	ɔ³³	ɔ²²	ɔ¹¹	ɔ³³	
1428	焊	weld, solder	ဟော်ဆော်	kə he³³ sho³³	gə hi²² sho²²	gə he¹¹ sho¹¹	gə he³³ sho³³	
1429	合上（~书本）	close (a book)	(စာအုပ်) ပိတ်လိုက်	(sa³³ou ʔ⁴⁵) paɪʔ⁴⁵ laɪʔ⁴⁵	(sa²²ouʔ⁴²ʔ) peɪ⁴²ʔ laɪ⁴²ʔ	(sa¹¹ ouʔ³³) peɪʔ³³ laɪʔ³³	(sa³³ ouʔ³²ʔ) paɪʔ³²ʔ leɪʔ³²ʔ	
1430	恨	hate	မုန်း	moũ⁵³	moũ⁴⁴	moũ⁴⁴	moũ⁵³	
1431	烘	dry by fire	ကင်	kɛ̃³³	kɔ̃²²	kaŋ¹¹	kĩ³³/ mi⁵³kĩ³³	
1432	哄	coax, fool	ချော့မော့	tɕhɔ³¹ mɔ³¹	ɕɔ⁴²mɔ⁴²	tɕhɔ⁴² mɔ⁴²	tɕhɔ³²	
1433	后悔	regret	နောင်တရ	nɔ̃³³ta³¹ ja³¹	naũ²²ta⁴² ra⁴²	naũ¹¹ta⁴² ja⁴²	naũ³³ta³² ja³²	
1434	划（~船）	paddle, row	(လှေ)လှော်	hle³³hlɔ³³	hli²²hlɔ²²	le¹¹lɔ¹¹	le³³lɔ³³	li⁵⁵lɔ⁵⁵
1435	画（~画儿）	draw (a picture)	(ပန်းချီ)ဆွဲ	pə khi³³ shwɛ⁵³	bə dʑi²² shwe⁴⁴	pə tɕhi¹¹ shwe⁴⁴	pə tɕhi³³ shwɛ⁵³/ je⁵³	
1436	怀孕	to be pregnant	ကိုယ်ဝန် ဆောင်	wũ³³ phaɪʔ⁴⁵ ki⁵³ (ku⁵³)	ko²²wã²² shaũ²²	ko¹¹wã¹¹ shaũ¹¹	pher³²ʔ tɕi⁵³	
1437	怀疑	to doubt	သံသယဖြစ် မယုံသင်္ကာ ဖြစ်	sã³³ sə ja³¹ phjɪʔ⁴⁵/ mə joũ³³ shɛ̃³³ ka³³ phjɪʔ⁴⁵	tθɛ̃²²tθə ja⁴² phraɪ⁴²ʔ/ mə joũ²² tθɔ̃²² ga²² phraɪ⁴²ʔ	tθɛ̃¹¹ tθə ja⁴² phja³³ʔ/ mə joũ¹¹ tθaŋ¹¹ ga¹¹ phjaʔ³³	tθã³³tθə ja³²ʔ phjɪ³²ʔ/ mə joũ³³	
1438	还（~账）	to repay (a debt)	(တင်သော ကြွေး)ပြန် ပေး:ဆပ်	prã³³ shaʔ⁴⁵/ shaʔ⁴⁵	prɛ̃²² pi⁴⁴/ shɛ⁴²ʔ	pjɛ̃¹¹ pe⁴⁴/ shɛʔ³³	lɛ³²ʔ sa⁵³ sha³²ʔ	
1439	还（~钢笔）	to return (a pen)	ပြန်ပေး	prã³³pe⁵³	prɛ̃²²pi⁴⁴	pjɛ̃¹¹pe⁴⁴	pjã³³ pe⁵³/ sha³²ʔ	

(续表)

序号	汉义	英文	မြန်မာစာ 缅甸文	အင်းသား 茵达 方言音	ရခိုင် 若开 方言音	ယော 约 方言音	ဓနု 德努 方言音	ပုန်း 蓬 方言音
1440	换	to change	လဲ	lɛ^{53}	lɛ^{44}/lɛ^{44}	lɛ^{44}	lɛ^{53}	
1441	挥动	wave, wield	ရမ်းဝှေ့	jã^{53}	rẽ^{44}/hwi^{42}	jẽ^{44}/we^{42}	jã^{53}/we^{32}	
1442	回	return	ပြန်	prã^{33}	prẽ^{22}	pjẽ^{11}	pjã^{33}	pjɛ^{22}
1443	回 (使~)	(cause to) return	ပြန်စေ	prã^{33} sɛ^{33}	prẽ^{22} zi^{22}	pjẽ^{11} sa^{11}	pjã^{33} sɛ^{33}	
1444	回头 (~看)	turn one's head to the back	ခေါင်းလှည့်	khɔ̃^{53} hlɛ^{31}	gaũ^{44} hlɛ^{42}	khaũ^{44} lɛ^{42}	khɔ̃^{53} lɛ^{32} u^{53} lɛ^{32}	hlɛ^{51}
1445	回忆	recall, recollect	ပြန်ပြောင်း တွေးကြည့်	lɔ̃^{53}twɛ^{53} ki^{31}	prẽ^{22} braũ^{44} twi^{44}kri^{42}	pjẽ^{11} bjaũ^{44} twɛ^{44} tɕɛ^{42}	pjã^{33} twɛ^{53}	
1446	回答	answer, reply	ပြန်ဖြေ အ ဖြေပေး	prã^{33} phjɛ^{33}/ ə phjɛ^{33} pɛ^{53}	prẽ^{22} phri^{22}	pjẽ^{11} phjɛ^{11}	pjã^{33} phjɛ^{33}/ pjã^{33} pjɔ^{53}	
1447	毁灭	destroy exterminate	ပျက်ပျက်ပြုန်း	pjɛʔ^{45}/ pjɛʔ^{45} pjoũ^{53}	pjɛ^{42ʔ}/ pjɛ^{42ʔ} proũ^{44}	pjaʔ^{33}/ pjaʔ^{33} pjoũ^{44}	pjɛ^{32ʔ}/ pjɛ^{32ʔ} pjoũ^{53}	
1448	毁灭 (使~)	(cause to) destroy	ပျက်ပျက် ပြုန်းအောင် လုပ်သည်	phjɛʔ^{45}/ pjɛʔ^{45} pjoũ^{53} ɔ̃^{33} louʔ^{45}si^{33}	phja^{42}/ pja^{42} pjoũ^{44} aũ^{22} louʔ^{42} dðɛ^{22}	phjakʔ^{42}/ pjakʔ^{42} pjoũ^{44} aũ^{11} louʔ^{33}	phjɛ^{32ʔ}/ pjɛ^{32ʔ} ɔ̃^{33}louʔ^{32}	
1449	会 (~写)	know (to write)	(ရေး)တတ်	taʔ^{45}	tɛ^{42ʔ}	tɛʔ^{33}	taʔ^{32}	
1450	混合	mix, blend, mingle	ရောရောနှော	lɔ^{53}	rɔ^{44}/rɔ^{44} hnɔ^{44}	jɔ^{44}/jɔ^{44} nɔ^{44}	jɔ^{53}/jɔ^{53} mwɛ^{33}	
1451	混合 (使~)	(cause to) mix	ရော	lɔ^{53}	rɔ^{44}	jɔ^{44}	jɔ^{53}	
1452	搅浑	muddle (the water)	နှောက်	hnɔʔ^{45}	hnauʔ^{42}	nauʔ^{33}	nɔʔ^{32}	
1453	活 (~了)	become alive / active	ရှင်	ɕẽ^{33}	ɕɔ̃^{22}	ɕaŋ^{11}	shĩ^{33}	
1454	养活	support, raise	ကျွေး မွေး	tɕwɛ^{53} mwɛ^{53}	tɕwi^{44} mwi^{44}	tɕwɛ^{44} mwɛ^{44}	tɕwɛ^{53} mwɛ^{53}	
1455	和 (~泥)	mix (powder) with water	နယ်	nɛ^{33}	nɛ^{22}	nɛ^{11}	jɔ^{53}nɛ^{33}/ jɔ^{53} mwɛ^{32}	

（续表）

序号	汉义	英文	မြန်မာစာ 缅甸文	အင်း:သာ: 茵达方言音	ရ ခိုင် 若开方言音	ယော 约方言音	ဓ နု 德努方言音	ပုန်: 蓬方言音
1456	积（~水）	(water) gather / build up	ဝပ်	wuʔ⁴⁵/ eī³³	wɔ⁴²	waʔ³³	wu³²ʔ	ãŋ²²/ ɔ̃⁴⁵⁴
1457	积攒	accumulate	စုစုဆောင်:	su³¹/ su³¹shɔ̃⁵³	su⁴²/ su⁴² shaũ⁴⁴	su⁴²/su⁴² shaũ⁴⁴	su³²/ su³²shɔ̃⁵³	
1458	集（聚集）	gather, assemble	စု	su³¹	su⁴²	su⁴²	su³²	
1459	集合（~队伍）	assemble / muster (a team)	စုစုညည်:	su³¹/ su³¹si⁵³	su⁴²/ su⁴²zi⁴⁴	su⁴²/ su⁴²si⁴⁴	su³²/ su³²si⁵³	
1460	挤（~牙膏）	press (a tube of toothpaste)	ညှစ်/ ဖျစ်ညှစ်	hnɪʔ⁴⁵/	hnaɪ⁴²ʔ/ phja⁴²ʔ/ hnaɪ⁴²ʔ	ɲaʔ³³/ phja³³/ ɲaʔ³³	ɲeʔ³²ʔ/ phje³²ʔ/ ɲeʔ³²ʔ	
1461	挤（~奶）	squeeze (for milk)	ညှစ်	hnɪʔ⁴⁵	hnaɪ⁴²ʔ	ɲaʔ³³	ɲeʔ³²ʔ	
1462	挤（~脚）	(shoe) pinch	ကျပ်	tɕaʔ⁴⁵	tɕɛ⁴²ʔ	tɕɛʔ³³	tɕa³²ʔ	
1463	记得	remember	မှတ်မိ	hmaʔ⁴⁵ mi³¹	hmɛ⁴²ʔ mi⁴²	mɛʔ³³ mi⁴²	ma³²ʔ mi³²	
1464	寄存	deposit, leave with	အပ်ထား	aʔ⁴⁵tha⁵³	ɛ⁴²ʔtha⁴⁴	ɛʔ³³tha⁴⁴	a³²ʔtha⁵³	
1465	寄（~信）	send (a letter)	(စာ)ထည့်	(sa³³) the³¹	(sa²²) the⁴²	(sa¹¹) the⁴²	(sa³³) the³²	
1466	忌妒	envy	မနာလို ငြူစူ	mə na³³ lo³³/	mə na²² lo²²/ ŋru²²su²²	mə na¹¹ lo¹¹/ ɲu¹¹su¹¹	mə na³³ lo³³/ ɲu³³su³³	
1467	忌（~嘴）	avoid certain food (because of allergy)	ရှောင်	ɕɔ̃³³	ɕaũ²²/ hraũ²²	ɕaũ¹¹	shɔ̃³³	
1468	系（~腰带）	buckle up / fasten (a belt)	ပတ်စည်:	paʔ⁴⁵/se⁵³	pɛ⁴²ʔ/se⁴⁴	pɛʔ³³/si⁴⁴	pa³²ʔ/ se⁵³	
1469	夹（~菜）	pick up (food with chopsticks)	ညှပ်	hnaʔ⁴⁵	hnɛ⁴²ʔ	ɲɛʔ³³	ɲa³²ʔ	
1470	捡	pick up	ကောက်	kɔʔ⁴⁵	kau⁴²ʔ	kauʔ³³	kɔ³²ʔ	kok
1471	减	reduce	နုတ်	hnouʔ⁴⁵	hnou⁴²ʔ	nouʔ³³	nou³²ʔ	
1472	剪	scissor	ညှပ်ကိုက်ညှပ်	hnaʔ⁴⁵ kaɪʔ⁴⁵ hnaʔ⁴⁵	hnɛ⁴²ʔ kaɪ⁴²ʔ hnɛ⁴²ʔ	ɲɛʔ³³ kaɪʔ³³ ɲɛʔ³³	ɲa³²ʔ kei³²ʔ ɲa³²ʔ	

（续表）

序号	汉义	英文	မြန်မာစာ 缅甸文	အင်းသား 茵达方言音	ရခိုင် 若开方言音	ယော 约方言音	ဓနု 德努方言音	ဖွန်း 蓬方言音
1473	讲（~故事）	tell (a story)	(ပုံ)ပြောသည်	(poũ³³) pjɔ⁵³	(poũ²²) prɔ⁴⁴/ wə thu⁴² prɔ⁴⁴	(poũ¹¹) pjɔ⁴⁴	(poũ³³) pjɔ⁵³	
1474	降落	land, descend	ကျကျဆင်း ဆင်းသက်	kla³¹/ kla³¹ shẽ⁵³/ shẽ⁵³ shɛʔ⁴⁵	tɕa⁴²/ tɕa⁴² shɔ̃⁴⁴/ shɔ̃⁴⁴ tθa⁴²	tɕa⁴²/ tɕa⁴² shaŋ⁴⁴/ shaŋ⁴⁴ tθak⁴²ʔ	tɕa³²	
1475	交换	exchange	လဲလဲလှယ်	lɛ⁵³/ lɛ⁵³hlɛ³³	le⁴⁴/ le⁴⁴hle²²	lɛ⁴⁴	lɛ⁵³/ lɛ⁵³lɛ³³	
1476	交付	turn, hand over, consign	အပ် ပေးဆောင် (ကုန်)ပို့	aʔ⁴⁵/ pe⁵³ shɔ̃³³/ (koũ³³) po³¹	ɛ⁴²ʔ/ pi⁴⁴ shaũ²²/ (koũ²²) po⁴²	ɛ³³/ pe⁴⁴ shaũ¹¹/ (koũ¹¹) po⁴²	a³²ʔ/ pe⁵³/ (koũ³³) po³²	
1477	交（~朋友）	make friends with	မိတ်ဖွဲ့ ပေါင်း	(maɪʔ⁴⁵) phwɛ³³/ pɔ̃⁵³	(meɪʔ⁴²) phwe⁴²/ paũ⁴⁴	(meɪʔ³³) phwɛ⁴²/ paũ⁴⁴	(maɪ³²ʔ) phwɛ³²/ pɔ̃⁵³	
1478	浇（~水）	to water / sprinkle / irrigate	(ရေ)လောင်း သွန်းဖျန်း	(je³³) lɔ̃⁵³/ shwẽ⁵³ phjã⁵³	(ri²²) laũ⁴⁴/ tθwɔ̃⁴⁴/ phjẽ⁴⁴	(je¹¹) laũ⁴⁴/ tθwĩ⁴⁴/ phjã⁴⁴	(je³³) lɔ̃⁵³/ tθwĩ⁵³/ phjã⁵³	
1479	焦（烧~）	to be burnt /scorched	ကျမ်း(လောင်)	(lɔ̃³³) tɕwã⁵³/ tɕwã⁵³	(laũ²²) tɕũ⁴⁴/ tɕwẽ⁴⁴	(laũ¹¹) tɕwã⁴⁴/	(laũ³³) tɕũ⁵³/ tɕũ⁵³	
1480	嚼	chew	ဝါး	wa⁵³	wa⁴⁴	wa⁴⁴	wa⁵³	
1481	教	teach	သင်	shẽ³³	tθɔ̃²²	tθaŋ¹¹	tθĩ³³	
1482	叫（公鸡~）	(cocks) to crow	(ကြက်ဖ)တွန်	tũ³³	twɛ²²	twã¹¹	tũ³³	
1483	叫（母鸡~）	(hens) to crow	(ကြက်မ) ကတော	tɪʔ⁴⁵	kə tɔ²²/ kə de²² tai⁴²ʔ	kə tɔ¹¹	kə tɔ³³	
1484	叫（猫~）	to meow	(ကြောင်) အော်	ɔ³³	ɔ²²	ɔ¹¹	ɔ³³	
1485	叫（驴~）	to bray	(မြည်:)အော်	ɔ³³	ɔ²²	ɔ¹¹	hi⁵³	
1486	叫（马~）	to neigh	(မြင်းဆင်)ဟီး	hi⁵³	hi⁴⁴	hi⁴⁴	hi⁵³	
1487	叫（牛~）	to moo	(နွား)အော်	ɔ³³	ɔ²²	ɔ¹¹	ɔ³³	

附录　缅甸语方言词汇表　519

（续表）

序号	汉义	英文	မြန်မာစာ 缅甸文	အင်းသား 茵达方言音	ရခိုင် 若开方言音	ယော 约方言音	ဓနု 德努方言音	ဖုန် 蓬方言音
1488	叫（狗~）	to bark	(ခွေး)ဟောင်	hɔ̃^{33}	haũ^{22}	haũ^{11}	hɔ̃^{33}	ə khwi^{22}
1489	叫（猪~）	(pigs) grunt	(ဝက်)အော်	ɔ^{33}	ɔ^{22}	ɔ^{11}	ɔ^{33}	
1490	叫（羊~）	to baa / bleat	(ဆိတ်)အော်	ɔ^{33}	ɔ^{22}	ɔ^{11}	ɔ^{33}	
1491	叫（老虎~）	(tigers) growl	(ကျား)ဟိန်း	heĩ^{53}/ hoũ^{53}	heĩ^{44}	heĩ^{44}	haĩ^{53}	
1492	叫（狼~）	(wolves) howl	(ဝံပုလွေ)အူ	u^{33}	u^{22}	u^{11}	u^{33}	
1493	叫（~名字）	be called / named	(နာမည်)ခေါ်	khɔ^{33}	khɔ^{22}	khɔ^{11}	khɔ^{33}	
1494	揭（~盖子）	lift (the lid)	(အဖုံး)ဖွင့်	phwẽ^{31}	phwẽ^{42}	phwaŋ^{42}	phwĩ^{32}	
1495	结（~果子）	bear (fruit)	(အသီး)သီး	ʃi^{53}	tθi^{44}	tθi^{44}	tθi^{53}	
1496	结婚	to marry	လက်ထပ်/ မင်္ဂလာဆောင်	lɛʔ^{45} thaʔ^{45}/ mẽ^{33} gə la^{33} shɔ̃^{33}	la^{42} thɛ^{42}?/ mɔ̃^{22} gə la^{22} shaũ^{22}/ neĩ^{22} zɛ^{42}?	lak^{42}? thɛʔ^{33}/ maŋ^{11} kə la^{11} shaũ^{11}	le^{32}? tha^{32}?/ mĩ^{33} gə la^{33} shɔ̃^{33}	
1497	借（~钱）	to borrow (money)	(ငွေ)ချေး	khe^{53}	ɕi^{44}	tɕhe^{44}	tɕhe^{53}	tʃhi^{22}
1498	借（~工具）	to borrow (tools)	(ပစ္စည်း)ငှား	hŋa^{53}	hŋa^{44}	ŋa^{44}	ŋa^{53}	
1499	浸泡	soak, steep	စိမ်	seĩ^{33}	seĩ^{22}	seĩ^{11}	saĩ^{33}	
1500	禁止	ban, forbid, prohibit	တားမြစ်ပိတ် ပင်ထား	ta^{53} mjɪʔ^{45}/ paɪʔ^{45} pẽ^{33} tha^{53}	ta^{44} mraɪ^{42}? peɪ^{42}? pɔ̃^{22} tha^{44}	ta^{44} mja^{33}? peɪ^{33}? paŋ^{11} tha^{44}	ta^{53}/ paɪ^{32}? pĩ^{33} tha^{53}	
1501	浸入	immerse, submerge	ကျွမ်းချင်းနှင့် ဝင်ရောက်	tɕu^{53}/ tɕhĩ^{53} nĩ^{53}wĩ^{53} jɔʔ^{45}	tɕu^{44}/ ɕɔ^{44}nɔ̃^{44} wɔ̃^{22} jau^{42}?	tɕu^{44}/ tɕhaŋ^{44} naŋ^{44} waŋ^{11} jau^{33}?	tɕu^{53}tɕɔ^{33}	
1502	进（~屋）	to enter (a house)	(အိမ်)ဝင်	wẽ^{33}	wɔ̃^{22}	waŋ^{11}	wĩ^{33}	o^{51}/fio^{51}
1503	经过	to pass / go by	ဖြတ်/ ဖြတ်ကျော်	phraʔ^{45}/ phraʔ^{45} tɕɔ^{33}	phrɛ^{42}?/ phrɛ^{42}? tɕɔ^{22}	phjɛ^{33}?/ phjɛ^{33}? tɕɔ^{11}	phja^{32}?/ phja^{32}? tθwa^{53}	

（续表）

序号	汉义	英文	မြန်မာစာ 缅甸文	အင်း:သာ: 茵达方言音	ရ နိုင် 若开方言音	ယော 约方言音	ဓ နု 德努方言音	ဖွန်: 蓬方言音
1504	惊动	startle, disturb	လန့်ဖျပ်၊ ထိပ်လန့်၊ တကြား:	kə lã ^{31}kə tɕa^{53}	lɛ̃ ^{42} phjɛ$^{42?}$/ theɪ$^{42?}$ lɛ̃ ^{42}tə kra^{44}	lɛ̃ ^{42} phjɛ^{33}/ theɪ^{33} lɛ̃ ^{42} tə tɕa^{44}	lã ^{32}/ thaɪ$^{32?}$ lã ^{32}tə tɕa^{53}	
1505	受惊	be startled, (animals) shy	လန့်	lã ^{31}	lɛ̃ ^{42}	lɛ̃ ^{42}	lã ^{32}	
1506	救	rescue, save	ကယ်၊ ကယ်တင်	kɛ^{33}/ kɛ^{33}tɛ̃ ^{33}	ke^{22}/ ke^{22}tə̃ ^{22}	kɛ^{11}/ kɛ^{11}taŋ^{11}	kɛ^{33}/	
1507	居住	live, reside	နေ	ne^{33}	ni^{22}	ne^{11}	ne^{33}	nɔŋ^{22}
1508	举（~手）	to raise (the hand)	(လက်)ထောင်	lɛʔ^{45}thõ ^{33}	la^{42}thaũ ^{22}	lak$^{42?}$ thaũ ^{11}	lɛ$^{32?}$thõ ^{33}	
1509	锯	to saw	လွှ	hlwɑ^{31}	hlwa^{42}	lwa^{42}	lwɑ^{32}/ lwa^{32} teɪ$^{32?}$	
1510	聚齐	all get together, assemble	စုရုံး၊ အားလုံးစုစည်	su^{31} joũ ^{53}/a^{53} loũ ^{53} su^{31}si^{53}	su^{42} roũ ^{44}/ a^{44}loũ ^{44} su^{42}se^{44}	su^{42} joũ ^{44}/ a^{44}loũ ^{44} su^{42}si^{44}	su^{32}/a^{53} koũ ^{33} woũ ^{53} su^{32}	
1511	卷（~布）	roll up (cloth)	(ပိတ်)လိပ်	laɪʔ^{45}	leɪʔ$^{42?}$	leɪʔ^{33}	paɪ$^{32?}$ laɪ$^{32?}$	
1512	蜷缩	huddle / curl up	ခွေ	khwe^{33}	khwi^{22}	khwe^{11}	khwe^{33}	
1513	掘	dig, excavate	တူး၊ တူးဖော်	tu^{53}/tu^{53} phɔ^{33}	tu^{44}/tu^{44} phɔ^{22}	tu^{44}/tu^{44} phɔ^{11}	tu^{53}	
1514	卡住	block, obstruct	(အရိုး:)မျက်	(ə jo^{53}) mjɛʔ^{45}/ su^{53}	(ə jo^{44}) mja^{42}	(ə jo^{44}) mjak$^{42?}$	(ə jo^{53}) mjɛ$^{32?}$	
1515	卡住（使~）	(cause to) obstruct / block	ပိတ်ဆို့	paɪʔ^{45} sho^{31}	peɪʔ$^{42?}$ sho^{42}	peɪʔ^{33} sho^{42}	paɪ$^{32?}$/ sho^{32}	
1516	开（~门）	open (a door)	(တံခါး)ဖွင့်	phwẽ ^{31}	phwõ ^{42}	phwaŋ^{42}	phwĩ ^{32}	
1517	开（水~了）	(water) be boiling	(ရေ)ဆူပြီ	shu^{33}nẽ ^{33} pɔʔ^{45}	ri^{22} shu^{22} bre^{22}	shu^{11}	shu^{33}/ pwe$^{32?}$	
1518	开（花~了）	(flowers) blossom	(ပန်:)ဖွင့်	pwẽ ^{31}	pwõ ^{42}	pwaŋ^{42}	pwĩ ^{32}	ʃə wi$^{52?}$
1519	开（~车）	start /drive (a car)	(ကား)မောင်:	mõ ^{53}	maũ ^{44}	maũ ^{44}	mõ ^{53}	
1520	开始	start, begin	စ၊ စတင်	sa^{31}/sa^{31} tɛ̃ ^{33}	sa^{42}/ sa^{42} tə̃ ^{22}	sa^{42}/ sa^{42} taŋ^{11}	sa^{32}	

(续表)

序号	汉义	英文	缅甸文	茵达方言音	若开方言音	约方言音	德努方言音	蓬方言音
1521	开荒	open up wasteland	တီကျင်း	ti^{33}tɕĩ^{53}	ti^{22}tɕɔ̃^{44}	ti^{11}tɕaŋ^{44}	mje^{33}ja^{33} phɔ^{33} thou^{32}ʔ	
1522	看	watch	ကြည့်ဖတ်	ki^{31}/ phaʔ^{45}/ ã^{33}	kre^{42}/ phɛ^{42}ʔ	tɕɛ^{42}/ phɛʔ^{33}	tɕe^{32}/ pha^{32}ʔ	khu^{22}/ xu^{22}
1523	看(给~)	(let sb) see, show	ပြ	pja^{31}	pra^{42}	pja^{42}	pja^{32}	
1524	看见	see	မြင်	mjẽ^{33}	mrɔ̃^{22}	mjaŋ^{11}	mjɔ^{33}	mjo^{22} mjoŋ^{22}
1525	看病(病人~)	see (a doctor)	ဆရာဝန်ပြသည်	shə ja^{33} wũ^{33} pja^{31}	shə ra^{22} wɛ̃^{22} pra^{42}	shə ja^{11} wã^{11} pja^{42}	shə ja^{33} wũ^{33} pja^{32}	
1526	扛	to shoulder	ထမ်း	thã^{53}	thẽ^{44}	thẽ^{44}	thã^{53}	
1527	烤(~火)	warm oneself by (a fire)	လှုံ	khroũ^{33}/ çoũ^{33}	hloũ^{22}	loũ^{11}	loũ^{33}	
1528	靠	rely, depend on	မှီ	hmi^{53}	hmeĩ^{44}	mi^{44}	mi^{53}	
1529	磕头	to kowtow	ကတော့	kə tɔ^{31}	gə dɔ^{42}	kə dɔ^{42}	kə tɔ^{32}	
1530	咳嗽	to cough	ချောင်းဆို	tɕhɔ̃^{53} sho^{53}	çaũ^{44} sho^{44}	tɕhaũ^{44} sho^{44}	tɕhɔ̃^{53} sho^{53}	
1531	渴	be thirsty	ရေငတ်, ရေဆာ	je^{33} ŋaʔ^{45}	ri^{22} ŋɛ^{42}ʔ/ ri^{22}sha^{22}/ ri^{22} mwɛ^{42}ʔ	je^{11} ŋɛʔ^{33}/ je^{11}sha^{11}	je^{33} ŋa^{32}ʔ/ je^{33}sha^{33}	
1532	刻	carve, engrave	ထွင်း	thwẽ^{53}	thwɔ̃^{44}	thwaŋ^{44}	thwĩ^{53}	
1533	肯	agree, consent	သဘောတူသည်	sə phɔ^{53} tu^{33}	dðə bɔ^{44} tu^{22}	tθə phɔ^{44} tu^{11}	tθə bɔ^{53} tu^{33}	
1534	啃	gnaw, nibble	ကိုက်ဝါး	kaɪʔ^{45} wa^{53}	kaɪ^{42}ʔ/ wa^{44}	kaɪʔ^{33} wa^{44}	keɪ^{32}ʔ/ wa^{53}	
1535	抠	dig out with finger	ကော်လက်နှင့် ကလော်ထုတ်	kɔ^{33}/lɛʔ^{45} na^{31} kɔ^{33} thouʔ^{45}/ kə lɔ^{33} thouʔ^{45}	kɔ^{22}/la^{42} na^{42} kɔ^{22} thou^{42}ʔ/ kə lɔ^{22} thou^{42}ʔ	kɔ^{11}/ lak^{42} na^{42} kɔ^{11} thouʔ^{33}/ kə lɔ^{11} thouʔ^{33}	kɔ^{33}/lɛ^{32}ʔ hnĩ^{32} kɔ^{33} thouʔ^{32}/ kə lɔ^{33} thouʔ^{32}	
1536	扣(~扣子)	to buckle / button up	(ကြယ်သီး)တပ်	taʔ^{45}	tɛ^{42}ʔ	tɛʔ^{33}	ta^{32}ʔ	
1537	空闲	be idle / unoccupied	အား	a^{53}	a^{44}	a^{44}	a^{53}	

(续表)

序号	汉义	英文	မြန်မာစာ 缅甸文	အင်းသား 茵达方言音	ရခိုင် 若开方言音	ယော 约方言音	ဓနု 德努方言音	ဖုန်း 蓬方言音
1538	哭	cry	ငို	ŋo³³	ŋo²²	ŋo¹¹	ŋo³³	ŋu⁴⁵⁴
1539	困（~倦）	be sleepy	အိပ်ငိုက်	aɪ⁴⁵ŋaɪ⁴⁵	eɪ⁴²ʔŋaɪ⁴²ʔ	eɪʔ³³ ŋaɪʔ³³	aɪ³²ʔŋeɪ³²ʔ	
1540	拉屎	empty the bowels	ချေးပို့	khre⁵³jo³³	ɕi⁴⁴jo²²	tɕhe⁴⁴jo¹¹	tɕhe⁵³ pa³³	
1541	落（遗漏）	leave sth behind	ကျ(ကျန်ရစ်)	kla³¹ (tɕã³³ jɪ⁴⁵)	tɕa⁴² (tɕɛ̃²² raɪ⁴²ʔ)	tɕa⁴² (tɕɛ̃¹¹ ja²³³)	tɕa³²ʔ tɕã³³	tʃa⁵¹
1542	捞	drag for, dredge up	ဆယ်	she³³	she²²	she¹¹	she³³	
1543	勒	rein in	(ကြိုးကို)တင်းလိုက်	tɛ̃⁵³laɪ⁴⁵	tɔ̃⁴⁴laɪ⁴²ʔ	taŋ⁴⁴ laɪʔ³³	tĩ⁵³ɔ̃³³ tɕhi³³	
1544	累	be tired / fatigued	ပင်ပန်း	pẽ³³pã⁵³	pɔ̃²²pẽ⁴⁴	paŋ¹¹ pẽ⁴⁴	pĩ³³pã⁵³	
1545	连接	connect, join	ဆက်၊ဆက်သွယ်	sheʔ⁴⁵/ sheʔ⁴⁵ shwɛ³³	sha⁴²/ sha⁴² tθwe²²	shak⁴²ʔ/ shak⁴²ʔ tθwe¹¹	she³²ʔ/ she³²ʔ tθwe³³	kap (ရှမ်း)
1546	量	to measure	တိုင်း	teɪ⁵³	taɪ⁴⁴	taɪ⁴⁴	teɪ⁵³	
1547	晾（~衣）	to dry (clothes) in the air	(အကျီ)လှန်း	hlã⁵³	ni²²hlɛ̃⁴⁴	ne¹¹lɛ̃⁴⁴	ne³³lã⁵³	kho⁵¹
1548	聊天	chat	ထွေရာလေးပါး၊ပြော	tɔ̃³³pjɔ⁵³ mjɔʔ⁴⁵ pjɔ⁵³	thwi²² ra²²li⁴⁴ ba⁴⁴prɔ⁴⁴	thwe¹¹ ja¹¹le⁴⁴ pa⁴⁴ pjɔ⁴⁴	ho³³jɔ³²ʔ he³³ jɔ³²ʔ pjɔ⁵³/ wa³³	
1549	裂开	split open, rend	အက်၊အက်ကွဲ	ɛʔ⁴⁵/ɛʔ⁴⁵ kwɛ⁵³/a³¹	a⁴²/a⁴² kwɛ⁴⁴	akʔ⁴²/ akʔ⁴² kwɛ⁴⁴	ɛ³²ʔ/ kwɛ⁵³	
1550	淋	drench	မိုးမိသည်၊ အတွင်းအ ပြင်စို စွတ်သည်	mo⁵³mi³¹ si³³/ ə twẽ⁵³ ə pjẽ³³ so³³ suʔ⁴⁵	mo⁴⁴ mi⁴²/ ə twɔ̃⁴⁴ ə prɔ̃²² sɔ²² swɛ⁴²ʔ	mo⁴⁴ mi⁴²/ ə twaŋ⁴⁴ ə pjaŋ⁴⁴ so¹¹ swa²³³	mo⁵³ mi³²/ ə twĩ⁵³ ə pjĩ³³ so³³	
1551	留（~种）	reserve (seeds)	(မျိုးစေ့)ချန်ထား	khlã³³ tha⁵³	ɕɛ̃²²tha⁴⁴	tɕhɛ̃¹¹ tha⁴⁴	tɕhã³³ tha⁵³	
1552	聋	be deaf	နားပင်း၊နားမ ကြား	na⁴⁴pẽ⁵³/ na⁵³mə tɕa⁵³	na⁴⁴pɔ̃⁴⁴/ na⁴⁴mə kra⁴⁴	na⁴⁴ paŋ⁴⁴/ na⁴⁴ mə tɕa⁴⁴	na⁵³ pĩ⁵³/ na⁵³mə tɕa⁵³/ na⁵³le³³	

(续表)

序号	汉义	英文	မြန်မာစာ 缅甸文	အင်းသား 茵达 方言音	ရခိုင် 若开 方言音	ယော 约 方言音	ဓနု 德努 方言音	ဖွန်း 蓬 方言音
1553	搂（~在怀里）	cuddle, embrace	ဖက်၊ ပွေ့ဖက်	phɛʔ^{45}/ pwe^{31} phɛʔ^{45}	pha^{42}/ pwi^{42} pha^{42}	phak^{42}/ pwe^{42} phak^{42}	phe^{32}/ pwe^{32} phe^{32}	
1554	漏（~水）	to leak	(ရေ)ယို	je^{33}jo^{33}	ri^{22}jo^{22}	je^{11}jo^{11}	je^{33}jo^{33}	jo^{22}
1555	轮到	be sb's turn	အလှည့်ကျ	a^{31} hle^{31} kla^{31}	a^{42} hle^{42} tɕa^{42}	a^{42} lɛ^{42} tɕa^{42}	a^{32} lɛ^{32} tɕa^{32}	
1556	滤	to filter / strain	စစ်	sɪʔ^{45}	sai^{42}ʔ	saʔ^{33}	sɪ^{32}ʔ	
1557	撂	pile / stack up	ထပ်	thaʔ^{45}	thɛ^{42}ʔ	tha^{33}	tha^{32}	
1558	落（太阳~）	(the sun) set	(နေ)ကျ၊ကွယ်	(ne^{33}) kla^{31}/ kwɛ^{33}	(ni^{22}) tɕa^{42}/ kwe^{22}	(ne^{11}) tɕa^{42}/ kwe^{11}	(ne^{33}) tɕa^{32}/ kwɛ^{33}	
1559	麻木	be numb	ထုံ၊ ထုံကျင်	thoũ^{33}/ thoũ^{33} klɛ̃^{33}/ thoũ^{33} krɛ̃^{33}	thoũ^{22}/ thoũ^{22} tɕɔ̃^{22}	thoũ^{11}/ thoũ^{11} tɕaŋ^{11}	thoũ^{33}/	
1560	骂	to scold	ဆဲ	shɛ^{53}	shɛ^{44}	shɛ^{44}	shɛ^{53}	
1561	埋	bury	မြှုပ်	hmjouʔ^{45}	hmrou^{42}ʔ	mjouʔ^{33}	mjou^{32}ʔ	
1562	买	buy	ဝယ်	wɛ^{33}	wɛ^{22}	wɛ^{11}	wɛ^{33}	
1563	卖	sell	ရောင်း	jɔ̃^{53}	raũ^{44}	jaũ^{44}	jɔ̃^{53}	
1564	没有	do not have	မရှိ	mə ɕi^{31}	mə hri^{42}	mə ɕi^{42}	mə shi^{32}/ shi^{32}ĩ^{33} u^{53}	
1565	蒙盖	cover up (objects)	ဖုံး	phoũ^{53}	phoũ^{44}	phoũ^{44}	phoũ^{53}	
1566	鸣（鸟~）	(birds) cry / chirp	ငှက်တွန်၊ ကျူးရင့်	hŋɛʔ^{45} tũ^{33}/ tɕu^{44}rɔ̃^{42}	hŋa^{42} twɛ̃^{22} tɕu^{44}jan^{42}	ŋaʔ^{33} twã^{11}/ tɕu^{44}jan^{42}	ŋɛ^{32}ʔ tũ^{33}/ ɔ^{33}	
1567	灭（火~）	(fire) die out	မီးသတ်	mi^{53} shaʔ^{45}	mi^{44} tθɛ^{42}ʔ	mi^{44} tθɛ^{33}	mi^{53} tθa^{32}ʔ/ mi^{53} nũi^{53}	
1568	抿着（~嘴）	close (the mouth) lightly	(ပါး)စပ် ခပ်ယဲ့ယဲ့ပိတ်	khaʔ^{45} phwa^{31} phwa^{31} lɛ^{53} paɪʔ^{45}	pə zɛ^{42}ʔ tə si^{42} ɕe^{22} peɪʔ^{22}	khɛʔ^{33} je^{42}je^{42} peɪʔ^{33}	pha^{33} tθa^{33} paɪ^{32}ʔ	
1569	明白	understand	နားလည်၊ သဘော ပေါက်	na^{53}lɛ^{33}/ sə phɔ^{53} pɔʔ^{45}	na^{44}lɛ^{22}/ dθə bɔ^{44} pau^{42}ʔ	na^{44}lɛ^{11}/ tθə phɔ^{44} pauʔ^{33}	na^{53}lɛ^{33}/ tθə phɔ^{53} pɔ^{32}ʔ	

（续表）

序号	汉义	英文	မြန်မာစာ缅甸文	အင်းသား茵达方言音	ရခိုင်若开方言音	ယော约方言音	ဓနု德努方言音	ဖုန်းပုန်蓬方言音
1570	摸	stroke, touch	စမ်းသပ်	sã^{53} shaʔ^{45}	sɛ̃^{44}tθɛʔ$^{42?}$	sɛ̃^{44} tθɛʔ^{33}	sã^{53} tθɑʔ$^{32?}$	
1571	磨（~刀）	whet (a knife)	(ဓါး)သွေး	(tha^{53}) shwe^{53}	(da^{44}) tθwi^{44}	(tha^{44}) tθwe^{44}	(tha^{53}) tθwe^{53}	
1572	磨（~面）	grind (flour)	(ဂျုံ)ကြိတ်	(tɕoũ^{33}) tɕaɪʔ^{45}	(dʑoũ^{22}) kreɪʔ$^{42?}$	(dʑoũ^{11}) tɕeɪʔ^{33}	(dʑoũ^{33}) tɕaɪʔ$^{32?}$	
1573	拿到	have taken hold of / gotten	ရ	ja^{31}	ra^{42}	ja^{42}	ja^{32}	ləʔ
1574	挠（~痒）	scratch (an itch)	အယားဖျောက်	kouʔ^{45}/ tɕhɪʔ^{45}	ə ja^{44} phjauʔ$^{42?}$	ə ja^{44} phjauʔ^{33}	kouʔ$^{32?}$	
1575	能够	can	နိုင်	nẽɪ^{33}	naɪ^{22}	naɪ^{11}	nẽɪ^{33}	
1576	蔫（花~）	shrivel up, wither	(ပန်း) နွမ်းသွားသည်	nũ^{53} shwa^{53} si^{33}	nwɛ̃^{44} la^{44}jɛ^{22}	nwã^{44}	nũ^{53} tθwa^{53} ɛ^{33}	
1577	拧（~毛巾）	twist (a towel)	(ပုဝါ)ရေညှစ်	je^{33}hnɪ^{45}	ri^{22} hnaɪ$^{42?}$	je^{11}na̰ʔ^{33}	je^{33}n̥ɪ$^{32?}$	
1578	凝固	to solidify / congeal	ခဲ	khɛ^{53}	khɛ^{44}	khɛ^{44}	khɛ^{53}	
1579	爬（人~）	(people) crawl	(လူ)တွားသွား	twa^{53} shwa^{53}	twa^{22}la^{44}	twa^{44} tθwa^{44}	twa^{53} tθwa^{53}	
1580	爬（虫子~）	(insects) crawl	(ပိုးကောင်)သွား	shwa^{53}	la^{44}	tθwa^{44}	tθwa^{53}	
1581	爬（~山）	climb (a mountain)	(တောင်)တက်	tɛʔ^{45}	ta^{42}	takʔ$^{42?}$	tɛʔ$^{32?}$	
1582	爬（~树）	climb up (a tree)	(သစ်ပင်)တက်	tɛʔ^{45}	ta^{42}	takʔ$^{42?}$	tɛʔ$^{32?}$	
1583	拍（桌子）	strike (the table)	ပုတ်	pouʔ^{45}	pouʔ$^{42?}$	pouʔ^{33}	pouʔ$^{32?}$	
1584	排（~队）	to line up	တန်းစီ	tã^{53}si^{33}	tɛ̃^{44}se^{22}	tɛ̃^{44}si^{11}	tã^{53}si^{33}	
1585	派（~人）	send / dispatch (a person)	စေလွှတ်	se^{33}hluʔ^{45}	zi^{44} hlwɛʔ$^{42?}$	se^{11} lwaʔ^{33}	lu$^{32?}$	
1586	盘旋	circle, hover, wheel	ဝဲ	wɛ^{53}	wɛ^{44}	wɛ^{44}	wɛ^{53}	
1587	跑	run	ပြေး	ple^{53}/ pre^{53}	pri^{44}	pje^{44}	pje^{53}	paɪ$^{52?}$
1588	泡（~茶）	make (tea)	(လက်ဘက် ရည်)ဖျော်	phjɔ^{33}	phjɔ^{22}	phjɔ^{11}	phjɔ^{33}	

(续表)

序号	汉义	英文	မြန်မာစာ 缅甸文	အင်းသား 茵达方言音	ရခိုင် 若开方言音	ယော 约方言音	ဓနု 德努方言音	ဖုန် 蓬方言音
1589	赔偿	compensate	လျော်	jɔ^{33}	jɔ^{22}	jɔ^{11}	jɔ^{33}	
1590	赔（~本）	sustain losses (in business)	ရှုံး	çoũ^{53}	çoũ^{44}/ hroũ^{44}	çoũ^{44}	shoũ^{53}	
1591	佩带	wear, bear	တပ်ဆင်ထား သည်	taʔ^{45} shẽ^{33} tha^{53}	tɛʔ^{42}shɔ̃^{22}	tɛʔ^{33} shaŋ^{11}	ta^{32}ʔ	
1592	膨胀	expand, swell	ဖောင်း	phɔ̃^{53}	phaũ^{44}	phaũ^{44}	phɔ̃^{53}	
1593	碰撞	collide, run into	တိုက်	taɪʔ^{45}	taɪ^{42}ʔ	taɪ^{33}	teɪ^{32}ʔmi^{32}	
1594	披（~衣）	drape (a garment) over one's shoulders	(အင်္ကျီ)ခြုံ/ ခြုံရုံ	tçhoũ^{33}/ çoũ^{33}	çoũ^{22}/ çoũ^{22}/ roũ^{22}	tçhoũ^{11}/ tçhoũ^{11}/ joũ^{11}	tçhoũ^{33}	
1595	劈（~柴）	chop (firewood)	ထင်းခွဲ	thẽ^{53} khwɛ^{53}	thɔ̃^{44} khwɛ^{44}	thaŋ^{44} khwɛ^{44}	thĩ^{53} khwɛ^{53}	
1596	泼（~水）	splash, sprinkle	(ရေ)ပက်ဖျန်း	pɛʔ^{45} phrã^{53}	pa^{42} phrẽ^{44}/ ri^{22}laũ^{44}	pak^{42}ʔ phjẽ^{44}	phjã^{53}	
1597	破（~篾）	split up (bamboo strips)	(ဝါး)နီးခွဲ	khwɛ^{53}/ phja^{33}	khwɛ^{44}	khwɛ^{44}	khwɛ^{53}	
1598	破（衣服~了）	(clothing) become worn through/torn	(အင်္ကျီ)ပါ/ ပေါက်	prɛ^{53}/ pɔʔ^{45}	pre^{44}/ pau^{42}ʔ	pjɛ^{44}/ pauʔ^{33}	pjɛ^{53}/ pɔ^{32}ʔ	
1599	破（竹~了）	(bamboo pole) split up	(ဝါးလုံး)ကွဲ	kwɛ^{53}	kwɛ^{44}	kwɛ^{44}	kwɛ^{53}	
1600	破（房~了）	(house) be damaged / cave in	(အိမ်)ပျက်	pjɛʔ^{45}	pja^{42}	pjak^{42}ʔ	pjɛ^{32}ʔ	
1601	破（碗~了）	(bowls) be broken	(ပန်းကန်)ကွဲ	kwɛ^{53}	kwɛ^{44}	kwɛ^{44}	kwɛ^{53}	
1602	打破（~碗）	break / smash (a bowl)	ခွဲ	khwɛ^{53}	khwẽ^{44}	khwɛ^{44}	khwɛ^{53}	
1603	剖	cut open	ခွဲ	khwɛ^{53}	khwɛ^{44}	khwɛ^{44}	khwɛ^{53}	
1604	铺	pave, lay	ဖြန့်ခင်း	khẽ^{53}	phrẽ^{42}/ khɔ̃^{44}	phjẽ^{42}/ khaŋ^{44}	phjã^{32}/ khĩ^{53}	

（续表）

序号	汉义	英文	မြန်မာစာ 缅甸文	အင်းသား 茵达方言音	ရခိုင် 若开方言音	ယော 约方言音	ဓနု 德努方言音	ဗုန်း 蓬方言音
1605	欺负	to bully, treat sb roughly	အနိုင်ကျင့်၊ စော်ကား	ə nẽ^{33} tɕɛ̃^{31}/ sɔ^{33}kɑ^{53}	ə nãĩ^{22} tɕɔ̃^{42}/ sɔ^{22}gɑ^{44}	ə nãĩ^{11} tɕɑŋ^{42}	ə nẽĩ^{33} tɕĩ^{32}	
1606	欺骗	deceive, cheat	ညာလိမ်၊လိမ် လည်လှည့် ဖျား	lɛ̃^{33}/ hlɛ^{31}/ phjɑ^{53}/ wɑ^{33}	ɲɑ^{22}/ lɛ̃^{22}/ lɛ̃^{22} lɛ^{22}hlɛ^{42} phjɑ^{44}/ wɑ^{22}	ɲɑ^{11}/ lɛ̃^{11}/ lɛ̃^{11} lɛ^{11}lɛ^{42} phjɑ^{44}	lɑ̃ĩ^{33}	
1607	砌	build by laying bricks, stones, etc.	အုတ်ခဲစီ၊တည် သည်၊ ဆောက်သည်	ouʔ^{45}khɛ^{53} si^{33}/ shɔʔ^{45} si^{33}	ouʔ^{42} khɛ^{44} sɛ^{22}/ tɛ^{22}/ shɑuʔ^{42}	ouʔ^{33} khɛ^{44} si^{11}/tɛ^{11}/ shɑuʔ^{33}	ouʔ^{32} si^{33}	
1608	骑	ride (a horse)	စီး	si^{53}	se^{44}	si^{44}	si^{53}	
1609	起来	rise / stand up	ထ	thɑ^{31}	thɑ^{42}	thɑ^{42}	thɑ^{32}	
1610	牵（~牛）	pull / lead (a cow) along	ဆွဲ	shwɛ^{53}	shwɛ^{44}	shwɛ^{44}	shwɛ^{53}	
1611	欠（~钱）	to owe (money)	ကြွေးတင်	tɕwe^{53} tɛ̃^{33}/ tɕe^{53}tɛ̃^{33}	krwi^{44} tɔ̃^{22}	tɕwe^{44} tɑŋ^{11}	tɕwe^{53} tĩ^{33}	
1612	抢	rob, loot	လုသည်	lu^{31}	lu^{42}	lu^{42}	lu^{32}	
1613	敲	knock, strike	တီးခေါက်	ti^{53}/ khrɔʔ^{45}/ khɔʔ^{45}	te^{44}/ khɑu^{42}	ti^{44}/ khɑu^{33}	ti^{53}/ khɔ^{32}	twãĩ ŋ^{22}
1614	翘（~尾巴）	raise (the tail)	(အ)မီး)ထောင်	thɔ̃^{33}	thɑũ^{22}	thɑũ^{11}	thɔ̃^{33}	
1615	撬	prize, pry	ကော်	kɔ^{33}	kɔ^{22}	kɔ^{11}	kɔ^{33}	
1616	切（~菜）	cut up (vegetable)	လှီး	hni^{53}	le^{44}	li^{44}	li^{53}	
1617	亲（~小孩）	embrace a child cheek to cheek (& kiss him)	(ကလေးကို) နမ်းသည်	(lu^{33}shə ŋe^{33} kɔ^{33}) nã^{53}si^{33}/ hmwe^{53} si^{33}	(ə ɕe^{22} go^{22}) nẽ^{44}	nẽ^{44}	nã^{53}/ mwe^{53}	
1618	驱逐	drive out, expel	နင်နင်ထုတ်	hnẽ^{33}/ hnẽ^{33} thouʔ^{45}	hnɔ̃^{22}/ hnɔ̃^{22} thouʔ^{42}	nɑŋ^{11}/ nɑŋ^{11} thouʔ^{33}	mɔ̃^{53} thouʔ^{32}	
1619	取	get, fetch	ယူ၊ထုတ်	ju^{33}/ thouʔ^{45}	ju^{22}/ thou^{42}	ju^{11}/ thouʔ^{33}	ju^{33}/ thouʔ^{32}	

（续表）

序号	汉义	英文	မြန်မာစာ 缅甸文	အင်းသား 茵达 方言音	ရခိုင် 若开 方言音	ယော 约 方言音	ဓနု 德努 方言音	ဖုန်း 蓬 方言音
1620	娶	marry (a woman)	မိန်းမယူသည်	eĩ^{53}ma^{31} ju^{33} si^{33}	ma^{42}ma^{42} ju^{22}	mẽi^{44} ma^{42} ju^{11}	mẽi^{53} ma^{32} ju^{33}	
1621	去	go, leave	သွား	shwɑ^{53}	la^{44}	tθwa^{44}	tθwɑ^{53}	la^{22}/ lɔ^{22}/ lɔ^{454}/wok
1622	痊愈（病~）	fully recover (from an illness)	(ရောဂါ) ပျောက်	pjɔʔ^{45}	pjau^{42}ʔ	pjauʔ^{33}	pjɔ^{32}ʔ	
1623	痊愈（伤~）	(wound) have healed	အနာကျက်	ə na^{33} tɕɛʔ^{45}	ə na^{22} tɕa^{42}	ə na^{11} tɕa^{42}ʔ	ə na^{33} tɕɛ^{32}ʔ	
1624	缺（~个口）	chip (the rim)	ပဲ့	pɛ^{31}	pɛ^{42}	pɛ^{42}	pɛ^{32}	
1625	全（~了）	be complete	စုံလင်	soũ^{33}lɔ̃^{33}	soũ^{22}lɔ̃^{22}	soũ^{11} laŋ^{11}	ə soũ^{33}	
1626	染	dye	အရောင်ဆိုး၊ ကူ	ə jɔ̃^{33} sho^{53}/	ə raũ^{22} sho^{44}/ ku^{44}	ə^{11}jaũ^{11} sho^{44}/ ku^{44}	she^{53} sho^{53}/ ku^{53}	
1627	嚷	shout, yell	အော်၊ဆူညံ	ɔ^{33}/shu^{33} nã^{33}	ɔ^{22}/shu^{22} nɛ̃^{22}	ɔ^{11}/shu^{11} nɛ̃^{11}	ɔ^{33}/shu^{33} nã^{33}	
1628	让路	make way for, give way	လမ်းဖယ်ပေး	lã^{53}phe^{33} pe^{53}	lɛ̃^{44}phe^{22} pi^{44}	lɛ̃^{44}phe^{11} pe^{44}	lã^{53}lwɛ^{53} pe^{53}	
1629	热（~饭）	heat up (cold rice)	(ထမင်း)ပြန် နွှေး	prã^{33} hnwe^{53}	prɛ̃^{22} hnwi^{44}	pjẽ^{11} nwe^{44}	pjã^{33} nwe^{53}	
1630	忍耐	endure, be patient	အောင့်အောင့် အီးထား	ɔ̃^{31}/ɔ̃^{33} i^{53}	aũ^{42}/ aũ^{42} e^{44} tha^{44}	aũ^{42}/ aũ^{42} i^{44} tha^{44}	ɔ̃^{32}/ ɔ̃^{32} tha^{53}	
1631	认（~字）	look at & distinguish (characters)	(စာလုံး)ဖတ်	phɑʔ^{45}	phɛ^{42}ʔ	phɛʔ^{33}	phɑ^{32}ʔ	
1632	认得	recognize	(လူကို)သိ	hmã^{53} shi^{31}/ hmã^{53} ɕi^{31}	tθi^{42}	tθi^{42}	tθi^{32}	
1633	扔	throw, toss	ပစ်	pɪʔ^{45}	paɪ^{42}ʔ	paʔ^{33}	pe^{32}ʔ	wiŋ^{454}
1634	溶化（~了）	dissolve	ပျော်၊အရည် ပျော်	pjɔ^{33}/ ə je^{33} pjɔ^{33}	pjɔ^{22}/ ə je^{22} pjɔ^{22}	pjɔ^{11}/ ə ji^{11} pjɔ^{11}	pjɔ^{33}/ ə ji^{33} pjɔ^{33}	
1635	溶化（使~）	(cause to) dissolve	ပျော်စေသည်	pjɔ^{33}se^{33} si^{31}	pjɔ^{22}zi^{22}	pjɔ^{11}se^{11}	pjɔ^{33}se^{33}	

(续表)

序号	汉义	英文	မြန်မာစာ 缅甸文	အင်းသား 茵达方言音	ရခိုင် 若开方言音	ယော 约方言音	ဓနု 德努方言音	ဖုန် 蓬方言音
1636	揉（~面）	knead (dough)	(ဂျံု)နယ်	nɛ³³	nɛ²²	nɛ¹¹	nɛ³³	
1637	洒（~水）	sprinkle, spray	ရေဖျန်း၊ ရေပက်	je³³ phjã⁵³/ je³³pɛʔ⁴⁵	ri²² phje⁴⁴/ ri²²pa⁴²	je¹¹ phje⁴⁴/ je¹¹pak⁴²ʔ	je³³ phjã⁵³/ pe³²ʔ	
1638	撒（~尿）	piss, pee	သေးပေါက်၊ အပေါ့သွား	she⁵³ pɔʔ⁴⁵/ ə pɔ³¹ shwa⁵³	tθi⁴⁴ pauʔ⁴²/ ə pɔ⁴²la⁴⁴	tθe⁴⁴ pauʔ³³/ ə pɔ⁴² tθwa⁴⁴	tθe⁵³ pɔ³²ʔ/ tθe⁵³pa⁴²	
1639	撒（~种）	scatter (seeds)	မျိုးစေ့ကျဲ၊ မျိုးကျဲ	mjo⁵³se³¹ tɕɛ⁵³/ pjo⁵³tɕɛ⁵³	mjo⁴⁴zi⁴² tɕɛ⁴⁴/ pjo⁴⁴ tɕɛ⁴⁴	mjo⁴⁴se⁴² tɕɛ⁴⁴/ pjo⁴⁴tɕɛ⁴⁴	mjo⁵³se³² tɕha³²/ pjo⁵³tɕɛ⁵³	
1640	散（会~了）	(meeting) break up / end	(အစည်းအဝေး)ပြီးပြီ	(ə si⁵³ ə we⁵³) pji⁵³/ pi³³pɔʔ⁴⁵	(ə si⁴⁴ ə we⁴⁴) pri⁴⁴bje²²	(ə si⁴⁴ ə we⁴⁴) pji⁴⁴bji¹¹	(ə si⁵³ ə we⁵³) pji⁵³ si⁵³	
1641	散开（鞋带~）	(shoelace) come loose	(ဖိနပ်ကြိုး)ပြယ်	ple³³/ pre³³	pre²²	pjɛ¹¹	pjɛ³³	
1642	解开	untie, undo	ဖြေ	phle³³/ phre³³	phri²²/ phje²²	phje¹¹	phje³³/ phji³³	
1643	扫	sweep	တံမြက်စည်း နှင့်လှဲ	moũ³¹ sheĩ⁵³ na³¹ sheĩ⁵³	eĩ²²hle⁴⁴ nɛ⁴² hle⁴⁴	tə mjak⁴²ʔ se⁴⁴na⁴² lɛ⁴⁴	tə mje³²ʔ si⁵³ lɛ⁵³	jã⁵⁵
1644	筛（~米）	to sieve / sift	ဆန်ကာတင်	sə ka³³ tɛ̃³³	zə ga²² tɔ̃²²	shə kha¹¹ taŋ¹¹	shã³³ kha³³ tĩ³³	
1645	晒（~衣服）	dry (clothes) in the sun	(အဝတ်)လှန်း	hlã⁵³	hlɛ⁴⁴	lɛ̃⁴⁴	lã⁵³	
1646	晒（~太阳）	sunbathe	နေပူဆာလှုံ	ne³³pu³³ shɛ̃³³ kɛ̃³³/ tɕhoũ³³/ hloũ³³	nə pu²² za²² hloũ²²	ne¹¹pu¹¹ sha¹¹ loũ¹¹	ne³³pu³³ sã³³ kĩ³³	
1647	闪电	to lightning	လျှပ်ပြက်	theĩ³³ khuʔ⁴⁵	hlje⁴²ʔ pja⁴²	ljeʔ³³ pjak⁴²ʔ	lja³²ʔsi⁵³ lɛ³²ʔ	
1648	伤（~了手）	injure / hurt (the arm)	လက်ဒဏ်ရာ သွားသည်	(lɛʔ⁴⁵)tã³³ ja³³ ja³¹ shwa⁵³si³³	(la⁴²) dɛ̃²²ra²² ra⁴²	(lak⁴²ʔ) dɛ̃¹¹ ja¹¹ja⁴²	(lɛ³²ʔ) na³³	
1649	商量	consult, discuss	တိုင်ပင် ဆွေးနွေး	teĩ³³ pɛ̃³³/ hni³¹ hneĩ⁵³	taĩ²² prɔ̃²²/ hnɛ⁴² hnãĩ⁴⁴	taĩ¹¹ pjaŋ¹¹/ ɲi⁴² nãĩ⁴⁴	teĩ³³ phĩ³³	

附录　缅甸语方言词汇表　529

（续表）

序号	汉义	英文	မြန်မာစာ 缅甸文	အင်းသား 茵达 方言音	ရခိုင် 若开 方言音	ယော 约 方言音	ဓနု 德努 方言音	ဖွန် 蓬 方言音
1650	上 (~楼)	go upstairs	(အပေါ်ထပ်) တက်သည်	tɛʔ⁴⁵si³³	ta⁴²	tak⁴²ʔ	tɛ³²ʔ	
1651	烧荒	burn the grass on wasteland	မြက်ခင်းကိုမီး ရှို့ပစ်	hmjɛʔ⁴⁵ khẽ⁵³ kɔ³³ mi⁵³ tɑɪʔ⁴⁵pɛʔ⁴⁵	mra⁴² khɔ̃⁴⁴ go²² mẽɪ⁴⁴ hro⁴² paɪ⁴²ʔ	mjak⁴²ʔ khã⁴⁴ ko¹¹mi⁴⁴ ɕo⁴²	mjɛ³²ʔ khĩ⁵³ mi⁵³sho³²	
1652	射 (~箭)	shoot (an arrow)	(မြား)ပစ်	pjɪʔ⁴⁵	paɪ⁴²ʔ	paʔ³³	pɪ³²ʔ	wiŋ⁵⁵
1653	射中	hit (the target)	မှန် ထိမှန်	hmã³³/ thi³¹/ mi³¹	hmẽ²²/ the⁴² hmẽ²²	mẽ¹¹/ thi⁴² mẽ¹¹	mã³³/ thi³²	
1654	伸	stretch out (the arm)	ဆန့်	shã³¹	shẽ⁴²	shẽ⁴²	shã³²	
1655	伸长	extend, elongate	ဆန့်	sã³¹	shẽ⁴²	shẽ⁴²	shã³²	
1656	押长	draw out, stretch	ဆွဲဆန့်	shwɛ⁵³ shã³¹	shwe⁴⁴ shẽ⁴²	shwɛ⁴⁴ shẽ⁴²	shwɛ⁵³ shã³²	
1657	渗 (~入)	seep into, permeate	စိမ့်ဝင်	sẽɪ³¹ wɛ³³	sẽɪ⁴² wɔ̃²²	sẽɪ⁴² waŋ¹¹	sẽɪ³² wĩ³³	
1658	生长	grow	ကြီးထွား	ki⁵³/ku⁵³	kri⁴⁴ thwa⁴⁴	tɕi⁴⁴ thwa⁴⁴	tɕi⁵³/ thwa⁵³	
1659	生锈	to rust	သံချေးတက်	shã³³ khre⁵³ tɛʔ⁴⁵	tθɛ̃²² ɕi⁴⁴ta⁴²	tθɛ̃¹¹ tɕhe⁴⁴ taʔ³³	tθã³³ tɕhe⁵³ keɪ³²ʔ	
1660	生疮	grow (a boil)	အနာပေါက်	ə nɑ³³ pɔʔ⁴⁵	ə nɑ²² pau⁴²ʔ	ə nɑ¹¹ pauʔ³³	ə nɑ³³ pɔ³²ʔ	
1661	生 (~子)	give birth to	ကလေးမွေး	lu³³shə ŋɛ³³ mwe⁵³/ lu³³ khə nɛ³³ mwe⁵³/ lu³³ ŋɛ³³ mwe⁵³	ə ɕe²² mwi⁴⁴	khə le⁴⁴ mwe⁴⁴	kə le⁵³ mwe⁵³	
1662	生气	be angry, take offence	ဒေါပွဝိတ်ဆို	dɔ⁵³sha³¹ thwɛʔ⁴⁵/ sɑɪʔ⁴⁵to³³	dɔ⁴⁴ pwa⁴²/ seɪ⁴²ʔ sho⁴⁴	dɔ⁴⁴ pwa⁴²/ seɪ³³ sho⁴⁴	dɔ⁵³tθa³² thwɛ³²ʔ/ sɑɪ³²ʔ sho⁵³	
1663	剩	be left over, remain	ကျန်	klã³³/ krã³³	tɕɛ̃²²	tɕɛ̃¹¹	tɕã³³	
1664	升起	rise, go up	တက်	tɛʔ⁴⁵	ta⁴²	tak⁴²ʔ	tɛ³²ʔ	

(续表)

序号	汉义	英文	မြန်မာစာ 缅甸文	အင်းသား 茵达方言音	ရခိုင် 若开方言音	ယော 约方言音	ဓနု 德努方言音	ဖုန်း 蓬方言音
1665	失落	lose (sth)	ပျောက်ဆုံး	pjɔʔ⁴⁵	pjau⁴²ʔ / shoũ⁴⁴	pjau³³ / shoũ⁴⁴	pjɔ³²ʔ / pjɔ³²ʔ wa⁵³	
1666	使	make, cause	စေ	se³³ / kheĩ⁵³	si²²	se¹¹	se³³	
1667	释放	reiease, set free	လွှတ်	hluʔ⁴⁵	hlwɛ⁴²ʔ	lwaʔ³³	lu³²ʔ	
1668	试	try, attempt	စမ်း	sã⁵³	sɛ̃⁴⁴	sɛ̃⁴⁴	sã⁵³ / sã⁵³ tɕe³²	
1669	是	to be	ဖြစ်(တ်)	phjɪʔ⁴⁵ / houʔ⁴⁵	phjaɪ⁴²ʔ / houʔ⁴²	phjɪ³³ / houʔ³³	phjɪ³²ʔ / houʔ³²ʔ	mai⁵²ʔ / houʔ⁵²ʔ
1670	收割	to harvest / reap	ရိပ်သိမ်း	jaɪʔ⁴⁵ / jouʔ⁴⁵ / sheĩ⁵³	reɪ⁴²ʔ / tθeĩ⁴⁴	jeɪ³³ / tθeĩ⁴⁴	jaɪ³²ʔ	
1671	收到	receive	ရရှိ	jɑ³¹	ra⁴²hri⁴²	ja⁴²ɕi⁴²	jɑ³²	
1672	收（~伞）	close (an umbrella)	ထီး:ပိတ်	(thi⁵³) paɪʔ⁴⁵	(the⁴⁴) peɪ⁴²ʔ	(thi⁴⁴) peɪ³³	(thi⁵³) tɕhoũ³²	
1673	收拾	put in order, to tidy	သိမ်းဆည်း၊ ကိုင်	sheĩ⁵³ / shi⁵³ / tɕhoũ³³ / keĩ³³	tθeĩ⁴⁴ / she⁴⁴ / kaĩ²²	tθeĩ⁴⁴ / shi⁴⁴ / tθeĩ⁴⁴ / shɛ⁴⁴ / kaĩ¹¹	tθeĩ⁵³ / tha⁵³ / kaĩ³³	
1674	守卫	to guard / defend	စောင့်ကြပ်	sɔ̃³¹ / lɛ̃³¹	saũ⁴² krɛ⁴²ʔ	saũ⁴² tɕeʔ³³	sɔ̃³² tɕe³²	
1675	梳	to comb	(ခေါင်း)ဖီး	phi⁵³	phi⁴⁴	phi⁴⁴	phji⁵³	
1676	输	lose (a game)	ရှုံး	ɕoũ⁵³	hroũ⁴⁴	ɕoũ⁴⁴	shoũ⁵³	
1677	熟悉	be familiar with, know sth / sb well	သိကျွမ်း	shi³¹ / hmã⁵³ / shi³¹ / hmã⁵³ ɕi³¹	tθi⁴² tɕwɛ̃⁴⁴ / tθi⁴²tɕũ⁴⁴	tθi⁴² tɕwã⁴⁴	tθi³² tɕũ⁵³ / tθi³² tɕwã⁵³	
1678	熟（饭~）	(rice) be cooked / done	(ထမင်း)ကျက်သည်	(khə mɛ̃⁵³) tɕɛʔ⁴⁵ / na⁴⁵	(thə mɔ̃⁴⁴) tɕa⁴²	(thə maŋ⁴⁴) tɕakʔ⁴²ʔ	(thə mĩ⁵³) tɕɛ³²ʔ	
1679	熟（果子~）	(fruit) be ripe	(အသီး)မှည့်	hme³¹ / hmje³¹	hme⁴²	mɛ⁴²	mɛ³²	
1680	漱（~口）	rinse (the mouth)	ပလုတ်ကျင်း	nouʔ⁴⁵kə lɛ̃⁵³ / nouʔ⁴⁵ kə rɛ̃⁵³	pə louʔ⁴²ʔ tɕɔ⁴⁴	pə louʔ³³ tɕaŋ⁴⁴	pə lou³²ʔ tɕĩ⁵³	

（续表）

序号	汉义	英文	မြန်မာစာ 缅甸文	အင်းသား 茵达 方言音	ရခိုင် 若开 方言音	ယော 约 方言音	ဓနု 德努 方言音	ဖုန်း 蓬 方言音
1681	摔（~下来）	fall / tumble down	ကျ	kla³¹/ kra³¹	tɕa⁴²	tɕa⁴²	tɕa³²	
1682	甩	fling, toss	ပစ်သည်၊လွှ	pjɪʔ⁴⁵si³³/ hlwe⁵³si³³	paɪ⁴²ʔ/ hlwe⁴⁴	pa³³/ lwe⁴⁴	pɪ³²ʔ/lɔ⁵³	
1683	闩（~门）	bolt (the door)	(တံခါးကို) မင်းတုံးချ	mɔ̃⁵³ toũ⁵³ khra³¹/ kə lɛ̃³¹ tho⁵³	mɔ̃⁴⁴ toũ⁴⁴ ɕa⁴²	man⁴⁴ toũ⁴⁴ tɕha⁴²	dzɛ³²ʔ tɕha³²	
1684	拴（牛）	tie (a cow) to	ချည်	tɕhe³³/ touʔ⁴⁵	tɕhi²²/ ɕaĩ²²	tɕhi¹¹	tɕhi³³	
1685	睡着	fall asleep	အိပ်ပျော်	aɪʔ⁴⁵ hmwe³³	eɪ⁴²ʔpjɔ²²	eɪʔ³³pjɔ¹¹	aɪ³²ʔ mwe³³	
1686	算	calculate	တွက်	twɛʔ⁴⁵	twa⁴²	twak⁴²ʔ	twɛ³²	
1687	碎（米粒~了）	(grain) break to pieces	ကွဲကျေ	kwe⁵³/ kle³³/ kre³³	kwe⁴⁴/ tɕi²²	kwe⁴⁴/ tɕe¹¹	kwɛ⁵³/ tɕe³³	
1688	压碎	crush to pieces	ကြိတ်ခွဲ	tɕaɪʔ⁴⁵ khwɛ⁵³	kreɪ⁴²ʔ khwe⁴⁴	tɕeɪʔ³³ khwe⁴⁴	tɕaɪ³²ʔ khwe⁵³	
1689	损坏	damage, spoil	ပျက်စီး	pjɛʔ⁴⁵si⁵³	pja⁴²she⁴⁴	pjak⁴²ʔ si⁴⁴	pjɛ³²ʔ	
1690	锁（~门）	lock (the door)	(တံခါး)သော့ ခတ်	shɔ³¹ khaʔ⁴⁵	tɔ⁴² khɛʔ⁴²ʔ	tɔ⁴² khɛʔ³³	tɔ³² kha³²ʔ	
1691	塌	collapse, cave in, fall down	ပြို	plo³³/ pro³³	pro²²	pjo¹¹	pjo³³	pju⁴⁵⁴
1692	踏	step on, trample, stamp	နင်း	nɛ̃⁵³	nɔ̃⁴⁴	naŋ⁴⁴	nĩ⁵³	
1693	抬挑抬（头）	lift up, carry	ထမ်း၊ ခေါင်းမော့	thã⁵³/ khɔ̃⁵³ mɔ³³	the̋⁴⁴/ gaũ⁴⁴ mɔ⁴²	the̋⁴⁴/ khaũ⁴⁴ mɔ⁴²	thã⁵³/ khɔ̃⁵³ mɔ³³	
1694	淌（~泪）	shed (tears)	(မျက်ရည်) ကျယိုစီးဆင်း	kla³¹/ si⁵³shɛ⁵³	tɕa⁴²/ jo²²/ se⁴⁴shɛ⁵³	tɕa⁴²/ jo¹¹/ si⁴⁴shaŋ⁴⁴	tɕa³²	
1695	躺	lie down	လှဲ၊တုံး၊လုံးလှ	hlɛ⁵³/ toũ⁵³ loũ⁵³ hlɛ⁵³	hle⁴⁴/ toũ⁴⁴ loũ⁴⁴ hle⁴⁴	lɛ⁴⁴/ toũ⁴⁴ loũ⁴⁴ lɛ⁴⁴	lɛ⁵³/ toũ⁵³ loũ⁵³lɛ⁵³	
1696	烫（~手）	scald / burn (the hand)	(လက်)ပူ လောင်	pu³³lɔ̃³³	pu²²laũ²²	pu¹¹laũ¹¹	pu³³lɔ̃³³	

(续表)

序号	汉义	英文	မြန်မာစာ 缅甸文	အင်းသား: 茵达方言音	ရခိုင် 若开方言音	ယော 约方言音	ဓနု 德努方言音	ဖုန်း 蓬方言音
1697	逃跑	escape, run away	ထွက်ပြေး	thwɛʔ⁴⁵ ple⁵³/ thwɛʔ⁴⁵ pre⁵³	thwa⁴² pri⁴⁴	thwak⁴²ʔ pje⁴⁴	thwɛ³²ʔ pje⁵³	
1698	讨（~饭）	beg (for food)	(ထမင်း) တောင်း	tɔ̃⁵³	taũ⁴⁴	taũ⁴⁴	tɔ̃⁵³ sa⁵³	
1699	套（~衣服）	put on (another layer of clothing)	စွပ်	suʔ⁴⁵	swɔ⁴²	swaʔ³³	suʔ³²ʔ/ wuʔ³²ʔ	
1700	痛（头~）	(head) ache	(ခေါင်း)ကိုက်	kaɪʔ⁴⁵	kaɪ⁴²ʔ/ khɛ⁴⁴	kaɪʔ³³	keɪ³²ʔ	
1701	踢	kick	ကန်	kã³³/ klɔʔ⁴⁵/ krɔʔ⁴⁵	kɛ̃²²	kɛ̃¹¹	kã³³	
1702	剃（~头）	shave (the head)	(ဆံပင်)ညှပ်	hn̥aʔ⁴⁵	hn̥ɛ⁴²ʔ/ kaɪ⁴²ʔ	n̥ɛʔ³³	keɪ³²ʔ	
1703	天阴	(sky) be cloudy / overcast	မိုး အုံ့	mo⁵³ oũ³¹/ mo⁵³ o³³	mo⁴⁴oũ⁴²	mo⁴⁴oũ⁴²	mo⁵³oũ³²	
1704	天晴	(weather) be clear / sunny	နေသာ	ne³³ sha³³/ ne³³pu³³	ni²²tθa²²	ne¹¹tθa¹¹	ne³³tθa³³	
1705	天亮	(the day) dawn	မိုးလင်း	mo⁵³ lɛ̃⁵³	mo⁴⁴ lɔ̃⁴⁴	mo⁴⁴ laŋ⁴⁴	mo⁵³ lĩ⁵³	
1706	天黑	get dark	မိုးမှောင်ကျ/ မိုးချုပ်	mo⁵³ hmɔ̃³³/ kla³¹/ mo⁵³ tɕhouʔ⁴⁵	mo⁴⁴ hmaũ²² tɕa⁴²/ mo⁴⁴ ɕouʔ⁴²ʔ	mo⁴⁴ maũ¹¹ tɕa⁴²/ mo⁴⁴ tɕhouʔ³³	mo⁵³ tɕhou³²ʔ	
1707	填（~坑）	fill up (a hollow)	(တွင်း)ဖို့	pho³¹	pho⁴²	pho⁴²	pho³²	
1708	舔	lick, lap	လျက်	jɛʔ⁴⁵	ja⁴²	jakʔ⁴²ʔ	sha³³ nĩ³²jeʔ³²ʔ	zauk
1709	挑选	choose, pick	ရွေး	jwe⁵³	rwi⁴⁴	jwe⁴⁴	jwe⁵³	
1710	挑（~担）	carry (sth) with a pole on the shoulder	(ဆိုင်း)ထမ်း	thã⁵³	thɛ̃⁴⁴	thɛ̃⁴⁴	thã⁵³	
1711	跳舞	to dance	ကသည်	ka³¹si³³	ka⁴²	ka⁴²	ka³²	ka⁴⁵⁴
1712	跳（~远）	to jump	(အလျား)ခုန်	(ə jɑ⁵³) khoũ³³	(ə ljɑ⁴⁴) khoũ²²	(ə ljɑ⁴⁴) khoũ¹¹	(ə ljɑ⁵³) khoũ³³	

(续表)

序号	汉义	英文	မြန်မာစာ 缅甸文	အင်းသား 茵达 方言音	ရခိုင် 若开 方言音	ယော 约 方言音	ဓနု 德努 方言音	ဖုန် 蓬 方言音
1713	跳 （脉~）	to pulse / beat	သွေးတိုးခြင်း၊ သွေးတုန်ခြင်း	shwe^{53} to^{53} tɕhẽ ^{53}/ shwe^{53} toũ ^{33} tɕhẽ ^{53}	tθwi^{44} to^{44}/ tθwi^{44} toũ ^{22}	tθwe^{44} to^{44}/ tθwe^{44} toũ ^{11}	tθwe^{53} to^{53}/ tθwe^{53} tɛ$^{32?}$	
1714	贴	to paste / stick / glue	ကပ်	kaʔ^{45}	kɛ$^{42?}$	kɛʔ^{33}	kaʔ$^{32?}$	
1715	听	listen	နားထောင်	na^{53}thɔ̃ ^{33}	na^{44} thaũ ^{22}	na^{44} thaũ ^{11}	na^{53} thaũ ^{33}	ə na^{22}/ ə na^{51}
1716	停止	stop, cease	ရပ်တန့်	jaʔ^{45}tã ^{31}/ jaʔ^{45}/jɪʔ^{45}	rɛʔ$^{42?}$tɛ̃ ^{42}	jaʔ^{33}tã ^{42}	tã ^{33}/ tã ^{32}	
1717	挺 （~胸）	throw out (one's chest)	(ရင်) ကော်	j ɛ̃ ^{33}kɔ^{31}	rɔ̃ ^{22}kɔ^{42}	jaŋ^{11} kɔ^{42}	j ĩ kɔ^{32}	
1718	通知	notify, inform	အကြောင်း ကြား	ə tɕɔ̃ ^{53} tɕa^{53}	ə kraũ ^{44} kra^{44}	ə tɕaũ ^{44} tɕa^{44}	tθə ɾĩ ^{53} pe^{53}	
1719	偷	steal	ခိုး	kho^{53}	kho^{44}	kho^{44}	kho^{53}	
1720	投掷	throw, hurl	ပစ်	pjɪʔ^{45}	paɪʔ$^{42?}$	paʔ^{33}	pɪʔ$^{32?}$	khwaŋ^{22}/ wiŋ^{454}
1721	推托	refuse by making excuses	လွှဲဖယ်	hlwɛ^{53} phɛ^{33}	hlwɛ^{44} phɛ^{22}	lwɛ^{44} phɛ^{11}	lwɛ^{53}	
1722	退 （后~）	back up, retreat	(နောက်)ဆုတ်	nɔ^{45} shouʔ^{45}	nau$^{42?}$ shou$^{42?}$	nau^{33} shou^{33}	nɔ$^{32?}$ shou$^{32?}$	
1723	吞	swallow	မျိုချ	hmjo^{33} khra^{31}	mjo^{22} ɕa^{42}	mjo^{11} tɕha^{42}	mjo^{33} tɕha^{32}	
1724	蜕（蛇 ~皮）	(snake) slough off	(မွှေ)အရေလ	ə lɛ^{33}lɛ^{53}/ ə rɛ^{33}lɛ^{53}	ə ri^{22} lɛ^{44}	ə je^{11}lɛ^{44}	ə je^{33} khũ ^{33} lɛ^{53}	
1725	拖（~ 木头）	pull / drag (a log)	သစ်တုံးဆွဲ	(shɪʔ^{45} toũ ^{53}) shwɛ^{53}	(tθaɪ$^{42?}$ toũ ^{44}) shwɛ^{44}	(tθa^{33} toũ ^{44}) shwɛ^{44}	(tθɪ$^{32?}$ toũ ^{53}) shwɛ^{53}	
1726	脱 （~衣）	take off (clothes)	(အကျ)ချွတ်	khuʔ^{45}/ khluʔ^{45}/ khruʔ^{45}	ɕwe$^{42?}$	tɕhwaʔ^{33}	tɕhu$^{32?}$	
1727	脱 （~臼）	dislocate (a joint)	(အဆစ်)လွဲ	(ə shɪʔ^{45}) lwɛ^{53}	(ə shaɪ$^{42?}$) lwɛ^{44}	(ə shɪʔ^{33}) lwɛ^{44}	(ə she$^{32?}$) lwɛ^{53}	
1728	驮	(pack animals) carry (loads)	(မြင်းလားတို့ ကျောက်ကုန် ပေါ်) ဝန်တင် ခြင်း	ə wũ ^{33} tɛ̃ ^{33} tɕhẽ ^{53}	wɛ̃ ^{22}tɔ̃ ^{22}	wã ^{11} taŋ^{11}	wũ ^{33}tĩ ^{33}	po^{454}

（续表）

序号	汉义	英文	မြန်မာစာ 缅甸文	အင်းသား 茵达 方言音	ရခိုင် 若开 方言音	ယော 约 方言音	ဓနု 德努 方言音	ဖုန် 蓬 方言音
1729	剜	cut / gouge out	လီးဖြတ်သည်၊ ကောက်ထုတ်	hni^{53} phlaʔ^{45}/ kɔ^{33} thouʔ^{45}	hle^{44} phjɛ^{42}/ kɔ^{22} thouʔ^{42}	li^{44} phjɛ^{33}/ kɔ^{11} thouʔ^{33}	li^{53} phja^{32}/ kɔ^{33} thouʔ^{32}	
1730	弯	become curved / bent	ကောက်ကွေး	kɔʔ^{45}/ kwe^{53}	kau^{42}/ kwi^{44}	kau^{33}/ kwe^{44}	kɔ^{32}/ kwe^{53}	kou^{52}ʔ leɪ^{52}ʔ
1731	弄弯	bend	ကွေးအောင် လုပ်	kwe^{53}ɔ̃^{33} louʔ^{45}	kwi^{44}aũ^{22} louʔ^{42}	kwe^{44} aũ^{11} louʔ^{33}	kwe^{53}ɔ̃^{32} louʔ^{32}	
1732	完	finish, be over	ပြီးမြောက်	pji^{53} hmjɔ^{45}	pri^{44} mrau^{42}	pji^{44} mjau^{33}	pji^{53}	
1733	忘记	forget	မေ့	me^{31}	mi^{42}	me^{42}	me^{32}	
1734	违反	violate, breach	(စည်းကမ်း) ဖောက်ဖျက်	(si^{53}kã^{53}) phjɛʔ^{45} shi^{53}	(saĩ^{44} kẽ^{44}) phauʔ^{42} phja^{42}	(si^{44}kẽ^{44}) phau^{33} phjak^{42}	(si^{53}kã^{53}) phjɛ^{32}	
1735	喂（~奶）	breast-feed, suckle	နို့တိုက်	no^{31}taɪʔ^{45}	no^{42}taɪʔ^{42}	no^{42}taɪ^{33}	no^{32}teɪʔ^{32}	
1736	问	ask, question	မေး	hme^{53}	mi^{44}	me^{44}	me^{53}	
1737	握（~笔）	to hold (a pen)	(ကလောင်) ကိုင်	keĩ^{33}	kaĩ^{22}	kaĩ^{11}	kaĩ^{33}	səŋ^{454}
1738	捂（~嘴）	cover (the mouth)	(ပါးစပ်)ဖုံး အုပ်	phoũ^{53} ouʔ^{45}	phoũ^{44} ouʔ^{42}	phoũ^{44} ouʔ^{33}	phoũ^{53} ou^{32}/ paɪ^{32}	
1739	吸（~气）	inhale	(လေ)ရှူရှိုက်	ɕu^{33}ɕaɪʔ^{45}	hru^{22} hraɪ^{42}	ɕu^{11}ɕaɪ^{33}	shu^{33} sheɪ^{32}	
1740	习惯	be accustomed to, have the habit of	လေ့လုံးစံ၊ အကျင့်	ə le^{31} thoũ^{53} sã^{33}	də li^{42} thoũ^{44} zẽ^{22} ə tɕɔ̃^{42}	də le^{42} thoũ^{44} sẽ^{11} ə tɕaŋ^{42}	də le^{32} thoũ^{53} zã^{33}/ə tɕĩ^{32}	
1741	洗（~衣）	wash (clothes)	(အကျီ)လျှော်၊ ဖွပ်	ɕɔ^{33}/ phuʔ^{45}	ɕɔ^{22}/ phwɛ^{42}	ɕɔ^{11}/ phwa^{33}	shɔ^{33}/ phu^{32}	
1742	喜欢	like, love	ကြိုက်သည်၊ ချစ်သည်	tɕaɪʔ^{45}/ tɕhɪʔ^{45}	kraɪ^{42}/ ɕaɪ^{42}	tɕaɪ^{33}/ tɕha^{33}	tɕeɪ^{32}/ tɕhɪ^{32}	
1743	瞎	be blind	ကန်း	kã^{53}	kẽ^{44}	kẽ^{44}	kã^{53}	
1744	下（~楼）	go downstairs	(အပေါ်ထက်မှ) ဆင်းသည်	shẽ^{53}si^{33}	shɔ̃^{44}	shaŋ^{44}	shĩ^{53}	
1745	下（~猪崽）	give birth to (piglets)	မွေး	mwe^{53}	mwi^{44}	mwe^{44}	mwe^{53}	

附录 缅甸语方言词汇表

（续表）

序号	汉义	英文	မြန်မာစာ 缅甸文	အင်းသား 茵达 方言音	ရခိုင် 若开 方言音	ယော 约 方言音	ဓနု 德努 方言音	ဖွန် 蓬 方言音
1746	下（~蛋）	lay (eggs)	(ကြက်ဥ)ဥ	u^{31}	u^{42}	u^{42}	u^{32}	
1747	下（~雨）	(rain) fall	(မိုး)ရွာ	wa^{33}/ jwa^{33}/ jwɛ^{33}	rwa^{22}	jwa^{11}	jwa^{33}	
1748	下垂	hang down, droop	တွဲလောင်းကျ	twɛ^{53}lɔ̃^{53} kla^{31}/ twe^{53} lɔ̃^{53}kra^{31}	twe^{44} laũ^{44} tɕa^{42}	twɛ^{44} laũ^{44} tɕa^{42}	twɛ^{53}lɔ̃^{53} tɕa^{32}	
1749	吓唬	frighten, scare	ခြောက်လှန့်	khlɔ^{45} hlã^{31}/ khrɔ^{45} hlã^{31}	ɕau^{42}ʔ hlɛ̃^{42}	tɕhau^{33} lã^{42}	tɕhɔ^{32}ʔ	
1750	下陷	cave in, sink	နစ်မြုပ်	nɪ^{45}ʔ mlou^{45}/ nɪ^{45}ʔ mrou^{45}	naɪ^{42}ʔ mrou^{42}ʔ	nɪ^{33} mjou^{34}ʔ	nɪ^{32}ʔ/ mjou^{32}	
1751	献	offer, dedicate	ဆက်သ	ɕhɛ^{45}ʔ sha^{31}	sha^{42}tθa^{42}	shak^{42}ʔ	ɕhɛ^{32}ʔ tθa^{32}	
1752	羡慕	admire and envy	အားကျ	a^{53}kla^{31}/ a^{53}kra^{31}	a^{44}tɕa^{42}	a^{44}tɕa^{42}	a^{53}tɕa^{32}	
1753	相信	believe, trust	ယုံကြည်	jõũ^{33}tɕi^{33}	jõũ^{22}kri^{22}	jõũ^{11}tɕi^{11}	jõũ^{33}	
1754	想	think	စဉ်းစား	sĩ^{53} sa^{53}	saĩ^{44} za^{44}	sãŋ^{44} za^{44}	sĩ^{53} za^{53}	
1755	想起	recall, remember	စဉ်းစားရသည်	sĩ^{53} za^{53}ja^{31}	saĩ^{44} za^{44}ra^{42}	sãŋ^{44} za^{44}ja^{42}	sĩ^{53} za^{53}ja^{32}	
1756	想（~去）	want (to go)	သွားချင်သည်	shwa^{53} tɕhɛ̃^{33} si^{33}	la^{44} ɕɔ̃^{22} dðe^{22}	tθwa^{11} tɕhaŋ^{11}	tθwa^{53} tɕhĩ^{33}	lɔ^{22}aiŋ^{22}
1757	像	look like, resemble	တူသည်	tu^{33}	tu^{22}	tu^{11}	tu^{33}	
1758	消化	digest	အစာကြေ	ə sa^{33} tɕe^{33}/ ə sa^{33} kle^{33} (kre^{33})	ə sa^{22} kri^{22}	ə sa^{11} tɕe^{11}	ə sa^{33} tɕe^{33}	
1759	消失	disappear, vanish	ပျောက်	pjɔ^{45}ʔ	pjau^{42}ʔ	pjauʔ^{33}	pjɔ^{32}ʔ	
1760	消（肿~）	(swelling) subside	(အရောင်ရမ်းမှ) ပြယ်ရော်၊ ပါးစေ	pjɔʔ^{45} kla^{31}/ jɔ^{31}	pre^{22}/ jɔ^{42}pa^{44} zi^{22}	pje^{11}/ jɔ^{42}pa^{44} se^{11}	pje^{33}/ ə jɔ̃^{33}jɔ^{32}	

(续表)

序号	汉义	英文	မြန်မာစာ 缅甸文	အင်းသား茵达方言音	ရခိုင်若开方言音	ယော约方言音	ဓနု德努方言音	ပုန်း蓬方言音
1761	削	pare / peel with a knife	ချစ်နွာ်	tɕhũ³³ / hnwa³³	ɕwɛ̃²² / hnwa²²	tɕhwã¹¹ / nwa¹¹	tɕhũ³³ / nwe⁵³	
1762	小心	be careful / cautious	သတိထား	sə ti³¹ tha⁵³	tθə ti⁴² tha⁴⁴	tθə ti⁴² tha⁴⁴	tθə ti³² tha⁵³	
1763	写	write	ရေး	je⁵³	ji⁴⁴	je⁴⁴	je⁵³	
1764	泻	have diarrhea	ဝမ်းသွား	wũ⁵³ shwa⁵³	wɛ̃⁴⁴ la⁴⁴	wã⁴⁴ tθwa⁴⁴	wũ⁵³ tθwa⁵³	
1765	擤（one's nose)	blow (one's nose)	နပ်ညစ်	hnaʔ⁴⁵ hnɹaʔ⁴⁵ / hnaʔ⁴⁵o³³ / ɕa³¹ / hnɔ̃³³o³³ ɕu³¹	hnɛ⁴²ʔ hnɲaɪ⁴²ʔ	nɛ³³ ɲa³³	na³²ʔɲɹ³²ʔ ɲaʔ³³	
1766	醒（睡~)	wake up	နိုး	hno⁵³	no⁴⁴	no⁴⁴	no⁵³	no²² / nu⁴⁵⁴
1767	休息	to rest	အနား ယူ	ə na⁵³ju³³	ə na⁴⁴ju²²	ə na⁴⁴ju¹¹	ə na⁵³ju³³	
1768	绣（~花)	embroider	ပန်းချည်ထိုး	pã⁵³ tɕhi³³ tho⁵³	pɛ̃⁴⁴ɕe²² tho⁴⁴	pẽ⁴⁴ tɕhi¹¹ tho⁴⁴	pã⁵³ tɕhi³³ tho⁵³	
1769	学	learn	သင်ယူ	ʃẽ³³ju³³	tθɔ̃²²ju²²	tθaŋ¹¹ju¹¹	tθi³³	
1770	熏	smoke, fumigate	ကျပ်တိုက်သည်၊ ကျပ်တင်သည်	hmeĩ⁵³ taɪʔ⁴⁵ si³³ / hmeĩ⁵³ khã³³si³³	tɕɛ⁴²ʔ taɪ⁴²ʔ / tɕɛ⁴²ʔ tɔ̃²²	tɕɛ³³ taɪʔ³³ / tɕɛ³³ taŋ¹¹	tɕa³²ʔ ter³²ʔ / tɕa³²ʔ fi³³	
1771	寻找	find, look for	ရှာ	ɕa³³	hra²²	ɕa¹¹	sha³³	
1772	阉（~鸡)	castrate (cocks)	သင်း	ʃẽ⁵³ kuʔ⁴⁵ / khwe⁵³ tũ³¹ / ə shi⁵³ tũ³¹	tθɔ̃⁴⁴	tθaŋ⁴⁴	tθi⁵³ / ku³²ʔ	
1773	研（~药)	grind / pestle (medicine)	(ဆေးအနှံ့) ဖြစ်အောင် ကြိတ်သည်	tɕaɪʔ⁴⁵	kreɪ⁴²ʔ	tɕeɪʔ³³	tɕaɪ³²ʔ	tʃik⁵²ʔ
1774	扬场	winnow	စပါးလေ့	pa⁵³ hle³¹	zə ba⁴⁴ hli⁴²	sə pa⁴⁴ le⁴²	sə pa⁵³ le³²	
1775	痒	to itch / tickle	ယား သည်	ja³¹si³³	ja⁴⁴	ja⁴⁴	ja⁵³	
1776	养（~鸡)	raise (chickens)	(ကြက်)မွေး ထားသည်	mwe⁵³	mwi⁴⁴	mwe⁴⁴	mwe⁵³	

（续表）

序号	汉义	英文	မြန်မာစာ 缅甸文	အင်းသား 茵达 方言音	ရခိုင် 若开 方言音	ယော 约 方言音	ဓနု 德努 方言音	ဖုန်း 蓬 方言音
1777	摇晃	rock, sway	ယိမ်းယိုင်	jeĩ^{53}jeĩ^{33}	jeĩ^{44}jaĩ^{22}	jeĩ^{44} jaĩ^{11}	noũ^{32}	
1778	摇（~头）	shake (one's head)	(ခေါင်း)ခါ	kha^{33}	kha^{22}	kha^{11}	jã^{53}	
1779	舀（~水）	scoop up (water), ladle out	(ရေ)ခပ်	khaʔ^{45}	khɛʔ^{42}	khɛʔ^{33}	khaʔ^{32}	
1780	要	want, need	လိုချင်သည်	lo^{33} tɕɛ̃^{33}si^{33}	lo^{22}ɕɔ̃^{22}	lo^{11} tɕhaŋ^{11}	lo^{33}tɕhĩ^{33}	
1781	引（~路）	lead the way	(လမ်း)ပြ	pja^{31}	pra^{42}	pja^{42}	u^{53}jo^{53}	
1782	依靠	rely / lean on	အားကိုး	a^{53}ko^{53}	a^{44}ko^{44}	a^{44}ko^{44}	a^{53}ko^{53}	
1783	溢（~出来）	overflow, spill	လျှံ	ɕã^{33}/ã^{33}	ɕɛ̃^{22}	ɕɛ̃^{11}	shã^{33} tɕa^{32}	
1784	隐瞒	withhold the facts, conceal	လိမ်ဖုတ် ကွယ်ထောင် ထားခြင်း	ɕo^{33}/ɔ̃^{53}	leĩ^{22} hwa^{42} kwe^{22} thau^{42} tha^{44}	leĩ^{11} hwak^{42} kwe^{11} thauʔ^{33} tha^{44}	phu^{32}ʔ thã^{53}	
1785	赢	win	နိုင်	neĩ^{33}	naĩ^{22}	naĩ^{11}	neĩ^{33}	
1786	迎接	bid sb welcome, greet	ကြိုဆို	tɕo^{33} sho^{33}/ tɕo^{33}	kro^{22}zo^{22}	tɕo^{11}sho^{11}	tɕo^{33}	
1787	拥抱	embrace, hug	ဖက်	phɛ^{45}ʔ/ kwe^{31}	pha^{42}	phak^{42}ʔ	pwe^{32}	
1788	有（~钱）	have (money)	(ပိုက်ဆံ)ရှိ သည်	paɪʔ^{45} shã^{33} ɕi^{31}	paɪ^{42}ʔ shẽ^{22} hre^{42}	paɪʔ^{33} shẽ^{11} ɕi^{42}	peɪ^{32}ʔ shã^{33} shi^{32}	pa^{454}
1789	有（~人）	there are (people)	(လူ)ရှိသည်	(lu^{33}) ɕi^{31}	(lu^{22}) hre^{42}	(lu^{11}) ɕi^{42}	(lu^{33}) shi^{32}	pa^{454}
1790	有（山上~树）	there are (trees on the mountain)	(တောင်ပေါ်မှာ သစ်ပင်)ရှိ သည်	(tɔ̃^{33}bɔ^{33} ma^{33} shɪʔ^{45} pẽ^{33}) ɕi^{31} hre^{42}	(tau^{22}bɔ^{22} hma^{22} tθaʔ^{42} pɔ̃^{22})	(tau^{11}bɔ^{11} ma^{11} tθaʔ^{33} paŋ^{11}) ɕi^{42}	(tɔ̃^{33}pɔ^{33} ma^{33} tθɪ^{32}ʔ pĩ^{33}) shi^{32}/ pɔ^{32}ʔ	pa^{454}
1791	有（~眼睛）	have (eyes)	(မျက်စိ)ရှိ သည်	(mjɛ^{45}ʔ si^{31}) ɕi^{31}	(mja^{42} si^{42}) hre^{42}	(mjak^{42}ʔ se^{42}) ɕi^{42}	(mjɛ^{32}ʔ si^{32}) shi^{32}	pa^{454}
1792	有（碗里~水）	there is (water in the bowl)	(ပန်းကန် ထဲမှာရေ)ရှိ သည်	ɕi^{31}	hre^{42}	ɕi^{42}	shi^{32}	pa^{454}

(续表)

序号	汉义	英文	မြန်မာစာ 缅甸文	အင်းသား 茵达方言音	ရခိုင် 若开方言音	ယော 约方言音	ဓနု 德努方言音	ဖုန်း 蓬方言音
1793	遇见	meet, come across	တွေ့သည်	twe³¹	twi⁴²	twe⁴²	twe³²	
1794	约定	agree on, arrange	ချိန်းသည်	tɕheĩ⁵³	ɕeĩ⁴⁴	tɕheĩ⁴⁴	tɕheĩ⁵³	
1795	越过	cross, pass	ကျော်ဖြတ် ကျော်	hã³³/ phraʔ⁴⁵ tɕɔ³³/ hoũ³³	tɕɔ²²/ phrɛ⁴²ʔ tɕɔ²²	tɕɔ¹¹/ phjɛʔ³³ tɕɔ¹¹	tɕɔ³³/ phja³²ʔ	
1796	晕(头~)	feel dizzy / giddy	(ခေါင်း)မူး	khɔ̃⁵³ mu⁵³	gaũ⁴⁴ mu⁴⁴	gaũ⁴⁴ mu⁴⁴	khɔ̃⁵³ mu⁵³	
1797	允许	permit, allow	ခွင့်ပြု	khwẽ³¹ pju³¹	khwɔ̃⁴² pru⁴²	khwaŋ⁴² pju⁴²	khwĩ³² pju³²	
1798	栽(~树)	to plant	(သစ်ပင်)စိုက်	saɪʔ⁴⁵	saɪ⁴²ʔ	saɪʔ³³	seɪ³²ʔ	
1799	增加	to increase / gain	တိုး	to⁵³	to⁴⁴	to⁴⁴	to⁵³	to²²
1800	凿	to chisel, to bore	ပေါက်သည်၊ ထွင်းသည်	phɔʔ⁴⁵ si³³/ thwẽ⁵³ si³³	phau⁴²ʔ/ thwɔ̃⁴⁴	phau⁴²ʔ³³/ thwaŋ⁴⁴	phɔ³²ʔ/ thwĩ⁵³	
1801	扎(刀~)	stick into, stab	(ဓါး:နှင့်) ထိုးသည်	(tha⁵³ na³¹) tho⁵³ si³³	tho⁴⁴	tho⁴⁴	tho⁵³	
1802	扎(~刺)	be pricked (on a thorn)	(ဆူး)စူးသည်	su⁵³	su⁴⁴	su⁴⁴	su⁵³	
1803	眨(~眼)	blink, wink	(မျက်စေ့) ပေကလပ်ပေ ကလပ် လုပ်သည်၊ မျက်တောင် ခတ်သည်	mjɛʔ⁴⁵ tɔ̃³³ khaʔ⁴⁵si³³	(mja⁴²siʔ⁴²) pi²² kə lɛʔ⁴²ʔ pi²² kə lɛ⁴²ʔ lou⁴²ʔ/ mja⁴² taũ²² khɛ⁴²ʔ	(mjak⁴²ʔ seʔ⁴²) pe¹¹ kə lɛʔ³³ pe¹¹ kə lɛʔ³³lou³³/ mj ak⁴²ʔ taũ¹¹ khɛʔ³³	(mjɛ³²ʔ siʔ³²) pe³³kə laʔ³² pe³³ kə la³²ʔ lou²²ʔ/ mjɛ³²ʔ tɔ̃³³ kha³²ʔ	
1804	榨(~油)	extract (oil)	(ဆီ)ကြိတ် သည်	(shi³³) tɕaɪ⁴⁵	(shi²²) kreɪ⁴²ʔ	(shi¹¹) tɕeɪ³³	(shi³³) tɕaɪ³²ʔ	tʃik⁵²ʔ
1805	摘(~花)	pluck (flowers)	(ပန်း)ဆွတ်ခူး	shuʔ⁴⁵ khu⁵³	shwɛ⁴²ʔ khu⁴⁴	shwa⁴²ʔ³³ khu⁴⁴	shu³²ʔ	
1806	黏(~信)	stick down (an envelope)	(စာ)ကပ်	kaʔ⁴⁵	kɛ⁴²ʔ	kɛʔ³³	ka³²ʔ	
1807	张(~嘴)	open (the mouth)	(ပါး:စပ်)ဟ	(pə saʔ⁴⁵) ha³¹ phwẽ³¹	(bə zɛ⁴²ʔ) ha⁴²	(pə seʔ³³) hɛʔ³³	(pə za³²ʔ) ha³²	

（续表）

序号	汉义	英文	မြန်မာစာ 缅甸文	အင်းသား 茵达方言音	ရခိုင် 若开方言音	ယော 约方言音	ဓနု 德努方言音	ဖုန် 蓬方言音
1808	长（~大）	grow up	ကြီးပြင်း	ki⁵³pjɛ̃⁵³	kri⁴⁴prɔ̃⁴⁴	tɕi⁴⁴ pjaŋ⁴⁴	tɕi⁵³la³³	
1809	涨（~水）	(water level) go up / rise	(ရေ)တက်လျှံ	je³³tɛʔ⁴⁵/ je³³ɕã³³	ri²²ta⁴²/ ri²²ɕɛ̃²²	je¹¹ tak⁴²ʔ/ je¹¹ɕɛ̃¹¹	je³³tɛ³²/ je³³shã³³	
1810	胀（肚子~）	(the stomach) feel bloated	(ဗိုက်)ကယ်	tɛ̃⁵³/pre³¹	ke²²	kɛ¹¹	phaɪ³²ʔ pji³²/ wũ⁵³jɔ̃³³	
1811	着（~火）	catch (fire), be (on fire)	(မီး)တောက်စွဲ	mi⁵³tɔʔ⁴⁵/ swɛ⁵³	mi⁴⁴ tau⁴²ʔ/ mi⁴⁴swɛ⁴⁴	mi⁴⁴ tauʔ³³/ mi⁴⁴swɛ⁴⁴	mi⁵³tɔ³²ʔ/ mi⁵³swɛ⁵³	
1812	着凉	catch cold	အအေးမိ	ə e⁵³mi³¹	ə e⁴⁴mi⁴²/ shaũ⁴⁴ mwɛ⁴²ʔ/ ra⁴²	ə e⁴⁴mi⁴²	shɔ̃⁵³ mje⁵³ mi³²	
1813	召集	call together, convene	ခေါ်ဆောင်စု	khɔ³³ shɔ̃³³/ su³¹	khɔ²² shaũ²²/ su⁴²	khɔ¹¹ shaũ¹¹/ su⁴²	khɔ³³/ su³²	
1814	找到	have found / located	ရှာတွေ့	ɕa³³twe³¹	hra²²twi⁴²	ɕa¹¹twe⁴²	sha³³ twe³²	
1815	蜇（马蜂~）	(wasps) sting	(ပျား)တုပ်	(pja⁵³) touʔ⁴⁵/ thɔ⁵³	(pja⁴⁴) touʔ⁴²ʔ	(pja⁴⁴) touʔ³³	(pja⁵³) tou³²ʔ/ ker³²ʔ	
1816	遮蔽	cover, hide from view	ဖုံးဖုံးကွယ်	phoũ⁵³/ phoũ⁵³ kwɛ³³	phoũ⁴⁴/ phoũ⁴⁴ kwɛ²²	phoũ⁴⁴/ phoũ⁴⁴ kwɛ¹¹	phoũ⁵³/ phoũ⁵³ kwɛ³³	
1817	震动	shake, quake	တုန်	toũ³³	toũ²²	toũ¹¹	toũ³³	xi⁴⁵⁴to⁵¹
1818	争夺	fight / vie for	လု	lu³¹	lu⁴²	lu⁴²	lu³²	
1819	蒸	steam	ပေါင်း	pɔ̃⁵³	paũ⁴⁴	paũ⁴⁴	pɔ̃⁵³	
1820	织	weave, knit	ရက်	jɛʔ⁴⁵	ra⁴²	jak⁴²ʔ	je³²ʔ	
1821	指	point at / to / out	ညွှန်	hnũ³³	hnwɛ̃²²	n̥wã¹¹	nũ³³	.
1822	种（~麦子）	plant / raise (wheat)	(စပါး)စိုက်	(pa⁵³) saɪʔ⁴⁵	(zə ba⁴⁴) saɪ⁴²ʔ	(sə pa⁴⁴) saɪʔ³³	(sə pa⁵³) seɪ³²ʔ	
1823	拄（~拐棍）	use or lean on (a walking stick)	(တောင်ဝှေ့) ထောက်	(tã⁵³) thɔʔ⁴⁵/ thɔʔ⁴⁵	(tau⁻²² hwi⁴²/ thau⁴²ʔ	(tau⁻¹¹ hwe⁴²/ thau³³	(tɔ³³ hwe³²/ thɔ³²ʔ	
1824	煮	cook, boil	ပြုတ်	plouʔ⁴⁵/ prouʔ⁴⁵	prou⁴²ʔ	pjouʔ³³	pjou³²ʔ	tai²²

(续表)

序号	汉义	英文	缅甸文	茵达方言音	若开方言音	约方言音	德努方言音	蓬方言音
1825	转弯	turn (a corner)	ကွေ့	kwe³¹	kwi⁴²	kwe⁴²	kwe³²/wer³²ʔ	
1826	装（~进）	put into a container, pack	ထည့်	the³¹	the⁴²	theɛ⁴²	the³²	
1827	追	chase after	လိုက်	laɪʔ⁴⁵	laɪ⁴²ʔ	laɪ³³	ler³²ʔ	
1828	准备	prepare, get ready, intend	ပြင်ဆင်	pjẽ³³ shẽ³³	prɔ̃²² shɔ̃²²	pjaŋ¹¹ shaŋ¹¹	pjɪ³³	
1829	捉	catch, capture	ဖမ်း	phã⁵³	phẽ⁴⁴	phẽ⁴⁴	phã⁵³	
1830	啄（鸡~米）	(chicken) peck at (rice)	(ကြက်ကဆန်ကို) ဆိတ်	shaɪʔ⁴⁵	sheɪ⁴²ʔ	sheɪ³³	shaɪ³²ʔ	
1831	钻（~洞）	bore / drill (a hole)	(အပေါက်) ဖောက်	(ə pɔʔ⁴⁵) phɔʔ⁴⁵	(ə pau⁴²ʔ) phau⁴²ʔ	(ə pau³³) phau³³	(ə pɔ³²ʔ) phɔ³²ʔ	
1832	钻（用钻子~）	to drill	(လွန့်နှင့်)အပေါက်၊ ဖောက်သည်	(lũ na³¹) ə pɔʔ⁴⁵ phɔʔ⁴⁵	(lwẽ²² hne⁴²) ə pau⁴²ʔ phau⁴²ʔ	(lwã¹¹ na⁴²) ə pau³³ phau³³	(lũ³³ nĩ³²) ə pɔ³²ʔ phɔ³²ʔ	
1833	醉	be drunk	(အရက်)မူး	ɛ³³ mu⁵³	ə ra⁴² mu⁴⁴	ə jak⁴²ʔ mu⁴⁴	ə je³²ʔ mu⁵³	
1834	做	do, make	လုပ်	louʔ⁴⁵	lou⁴²ʔ	lou³³	lou³²ʔ	
1835	做（~梦）	to dream	(အိပ်မက်)မက်	(eɪ⁵³ meʔ⁴⁵) meʔ⁴⁵	(eɪ⁴⁴ ma⁴) ma⁴²	(eɪ⁴⁴ mak⁴²ʔ) mak⁴²ʔ	(aɪ⁵³ me³²ʔ) me³²ʔ	
1836	做生意	do / be in business	အရောင်းအဝယ်လုပ်	ə jɔ̃⁵³ ə wɛ³³ louʔ⁴⁵	ə raũ⁴⁴ ə we²² lou⁷⁴²	ə jaũ⁴⁴ ə we¹¹ lou³³	ə jɔ̃⁵³ ə wɛ³³ lou³²ʔ	

主要参考书目

傅懋勣：《论民族语言调查研究》，语文出版社，1998年。

罗常培：《语言与文化》，语文出版社，1989年。

徐通锵：《历史语言学》，商务印书馆，1996年。

吴安其：《汉藏语同源研究》，中央民族大学出版社，2002年。

袁家骅等：《汉语方言概要》，文字改革出版社，1989年。

北京大学中国语言文学系语言学教研室：《汉语方音字汇》（第二版），文字改革出版社，1989年。

郑张尚芳：《上古音系》，上海教育出版社，2003年。

李如龙：《汉语方言的比较研究》，商务印书馆，2001年。

陆绍尊：《普米语方言研究》，民族出版社，2001年。

《缅甸大百科全书》（缅文版），赫特福德/艾尔斯伯里，1965年。

[日]薮司郎（Shiro YABU）：《缅甸的濒危语言——蓬语》，大阪外国语大学，2003年。

[日]西田龙雄（TATSUO NISHIDA）：《缅甸馆译语的研究》，Nakanishi Printing Co, Ltd., 1972年。

[美]马提索夫：《古藏缅语手册》（词源词典）（*Handbook of Proto-Tibeto-Burman* by James A. Matisoff），加利福尼亚大学出版社，1997年。

后 记

　　萌发调查缅甸语方言的思想是在1988年,当时我在缅甸仰光外国语大学作学者访问。缅甸爆发了全国反对军政府统治的群众运动,斗争的中心地区就是仰光大学周围。军政府派军队开坦克包围仰光大学,白天戒严,晚上宵禁,时不时有枪声划过我们留学生和仰光大学单身教师居住的宿舍。除了早晨有一小时开禁时间让大家可以上街买些必要的食品和蔬菜外,其他时间我们成天就被围困在宿舍楼里。楼门一锁,与世隔绝,年轻的老师们就聚在门厅里摆龙门阵,天南海北无所不谈。久而久之我们发现,外国留学生去外国语学院上课所能学到的知识,远没有在"门厅神仙会"上学到的知识多。因为教师单身宿舍中的老师,是从缅甸四面八方聚集到这里的。老师们聊天的内容包罗万象,上自天文,下至地理,社会见闻,民风习俗,这些在正规的课堂上是学不到的。有一位老师吴哥哥礼是来自缅甸语若开方言区的(后来成为仰光大学缅文系教授),我跟他谈得很投机,后来就开始专门记录他的若开方言音。从此我就走上了关注缅甸方言的道路。

　　当时,我不仅收集缅甸语方言,还收集了其他如克钦语(国内称景颇语)、浪硪语、阿细语(中国称载瓦语)等缅甸与中国共同的跨境少数民族语言,并且利用仰光大学图书馆的有利条件,了解了仰光大学硕士研究生们对缅甸方言的研究情况。

后来,当我进一步研究汉藏语系并比较缅甸语和汉语的血缘关系问题时,深感能搜集到的资料十分匮乏和简陋。于是下决心自己动手,努力搜集有关缅甸语方言的资料,并且计划调查方言提纲和注意事项,争取到境外进行田野调查,以便掌握第一手资料。当然,我知道缅甸是一个多民族的国家(现称缅甸有135个民族),对于缅甸究竟有多少民族,使用多少种语言,缅甸语方言有多少,方言区的如何划分,要弄清这些,都是一个浩大的工程,单靠我们一己之力是不可能完成的。但是又不能等着别人来给我们铺路,只能以此方言调查研究权作"抛砖引玉"之用。希望今后会有更多的人争作铺路石,将推动汉藏语系研究更加深入的重任担当起来。

经过20多年的努力,今天《缅甸语方言研究》即将出版,我们时刻都不会忘记,这是一个集众人之功的作品。我们要感谢的人太多,其中包括:全国哲学社会科学规划办公室(选入社科科研项目,资助研究经费)、中国驻缅甸大使馆文化处(将方言调查活动纳入中缅文化交流计划,为我们境外田野调查创造条件)、缅甸教育部领导和缅甸仰光大学、仰光外国语大学、曼德勒大学、丹老大学、土瓦大学、东枝大学等大学校系领导(都热情支持我们的田野调查,派各自的缅文系副教授协助和陪同我们做方言调查)。没有缅甸教育部的支持和教育界胞波的协助,我们将寸步难行,一事无成。另外,还要感谢许许多多缅甸各地的方言发音人的热情支持和协助,使我们在近半年的集中田野调查中取得了圆满成功。

我更要感谢汉藏语系研究的世界领军人物,加州大学伯克利分校 J. A. Matisoff 教授在1982年指导我研究的方向,为汉藏语系研究做出扎实的贡献,让我在微观世界中扎下根,从小语种(缅甸语)去发掘资源,以便让宏观的研究打好基础。我校前副校长朱德熙教授也大力推荐我去加州大学伯克利分校学习,希望我们在这块汉藏语系的主要家乡,担当起应有的研究重任,做出更大的贡献。我还要感谢我的良师益友,中国社会科学院孙宏开研究员和中央民族大学戴庆厦教授,在我整个调查和研究中,自始至终关心和支持我的工作,指导我的方向,直至最后对本书的内容进行了认真的审阅并提出宝贵的意见。我还要感谢中国社会科学院的许多前辈和战友们以及全国各兄弟院校的同行专家、学者们的热情支持和关怀。

　　我还要感谢本书的合作者蔡向阳博士，当我在缅甸作最后一次田野调查时邀请他跟我一起调查方言，他欣然同意，并抽出他在缅甸仰光外国语大学进修的宝贵时间，不畏肝炎和热带多发的传染病危险，抱着"一不怕苦，二不怕死"的精神，跟我一起辗转缅甸穷山僻壤，共同完成了那一次调查研究。原本我们希望有机会到密支那附近的蓬方言区去调查濒临消亡的蓬方言，可是十分遗憾的是，缅甸蓬方言区近十几年来一直战火不断，我们失去了收集蓬方言的最后机会。我和合作者只能通过收集仅能到手的资料，一起完成蓬方言的部分内容，使本书不致缺少北部方言而遗憾。同时，我的合作者还出色地完成了我交给他的任务，完成了本书的第二章第四节的撰写任务。

　　我还要感谢一直关心和支持我科研工作的北京大学外国语学院领导、东南亚语系以及缅甸语教研室的领导、同人和院系负责科研的秘书们，是他们帮我创造了优良的研究环境。

　　我还要感谢默默无闻地支持我研究工作的亲朋好友，没有他们的关怀和支持，我的研究工作绝不可能坚持到今。

　　我也希望各位专家和更多的立志于研究语言学的同行们，斧正本书的错误，指出缺点，以免误导了敬爱的读者。

完成于姑苏城园林路园林里
知恩斋
2016 年 10 月 23 日